42802

MANUEL

D'INFANTERIE,

OU

RÉSUMÉ DE TOUS LES RÉGLEMENS, DÉCRETS, USAGES,
ET RENSEIGNEMENS PROPRES AUX SOUS-OFFICIERS
DE CETTE ARME.

Ouvrage adopté par décision de S. Exc. le Ministre
de la Guerre pour l'instruction des Elèves de l'Ecole
de Saint-Cyr.

DÉDIÉ

A SA MAJESTÉ LE ROI DE WESTPHALIE.

PAR L'AUTEUR

DU MÉMORIAL DE L'OFFICIER D'INFANTERIE, etc.

QUATRIÈME ÉDITION.

A PARIS,

Chez MAGIMEL, Libraire pour l'Art militaire,
rue de Thionville, n°. 9.

1813.

Cette Edition est augmentée de l'*Ecole du Soldat* et de celle de *Peloton*, avec planches, et elle est terminée par une Table alphabétique raisonnée très-complète.

A

S. M. LE ROI DE WESTPHALIE.

SIRE,

Si le *Manuel d'Infanterie* attendoit d'une nouvelle édition quelque perfectionnement, qui pourroit douter de mes efforts pour y mettre la dernière main, lorsque la permission de dédier cet Ouvrage à VOTRE MAJESTÉ y intéressoit si puissamment mon émulation?

L'accueil dont vous avez honoré ses premières éditions ; sa traduction deux fois exécutée en allemand, et répandue dans vos états ; son usage appliqué à l'instruction des troupes Westphaliennes, ont justifié peut-être l'ambition que j'ai témoignée de décorer de votre nom ses premières pages. Avoir obtenu cette faveur, c'est avoir contracté, SIRE, l'engagement de rendre digne de son protecteur le *Manuel d'Infanterie*, en proportionnant le mérite de l'ouvrage à sa destination ; le soumettre à un Prince aussi éclairé que le Roi JÉROME NAPOLÉON, c'est avoir choisi le juge le plus capable de décider si quelque succès a couronné les efforts

De son serviteur très-respectueusement dévoué,

* * * * *

PRÉCIS

DE CE MANUEL.

L'EMPLOI des facultés corporelles, l'exercice de la mémoire et de l'intelligence, l'accomplissement des devoirs, sont les moyens et la fin de toute profession.

Cet exposé donne le plan sur lequel est tracé ce rudiment : *Instruction mécanique* ou *corporelle*, *Instruction théorique*, *Devoirs* ; telles sont ses trois divisions.

Destiné à l'enseignement des sous-officiers, et pour ainsi dire, leur encyclopédie, ce *Manuel* pourra néanmoins être consulté avec fruit par les officiers particuliers : car, comment les officiers dirigeront-ils leurs subordonnés dans l'exercice de leurs emplois, s'ils n'en ont pas eux-mêmes étudié toutes les obligations, embrassé toute l'étendue ?

Plus laborieux que savant, ce livre n'a rien de critique ; il tend plus à être utile qu'à présenter des vues neuves. Il aura rempli son objet, s'il contribue à ce que le service soit fait le mieux possible, et si le soldat demeure convaincu que depuis le Gouvernement impérial son sort est meilleur que jamais.

Le *Manuel d'Infanterie* réunit sommairement en un corps de doctrine, des notions éparses jusqu'ici dans un trop grand nombre d'ouvrages, pour qu'il soit possible à des sous-officiers, et même à de simples officiers, de les puiser à leur source. Il offre l'abrégé et fixe la concordance de tous les réglemens et usages suivant lesquels doit être gouvernée une compagnie d'infanterie. Extrait de tout ce qui a été officiellement promulgué, il cite scrupuleusement les autorités sur lesquelles se fondent les règles. Ce n'est que dans le silence des lois en vigueur qu'il en fait parler d'anciennes ; tout ce qui n'y est pas le texte ou l'esprit d'une

loi, est emprunté des opinions de quelques classiques :
c'est enfin, et seulement, quand les maîtres de l'art
nous laissent sans éclaircissemens, que l'expérience,
la coutume, la tradition, sont invoquées.

Les trois divisions dont nous avons parlé se présentent sous trois titres divisés en leçons.

Chacun d'eux est précédé d'un sommaire qui ne
compte pas au nombre des leçons.

Le sommaire présente l'ensemble de tous les objets
que renferme le titre, et donne l'indication abrégée des
leçons qu'il contient.

Du commencement du Manuel jusqu'à sa fin, il est
établi des numéros de subdivisions, placés à côté des
indications intercallaires. En tête de chaque alinéa se
trouve également une indication italique. Ces numéros
et ces italiques ont pour objet de faciliter les renvois.

Cette quatrième édition, retouchée avec grand soin,
et modifiée suivant les changemens survenus dans la
législation militaire depuis 1811, est précédée d'une
table des matières; elle est augmentée d'une planche
de formation, et de l'*École du Soldat et de Peloton*;
l'ouvrage est terminé par une Table alphabétique raisonnée.

TABLE DES MATIÈRES

DU

MANUEL D'INFANTERIE.

10ᵉ. LEÇON. *Service militaire.*

TITRE TROISIEME.

DEVOIRS.

1re. LEÇON. *Devoir de l'adjudant.*

2e. LEÇON. *Devoir du vaguemestre.*

3e. LEÇON. *Devoir du porte-enseigne.*

TABLE

ALPHABÉTIQUE RAISONNÉE

DU

MANUEL D'INFANTERIE.

Nota. Pour plus de précision, on a dû faire les renvois en indiquant, tantôt les numéros d'ordre, tantôt les pages de cet ouvrage.

A.

a

a *

C.

a**

E.

F.

G.

TABLE

H.

I.

J.

b

L.

M.

b *

O.

b.**

Q.

R.

SENTINELLE sur les flancs et sur le derrière du régiment, n. 402.

— des équipages. Sa consigne, n. 394.

— d'une porte d'une place forte, n. 375.

— volante. Sa consigne, n. 397 et p. 176, dernier alinéa.

SERGENT. Origine, devoirs, grades, fonctions, etc. n. 322.
— Ordinaire des sergens, p. 317, alinéa 6. — Leur place en bataille, p. 442. — Cas où il mange avec le soldat, p. 317, dernier alinéa. — Leur logement au camp, p. 294. alinéa 2. — Ses devoirs en route et au camp, n. 323, alinéa 3.

— de la garde de police en garnison. Ses fonctions, p. 108, 109, 110.

— de la garde de police en route. Ses fonctions, p. 120 et n. 323.

— de la garde de police au camp. Ses fonctions, p. 124 et n. 323.

— d'encadrement, pag. 328.

— de ronde. Ses fonctions, n. 325.

— de semaine. Ses devoirs, n. 324.

— chef de subdivision. Ses fonctions, p. 317.

— de piquet au camp, pag. 202, alinéa 2, et n. 323, alinéa 5.

— (de grenadiers) exempt de ronde, p. 322.

— instructeur. Ses devoirs, n. 326.

— (Quatrième). Son placement en bataille, p. 84, lig. 4.

SERGENT-MAJOR. Son devoir. — Son rang et attributions, n. 275. — Sa réception, n. 203. — Sa place, pag. 442. — Ses marques distinctives, n. 211. — Ses livres, n. 276. — Sa responsabilité, n. 289. — Couche seul, p. 278. — Commande le service, p. 278. — Ses devoirs en route, n. 295. — Ses devoirs au camp, n. 296. — Sa place au camp, p. 68, alinéa 1er, et alinéa 3. — Son logement au camp, p. 294.

SERRE-FILES. Définition, n. 327. — Serrant sur le troisième rang, n. 66 et 443.

SERRE-TÊTE, p. 210.

SERVICE. Définition, n. 169. — Elémens du service, n. 170. — Différence du service suivant la compagnie, et leur prérogative, n. 171. — Ordre et variétés du service, n. 175.

— armé. Sa définition, p. 166 et 168, lig. 8. — Sa répartition, n. 178, 253 et 371.

T.

FIN.

De l'Imprimerie de DEMONVILLE, rue Christine.

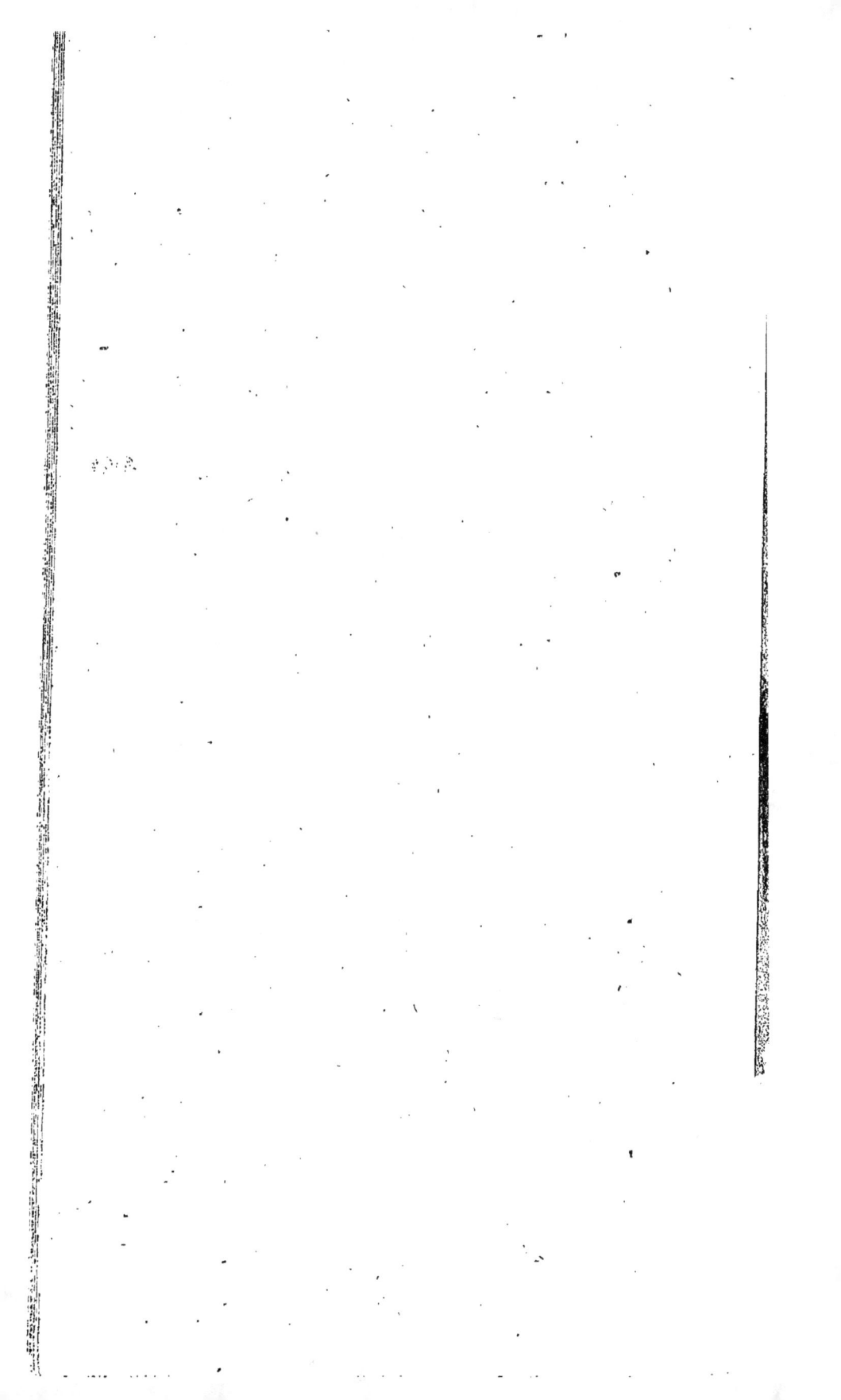

MANUEL D'INFANTERIE.

TITRE PREMIER.

INSTRUCTION MÉCANIQUE.

1. — *Sommaire.*

LES connoissances mécaniques que doivent posséder et pouvoir enseigner les sous-officiers (1), embrassent la préparation des alimens, les procédés de l'entretien et les moyens de propreté de tous les objets dont fait usage le soldat, les exercices militaires et gymnastiques, les travaux de campagne.

Elles se divisent en dix-huit leçons, où il est traité de ce qui suit :

1re. LEÇON. *Faire la soupe* ;
2e. ———— *Blanchir la buffleterie* ;
3e. ———— *Coudre et savonner, nettoyer et blanchir les vétemens* (2) ;
4e. ———— *Démonter et remonter le fusil* ;
5e. ———— *Nettoyer le fusil* ;
6e. ———— *Préparer le plomb de la pierre* ;
7e. ———— *L'espèce et le détail des armes* ;
8e. ———— *Faire la cire et cirer la giberne* ;
9e. ———— *Ployer le bonnet de police* ;
10e. ———— *Faire des cartouches à fusil* ;
11e. ———— *Charge du soldat* ;

(1) Les connoissances mécaniques leur sont supposées acquises quand ils arrivent au grade qu'ils occupent, puisqu'elles leur auront été communiquées quand ils étoient soldats. (*Voy.* tit. 5., art. 19 du *Réglement de police*, du 24 juin 1792.)

(2) Il seroit bien à desirer aussi que tous les sous-officiers et soldats pussent se raser eux-mêmes, et qu'ils eussent chacun leur rasoir. (*V.* n°. 213, *Trousse.*)

1

PREMIÈRE LEÇON.

PRÉPARATION DES ALIMENS.

2. *Soupe* (1).

L'eau qu'on met dans la marmite doit se mesurer à raison d'un litre (une pinte) par chaque quart de kilogramme (demi-livre) de viande : on la fait bouillir à grand feu pour l'écumer promptement; on modère ensuite l'ébullition, et on met huit grammes (deux gros) de sel par litre d'eau. On y ajoute les légumes de la saison, une ou deux heures avant que de retirer la viande. Quand elle a bouilli cinq ou six heures, et que le bouillon est réduit d'un cinquième, on trempe le pain, laissant la marmite sur le feu jusqu'à la dernière gamelle, afin que le bouillon ne perde pas de sa chaleur.

Conservation de la viande. Si on reçoit au camp l'ordre de partir avant qu'on ait eu le temps de faire la soupe, le soldat, afin de ne point perdre sa viande et d'empêcher qu'elle ne se gâte, doit la faire cuire à moitié, ou, s'il n'en a pas le temps, la boucaner, c'est-à-dire, l'exposer à une fumée épaisse.

Bouillon d'os. Si dans une ville assiégée, si dans un voyage de long cours on vouloit (2) tirer partie des os, on pourroit essayer du procédé suivant (3) :

(1) Quant aux autres moyens alimentaires, *V*, nos. 217 et 221.

(2) A l'instar de l'école Polytechnique et de quelques garnisons.

(3) On peut consulter, au sujet de ce procédé, une brochure intitulée *Manuel des sous-officiers*, imprimée en l'an 11, à Liége, chez Desoër.

On réunit les os qui ont cuit avec le bœuf ou autres viandes de la veille, ou bien les os qu'on ne met pas à la marmite; on les pile dans un mortier à ce destiné; quand ils sont en pâte, on étend cette pâte dans une espèce de casserole de fer-blanc, percée de trous comme une écumoire, et qu'on appelle *diaphragme;* on plonge ce diaphragme dans une marmite pleine d'eau, on procède à la cuisson en opérant comme pour faire la soupe avec de la viande. Un demi-kilogramme (une livre) d'os pilés, cuits dans 4 litres (environ 4 pintes) d'eau, c'est-à-dire, dans la mesure d'eau qu'il faudroit pour 2 kilogrammes (4 livres) de viande, procure, au bout de six heures d'une cuisson égale et à petite ébullition, 3 litres 2 décilitres (3 pintes et demie) de bouillon, et s'empare d'une demi-livre de sucs nourrissans que lui fournissent les os. Ce bouillon se couvre, en se refroidissant, de 60 grammes (2 onces) de graisse qu'on peut employer à la préparation des légumes : le poids des os cuits est diminué de moitié, et le bouillon obtenu est en quantité égale à celle qu'auroient donnée 4 livres de viande.

5. — *Cuisson des légumes.*

Le choix de l'eau dans laquelle on fait cuire les légumes est essentiel. Il faut, autant que possible, ne faire usage que d'eau courante, la choisir limpide, inodore, dissolvant le savon, préférer celle de rivière et de pluie à l'eau de source et d'étang, et ne point employer celle de puits ou celle qui auroit séjourné sur des terres calcaires. Lorsqu'en campagne, il est fait des distributions de légumes secs, et qu'ils cuisent mal, se gonflent peu, restent durs, il faut communément en attribuer la cause à la qualité de l'eau dont on se sert; si elle est séléniteuse (1), on ne pourra réussir à cette cuisson.

---

(1) On appelle ainsi l'eau chargée de sulfate de chaux en dissolution.

DEUXIÈME LEÇON.

BUFFLETERIE.

4. — Blanchiment de la buffleterie.

On prépare le blanc en faisant bouillir plusieurs poignées de son dans de l'eau, que l'on tire ensuite à clair; on délaie de la terre de pipe dans cette eau; et l'on proportionne cette dissolution suivant la force de l'ordinaire; on superpose ce blanc à froid : cette manière est la moins dispendieuse et la plus praticable en tout pays.

Blanc à colle. Il y a des soldats qui préparent le blanc en le délayant dans de l'eau sur le feu, dans la proportion ci-dessous. Pour 10 litres d'eau (10 pintes et demi), 15 à 20 hectogrammes (3 à 4 livres) de terre de pipe, 92 grammes (3 onces) de colle de Flandres; 12 décagrammes (4 onces) d'amidon, 19 décigrammes (36 grains) d'indigo. Cette préparation, qui peut suffire pour la buffleterie d'une compagnie, est plus solide, mais elle a le défaut de s'écailler; et si la buffleterie s'imbibe de pluie, les vêtemens sont tachés par l'effet du bleu détrempé.

Blanc au lait. On blanchit aussi avec du lait : cette pratique laisse des taches grasses sur le buffle.

Séchage au lait. Il faut avoir attention de ne pas détirer le buffle quand il est humide; à moins que ce ne soit pour remédier à un mauvais pli; de l'accrocher de manière qu'il pende librement, et de ne le faire sécher qu'à l'air et non au feu, ni au soleil.

5. — Disposition du réglement (1).

Toutes les parties de l'équipement qui sont en buffle blanc doivent être blanchies; l'usage du vernis pour les rendre luisantes est défendu.

Ordonnance de 1775. Cette explication étoit bien

---

(1) *Réglement de police*, du 24 juin 1792, tit. 5, art. 12.

brève, aussi chaque corps a-t-il opéré différemment.
Voici ce que prescrivoit l'ordonnance de 1775 : « Quand
la buffleterie aura besoin d'être blanchie, on la lavera
avec de l'eau claire dans laquelle on trempera une vergette qu'on passera plusieurs fois sur la buffleterie,
jusqu'à ce qu'elle soit entièrement décrassée. On la laissera sécher d'elle-même sans être tirée, ni assujétie, et
sans le secours du soleil ni du feu. On aura ensuite du
blanc de céruse, détrempé au moins pendant 24 heures
dans de l'eau bien propre, afin d'en ôter toute l'âcreté
et le mordant. On imbibera un pinceau de cette eau, et
on en passera également le nombre de couches qui seront nécessaires, sur tout l'extérieur de la buffleterie.
On aura l'attention de laisser sécher chaque couche
successivement à l'ombre, de brosser la première légèrement avec une vergette pour éviter que le blanc ne
tombe sur les habits, et on observera de proportionner
l'eau et le blanc pour que la teinture ne soit ni trop
liquide, ni trop épaisse. »
Telle est l'explication qui ait été donnée la première.

6. — *Buffle gras.*

Il y a du buffle qui étant neuf repousse, c'est-à-dire,
est gras par place et se refuse à prendre le blanc : on remédie à ce défaut, qui ne prouve point contre la qualité de la peau, puisque c'est un indice qu'elle n'est pas
brûlée par la chaux. Pour faire disparoître ces taches,
on gratte la place qui repousse ; on y applique une dissolution de terre de pipe et de blanc d'Espagne sans
colle, et l'on recommence autant de fois qu'il est nécessaire pour obtenir un blanc égal.

TROISIÈME LEÇON.

PROPRETÉ.

7. — *Blanchiment et nétoiement des vêtemens.*

Si le vêtement a des taches de boue, de graisse ou
de vin, on emploie de la terre de pipe humectée avec de

la salive, lorsqu'on est à jeun ; on laisse sécher cette terre de pipe, on gratte ensuite légèrement avec l'ongle la place tachée, et on bat l'habit en cet endroit. Si la tache résiste à cet essai, on l'enlève avec un peu d'eau et de savon, et on lave ensuite la tache, jusqu'à ce qu'il n'y reste plus de savon ; ou bien, on emploie la recette ci-après, que propose l'Encyclopédie (*V*. n°. 10).

Tache de goudron. Si l'habit à des taches de goudron, on dissout la tache avec du beurre, que l'on enlève ensuite par les procédés ci-dessus.

Tache de boue. Pour faire disparoître les taches de boue dont le drap écarlate pourroit être sali, on fait usage du jus de citron ; on emploie son à défaut le vinaigre.

Quand l'étoffe ainsi détachée est sèche, on bat l'habit et on le vergette.

8. — *Habit blanc.*

Si l'habit est de drap blanc voici comment on le blanchit. On étend l'habit sur une table, et on le saupoudre suffisamment avec du son bien sec, entremêlé d'un peu de fine poudre de blanc d'Espagne ; on le frotte avec un morceau d'étoffe ; on ôte ensuite cette poudre, et avec l'étoffe on bat l'habit dans toutes ses parties, pour qu'il s'imprègne également de blanc ; on bat alors de nouveau l'habit avec le martinet ; jusqu'à ce qu'il n'en sorte plus de poussière, puis on le brosse avec une vergette peu rude. Ce procédé étoit généralement celui des anciens soldats d'infanterie : ce qu'on pourroit objecter contre cette pratique, ce seroit le désavantage qu'elle auroit peut-être de fatiguer et user l'étoffe.

9. — *Disposition du réglement* (1).

Toutes les parties de l'habillement doivent être battues, vergetées et tenues dans le plus grand état de propreté ; les taches enlevées, soit avec du savon, soit

---

(1) *Réglement de police*, du 24 juin 1792, tit. 5, art. 16 ; et *Réglement d'habillement*, du 1er octobre 1786, art. 11.

avec de la pierre à détacher, employée avec de l'eau
très-propre, qu'on laisse sécher naturellement sur la
tache, et qu'on enlève en frottant légèrement l'étoffe
contre elle-même. Il est expressément défendu de laver
les habits; cette méthode étant nuisible à la conservation des étoffes.

Emploi du son. Pour entretenir la propreté de l'habillement, sans nuire à sa solidité, on n'emploie, s'il
est de drap blanc, que le son, et on l'emploie le moins
possible; l'usage de toute terre ou craie, reconnu caus-
tique et corrosive, est sévèrement défendu.

Éclaircissage du cuir. Les boutons et les boucles s'é-
claircissent avec du blanc délayé, dont il est formé une
pâte liquide (*V.* n°. 28, note 4ᵉ.), avec laquelle on les
frotte, et pour que cet entretien ne gâte pas les habits
et les vestes, on enchâsse les boutons dans un morceau
de bois fait exprès, dont la forme est connue dans les
régimens (1).

10. — *Recette.*

Le Dictionnaire militaire de l'Encyclopédie, indique
à l'article *habillement*, une composition que voici : On
prend une livre d'argile bleuâtre, connue sous le nom
de *terre à foulon*, et une livre de blanc de Troyes; on
broie ces deux espèces de terre, on les débarrasse ensuite du principe de causticité qu'elles contiennent, en
les lavant dans plusieurs eaux; on les mêle bien ensemble, et on ajoute à ce mélange deux gros de sel de
tartre et une once d'essence de thérébentine; on fait du
tout une pâte qu'on divise, lorsqu'elle est à moitié
sèche, en morceaux de la grosseur d'un œuf. Quand on
veut s'en servir, on humecte la tache avec un peu d'eau
chaude, étendant sur cette eau une légère couche de
cette terre préparée; lorsqu'elle est sèche, il ne doit
rester aucune empreinte de la tache, et le drap n'aura
point été brûlé.

---

(1) C'est ce qu'on appelle une *patience.* (*Voy.* planche 3.)

QUATRIÈME LEÇON.

DÉMONTAGE ET REMONTAGE.

11. — *Ordre du démontage du fusil* (1).

On ôte la baguette; — la baïonnette; — la bretelle; — on dévisse et retire à moitié les vis de contre-platine; — on ôte la platine; — les deux vis qui la retenoient, en même-temps que la contre platine; — la vis de culasse; — l'embouchoir; — la grenadière; — la demi-capucine; — le canon; — la goupille du battant d'en bas; — ce battant; — le pontet; — la goupille de détente; — la détente; — la vis de la branche de l'écusson; — l'écusson.

12. — *Démonstration de la manière d'opérer ce démontage.*

On pose la crosse à terre; on ôte d'abord la baguette. Pour ôter la baïonnette, on tourne la bague, de façon que son pontet soit en dessous et dans la direction du bouton de baïonnette; on saisit à pleine main la douille, la branche et le talon, en appuyant sur la bague avec la paume et le petit doigt, le pouce portant sur la grande goutière; on élève la baïonnette sans frapper sous sa branche; on lui fait faire sa révolution et on l'ôte. On dénoue l'attache de la bretelle qu'on retire du battant d'en haut, de la demi-boucle et du battant d'en bas. On place et tient le fusil horizontalement; on abat le chien, si déjà il n'est abattu; on met la crosse du fusil sous le bras gauche, la contre-platine en-dessus, et la platine dans la main gauche; on retire à moitié les vis de contre platine; on ôte la platine en la faisant tomber dans la main gauche, et dans le cas où elle ne sort pas aisément, on frappe pour la

_____

(1) On trouve aux n°s. 38 et 39 les tableaux synoptiques des armes d'infanterie. (*V.* n°. 35.)

chasser de son encastrement, quelques petits coups avec la paume de la main sur la tete des vis de contre-platine, qui pour cette raison ne sont extraites qu'à moitié. On ôte la contre-platine, en même-temps que ses vis, mais on remet et laisse chacune d'elle en son œil, afin de ne les pas confondre. Si l'esse résiste et tient trop dans le bois, on l'arrache avec l'extrémité de la tige de la seconde vis, qu'on passe obliquement dans son œil. On ôte la vis de culasse; on remet la crosse à terre; on ôte les trois capucines, ayant soin d'empoigner le canon et le devant du bois avec la main gauche pour empêcher que le canon ne quitte son fût, ne tombe, et ne brise, en s'échappant, les oreilles du bois. On arrache le canon de son encastrement, en l'élevant de la main droite, la main-gauche résistant en sens inverse sur le fût; on relève horizontalement le bois, on appuie contre l'estomac la plaque de couche, en tournant en dessus l'encastrement de la platine. On chasse la goupille (1) du battant d'en bas, en la faisant sortir du côté où tenoit la contre-platine, et la repoussant du côté opposé, au moyen d'un poinçon cylindrique dont le diamètre soit un peu moindre que celui de la goupille. On ôte le battant d'en bas; on réunit ces goupilles en remettant chacune en son œil. On arrache le pontet, le pouce de la main gauche résistant sur l'écusson à l'endroit où aboutissoit la vis de culasse; on ôte la goupille de la détente en la repoussant comme l'autre (2); on les réunit comme on a fait en démontant le battant, de peur de confondre les goupilles; on retourne le bois de l'écusson en dessus; on appuie la plaque de couche sur la hanche; on retire la vis de branche d'écusson; on arrache l'écusson, en introduisant à revers le filet de la vis de culasse dans le taraud de la

---

(1) Il est adapté au nouveau tourne-vis un pousse goupille. (*Voy.* planche 4, lettre OG.)

(2) On pourroit ne point retirer entièrement du bois les goupilles, mais les y laisser à demi engagées, afin de ne les point confondre; cependant il faut de temps en temps les en extraire, pour y mettre du suif.

boutrolle (1); on remet cette vis dans son œil et la vis
de culasse dans l'œil du support : le démontage du fusil
se trouve alors fini ; la plaque de couche, le cuilleron,
les ressorts de garniture ne devant pas quitter le bois.

13. — *Ordre du démontage de la platine.*

On ôte la vis du grand ressort ; — le grand ressort ;
— la vis du ressort de gachette ; — ce ressort ; — la
vis de gachette ; — la gachette ; — la vis de bride ; —
la bride ; — la vis de noix ; — la noix ; — le chien ;
— la vis de batterie ; — la batterie ; — la vis du ressort de batterie ; — ce ressort ; — la vis du bassinet ;
— le bassinet.

14. — *Démonstration de la manière d'opérer ce démontage.*

On commence par placer le monte-ressort (*V*. n°. 21) ;
on ôte la vis du grand ressort, et on retire ce ressort
de son encastrement ; on ôte à demi la vis du ressort de
gachette (il faut faire lever le ressort, de façon que
le pivot puisse sortir de son encastrement, avant que
la vis ne soit entièrement hors de son trou) ; on ôte
tout-à-fait la vis du ressort de gachette, le ressort de
gachette, la vis de gachette, la gachette, la vis de la
bride, la bride, la vis de noix, la noix, (pour la faire
sortir du quarré du chien, il faut la repousser en introduisant dans le centre de son arbre le poinçon qui termine la branche mobile du tourne-vis (*V*. pl. 4,
OG.). Le chien (il tombe de lui-même, la noix étant
ôtée). On ferme le bassinet, on place le monte-ressort
comme on le voit pl. 4, fig. 2. On ôte la vis de batterie, à l'aide d'une pression suffisante qu'on fait sur
le monte-ressort, placé de manière à ne pas s'opposer au mouvement du tourne-vis ; la vis du ressort de

---

(1) Si, au lieu d'employer ce moyen, on fait usage du tourne-vis,
pour faire sortir l'écusson de son encastrement, le tourne-vis fait
levier sur le bois, s'y imprime et l'endommage irréparablement.

batterie, le ressort de batterie, la vis du bassinet, le
bassinet; s'il résiste, on frappe par dessous son rempart, en dedans de la platine, quelques petits coups
avec un morceau de bois; on remet la vis en son œil ;
c'est ce qu'il faut faire généralement, à mesure qu'on
a ôté chaque pièce et sa vis.

15. — *Démontage et remontage du chien.*

On retire la vis à tête percée ; à cet effet on saisit le
chien de la main gauche, et l'on appuie le premier
doigt et le pouce sur ses deux mâchoires, en introduisant la tige mobile du tourne-vis dans la tête de cette
vis ; — la mâchoire ; — la pierre.

Remontage. On le remonte, après avoir disposé la
pierre dans son plomb (*V.* n°. 32), en tenant la mâchoire inférieure et la pierre entre le premier doigt et le
pouce, et introduisant la crête dans l'entaille de la
mâchoire supérieure; on remet la vis à tête percée après
en avoir huilé le filet.

Ordre à suivre. Toutes les pièces, à mesure qu'elles
sont démontées, doivent être rangées en ordre sur une
table ou sur un banc.

16. — *Ordre du remontage de la platine.*

On remet le bassinet, — sa vis ; — la batterie, — sa
vis ; — le ressort de batterie, — sa vis ; — la noix ; —
le chien, — son clou ; — la bride, — sa vis ; — la gachette, — sa vis ; — le ressort de gachette, — sa vis ;
— le grand ressort.

17. — *Démonstration de ce remontage.*

On remet le bassinet, la vis du bassinet, la batterie,
sa vis ; on fait rôder la batterie. On place le monte-
ressort, comme on le voit pl. 4, fig. 2e ; on ne le serre
précisément qu'autant qu'il le faut (1). On place le ressort de batterie et sa vis ; on ôte le monte-ressort, en

(1) Si on le serre davantage, on risque de fausser ou de briser,
soit les branches du ressort, soit la patte ou la vis du monte-ressort.

mettant une goutte d'huile au pied de batterie, pour
qu'il glisse facilement sur le ressort; on découvre le
bassinet, après avoir fait jouer la batterie.

On remonte la noix; on ajuste le carré de l'arbre dans
le carré du chien; on visse le clou du chien; on fait jouer
le chien par la circulation de l'arbre dans le corps de
platine, on met de l'huile au pivot de la bride; la bride,
sa vis; la gachette, sa vis; alors on fait de nouveau
jouer le chien avec la main droite, pour savoir si les
pièces rôdent bien, c'est-à-dire, si elles jouent librement
et juste, car la meilleure batterie peut devenir tout-à-
fait mauvaise et faire rater le fusil, si les vis de bride et
de gachette sont trop serrées, et qu'elles empêchent par-
là le chien de faire facilement son mouvement de rotation. On fait également jouer la gachette; on s'assure
s'il n'y a pas d'ordure qui bouche le trou du pivot du
ressort de gachette, auquel cas on le nettoie avec la
pointe d'une épingle. On place le ressort de gachette; le
tenant le cul en l'air avec les deux premiers doigts de
la main gauche, sans s'occuper d'abord de mettre le
pivot dans son trou; on met sa vis en ne la serrant qu'à
demi; on force ensuite avec le pouce de la main gauche,
pour faire entrer le pivot du ressort de gachette en son
trou, et on achève de serrer la vis en appuyant le pouce
sur l'extérieur des branches de ce ressort. On abat le
chien après l'avoir encore fait jouer; on établit monte-
ressort sur le grand ressort comme on le voit à la pl. 4,
fig. 1re. On serre avec précaution la vis du monte-
ressort; on place le ressort et sa vis sur le corps de
platine; on démonte le monte-ressort.

Graissage de la platine. Toutes les pièces étant re-
placées, on fait jouer la platine avec les deux mains,
après avoir mis une goutte d'huile d'olive (1) dans la
griffe de noix, au bec de la gachette et sur l'œil de la
gachette, au point d'appui des ressorts, et en général
à tout axe, pivot et vis. Faute d'huile, une platine ne
marche pas et se détériore bientôt; ils vaut mieux

(1) De l'huile d'amande ou de l'huile de pied de bœuf seroit
encore préférable.

encore qu'il s'y forme du cambouis que si elle devoit agir à sec.

18. — *Ordre du remontage du fusil.*

On repose l'écusson; — la détente, — sa goupille, — la vis à bois de l'écusson; — le pontet; — le battant, — sa goupille; — le canon; — les capucines; — la vis de culasse; — la platine; — la contre-platine et ses vis; — la baguette; — la bretelle; — la baïonnette.

19. — *Démonstration de ce remontage.*

On repose l'écusson; la détente; sa goupille, en la présentant du côté de la contre-platine, et la poussant du côté opposé (1); la vis de l'écusson; on la graisse avec du suif; on remet le pontet; le battant d'en-bas; sa goupille, avoir l'avoir, comme l'autre, graissée avec du suif. On replace le canon; les capucines, dirigeant le petit trou de la grenadière du côté de son ressort; la vis de culasse; la platine, ayant soin que la queue de détente pende perpendiculairement au milieu du pontet, et fourrant à cet effet le pouce ou l'index de la main gauche contre le gros nœud; la contre-platine; ses deux vis, en les serrant alternativement peu-à-peu, la plus grande devant passer dans le talon échancré. On remet la baguette.

Placement de la bretelle. On prend la bretelle; tenant la demi-boucle entre ses dents, tournant le côté intérieur de la bretelle vers la baguette, et dirigeant vers la sous-garde; l'extrémité où tient l'attache; on introduit cette extrémité dans l'anneau du battant d'en-bas,

---

(1) Il seroit plus prompt et plus facile de la pousser de l'autre manière; mais beaucoup de goupilles n'étant que de fil de fer, la pression du pousse-goupille y fait à la longue une tête : cette tête déchire le bois, si on ne la repousse pas en commençant par le côté de l'encastrement de la platine. Il vaudroit bien mieux, pour abréger le remontage et ménager le bois, que toutes les goupilles fussent d'acier, et principalement la goupille du battant, qui est bientôt sciée par la rotation de la tête de détente.

on la passe ensuite dans la demi-boucle de cuivre, et on enfile l'attache de buffle dans les trous de la bretelle.

20. — *Démontage, remontage et replacement de la baïonnette.*

On défait et retire la vis de la bague de douille, pour faire passer cette bague par dessus l'étouteau de douille, en la guidant entre les deux rosettes, que l'on écarte légèrement à l'aide du tourne-vis ; on prend garde de forcer la bague que l'on risqueroit de casser. C'est dans cette position qu'on la nettoie, sans qu'elle quitte la douille.

Graissage de la bague. On remet un peu d'huile sur l'embase de la bague ; on redescend la bague contre le bourrelet sur son embase, et on rapproche les rosettes, en les pinçant avec deux doigts, pour y mettre la vis de bague : on fait rôder la bague ; on replace la baïonnette au bout du canon, en la saisissant de la même manière que quand on a voulu l'ôter ; on lui fait faire sa révolution, en tournant vers soi la grande gouttière ; on ferme ensuite la bague.

Temps nécessaire au remontage. Un soldat adroit ne doit pas mettre plus de douze minutes pour démonter et remonter de toutes pièces son fusil, si l'arme est tenue en bon état et sans rouille.

21. — *Description du monte-ressort.* (V. n° 351) (1).

Le nouveau monte-ressort (*V.* pl. 4), décrit dans l'instruction du ministre, se compose d'un montant ou pièce principale (PI), ayant une patte (PV) repliée à angle droit, pour appuyer sur le ressort, et d'une autre partie (PX), aussi repliée à angle droit, percée et écrouée pour recevoir une vis de pression (PL). Dans le milieu du corps de cette pièce principale, est pratiquée une mortaise (QA) d'une longueur déterminée, dans laquelle joue à coulisse un clou à vis, ou vis de mortaise (QB), portant une branche transversale (QC),

(1) *Instruction* de juin 1806, 1re partie, chap. 5.

armée de griffes, destinée à presser les branches des deux ressorts, au moyen de la vis de pression (PL).

Pour démonter le grand ressort (*V.* pl. 4, fig. 1), on applique le monte-ressort de manière que la patte recourbée de la pièce principale ait son point d'appui sur la petite branche du ressort, à la hauteur du rempart de batterie, et que la branche transversale se trouve placée, de l'une de ses extrémités, sous le derrière du ressort; et de l'autre, terminée par un petit crochet dans le creux de la griffe; alors on serre ou on desserre la vis de pression, selon qu'il est nécessaire.

Pour démonter le ressort de batterie, on place l'instrument comme on le voit, pl. 4, fig. 2.

Il ne faut serrer la vis du monte-ressort qu'autant qu'il est besoin pour soulever un peu la griffe du ressort, afin qu'elle n'appuie plus sur la noix, ainsi qu'il est expliqué au n°. 17.

22. — *Description du tourne-vis, nouveau modèle.* (*V. pl.* 4).

Le tourne-vis ployant se compose d'une pièce principale ou branche courbe (OD) d'acier trempé. Cette pièce est percée en son milieu d'une mortaise oblongue (OE) dans laquelle joue à charnière (OI) une branche cylindrique ou tige fermante (OF), laquelle est destinée à s'introduire dans la vis à tête percée, à l'effet de serrer et desserrer les mâchoires du chien : cette branche a l'une de ses extrémités terminée par une petite broche cylindrique (OG, qui sert à repousser les goupilles ; sa tête (OF) est ébiselée, afin que le choc du marteau, dans l'action de repousser les goupilles qui résistent, ne puisse former des bavures nuisibles au mouvement de la charnière.

La branche se replie et se ferme à peu près comme un couteau sur la pièce principale ; par ce moyen, ce tourne-vis, composé de trois branches, se réduit à deux, ce qui obvie à l'inconvénient de déchirer la poche ou bourse de la giberne (*V.* n°. 98.), dans laquelle cet instrument doit ordinairement résider.

23. — *Démontage de la caisse.* (V. n°s 3o, et 104)\.

On commence par débander la caisse en relevant les tirants ; on dénoue le nœud du cordage qui est à côté de la serrure ; on fait sortir le bout du cordage du premier trou du cercle d'en-haut ; on dépasse un tirant ; on continue ainsi jusqu'au troisième trou. Quand le cordage est sorti des trois trous du cercle d'en-haut, et qu'on a ôté les trois premiers tirants, cela suffit pour qu'on puisse faire partir le cercle, au moyen du jeu donné à tout le reste des tirants en les lâchant, et au cordage en le délaçant ; ce seroit perdre beaucoup de temps que de démonter une caisse en désunissant entièrement les cercles et le cordage.

On ôte la vis du timbre ; on décroche le timbre ; on retire les deux grands cercles ; on ôte les deux peaux ; si l'on ne doit pas les mouiller avant de les remettre, il faut avoir ici une attention, c'est, avant d'ôter la peau de batterie, d'y faire avec de la craie ou du charbon une petite marque qui indique quel est son côté correspondant au timbre, afin qu'on la remette dans le même sens où elle étoit placée la première fois.

24. — *Remontage de la caisse.*

On remonte la caisse en présentant et replaçant les peaux, puis en reposant les cercles de manière que celui de timbre ait l'un de ses trous précisément correspondant et au-dessous du trou du fût ; on resserre les cercles, et par conséquent les peaux, au moyen du cordage qu'on repasse en le laçant dans ses œillets, et le bandant peu à peu ; on remet successivement les tirants que l'on auroit ôtés ; on renoue le cordage en tenant la caisse de manière que la peau de batterie soit tournée en fa : du corps, et que ce nœud corresponde (lorsque le tambour a la caisse portée) entre la serrure et la cuisse gauche. C'est en faisant tourner le reste du cordage sur lui-même, de droite à gauche, qu'on façonne ce nœud, et quand il est assez solide, on fait avec le restant du cordage une chaînette qui va joindre le deuxième œillet en s'éloignant du timbre. Le tambour-major doit s'opposer à ce que la caisse soit autrement remontée, et surtout à ce qu'on donne le tour de corde à *l'anglaise*, qui brise bientôt les cercles.

On replace la double bretelle, après qu'on a entièrement remonté la caisse, en faisant passer chaque partie de cette bretelle à gauche et à droite, de manière que le timbre la partage; on passe à travers la double fente de chaque extrémité de cette bretelle, la petite courroie ou attache. Cette courroie a un nœud à chaque bout : ce nœud s'introduit de force entre un cordage et le cercle de timbre; la bretelle se trouve ainsi être fixée solidement.

25. — *Défaut d'instruction.*

Voici les inconvéniens qui résultent du défaut d'instruction du soldat.

Si une vis du fusil est trop serrée (par exemple celle de batterie), la correspondance de toutes les pièces de la platine en est intervertie, et il en résulte des frottemens qui diminuent l'action des ressorts, et empêchent la platine de remplir son objet.

Si les vis sont changées, forcées ou si elles pénètrent mal, si la lumière est cachée par le bassinet ou trop au-dessus de la fraisure, alors le frottement de la batterie contre le pan de la lumière empêche l'ouverture du bassinet.

Si, pour faire sortir le bouton de culasse de son écrou, on se sert d'un marteau, ou d'autres moyens de force, la queue, perdant sa pente, n'est plus en bois (1).

Si l'on repousse les goupilles avec un instrument plus gros qu'elles, il en résulte un évasement qui détériore le bois, sans qu'il y ait moyen de le réparer.

Si le biseau de la pierre n'est pas en dessus (*V.* nᵒ. 34), et que son taillant ne soit pas parallèle à la face de la

---

(1) Expression qui signifie que sa forme cesse d'être en proportion avec son encastrement.

batterie, la pierre ne frappant que sur peu d'étendue, elle ne fournit plus assez de feu.

Si le plomb de la pierre l'enveloppe mal, elle s'échappe et se perd, ou bien elle se fend par l'effet du choc sur la batterie et le contre-coup de la vis du chien sur le talon de la pierre ; et si ce plomb frotte sur la feuille de batterie, il la graisse et l'empêche de fournir du feu.

26. — *Coutumes vicieuses et prohibées* (1).

Il est défendu de se servir de la baguette pour tourner la vis du chien ;

D'employer la lame de la baïonnette en guise de tourne-vis, ou de se servir de sa pointe pour ôter la batterie ou le chien s'ils résistent, ou bien les capucines et l'écusson ;

De faire rougir la baguette, sous prétexte d'élargir le canal, ainsi que de faire chauffer aucuns ressorts, sous prétexte qu'ils sont trop rudes ;

D'aplatir du plomb pour enveloppe de pierre, en le frappant sur un corps dur avec la crosse du fusil, ce qui souvent brise les crosses à leur poignée ;

De couper, rogner ou altérer en aucune manière le bois du fusil, sous prétexte de le faire résonner.

Il est expressément défendu aux soldats de déculasser eux-mêmes leur fusil : l'armurier seul doit être chargé de cette opération (2) ;

De mettre de l'huile aux vis à bois : on doit les graisser avec du suif ;

De déplacer la plaque de couche : elle doit être nettoyée sur le fusil ;

D'ouvrir la bague de la douille pour la retirer entièrement : elle doit être nettoyée sur la douille (*V*. nᵒ. 20) ;

De déplacer le cueilleron et sa goupille, et enfin de passer le fusil à la baguette quand on le nettoie, c'est-à-dire, de le rendre brillant, en se servant de la baguette comme d'un brunissoir.

---

(1) *Instruction* du 15 frimaire an 10, art. 55.
(2) *Instruction* de juin 1806, 1ʳᵉ partie, chap. 6.

Il est défendu aux tambours de battre sur les cercles avec les baguettes, à l'effet de retendre le cordage ; ils doivent donner, si c'est nécessaire, un tour de plus à la corde.

CINQUIÈME LEÇON.

TENUE ET NETTOIEMENT DES ARMES ET DES CAISSES.

27. — *Disposition du réglement* (1).

Les armes doivent être entretenues proprement en dedans et en dehors, sans être polies ; les vis et écrous tenus en bon état ; les pierres, dont on arrondit les angles, doivent être contenues entre deux plombs ; la bretelle du fusil tendue et serrée contre l'arme, la demi-boucle à hauteur de la capucine.

28. — *Disposition de l'instruction de S. Ex. le Ministre de la guerre* (2).

On emploie pour dérouiller le fusil, de l'émeri et de l'huile d'olive ou de la paille de fer tamisée (3) ; on se sert, pour le frotter, de bois tendre et de brosses rudes ; on fouille dans les angles et sinuosités des pièces avec des curettes (*V.* pl. 3, fig. QI) et des spatules. Le canon étant sujet à se courber par la pression que l'on fait pour le dérouiller, on ne le doit jamais frotter dans sa longueur, à moins qu'il ne soit à plat sur un banc ou sur une table. A défaut d'émeri ou de paille de fer, on peut faire usage de grès pulvérisé, tamisé et humecté d'huile d'olive, pour enlever les grosses taches ; et de brique brûlée, bien pilée, et aussi humectée d'huile, pour les petites.

Si ce n'étoient pas des pièces trempées que l'on net-

---

(1) *Réglement de police* du 24 juin 1792, tit. 5, art. 18.
(2) *Instruction* de juin 1806, 3e. partie, chap. 1er.
(3) Les soldats la tamisent dans un vieux bas de laine.

toyât, il seroit même préférable de n'employer que ces
deux espèces d'ingrédiens.

Toutes les pièces, après avoir été nettoyées, doivent
être essuyées avec un chiffon, de manière qu'il n'y reste
jamais d'émeri, de paille de fer, de grès ou de brique,
et qu'elles conservent seulement de l'onctuosité (1).

Les pièces en cuivre se nettoient avec du tripoli ou
de la brique pilée et du vinaigre (2).

On ne doit point employer de substances grasses pour
les frotter ensuite, car elles agissent sur le cuivre et le
font oxider.

29. — *Lavage du fusil* (3).

Après les exercices à feu, il est nécessaire que les
canons soient lavés intérieurement, et surtout les canons des carabines. L'usage des soldats est de mettre
leur tire-balle au bout de la baguette, de l'envelopper
d'un chiffon, et de procéder ainsi à ce nettoiement.
Ceux qui sont moins soigneux, entortillent seulement
de linge le gros bout de la baguette : ces moyens sont
vicieux, en ce qu'ils sont sujets à laisser des débris
d'étoffe dans le canon, ce qui peut empêcher le fusil de
faire feu ou même le faire crever. Pour obvier à ces
inconvéniens, il doit y avoir, par escouade, une baguette de bois que l'on fend par un de ses bouts : on
introduit dans cette fente du linge qu'on y fixe avec du
fil, et alors on procède avec sécurité à ce nettoiement.

Après avoir suffisamment foulé l'eau dans le canon,
et lorsqu'elle en sort sans y prendre une couleur noi-
râtre, il faut essuyer l'intérieur du canon avec du linge
très-sec, et ensuite y passer la pièce grasse. A défaut
de cette attention, on court risque de laisser naître

_____

(1) Les armes une fois nettoyées de la sorte, pourroient être entretenues brillantes avec du tripoli ou du cinabre ; ceci supposeroit
que le soldat auroit grand soin de son arme. Ce nettoiement seroit le
moins préjudiciable à la durée et solidité du fusil.

(2) Le réglement de police, du 24 juin 1792, tit. 5, art. 16,
prescrivoit de les nettoyer avec une pâte composée de blanc délayé.

(3) *Instruction* de juin 1806, 1re partie, chap. 6, paragr. 6.

intérieurement de la rouille qui bouche la lumière et creuse dans l'âme du canon des chambres qui peuvent le faire crever au premier feu.

30. — *Nettoiement de la caisse.*

La caisse peut se nettoyer sans être démontée. Il faut en ce cas repasser les tirants entre la corde et le cercle, et couler une lisière entre le fût et les cordages ; la frotter ainsi en travers et jamais en long, et lorsqu'on a éclairci toute la surface, on blanchit les tirants en prenant garde de laisser tomber sur le fût quelques éclaboussures.

31. — *Préparation des peaux.*

Si l'on doit mettre des peaux neuves, ou qu'on veuille mouiller les anciennes, il faut les tenir dans l'eau pendant une heure à peu près ; on les en retire, on les étend sur une table ; on place leur petit cercle par dessus, et l'on y fait entrer avec force le bord de la peau en la roulant sur elle-même, de manière qu'en regardant en dedans, on ne voie plus du tout les extrémités ou bavures de la peau.

SIXIÈME LEÇON.

PLOMB DE LA PIERRE.

32. — *Manière de le disposer.*

On peut aplatir une balle ou un morceau de plomb, et couper la feuille qui en résulte en deux petits morceaux ; mais ce moyen ne doit être employé qu'à défaut de tout autre, parce qu'il porte le soldat à détruire ses cartouches pour en retirer les balles, ce qui en perd et la poudre et le plomb ;

Parce qu'ordinairement le soldat procède à cette opération en frappant avec la crosse de son fusil la balle placée sur une pierre, ce qui occasionne souvent la

rupture de sa crosse (1). En campagne, un fusil, ainsi
brisé, est hors de service, sans remède.

On doit employer un autre procédé, c'est de faire
couler cette enveloppe (*V.* pl. 4) dans un moule de
cuivre à ce destiné.

33. — *Coulage de cette enveloppe.*

Le moule dans lequel on façonne cette enveloppe
doit être échauffé avant de servir. Le plomb qu'on emploie doit être sans aucun alliage et dans la plus parfaite
fusion. On ne doit point graisser le moule, mais au
contraire, le dégraisser de temps en temps, en le plongeant dans une écuelle d'eau, où l'on aura mis dissou-
dre pour quelques centimes d'ocre jaune ; la teinture
qui résulte de cette dissolution, facilite l'écoulement
du plomb. Un ouvrier un peu adroit fond dans sa
journée un millier d'enveloppes. Ce moule en cuivre
peut s'établir au prix de 20 ou 24 francs ; et la pierre à
feu, convenablement garnie, peut être fournie par
l'armurier au prix de 6 ou 7 centimes.

34. — *Description.* (V. pl. 4).

Ce plomb, d'une demi-ligne d'épaisseur et du poids
de 17 grammes (4 gros et demi), est dimensionné de
manière à déborder d'un millimètre (demi-ligne) la
mâchoire supérieure, dont il imite la forme : il doit
arriver, en se ployant, jusqu'à la naissance du biseau (2)
du silex (LI), qui seul doit rester saillant.

Quand il sort du moule, sa forme est elliptique, et,
vers le milieu de sa longueur, il est pratiqué une

___

(1) C'est ce que les armuriers appellent *faire un jambon.*
(2) Ceci suppose la mèche de la pierre tournée en dessus, ainsi que
le prescrit l'instruction de juin 1806, Ire partie, chap. 6. Jusques-là,
on n'étoit pas d'accord sur cet objet : quelques officiers d'artillerie
étoient d'avis que le biseau regardât en bas, comme c'est d'usage
pour les fusils de chasse, prétendant qu'autrement le bassinet ne s'ou-
vriroit souvent qu'à demi, et que le feu jaillissant trop centralement
de la feuille, ne tomberoit pas d'assez haut pour opérer sûrement
l'inflammation : le sentiment contraire a prévalu.

ouverture ovale (LQ) destinée à enchâsser la tige de la vis à tête percée : sa partie, qui s'applique à la mâchoire supérieure, a latéralement deux ailes ou oreilles (LP) qui se recourbent sous le plomb inférieur, et tiennent la pierre tout-à-fait emprisonnée.

Cette enveloppe, qui s'adapte facilement aux mâchoires du chien, avec lesquelles elle est coordonnée, rend aussi facile le placement de la pierre qu'il étoit difficile auparavant ; elle ménage une uniformité agréable à l'œil ; elle remédie à l'insuffisance et même au danger des anciennes enveloppes ; car nous avons vu les chiffons ou bien le papier, dans lesquels un soldat pressé ou peu soigneux assujétissoit sa pierre, recéler à son insçu des particules de feu qui, quand il se disposoit à amorcer, incendioient sa cartouche et lui brûloient la main ; elle prévient les ratés (*V.* nº 131) qu'occasionnoient ces mauvaises enveloppes, qui, débordant par fois la pierre, s'interposoient entre elle et la batterie lors du choc, et rendoient impossible l'inflammation.

La partie supérieure de cette enveloppe est entourée d'un petit filet perlé (LO), afin que le soldat ne place point ce plomb à contre-sens.

SEPTIÈME LEÇON.

ESPÈCE ET DÉTAIL DES ARMES.

35. — *Armement.*

Pour l'intelligence du démontage, nettoiement et remoutage du fusil, etc., il est nécessaire de donner ici la nomenclature et l'explication de toutes les pièces de l'armement.

Les armes de l'infanterie sont le fusil garni de sa baïonnette ; le fusil de dragon, le mousqueton à baïonnette, la carabine et le sabre-briquet.

Le fusil est l'arme générale de l'infanterie (1).

Le fusil de dragon est l'arme des voltigeurs (2).

Le mousqueton à baïonnette est l'arme des sapeurs d'infanterie (3).

La carabine est l'arme des officiers et sergens des voltigeurs (4).

Le sabre-briquet est l'arme des sous-officiers; grenadiers (5), tambours, cornets; musiciens et sapeurs.

36. — Différentes armes à feu.

La principale différence du fusil de voltigeurs, comparée au fusil ordinaire de munition, consiste dans la longueur de son canon et dans sa garniture.

Le mousqueton est un fusil court, porteur d'une baïonnette longue.

La carabine (6) est une arme dont le canon qui est à pans longs et très-renforcé, est rayé dans son diamètre intérieur, de sept raies spirales, et tellement calibré par rapport à la balle, que celle-ci ne peut descendre dans le canon qu'en y pirouettant, et ne peut parvenir sur la charge, sans y être poussée avec force par une baguette de fer et un maillet.

37. — Emmagasinement des armes.

On choisit pour magasin ou salle d'armes un lieu qui ne soit point humide, et où les armes soient à l'abri de l'ardeur du soleil. Si les armes que des mutations pourroient y faire entrer, avoient besoin d'être nettoyées, elles le seroient (*V.* n° 28) avant d'y être

---

(1) V. *Tenue des armes*, n°. 11; *Description*, n°. 38; *Charge*, n°. 45; *Réparation*, n°. 230.

(2) *Arrêté* du 22 ventose an 12, art. 6; et *Décret* du 2e. jour complémentaire an 13, art. 6.

(3) *Circulaire* du ministre-directeur, du 11 fructidor an 12.

(4) *Arrêté* du 22 ventose an 12, art. 6; et *Décret* du 2e. jour complémentaire an 13, art. 6.

(5) Un décret du 16 mars 1809, avoit retiré le sabre aux grenadiers : il n'a point été mis à exécution.

(6) *Instruction* de juin 1806, 1re partie, chap. 9.

posées. Si elles étoient bien tenues, on les passeroit
lement à la pièce grasse, et on fermeroit l'embouchure
s canons avec des bouchons de liége ou des man-
ins de bois, tels que ceux en usage dans les arse-
ux.

Les lames de sabres ne sont également remises dans
urs fourreaux qu'après qu'elles sont passées à la pièce
asse, ainsi que les baïonnettes; les armes ne pouvant
re long-temps préservées de la rouille, et des fientes
mouches qui y sont très-préjudiciables si elles ne
nt enduites par un corps gras.

Quand les fusils ont séjourné pendant un certain
mps dans un magasin, on doit, avant de les distri-
er aux soldats, les faire démonter pour les visiter,
s nettoyer et faire mettre de l'huile fraîche aux arti-
lations; car il pourroit arriver que la graisse, et sur-
ut l'huile, rarement assez pure (*V.* n° 17, note 2),
ssent formé une espèce de cambouis qui empêcheroit
jeu des pièces, particulièrement de celles de la pla-
ne (1).

(1) *Règlement* du 1er vendémiaire an 13, tit. 4.

38. TABLEAU SYNOPTIQUE DU FUSIL,

EXPLICATIF DES N°s 11, etc. (*V*. pl. 1, 2 et 4).

BOIS.
- A. Devant. .AC
  - Encastrement. ...LC
    - LA De la platine.
    - LB De l'écusson.
    - LC Du support de lasse.
    - L.D. Du canon.
  - AC Canal de la baguette. .... Entonnoir.
  - AD Embase des capucines.
- Crosse. ...
  - AF Poignée. ....LG
    - LE Busc.
    - LF Nez du busc.
    - LG Encastrement branche de cro
  - AG Plat intérieur....
  - Plat extérieur....
  - AM Tranchant intérieur........
  - AI Tranchant extérieur....,.....
  - AK Talon.....,....
  - AL Bec. ....
  - Plaque de couche.
  - AN Son encastrement.
  - Joue. ....
  - V. *Réglem. d'ess cice*, *Ecole du Sc dat*, n° 48.
  - V. *idem*, n° 77.
  - V. GARNITUR page 29.

CANON.
- B. Culasse. .AQ
  - AP Support. ....NK
    - NK Œil.
    - Vis. V. GARNIT.
  - AQ Talon échancré.
  - AR Bouton. .... Pas de vis.
- C. Tonnerre.
- Pan. .. .AS Lumière.
- Ame. ...
- D. Embouchure.
- E. Bouton de baïonnette.

NOTA. *Les lettres servent de renvoi au Planches.*
Tous les mots de ce Tableau sont expliqué au Dictionnaire d'Infanterie.

Décomposition du Fusil et du Sabre.

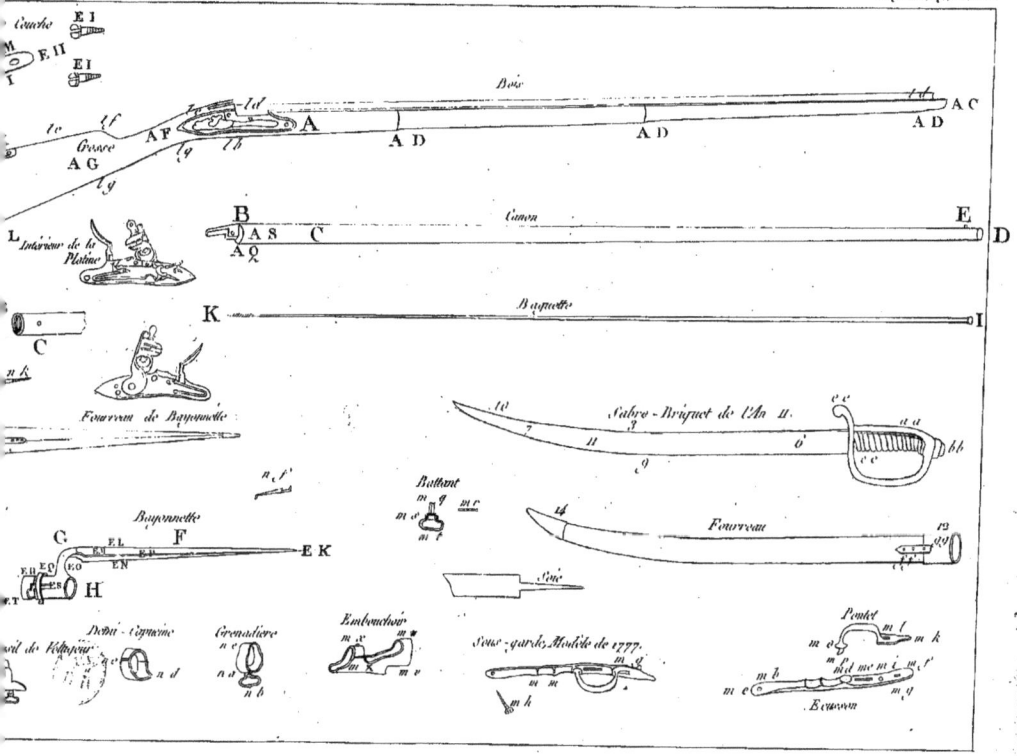

Couche

Bois

Grosse
A G

Interieur de la Platine

Bayonnette

Fourreau de Bayonnette

Baguette

Canon

Sabre - Briquet de l'An II.

Fourreau

Battant

Scie

Debri - capucine

Grenadiere

Embouchoir

Sous - garde, Modèle de 1777.

Pontet

Écusson

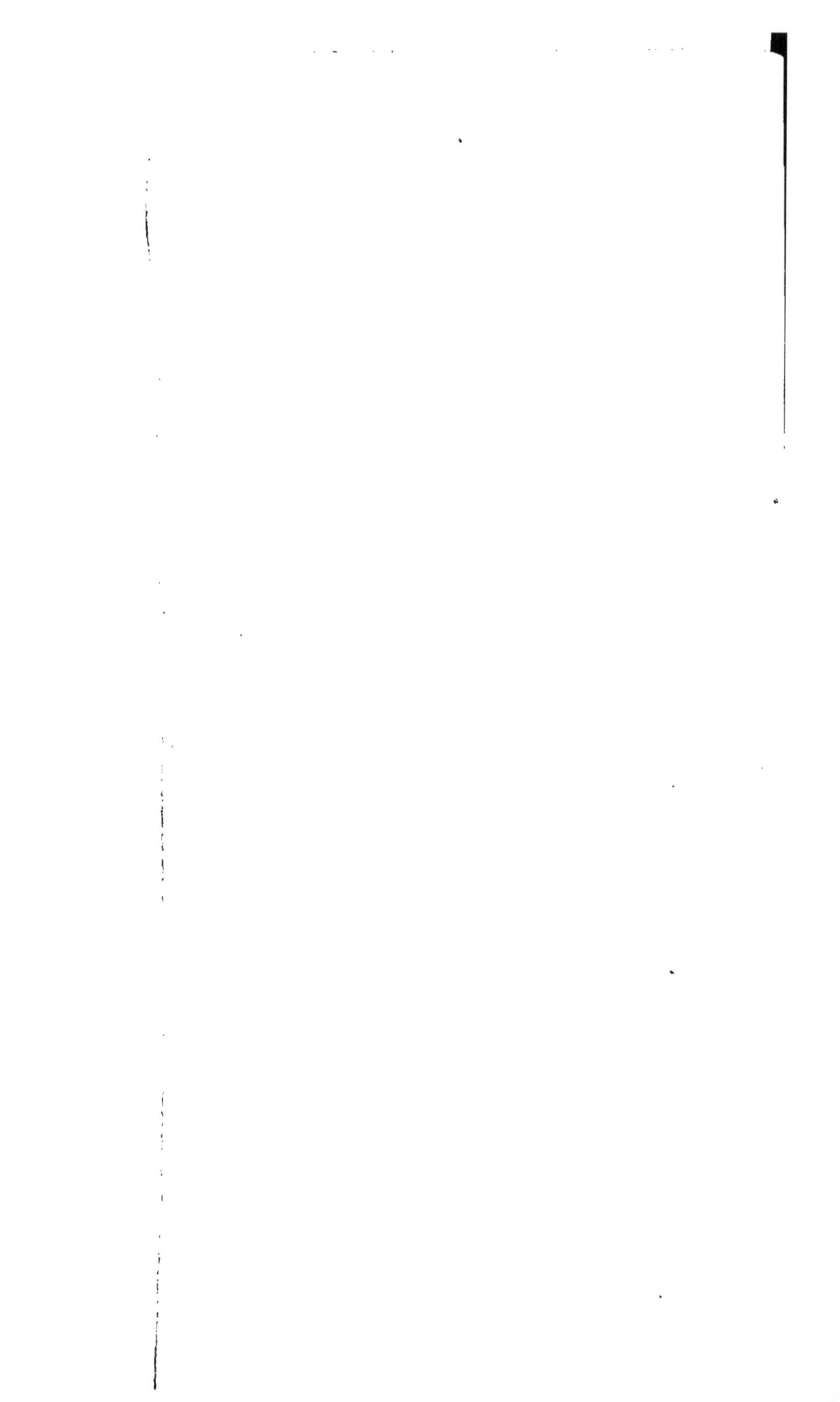

PLATINE. PIÈCES et PARTIES EXTÉRIEURES.

Corps de platine.
- Treize ouvertures à jour.
- Pivot de ressort de gachette.
- AT Queue.
- AU Boutrolle.
- AV Rempart de batterie.
- AX Encastrement du bassinet.

Batterie..
- Dos.
- AZ Face.
- BA Pied.
- BC Talon.
- BD Table.
- BE OEil.
- BF Vis.

Ressort de batterie.
- BG Grande branche.
- BH Petite branche.
- BI Cul de ressort.
- Pivot.
- BK OEil.
- BL Pato.
- BM Vis.

Bassinet..
- BN Rempart.
- Queue.
- BQ Vis.
- BO Fraisure.
- Doucine.
- BR Bride.
- BS Garde-feu.
- BT Angle.
- BU Draperie,

Chien.
- BV Corps.
- BX Crête.
- BZ Pied............NL { Carré ou œil du carré de la noix.
- Espalet.
- CA Dos.
- CB Clou.
- CD Gorge.
- Pierre............ LH Talon. LI Biseau. LK Taillant.
- CE Mâchoire inférieure.
- CF Mâchoire supér.... LM Pas de vis. { Entaille. LN Œil.
- Plomb,.......... LO Filet perlé. LP Oreilles. LQ Trou à jour.
- CH Vis à tête percée.. LR Tête arrondie. LS Tige. LT Collet.

PLATINE. PIÈCES et PARTIES EXTÉRIEURES.

Gachette.
- CI — Queue.
- CK — Devant.
- CL — Bec.
- CM — OEil.
- CN — Tige.
- CO — Vis.

Ressort de gachette.
- CP — Grande branche.
- CQ — Petite branche.
- CR — Cul de ressort.
- CS — Pivot.
- CT — OEil.
- CU — Vis.

Noix.
- CV — Arbre............ { LU Carré. / Ecrou. }
- CX — Pivot.
- CZ — Griffe.
- DA — Cran du bandé.
- DB — Cran du repos.
- DC — Talon.

Bride de noix.
- DE — Pied.
- DF — Queue.
- DG — Pivot.
- DH — OEil d'en haut.
- NM — OEil de pivot.
- DI — OEil d'en bas.
- DK — Vis de bride.

Grand ressort.
- DL — Grande branche.
- DM — Petite branche.
- DN — Pivot.
- DO — Cul de ressort.
- DP — Griffe.
- DQ — Patte............ Son œil.
- DR — Vis.
- DS — Talon.

Décomposition de la platine du Fusil.

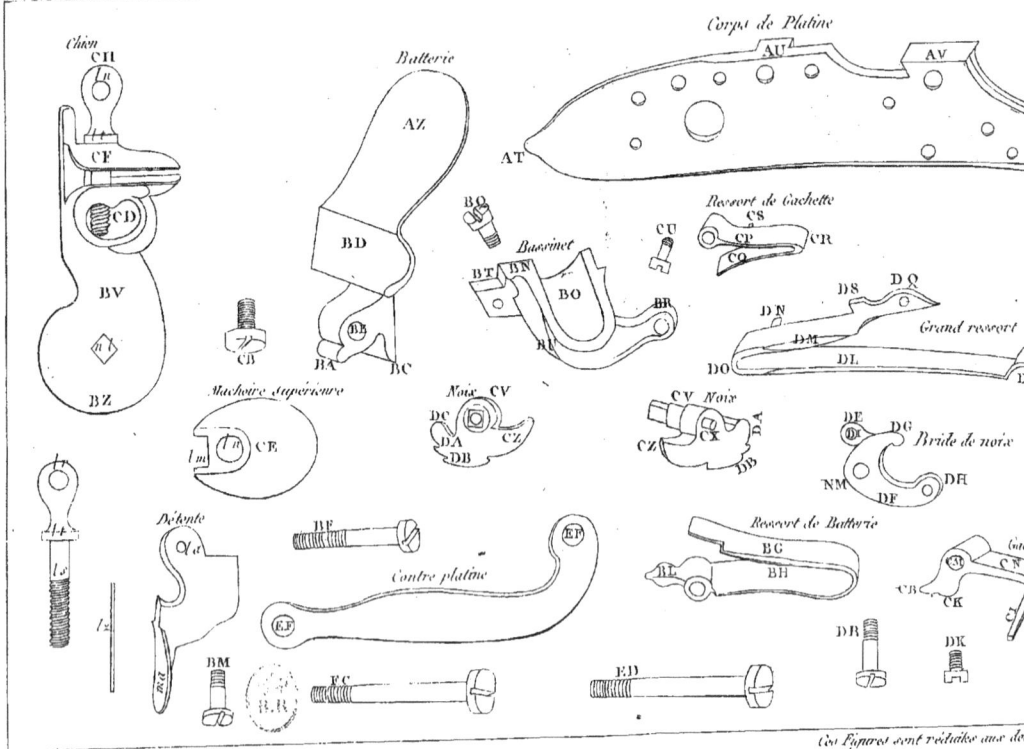

Chien
Batterie
Corps de Platine
Machoire Superieure
Détente
Contre platine
Bassinet
Noix
Ressort de Gachette
Grand ressort
Bride de noix
Ressort de Batterie

Ces Figures sont réduites aux deux

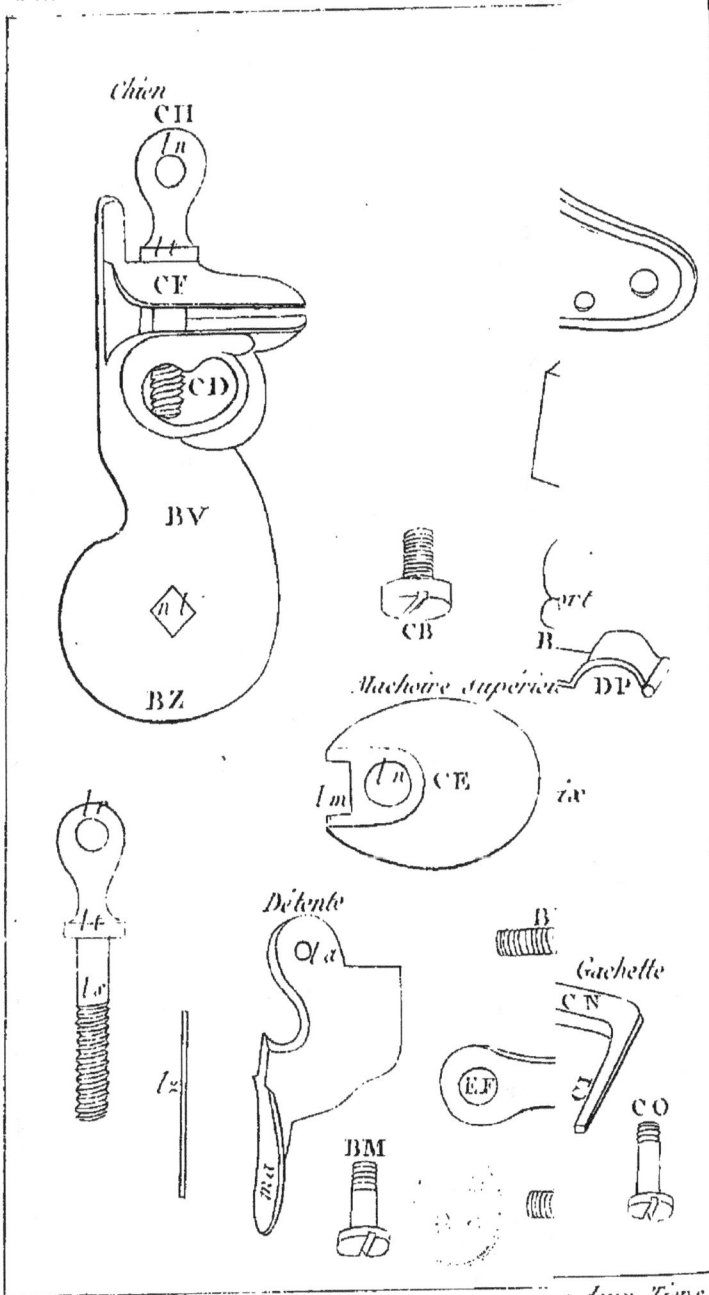

D $C_{27. 28. 29. \&c.}$

Chien
CH

CF

CD

BV

BZ

CB

ort
B.

Machoire Superieu DP

$l m$ CE

Détente

B

Gachette
CN

EF

CO

BM

a deux Tiers.

GARNITURE.

- **Sous-garde.**
  - **Détente** ....
    - LX — Tête.
    - LZ — Goupille.
    - MA — Queue.
  - **Ecusson** ....
    - MB — Branche.
    - MC — Œil.
    - MD — Embase du gros nœud.
    - ME — Mortaise de la détente.
    - MF — Passage de la queue du battant.
    - MG — Taquet.
    - MH — Vis à bois.
    - MI — Boutrolle ou écrou de la vis de culasse.
    - MM — Coches.
  - **Pontet** ....
    - MK — Branche.
    - ML — Œil de cette branche.
    - MN — Petit nœud.
    - MO — Gros nœud.
    - MP — Crochet à bascule.
  - **Battant** ....
    - MQ — Queue.
    - MR — Goupille.
    - MS — Epaulement.
    - MT — Anneau.
    - Clou rivé.
- **Capucines.**
  - **Embouchoir** ....
    - MU — Barres.
    - MV — Entonnoir.
    - MX — Point de mire.
    - MZ — Trou du ressort.
  - **Grenadière.**
    - Clou rivé.
    - NA — Rosette.
    - NB — Anneau.
    - NC — Trou du ressort.
  - **Demi-capucine** ...
    - ND — Bec.
    - NE — Trou du ressort.
- **Contre-platine.**
  - EC — Petite vis.
  - ED — Grande vis.
  - EF — Œil.
- **Ressorts.** ...
  - D'embouchoir....
  - De grenadière....
  - De demi-capucine. } NF
  - De la baguette ou cueilleron.....
  - Sa goupille.
- **Plaque de couche.**
  - EG — Talon ....
  - EH — Bec............
  - AM — Tranchant intér.. } *V.* CROSSE, page 26.
  - AI — Tranchant extér..
  - EI — Vis à bois.......
  - Œil. ....

BAIONNETTE.

F. Lame...
- EK Pointe.
- EL Dos.
- EM Petites gouttières.
- EN Grande gouttière.
- EO Talon.
- EP Arêtes.

G. Branche coudée.   Voy. *Régl. d'Exercice*, *Ecole du Soldat*, N°. 63.

H. Douille.
- Etouteau de douille.
- EQ Bague......
  - NG Rosette percée d'un œil.
  - Rosette taraudée.
  - Etouteau de bague.
  - NH Pontet de bague.
  - NI Vis.
- Embase de bague.
- ER Bourrelet.
- ES Echancrure.
- ET Pontet de douille.

Fourreau.

BAGUETTE.
- I. Poire ou gros bout.
- K. Petit bout. EU Son pas de vis.

BRETELLE.
- Demi-boucle.
- M. Attache.

39. TABLEAU SYNOPTIQUE

DES

OBJETS DE PETITE MONTURE,

NÉCESSAIRES AU DÉMONTAGE ET REMONTAGE DU FUSIL.

(Voy. planche 4.)

PETITE MONTURE.

Tire-Balle.
- OA — Tête.
- OB — Branches spirales.
- OC — Branche taraudée.

Tourne-Vis.
- OD — Branche courbe..OE Mortaise.
- OF — Tige fermante...OG Poussegoupille.
- OH — Tête.

Monte-res-sort.
- QC — Crampon......
  - OM — Griffe.
  - QB — Vis de mortaise.
- PI — Montant......
  - PV — Patte repliée.
  - — Ecrou.
  - QA — Mortaise.
- PL — Vis de pression.

40. TABLEAU SYNOPTIQUE DU SABRE.

SABRE-BRIQUET de l'an 11.	MONTURE..	1	Poignée........	AA	Pommeau.
				BB	Demi-olive.
				CC	Hélices.
		2	Garde..........		Sa marque.
		3	Quillon........	EE	Bouton de quillon.
	LAME.....	4	Soie..........		
		5	Talon..........		
		6	Fort..........		
		7	Foible.........		
		8	Dos...........		
		9	Tranchant......		
		10	Faux tranchant..		
		11	Plat...........		
	FOURREAU.	12	Chappe.......	FF	Agraffe.
				GG	Sanglon.
			Couture.		
		14	Bout.		
			Marque.		
	ORNEMENT.		Dragonne.		
		17	Manchette.		

NOTA. *Les Chiffres et les Lettres servent de renvoi aux planches.* Voy. *Dictionnaire d'Infanterie.*

HUITIÈME LEÇON.

TENUE DE LA GIBERNE.

41. — *Fabrication de la cire.*

On fait fondre une livre de cire blanche, à laquelle on peut joindre ensuite un peu de gomme arabique ; on verse une partie de cette cire fondue sur une once de noir d'ivoire. Lorsqu'on a suffisamment opéré ce mélange de la cire et du noir, on remet le tout sur le feu, et l'on remue doucement cette composition jusqu'à ce qu'elle soit devenue bouillante ; alors on la retire, on la tamise et on la moule.

Si l'on n'avoit pas de cire blanche, on feroit usage de cire jaune ; on peut aussi se servir des deux mêlées ensemble. Il faudroit en ce cas y joindre deux onces de gomme arabique, afin de les dégraisser et de leur donner du brillant ; on peut substituer le noir de vigne au noir d'ivoire.

42. — *Vernissage.*

Quelques régimens font vernir la giberne, ce qui les dispense de l'usage de la cire. La garde impériale et la garde de Paris, mettent en pratique ce vernissage ; elles y trouvent de l'économie, car la cire ne laisse pas que de coûter par mois par compagnie neuf ou dix fr., et beaucoup de gibernes se détériorent par la manière de les flamber, ou par l'emploi des cailloux chauds avec lesquels il y a des soldats, qui fondent, étendent et polissent la cire.

On peut faire vernir à un nombre de couches suffisantes une giberne au prix de 75 centimes. Cette préparation se maintient au moins deux ans, sans autre soin que celui d'humecter de temps en temps la patelette et les fonds avec un peu d'huile. Le cuir peut même rester luisant pendant un plus long-espace de

2 **

temps, si le soldat est soigneux et qu'il soit pourvu d'un couvre-giberne (*V.* n° 213.).

43. — *Manière de cirer la giberne* (Voyez n° 98).

Si la giberne qu'on veut cirer est neuve, on la ratisse entièrement et on unit sa surface en y passant la pierre ponce : ce premier soin a pour objet de détacher le noir endurci qui la couvre, et qui empêcheroit la cire d'en pénétrer le cuir ; sans cette précaution, elle s'écailleroit bientôt. On cire fortement et également en faisant flamber la cire, c'est-à-dire, en présentant la giberne au-dessus d'un petit feu de paille bien sèche ; de manière à chauffer la cire et non le cuir, qui autrement se couvriroit de pustules et deviendroit cassant. On recommence jusqu'à ce que chaque couche fasse corps ensemble, et que la cire s'étende d'une égale épaisseur. Ensuite on astique (1) en remettant de la cire partout. On bouche les petits trous et les défauts qui se trouvent dans le cuir, et l'on continue d'astiquer jusqu'à ce que les surfaces soient parfaitement unies ; on polit alors avec un bouchon de Liége, et l'on essuie avec un tampon de linge ou de drap fin. Quand il fait chaud, on n'essuie pas à l'instant même l'endroit poli, car on terniroit le luisant de la cire encore échauffée. La giberne étant essuyée, et sans aucune tache, on la frotte légèrement avec la paume de la main pour la rendre, ce qu'on appelle, *miroitée.*

Quant aux gibernes qui ont déjà servi, si elles se trouvent grasses et que la cire n'y obtienne plus de brillant, il faut les ratisser avec un couteau, après les avoir présentées au feu ; les cirer, les faire flamber comme les gibernes neuves, et les finir de la même manière.

Si les coins de la patelette ont contracté un mauvais pli, c'est quand le cuir est échauffé que l'on peut, après avoir donné un coup d'astic, le redresser entre les

---

(1) *Voy.* planche 3. Un astic est un polissoir d'un bois dur, ou bien un caillou ou une dent emmanchée.

mains, et lui rendre la forme qu'il conservera en refroidissant.

Si les côtés du coffre sont déformés, il faut les décirer en les grattant avec un couteau ; ôter le bois, tremper dans l'eau le coffre entier, remettre ensuite ce même bois en place, et poser au-dessus de lui celui d'une autre giberne. Le coffre humide étant ainsi rempli, on le laisse sécher en le mettant en presse de manière que les deux fonds où côtés s'appliquent exactement sur les deux bois ; quand le coffre sera sec, il aura repris sa première forme (1).

Il est à remarquer qu'en été, il vaut mieux cirer une giberne à l'ombre qu'au soleil, parce que, plus la cire est difficilement amollie, plus elle acquiert de brillant.

Voici ce que dit le réglement de police (2); les gibernes seront cirées, même sur les côtés; on emploiera pour unir la cire un polissoir de buis.

NEUVIÈME LEÇON.

BONNET DE POLICE (3).

44. — *Son ploiement et placement.*

Il faut, pour rouler le bonnet de police (4), le déployer dans toute sa longueur, en détroussant la partie qui s'appelle revers ou bandeau. On l'étend sur une table ou un lit; alors, commençant par le côté de la houpe, on le roule serré en suivant la ligne gauche,

(1) Quelques corps ont adopté l'usage de faire garnir d'une planchette les côtés des gibernes. Dans tous les cas, les fabricans de gibernes doivent doubler ces *fonds* ou *côtés*.

(2) Du 24 juin 1792, tit. 5, art. 17.

(3) Ainsi nommé parce qu'il est le signe de la punition de la salle de police ou celui des travaux de corvée. *Réglement de police* du 24 juin 1790, tit. 10, art. 47.

(4) Une nouvelle forme de bonnet, prescrite par le ministre, exigera un différent procédé de ploiement.

après avoir préalablement eu le soin d'en laisser sortir la houpe d'environ 27 millimètres (un pouce).

Le bonnet plié de la sorte, représente sur le côté gauche, le dessin d'une spirale, du centre de laquelle sort la houpe qui pend d'un pouce.

L'ayant ainsi roulé, on le place sous la giberne, de façon que ses deux extrémités ne dépassent pas le côté du coffre, et qu'on ne voie paroître que la couleur du revers (1).

La houpe placée du côté opposé à la marginale de la giberne, pend à la droite de l'homme.

DIXIÈME LEÇON.

CARTOUCHES.

45. — *Confectionnement des cartouches* (2).

Les cartouches d'infanterie ou à fusils (3) sont des petits sacs de papier qui contiennent la charge de poudre et la balle.

La quantité de poudre que l'on emploie ordinairement pour chaque cartouche est égale en poids, à la moitié de celui de la balle.

Les balles des fusils d'infanterie sont de 16 à 20 à la livre (489 grammes), ainsi d'après ce qu'on vient de dire, on aura quarante cartouches dans une livre de poudre.

Le meilleur papier à employer pour faire les cartouches d'infanterie est celui qui est bien collé, pas trop épais, et qui a des dimensions telles que quand on le coupe, on ne trouve pas trop de déchet ; celui de 35

_____

(1) *Voy.* la giberne ouverte, planche 3.

(2) Le mot cartouche dérive de l'italien *cartocchio*, qui signifie gros papier.

(3) *Voyez* Régl. de service du 1er mars 1768, tit. 22, art. 6 et 9 ; — Régl. d'armement du 1er vendémiaire an 13, art. 28, et Inst. du ministre de la guerre, de juin 1806, 1re partie, chap. 11.

centimètres (13 pouces) de hauteur sur 43 centimètres (16 pouces) de largeur, feuille ouverte, remplit cette dernière condition.

Pour couper une feuille de ce papier on la plie en 3 dans la largeur, chaque tiers se coupe en deux parties ayant 17,50 centimètres (6 pouces 6 lig.) de hauteur, et 14,50 centimètres (5 pouces 4 lig.) de largeur, et chacune des six parties, se taille en deux trapèzes dont les quatre côtés devront avoir 15,50 centimètres, 14,50 centimètres, 11,50 centimètres, 6 centimètres (5 pouces 8 lig. ¹⁄₃, 5 pouces 4 lig., 4 pouces 3 lig., 2 pouces 3 lig.)

Chacun de ces petits trapèzes servira à faire une cartouche, ainsi une feuille de papier en fournira douze.

Les ustensiles nécessaires dans un atelier de cartouches d'infanterie, sont : des tables dans lesquelles sont pratiqués des trous un peu plus larges que le diamètre des balles, et ayant en profondeur le tiers de ce diamètre.

Des mandrins de bois sec et dur de 19 centimètres (7 pouces) de largeur et de 1,50 centimètres (6 lig. 9 points) (une ligne moins que le diamètre de l'ame du canon du fusil d'infanterie), arrondis à un des bouts, et ayant à l'autre une cavité pour recevoir le tiers de la balle.

Des mesures de fer blanc contenant comble la quarantième partie d'une livre de poudre. Elles sont faites en cône tronqué renversé, dont le plus petit cercle est le fond. Leurs dimensions sont 3,40 centimètres (15 lignes) de hauteur, 3 centimètres (13 lig.) de diamètre au gros bout, et 2 centimètres (9 lig.) au fond.

Des barillets pour contenir la poudre et les balles qu'on emploie, et d'autres pour recevoir des cartouches roulées et non remplies qu'on y pose verticalement.

Des petits entonnoirs dont la douille a l'ouverture plus petite que celle des cartouches, et cependant assez grande pour laisser passer la poudre librement.

Pour faire une cartouche, on prend un mandrin, on place une balle dans sa cavité, on le met sur un des trapèzes de papier, la balle placée du côté qui a 6 centimètres (4 pouces 3 lig.) de longueur (à 6 lig. environ du bord). On roule fortement en commençant par le côté de 11,50 centim. (5 pouces 4 lig.) On relève le mandrin pour replier le papier sur la balle; on arrondit et on serre ces plis en posant la cartouche dans un des trous pratiqués dans la table, en appuyant fortement sur les mandrins, et en le tournant; on ôte ensuite le mandrin; on pose la cartouche verticalement dans un des barillets, on y met une mesure de poudre en la versant au moyen de l'entonnoir, et on remploie le papier le plus près possible de la poudre.

Lorsque les cartouches doivent être sans balles (1), au lieu de plier le papier en trois, on le plie en quatre dans sa largeur, et on tire alors seize cartouches; dans ce cas, la charge de poudre doit être d'un soixantième de 489 grammes (1 livre); la mesure est rase.

On s'assure de la justesse des cartouches, en les faisant passer dans un bout de canon de calibre.

On en fait des paquets de quinze (2), opposant alternativement les côtés des balles, et enveloppant chaque paquet dans une feuille de papier des cartouches, dont on replie les deux bouts; ensuite on les lie avec une petite ficelle passée en croix sur le milieu de la hauteur et de la largeur. Cinq onces de cette ficelle suffisent pour lier mille de ces paquets.

Dix hommes en dix heures, le papier coupé, doivent faire 10,000 cartouches en un jour. Six hommes roulent, deux hommes remplissent, deux hommes empaquetent.

―――――

(1) Chaque paquet de cartouches à balles qu'on met dans l'auge de la giberne s'y place debout. Les cartouches mises dans les trous du coffret doivent avoir la balle en l'air, pour qu'aux inspections on sache en un clin d'œil si les soldats sont pourvus de cartouches à balles ou à poudre. (Voy. n° 98.)

(2) Ils sont composés de quinze cartouches rangées sur trois d'épaisseur, parce que ces paquets ne présentent qu'une dimension de 3 pouces 10 lignes sur 2 pouces, et que la capacité de l'auge de la giberne est de quelques lignes de plus. (Voy. n° 98.)

ONZIÈME LEÇON.

CHARGE DU SOLDAT.

46. — *Havre-sac. Vivres de route*, etc.

Cette leçon comprend la manière de faire le sac et d'y établir tout ce qui doit le composer ; — la manière d'y placer le sac de toile ; — celle de rouler la capotte ; — celle de porter le bonnet d'oursin ; — la marmite et gamelle ; — le pain ; — la viande.

47. — *Forme du havre-sac.*

Le havre-sac renferme quatre compartimens : celui du fond et celui du devant sont séparés par une toile écrue. Le troisième compartiment (1) qui est situé sur le côté, est une espèce de sac destiné au linge sale, et enfin la patelette contient une poche qui fait le quatrième compartiment.

48. — *Emploi de ces compartimens.*

Celui du fond est destiné à recevoir les principaux effets ; les deux chemises que l'on suppose propres, doivent être roulées aussi serrées que possible et posées l'une à côté de l'autre dans le fond de ce compartiment. On les place ainsi parce qu'il est censé que le soldat n'a besoin de les retirer du sac qu'au séjour, et qu'il convient de mettre en-dessus les objets d'un usage plus journalier ; on met au côté les chaussettes roulées ensemble, le mouchoir, le col et les guêtres de rechange.

Au-dessus des chemises, on étend dans sa longueur, le pantalon soit de toile, soit de tricot, que le soldat doit avoir soin de retourner.

---

(1) Cependant ce compartiment n'existe plus dans les derniers modèles de havre-sacs.

On fourre dans la culotte le martinet, afin qu'il ne blesse pas le dos du soldat ; la patience dans la poche de côté, ainsi que la brosse en cuivre, l'astic et les curettes.

Les guêtres noires retournées et pliées, le gousset en dedans, doivent être placées au-dessus de la culotte, l'une d'un côté, l'autre de l'autre.

La trousse se met dans un des coins du sac.

Le compartiment de devant est destiné au linge sale.

La double poche de la patelette doit contenir les souliers ; — un petit sac de paille de fer ou d'émeri ; — la brosse à souliers, enveloppée dans du papier ou dans du linge ; — la boite à graisse ; — la cire à giberne ; — le petit sac renfermant le blanc d'Espagne, la terre de pipe, le tripoli ; — un tampon ou pièce d'étoffe.

49. — Sac de toile (1).

Il peut se mettre en dehors du havre-sac, dessus ou dessous la capote, étant roulée suivant une dimension proportionnée ; mais cette manière a ses inconvéniens ; elle offre un coup-d'œil moins agréable, et son uniformité est difficile à obtenir. D'ailleurs, en cas d'orage, il faudroit trop de temps au soldat pressé de se couvrir de sa capote pour la délier et rattacher le sac de toile, et puis le sac venant à s'imbiber de pluie, il alourdiroit d'autant la charge et ne pourroit plus servir au couchage à cause de son humidité. Il paroît plus convenable de l'enfermer dans la partie supérieure du havre-sac, où il établit une séparation entre les objets propres et les souliers et ustensiles nécessaires à la tenue.

Pour placer ainsi le sac de toile, il faut qu'il soit ployé en double dans sa longueur et roulé ensuite d'une manière lâche, afin de l'applatir et de recouvrir entièrement tous les objets contenus dans le havre-sac.

Mais si le régiment devoit voyager en capote et mettre l'habit dans le havre-sac, il faudroit alors que de nécessite le sac de toile fût fixé sur la patelette au

_____

(1) Réglement de campagne du 5 avril 1792, tit. 1, art. 5.

moyen des courroies de capottes, et que l'habit ployé, la doublure en dehors, fut enfermé en remplacement du sac.

50. — *Capotte.*

Pour la ployer, on la retourne dans sa longueur, ayant soin d'appuyer les manches l'une contre l'autre, et non pas l'une sur l'autre, afin que le volume de la capotte roulée, soit égal des deux côtés. On étend la capotte à plat, et on en plie l'étoffe en long de droite et gauche, en se conformant aux dimensions du havre-sac mesuré dans sa largeur. On roule très-serré la sa-potte, en commençant par le collet, et on s'arrête à un demi-pied de la partie inférieure du vêtement qu'on enferme en lui-même, à la manière des manteaux, et à qui son extrémité retournée sert d'enveloppe.

Ainsi pliée, la capotte se place sur le havre-sac où elle est attachée au moyen de deux courroies de buffle; chacune de ces courroies est de deux morceaux, l'un qui a environ 176 millimètres (6 ou 7 pouces), porte la boucle et son enchâpure, et est fixé contre le bord de la patelette, à environ 95 millimètres (3 ou 4 pouces) du flanc du havre-sac; l'autre partie, qui a environ 526 millim. (19 à 20 pouc.), est attachée à la même distance du flanc sur la ligne où sont cousues et réunies les bretelles.

Lorsqu'on a suffisamment assujetti la capotte au moyen de ses courroies, on fixe l'ardillon, et afin de ne pas laisser pendre l'extrémité non employée de la courroie, on passe cette extrémité dans la porte de l'enchâpure, non pas du bas en haut, mais du haut en bas. On l'enferme en la roulant sur elle-même dans le vide circulaire, et elle forme alors une spirale pleine et solide.

51. — *Bonnet d'oursin de sapeur.*

Le bonnet à poil des sapeurs doit être renfermé dans un étui de coutil, ayant une ouverture, une coulisse et un cordon de chaque côté, afin qu'on puisse y intro-duire le bonnet par une entrée et le retirer par l'autre, sans en rebrousser le poil. Les cordons doivent être

assez longs pour pouvoir servir à attacher le bonnet
sur le sac, chacun d'eux se noue autour de la courroie
de la capotte, et par ce moyen, l'étui du bonnet est fixé
par deux points.

Si les grenadiers ayant le sac sur le dos devoient se
coiffer de leurs bonnets, soit pour une revue, soit pour
tout autre motif, ils mettroient alors le schako dans
l'étui de coutil, en enfermant le pompon dans la coiffe,
et placeroient l'étui comme il est dit ci-dessus.

52. — *Aigrette de grenadier.*

L'aigrette doit être portée habituellement sur le
schako.

53. — *Marmites et Gamelles.*

Les marmites enfermés de leurs étuis de toile,
doivent prendre sur le sac de manière à l'user le moins
possible et à ne point endommager la giberne. Les gamelles s'attachent pareillement au moyen de leurs anneaux, le cul en dehors.

Les tambours doivent être dispensés de porter les
gamelles et marmites, parce qu'elles tiennent la place
que doit occuper leur caisse.

54. — *Pain.*

Le pain se donne pour quatre jours, il est indispensable que les deux premiers jours il en soit enfermé une
partie; le havre-sac ne peut contenir qu'un pain de
munition qui se met dans le compartiment du devant;
il faut que l'autre pain ou fraction de pain, traversé par
une ficelle, pende au-dessous de la courroie de capotte. Mais ce moyen dont il est impossible pourtant
d'abolir l'usage, a beaucoup d'inconvéniens. Le frottement use le sac, le soleil dessèche le pain, la pluie l'imbibe, la poussière le salit et enfin il est sujet à se perdre
ou à être volé.

55 — *Viande.*

Si elle est crue, elle doit être divisée par escouade,
en morceaux de deux ou trois livres et être répartie à

tour de rôle entre les soldats de l'escouade, ces morceaux renfermés dans un mouchoir ou dans une pièce de toile pendant sur le sac.

Si la viande est cuite, elle est alors divisée entre chaque homme, qui enveloppe sa part dans du papier, et la place dans le compartiment destiné au pain.

DOUZIÈME LEÇON.

EXERCICE.

56. — *Notions générales.*

La marche (*V.* nᵒ 111) et le maniement des armes (*V.* nᵒ 120), s'exécutent suivant les principes du réglement d'exercice (1).

57. — *Carabine.*

Le réglement d'exercice ne fait aucune mention de la charge de la carabine, qui a été en usage pendant quelque temps pour les officiers et sergens de volligeurs, mais qui vient d'être supprimée.

58. — *Salle d'escrime, natation, etc.*

L'escrime est l'art d'employer les armes blanches à la défense personnelle (2). Son objet, comme éducation corporelle, est de fortifier, assouplir, rendre lestes et adroits les jeunes gens ; elle se propose aussi de les rendre confians en leur adresse, et par conséquent imperturbables dans les instans dangereux. L'objet de cette étude seroit manqué, si les militaires qui s'y appliquent devenoient brouillons et querelleurs au lieu de se montrer en toute occasion, réservés et polis.

(1) *Voy.* les trois premiers titres du Réglement du 1ᵉʳ août 1791. (*Voy.* nᵒ 110.)

(2) Ce mot dérive d'un mot italien qui signifie *défense, art de se défendre.*

Le réglement de police autorise l'établissement d'une salle d'escrime dans chaque caserne (*V*. n° 254.)

59. — *Instruction des voltigeurs, etc.*

Les arrêtés qui créent les voltigeurs veulent qu'ils soient exercés à la course et à la natation ; qu'ils montent légèrement en croupe, se forment rapidement et suivent à pied un cavalier au trot (1). De plus explicite n'a été publié sur cet objet.

Ces exercices doivent également faire partie de l'éducation des enfans de troupe (2).

TREIZIÈME LEÇON.

MANIEMENT DE L'ARME.

60. — *Feux de rang.*

Depuis quelques années, il a été fait essai d'un *feu de chaque rang* (3) que Sa Majesté a fait exécuter plusieurs fois (*V*. n° 61). Ce feu participe de l'ancien *feu de quatre rangs* (*V*. n° 122); mais il en diffère en ce qu'on reste debout. En cela son mécanisme rentre dans les principes qui ont dicté le réglement de 1776. Il participe du *feu de file*, en ce que le troisième rang fait feu, mais déboîte à droite, tandis que dans le *feu de file* de 1776, il déboîte à gauche ; différence qui, pour le résultat, n'en est pas une. Il s'exécute par peloton demi-bataillon et bataillon, mais jamais *à volonté* ni *par file*. Ce qu'on peut objecter contre ce feu, c'est qu'il paroît impraticable le sac sur le dos, à moins qu'on n'empêche le troisième rang de tirer : on pourroit en ce cas, lui faire charger les armes du rang qui précède, ainsi que cela se pratique dans le *feu de deux rangs*.

---

(1) *Arrêté* du 22 ventose an 12, tit. 2, art. 8 ; et *Décret* du 2e. jour complémentaire an 13, art. 8.

(2) *Arrêté* du 7 thermidor an 8, art. 8.

(3) *Essai général de tactique*, tom. 1er, chap. 4, alinéa 49.

L'avantage de ces feux est d'être presqu'aussi nourri que les feux usités ; d'avoir toujours en réserve, les deux tiers ou les cinq-sixièmes de leur totalité ; de ne se faire qu'à commandement ; d'embrasser un grand front ; de faciliter au premier rang le mouvement de *croisez la baïonnette*, sans interrompre le feu du second rang, et enfin d'éviter les réprimandes, le bourdonnement et la désunion des *feux de deux rangs*. Simple dans ses commandemens et rapide dans son exécution, il met tout-à-fait dans la main du général une troupe nombreuse, remédiant par-là au vice des feux de peloton et de deux rangs.

61. — *Ordre du jour de la première division territoriale, an 13. — Feux de chaque rang.*

Ces feux s'exécutent par bataillon, demi-bataillon ou peloton (1), en observant pour règle, de faire tirer d'abord le troisième rang, ensuite le second et enfin le premier. La place des chefs de bataillon, ainsi que celle des officiers et sous-officiers est la même que dans les autres feux.

62. — *Feu de rang par bataillon.*

On suppose une ligne de six bataillons, à laquelle le commandant général veut faire exécuter le feu de rang par bataillon, il commande : 1 *Feu de rang par bataillon* ; 2. *Commencez le feu.*

Les chefs de bataillon, après avoir répété le premier commandement, commandent : 1°. *Bataillon, arme — troisième rang, — joue — feu* ; 2°. *Deuxième rang, — joue — feu* ; 3°. *Premier rang, — joue — feu.*

Au premier commandement, les trois rangs prennent la position d'*apprêtez les armes*, comme dans le *feu de deux rangs* ; le troisième rang seulement déboîte à droite de six pouces.

Le troisième rang met en joue dans le créneau, se

(1) Il n'est pas expliqué s'ils s'exécutent en *arrière* ; mais cela ne présente aucune difficulté ; ils commenceroient en ce cas par le premier rang, devenu troisième.

fendant de la jambe gauche, exécute son feu, ainsi qu'il est dit dans le réglement, retire ensuite son arme, charge à volonté sans faire face en tête et sans commandement, et revient à la position d'*apprêtez les armes*; attendre un nouveau commandement.

Au deuxième commandement, le second rang met en joue et fait feu, ainsi qu'il est dit dans le réglement, charge les armes à volonté, et revient à la position d'*apprêtez les armes* comme le troisième rang.

Au troisieme commandement, le premier rang met en joue et fait feu, charge ensuite à volonté, et prend la position d'*apprêtez les armes* comme le troisième rang.

Les trois rangs ayant successivement fait feu, si le commandant général ne le fait pas cesser par un roulement, les chefs de bataillon le font continuer, en commençant toujours par le troisième rang, qui le premier est revenu à la position d'*apprêtez les armes*.

Au roulement (1) le feu cesse, et les trois rangs portent les armes; le troisième rang reprend son chef de file.

63. — *Feux de rang par demi-bataillon.*

Les *feux de rang* par demi-bataillon s'exécutent de la même manière, et se font au commandement des deux premiers capitaines, le plus ancien au demi-bataillon de droite, et l'autre au demi-bataillon de gauche (2).

64. — *Feux de rang par peloton.*

Il en est de même pour les *feux de rang* par peloton, qui s'exécutent aux ordres des capitaines qui les commandent.

---

(1) Il n'est point parlé de *coup de baguette*, apparemment pour rendre ce feu plus prompt.

(2) Ils diffèrent en cela des autres feux de demi-bataillon. V. *Régl. d'exercice*, du 1er août 1791; *Ecole de bataillon*, n°. 31; mais cette innovation est impraticable; c'est au chef de bataillon seul à commander les feux de demi-bataillon, parce que les capitaines doivent toute leur surveillance à leur compagnie.

65. — *Avantages des feux de rangs.*

Sur une ligne de plusieurs bataillons, ce feu est d'un grand effet, en ce qu'il embrasse tout le front de la troupe, mais il est incontestablement plus meurtrier, lorsqu'il se fait par demi-bataillon ; il convient même de n'employer que celui-ci sur une ligne de deux ou trois bataillons, puisque les cinq-sixièmes du feu se trouvent constamment en réserve et qu'il n'y a d'autre interruption que celle nécessaire pour faire les commandemens.

Dans ces feux, plus que dans tous autres, les commandemens doivent être clairs et faits sans précipitation ; on doit surtout prendre la plus grande attention à ne commander *joue* à un rang, que lorsque celui qui vient de faire feu a passé l'arme à gauche.

Ces feux commencent toujours par les bataillons, demi-bataillons et pelotons impairs, et continuent par les bataillons, demi-bataillons et pelotons pairs, comme il est dit dans le réglement pour tous les autres feux.

66. — *Résistance contre les charges de cavalerie.*

Si le commandant général veut, en exécutant les *feux de rang,* se mettre en défense contre la cavalerie, il commande : *Feux de rang par bataillon ; 2. Croisez la baïonnette.*

Au premier commandement, les trois rangs apprêtent les armes ; au second, ils croisent la baïonnette sans se déranger de leur position ; le troisième rang seulement se fend de la jambe gauche et avance fortement le corps pour avoir plus de force, et dépasser autant que possible avec son arme le premier rang. Dans cette position le commandant général peut faire exécuter le *feu de rang,* faire tirer les trois rangs à la fois (1), porter sa troupe en avant, ou lui faire porter les armes.

---

(1) L'exécution de ce feu est dangereuse ; nous avons vu différens accidens en être la conséquence.

67. — *Feux, la baïonnette croisée.*

S'il veut ordonner *le feu de rang*, il commande :
1. *Feu de bataillon par rang ;* — 2. *Commencez le feu.*

Le premier commandement, répété par les chefs de bataillon, sert d'avertissement pour les trois rangs, qui alors placent le doigt sur la détente pour s'apprêter à faire feu ; ce qui s'exécute ainsi qu'il est expliqué dans le premier exemple, excepté cependant que chaque rang, après avoir fait feu, reste à la position de *croisez la baïonnette* sans charger son arme (1).

68. — *Exécution de ces feux.*

Si le commandant général veut faire tirer les trois rangs à la fois ; il commande : 1. *Feu de bataillon ;* — 2. *Commencez le feu.*

Le premier commandement, répété par les chefs de bataillon, sert d'avertissement aux trois rangs pour placer le doigt sur la détente.

Les chefs de bataillon commandent ensuite : *Tel bataillon, — feu.*

A ce commandement, les trois rangs font feu à la fois, en tenant l'arme fortement appuyée à la hanche avec la main droite (2) ; les troisième et second rang ont attention de maintenir leur arme dans la direction du créneau pour ne pas blesser l'homme du premier rang ; le troisième rang surtout se penche fortement en avant afin de présenter la baïonnette.

69 — *Pas de charge, la baïonnette croisée.*

Le commandant général voulant porter sa troupe en

---

(1) Si l'ennemi n'est plus qu'à trente pas, et qu'on soit dégarni de son feu, il ne faut point faire recharger les armes ; parce qu'il a été calculé qu'à cette distance on n'en auroit pas le temps avant d'être joint. *Supplément à l'Encyclopédie.*

(2) Pour ce feu, le fusil doit être placé la platine fort en dessus, et la pointe de la baïonnette doit être moins haute qu'à l'ordinaire. Sans ces précautions il y auroit à craindre l'explosion des gibernes, la brûlure des vêtemens, et la direction des projectiles dans une parabole trop élevée pour que l'ennemi dont on essuie la charge pût en être atteint.

avant, commande : 1. *Régiment ou bataillon, en avant, pas de charge ;* — 2. *Marche* (1).

A ce commandement, la ligne ayant toujours la baïonnette croisée, part avec rapidité. Les trois rangs doivent se presser sans se gêner ; le pas doit être court et précipité (2) ; les serre-files serrent sur le troisième rang, de manière à en former un quatrième, et à augmenter la force par la profondeur.

70. — *Halte, pour recharger les armes.*

Lorsque le commandant général veut faire arrêter la ligne, il commande : 1. *Régiment ou bataillon, halte ;* — 2. *Chargez vos armes.*

Au premier commandement, la troupe fait halte ; au second elle charge les armes ; ensuite les chefs de bataillon rectifient la ligne.

71. — *Observations.*

Comme il est de la plus grande importance, quand on est en face de la cavalerie, de ne pas se dégarnir de son feu, il convient, dans la position de la baïonnette croisée, de se servir du *feu de rang*, préférablement au feu de bataillon, et pour cet effet, les commandemens se font ainsi qu'il est dit dans le premier exemple.

Il est prudent d'entamer la charge en se conservant au moins le feu d'un rang.

---

(1) Il n'a point été expliqué dans cet ordre du jour, si le premier rang de la garde du drapeau doit se porter en avant, (*Réglement d'exercice* du 1ᵉʳ août 1791, *École de bataillon*, nᵒ. 451.) Cette disposition ne semble point applicable ici.

(2) *Voy.* nᵒ. 117, note 4. Il eût été à propos de préciser la mesure et la vitesse de ce pas, en énonçant qu'il doit être court et précipité.

QUATORZIÈME LEÇON.

FORMATION DES FAISCEAUX.

72. — *Armes en faisceaux.*

Il est d'un usage aussi ancien que celui de la baïonnette, de mettre les armes en faisceaux avant les repos des grands exercices, et au bivouac ; cependant on ne trouve rien d'écrit à ce sujet : voici la manière dont on a vu les régimens former leurs faisceaux ; c'est celle décrite ci-après.

Le bataillon étant en bataille, et ayant les armes reposées, le chef de bataillon commande :

73. — *Mettez vos armes en faisceaux.*

A ce commandement, chaque chef de peloton fait former un faisceau de trois fusils de chaque file, sur le terrain même de la ligne de bataille.

74. — *Sentinelle de l'aigle ou enseigne.*

Les grenadiers, ou bien une compagnie désignée à cet effet, devant fournir une sentinelle à l'aigle ou enseigne, un caporal et deux factionnaires de la compagnie désignée restent armés, et pendant que chaque file forme son faisceau, ce sous-officier emmène ces deux hommes ; et en place un en sentinelle, dépose son fusil, et fait déposer celui du second homme contre le faisceau du drapeau.

Lorsque la sentinelle est posée, et que le chef de bataillon s'est assuré de l'alignement des faisceaux et de leur régulier espacement, il fait battre la breloque (1) par le tambour qui a gardé sa caisse ; à ce signal, le bataillon s'éparpille.

(1) *Règlement d'exercice* du 1er août 1791 ; *Ecole de bataillon*, n°, 683.

75. — *Manière de se reformer.*

La manière de se reformer ne demande point d'explication ; cette formation commence quand on bat le drapeau, et doit être terminée dès les premiers coups de rappel. Chaque soldat reconnoît son arme au moyen du numéro gravé sur la douille et sur la baguette, s'assemble à six pas en arrière de l'ancienne ligne de bataille (1), et si le front du régiment est changé, chaque peloton se porte par le flanc droit ou le flanc gauche, sur le nouvel alignement donné par le commandant au peloton du drapeau.

QUINZIÈME LEÇON.

MANŒUVRES NON PRÉVUES PAR L'ORDONNANCE.

76. — *Carrés d'Egypte.* (Voy. pl. 8.)

Ces carrés diffèrent principalement de ceux prescrits par le réglement d'exercice, en ce qu'ils ne se forment que sur trois hommes de hauteur (2), et peuvent s'exécuter par bataillons, formés en pelotons ou divisions ; ils sont de forme parallélogramme, c'est-à-dire oblongue ; on les fait exécuter d'une manière *parallèle* (*V*. n°. 77) ou *perpendiculaire* (*V*. n°. 80), c'est-à-dire, que l'axe ou capitale (*V*. fig. 3 et 6) que forme la colonne avant de s'ouvrir pour vider son centre, règne dans le même sens que l'ancien alignement de la troupe, ou bien, que (pour former le carré perpendiculaire), cet axe coupe à angle droit l'ancienne ligne de bataille. Ce premier genre de carré se forme en avant ou en arrière de la ligne, suivant qu'on rompt par subdivision à droite ou à gauche, c'est-à-dire, par le moyen des conversions, ou bien

---

(1) *Réglement d'exercice* du 1ᵉʳ août 1791 ; *Ecole de bataillon*, n°. 685.

(2) *Evolutions de ligne*, n°ˢ. 608 et 609.

3 *

par subdivision en arrière à droite ou à gauche. Le second genre de carré se forme en arrière de la ligne, à moins que le carré ne soit central, auquel cas il se forme à cheval sur la ligne.

Ils ont été prescrits par un ordre du jour de la première division militaire, donné en l'an 13.

77. — Carrés parallèles. (Fig. 1, 2, 3).

Ils s'exécutent sur les extrémités ou sur le centre.

L'officier commandant, voulant faire exécuter ce carré sur l'aile droite d'un régiment ou d'un bataillon, commande : *carré, sur l'aile droite même direction que la ligne* (Voy. fig. Ire).

A ce commandement, répété s'il est nécessaire, chaque chef de subdivision fait rompre à droite (1).

Au commandement *marche*, toutes les subdivisions serrent à demi-distance, à l'exception de la première qui ne bouge, et de la seconde qui serre à demi-distance plus l'épaisseur de trois files ; la dernière subdivision serre entièrement, et fait demi-tour à droite. Les subdivisions intermédiaires rompent par peloton ou section à droite et à gauche, pour former les côtés longs du carré ; les officiers supérieurs, tambours, musiciens, sapeurs et serre-files des subdivisions qui font demi-tour à droite, entrent dans le carré, qui nulle part ne présente cessation de contiguïté.

La ligne se rétablit en reformant les subdivisions par le commandement *en arrière à droite ou à gauche, alignement*. La dernière subdivision se porte en avant et s'arrête à demi-distance. La première subdivision ne bouge. Toutes les subdivisions intérieures font demi-tour à droite, et la colonne marche par son troisième rang (2) pour reprendre les distances entières ; les sub-

___

(1) Les fig. 1, 2 et 3 représentent les subdivisions rompues par les conversions. On exécute également le carré, en rompant par subdivisions en arrière à droite ou à gauche, c'est-à-dire par le flanc.

(2) Il est à observer que ce cas est le seul où une colonne marche autrement que par son premier rang (V. n°. 327, *Contre-marche*); quand elle marche par son troisième rang (ce que n'a pas prévu le

divisions, aux commandemens successifs de *halte* , s'arrêtent, font demi-tour à droite, s'alignent sur leur guide, et la ligne de bataille se reforme.

78. — *Deuxième exemple.* (Fig. 2).

Carré sur l'aile gauche , même direction que la ligne.
Ce carré s'exécute par les moyens inverses ; il a lieu, ainsi que le premier, par bataillon et par régiment.

79. — *Troisième exemple.* (Fig. 3).

Carré sur le centre , même direction que la ligne (1).
A ce commandement, les divisions rompent à droite

Réglement), il semble nécessaire que le capitaine reste derrière le premier rang, devenu troisième ; que les guides passent aux ailes du troisième rang, devenu premier, et que ces guides, quand la troupe est en marche, commencent à compter leurs pas, depuis le moment où le chef du peloton qui doit s'arrêter avant eux, a fait le commandement de *halte*. Il faut alors que ces sous-officiers s'arrêtent de leur personne, après avoir compté un nombre de pas égal à la moitié de l'étendue du front de leur subdivision, et fassent demi-tour à droite. Les guides d'une colonne marchant par son troisième rang doivent être déterminés du côté qui doit servir de pivot au quart de conversion, pour reformer la ligne. (Voyez *Ordonnance* du 11 juin 1774.)

(1) Les dimensions de ce carré étoient exactement combinées, avant que la nouvelle formation, décrétée le 18 février 1808, ne nécessitât d'autres règles. Voici la cause de l'inexactitude qu'on doit y remarquer, et que nous n'avons pas voulu prendre sur nous de corriger dans le texte. L'intervalle du bataillon étoit, suivant l'ordonnance de 1791, égal à un peloton et demi. Aucune décision n'a déterminé que cet intervalle dût actuellement s'agrandir, en proportion de l'alongement du front du peloton ; or, il faut supposer ce front de 40 pieds ou de 20 mètres au moins. Pour garder, ou plutôt pour rétablir l'ancienne proportion, il faudroit que l'intervalle fût déterminé à 36 mètres, tandis qu'il ne l'est qu'à raison de 17. Suivant l'ancienne proportion, il eût fallu, pour exécuter ce carré sur le centre, que chaque bataillon rompu marchât pour s'avancer vers le centre, de manière à arriver à la distance d'un front de peloton. Il faut au contraire maintenant que la division de gauche du premier bataillon, et la division de droite du second, après s'être rompus vers le centre, marchent quelques pas en arrière pour se trouver à une distance du centre qui soit égale à une étendue d'un front de peloton.

et à gauche, de manière à marcher à la rencontre les unes des autres, et serrent à demi-distance sur le centre, marqué par les adjudans-majors ; elles se mettent ensuite en bataille par peloton à gauche et à droite, à l'exception de la première et de la dernière, qui font demi-tour à droite après avoir serré.

La ligne se rétablit en reformant les divisions, et leur faisant ensuite reprendre leur distance entière (*Voy.* n°. 77). Ce carré qui ne peut s'exécuter que par régiment, suppose un nombre pair de bataillons, puisqu'il ne peut avoir lieu qu'à la faveur d'un intervalle.

80. — *Carrés perpendiculaires.* (Fig. 4, 5 et 6).

Ils s'exécutent en ployant en colonne, à demi-distance, une ligne de bataille. L'officier commandant voulant faire exécuter ce carré sur la droite de la ligne, commande : *carré perpendiculaire à la ligne, sur la division de droite, formez le carré.* (Fig. 4).

A ce commandement répété, s'il est nécessaire, la ligne se ploie d'après les principes ordinaires, excepté qu'il n'est point conservé d'intervalle entre les bataillons, et que la dernière division se dirige de manière à serrer tout à fait contre l'avant-dernière ; elle fait ensuite demi-tour, et les divisions intérieures rompent alors à gauche et à droite.

On rompt le carré par les moyens ordinaires pour reformer la ligne par le déploiement.

81. — *Deuxième exemple.* (Fig. 5).

Carré perpendiculaire à la ligne. — *Sur la subdivision de gauche, formez le carré.*

Ce carré s'exécute en ployant le bataillon par peloton en colonne à demi-distance, la droite en tête. Le deuxième peloton se place à demi-distance, plus l'épaisseur de trois rangs ; le dernier peloton serre sans distance.

On rompt le carré et l'on reforme la ligne, par des commandemens analogues à ceux ci-dessus.

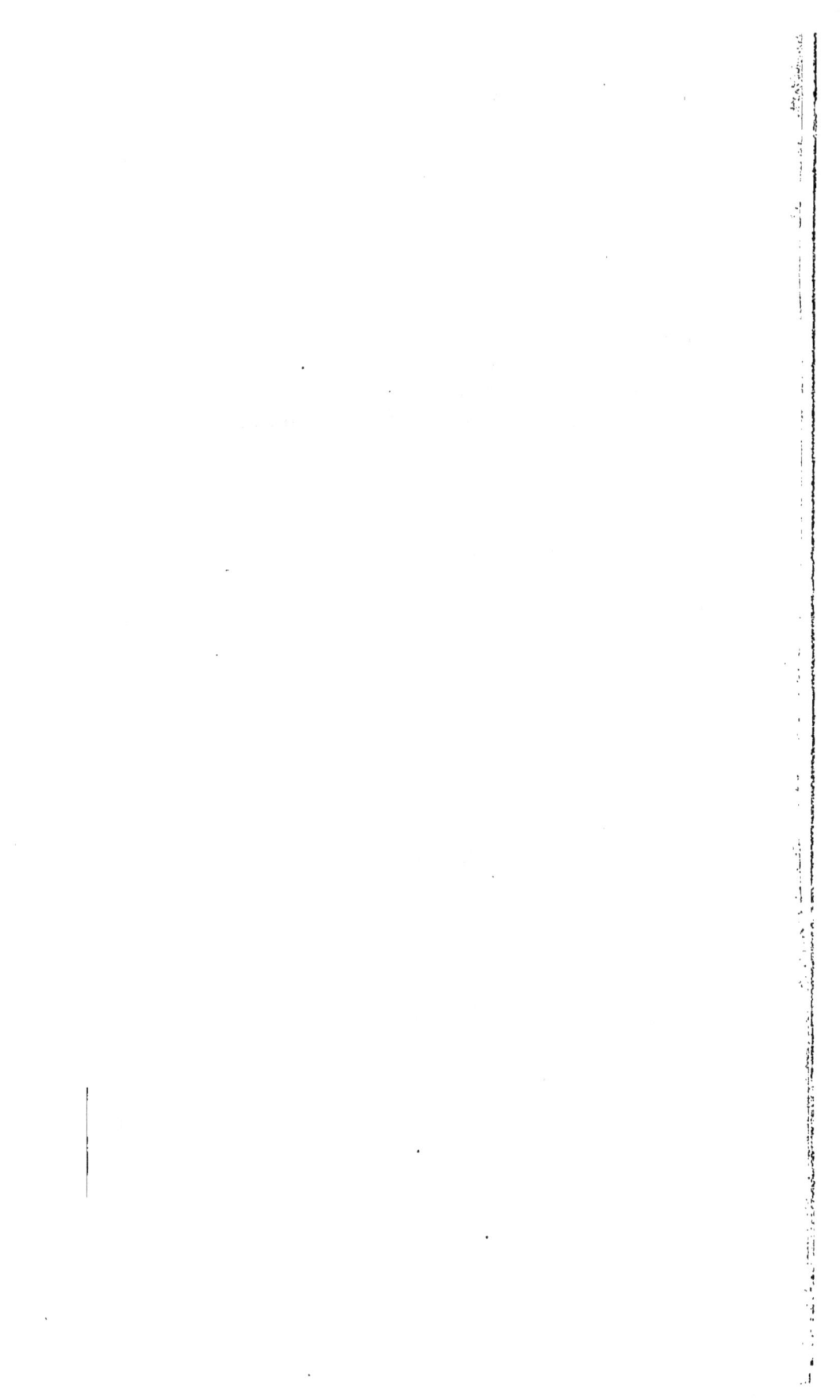

Carrés d'Egypte.

Parallèles et perpendiculaires, exécutés sur trois rangs, par un ou plusieurs Bat.ons

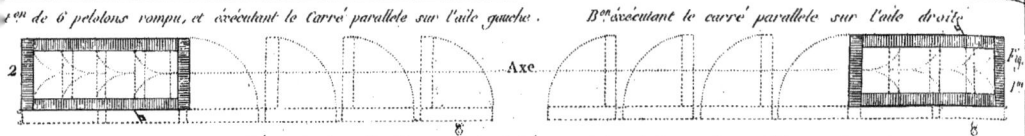

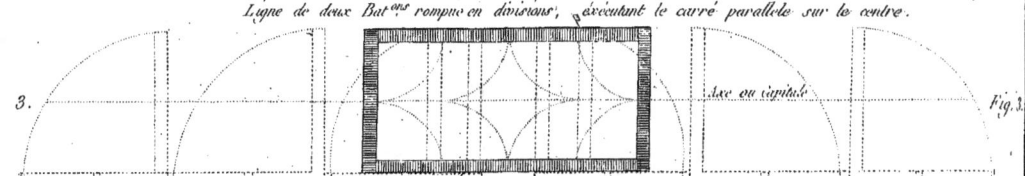

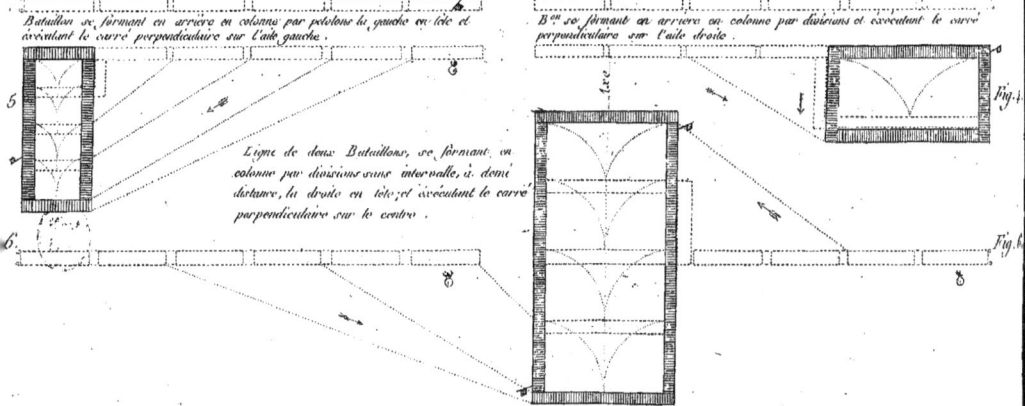

.on de 6 pelotons rompu, et exécutant le Carré parallèle sur l'aile gauche.   B.on exécutant le carré parallèle sur l'aile droite.

Axe

Ligne de deux Bat.ons rompue en divisions, exécutant le carré parallèle sur le centre.

Axe ou capitale.

Bataillon se formant en arrière en colonne par pelotons la gauche en tête et exécutant le carré perpendiculaire sur l'aile gauche.   B.on se formant en arrière en colonne par divisions et exécutant le carré perpendiculaire sur l'aile droite.

Ligne de deux Bataillons, se formant en colonne par divisions sans intervalle, à demi distance, la droite en tête, et exécutant le carré perpendiculaire sur le centre.

Fig. 2.
Fig. 1.re
Fig. 3.
Fig. 4.
Fig. 6.

...nadiers sont censés former division avec la 1.re de fusiliers, et les Voltigeurs former division avec la quatrième de fusiliers. L'intervalle est censé celui que voulait le Règlement de 1791, c'est, à dire égal à 24 pas; il devrait être de 15 Mètres ou 30 Toises. (V.s page 58 note.) Le front des pelo... vingt Mètres, celui des Sections de dix; l'épaisseur des rangs est de cinq pieds.

82. — *Troisième exemple.* (Fig. 6).

Carré perpendiculaire à la ligne , sur le centre formez le carré.

La ligne se ploie sur le centre en colonne par divisions à demi-distance , sans réserver d'intervalles de bataillon ; la première division se dirige à demi-distance, plus l'épaisseur de trois rangs ; la dernière division se dirige de manière à serrer tout contre l'avant dernière. Tous les moyens sont les mêmes que ci-dessus.

La ligne se reforme par les déploiemens ordinaires , si ce n'est que la division centrale, sur laquelle on s'étoit ployé, ne bouge, et qu'elle sert de base au rétablissement du front , toutes les divisions faisant par conséquent par le flanc droit à mesure qu'elles démasquent (1). Ces trois carrés peuvent s'exécuter par bataillon, comme par régiment.

Dans toutes ces formations , les grenadiers (2) peuvent être divisés et portés diagonalement à dix pas en avant des angles.

La formation des carrés par bataillons ou régimens sur deux lignes , s'exécute d'après les mêmes prin-

_____

(1) Sitôt qu'on rompt le carré, et que la division centrale est réunie, il doit être établi trois jalonneurs devant cette division.

Il est à remarquer que ce cas est le seul où , dans un déploiement sur le centre, la ligne actuelle de la subdivision centrale soit instituée comme base d'une nouvelle ligne de bataille. (V. *Règlement d'exercice* du 1ᵉʳ août 1791 ; *Ecole de bataillon*, n°. 444 ; et *Evolutions de ligne*, n°. 242. Il est à remarquer que le carré perpendiculaire sur le centre est le seul qui se mette à cheval sur la ligne de bataille (V. fig. 6), au lieu d'avoir, comme les autres, l'un de ces quatre fronts sur cette ligne ; c'est pour rétablir cette ligne sur son terrain primitif, que le mode de déploiement est différent de celui voulu par le règlement.

(2) Cette disposition regardoit les bataillons composés de neuf pelotons. La formation actuelle, à raison de six pelotons par bataillon, provoque une nouvelle manière de placer les grenadiers dans la formation des carrés.

cipes. La formation des carrés en échiquier s'exécute à 150 pas de distance (1).

SEIZIÈME LEÇON.

DÉFILEMENT NON PRESCRIT PAR LE RÉGLEMENT.

83. — *Manière de défiler en tiroir.* (Voy. pl. 7).

Ce moyen s'emploie pour faire défiler une troupe par le fond, et sur l'axe de la colonne, sans que la subdivision de la queue ait besoin de rompre, puisqu'elle doit défiler la première. Il en est question ici, parce que l'Empereur l'a fait exécuter plusieurs fois.

La colonne étant supposée serrée en masse ou à demi-distance, la gauche en tête par pelotons ou par divisions, l'officier commandant voulant la faire défiler en tiroir, fait le commandement suivant : *Pour défiler la droite en tête, — ouvrez les subdivisions.*

A ce commandement, le chef de la subdivision qui est en arrière, prévient sa troupe de ne point bouger. *Pelotons* ou *divisions par le flanc droit et par le flanc gauche, — à droite et à gauche.*

A ce commandement, chaque chef de peloton ou de division, à l'exception du chef de la dernière subdivision, se porte à la droite de sa subdivision ; les chefs des pelotons pairs, si l'on est par division, ou les chefs des secondes sections, si l'on est par peloton, se portent à la gauche de leur subdivision : *pas accéléré, — marche.*

A ce commandement, chaque moitié des subdivisions conduites par les remplacemens et les guides de gauche se mettent en marche. Les officiers qui se sont portés à la droite ou à la gauche ne suivent pas le mouvement,

---

(1) Cette distance est moitié moindre que celle qui sépare ordinairement les deux lignes. (V. *Réglement de campagne* du 5 avril 1792, tit. 20, paragr. 19.

laissent filer leurs subdivisions, leur commandent *halte* et *front*, lorsque le dernier homme les a débordés de dé pas. Ces officiers se placent ensuite, font exécuter : leur personne un alignement central, se portent en avant du centre de leur troupe, et la préviennent de ne point bouger. Lorsque le chemin est ainsi ouvert, l'officier commandant, commande : *Tête de colonne en avant, guide à droite ou à gauche, — marche.*

La dernière subdivision qui n'a pas bougé, part au pas indiqué. Aussitôt qu'elle a parcouru assez de terrain pour donner moyen à la subdivision qui doit la suivre de se découdre, les officiers qui commandent les deux portions de cette subdivision destinées à se réunir, les mettent en marche par le pas oblique, si la colonne défile au pas ordinaire, ou leur font faire par le flanc vers le centre, si la colonne marche au pas accéléré. Sitôt que la subdivision est réunie, les officiers reprennent leurs places ordinaires de colonne, et le chef de subdivision commande *en avant* à sa troupe, au moment où il voit qu'elle se trouve à distance entière ; il répète l'indication du côté du guide. Les autres subdivisions en agissent de même.

Cette manœuvre s'exécute ordinairement par une colonne que l'on a à l'avance serrée à demi-distance ou même en masse.

DIX-SEPTIÈME LEÇON.

TRAVAUX DE SIÉGE ET DE CAMPAGNE (1).

84. — *Leur exécution par le soldat* (2).

Ces travaux consistent dans la fabrication des piquets, fascines, gabions et claies.

---

(1) Voy. *Guide de l'officier particulier en campagne*, nᵒˢ. 135, 136, 139, 141 et 142, édition de 1805. *Voy.* aussi ces mots au *Dictionnaire militaire de l'Encyclopédie.*

(2) *Règlement de campagne* du 5 avril 1792, tit. 34, art. 46.

3 **

85. — *Fascines, leur description.*

Ce sont des fagots de différentes proportions, fa-
çonnés avec des branches choisies. Dans les siéges, on
les fait fabriquer par les troupes assiégeantes, avant
l'ouverture de la tranchée à raison de tant par bataillon ; l'on réunit ces fascines, en avant du camp (1), à la
queue des tranchées. Il y a des hommes de corvée qui
sont occupés à ce travail, tandis que d'autres, préparent les piquets, etc.

La forme et la force des fascines, varient suivant leur
emploi.

Communément les fascines ont 3 mètres 24 centimètres (10 à 12 pieds de long), sur un mètre (3 pieds)
de diamètre. Elles servent à la construction des saucis-
sons (2), des batteries, épaulemens, retranchemens
ou bien au complément des fossés, à la construction
des ponts, des digues, etc. On les fixe en les lardant de
piquets dont le nombre est proportionné à la dimension des fascines. Celles de 2 mètres (6 pieds), sont
arrêtées par trois piquets.

Elles se font avec les menues branches des arbres
qu'on jette bas ; on emploie les branches moyennes à
faire des piquets, et les troncs à faire des abattis.

On fait des fascines de 2 mètres 60 centimètres
(8 pieds), liées par 4 harts ; on en fait de 2 mètres
(6 pieds) (3), liées par 3 harts, et enfin d'un mètre
29 centimètres (4 pieds), liés par 2 harts ; on en fait
même encore de plus petites. On taille 4 ou 5 piquets
par chaque fascine avec du bois moyen, coupé à un
mètre 65 centimètres (4 ou 5 pieds) de long, ébranché
et aiguisé par le petit bout.

86. — *Fabrication des fascines.*

Pour fagoter celles de 3 mètres 23 centimètres
(10 pieds), on plante 4 piquets à 65 centimètres

---

(1) *Réglement de campagne* du 5 avril 1792, tit. 34, art. 51.
(2) Voyez *Aide-Mémoire*, 4e édition, page 1039.
(3) *Réglement de campagne* du 5 avril 1792, tit. 34, art. 50.

(2 pieds) de distance les uns des autres, vis-à-vis et à 33 centimètres (1 pied) de distance de ces quatre piquets, on en plante 4 autres. On peut regarder ce premier appareil comme une espèce de métier.

Dans l'intervalle de ces piquets, on pose en travers 6 liens ou harts faits avec des branches d'un bois flexible. Ces liens sont doubles, les gros et petits brins recroisant l'un sur l'autre par liaison alternative ; les meilleurs sont de saule. On étend dessus ces liens les menus branchages ; on met tour à tour des branches longues et des branches courtes, après avoir eu le soin d'affiler le gros bout de chacune des branches, et de le placer toujours à l'extrémité de la fascine ; on serre ensuite les liens en les tortillant, après avoir bourré de branchages le milieu des fascines, de manière qu'il reste le moins de vide possible.

On doit facilement obtenir une fascine par homme et par heure, surtout si l'on place 6 travailleurs à chaque métier, savoir : deux pour couper les branches et les affiler, deux pour les ranger et deux pour les lier.

87. — *Gabions, leur description.*

Il y a des gabions de différentes grandeurs (1), et pour différens usages ; ce sont des espèces de paniers cylindriques sans fond : quand on veut mettre en place un gabion, on enfonce en terre jusqu'au tissu, la partie aiguisée de ses piquets, et on l'emplit de terre épierrée ; c'est ce qu'on appelle le *farcir.* Les gabions servent à former les parapets, embrasures, etc.

Ceux de sape et de tranchée ont 82 centimètres (2 pieds et demi) de haut (2) sur autant de diamètre, et se composent de 9 à 10 piquets : il y en a auxquels on donne la proportion de 2 mètres de haut (6 pieds), sur un mètre 29 centimètres (4 pieds) de large, et même 2 mètres 52 centimètres (8 pieds) de haut, sur un mètre 62 centimètres (5 pieds) pour construction de batterie.

(1) Voy. *Aide-Mémoire d'artillerie,* page 986.
(2) *Règlement de campagne* du 5 avril 1792, tit. 34., art. 48.

88. — Fabrication des Gabions.

Pour faire le gabion d'un mètre (3 pieds), on trace
sur un terrain uni avec le cordeau, un cercle d'un
mètre de diamètre; on plante à distance égale sur le
cercle, des piquets ébranchés, aiguisés à l'avance, et
proportionnés dans une dimension d'un mètre 29 centimètres (3 à 4 pieds) de hauteur, et de 9 à 13 centimètres (3 à 5 pouces) de circonférence. Ensuite avec
de l'osier ou des menus brins de fascine élagués et cf-
feuillés, on enlace, serre et bride fortement ces piquets du haut et du bas, pour qu'ils ne s'évasent pas
plus d'un bout que de l'autre, commençant d'abord en
bas, de la manière dont on voit les vaniers faire leurs
paniers, et ayant soin de ne point mettre les brins
bout à bout, mais de remonter l'extrémité d'un bran-
chage plus haut que la fin du brin entrelacé auparavant.

Les claies et gabions n'étoient pas autrefois une corvée (1); c'étoit surtout un ouvrage de sapeurs et de
mineurs. On occupoit aussi à cette besogne les soldats
des régimens suisses, qui y étoient fort adroits. Il est
très-convenable que toute l'infanterie y soit exercée(2);
car au commencement d'un siége, on manque souvent
de bras, et nous avons vu plusieurs fois les canonniers
être obligés eux-mêmes de se livrer à ces travaux, ce
qui retardoit la construction des batteries, et la mise
en batterie des bouches à feu.

89. — Claies, leur description.

On appelle ainsi une tresse faite à claire voie ou à
brins serrés, avec des branches d'arbres ou des brins
d'osier entrelacés à sens contraire du vide des bâtons;
elles ont 1 mètre (3 pieds) sur 2 mètres (6 pieds) (3).

---

(1) Les gabions se payoient 10 sols, et les claies 5 sols. *Détails
militaires* de Chenevières, tome 4, *Service de campagne.*
(2) *Réglement de campagne* du 5 avril 1792, tit. 34, art. 46.
(3) Cette dernière mesure est celle fixée par le *Réglement de
campagne* du 5 avril 1792, tit. 34, art. 49.

Quand elles doivent servir à couvrir un logement ou passage de fossé, on les charge de terre ; on les emploie aussi comme fondations de batteries élevées sur des terrains mouvans, et comme planchers, sur des lieux de passage marécageux, où l'on risqueroit à enfoncer.

Quand on ne trouve pas assez de bois pour faire des fascines, on emploie les claies comme des espèces de murailles destinées au soutien des terres ; dans ce cas, on les enfonce jusqu'au tissu, les assujétissant avec des pieux.

90. — Fabrication des claies.

Pour faire des claies d'un mètre 63 centimètres (5 pieds) de haut sur 2 mètres (6 pieds) de large, on coupe 9 piquets de 8 à 13 centimètres (3 à 5 pouces) de circonférence, et d'un mètre 62 centimètres (5 pieds) de haut. On aiguise le petit bout de ces piquets ; on en plante 6 ou 9 en terre, à distance égale les uns des autres, sur la même ligne ; on les enfonce à-peu-près de 16 centimètres (6 pouces) ; ensuite commençant par en bas à 16 centimètres (6 pouces) de terre, on entrelace des brins d'osier, ou quelques autres branchages menus et flexibles, mais plus forts cependant que ceux que l'on emploie pour les gabions, laissant alternativement un piquet en dedans et un en dehors. On a le soin de couper les petits jets qui se trouvent dans la partie extérieure de la claie, de faire passer dans l'intérieur les branches qui ne peuvent aller joindre le piquet voisin, et de frapper continuellement sur les branchages, afin que la terre ne puisse passer dans l'intervalle de la claire voie. On termine cet ouvrage à 3 centimètres (1 pouce) de l'extrémité supérieure des piquets.

On se pourvoit par chaque claie de 2 ou 3 pieux destinés à la soutenir, et de 2 ou 4 harts pour la fixer.

Au surplus, toutes les dimensions des gabions, fascines, etc., sont mises à l'ordre du jour (1).

---

(1) *Réglement de campagne* du 5 avril 1792, tit. 34, art. 52.

DIX-HUITIÈME LEÇON.

CAMPEMENT (1).

91. — *Arrivée au camp.* — *Sa composition* (2).

Quand on doit se rendre au camp, les sous-officiers et soldats commandés à cet effet, et munis des fanions, cordeaux et fiches, partent à l'avance, sous les ordres du quartier-maître et d'un chef de bataillon (3) à l'approche du camp, les tambours battent, les soldats portent les armes et se mettent en bataille à la tête du camp, les hommes de piquet partent en avant (4), et l'on s'occupe de dresser les tentes (*V.* n° 93).

Un camp peut prendre toutes les formes que détermine le général (5), mais il est ordinairement établi par demi-compagnies (*V.* pl. 5), on le forme aussi par compagnies (6). Il ne sera question ici que de ces deux cas.

Un camp se distingue en front de bandière (AA) et en rangées de tentes (BB). Le front de bandière, dont l'étendue est égale à celle qu'occupe le bataillon en bataille, est formé par l'alignement sur lequel se trouve le milieu du cul de lampe de la première tente de chaque rangée.

Un régiment campé est gardé pendant le jour par

---

(1) *Réglement de campagne* du 5 avril 1792, tit. 35, art. 11. Il n'a point été fait usage de tentes lorsque S. M. a commandé la grande armée lors de la campagne de Pologne.

(2) *Extrait du Réglement de campagne* de 1809, tit. 39, *Forme du camp.*

(3) *Réglement de campagne* du 5 avril 1792, tit. 4, art. 1er.

(4) *Idem*, tit. 5, art. 8.

(5) *Extrait du Réglement de campagne* de 1809, tit. 39. *Manière de dresser le camp.*

(6) *Idem*, *Forme du camp.* (*V.* pl. 6.)

13 factionnaires, et pendant la nuit par 16 (1), fournis par les gardes du camp et de la police.

Huit cent quarante hommes (2), officiers, adjudans, etc., non compris, campent sur une étendue de terrain égale à leur front, et sur une profondeur de 5 tentes (3), formant une rangée (BB). Ces rangées sont à raison de deux par compagnie (4); ce camp est un parrallélogramme, ayant son plus grand développement sur le front de sa ligne, 420 hommes campent sur dix lignes et autant de rangées que de compagnies; ce camp forme à peu-près un carré (*Voy.* pl. 6); dans le premier cas, chaque section ou demi-compagnie, dans le second, chaque compagnie occupe une rangée de tentes. Les lignes de tentes sont parallèles au front de bandière, et également espacées entre elles. Les rangées sont perpendiculaires au front de bandière, et sont alternativement espacées par la grande rue (CC) et par la petite rue (DD); la première (E) et dernière rangée sont isolées; les tentes accolées en double rangée, et espacées par la petite rue s'appellent rangées jumelles (F).

92. — *Description des parties d'une tente.*

Une tente du nouveau modèle, c'est-à-dire, de 5 mètres 85 centimètres (18 pieds) de long sur 3 mètres 90 centimètres (12 pieds) de large, y compris les deux

---

(1) *Réglement de campagne* du 5 avril 1792 ; tit. 6 , art. 6, 20 et 24. La planche qui accompagne l'*Instruction* de brumaire an 12 , sur le campement, représente un factionnaire devant la tente du chef de bataillon.

(2) *Extrait du Réglement de campagne* de 1809, tit 39. *Profondeur du camp.*

(3) Ce campement, sur un nombre de lignes impair, est très-vicieux; il oblige de briser les escouades ; d'ailleurs la cinquième tente n'est pas nécessaire. 140 hommes, dont il faut défalquer les absens, les hommes de garde, le piquet, etc., trouvent dans huit tentes ou baraques plus de logement qu'il ne leur en faut.

(4) Ce nombre étoit, dans l'instruction ci-dessus citée, en rapport avec la composition des bataillons formés à raison de neuf compagnies.

culs-de-lampe, est destinée à contenir une escouade ou 15
hommes (1). En conséquence, chaque caporal a sous sa
garde la tente destinée aux soldats qui sont sous ses
ordres (2). Une tente se compose d'un mât ou fourche,
d'une traverse, d'une toile ou côtés, de sa sangle et
anneaux ou boucles, d'une faitière, d'une toile à pourrir et de ses piquets. On appelle cul-de-lampe (G),
chacune des parties arrondies qui terminent la longueur
de la tente; au milieu de cette longueur est située la
porte (H); la faitière sert à garantir le dessus de la
tente. Le mât supporte à double potence la traverse sur
laquelle repose la faitière. La toile de la tente se partage verticalement en face du mât; mais on condamne
une de ces deux portes, on ne laisse ouverte que celle (H)
qui donne sur la grande rue du camp.

La toile à pourrir est une garniture plus grossière
que la toile qui sert d'abri; elle se reploie en dedans,
et est cousue au bas de la tente, contre la sangle ou
lisière, sur laquelle sont attachés les nœuds ou boucles
de corde, à travers desquelles passent les piquets.

93. — Castramétation.

Le camp se trace au moyen d'un cordeau de front (L)
et d'un cordeau de profondeur (M). Le premier est
marqué aux distances réglées au moyen d'une empreinte alternativement rouge, et rouge et noire. Une
boucle ou anneau le termine d'un côté. La gauche du
front est indiquée par un second anneau, mais qui ne
termine pas le cordeau dont le bout se prolonge jusqu'au point de distance où doit s'établir la droite du
bataillon suivant (3).

(1) Huit escouades à 15 hommes offrent un total de 120 hommes,
et les compagnies sont aujourd'hui à 140; mais cette différence dis-
paroît par l'effet du non complet, des hôpitaux et des hommes de
service. *Instruction* de ventôse an 3, faisant suite à la loi du 28
nivôse an 3.

(2) Autrefois les tambours campoient à part. Voy. *Détails militaires* de Chenevières, tom. 1. *Campement.*

(3) Chaque bataillon doit en outre avoir un cordeau métrique de
100 mètres pour les plus petits bataillons, de 200 mètres pour les

Défilement en Tiroir.

Camp formé de Tentes ou de Baraques.

Bataillon rompu la Gauche en tête, par pelotons, à Demi distance, commençant à défiler, la droite en tête.

Campement d'une Compagnie d'Infanterie sur 2 rangées et sur Cinq lignes.

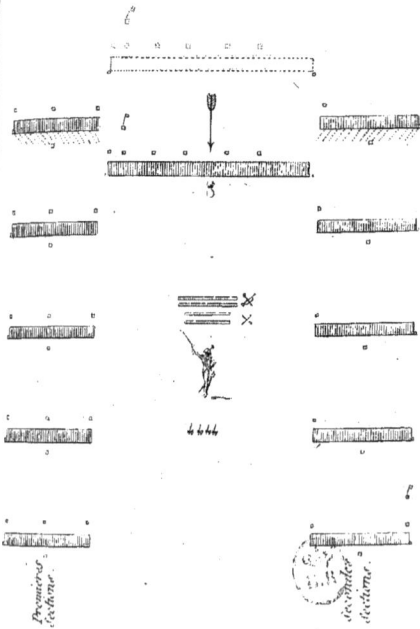

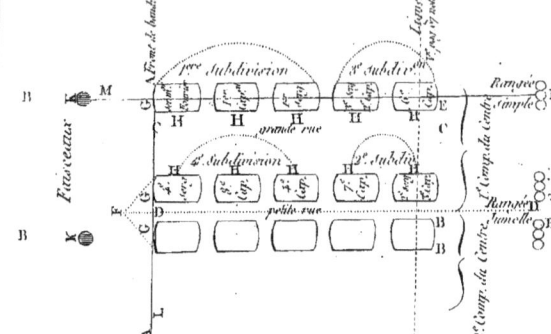

Campement sur une rangée.
et sur dix lignes.

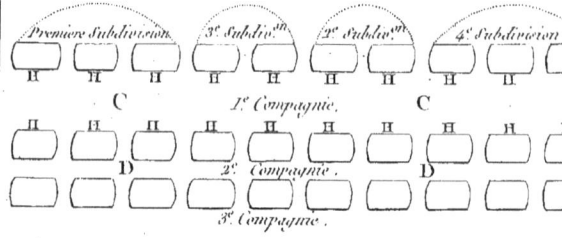

Première Subdivision.   *3e. Subdiv.n*   *2e. Subdiv.n*   *4e. Subdivision*

C   1e. Compagnie.   C

D   2e. Compagnie.   D

3e. Compagnie.

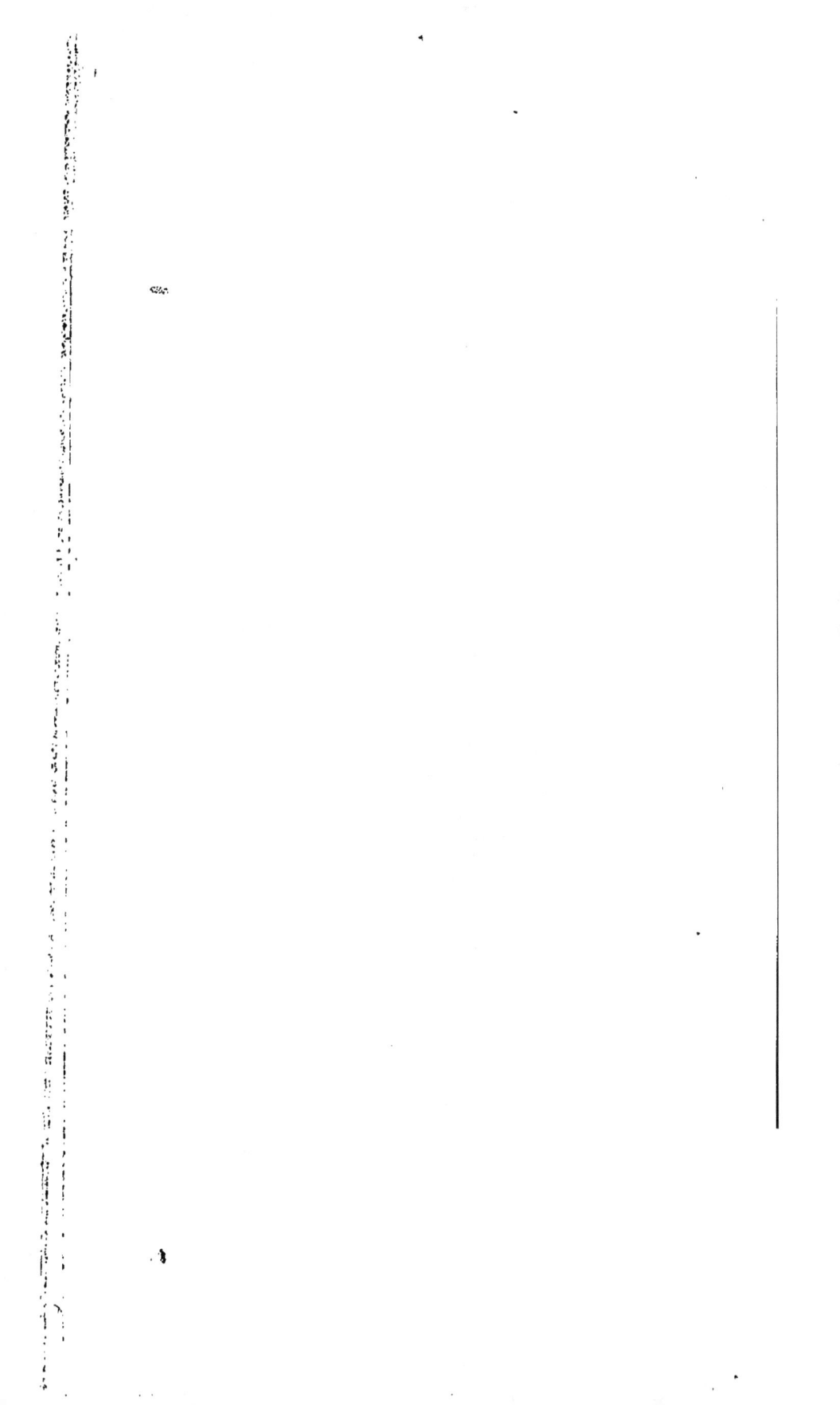

Le cordeau de profondeur est marqué à des espaces mesurés, au moyen d'une empreinte alternativement noire, et noire et rouge. On fait en outre usage d'un troisième cordeau nommé cordeau de perpendiculaire, lequel est un triangle qui a pour base le plus long de ses côtés; et porte quatre boucles ou anneaux (1).

A l'arrivée au camp, il est commandé un sous-officier et un homme de corvée par chaque compagnie pour l'établissement des tentes.

Lorsque la troupe se forme en bataille, en avant du front de bandière, le vaguemestre fait décharger les effets du campement (2), et remet les trois fanions (3) par bataillon aux sous-officiers des ailes et du centre qui sont commandés de campement; il leur remet aussi les trois cordeaux par bataillon.

Le sous-officier des grenadiers déroule le cordeau de

---

plus nombreux, et chaque compagnie doit être pourvue d'un petit cordeau. *Extrait du Réglement de campagne* de 1809, tit. 39.

(1) *Extrait du Réglement de campagne* de 1809, tit. 29. *Cordeau perpendiculaire.*

Si l'on n'étoit point pourvu de cordeaux, et qu'on substituât à leur usage l'emploi du pas métrique (*V.* nᵒ. 116), on remplaceroit le cordeau perpendiculaire par un moyen semblable à celui que pratiquent les jardiniers et les terrassiers.

L'on trace avec une baïonnette attachée au bout d'une corde, un cercle d'une grandeur quelconque, dont le centre est sur le front de bandière, au point où doit s'établir la base de la perpendiculaire; on prend un nouveau centre à l'un des deux points où le cercle a rencontré la ligne du front de bandière, et de là on trace vers le fond du camp une portion d'un nouveau cercle plus grand que le premier; on opère de la même manière à partir de l'autre point où le cercle premièrement exécuté a rencontré la ligne du front de bandière. Cette triple opération donne en dernier résultat un point de rencontre de la part des portions des deux cercles exécutés les derniers. Ce point se trouve en face du centre du cercle exécuté le premier, et il est exactement d'équerre. La ligne perpendiculaire est ainsi trouvée.

(2) *L'instruction provisoire* du 1ᵉʳ mars 1792, et le *Réglement de fournitures de campagne*, du 5 avril 1792, attachoient deux chevaux de peloton à chaque compagnie, pour le transport des tentes.

(3) Ces trois fanions étoient fournis, ainsi que les cordeaux, à chaque bataillon. (*Instruction provisoire* du 1ᵉʳ mars 1792.)

front (L), et suivant l'alignement que lui indique l'officier de campement, il plante dans la boucle ou anneau de l'extrémité de ce cordeau, le bout de son fanion
qu'il a soin de tenir bien-perpendiculaire. Le sous-officier du dernier peloton emporte le bout opposé du
cordeau dans la direction qui lui est également indiquée par l'officier de campement auquel il fait face; il
tend le cordeau et plante son fanion dans l'anneau qui
est situé un peu avant son extrémité. Le sous-officier
du peloton du centre plante également son fanion sur
le cordeau, dans le milieu de la grande rue de sa compagnie; les sous-officiers de campement, commandés
à raison d'un par compagnie, se répartissent à égale
distance sur l'alignement du cordeau tendu.

Ces sous-officiers plantent alors des fiches ou baguettes vis-à-vis les marques du cordeau de front, ils
restent à cette place jusqu'à nouvel ordre.

Le grenadier de campement apporte alors les cordeaux de profondeur (M) et de perpendiculaire à son
sous-officier; celui ci place ce dernier cordeau de manière que sa base soit sur la ligne de front, que sa
corde mitoyenne soit sur le point marqué pour le milieu de la première file de tentes, et enfin, que le som-
met de cette corde soit dirigé vers le fond du camp.
Il plante sans délais un piquet dans chacun des quatre
anneaux de ce cordeau perpendiculaire.

Cependant le grenadier emporte l'extrémité du cordeau de profondeur sur le prolongement de la corde
mitoyenne; il marche comme jalonneur, dans la direction que lui a prescrite son sous-officier qui a retenu
l'autre extrémité du cordeau de profondeur, et qui
assure, s'il est nécessaire, l'exact placement de son
grenadier, au moyen de deux autres soldats qu'il fait
servir de jalons intermédiaires entre lui et l'homme
qui emporte le bout du cordeau.

Ce grenadier, après qu'il a parcouru l'espace con-
tenu entre le front de bandière et les tentes des adjudans, etc., fait halte et demi-tour à droite, il rectifie,
s'il y a lieu, son alignement suivant que le lui indique
le signe du sous-officier, à l'instar duquel il tend et fixe

le cordeau de profondeur. Partant ensuite à la rencontre
l'un de l'autre, ils s'empressent de planter d'un seul et
même côté (c'est-à-dire du côté où droit être la droite
du camp), et vis-à-vis les empreintes du cordeau, les
fiches ou baguettes dont ils ont dû se pourvoir à l'a-
vance.

Après qu'ils ont terminé cette opération, ils détachent les deux cordeaux, traversent le terrain où doit
se prolonger la grande rue (CC), et procèdent de même
sur la ligne où doit régner leur seconde section ou demi-
compagnie.

Sitôt qu'ils y ont tendu et fixé le cordeau de profondeur, le sous-officier de la première de fusiliers,
vient chercher le cordeau perpendiculaire inutile alors
aux grenadiers ; il le détache, l'emporte avec ses quatre
piquets, et l'établit. Il va également chercher (quand
toutes les fiches des grenadiers ont été plantées) le cordeau de profondeur ; il en fait le même usage qui vient
d'être expliqué : chacun jusqu'à la gauche s'occupe à
son tour d'un pareil tracé.

94. — *Manière de dresser le camp.*

Pendant le temps que les sous-officiers de campement,
s'occupent avec les hommes de corvée de l'accomplissement de cette besogne, le fourrier fait décharger les
tentes et distribuer à chaque caporal celle qui lui doit
échoir (1).

Cette distribution se fait entre le front de bandière
et la troupe qui demeure en bataille (2). Les officiers
et sergens restent avec elle pour la maintenir.

Chaque caporal emmène avec lui 6 hommes de corvée
qui laissent leurs sacs et leurs fusils sous la garde de
leurs camarades ; deux de ces hommes prennent les
toiles et la faitière, les deux autres prennent le mât et
la traverse, les deux derniers emportent les piquets et
les maillets, ils déposent leur charge dans les grandes

(1) *Règlement de campagne* du 5 avril 1792, tit. 5, art. 23.
(2) *Idem*, tit. 5, art. 22.

rues du camp, (CC), aux endroits où s'arrêtent leurs
caporaux, et se tiennent prêts à obéir au premier
signal.

Une rangée de tentes devant se composer d'une demi-
compagnie (1), la section, aux ordres du lieutenant
est établie dans la première rangée ; en conséquence, il
faut que le fourrier la dispose dans l'ordre convenable,
et assigne d'abord leur place (V. n° 339) aux premier et cinquième caporaux, qui forment la première
subdivision et logent dans la seconde et troisième tente
de la première rangée. Le sergent-major s'arrête au point
marqué par l'angle droit que détermine la rencontre des
fiches de front et de profondeur. (V. pl. 5).

Le fourrier assigne ensuite leur place aux deuxième et
sixième caporaux, qui forment la troisième subdivision,
et occupent les deux dernières tentes de la première
rangée. Le sergent-major et le fourrier occupent la première tente de cette rangée.

La seconde section, aux ordres du sous-lieutenant, occupe la seconde rangée, face à la première : le fourrier
établit la droite de cette section vers le fond du camp (2),
savoir : le troisième caporal à la cinquième tente, à
compter depuis le front de bandière ; le septième caporal
à la quatrième tente ; le quatrième caporal à la troisième,
et le huitième à la seconde de la seconde rangée. Le quatrième sergent occupe la tente du front de bandière de
la seconde rangée. La tente du front de bandière de la
première rangée est occupée par le sergent-major et le
fourrier : ils y commandent aux soldats qui y couchent.
Ainsi, c'est sur le front de bandière que la première

_____

(1) *Instruction* du 1.er mars 1792, *sur le campement*, *Forme du
camp*. (V. pl. 5, BB.)

(2) On a élevé là question de savoir s'il ne sembleroit pas plus
convenable que la droite de la subdivision du sous-lieutenant fût sur
le front de bandière, de même que la droite de la subdivision du
lieutenant ; mais il semble plus naturel que le campement d'une
compagnie formée sur deux rangées, soit assis suivant l'ordre de
bataille, et comme on asseoit le logement dans une caserne qui seroit
composée d'ailes parallèles séparées par une cour, chaque rangée de
tentes est une *aile*, et la grande rue est une espèce de *cour*.

subdivision place sa droite et que la quatrième subdivision place sa gauche.

En même temps que l'on s'occupe de préparer les tentes, un sous-officier de chaque compagnie est envoyé en avant pour planter les faisceaux (KK) aux places que l'officier de campement a fait marquer à l'avance (1); la troupe ne peut se séparer qu'après y avoir placé ses armes.

Les deux hommes qui ont apporté le mât et la traverse, approchent promptement les deux morceaux de bois qui composent la fourche ; ils les réunissent, les ajustent dans leur entaille, et posent la traverse ; les deux hommes qui tiennent la toile, la développent et la jettent par dessus la traverse, ayant soin que les encoignures de la faîtière soient bien montées ; ils font, en même temps entrer les arcs-boutans dans les mortaises qui sont préparées dans le dessous de la traverse (2). Ils font entrer la petite broche de fer dans les œillets pratiqués au milieu, et l'enfoncent dans les trous qui sont percés au milieu et sur le tranchant de la traverse.

La tente reste ainsi couchée dans la grande rue, ayant le pied de son mât appuyé sur le point où il devra être dressé. Lorsque toutes les tentes sont ainsi préparées, un roulement, exécuté par les tambours, donne le signal auquel on doit voir toutes les tentes s'élever à la fois (3). Les hommes qui tiennent le mât, le dressent perpendiculairement, en observant que la traverse soit bien

----

(1) *Réglement de campagne* du 5 avril 1792, tit. 5, art. 10.

(2) *Extrait du Réglement de campagne*, de 1809, tit. 39 *Méthode pour tendre le camp*, alinéa 6.

(3) *Extrait du Réglement de campagne*, de 1809, tit. 39 *Méthode pour tendre le camp*, alinéa 9.

Réglement de campagne du 5 avril 1792, tit. 5, art. 23.

Jadis les règles du campement n'étant point fixées d'une manière aussi sûre, ou commençoit par tendre le camp en *bois*, c'est-à-dire qu'on dressoit tous les mâts et traverses en manière de charpente, afin d'avoir ainsi un moyen d'aligner les rangées et les lignes. Cette manière étoit longue, fautive, et d'une exécution difficile lorsqu'il faisoit grand vent ou mauvais temps.

horizontale, et que ses extrémités se dirigent exactement sur l'alignement des fiches vers la tête et la queue
du camp; s'il fait un vent violent, il est à propos que
les six hommes s'unissent pour élever la tente.

Les soldats qui tiennent les piquets et les maillets,
passent rapidement ces piquets dans les boucles de
corde attachées aux encoignures, et les enfoncent également; ils font ensuite la même opération pour le milieu
des cul-de-lampes. Ils passent les dernières boucles de
corde, qui sont attachées à la moitié de la tente, et
dessous, dans les boutonnières pratiquées à la sangle
du bas de l'autre moitié de la tente de dessus, ce qui
sert à former les portes de la tente; ils enfoncent ensuite
à volonté les autres piquets.

Sitôt que les tentes sont tendues, on balaie les rues
et la tête du camp (1).

95. — Manière de décamper (2).

Lorsqu'on bat l'assemblée (3) pour décamper, on
arrache les piquets avec le plus de célérité possible; un
soldat se place au mât des tentes du nouveau modèle,
et a soin de le diriger sur un autre soldat placé en
dehors, qui le reçoit lorsque l'on cesse de battre l'assemblée, de manière que les tentes tombent toutes
ensemble (4).

On déboîte ensuite la traverse du mât; on sépare
celui-ci en deux, et on attache le tout ensemble par le
moyen des courroies qui s'y trouvent clouées à cet effet.

On prend la précaution d'ôter la terre qui peut s'être
attachée à la toile à pourrir, et l'on plie aussitôt la tente
en faisant rentrer les deux cul-de-lampes en dedans
jusqu'aux encoignures. On la plie ensuite par le milieu,
dans toute sa hauteur, et un soldat placé à chaque ex-

_____

(1) *Réglement de campagne*, tit. 5, art. 25.
(2) *Dictionnaire militaire* de 1758, au mot *Décampement*.
(3) *Réglement de campagne*, tit. 19, art. 36. On décampe le
plus souvent la nuit et à la sourdine; alors des ordres sont donnés
pour suppléer au son de la caisse.
(4) *Réglement de campagne* du 5 avril 1792, tit. 19, art. 31.

trémité la roule le plus serré possible à sens contraire, pour qu'elle ait la forme d'un manteau plié.

Les couvertures, lorsqu'on en a, sont pliées dans la tente pour être préservées de l'humidité.

Les soldats attachés aux équipages de transport des tentes, chargent les tentes, les manteaux d'armes et les bois, de manière à ce que les tentes se trouvent au-dessus des bois, afin que les bois et les ferrures n'endommagent pas les tentes par leur pesanteur.

Les campemens partent, précédés de la nouvelle garde du camp, et suivis de la garde de police (1).

_____

(1) *Réglement de campagne* du 5 avril 1792, tit. 6, art. 29.

TITRE DEUXIÈME.

CONNOISSANCES THÉORIQUES.

96. — Sommaire.

Les connoissances théoriques que doivent posséder et pouvoir enseigner les sous-officiers , embrassent l'emploi des armes, les mesures de police et de discipline, l'application de la justice, la nature et les règles du service, l'esprit et les documens de l'administration, les formes de la comptabilité, et les formules de l'état civil.

Ce titre se divise en treize leçons qui apprennent à connoître :

1re. LEÇON. *Les détails et proportions du grand équipement ;*
2. (1) — *Les premiers élémens de tactique ;*
3. ———— *La marche et le pas militaire ;*
4. ———— *Le maniement de l'arme ;*
5. ———— *Les principes de la justesse du tir ;*
6. ———— *La police ;*
7. ———— *La discipline ;*
8. ———— *La justice ;*
9. ———— *Les lois et réglemens ;*
10. ———— *Le service ;*
11. ———— *L'administration ;*
12. ———— *La comptabilité ;*
13. ———— *L'état civil.*

(1) Cette leçon et les quatre suivantes ne présenteront point une répétition de ce que prescrit notre réglement d'exercice, dont il ne sera nulle part question que pour mémoire : mais seulement un éclaircissement, un développement, et pour ainsi dire un historique de ses principes. Elles ont aussi pour objet d'offrir tout ce qui est usité et non prévu par le réglement.

Quelques objets de grand Equipement.

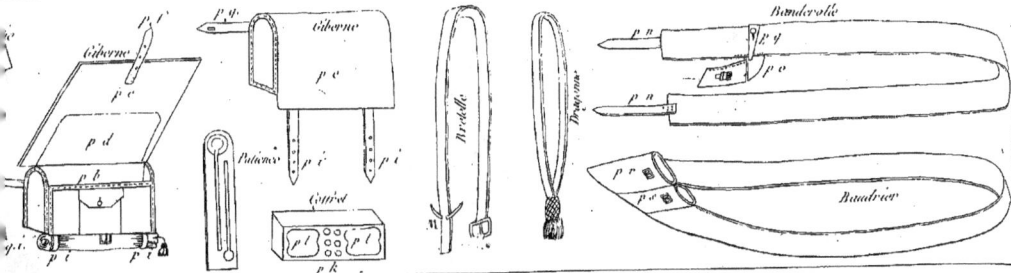

Giberne

Giberne

P. q.

p e

p d

p b

Patence

p i   p i

Coffret

p l   p l

p k

Bretelle

Dragonne

Banderolle

p n

p o

p n

p r

p s

Baudrier

et de petite monture.

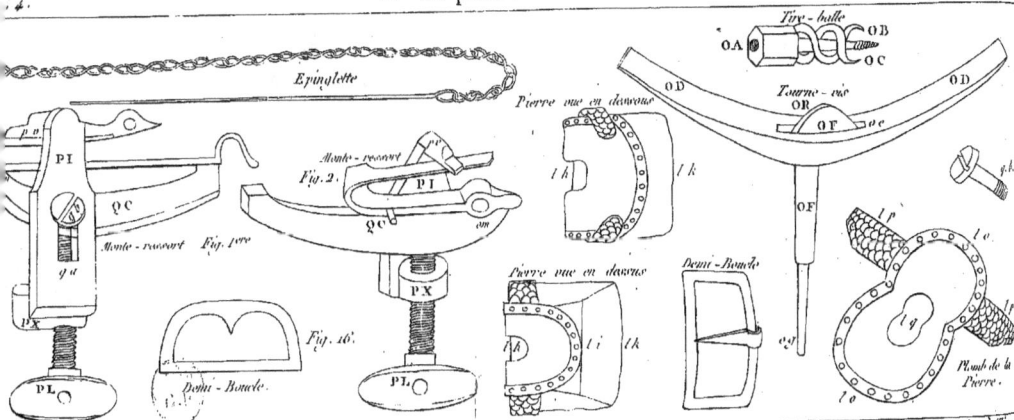

Epinglette

Pierre vue en dessous

Tire - balle

OA   OB

OC

OD   OD

Tourne - vis

OR

OF   O e

PI

Q c

Monte - ressort

Fig. 2

P I

Q c

q. i.

Monte - ressort   Fig. 1ere

q a

l k   l k

OF

l p

l o

Pierre vue en dessus

Demi - Boucle

l p

l q

l i   l k

Fig. 16.

P X

PI

Demi - Boucle

l o

Plomb de la Pierre.

PL

PREMIÈRE LEÇON.

GRAND ÉQUIPEMENT.

97. — *Définition.*

La signification des mots grand équipement et four-niment n'est pas assez distinctement établie ; le nom de fourniment ne devroit se donner qu'à la giberne garnie de ses cartouches, parce que c'étoit le nom de la poire à poudre (1), avant que l'usage des cartouches fût introduit ; il paroît plus convenable d'appeler en géné-ral grand équipement (2), tous les objets qui, sans appartenir à l'armement, sont cependant nécessaires aux gens de guerre, savoir (3) :

Giberne ; — banderolle ; — baudrier ; — bretelle ; — porte-fifre ; — collier de tambour ou porte-caisse ; — caisse et baguettes ; — porte-hache ; — tablier de sa-peur ; — cornet de voltigeurs ; — drapeau. Les défini-tions s'en trouvent aux nᵒˢ. suivans (*V.* pl. 3).

98. — *Giberne.*

La giberne, telle qu'on la porte aujourd'hui, doit être de vache noire, parée sur chair et un peu ferme ; son cuir doit plutôt être blanc que rouge en dessous. Elle est destinée à recevoir 35 cartouches (*V.* n°. 426).

Elle se compose de (*V.* pl. 3) :

Un coffret ; — une boîte de cuir (PB) ; — une poche ou bourse (PC) ; — un recouvrement ou sous-pate-lette (PD) ; — une patelette (PE) ; — un contre-san-glon (PF) ; — une martingale (PG) ; — trois petites

(1) *Ordonnance* du 14 octobre 1683, et du 2 mars 1703.
(2) *Voy.* le mot ÉQUIPEMENT dans le *Dictionnaire militaire de l'Encyclopédie* (*V.* n°. 212).
Le grand équipement est au compte de la masse générale, et s'ap-pelle ainsi par opposition au petit équipement (*V.* n°. 213), qui est au compte du soldat.
(3) *Décision* du ministre de la guerre, du 4 brumaire an 10.

boucles de cuivre ; — une traverse ; — deux porte-bonnets (PI).

Le *coffret* ou bois de giberne est de sapin ou de marronnier d'Inde ; il est percé dans son milieu de six trous (PK). Ses deux parties latérales (PL), qu'on appelle auges, servent à contenir chacune un paquet de 15 cartouches (*V.* n°. 45, note 3). Sa longueur est de 23 centimètres (8 pouces et demi) ; sa largeur est de 67 millimètres (2 pouces 4 lignes) ; sa hauteur ou profondeur est de 81 millimètres (3 pouces). On loge dans un des trous à cartouches une petite fiole à l'huile, en fer blanc (1).

La *boîte*, ou coffre ou caisson (PB) contient le coffret, que de chaque côté elle dépasse de 69 millimètres (2 pouces et demi), et que, devant et derrière, elle dépasse de 40 millimètres (18 lignes), afin de donner aux cartouches l'espace où elles doivent être contenues. Sa profondeur est de 12 centimètres (4 pouces et demi); sa longueur de 24 centimètres (8 pouces 9 lignes) ; sa hauteur devant et derrière de 12 centimètres (4 pouces et demi) ; ses côtés (PM) ont 15 centimètres (5 pouces 6 lignes) de haut, 7 centimètres (2 pouces 9 lignes) de large.

La *poche* ou *bourse* (PG) est en basane noire, forte et en huile ; elle se ferme d'un bouton de veau roulé, et sert à contenir le tourne-vis, le tire-balle, les pierres et plomb de rechange, la pièce grasse et la pierre de bois (2). Son ampleur est de 16 centimètres (6 pouces), sa hauteur de 11 centimètres (4 pouces).

Le *recouvrement* (PD) est une espèce de tablier de basane qu'on appelle aussi sous-patelette ; il sert à garantir les cartouches, et pend jusqu'à l'ouverture de la bourse ; il est cousu sur chaque revers de la couture de traverse.

La *patelette* (PE) est la fermeture ou le couvercle de

_____

(1) *Réglement d'habillement*, du 1er octobre 1786, art. 7, alinéa 4.

(2) La bourse de la giberne du caporal contient en outre le monte-ressort (*V.* n°. 351, 426).

la giberne; elle a 27 centimètres (10 pouces) de longueur, sur 24 centimètres (9 pouces 6 lignes) de haut. Les grenadiers et voltigeurs portent extérieurement au centre de la patelette, les uns une grenade, les autres un cor de chasse en cuivre, dont la forme varie suivant les régimens, parce que c'est une distinction qui n'est ordonnée par aucune décision ministérielle. Dans le siècle passé, toutes les gibernes ont d'abord été ainsi ornées d'un écusson en cuivre aux armes du roi : cet ornement fut supprimé par une ordonnance de 1776.

Le *contre-sanglon* (PF), de vache en huile, est cousu centralement au revers de la patelette et sert à fermer la giberne; sa largeur est de 27 millimètres (1 pouce) et sa longueur de 16 centimètres (6 pouces).

La *martingale* (1) (PG) est un morceau de buffle, long de 11 centimètres (4 pouces), large de 27 millimètres (1 pouce), et percé d'une boutonnière qui sert à assujettir la giberne au bouton gauche de la taille.

Les *boucles* ont 27 millimètres (1 pouce) dans œuvre, sur 16 millimètres (7 lignes) de hauteur, et sont enchapées de vache noire.

La *traverse* est une bande de vache cousue horizontalement sur le derrière de la giberne, et présentant deux passans à la banderolle; elle a 4 centimètres (18 lignes) de large.

Les *porte-bonnets* (PL) sont des courroies de buffle, longues de 36 centimètres (13 pouces), enchâpures comprises, et larges de 27 millimètres (1 pouce); leurs boucles, avec ardillons de même métal, ont 22 millimètres (10 lignes) dans œuvre. Il y a des régimens qui, au lieu d'avoir les porte-bonnets cousus sous les coffres,

(1) Autrefois la longueur de cette martingale et la largeur de la taille de l'habit étoient coordonnées; mais nos tailles étant maintenant moitié moins larges que dans le temps de cette supputation, il faudroit, ou que cette martingale fût raccourcie de deux pouces, ou (ce qui vaudroit mieux) qu'elle eût 5 à 6 pouces, et qu'au lieu de se rattacher au bouton de la taille, elle se fixât au bouton de la poche le plus voisin d'elle. Cela demanderoit un calcul particulier pour l'infanterie légère, qui a la poche plus haute; et pour l'infanterie, suivant qu'elle auroit la poche en long ou en travers.

4 *

ont ces porte-bonnets coulans en liberté dans un passant, afin de donner au soldat la facilité de blanchir ce
buffle sans salir la giberne. L'inconvénient de cette
méthode est que les soldats, s'ils manquent de soin,
oublient et perdent leurs couvre-bonnets, et par suite
le bonnet lui-même.

La décision du ministre, qui fixe ces dimensions,
n'en prescrit point de particulières pour les sergens et
fourriers (1), qui de temps immémorial avoient eu des
gibernes plus petites.

99. — *Banderolle.* (V. pl. 3).

Elle doit avoir pour grenadiers et fusiliers un mètre
65 centimètres (5 pieds) de long sur 8 centimètres
(3 pouces) de large (*V.* n°. 100, note). A chaque extrémité elle a une patte (PN) cousue, qui est de 19
centimètres (7 pouces) de long sur 27 millimètres
(1 pouce) de large.

Le *porte-baïonnette* (PO) doit avoir 13 centimètres
(5 pouces) de long, sur 11 centimètres (4 pouces) de
tour, avec une patte (PQ) de 8 centimètres (3 pouces),
sur 7 centimètres (2 pouces 9 lignes) de hauteur, garni
d'une boucle avec ardillon en cuivre, enchapé de buffle;
et une attache formant boutonnière, de 12 centimètres
(4 pouces et demi) de long sur 27 millimètres (1 pouce)
de large, avec un bouton roulé en buffle.

100. — *Baudrier.* (V. pl. 3).

Le baudrier qui est maintenant en usage pour porter
le briquet, doit être long d'un mètre 624 millimètres
(5 pieds) (2) sur 61 millimètres (2 pieds 3 lignes) de
large.

---

(1) Leurs gibernes étoient de la dimension suivante : le coffret
n'avoit que 7 pouces de longueur, sur 2 pouces 6 lignes de hauteur,
et 2 pouces 3 lignes d'épaisseur : il n'étoit point percé de trous à
cartouches, et devoit en contenir deux paquets, au moyen d'une
séparation dans son milieu. (Voy. *Réglement d'habillement*, du
1ᵉʳ octobre 1786, art. 7, paragr. 11.
(2) *Décision* du 4 brumaire an 10. Cette mesure est trop forte,

Les fourreaux de sabre et de baïonnette y sont reçus chacun dans un passant ou entonnoir qu'on appelle pendant (*V.* PR et PS), et auquel les soldats ont donné un nom trivial.

Le pendant (PR), où se loge le sabre, est de 135 millimètres (5 pouces) de large; l'entrée de 81 millimètres (3 pouces); le derrière, d'une seule pièce formant porte-baïonnette, est de 165 millimètres (6 pouces) de hauteur, joint par une couture, une boucle et un ardillon en cuivre, de 59 millimètres (2 pouces 2 lignes) dans œuvre, sur 14 millimètres (6 lignes) de hauteur, enchapé d'un fort morceau de buffle de 68 millimètres (2 pouces 6 lignes) carré; deux autres boucles au-dessus pour assujétir le sanglon de la chape et celui du chapeau du fourreau de baïonnette (*V.* pl. 1re. PT) de 16 millimètres (7 lignes) de large dans œuvre, sur 14 millimètres (6 lignes) de hauteur.

Il seroit convenable que dans le devant du pendant du sabre, il fût pratiqué au niveau de sa boucle, et à 8 lignes de son bord supérieur, une petite fente qui donnât passage au sanglon de la chape; on éviteroit ainsi que le pendant ne fût bientôt déformé et endommagé par la pression du sanglon et le poids du sabre, qui recourbe cette partie et fatigue sa couture.

Les baudriers de tambours n'ont point de porte-baïonnettes.

101. — *Bretelle.* (V. pl. 3) (1).

Elle sert à porter le fusil de la manière dite à la *grenadière*, soit en route, soit quand il faut monter à l'assaut; de là vient que l'anneau supérieur où elle se rattache, s'appelle une grenadière. Sa longueur est de 3

excepté pour les grenadiers. Le *Réglement d'habillement*, du 1er octobre 1786, art. 7, fixoit cette dimension à 4 pieds 10 pouces; il donnoit à la banderolle 4 pieds 8 et 10 pouces : c'est trop long aussi, excepté pour grenadiers.

(1) On appelle aussi *bretelles*, les lanières qui servent à porter le havre-sac.

pieds, sa largeur de 15 lignes, sa demi-boucle (1), avec ardillon en cuivre, qui est arrondie et cintrée, a 7 lignes dans œuvre.

Les bretelles des fusils, mousquetons et carabines sont les mêmes.

102. — *Porte-fifre* (2).

Le porte-fifre se compose de deux bandes de buffle réunies par une couture, comme les colliers de caisses; les deux autres extrémités sont jointes par une plaque de cuivre jaune portant le numéro du régiment. Il est soudé sous cette plaque deux pontets de laiton, qui traversent la banderolle, et sont fixés par une attache de buffle.

La largeur de la banderolle est de 68 millimètres (30 lignes), sa longueur dépend de la taille du musicien-fifre.

L'étui qui renferme le fifre est un cylindre de cuivre jaune divisé en deux parties inégales, séparées, et qui se réunissent au moyen d'une coulisse circulaire. Ces deux parties portent chacune dans une direction verticale, un anneau dans lequel passe une attache de buffle qui les retient lors de leur séparation. La longueur et le diamètre de cet étui sont proportionnés à la forme de l'instrument. La plus longue partie de l'étui porte trois tenons percés d'un trou à jour, qui traversent une plaque de même métal, fixé sur la banderolle par une attache de buffle.

---

(1) Il a été adopté une demi-boucle d'une forme nouvelle; au lieu d'un ardillon mobile, elle a à sa partie supérieure une pointe fixe. (*V.* pl. 4, fig. 16).

(2) Ceci est conforme à un usage; mais n'est point l'effet d'une règle. Les réglemens ne connoissent pas de fifres. Cette fonction s'est éteinte sans avoir été supprimée; il y a 30 ans que les régimens n'avoient point de musique, ou du moins point de musique reconnue par les réglemens; mais par bataillon il y avoit 2 clarinets et 1 fifre *pour accompagner les tambours.* Ces soldats ont été peu à peu changés en musiciens, et ont cessé de jouer pendant les batteries.

103. — *Collier de tambour.*

Il pèse un kilogramme (2 livres), et se compose de deux pièces jointes ensemble, formant une longueur d'un mètre 137 millimètres (42 pouces) sur 88 millimètres (3 pouces 3 lignes) dans le haut, et 117 millimètres (4 pouces 4 lignes) dans le bas, renforcé sous la couture d'un morceau de buffle de 217 millimètres (8 pouces) de long, et cousu de chaque côté aux pinces ; le porte-baguette d'un morceau double, cousu à deux coutures de 115 millimètres (4 pouces 3 lignes) de face, sur 108 millimètres (4 pouces) de hauteur ; deux attaches remployées à chaque bout pour tenir le porte-caisse en cuivre ; lesdites attaches de 352 millimètres (13 pouces) chacune de longueur, sur 29 millimètres (13 lignes) de largeur.

104. — *Caisse, sa composition.* (V. pᵒˢ. 24, 30, 31.)

La caisse succéda aux clairons et fut adoptée en France vers le milieu du 14ᵉ. siècle (1).

Une caisse pèse moins de 6 kilogrammes (11 à 12 livres). Elle se compose d'un fût ou caisse proprement dite ; de deux cercles, deux peaux, un timbre, un cordage et dix tirans en buffle.

Le *fût*, après avoir été long-temps en châtaignier, est depuis plus de 5o ans en cuivre, à l'imitation des Suisses. Il est percé d'un trou sans lequel l'instrument ne sauroit retentir. Il porte d'un côté une serrure ou gache, percée à l'usage du crochet du timbre, et de l'autre une ansette ou crochet qui a pour objet de retenir une des extrémités du timbre. Il est marqué de la lettre de la compagnie, et du numéro de l'homme.

Les *cercles*, qui sont en bois de chêne, sont destinés à maintenir les peaux, et percés de 10 œillets ou ouvertures à l'usage du cordage. Le cercle du timbre a de

---

(1) *Manuel pour le corps de l'infanterie*, imprimé en 1781 ; chap. 3, fin de l'art. 3.

plus deux ouvertures de chaque côté, pour le passage du timbre.

Les *peaux*, qui se roulent sur deux autres petits cercles, se distinguent en peau de batterie et peau de timbre. Elles sont ordinairement de veau ; la première est plus épaisse que l'autre ; celle de timbre seroit meilleure en chèvre ou en chien (1).

Le *timbre* est la corde à boyau double qui détermine le son de la caisse.

Le *cordage* est long de 8 mètres un tiers (5 brasses), et doit être filé en trois ; il dureroit trop peu s'il n'étoit qu'en deux.

Les *tirans* sont destinés à serrer à volonté le cordage ; ils sont cousus ou bien à queue d'aronde ou oreilles ; la première manière est préférable.

105. — *Baguettes.*

Les baguettes de la caisse sont en bois des Iles ; leur longueur est de 42 centimètres (15 pouces 6 lignes); le poids de chacune est de 140 grammes (4 onces 6 gros).

Celles dont on fait usage en plusieurs régimens sont garnies par le haut d'une virole de 6 centimètres (2 pouces), afin qu'elles aient plus de pesanteur et qu'elles soient moins sujettes à se fendre en tombant. Cette virole est goupillée, et porte les numéros du régiment, de la compagnie et de l'homme (*V.* n°. 332).

106. — *Porte-hache* (2).

Il se compose, 1°. d'une banderolle d'un mètre 624 millimètres (5 pieds) de longueur, sur 81 millimètres (3 pouces) de large ; cette banderolle peut s'alonger ou se raccourcir au moyen d'une boucle de cuivre ; la banderolle porte un anneau de buffle pour passer le manche de la hache.

_____

(1) On a fait usage aussi, pour la peau de batterie, de peau d'âne et de peau de loup, bien plus solides et d'un son plus éclatant, mais dont le prix monte trop haut.

(2) *Décision sur l'équipement,* du 4 brumaire an 10.

2°. D'un étui ou sac de la même forme et dimension que le fer de la hache. Cet étui se ferme au moyen de deux patelettes inégales, entre lesquelles passe le manche de la hache. Ces patelettes sont garnies, savoir : celle du plat de la lame de deux contre-sanglons, et celle du talon d'un seul.

Les bords de l'étui sont garnis de buffle, et dans quelques régimens, il est fixé une giberne sur la partie la plus large. Dans d'autres, les sapeurs portent une giberne à la Corse (1)

107. — *Tablier de sapeur* (2).

Il est fait d'une peau de mouton blanchie, d'un mètre 33 centimètres (4 pieds) de hauteur, sur 68 centimètres (2 pieds 1 pouce) de largeur en dessous de la bavette, et de 92 centimètres (2 pieds 9 pouces) par le bas. Il est attaché par le haut, avec une petite lanière de buffle garnie d'un bouton roulé qui passe derrière le cou et se boutonne au tablier. Il est attaché également à la ceinture avec deux lanières de buffle de 72 centimètres (27 pouces) de long.

108. — *Cornet.*

Le cornet, prescrit par l'article 3 du décret du deuxième jour complémentaire an 13, est un petit cor de cuivre jaune; de la longueur de 2 mètres 21 centimètres (6 pieds 7 pouces), terminé par un pavillon de 11 centimètres (4 pouces 6 lignes) de large. Le cylindre, ployé circulairement, forme 3 cercles et demi, dont le plus large à 18 centimètres (7 pouces) de diamètre. À la partie opposée au pavillon, il s'adapte une embouchure de cuivre de 9 centimètres (3 pouces 3 lignes)

---

(1) Cette giberne à la Corse a été prescrite par une lettre du ministre-directeur, du 11 fructidor an 12.

(2) *Décision sur l'équipement*, du 4 brumaire an 10, relatif aux bataillons de sapeurs. *Réglement d'habillement*, du 1er octobre 1786, art. 7, relatif aux sapeurs d'infanterie.

4 **

de hauteur; le bassin où se placent les lèvres, a 18 millimètres (8 lignes) de diamètre.

Le ton musical de ces cornets, d'abord voulu en *ut*,
a été généralement adopté en *fa* et *mi-bémol*, à l'instar
des trompettes de cavalerie de toute arme, dont ils ne
diffèrent que par la forme. Le cornet pèse 375 grammes
(12 onces et demie); l'embouchure pèse 75 grammes
(2 onces et demie).

Il est porté en bandouillère, au moyen d'un cordon
de laine de 2 mètres (6 pieds), terminé par deux gros
glands. Le ton de *mi-bémol* est fixé au corps du cornet,
au moyen d'un plus petit cordon de 66 centimètres
(2 pieds de long), terminé par deux petits glands.

DEUXIÈME LEÇON.

NOTIONS GÉNÉRALES DE TACTIQUE (*V.* n°. 327).

109. — *Définition.*

Le mot *tactique* signifie art, c'est celui de marcher
et de combattre.

L'*exercice* est l'apprentissage, la répétition, la pratique du maniement des armes, ainsi que des évolutions, des manœuvres et des mouvemens composant la
tactique.

Le *maniement des armes* n'a d'autre objet que les
honneurs (*V.* n°. 198), les inspections, les feux, l'emploi de la baïonnette, les repos.

Le mot *évolution*, qui signifie développement, peut
exprimer la combinaison des dislocations et formations
d'une troupe peu considérable, d'un régiment et même
d'une ligne. Le sens qu'on donne à ce mot suppose que
les opérations qu'il indique, ne s'exécutent point en
face de l'ennemi : c'est, pour ce dernier cas, le mot
manœuvre qu'on emploie.

Le mot *manœuvre*, qui signifie ouvrage de la main,
a été défini, on ne sait pourquoi, comme exprimant les

mouvemens d'une brigade (1) ; il semble bien plus conforme à son étymologie de donner ce nom à la coordon-
nance des évolutions et du maniement des armes, hos-
tilement exécutés.

Le mot *mouvement* a été appliqué à la locomotion d'un
corps d'armée qu'on transporte ou qu'on forme en bataille.

110. — *Différens réglemens d'exercice.*

Ils ont varié suivant la forme et l'espèce des armes ;
mais sur-tout en raison de l'adoption du système de
l'ordre mince.

Ceux auxquels on peut recourir, ne sont point anciens, puisque ce n'est que du commencement du siècle
passé (2) que l'infanterie française a été armée en totalité avec des fusils, et que c'est depuis 59 ans à peine,
que date l'adoption du système sur trois rangs. L'étude
des réglemens qu'on peut consulter, s'exerceroit sur
ceux de 1764, 1766, 1769, (infanterie légère), 1774,
1775 et 1776 (3), de 1788, enfin celui de 1791 ; le seul
en vigueur, et auquel bien peu de changemens ou aug-
mentations seroient nécessaires, si l'on peut appeler

---

(1) V. *Dictionnaire militaire de l'Encyclopédie*, au mot *Manœuvres.*

(2) Par l'ordonnance du 2 mars 1702, rendue sur l'avis de M. le
maréchal de Vauban.

(3) Frédéric-le-Grand est l'inventeur de notre système de tactique
actuel. Ses principes commencèrent à se répandre vers 1758, après
le voyage que fit en Prusse le comte de Gisors, fils du ministre de la
guerre. Jusques là l'ordre sur plus de trois rangs avoit été pratiqué
(*Voy.* nᵒ. 121). Les réglemens de 1764 et 1766, où l'on trouve
encore des traces de cet ordre, sont ceux où l'on entrevoit les progrès de l'art ; mais les ordonnances de 1769 et 1776 adoptèrent fran-
chement l'ordre mince, et furent rédigés savamment. Le perfectionnement de ce dernier réglement fut dû surtout à Guibert qui, en
1772, venoit de publier son *Essai de tactique;* il l'avoit écrit au
milieu des disputes élevées entre des militaires d'un mérite distingué,
qui se partageoient en deux sectes, dont l'une tenoit pour l'ordre
profond, et s'appuyoit sur l'autorité de Follard et du maréchal de
Saxe, tandis que la seconde se rattachoit à Frédéric II, et étoit habi-
lement défendue par Guibert. La révolution qu'il a opérée s'est maintenue.

ainsi les différences ou interprétations, dont l'exposé ci-après démontre la nécessité, savoir :

Le placement en bataille du major (1) ; du 2ᵉ. adjudant ; — des guides-généraux ; du 4ᵉ. sergent (2), du fourrier des grenadiers (*V.* nᵒ. 342) ; des sapeurs ; de l'aigle ; de l'enseigne (*V.* nᵒ. 269, note 4).

Les détails du pas métrique (*V.* nᵒ. 116).

Les manœuvres particulières (3) à l'infanterie légère (4) et aux voltigeurs (5).

Le tir de la carabine (*V.* nᵒ. 57).

L'explication de la formation des *carrés d'Egypte*, perpendiculaires et parallèles par bataillons et régimens, sur tous points de la ligne, soit en échelons, soit en échiquier, sur une ou deux lignes, que S. M. a fait plusieurs fois exécuter sous ses yeux (*V.* nᵒ. 76).

La manière de défiler en tiroir (*V.* nᵒ. 83).

Et enfin l'explication des feux de rang ou par chaque rang (*V.* nᵒ. 61).

TROISIÈME LEÇON.

MARCHE MILITAIRE.

111. — *Pas.*

La marche militaire se compose de deux sortes de pas : le *pas non cadencé* et le *pas cadencé*.

Le *pas non cadencé* est celui dont les soldats se ser-

---

(1) Grade créé par décret du 1ᵉʳ vendémiaire an 12. *Voy.* Régl. du 1ᵉʳ juin 1776, tit. 4, art. 9.

(2) Ce grade n'existoit point à l'époque du réglement. Le quatrième sergent peut se placer derrière la droite de la première section en serre-file ; c'est la seule place restée vacante. *Voy. l'Instruction* du général Schawburg, qui place ce sergent derrière la gauche de la première section.

(3) *Réglement de campagne*, du 5 avril 1792, tit. 20, alinéa 24 et 25.

(4) On peut consulter l'instruction de Frédéric II à ses troupes légères (*V.* nᵒˢ 59 et 171).

(5) Créés en l'an 12 et en l'an 13.

vent dans la colonne en route ; il se fait indifféremment d'un pied ou de l'autre.

Le *pas cadencé* est celui que plusieurs hommes font en partant du même pied. Il a été pratiqué d'abord par les troupes prussiennes (1), il est mesuré dans sa vitesse et son espacement ; c'est du seul pas cadencé qu'il est question ci-après :

Il se divise en pas d'école, maintenant inusité (*V.* n°. 119), — petit pas, — pas ordinaire, — pas en arrière, — pas oblique, — pas métrique, — pas de route, — pas accéléré, — pas de charge (*V.* n°. 117).

Les détails dans lesquels on peut entrer au sujet du pas militaire ne peuvent pas remonter au-delà des ordonnances de 64 et 66. Il n'étoit pas en usage auparavant, comme on le voit dans les œuvres de Maurice de Saxe, qui appelle *tact*, le pas cadencé, et conseille à toutes les troupes de s'en servir à l'imitation des prussiens.

Les principes de la marche sont expliqués dans le réglement d'exercice, qu'un sous-officier doit connoître par cœur depuis la position du soldat sans armes, jusqu'à la dernière leçon de l'école de peloton ; il faut ajouter aux excellentes leçons qu'on y puisera, les remarques suivantes :

112.— *Du pas militaire, considéré dans les variations qu'il a éprouvées* (Régl. de 1766).

Le réglement du 1er. janvier 1766, fixa à 60 à la minute, la vîtesse du *pas ordinaire*, et à une demi-seconde ou 120 à la minute, la vîtesse du pas qu'on appela pour cette raison, *pas redoublé* (2).

Leur distance étoit de 2 pieds ; quant à l'emploi de ce dernier, notre *pas accéléré* lui est comparable ;

_____

(1) *Réveries* du maréchal de Saxe, note de l'art. 6.

(2) De là vient qu'il n'y avoit pas alors interruption de cadence pour une troupe marchant au pas accéléré devant une garde qui battoit le pas ordinaire ; le soldat en marche faisoit deux pas pendant que le tambour du poste en battoit un.

quant à sa vîtesse et mesure, notre *pas de charge* lui est comparable.

On instruisoit à la mesure du *pas ordinaire* les hommes de recrue, en les faisant marcher en face d'une pendule qui, par les oscillations de son aiguille à secondes, déterminoit leur cadence.

Ce même réglement consacroit l'usage d'un pas de 12 pouces, qu'on appeloit *petit pas;* sa vîtesse étoit aussi de 60 à la minute.

La vîtesse du *pas de route* n'étoit pas tout à fait d'une seconde.

113. — *Réglement de 1776.*

Par une lettre du ministre (1), puis bientôt par le réglement du 1ᵉʳ. juin 1776, le *pas ordinaire* changea de mesure, et fut porté à 70 par minute au lieu de 60. On conserva le pas de 60 comme *pas d'école;* on marcha à 120 le pas, qui fut nommé alors *pas de manœuvres*, et qui, comme on voit, est le même que l'ancien *pas redoublé*, et que notre *pas de charge* actuel.

Par le même règlement, il fut donné au *pas de route* une vîtesse de 90 à 100 par minute; ce qui approche beaucoup de notre *pas accéléré* actuel, et outre-passe notre *pas de route* (2).

114. — *Réglement de 1791.*

Le réglement du 1ᵉʳ. août 1791, donna 76 au lieu de 70 par minute au pas ordinaire; empruntant, quant à cette division, le mode des troupes prussiennes qui exécutoient à cette cadence presque toutes leurs manœuvres.

Par le même réglement, notre pas accéléré fut porté à la vîtesse de 100 par minute, terme moyen bien calculé.

---

(1) *Essai général de tactique*, chap. 3, note 2, édit. de 1803.
(2) On ne fait pas ici mention du réglement de 1788, à peine connu, et bientôt abrogé. Peu de régimens s'y sont conformés.

Il fut donné au pas de route de 85 à 90 pas à la minute (1).

L'ordonnance ne connut point de petits pas.

115. — *Pas unique de Custines.*

Depuis 1791, quelques variations eurent encore lieu dans les principes de la marche militaire. Au printemps de 1793, le général Custines, commandant l'armée du Nord, appela près de lui et réunit à Cambray un officier, un sous-officier, un tambour et un soldat tirés de chaque bataillon de son armée ; ils furent exercés plusieurs mois par l'adjudant général Meunier ; cet officier étoit chargé d'instituer un nouveau pas, qui étoit intermédiaire et s'appeloit *pas unique.* Sa vîtesse étoit de 90 à la minute (2), et sa mesure de 26 pouces (3), il devoit remplacer tous les autres ; cette école avoit aussi pour objet de suppléer le pas oblique, par le moyen d'un quart de conversion que faisoit chaque homme dans le rang, à l'imitation du mouvement d'obliquité des subdivisions de la colonne de route (4). Quelques changemens devoient aussi s'établir dans le maniement de l'arme ; en parler ici, seroit superflu. Les événemens de la guerre et la catastrophe du général Custines empêchèrent ces innovations d'être maintenues.

(1) Les Prussiens étoient parvenus à parcourir 2000 toises en une heure, au moyen de leurs pas de 30 pouces ; distance considérable, si l'on suppose un corps arrivant sans aucune désunion.

(2) *Voy.* l'ouvrage du général Meunier, intitulé : *Dissertation sur l'ordonnance de l'infanterie,* à la fin du précis. *V.* aussi la 8ᵉ leçon de l'*Instruction* du général Schawburg.

(3) Il étoit aussi vîte que notre pas accéléré, moins deux pas et demi, et bien plus développé. Ce développement étoit en opposition avec le sentiment de Guibert, qui vouloit que le pas n'eût que 18 à 20 pouces. (*Essai général de tactique,* tome 1, page 195, édition de 1803).

(4) *Réglement d'exercice,* du 1ᵉʳ août 1791, *Ecole de peloton,* nᵒ. 269.

116. — *Instruction de l'an 12*

Enfin en brumaire an 12, le ministre de la guerre, donnant sur le campement de l'infanterie une instruction nouvelle qui remplace celle du 1er. mars 1792, et qui a été confirmée par l'*extrait du Réglement de campagne*, rédigé en 1809 à Schoënbrunn, y a fait insérer les paragraphes ci-dessous, dont la connoissance et l'application deviennent d'une nécessité rigoureuse.

Pas métrique. Le mètre étant la base de toutes les dimensions d'un camp, les sous-officiers d'infanterie, chargés de marquer les camps, doivent s'habituer à faire le pas d'un mètre qu'on appellera *pas métrique*. Ce pas n'a que 11 lignes de plus que celui de 3 pieds (*V.* n°. 117) dont on s'est servi anciennement pour mesurer les distances militaires (1) ; un homme d'une taille ordinaire, peut exécuter aisément ce pas en pliant les genoux, et contracter en peu de temps l'habitude de le faire exact.

On parvient également, mais d'une manière moins rapide, au même résultat que par le *pas métrique* (2), en réglant son pas ordinaire aux deux tiers d'un mètre, ce qui fait 2 pieds 7 à 8 lignes, c'est-à-dire, à un demi-pas à-peu près de plus que le *pas ordinaire* (3) auquel l'infanterie est exercée.

D'après ce principe, on adapte de la manière suivante tous les pas de l'infanterie à la mesure métrique.

Le *petit pas* d'un pied, est appelé d'un *tiers de mètre* (1 pied 3 à 4 lignes) ; 3 petits pas font le mètre (4).

---

(1) Le pas de camp est tombé en oubli depuis que la castramétation s'est perfectionnée, depuis qu'on ne tend plus en bois, depuis l'usage des cordeaux.

(2) Le pas métrique est difficile, et la théorie qui le sousdivise bien compliquée. Il seroit un moyen de se faire partout des cordeaux métriques. (*V.* n°. 248 note).

(3) Dans ce paragraphe le mot *pas ordinaire* ne doit point donner l'idée d'un pas de 76 à la minute, mais il y exprime un pas de 24 pouces, abstraction faite de sa vitesse.

(4) Il y a 22 ans que le détail du petit pas n'est plus montré à l'infanterie, il n'est usité que comme pas de pivot.

Le *pas de deux pieds*, est appelé de *deux tiers de mètre* (2 pieds 7 à 8 lignes) ; trois pas font deux mètres.

Le pas alongé (1) de 2 pieds 6 pouces, est appelé *pas de deux tiers et demi ou* cinq sixièmes de mètre ' 2 pieds 6 pouces 9 à 10 lignes); 6 pas alongés font 5 mètres.

Et le grand pas de 3 pieds 11 lignes, est appelé *pas métrique* ou d'un mètre.

On voit que tous les pas en usage dans les troupes s'adaptent (2) facilement au système métrique ; la différence, même pour les plus grands pas, n'est point d'un pouce.

Ainsi, la règle générale pour mesurer au pas, est, pour le pas métrique, de faire autant de pas qu'il y a de mètres dans le front du bataillon, et pour le pas de deux tiers d'un mètre, d'ajouter la moitié en sus ; par exemple, si l'on a 144 mètres à mesurer au pas de deux tiers de mètre, ci. 144

La moitié est. 72

TOTAL. 216

On a par conséquent à faire 216 pas de deux tiers de mètre, qui donnent 168 mètres.

---

(1) Ce pas étoit pratiqué en Prusse, mais non en France.
(2) Nous venons de démontrer que le pas de deux pieds est le seul en usage dans les troupes françaises, et qu'on n'y enseigne ni *petit pas*, ni *grand pas*, ni *pas alongé* ; ainsi l'apprentissage du *pas métrique* devroit être l'objet d'une étude tout-à-fait nouvelle, et dont nous n'avous pas encore vu qu'on se soit occupé. Nous n'avons pas moins présenté cette méthode dans tout son détail, puisque cette *instruction* du ministre de la guerre vient de recevoir une nouvelle sanction, par la promulgation de l'*extrait du Réglement de campagne*, publié en 1809, où elle a été incorporée.

117. — *TABLEAU des différens Pas, gradués suivant la progression de leur célérité.*

PETIT PAS, de pivots, en arrière, oblique, etc.	PAS ORDINAIRE.	PAS ACCÉLÉRÉ, —de charge, etc.	PAS DE ROUTE.	GRAND PAS. PAS MÉTRIQUE.	DATE de L'ORDONNANCE. (1)	MESURE ou ESPACE DE LIEU.	VITESSE ou ESPACE DE TEMS.
				Ancien pas de camp (2)....	....	3 pieds.	60 à la minute.
	Pas ordinaire.				1791	2 pieds.	76 idem.
de pivot (3).					Idem.	6 pouces.	76 ou 100 id.
'd. en colon- à demi dist.					Idem.	1 pied.	76 ou 100 id.
en arrière...					Idem.	1 pied.	76 idem.
oblique....					Idem.	17 et 24 pouces.	76 idem.
tiers du mètr.					Brumaire an 12	1 pied 4 lignes.	76 ou 100 id.
	2 tiers de mètr.				Idem.	2 pieds 18 lig.	76 idem.
				Alongé métriq.	Idem.	2 pi. 6 po. 10 li.	76 idem.
				Pas métrique...	Idem.	3 pieds 11 lig.	76 idem.
			Pas de pivot en route.....		1791	1 pied.	de 85 à 90 id.
			— de route...		Idem.	2 pieds.	Idem.
		Pas accéléré (4).			Idem.	Idem.	de 100 idem.
		— de charge....			Idem.	Idem.	de 120 idem.

(1) L'échelle chronologique se trouve nécessairement dérangée ici par l'échelle d'accélération.
(2) Que l'Encyc. appelle *Pas de camp*, et que l'*Instruct.* de brum. an 12 *sur le campement*, appelle *Mesure ancienne des distances militaires.*
(3) Dans les conversions en marche (*V.* n°. 118, note 1).
(4) Guibert proposoit un pas redoublé d'un pied 8 pouces et de 160 à la minute; plus un pas de course de même mesure, et d'une vitesse de 200 à 240 pas. *Essai général de tactique*, tom. I, chap. 3, paragraphe 4.

118. — *Observations au sujet du tableau* nᵒ. 117.

Il faut remarquer : que quoiqu'il ne soit pas reconnu de petits pas depuis le réglement de 1776, (si ce n'est pour les pivots de conversion en marche) (1) : le voici rétabli pour l'assiette des camps (2).

Que depuis 1792 il a été souvent un usage avantageux par l'infanterie, et surtout par l'infanterie légère d'un pas de course, tel que le propose Guibert (*V.* nᵒ. 117 note 4), et tel que prescrivoit le réglement d'exercice de 1769.

Que Sa Majesté a ordonné qu'on ne manœuvreroit qu'au pas accéléré, et qu'elle fait presque toujours défiler ainsi (3).

119. — *Des aplombs.*

La leçon de la marche auroit commencé par l'explication des aplombs (4), si nos réglemens les eussent encore prescrits ; mais l'amélioration et la célérité de nos marches y ont fait renoncer, ainsi qu'au pas d'école ; peut-être cependant quelques instructeurs négligent-ils trop les élémens de ces démonstrations, puisque la régularité de la marche, etc., dépend autant de l'équilibre parfait du corps que de la mesure inaltérable du pas.

---

(1) *Ecole du soldat*, nᵒ. 264 ; *Ecole de peloton*, nᵒ. 247 ; et *Ecole de bataillon*, nᵒ. 243. *Voy.* le mot *Pivot*, au nᵒ. 327.

(2) Ces pas métriques (*V.* nᵒ. 116, note), consacrés à une sorte d'arpentage, et divisés en trois espèces, sont en quelque rapport avec les trois pas des troupes prussiennes, qui appliquoient la cadence 76 à une étendue variable (*V.* nᵒ. 116, notes 2 et 6).

(3) C'est dans les jambes du soldat qu'est tout le secret des manœuvres et des combats. *Réveries du maréchal de Saxe*, chap. 1ᵉʳ, art. 5, alinéa 2.

(4) *Examen critique du militaire français*, tome 2, page 97.

QUATRIÈME LEÇON.

FEUX ANCIENS ET ACTUELS.

120. — *Etude de cet objet.*

Il faut consulter le réglement d'exercice depuis la charge en douze temps jusqu'au feu de deux rangs, ainsi que la fin de l'école de peloton, où se trouve le maniement de l'arme des sous-officiers.

121. — *Feux.*

Gustave-Adolphe est le premier qui ait étendu le front de sa troupe aux dépens de sa profondeur, et qui, pour augmenter l'effet du feu de son infanterie, l'ait distribuée sur 6 rangs. Cette ordonnance fut adoptée par toutes les puissances; elles établirent leur infanterie sur 6 ou 8 rangs; ce qui continua jusqu'au commencement du dix-huitième siècle, époque vers laquelle l'infanterie fut mise sur 4 rangs (1); ce fut vers la fin de la guerre de la succession d'Espagne, que l'ordonnance sur 3 rangs fut adoptée et devint générale. Le réglement de 1764 (*V.* n°. 110, note 2), ne connoissoit plus de feu que sur 3 rangs, mais il connoissoit encore une formation sur 6 rangs, au moyen des sections se doublant et appuyant vers le centre, pour fermer les vides.

Avant le réglement de 1776, les feux étoient distingués en feux *avec mouvement*, et feux *sans mouvement;* les premiers s'appelèrent ainsi, parce qu'ils s'exerçoient sur un terrain différent de la ligne de bataille. On n'a plus fait usage que des derniers, lorsque la hauteur des files a été réduite à trois hommes.

---

(1) *Rêveries* du maréchal de Saxe, chap. 1er, art. 6, alin. 10 et 11.

122. — *Feux anciens.*

On appeloit ainsi des feux faits au moyen d'un déboîtement ; tels que le *feu de parapet*, le *feu de rempart*, le *feu de chaussée* ; les moyens qu'on employoit évitoient la génuflexion.

123. — *Feux sans mouvement* (1).

On exécutoit un feu *sans mouvement* sur plus de trois rangs, d'une manière qui avoit quelque analogie avec le *feu de rang* actuel (*V*. n°. 61) ; tous les rangs mettoient le genou à terre, excepté le dernier, lequel faisoit feu dans cette position : l'avant dernier rang se levoit, tiroit et ainsi de suite.

Guibert improuve les feux faits genou à terre ; nous les avons peu pratiqués dans cette guerre.

124. — *Feux anciens de subdivisions, avec ou sans mouvement.*

On a fait usage d'un *feu de section* extrêmement compliqué, commençant par la gauche (2).

On a fait usage d'un *feu de peloton*, commençant par le peloton du centre, et continuant alternativement par la droite et par la gauche.

On a fait usage d'un *feu de division*, commençant par les deux pelotons impairs du centre, et fourni alternativement par deux pelotons pairs et deux pelotons impairs, etc. Ces feux se faisoient *sans mouvement* ou *avec mouvement ;* dans ce dernier cas, chaque subdivision qui devoit tirer, se portoit en avant, faisoit feu et venoit se remettre en ligne ; cette manière avoit quelque analogie avec le *feu de charge prussien*, que Frédéric faisoit faire à sa ligne de bataille, marchant à un pas de six pouces.

---

(1) C'est-à-dire *de pied ferme. V.* ce mot, n°. 327.
(2) *Ordonnance* du 1er mai 1769.

Ces feux que leur complication et leur symétrie rendoient impraticàbles à la guerre, s'exécutoient le premier rang agenouillé.

125. — *Feux à volonté.*

On avoit aussi l'usage d'un feu qu'on appeloit à *volonté* ou de *billebaude*; il avoit lieu sur 3 rangs,
chaque soldat tirant quand il vouloit (1). Mais le *feu de
billebaude* de l'ordonnance du 1er. mai 1769 étoit un
feu de 2 rangs; le 3e. rang chargeoit sans tirer.

126. — *Feux prescrits par le réglement de 1776.*

Le réglement de 1776 n'ayant plus connu qu'une
formation sur trois rangs, a supprimé les feux faits
avec mouvement, et a également renoncé aux feux faits
genou à terre. Selon ses principes, le deuxième rang
s'abaissoit sur le premier, en s'effaçant sur la droite, et
le troisième rang déboîtoit à gauche.

Ce réglement n'a plus connu que les feux suivans :

Le *feu de file*, qui est un feu à volonté, dans lequel
le troisième rang tire comme les autres (2);

Le *feu de demi-rang*, qui est le même que notre
feu de demi-bataillon, à la différence de la génuflexion;

Et le *feu de bataillon.*

127. — *Feux prescrits par le réglement de 1791.*

Le réglement de 1791 diffère de celui de 1776 en
ceci : il rétablit la génuflexion usitée en 1764; mais
en adoptant la formation sur trois rangs, il institue un
feu de deux rangs à volonté, par l'expérience que celui
de 1776 étoit impraticable le sac sur le dos.

Le mécanisme du feu actuel de deux rangs (2) dans

_____

(1) Il n'étoit praticable que parce que l'usage étoit alors de mettre
bas les havre-sacs.

(2) A l'origine des armes à feu, on l'appela *Feu de billebaude.*
(*Essai général de tactique*, tome 1er, chap. 4, paragr. 50). En
1764, on l'appela *feu à volonté* et *feu de rempart* sur deux rangs.

lequel l'arme du troisième rang sert au second, est de l'invention du maréchal de Saxe (1), avec cette différence que ce général vouloit que les files avançassent successivement pour faire ce feu en visant avec soin ; ce qui a quelque rapport avec le *feu de rempart* (*V.* n°. 122).

En considérant de même l'impossibilité de pratiquer ce feu le sac sur le dos, ce réglement fit agenouiller le premier rang, dans les feux de *trois rangs.*

Il établit un *feu de peloton*, et d'un effet pareil à celui du demi-bataillon, puisqu'il reste constamment la moitié de ce feu en réserve.

Il appelle *feu de demi-bataillon*, ce que le réglement de 1776 et ceux antérieurs appeloient *feu de demi-rang.*

Le *feu de bataillon* des deux réglemens est le même, à l'exception de la génuflexion.

Enfin, il connoît en ligne le *feu en avançant* (2), alternativement exécuté de pied ferme par les bataillons pairs et impairs. Il a quelque ressemblance avec le *feu de charge* des Prussiens.

En 1769, on l'appela *feu de billebaude.* En 1776, on l'appela *feu de file ;* et enfin, en 1791, on l'appela *feu de deux rangs.* Depuis cette époque le troisième rang a chargé les armes du second ; car dans les premiers *feux de billebaude* et *de file*, le troisième rang déboîtant et se penchant en avant, tiroit comme les deux autres. L'emploi de ces deux derniers feux avoit fait renoncer à ceux de rempart et de chaussée. (*V.* n°. 122).

(1) *Réveries*, chap. 5, paragr. 5.

(2) *Evolutions de ligne*, n°. 69. C'est un feu *avec mouvement.*

CINQUIÈME LEÇON.

PRINCIPES GÉNÉRAUX DE LA JUSTESSE DU TIR (1).

128. — *Position du fusil.*

La justesse du tir dépend principalement de la manière de mettre en joue et de bien épauler, c'est-à-dire, de trouver facilement le vrai point d'appui de la crosse contre l'épaule droite (2); c'est de la prestesse et de la facilité de l'en-joue, autant que du placement de la main gauche, restant libre à sa position précise, que résulte la précision du viser. La règle la plus générale à donner aux soldats qu'on n'a pas été à même d'exercer à la cible, est de placer leur fusil horizontalement (3), pour que dans toute sa portée, la balle ne puisse s'élever nulle part à plus d'un mètre 60 centimètres (5 pieds) de l'horison. C'est les faire tirer trop bas que de leur prescrire de viser à ceinture d'homme; ce viser ne doit être recommandé qu'en tirant vers un but très-rapproché, ou quand on fait feu genou en terre; autrement, les balles vont labourer le champ à peu de distance. On a reconnu que les fusils tirés horizontalement (4) doivent atteindre tout ce qui se trouve à 200 pas et plus de distance; ce n'est donc que quand on est à proximité, qu'il faut incliner un peu l'embouchure du canon. Cependant, pour être invariable, la règle du placement du fusil tenu horizontalement, voudroit la supposition que le feu des deux troupes ennemies fût fait sur un terrain de niveau (*V.* n°. 130);

---

(1) *Essai général de tactique,* tom. 1ᵉʳ, chap. 4.

(2) La règle qui veut que les coudes soient abattus est contraire au bon épaulement, et par conséquent à la justesse du tir; *Réglement d'exercice* du 1ᵉʳ août 1791 , *Ecole du soldat,* n°. 81.

(3) *Essai sur l'influence de la poudre à canon,* etc. par M. de Mauvillon.

(4) *Essai général de tactique,* chap. 4, paragr. 29.

puisqu'il doit être plongeant ou relevé, s'il y a une
grande inégalité de terrain ; l'intelligence et l'ordre du
chef décident en cette circonstance. Au reste, le feu
relevé ou de bas en haut, a toujours été regardé
comme ne valant rien.

129. — *Moyens de tirer juste* (1).

Le grand nombre et la rapidité des décharges ne sont
pas le moyen de produire en guerre l'effet le plus meurtrier (2) ; le succès du feu ne peut résulter que d'une
direction précise de l'arme tirée à juste portée ; il faut
donc s'appliquer à l'évaluation des distances, pour
arriver à l'exactitude du tir. Cependant cette exactitude
seroit dépendante encore de plusieurs autres causes
(*V.* n°. 131) telles que l'inégalité du terrain (3), l'état
atmosphérique (4), le degré et la dose de la poudre
(*V.* n°. 130 note 2), l'échauffement du canon (5), les
différences de pression opérées en bourrant, le calibre-
ment de la balle (6) rendu plus ou moins exact par
l'épaisseur du papier, etc. (7), difficultés qui rendent
inabordable le point de perfection (8). Il suffit d'établir
quelques principes généraux qui doivent détruire le
préjugé où l'on est que le coup relève, et démontrer

---

(1) V. *Réglement d'exercice* du 1er août 1791 ; *Ecole de peloton* ,
n°. 318 et suivant ; *Décret* du 2e jour complémentaire an 13, art. 8.
(*V.* n°. 219).

(2) *Système militaire* de la Prusse, sect. 4, paragr. 35.

(3) Une balle au-dessus d'une vallée profonde, suit une trajectoire qui n'est pas la même que celle d'une balle qui se prolonge
horizontalement, au dessus et à peu de distance de la surface d'une
plaine unie.

(4) L'atmosphère influe sur la direction en ce qu'elle modifie la
détonation et change la portée.

(5) Sa chaleur précipitant la déflagration, accroît l'impulsion.

(6) Elle doit être de 18 à la livre.

(7) Ces dernières circonstances décident les variétés de puissance
de la fulmination.

(8) *V.* l'ouvrage de Mauvillon, *Essai sur l'influence de la poudre
à canon*, etc. Il prétend que sur cent coups il en est à peine un qui
porte.

5

l'inexactitude de la règle qui prescrit exclusivement de tirer à ceinture d'homme (*V.* n°. 128).

On distingue la ligne *de mire* et la ligne *de tir* (1) ou *trajectoire ;* la première n'est autre que la direction du coup·d'œil le long de la surface supérieure du canon vers le but. La seconde, dont la direction est d'abord parallèle à l'axe du canon, est la courbe que décrit la balle quand elle est chassée par la poudre. Ces deux lignes ne différeroient pas l'une de l'autre, si le canon étoit un tube dont le fer fût également épais au tonnerre et à l'embouchure, et si la balle n'étoit pas lancée paraboliquement ; mais en raison de ce que la partie du canon où tient la culasse est renforcée pour résister à l'effort de la détonation, ces deux lignes ne sauroient être parallèles ; elles s'éloignent plus ou moins, suivant l'élévation de la visière, dont l'objet est de remédier à cette différence.

Quand le coup part, la balle coupe à 42 décimètres (14 pieds) du canon, la ligne *de mire*, ce qui a donné lieu à cette expression impropre que le coup relève ; mais comme une balle, ainsi que tout projectile, ne peut parcourir l'espace qu'en y décrivant une courbe, et que bientôt sa lourdeur la fait descendre, elle coupe de nouveau par sa déclinaison, cette ligne de mire qu'elle avoit traversée en montant, et c'est la dernière intersection, effectuée à 180 pas (60 toises), qu'on a appelée le *but en blanc.*

La portée du fusil tiré horizontalement, peut s'évaluer à 260 mètres (400 pas) (2). Au-delà de cette portée, les coups ne sont point assurés, et c'est à la moitié de cette distance, que le feu de l'infanterie est sur-tout formidable (3).

Les remarques plus haut au sujet des lignes *de tir* et

---

(1) *Essai général de tactique*, tom. 1er, chap. 4, édit. de l'an 12.

(2) Il s'agit toujours ici du pas de deux pieds.

(3) C'est sur cette évaluation que Vauban a calculé l'espacement de ses bastions, et qu'il a donné 120 à 150 toises, à la portée de la ligne de défense ; ce qui forme la distance de l'angle de flanc à l'angle flanqué.

de mire, la loi des distances, et le calcul de la déclinaison de la balle, doivent faire adopter les exemples ci-
après.

130. — *Exemples de tir.*

A 8 ou 900 pas, portée très-incertaine, il faut viser
3 pieds plus haut que le but qu'on doit toucher.

A 600 pas, portée incertaine, il faut viser un pied et
demi plus haut (1).

A 450 pas, portée un peu exagérée, il faut viser aux
chapeaux.

A 300 pas, portée bien proportionnée, il faut viser
à la ceinture (2).

A 150 pas, il faut viser aux genoux.

On doit recommander aux soldats d'observer, en
s'astreignant à ces règles de distance, de relever ou
d'incliner le bout de leur canon, suivant que l'objet à
viser sera placé supérieurement ou inférieurement ; car
nous avons vu souvent à la guerre des soldats au pied
d'une montagne ou sur la banquette d'un rempart, continuer, faute d'attention et par habitude, à tirer horizontalement, et ainsi leurs balles mouroient à quelques
pas, ou passoient par-dessus la tête des ennemis.

Ces exemples doivent s'appliquer également si l'on
tire sur des troupes, soit d'infanterie, soit de cavalerie.

131. — *Ratés du fusil de munition.*

Ils dépendent de différentes causes, savoir :
La qualité de sa pierre à feu ; — la manière de la

---

(1) On a expérimenté qu'à cette distance de 390 mètres (200 toises),
la déclinaison de la balle étoit de deux pieds. Peut-être ces évalua-
tions supposent-elles une poudre plus impulsive et plus fine que
celle que délivrent les magasins. L'*Aide-Mémoire d'artillerie* sup-
pute les portées suivant des distances bien plus rapprochées. (Voy.
Guibert, édit. de l'an 12, chap. 4; et l'*Aide-Mémoire d'artillerie*,
3ᵉ édition, pag. 358 et 538.

(2) C'est à cette distance que le maréchal de Saxe recommande
d'exercer l'infanterie et de commencer son feu. Voy. ses *Rêveries*,
chap. 2, paragr. 23, 38, 42 et 43.

placer (*V*. n°. 34) ; — l'emploi de mauvaises enveloppes de pierre (*V*. n°. 34) ; — l'usure ou mauvaise qualité de la face de batterie ; — la qualité de la poudre ;
— la disposition de l'atmosphère ; — la malpropreté
d'une platine cambouisée (*V*. n°. 17 , parag. 3) ; — la
mauvaise disposition d'une platine mal remontée (*V*.
n°. 25) ; — enfin le défaut d'*accord* dans l'effort relatif
des ressorts de platine.

Cette dernière proportion, qu'il étoit difficile de
déterminer, et au défaut de laquelle il n'étoit pas moins
intéressant de remédier, a été l'objet d'expériences
suivies.

On a pris un fusil au hasard, on l'a chargé avec soin,
et on lui a fait tirer un grand nombre de coups ; on a
remarqué qu'il avoit donné proportionnellement un
raté sur sept coups de feu. Après s'être assuré que la
non-fulmination ne résultoit ni de la qualité de la
pierre ou de la poudre, ni de celle de la face de batterie, etc., on est demeuré convaincu qu'il en falloit
chercher la cause dans la relation mal proportionnée
des ressorts.

Alors on s'est essayé à composer un instrument véri-
ficateur ou blénomètre, qui, par sa manière d'interro-
ger les platines, rendît témoignage et du degré de
puissance qu'on pourroit exiger des ressorts, et de la
distance où ils seroient de ce terme convenable de force;
le procédé employé a fait trouver l'échelle cherchée, et
le fusil ayant eu ses ressorts changés et perfectionnés,
comme il va être dit, n'a plus donné qu'un raté sur
vingt-six coups, au lieu d'un raté sur sept : différence
considérable.

132. — *Vérification*.

On est parti de la supposition qu'il falloit que le
grand ressort fût au ressort de batterie à peu près
comme trois est à quatre, c'est-à-dire, que le grand
ressort primât à peu près des trois quarts sur l'autre (1).

_____

(1) On éprouveroit moins de ratés d'un fusil dont la batterie n'au-

On a essayé de balancer la résistance d'un grand ressort par un poids de 20 à 24 hectogrammes (4 à 5 livres) appendu à l'extrémité d'un levier d'une dimension donnée ; on a essayé d'évaluer le ressort de batterie par un autre levier dont le détail est ci-après ; on a ainsi découvert, mais par deux moyens différens et indépendans l'un de l'autre, la force qui doit être inhérente à chaque ressort, et dès-lors le feu a été plus abondamment obtenu.

On a réalisé, par une contre-opération, la preuve d'une première supposition, en faisant ensuite faire feu à des fusils dont les platines étoient d'une proportion qui s'écartoit progressivement de celle qu'on avoit jugée bonne, et l'on a expérimenté qu'en effet les ratés se multiplioient en raison composée de cette différence.

133. — *Description du blénomètre.*

Le fusil, établi debout sur une planchette, y est fixé et maintenu verticalement ; en face de son canon, et sur la même planchette, s'élève un support sur lequel un levier d'une grandeur déterminée joue à bascule. Pour apprécier l'effet du grand ressort, on insère la mâchoire du chien dans l'extrémité de ce levier de fer, percé à cet effet. L'extrémité opposée à celle où tient le chien, supporte un plateau de balance du poids de 5 hectogrammes (une livre) ; on le charge alors de 15 à 20 hectogrammes (3 à 4 livres) ; on met le chien au bandé ; puis, faisant partir la détente, on détermine la bascule du levier, dont le chien soulève les poids en venant s'appuyer doucement vers le bassinet.

On estime par un autre levier la force du ressort de batterie : ce levier appuie sur la batterie au point où frappe la pierre, et soutient à son extrémité opposée un plateau du poids de 5 hectogrammes, qui étant chargé de 8 à 10 hectogrammes, fait obéir le ressort et découvre le bassinet.

---

roit point de ressorts du tout, que d'un fusil dont le ressort de la batterie seroit trop dur ; mais alors on courroit risque de briser le chien par le choc de l'espalet sur le rempart.

134. — *Pierres à feu* (1).

Les pierres que donne le commerce sont en général taillées sur une dimension trop grande. Celles dont il est convenable que les régimens fassent usage, doivent être façonnées sur un calibre égal, dans la dimension que présente la planche 4 ; sinon les enveloppes dont on y voit la représentation (*plomb de la pierre*) ne seroient plus ordonnées avec elles, et les mâchoires du chien ne sauroient les contenir exactement.

SIXIÈME LEÇON.

POLICE.

135. — *Définition*.

Police, signifie règle et régime. La police d'administration est l'exercice des fonctions de l'inspecteur et du sous-inspecteur aux revues, ainsi que du commissaire des guerres. La police intérieure est le mode du gouvernement particulier de la troupe, et repose sur la hiérarchie (2). Ses élémens sont indiqués n°. 136 ; son objet est la tenue, c'est-à-dire, l'observance de l'entretien, propreté et uniformité ; ses moyens consistent dans le nombre et la forme des appels (*V.* n°s. 137, 286), dans les visites de linge et chaussure (*V.* n°. 214) ; enfin dans les inspections journalières (3), celles de cha-

---

(1) Le Gouvernement en fait fabriquer a Saint-Aignan, département de Loir et Cher. Les départemens d'Indre, Ardèche, Seine et Oise et Yonne, en fournissent aussi.

(2) Terme emprunté du style mystique, *Hiérarchie militaire*, veut dire *pouvoir graduel*, et par conséquent *subordination d'un grade à l'autre*. (*Réglement de police* du 24 juin 1792, tit. 1er, art. 1, 2 et 4).

(3) *Réglement de service* du 1er mars 1768, tit. 21, art. 74 et 75 ; et *Réglemens de police* du 24 juin 1792, tit. 4, art. 19 ; tit. 8, art. 8. (*V.* n°. 324, 355).

que dimanche (1) et celles de séjour (2), lesquelles exercent sur elle la surveillance que les revues exercent en administration. Elle s'occupe de l'espèce et du choix des alimens (*V.* n°. 356), de la qualité de l'eau (*V.* n°. 3) et de l'air, des précautions de santé, de l'usage des bains et d'un exercice convenable (3) ; elle fixe la forme des vêtemens, l'obligation d'être en uniforme (4) ; elle assure le respect dû au grade, la sûreté individuelle, la repression de la contrebande (5); elle a institué la décoration du hausse-col (6), les marques distinctives des grades (7), les houpes des compagnies (8), les épaulettes des compagnies d'élite (9) ; elle détermine la manière de garder et de surveiller les prisonniers ou les criminels (10) ; elle veille à la publication des bans, à l'affiche des consignes, etc.

(1) *Réglement de police*, du 24 juin 1792, tit. 4, art. 36.

(2) *Réglement d'habillement*, du 1er octobre 1786, art. 12.

(3) *Réglement de police*, tit. 4, art. 59.

(4) L'ordonnance de 1737 obligeoit les officiers même à porter toujours l'uniforme pendant le temps qu'ils étoient en garnison ou en campagne; il a été prononcé des peines graves, telles que celles de l'interdiction, contre ceux qui ne s'en revêtissoient point ou y faisoient quelque changement. *Loi* du 10 juillet 1791, tit. 3, art. 60.

(5) Les sous-officiers devoient visiter les havre-sacs de leurs compagnies, et subir un mois de prison dans le cas où les commis y auroient surpris de la contrebande (*V.* n°. 145).

(6) Signe du service et de la police. Il fut un temps où les majors et aides majors n'en portoient pas, étant censés d'un service continuel.

(7) Voy. *Réglement d'habillement* du 1er octobre 1786, art. 3. (*V.* n°. 211).

(8) Les pompons pour tous les bataillons indistinctement sont ronds et plats, de 5 centimètres ½ de diamètre et d'un centimètre d'épaisseur, sans numéro. La *Circulaire ministérielle* du 21 février 1811, détermine ainsi qu'il suit leurs couleurs distinctives : — Elles sont blanches pour l'état-major, — bleu foncé pour la 1re compagnie, — bleu céleste pour la 2e, — aurore pour la 3e, — et violet pour la 4e. — Les grenadiers carabiniers portent une aigrette rouge, et les voltigeurs une aigrette jaune.

(9) *Réglement d'habillement*, art. 1er; *Instruction* du 1er avril 1791; *Circulaire* du 15 janvier 1792.

(10) *Réglement de campagne* du 5 avril 1792, tit. 6, art. 31 ; et *Réglement de police* du 24 juin 1792, tit. 10, art. 10, 11 et 43. (*V.* n°s. 138, 139 et 140).

La police doit tenir inactive la discipline, c'est-à-
dire, qu'à la faveur d'une police exactement exercée,
les punitions à infliger seront peu nombreuses. La police se compose de tous les détails de règle, et de toutes
les mesures d'ordre, qu'en général les réglemens ont
prévus, et sur lesquels, dans les cas non prévus, les
chefs de corps prononcent ; elle étoit particulièrement
dans les attributions du major (1). Pour que les officiers
et sous-officiers puissent contribuer à ce qu'elle s'exerce,
il faut qu'ils connoissent à fond tout ce que prescrivent
les devoirs dont la série termine ce Manuel (*V*. n°. 247);
il faut qu'ils se tiennent journellement au courant de
tous les ordres du jour du régiment, soit généraux, soit
particuliers (2), et qu'enfin ils se conforment aux mesures de police, ainsi qu'aux dispositions des différentes
consignes et publications de bans, dont on va donner
connoissance.

136. — *Mesures générales.*

Les sous-officiers doivent prendre pour règle cons-
tante de conduite, qu'ils doivent avoir autant de fermeté que d'honnêteté envers leurs inférieurs, ne jamais
boire avec eux, ne jamais leur emprunter d'argent,
n'en point exiger de cadeaux, ne faire enfin rien de ce
qui répugne à la délicatesse ou s'écarte des lois de
l'honneur. S'ils rencontrent dans les rues quelqu'homme
du régiment en mauvaise compagnie, commettant des
violences, se livrant à des actions répréhensibles,
s'absentant de sa garde, manquant à l'appel, coupable
de désertion (3), etc., etc. ; ils doivent, par tous les
moyens en leur pouvoir, réprimer la faute quelle
qu'elle soit, ou s'assurer de l'homme, si un tribunal
doit connoître de sa conduite. L'exercice de cette autorité et de cette répression ne doit point porter seule-

(1) *Réglement de service* du 1er mars 1768, tit. 21, art. 11.
Décret du 1er vendémiaire an 12. — Il en est encore chargé maintenant.
(2) *Réglement de police* du 24 juin 1792, tit. 4, art. 44.
(3) *Réglement de service*, tit. 20, art. 54.

ment sur les hommes faisant partie de la compagnie où servent les sous-officiers, mais bien sur les soldats de toutes les compagnies indistinctement du régiment. S'ils surprennent des femmes débauchées avec les soldats, soit dans leur quartier, soit quand ils sont de service, soit après la retraite, ils doivent arrêter ces femmes et les remettre à la police civile (*V.* n°. 366, note 3).

Ils doivent, dans leur vie intérieure, surveiller incessamment la tenue de leur subordonnés, étudier leur caractère, épier leurs inclinations, et, suivant le besoin, employer la douceur ou la fermeté. Ils doivent par de bons conseils, ramener à de meilleurs dispositions, le jeune soldat qui néglige ses devoirs, et rappeler l'ancien soldat à la conduite la plus régulière par les plus sages exemples ; ils doivent s'appliquer à mériter à la fois et le respect de leurs inférieurs et l'estime de leurs chefs.

Les sous-officiers doivent s'occuper sans cesse de ce qui constitue leur responsabilité (1), c'est-à-dire, se rendre compte de l'existence, entretien, conservation et réparation de tous les objets dont ils sont comptables et dont ils doivent payer les dégradations, s'ils ne les ont à temps évitées, prévenues ou dénoncées (*V.* p. 225 note 7).

137 — *Heure, nombre et mode des appels* (2).

Il doit être fait deux appels par jour, non compris les appels de la soupe (3), le premier au roulemant du

---

(1) Ces détails se trouvent dans les devoirs de chaque grade. (*V.* n°. 248).

(2) Les sous-officiers qui ne font pas l'appel exactement sont punis de huit jours de prison ; et s'il y a une négligence affectée et qui favorise la désertion, ils sont cassés et mis à la queue de la compagnie. *Réglement de service* du 1er mars 1768, tit. 21, art. 116 et 117.

(3) Le réglement de police, tit. 3, art. 19, veut qu'aucun caporal ni soldat ne puisse se dispenser de manger à l'ordinaire, si ce n'est en vertu de permission ; il faut donc qu'il soit fait soir et matin un appel de la soupe. C'est en effet l'usage de beaucoup de régimens.

5 **

matin (1) et le second dans les chambres avec la lumière
(*V.* n° 281), au signal donné par un roulement (2), une
demi-heure après le retour des tambours au quartier. Il
est ensuite dressé un billet d'appel général, par les
soins du capitaine de police, qui le signe, et le remet
chez le chef du corps. L'adjudant-major et l'adjudant
portent un double de cet appel chez les chefs de bataillon (3).

Il est fait des contre-appels ou visites extraordinaires
par les ordres du commandant (4).

Il en doit être adressé un double à l'état-major de la
place (5).

En route (*V.* n° 417), les jours où le régiment sé-
journe, ce billet d'appel général est dressé au corps-de-
garde de police et porté de même.

L'appel au camp est fait par l'officier de semaine ; les
troupes se rangent en haie dans les rues.

L'officier de semaine porte le billet d'appel à l'officier
de piquet (6). A l'heure de la soupe, il est fait un appel
de la même manière (7) : c'est le capitaine de police qui
porte le billet d'appel au chef du corps (8) ; et c'est le

Ainsi, au lieu *de deux appels* en voilà réellement et de nécessité
quatre par jour. Cet appel de la soupe est prescrit au camp. *Réglement de campagne* du 5 avril 1792, tit. 12, art. 12.

(1) *Réglement de police* du 24 juin 1792, tit. 4, art. 5. (*V.*
n°. 286).

(2) Le *Réglement de service* du 1er mars 1768, tit. 21, art. 120,
vouloit que le signal de cet appel fût donné par trois roulemens.
Réglement de police, tit. 4, art. 29.

(3) *Réglement de police* du 24 juin 1792, tit. 4, art. 31. (*V.*
n°. 254).

(4) *Idem*, tit. 4, art. 34.

(5) Le *Réglement de service* du 1er mars 1768 veut, tit. 21,
art. 115, que cet appel soit porté au major de la place et au major
du régiment ; mais le réglement de police de 1792 n'en dit rien. Il
faut attribuer son silence à la suppression de ces grades, lors de
cette dernière époque.

(6) *Réglement de campagne* du 5 avril 1792, tit. 12, art. 9,
10 et 11.

(7) *Idem*, art. 12.

(8) *Idem*, tit. 6, art. 4.

lieutenant de police qui en porte le double à chaque chef de bataillon.

Lors de l'appel, les militaires doivent être avertis de temps en temps de la nécessité d'indiquer à leurs parens et autres correspondans les numéros et noms des compagnies, bataillons, régiment, armes et armées dans lesquels ils servent, et les noms des généraux, ainsi que leur garde, afin de rendre régulière la suscription des lettres adressées aux militaires. Ceux-ci doivent indiquer sur les lettres qu'ils écrivent à leurs parens, le nom du département et celui du bureau de poste le plus voisin. On doit encore prévenir les militaires de ne jeter leurs lettres que dans les boîtes du bureau militaire (1).

138. — *Consigne de police* (V. n° 179) *en garnison* (2).

Composition. La force de cette garde est déterminée par le chef du corps; elle ne défile que du quartier, il y est attaché un tambour, dont le service commence avant le premier roulement du matin, et ne finit qu'après le dernier roulement du soir. Le commandant de cette garde, n'est point d'un grade moindre que celui de sergent (3).

Dispositions générales. La garde de police ne reçoit de consignes journalières que de la part des officiers supérieurs, du capitaine de police, de l'adjudant-major ou adjudant; elle n'en reçoit d'écrites ou de permanentes que du colonel, du major ou du commandant du corps. Une partie des soldats qui la composent doit marcher à la demande de toute personne en grade, pour rétablir le bon ordre dans la caserne.

Surveillance de l'adjudant. L'adjudant est spécialement chargé de la garde police, et de tout ce qui la concerne : nul homme n'en peut être distrait sans son ordre.

---

(1) *Règlement* du 30 avril 1809, art. 81.
(2) *Règlement de service* du 1er mars 1768, tit. 6, art. 3; et tit. 21, art. 44, 45 et 46.
(3) *Règlement de police* du 24 juin 1792, tit. 4, art. 6.

Fonctions du sergent de police. Le sergent de police ne doit jamais s'absenter du corps-de-garde en même temps que le caporal, et réciproquement : son occupation principale est de s'assurer si les hommes qui sortent et rentrent au quartier sont dans la tenue prescrite (*V.* n° 347); si les sous-officiers, tambours, grenadiers et sapeurs sont armés de leurs sabres (1); si les habits sont agraffés, les schakos et pompons placés; si les guêtres sont boutonnées. Il punit, s'il y a lieu, ceux qui rentreroient ivres (2) ou en mauvaise tenue, et en fait son raport.

Le matin, il fait balayer les chambres de police, corps-de-garde, etc., par les détenus, consignés ou hommes de corvée (3).

A huit heures du matin, le commandant de la garde de police remet au chirurgien-major le nom des malades (4).

Le commandant de la garde de police tient les clés des salles de police (5); il est responsables des ustensiles et fournitures qui s'y trouvent (6), et prend connoissance de leur état à la garde montante, en présence du sergent de la garde descendante; il informe le chirurgien-major du nom des détenus qui pourroient se trouver malades (7); il l'accompagne à la salle de police.

Chaque soir, à l'instant de l'appel, il reçoit de l'adjudant la liste générale et par compagnie des hommes qui ont permission de manquer à l'appel; cette liste doit préciser l'heure de leur rentrée.

Egards du sergent envers les personnes de marque. Si le colonel ou le major viennent à la caserne, s'il y vient un officier général ou toute autre personne en grade dans le droit d'y faire inspection, le sergent doit les accompagner partout où ils voudront aller, et le caporal prévenir de leur arrivée l'adjudant.

---

(1) *Réglement de police* du 24 juin 1792, tit. 5, art. 15.
(2) *Idem*, tit. 4, art. 26.   (5) *Idem*, tit. 10, art. 43.
(3) *Idem*, art. 6.   (6) *Idem*, art. 45.
(4) *Idem*, art. 47.   (7) *Idem*, art. 46.

Le sergent a l'attention de conduire de même, partout où ils desiroient, les officiers nationaux des autres
corps, ainsi que les personnes de marque dont les dehors annonceroient les égards qu'on leur doit.

Surveillance du sergent. Le sergent inspecte la sentinelle, répond de la ponctualité du caporal à remplir
tous ses devoirs; il s'assure qu'il a connoissance des
consignes; il est chargé de faire exécuter toutes les
batteries, aux heures que l'adjudant lui indique : il a,
en conséquence, le tambour de service à ses ordres.

Réclamations des détenus. Le sergent doit visiter la
salle de discipline et les cachots matin et soir, en même
temps que le caporal y va pour ses détails particuliers;
son objet est de s'assurer que le caporal veille à tout. Il
reçoit les réclamations des détenus; il fait prévenir les
officiers supérieurs, officiers ou sous-officiers, à qui les
détenus desireroient faire personnellement leurs réclamations : ce qui ne peut être accueilli, lorsque le ré-
clamant est pris de vin.

Propreté. Une demi-heure après le roulement de la
soupe, il assemble les détenus et les consignés, ainsi
que les hommes de corvée (1), s'il en est commandé;
ils lui sont amenés par les caporaux de semaine. Le sergent emploie ces hommes à faire nettoyer le quartier de
la manière que lui indique l'adjudant; il s'assure de
l'état des puits, cuisines et seaux à incendies, etc.

Étrangers, femmes, brocanteurs. Il examine soigneusement les étrangers qui desirent entrer au quartier, il
ne laisse passer que ceux dont les officiers ou sous-officiers répondent, ou qui ont une permission par écrit.
Dans aucun cas, à moins d'ordre par écrit, il ne laisse
entrer aucun militaire au service d'une puissance
étrangère (2); il veille à ce que la sentinelle ne laisse
entrer aucunes femmes, autres que celles dont la liste
est affichée au corps-de-garde : dans le cas où il en seroit
surpris de suspectes dans le quartier, elles seroient ar-

_____

(1) *Réglement de casernement* du 30 thermidor an 2, tit. 5,
sect. 2, art. 4 et 5.
(2) Par précaution contre l'espionnage et embauchage.

rêtées et remises sans délai à la police civile (*V.* n° 366, note 3). Il ne laisse absolument entrer aucun brocanteur, ni marchand d'habits, et les éloigne des environs de la caserne.

Fermeture de la porte. A la retraite, il s'assure que la garde à mis les bonnets de police, les sarraux (*V.* n° 213) ou capottes et les couvre-gibernes ; il fait fermer la porte du quartier (1), et, pendant l'appel, fait mettre la garde sous les armes.

Fermeture des cantines. Après l'appel, il passe dans les cantines, fait sortir ceux qu'il y trouveroit, il les mentionne au rapport.

Roulement pour éteindre les feux. Une demi-heure après l'appel, il fait faire un roulement pour éteindre la lumière et les feux ; il s'assure que cela s'exécute partout (2), il rend compte de suite à l'adjudant ; si quelques chambres continuent à être éclairées, il en fait mention dans le rapport du lendemain (3).

Permission de manquer à l'appel. Après l'appel, les sous-officiers et soldats ne peuvent plus rentrer au quartier, sans se présenter au sergent, qui inscrit leur nom, ainsi que l'heure de leur retour : il retire et vise les permissions dont ils seroient porteurs pour les rendre le lendemain à l'adjudant.

Il lui est donné à l'avance un état des travailleurs qui ont cette permission (4).

Tenue de la garde. A six heures du matin en été, et à sept heures en hiver, il fait remettre la garde en bonne tenue, et en passe l'inspection ; ce qu'il est libre de faire aussi souvent qu'il le juge à propos.

Registre de la garde de police. Il est tenu à la garde de police un registre, au commencement duquel sont inscrites les consignes. On mentionne sur ce registre les entrées et sorties de la salle de police, les rentrées

_____

(1) *Réglement de police* du 24 juin 1792, tit. 4, art. 32.

(2) A moins qu'il ne soit donné autorisation aux sous-officiers de garder de la lumière jusqu'à la rentrée des travailleurs ou permissionnaires, afin d'en pouvoir faire l'appel.

(3) *Réglement de police*, tit. 4, art. 33.

(4) *Idem*, tit. 8, art. 8.

après l'appel, le numéro des chambres où la lumière n'auroit pas été éteinte, le nom des officiers de l'état-major de ronde, ou personnes de marque qui auroient pu visiter la caserne, le nom des malades ou blessés qui seroient rapportés au quartier, l'heure de la visite de l'officier de santé de service, l'heure de la rentrée des hommes employés aux piquets et aux spectacles, le nom des recrues arrivés la ville, et généralement tous les événemens survenus dans les vingt-quatre heures, tels qu'ivresse, querelles, gardes revenues en désordre, ordures ou paquets jetés par les fenêtres, sortie des consignés malgré leur consigne, etc. Ce registre est tenu et signé journellement par l'adjudant, en suite du rapport du sergent de police. Les capitaines de police peuvent dans tous les temps se le faire représenter. Tous les matins, le sergent remet à l'adjudant ce registre et les permissions de la veille.

Soldats rapportant leur fourniment au quartier. Le sergent examine si les gardes descendantes, troupes ou piquets, rentrans au quartier, y reviennent en bon ordre, la baïonnette dans le fourreau, et il s'informe des soldats qu'il voit rentrer seuls et avec leur fourniment, de la cause de leur retour. A moins d'un ordre formel, il ne laisse sortir personne avec son havre-sac, ni avec son fusil (1).

Caporal de garde. Le caporal est à la droite de la garde, quand il la commande; et à la gauche, dans le cas contraire.

Objets du corps-de-garde. Il doit à son arrivée reconnoître tous les ustensiles, registre et consignes du corps-de-garde; s'il les trouve en mauvais état, il en fait son rapport à l'officier ou sous-officier qui commande le poste, pour qu'il en soit donné avis à l'adjudant : le caporal fait pareille visite dans la salle de discipline, et il vérifie le nombre des détenus.

L'état des objets à reconnoître dans les corps-de-garde, salle de police et cachots est affiché dans le corps-

_____

(1) *V.* même numéro, *Devoir de la sentinelle.*

de-garde, et le caporal est responsable de tous ces objets.

Sentinelles numérotées. Il numérote les hommes pour aller en faction; il prend pour les corvées parmi les moins anciens des soldats qui restent.

Pose de la sentinelle. Pour conduire en faction, il fait sortir l'homme dont le tour est arrivé, en passe l'inspection, présente cet homme au commandant du poste, place sa nouvelle sentinelle à gauche de l'ancienne (elles ont toutes deux l'arme au bras). Le caporal commande : *portez vos armes*, *à gauche et à droite*, *présentez vos armes*, fait donner la consigne par la sentinelle ancienne à la nouvelle, y ajoute ce qu'il croit utile pour la faire comprendre, la fait répéter s'il le juge à propos par la sentinelle nouvelle : c'est à quoi, il ne doit jamais manquer si c'est un homme de recrue qu'il pose.

Propreté de la guérite. Le caporal s'assure qu'il n'a point été fait d'ordures autour du factionnaire; il reconnoît l'existence et l'état des objets que doit contenir la guérite, tels que capottes ou consignes; il ramène au corps-de-garde, par les commandemens ordinaires, l'homme relevé.

Passage des rondes. S'il passe une ronde ou une patrouille avant l'heure de faire rentrer la sentinelle dans la cour, la sentinelle crie : *qui vive ?* et laisse passer la ronde en lui portant les armes.

Rondes de caporal. Le caporal doit faire pendant la nuit plusieurs rondes; s'assurer que nulle personne ne rôde dans les cours, cuisines ou escaliers; qu'aucune ordure ne se jette par les fenêtres; qu'aucune dégradation ne se commet; que personne ne tente d'escalader les murs; il rallumeroit les réverbères éteints; il arreteroit ou feroit arrêter toute personne qui lui paroîtroit suspecte.

Prisonniers. Le caporal doit enfermer les hommes punis, sur l'ordre de toute personne en grade, mais il ne doit les mettre en liberté que sur l'ordre de l'adjudant ou du sous-officier qui le remplaceroit. Le caporal a soin qu'on ne porte pas de pipe (1) dans la salle

---

(1) *Réglement de police* du 24 juin 1792, tit. 10, art. 55.

de discipline, qu'on n'y fasse pas entrer d'armes (1),
même sous prétexte de les y nettoyer; il y reste pendant
le temps que les détenus mangent la soupe; il s'oppose
à ce que les détenus aient-de la lumière (1), et qu'on
leur apporte des boissons enivrantes. Il fait fouiller les
hommes avant de les mettre au cachot, pour leur ôter
toute arme, couteau, etc.; il s'oppose à ce que personne ne vienne visiter les détenus, à moins que ce
ne soit par l'ordre de l'adjudant, et pour affaire de
service. Tout caporal qui souffre que les femmes entrent
à la salle de discipline, s'expose à une punition grave.

Salle de police. Tous les matins après le roulement,
le caporal fait la visite de la salle de police et des cachots, reconnoît la dégradation, voit s'il n'y a pas de
malades, fait balayer par les détenus, vider les baquets par eux, et renouveler l'eau dans les cruches : il
fait même opération pendant qu'on bat la retraite.

Portes de la caserne. Le caporal doit seul ouvrir et
fermer la porte du quartier : elle reste ouverte tout le
jour, hormis dans les cas de consigne générale ou
bien quand la troupe est sortie en entier; dans ce cas,
le caporal doit de suite fermer la porte à clé, et il ne
laisse plus entrer où sortir personne qu'avec la plus
stricte surveillance. Dans les cas de consigne générale,
il ne laisse sortir personne, excepté les officiers, l'adjudant, les chefs d'ordinaire et les hommes que ces
derniers conduisent.

Honneurs. Si le colonel ou le commandant du corps
viennent au quartier, le caporal fait sortir la garde
sans armes (*V.* n°. 393, note 5); il la fait sortir s'il
vient un officier général pour visiter la caserne : dans
ces deux cas, et dans celui où il se présenteroit quelques officiers de l'état-major, soit de la place, soit
de la division, le caporal en feroit de suite prévenir
l'adjudant qui en feroit de suite prévenir le capitaine
de police.

Surveillance de toute la journée. Le caporal ne laisse
sortir du poste aucun soldat, sous prétexte d'aller

---

(1) *Réglement de police* du 24 juin 1792, tit. 10, art. 47.

manger la soupe : elle doit être apportée au corps-de-garde.

Devoirs de la sentinelle. La sentinelle a deux alertes, le feu et le bruit (1) ; elle crie : *aux armes*, pour rendre les honneurs aux officiers-généraux, et *hors la garde*, pour le colonel ou le commandant du corps. Elle présente les armes aux officiers-généraux et supérieurs. Elle les porte aux officiers ; elles les porte également aux officiers et membres de la légion d'honneur.

Sa place. La sentinelle est placée jusqu'à l'appel du soir devant la porte de la caserne ; une fois l'appel fait et la porte fermée, elle doit rentrer et rester dans la cour ; le caporal qui souffriroit qu'elle entrât au corps-de-garde et cessât sa faction, s'exposeroit à une punition grave.

Légumes. Elle s'oppose à ce qu'on fasse entrer des légumes au quartier, à moins que le porteur ne soit accompagné d'un caporal en sabre et en tenue.

Examen des paquets. Elle empêche qu'aucun soldat ou étranger ne sorte de paquets ou havre-sacs, à moins que le caporal ne les fasse passer ; elle ne laisse sortir aucun soldat avec un fusil (2), à moins que le caporal ne sache que celui qui sort est de service.

Femmes. Elle ne laisse entrer au quartier que les femmes qui y sont logées, à moins que le sergent de police ne l'ordonne. La sentinelle oblige les femmes ainsi que les étrangers qui entrent, de parler au caporal ou commandant de la garde.

Propreté. Elle ne souffre pas qu'on jette des ordures auprès du poste, ni dans l'intérieur du quartier, si ce n'est aux endroits à ce destinés.

Hommes consignés. Elle observe que les consignés

---

(1) Quant à l'alerte du bruit, il est à observer que s'il se fait hors de la caserne, la garde de police ne doit point, à moins d'ordre spécial, quitter son poste pour aller mettre le holà ; cette fonction est celle des postes de sûreté de la place. *Réglement de police* du 24 juin 1792, tit. 4, art. 1.

(2) *Ordonnance* du 4 juillet 1716, art. 55.

ne sortent point ; elle les reconnoît à la guêtre noire (1) qu'ils portent à la jambe gauche.

Feux éteints. Après le roulement pour éteindre les lumières, si elle en aperçoit dans les chambres, salles de police ou cantines, elle en avertit le caporal de garde ; elle l'avertit également si elle voit les réverbères éteints.

Premier roulement. Elle empêche tous sous-officiers, caporaux, sapeurs, fusiliers, tambours, musiciens, fifres, enfans de troupe et femmes, de sortir après l'appel du soir, et ne laisse sortir avant le roulement du matin que les chef d'ordinaire et les hommes qu'ils conduisent.

Surveillance. La sentinelle ne souffre point qu'il se rassemble dans la cour, des enfans étrangers au régiment ; elle s'oppose à ce qu'ils se livrent à des jeux qui puissent préjudicier, tels que jeter des pierres, etc. Si quelque enfant faisoit une chose répréhensible, il pourroit être mis au corps-de-garde, jusqu'à ce qu'on sût à quels parens il appartient.

Batteries de caisse. Le tambour de police fait le roulement du matin pour l'appel, à sept heures depuis septembre jusqu'à mars, et à six heures le reste de l'année (2).

A huit heures et demie, il rappelle aux tambours pour leur inspection (3).

A neuf heures et demie, il fait deux roulemens, pour que l'inspection soit passée par le sergent de semaine (4).

A dix heures, il fait le roulement de la soupe.

---

(1) L'ordonnance du 1er juillet 1788 vouloit qu'il fût cousu sur leur poitrine un grand *C* en drap de couleur tranchante. Un ancien usage vouloit qu'ils n'eussent qu'une guêtre. Le réglement actuel de police garde à cet égard le silence.

(2) *Réglement de police* du 24 juin 1792, tit. 4, art. 3.

(3) *Réglement de service* du 1er mars 1768, tit. 21, art. 71. Il est des régimens où la manière d'appeler aux tambours consiste dans une breloque suivie d'un rappel.

(4) *Réglement de service* du 1er mars 1768, tit. 21, art. 73.

À dix heures et demie, il fait trois roulemens pour l'inspection que passent les officiers de semaine (1).

À quatre heures en hiver et à cinq en été, il fait le roulement de la soupe.

Il rappelle pour les tambours à l'heure ordonnée suivant la saison, c'est-à-dire, une demi-heure après le mot d'ordre (2) à l'effet de battre la retraite.

Une demi-heure après la retraite, il fait trois roulemens pour l'appel (3).

Une demi-heure après l'appel, il fait le roulement pour éteindre les feux.

Quand il faut appeler (4) aux consignés, il fait un roulement, une breloque, un rappel.

Pour appeler aux sergens-majors, il fait un roulement, et donne quatre coups de baguette.

Pour appeler aux sergens, il fait un roulement, et donne trois coups de baguette.

Pour appeler aux fourriers, il fait un roulement, et donne deux coups de baguette.

Pour appeler aux caporaux, il fait un roulement, et donne un coup de baguette.

Pour appeler aux sergens et caporaux de semaine, il fait un roulement et un rappel.

À toute heure de la journée, les officiers supérieurs, le capitaine de police, l'adjudant-major, l'adjudant et le commandant de la garde de police, ordonnent au tambour de police de battre, suivant le besoin, aux consignés, sergens-majors, sergens, fourriers, caporaux, sergens de semaine et caporaux de semaine; aucune autre personne ne peut user de ce droit.

---

(1) *Réglement de service* du 1er mars 1768, tit. 21, art. 79.

(2) *Idem*, tit. 14, art. 1.

(3) Plusieurs régimens ajoutent à ces roulemens une petite batterie pour les distinguer des autres. *Réglement de service* du 1er mars 1768, tit. 21, art. 120.

(4) Ces différentes batteries pour consignés, sous-officier et sous-officiers de semaine, sont généralement en usage.

139. — *Consigne du piquet d'avant-garde , ou garde de police en route* (1).

Composition. Le piquet se compose de deux hommes par compagnie, un sergent, deux caporaux, et un tambour sous les ordres d'un officier (2) ; il sert d'avant-garde, marche en détachement (3), et fait le service de garde de police.

Sa destination. La garde de police est chargée de la

---

(1) *Règlement de service* du 1ᵉʳ mars 1768, tit. 31, art. 4.

(2) *Règlement de marche* du 25 fructidor an 8, tit. 1ᵉʳ, art. 14.

(3) Rien ne détermine l'heure à laquelle il doit partir, s'il doit marcher avec les fourriers, etc. Le placement précis de la garde de police (si elle doit marcher avec la troupe), n'est point fixé. Le *Règlement de police*, tit. 10, art. 11, la met entre deux bataillons, sans dire lesquels (parce qu'il n'y avoit alors que deux bataillons). Les réglemens antérieurs à celui de 1768 la mettoient entre les grenadiers et la première compagnie, et lui faisoient fournir aux haltes du régiment les sentinelles nécessaires. Le *Règlement de marche*, tit. 1ᵉʳ, art. 15, la nomme piquet de police sans lui assigner de place en route. Le *Règlement de campagne*, tit. 6, art. 16, veut qu'elle marche avec les campemens, et c'est par l'ancienne garde du camp (tit. 6, art. 30), que ce règlement fait garder les prisonniers s'il y en a, les faisant marcher entre deux bataillons. Toutes ces dispositions n'offrent qu'obscurité et contradiction. Voy. *Mémorial d'officier*, p. 175, note 1ʳᵉ.

Si l'on vouloit mettre d'accord les réglemens anciens et actuels, les usages des troupes françaises et les pratiques consacrées en différens autres services, voici l'ensemble raisonné qui en résulteroit.

Un piquet de distribution part en même temps que les fourriers. (*Ordonn.* du 8 avril 1718, art. 1). Il est sous les ordres d'un capitaine, d'un lieutenant et d'un adjudant ; il se compose de 2 sergens, 4 caporaux, 2 fusiliers par compagnie et un tambour ; le capitaine se nomme capitaine de logement, et le lieutenant, lieutenant de logement. Le capitaine, à son arrivée au gîte, conduit les fourriers à la mairie, et y fait le logement. Le lieutenant conduit la troupe au corps-de-garde que doit occuper plus tard la garde de police, et y prend poste. A l'arrivée du corps, le capitaine de logement distribue les billets de logement des capitaines, ayant soin d'inscrire leur nom au dos ; le lieutenant de logement distribue les billets de logement des lieutenans et sous-lieutenans (*Ordonnance* du 4 juillet 1716, art. 18 et 20), ayant soin d'inscrire leur nom au dos. L'adjudant, après avoir été reconnoître la demeure de l'officier supérieur qui commande la troupe, se rend au-devant d'elle à la porte de la ville, et délivre les billets de l'état-major. Si une partie de la troupe doit

garde des soldats détenus à la salle de police et en prison, et des sous-officiers détenus en prison ; elle va en conséquence les extraire des prisons , pendant que les tambours battent l'assemblée (1).

être logée sur la route en deçà du gîte , les fourriers des compagnies qui doivent rester en arrière sont envoyés sur le chemin par le capitaine de logement, pour éviter à ces compagnies un trajet inutile; les deux officiers et l'adjudant de logement gardent un contrôle de la demeure des officiers , et la remettent à l'officier commandant la garde de police ou officier de police.

Une avant-garde (*Réglement de marche* , tit. 1er , art. 14) commandée par un capitaine , marche en tête du régiment , à une distance telle que le corps ne la perde jamais de vue, et qu'elle puisse entendre le son des batteries; elle fait halte en même temps que le régiment; sa consigne principale est de ne laisser passer personne en avant , sans une permission en forme. Sa force est proportionnée à la force du régiment ; on peut y employer alternativement une demi-compagnie d'élite.

La garde de police marche entre les grenadiers et la première compagnie, si le corps n'est composé que d'un bataillon, ou bien entre le premier et le second bataillon , si le régiment est composé de plusieurs bataillons (*Réglement de campagne* du 5 avril 1792, tit. 6, art. 30 et 31; *Réglement de police* , tit. 10 , art. 11). Elle fournit aux haltes du régiment les sentinelles nécessaires.

Le 1er jour de marche, il est commandé une escorte d'équipage sous les ordres d'un sergent; le jour suivant, la garde de police descendante fait cette escorte sous les ordres de son sergent. *Régl. de marche* , tit. 2 , art. 15.

Il est commandé , pour l'arrière-garde, une demi-compagnie d'élite; il y est attaché un sous-officier de chaque compagnie. L'arrière-garde , sous les ordres d'un lieutenant ou d'un capitaine, marche de manière à ne point perdre de vue le régiment , et fait halte en même temps que lui ; sa consigne principale est de s'opposer à ce que personne ne reste en arrière. *Réglement de marche,* tit. 2 , art. 18.

Dans les marches de nuit, l'avant-garde et l'arrière-garde marchent de manière à n'être pas éloignés du régiment au-delà de la portée de la voix.

A l'arrivée au gîte, la garde de police relève la garde du logement, laquelle est conduite au lieu de distribution pour y maintenir l'ordre (*Réglement de marche* , tit. 1er , art. 15). Après la distribution elle rentre à ses compagnies; son service n'est considéré que comme corvée.

Le capitaine de logement, avant l'arrivée de la troupe, choisit l'auberge des officiers , et fait préparer leur table au prix prescrit d'avance par le commandant du régiment.

(1) C'étoit du moins son ancienne fonction , non précisée dans le

Halte. Si aux haltes que fait la troupe, il est ordonné de poser des sentinelles, le commandant de cette garde les fait relever à l'instant où les tambours rappellent pour partir.

Arrivée. A son arrivée au gîte (1), elle prend poste au corps-de-garde qui lui est destiné, et qui a dû être visité à l'avance par l'officier de logement (2). A l'arrivée des équipages, la garde de police en devient dépositaire, et fournit les sentinelles nécessaires à la sûreté des bagages.

Prisonniers. La garde de police tient enfermés au corps-de-garde les prisonniers qui lui sont confiés, à moins qu'elle n'ait l'ordre de les faire conduire par un détachement aux prisons de la ville. Dans ce dernier cas, le commandant de la garde de police, ne fait faire *haut les armes* à sa troupe, qu'après que les prisonniers sont partis pour leur prison, sous la conduite du sergent, et qu'après qu'il a été posé un factionnaire devant les armes.

Nombre des factionnaires. La garde de police fournit une sentinelle aux armes, une au drapeau, une à la prison; dans ce cas, cette sentinelle part en même temps que les prisonniers (s'il y en a); enfin, celles qui sont jugées nécessaires à la garde des bagages et du trésor.

Fonctions du commandant de cette garde. Le commandant de la police est chargé de recevoir les plaintes des habitans (3); de maintenir le bon ordre parmi les militaires; d'envoyer quelques hommes de sa garde aux endroits où la tranquillité seroit troublée; de faire faire des patrouilles immédiatement après la retraite,

---

Réglement de marche actuel. V. *Réglement de police* du 24 juin 1792, tit. 10, art. 11 et 16.

(1) Lorsque le *Réglement de police* du 24 juin 1792, vouloit qu'elle fût placée entre les grenadiers et la première compagnie, cette garde au lieu de faire halte sur la place d'armes en même temps que le régiment, continuoit à marcher, et se mettoit en possession de son poste, en face duquel la troupe s'établissoit en bataille.

(2) *Réglement de marche* du 25 fructidor an 8, tit. 1ᵉʳ, art. 15.

(3) *Idem*, tit. 2, art. 7.

et ensuite d'heure en heure, pendant le reste de la nuit (1).

S'il se manifeste quelques désordres, et qu'ils soient occasionnés par des habitans, le commandant de la garde de police fait conduire ces habitans à la mairie, afin qu'il soit ordonné ce qui convient; et si c'est par des militaires, ils sont amenés au corps-de-garde, pour être punis suivant la nature du délit.

Le commandant de cette garde est en outre chargé de conserver les billets de logement non employés (*V.* n°. 341), à l'effet de les remettre aux hommes qui arrivent après le régiment (*V.* n°. 182, *Destination*) à moins qu'il n'ait ordre d'arrêter ces hommes, et de les envoyer en prison. Il remet les billets de l'arrière-garde à l'officier qui la commande (*V.* n°. 182, *arrivée au gîte*) ; il lui est laissé par écrit, par les fourriers, l'indication des hôtes qui doivent loger les hommes restés en arrière et ceux de l'arrière-garde. Pareilles notes lui sont remises par l'adjudant pour les hommes du petit état-major. Il doit recevoir de l'officier commandant le logement, la liste et le nom des hôtes (avec indication des rues et numéros) chez qui logent les officiers supérieurs ou commandans de la troupe, officiers et sous-officiers de l'état-major, chirurgiens et sergens-majors, afin qu'il en donne connoissance à tous ceux qui ont besoin de les trouver. Il inscrit le nom de tous les traînards qui viennent demander des billets de logement, afin de remettre le lendemain cette liste à l'adjudant-major.

Fonctions du sergent. Lorsqu'il est déposé au corps-de-garde des armes, ballots, bagages, etc., le sergent ne peut en rien laisser enlever que par le vaguemestre ou sur un certificat de sa main : il observe la même précaution dans quelque lieu que soient les équipages du régiment.

Fonctions du caporal de pose. A l'instant où la compagnie de grenadiers reconduit le drapeau à la demeure

_____

(1) *Réglement de marche* du 25 fructidor an 8, tit. 2, art. 4.

du commandant, le caporal de pose l'accompagne,
emmenant avec lui la pose qui doit être sentinelle
du drapeau ; un autre caporal en fait de même quand
les prisonniers doivent être envoyés aux prisons de la
ville.

Devoirs du tambour. Ce tambour doit battre (*V.*
n°. 302) le *premier* à l'heure ordonnée, en se dirigeant
vers le côté où loge le tambonr-major (*V.* n°. 320).

Devoirs des sentinelles. La garde de police en route
faisant fonctions de garde de sûreté, les sentinelles
qu'elle fournit aux armes et aux drapeaux, sont assu-
jéties aux mêmes consignes qu'en garnison. Celle de la
sentinelle des équipages consiste (*V.* n°. 394) à ne
laisser approcher personne des équipages, sur-tout
pendant la nuit. S'il est consigné de la poudre (1), la
sentinelle doit prendre les plus grandes précautions
contre le feu ; elle ne doit laisser emporter aucun ballot
qu'en présence du sergent de garde, et seulement par
des officiers ou sous-officiers.

Second jour de marche. Le second jour et pendant
toute la route, c'est la garde descendante qui fournit
le détachement, qui sous les ordres d'un sergent, va
chercher les prisonniers. Ce sous-officier part avant
qu'on ne batte l'assemblée, pour aller chercher les détenus à la prison, à l'effet de les remettre à la nouvelle
garde (2). Il ramène en même temps la sentinelle de la
prison.

Sentinelles relevées. Lorsque le vaguemestre annonce
que les bagages vont se mettre en route, la garde de
police, qui alors devient arrière-garde (3), envoie
relever les sentinelles qu'elle avoit posées. Le commandant ne fait relever celles devant les armes que les
dernières.

_____

(1) *Réglement d'armement* du 1er vendémiaire an 13, art. 26.

(2) Autrefois la garde de police relevante devoit être rendue sur la
place d'armes pour y prendre possession des prisonniers à l'instant
où l'on battoit le rappel. *Réglement* de 1718.

(3) *Réglement de marche* du 25 fructidor an 8, tit. 2, art. 15.

6

Descente de la garde. Toutes les sentinelles de la garde de police doivent être rentrées avant qu'on ne commence à faire l'appel du régiment, hormis celles des équipages qui ne sont relevées qu'à l'instant où les bagages se mettent en route ; alors le commandant de cette troupe est chargé de fournir une escorte aux bagages (1).

Arrivée à la garnison. Le jour de l'arrivée à la garnison où le régiment doit rester, la garde de police prend poste au corps - de - garde de police de la caserne (2), et à moins d'ordre contraire, elle y fait le service jusqu'au lendemain à midi.

Aussitôt que les drapeaux sont renvoyés, les clefs de la caserne seront remises au commandant de la garde de police (3).

140. — *Consigne de la garde de police au camp* (4).

Composition. Cette garde se compose d'un sergent, deux caporaux, d'autant de fusiliers (5) qu'il y a de compagnies et d'un tambour (6).

Les sous-officiers et soldats de cette garde ne peuvent s'écarter de leur poste sans la permission de l'of-

---

(1) *Réglement de marche* du 25 fructidor an 8, tit. 2, art. 15.
(2) *Réglement de service* du 1er mars 1768, tit. 6, art. 3.
(3) *Idem*, art. 4.
(4) *Réglement de campagne* du 5 avril 1792, tit. 6.
(5) Le *Réglement de campagne* la forme de 48 fusiliers, à raison de 3 par compagnie. Remarquez que ce réglement reconnoît les bataillons comme composés de 8 compagnies de fusiliers, tandis que maintenant ils ne sont composés que de 4 compagnies. De ces 48 fusiliers le réglement en retire 16 pour la garde du camp, reste deux fusiliers par compagnie pour la garde de police, et un fusilier par compagnie pour la garde du camp. Quoique le nombre de compagnies soit maintenant réduit de moitié, cette proportion d'hommes commandés est très-insuffisante, parce que les compagnies sont plus fortes et le nombre des bataillons doublé. Pour maintenir la proportion, il faudroit que la garde de police fût de 64 hommes, et la garde du camp de 32. Ce seroit à raison de 6 fusiliers par compagnie.
(6) *Réglement de campagne*, tit. 6, art. 1.

ficier; il leur est permis d'aller manger la soupe à leur compagnie (1).

Emplacement. L'emplacement de la garde de police est au centre de l'intervalle qui sépare chaque régiment (2) sur l'alignement des cuisines. Cette garde passe la nuit au bivouac, ayant ses armes posées contre une traverse supportée par deux fourches.

Formation et inspection. La garde de police ne doit rendre d'honneurs à personne, non plus que le piquet du camp (3), mais elle prend les armes pour être inspectée toutes les fois que le chef du corps ou l'officier supérieur de jour l'ordonne; elle se forme sur trois rangs sur l'alignement du front de bandière, le capitaine à la tête, le lieutenant en serre-file, le sergent à la droite et le premier caporal à la gauche du premier rang.

Nombre et placement des sentinelles. Elle fournit dix sentinelles de jour et onze de nuit, savoir (4) : trois devant le front, dont une à la droite du régiment, une à la gauche et une au centre; trois placées de même pendant le jour, sur le derrière du camp, à cinquante pas des tentes des officiers supérieurs; une sur chaque flanc du corps; une à la tente du chef du corps (5); une devant les armes.

Fonctions du tambour de cette garde. Sous les ordres du capitaine de police, le tambour de la garde de police est chargé de faire toutes les batteries et signaux indiqués (*V.* n°. 312).

Appel lors de la retraite. A la retraite, la garde de police prend les armes, le capitaine en fait l'appel, et inspecte les armes pour s'assurer qu'elles sont chargées,

---

(1) *Réglement de campagne* du 5 avril 1792, tit. 6, art. 2, paragr. 2.

(2) *Idem*, art. 5.

(3) *Idem*, art. 36.

(4) *Idem*, art. 6.

(5) *L'Instruction* de brumaire an 12 place une sentinelle devant la tente du chef de bataillon. *Voy.* la planche jointe à cette instruction. *L'Extrait du Réglement de campagne*, de 1809, laisse cette question indécise.

6 *

amorcées et en bon état. Il envoie en même-temps le lieutenant de police faire l'appel et l'inspection de la garde du camp (1).

Fonctions du sergent. Après l'appel du soir, le sergent de police replie les drapeaux et les couche à côté l'un de l'autre sur les fourches ou chevalets plantés pour cet usage ; il les replante tous les matins, sitôt la garde défilée, et les déplace lorsque le temps le permet (1).

Feux éteints. La garde reste sous les armes jusqu'à ce que l'appel du corps soit fait, et les compagnies rentrées (2). Une heure après la retraite, le capitaine de police fait battre un roulement, et le sergent de police passe chez les vivandiers, pour faire retirer les sous-officiers et soldats qui s'y trouveroient, et s'assurer que les feux de cuisines sont bien éteints.

Fonctions du caporal. Le caporal de police va en même-temps avertir les sentinelles de la queue du camp, de venir se placer entre les cuisines des compagnies et les tentes des lieutenans (2) ; il pose ensuite les sentinelles d'augmentation, de manière qu'il y en ait pendant la nuit, trois sur le front, une sur chaque flanc du corps, et deux derrière chaque bataillon.

Patrouilles. Le capitaine de police fait faire pendant la nuit les patrouilles qu'il juge nécessaires.

Breloque. A la breloque du matin, le capitaine fait mettre sa garde dans la tenue convenable ; le lieutenant se transporte pour le même objet à la garde du camp : le caporal envoie les sentinelles de la queue du camp prendre leur poste de jour, et retire celles d'augmentation (3).

Rassemblement de la nouvelle garde. Lorsque les nouvelles gardes s'assemblent et se mettent en bataille sur le front de bandière, l'ancienne garde prend les armes, laissant sur la gauche le terrain nécessaire pour y former

---

(1) *Réglement de campagne* du 5 avril 1792, tit. 6, art. 8 ; et tit. 12, art. 3 et 24.

(2) *Idem*, art. 9 ; et tit. 12, art. 7.

(3) *Idem*, tit. 6, art. 14,

la garde montante (1). La nouvelle garde de police se réunit devant le centre du corps; un officier supérieur l'inspecte, et ordonne ensuite au capitaine de police de la mettre en marche, pour aller relever l'ancienne garde.

Jours de marche. Les jours de marche, l'ancienne garde de police rentre dans les compagnies. Lorsque le corps prend les armes, la nouvelle garde s'assemble avec les campemens, et marche à leur suite (2).

Arrivée au camp. A son arrivée au camp, elle se met en bataille à trente pas environ du centre du terrain marqué pour le camp du régiment, le capitaine de police fait aussitôt environner de sentinelles ce terrain, pour empêcher qu'aucun sous-officier, soldat ni domestique ne puisse s'écarter. S'il se trouvoit des puits, des fontaines, des magasins dans le terrain du camp ou très-à portée, le capitaine de police y fait placer également des sentinelles.

Etablissement de cette garde. La nouvelle garde de police demeure en bataille à la place ci-dessus indiquée, jusqu'à ce que le corps soit arrivé et établi dans son camp (3); le capitaine fait alors poser les sentinelles qui doivent former l'enceinte du camp, et retirer les autres : il établit ensuite la garde au lieu indiqué.

SEPTIÈME LEÇON.

DISCIPLINE.

141. — *Définition.*

La discipline est une autorité qui se propose deux objets distincts, savoir : l'éducation des militaires et la répression de leurs fautes. Elle leur trace leurs devoirs, leur inspire la soumission aux lois, l'observance des

---

(1) *Réglement de campagne* du 5 avril 1792, tit 6, art. 2 et 15.
(2) *Idem*, art. 16 et 29.
(3) *Idem*, art. 17.

réglemens, l'obéissance aux chefs, en même-temps qu'elle contient les hommes douteux, comprime les sujets turbulens, corrige les subordonnés fautifs (*V.* n°. 148). Ses moyens se composent de précautions et de punitions. Les réglemens ont en grande partie déterminé les uns et les autres.

Précautions. Ses précautions consistent à prévenir les fautes qui vont naître, son attention à les arrêter ou diminuer quand elles ont lieu, sa sévérité à les châtier quand elles sont consommées. Elle diffère de la police, en ce que celle-ci n'agit que suivant des formes établies, tandis que la discipline peut varier suivant différentes combinaisons, et principalement en raison de la conduite connue de ceux sur lesquels elle s'exerce. La discipline est une petite justice militaire sans procès et sans appel ; mais elle diffère de la justice (*V.* n°. 149), en ce que cette dernière ne prononce que sur les délits qui lui sont dénoncés, tandis que celle-là attaquant le mal dans ses sources, se compose de prévoyance autant que de conviction. Elle peut être exercée par tous les grades; autrefois elle ressortissoit principalement au major (1). Elle doit être mesurée sur une échelle de punitions modifiées suivant le grade, l'ancienneté de service, l'âge, l'expérience, le caractère, le degré de sensibilité, les fautes anciennes, la récidive.

142. — *Punitions, lecture du Code pénal.*

La discipline compte encore au nombre de ses précautions la publication des principaux articles du code pénal, et dans celles des bancs (*V.* n°. 143 et suivans). Ceux-ci doivent être prononcés ou lus à la tête des troupes; l'extrait des lois pénales doit être affiché dans les chambres, communiqué aux arrivans (2), lu à des époques déterminées (3).

---

(1) *Réglement de service* du 1er mars 1768, tit. 21, art. 11; *Décret* du 18 février 1808.

(2) *Réglement de police* du 24 juin 1792, tit. 4, art. 39. (*Voy.* n°. 285 et 347).

(3) *Idem.* Ce réglement prescrit de faire cette lecture les jours de

Loi du 16 octobre 1791. Tout soldat ou sous-officier qui quitte son poste sans la permission de son commandant, subit une punition de discipline; s'il s'y joint des circonstances aggravantes, il est *puni* de mort, (*tit. 2 , art.* 10).

Code du 12 mai 1796. Tout militaire convaincu d'avoir volé l'argent de l'ordinaire de ses camarades , ou tout autre effet à eux appartenant, est *puni* de 6 ans de fers (*tit.* 1 , *sect.* 3 , *art.* 12).

Tout militaire qui vend ou qui met en gage, en tout ou partie, ses armes (1) fournies par l'état (2), son habillement, fourniment, équipement, le tout fourni par l'état, est *puni* de cinq ans de fers (*art.* 13).

Tout militaire convaincu d'avoir volé des fournitures de caserne ou effets de campement , est *puni* de trois ans de fers (*art.* 14).

Tout militaire convaincu d'avoir volé les personnes chez lesquelles il auroit logé, est *puni* de dix ans de fers (*art.* 16).

Tout militaire convaincu d'avoir pris par fraude et sans payer, à boire et à manger chez un habitant, est *puni* de trois mois de prison ; de six mois, si le délit est accompagné de menaces ; et de deux ans de fers, s'il y a eu voies de fait (*art.* 17).

Tout militaire qui à la guerre ne s'est pas rendu à son poste, est *puni* de cinq ans de fers, et celui qui abandonne son poste pour songer à sa propre sûreté, est *puni* de mort (*sect.* 4 , *art.* 2).

---

visite de linge et chaussure. La loi du 12 mai 1793 ordonne, sect. 5 , art. 1 et 2, d'en faire lecture tous les huit jours. L'arrêté du 19 vendémiaire au 12 , art. 84 , veut qu'il soit fait lecture des dispositions contre la désertion , le premier dimanche de chaque mois.

(1) Autrefois ceux qui achetoient des effets militaires encouroient la confiscation et une amende de 200 liv. (*Ordonnance* du 2 juillet 1716).

(2) Tout est fourni au soldat par l'Etat ; cette locution est devenue vicieuse ; la distinction qu'elle établissoit résultoit de la composition des troupes en ce temps. Une partie des militaires (les gardes nationaux) étoient armés et équipés à leurs frais. La loi adoucissoit sa mesure en leur faveur.

Tout militaire qui, dans une place prise d'assaut, quitte son poste pour se livrer au pillage, est *puni* de cinq ans de fers (*art.* 4). *V.* n°. 440, note).

Tout soldat en sentinelle qui n'exécute pas sa consigne, est traduit au tribunal militaire; et si les suites en sont devenues funestes, il est *puni* de mort. Sinon, le tribunal applique la peine de discipline (*art.* 8).

Tout militaire convaincu d'avoir insulté une sentinelle de propos ou de geste (1), la peine pour le simple soldat est de deux ans de prison, pour le sous-officier, de quatre ens, et s'il y a voies de fait, le coupable est *puni* de mort (*art.* 9).

Tout militaire convaincu de ne s'être pas conformé aux ordres de son supérieur, relatifs au service, est destitué, mis en prison pour un an, et si c'est dans une affaire en présence de l'ennemi, il est *puni* de mort (*art.* 10).

Tout militaire convaincu de s'être fait inscrire sur le registre de l'état-major de son corps, sous un faux nom, est *puni* de cinq années de fers (*art.* 18).

Tout militaire convaincu de s'être servi du congé d'un autre ou d'y avoir fait substituer un autre nom que le sien, ou enfin de tout autre faux, est *puni* de cinq années de fers (2) (*art.* 19).

Loi du 2e *jour complémentaire an* 3. Celui qui est convaincu d'assassinat, de viol, incendie, vol avec effraction, attroupemens ou violences (3), est *puni* de mort (*art.* 14) (4).

Loi du 21 *brumaire an* 5. Tout militaire qui passe à l'ennemi, sans autorisation de ses chefs, est *puni* de

---

(1) En campagne, une sauve-garde doit être respectée comme une sentinelle (V. *Réglement de campagne* du 5 avril 1792, tit. 27, alinéa 1). Autrefois il étoit défendu, sous peine de la vie, d'entrer dans les lieux défendus par les sauve-gardes.

(2) Les faux sont du ressort de la Cour de justice criminelle spéciale.

(3) Il peut être établi, dans les lieux où le Gouvernement le juge nécessaire, des tribunaux criminels spéciaux, qui alors connoissent des violences et voies de fait (*V.* n°. 155).

(4) Annullée presqu'en totalité par celle du 21 brumaire an 5.

mort; il encourt même peine, s'il franchit les limites
fixées par le commandant de la troupe (*tit.* 1 , *art.* 1).

Toute sentinelle en présence de l'ennemi, qui, sans
avoir rempli sa consigne, abandonne son poste pour
songer à sa propre sûreté, est *punie* de mort (*art.* 4).

Tout militaire qui revèle un complot, ne peut être
poursuivi pour le crime qu'il découvre (*art.* 7.).

Tout individu qui, en présence de l'ennemi, jette des
clameurs tendantes à semer l'épouvante et le désordre
dans les rangs ;

Tout commandant de poste et sentinelle qui , *en pré-*
sence de l'ennemi, donne de fausses consignes, quand
par suite de cette faute, la sûreté du poste aura été
compromise ;

Tout commandant d'une patrouille envoyée en présence de l'ennemi, qui n'exécute pas ponctuellement son
ordre ;

Tout commandant de poste en présence de l'ennemi,
qui ne rend pas compte des découvertes qu'il auroit
faites ;

Tout militaire convaincu d'avoir communiqué le secret du poste à l'ennemi ;

Tout militaire qui entretient une correspondance dans
l'armée ennemie, sans la permission par écrit de son
chef, et tout individu convaincu d'espionage (1), sont
punis de mort (*tit.* 3, *art.* 2).

Tout militaire convaincu d'avoir pillé à main-armée,
d'avoir porté le ravage et le dégât à main-armée et sans
ordre (2), d'avoir attenté à la vie des habitans non
armés (3), est *puni* de mort ;

Tout militaire convaincu de viol, est *puni* de huit
ans de fers, et de douze ans, suivant les cas aggravans ;

Le coupable est *puni* de mort, si la femme est morte
de ses excès (*tit.* 5, *art.* 4).

Tout militaire qui, pendant ou après une action, et

(1) *Voy.* tit. 4, art. 2 et 3 de cette loi. Des commissions militaires
sont chargées de juger les espions et les embaucheurs (*V.* nᵒ. 157).
(2) *Loi* du 21 brumaire an 5, tit. 5, art. 2 et 3.
(3) *Idem*, art. 4.

sur le champ de bataille, dépouille sans ordre un homme tué au combat, est *puni* de cinq ans de fers (1) (*art.* 5).

Tout militaire convaincu d'avoir dépouillé un blessé encore vivant, est *puni* de dix ans de fers (*art.* 6).

Tout individu qui, en dépouillant un blessé, le mutile ou le tue, est *puni* de mort (*art.* 7).

Tout militaire convaincu d'avoir volé du bétail, volaille, fruits, etc., est *condamné* à faire deux fois le tour du quartier que son corps occupe, au milieu de la troupe sous les armes, et à porter la chose dérobée, ayant son habit retourné avec un écriteau sur la poitrine, sur lequel il est écrit : *Maraudeur* (*tit.* 6, *art.* 1er.)

Si le maraudeur a escaladé les murs ou forcé les portes, il fait trois fois le tour, et subit une heure d'exposition (*art.* 2).

La récidive dans les délits de maraudage, est *punie* de cinq ans de fers (*art.* 4).

Tout sous-officier convaincu de maraudage est cassé, en outre de la peine ci-dessus (*art.* 5).

Tout militaire qui refuse d'obéir aux supérieurs qui s'opposent au maraudage, est *puni* de cinq ans de fers (*art.* 8).

Tout maraudage commis en troupe et à main-armée, est *puni* de huit ans de fers (*art.* 9).

Tout militaire (*V.* n°. 288, note 2) qui, pour faire payer à sa troupe ce que la loi accorde, est convaincu d'avoir porté son état de situation au-dessus du nombre effectif présent, est *puni* de trois ans de fers, et condamné à restituer ce qu'il a touché au-delà de ce qui revenoit à sa troupe (2) *tit.* 7, *art.* 1er.).

Tout militaire qui, lorsque la *générale* a été battue, n'est pas rendu à son poste, est, pour la première fois, *puni* d'un mois de prison; pour la seconde fois, de trois mois, et s'il récidive, *puni* de deux ans de fers (*tit.* 8, *art.* 1er.).

_____

(1) *Le Réglement de campagne* du 5 avril 1792, tit. 20, paragr. 32, prononçoit peine de mort dans ce cas.

(2) *Réglement de revues* du 25 germinal an 13, art. 202.

La révolte ou la désobéissance combinée envers les supérieurs, emporte *peine* de mort contre ceux qui l'ont suscitée, et contre les officiers présens qui ne s'y sont point opposés par tous les moyens à leur disposition (*art.* 3).

Toute troupe qui abandonne sans ordre le poste où elle est de service, est déclarée en révolte; dans ce cas, les officiers et sous-officiers sont *punis* de dix ans de fers, à moins qu'ils ne déclarent les auteurs du délit, qui seront *punis* de mort (*art.* 6).

Tout militaire qui, dans une affaire avec l'ennemi, jette lâchement ses armes, est *puni* de trois ans de fers (*art.* 7.).

Toute troupe commandée pour marcher contre l'ennemi qui refuse d'obéir, est déclarée en révolte et *punie* comme telle (*art.* 8.).

Tout militaire commandé pour marcher contre l'ennemi, qui refuse d'obéir, est *puni* de mort (*art.* 9).

Tout militaire trouvé endormi en faction, près de l'ennemi, est *puni* de deux ans de fers (*V.* page 137, note 1 (*art.* 10).

Tout militaire ou sentinelle près de l'ennemi, qui n'exécute pas sa consigne est *puni* de deux ans de fers (*art.* 11).

Tout commandant d'un poste, convaincu d'avoir changé sa consigne, est *puni* de six mois de prison (*art.* 12).

Tout militaire convaincu d'avoir forcé ou violé la consigne générale, est *puni* de dix ans de fers (*art.* 13).

Toute violation de consigne générale, commise par une troupe, est poursuivie comme acte de désobéissance combinée : les chefs et instigateurs du délit sont *punis* de dix ans de fers.

Si la violation a été faite à main-armée, la troupe est déclarée en révolte, et les auteurs *punis* de mort (*art.* 14).

Tout militaire convaincu d'avoir menacé ou insulté son supérieur de propos ou de gestes, est puni de cinq ans de fers : s'il y a voie de fait, il est *puni* de mort (*art.* 15).

Lorsque par une coupable négligence, la force armée aura laissé évader un prévenu de délits militaires, confié à sa garde (1), les officiers, les sous-officiers et les quatre soldats plus anciens de service, faisant partie de la force armée, sont poursuivis et *punis* de la même peine que le prévenu aura dû subir, sans néanmoins que cette peine puisse excéder, deux ans de fers. Si, dans le débat, le véritable auteur du délit est découvert, il en porte seul la *peine*, qui peut être étendue à trois années (*art.* 17).

Loi du 19 *vend. an* 12, *tit.* 4. Les peines de la désertion sont suivant les circonstances du délit :

1.º La mort; 2.º le boulet; 3.º les travaux publics; 4.º l'amende dans tous les cas (*art.* 44).

Les condamnés à la peine du boulet, sont employés dans les grandes places de guerre à des travaux spéciaux (*art.* 46).

Ils traînent un boulet de huit, attaché à une chaîne de fer de deux mètres et demi de longueur; ils travaillent huit heures par jour, depuis la fin d'octobre jusqu'à la fin de mars, et dix heures pendant le reste de l'année; leurs ateliers sont toujours *isolés* de tous les autres ateliers; ils portent un vêtement particulier, dont la forme et la couleur n'ont rien de celles affectées à l'armée; ils n'ont que des sabots pour chaussure, et ne peuvent couper ni raser leur barbe, mais leurs cheveux et leurs moustaches sont rasés tous les huit jours.

Hors le temps des travaux, ils sont détenus et enchaînés dans les prisons particulières destinées à cet effet.

Les déserteurs condamnés aux travaux publics, sont employés à des travaux militaires ou autres (*art.* 52).

Leurs vêtemens peuvent conserver quelque chose des formes militaires; mais ils diffèrent des couleurs affectées à l'armée, et de celles qui le sont aux condamnés

---

(1) Il a été rendu, le 4 vendémiaire an 6, une loi relative à l'évasion des détenus et à la punition de ceux qui en sont coupables.

au boulet. Ils portent des souliers; ils ne peuvent ni couper, ni raser leur barbe; ils conservent leurs moustaches; leurs cheveux sont rasés tous les huit jours.

Conformément à la loi du 17 ventôse an 4, tout déserteur est condamné à une amende de 1500 fr. (*art.* 56).

Est puni de mort : 1° le déserteur à l'ennemi; 2° tout chef de complot de désertion; 3° tout déserteur étant en faction (1); 4° tout déserteur qui emporte son arme à feu; 5° tout déserteur qui emporte, soit une arme à feu, soit une arme blanche de l'un de ses camarades (*art.* 67).

L'enlèvement de la baïonnette et celui du sabre sont considérés comme circonstances aggravantes de la désertion; en conséquence, la durée de la peine du boulet et celle des travaux publics, est augmentée de deux ans à l'égard du militaire qui emporte son sabre ou sa baïonnette (2).

Sont *punis* de la peine du boulet, 1° le déserteur à l'étranger; 2° le déserteur à l'intérieur qui emporte des vêtemens ou des effets appartenans à ses camarades; 3° le déserteur à l'intérieur qui à l'avenir aura déserté plus d'une fois (*art.* 69).

Le durée de la peine du boulet est toujours de dix ans, et est augmentée de deux ans pour chacune des circonstances ci-après, savoir : 1° si la désertion n'a pas été individuelle; 2° si le coupable étoit d'un service quelconque, ou s'il a escaladé des ramparts; 3° s'il est déserté de l'armée ou d'une place de première ligne (3) (*art.* 70.)

_____

(1) Aucun de nos Codes militaires n'a prévu nommément le cas où une sentinelle abandonne sa faction (*V.* cependant le Code du 12 mai 1793, tit. 1ᵉʳ, sect. 4, art. 8 ; et la *Loi* du 16 octobre 1791, tit. 2, art. 10), sans se rendre pourtant coupable de désertion. Ce crime étoit désigné, dans les ordonnances de Louis XIV, sous le nom *d'abandon.*

(2) *Décision du conseil d'Etat,* du 17 ventose an 12.

(3) Voy. *Etat général des places de première ligne,* publié en date du 7 messidor au 12, par le ministre de la guerre, pour servir à l'application des peines contre la désertion.

Est réputé déserteur à l'étranger, tout sous-officier ou soldat qui franchit sans ordres les limites fixées par le commandant de la troupe, et qui est arrêté dans les deux lieues vers l'extrême frontière (*art.* 71).

Le déserteur à l'intérieur est *puni* de la peine des travaux publics, dont la durée est toujours de trois ans; mais elle est augmentée de deux ans pour chacune des circonstances suivantes :

1°. Si la désertion n'est pas individuelle; 2°. si le coupable est d'un service quelconque, ou s'il escalade les remparts; 3°. s'il déserte de l'armée ou d'une place de première ligne; 4°. s'il emporte des effets fournis par le corps ou l'état (*art.* 72).

Pendant la guerre, est réputé déserteur tout sous-officier et soldat qui abandonne son corps sans permission, ou qui, ayant obtenu un congé, ne rejoint pas à l'expiration dudit congé;

Est réputé avoir abandonné son corps, celui qui, à l'armée ou dans une place de guerre, en est absent depuis vingt-quatre heures, et en tout autre lieu, depuis quarante-huit heures;

Est réputé n'avoir point rejoint à l'expiration de son congé, celui qui a dépassé de huit jours la durée dudit congé (*art.* 73).

Pendant la paix, est réputé déserteur tout sous-officier ou soldat qui, ayant plus de six mois de service, abandonne son corps depuis trois fois vingt-quatre heures dans un camp ou une place de guerre, et depuis huit jours, dans tout autre lieu; ou qui dépasse de quinze jours la durée de son congé;

Celui qui a moins de six mois de service, et qui abandonne son corps dans un camp ou une place de guerre, n'est déclaré déserteur qu'après quinze jours d'absence, et qu'après un mois, dans tout autre lieu;

Celui qui a moins de six mois de service, et qui a obtenu un congé, n'est déclaré déserteur qu'après un mois, du jour de l'expiration de son congé.

S'ils ont déserté étant de service ou emporté leur habit, ils ne jouissent plus de cette grâce (*art.* 74).

Décret du 8 nivose an 13. Les suppléans qui désertent

après avoir rejoint, sont condamnés à cinq ans de la peine du boulet (*art.* 52).

Décret du 8 vendémiaire an 14. Tout militaire convaincu d'avoir excité ses camarades à déserter, soit à l'ennemi, soit à l'étranger, soit à l'intérieur, est réputé chef de complot, et comme tel *puni* de mort (*art.* 1).

Lorsque des militaires forment le complot de déserter, soit à l'ennemi, soit à l'étranger, soit à l'intérieur, et que le chef de complot n'est pas connu, le plus élevé en grade des militaires complices, ou à grade égal, le plus ancien de service, ou à égalité de service, le plus âgé est réputé chef de complot, et *puni* comme tel (*art.* 2).

Décret du 6 janvier 1807. Tout conscrit qui se mutile volontairement avant ou après son arrivée au corps; et se rend incapable de servir dans la ligne par l'effet de sa mutilation, est envoyé par l'inspecteur général à un corps de pionniers pour y travailler pendant cinq ans (*art.* 4).

Tout conscrit qui, après son arrivée au corps, feint pour se faire réformer une infirmité ou une maladie, ou qui montre une volonté ferme de ne point bien servir, est envoyé par l'inspecteur-général à un corps de pionniers pour y travailler cinq ans (*art* 5).

Décret du 14 *octobre* 1811. Il ne sera plus rendu de jugement par contumace pour le délit de désertion, etc. (*art.* 1ᵉʳ).

Tout sous-officier ou soldat qui auroit été conduit comme déserteur ou réfractaire, à l'un des régimens de Walcheren, de la Méditerranée, de l'île de Ré ou de Belle-Ile, ou à l'un des dépôts généraux de réfractaires, qui en déserteroit ou qui abandonneroit son détachement pendant la route, en se rendant de ce dépôt au régiment ou corps auquel il seroit destiné, et pendant les six premiers mois de l'année seroit puni des peines suivantes : s'il a encouru la peine des travaux publics, il sera condamné à 10 ans de boulet, et s'il a encouru la peine du boulet, il sera condamné à 10 ans de double boulet (*art.* 2 et 3).

Décret du 28 *novembre* 1811. Tout sous-officier ou

soldat qui, après avoir obtenu grace pour crime de désertion, ne se rendroit pas au corps qui lui auroit été assigné, ou qui en déserteroit après s'y être rendu, sera puni de mort (*art.* 1er).

Tout sous-officier ou soldat déserteur ou réfractaire qui auroit obtenu un pardon, qui ne se rendroit pas au corps qui lui auroit été assigné ou qui en déserteroit dans les six premiers mois de son incorporation sera puni de mort (*art.* 2).

La condamnation à mort sera exécutée dans les vingt quatre heures (*art.* 3).

Décret du 2 février 1812. Tout sous-officier et soldat qui auroit formé un complot de désertion ou qui y auroit participé, les conseils de guerre prononceront la peine de mort contre le chef de complot, ils pourront même la prononcer contre les principaux instigateurs (*art.* 1er).

143. — *Ban.*

Le ban est une batterie en usage pour les allocutions devant une troupe assemblée sous les armes ; elle équivaut à un ordre de prêter attention ; elle est exécutée lors des réceptions d'officiers (*V.* n° 203). On appelle encore du nom de *ban* une publication à haute voix, au nom du monarque seulement (1), soit en garnison, soit en route, soit au camp (2); elle se fait, soit à l'entrée et sortie des logemens, à la tête des corps ou compagnies en bataille, soit dans les carrefours et lieux publics de garnison. Ces bans ont pour objet de prescrire la discipline à observer (3). La loi du 10 juillet 1791, tit. 3, art. 20, déclare que nulle disposition de

_____

(1) *Ordonnance* du 2 octobre 1661.

(2) *Réglement de campagne* du 5 avril 1792, tit. 5, art. 9; et tit. 35, art. 2 (*V.* n°s. 146-147). Depuis long-temps les bans sont peu usités; cependant l'arrêté des consuls, du 27 messidor an 8, confirme partie de la loi du 10 juillet 1791, qui les prescrit.

(3) *Réglement de service* du 1er mars 1768, tit. 19, art. 1; et *Réglement de campagne*, du 5 avril 1792, tit. 5, art. 19.

police n'est obligatoire qu'après avoir été publiée, et
veut (tit. 30) que les publications de discipline soient
faites par le secrétaire-écrivain (1).

144. — *Publication du ban à l'arrivée dans une garnison* (2).

Lorsque le régiment étoit en bataille sur la place,
faisant face autant que possible au corps-de-garde (3),
il étoit battu le ban (4), dont voici la teneur : Soldats (5),
il vous est défendu, sous les peines portées par les ordonnances (6), de vous éloigner de la place au-delà des
limites indiquées, à moins d'une permission en forme (7),
et de mettre le sabre ou la baïonnette à la main dans la
place ou hors la place (8). Il vous est défendu (9) de

---

(1) *Ordonnance* des 4 novembre et 19 novembre 1665, art. 19;
Réglement de service du 1ᵉʳ mars 1768, tit. 4, art. 1.

(2) *Loi* du 10 juillet 1791, tit. 3, art. 30 et 31; *Arrêté* du 27
messidor an 8, art. 1.

(3) *Réglement de service* du 1ᵉʳ mars 1768, tit. 3, art. 15.

(4) *Idem*, art. 17.

(5) Le fond de ces formules est emprunté de l'*Extrait des ordonnances* recueillies par M. de La Fargue. On disoit *de par le Roi*,
ou doit dire maintenant *de par l'Empereur et Roi*. (Note commune
à tous les bans).

(6) Les peines attachées à chaque délit doivent toujours être spécifiées dans les publications de bans. V. *Réglement de service*, tit. 4,
art. 5; et *Loi* du 19 vendémiaire an 12, art. 71.

(7) Autrefois on étoit puni comme déserteur, si on s'éloignoit de
plus de deux lieues des quartiers des compagnies (*Ordonnance* du
2 juillet 1716, art. 2). La loi du 23 mai 1792 s'exprime ainsi, art. 5 :
« Les congés dont devra être porteur tout militaire, de quelque
» grade qu'il soit, pour s'absenter de son camp, sa garnison ou son
» quartier, seront signés, pour le sous-officier et soldat, par le com-
» mandant de leur compagnie et par le commandant du corps; et
» pour les officiers, de quelque grade qu'ils soient, par le comman-
» dant du corps et par le chef de la division. Lesdits congés doivent
» continuer à être visés par les commissaires des guerres. » (*V.* page
134, art. 71). Il falloit que les permissions de découcher, pour les
simples soldats même, fussent signées du capitaine et du commandant
de la place (*Ordonnance* du 25 juillet 1665, art. 45).

(8) *Réglement de service* du 1ᵉʳ mars 1768, tit. 4, art. 1.

(9) C'étoit alors peine de la vie. (*Ordonnance* des 4 novembre
1651, 21 avril 1702, 13 juillet 1727, art. 37; *Réglement de ser-*

voler les meubles et ustensibles des maisons où vous
serez logés, sous peine de dix ans de fers (1) de commettre aucuns désordres, excès ni violences; de rien
exiger de vos hôtes, qu'un lit garni pour deux, les
ustensiles de cuisine pour faire ordinaire, et place au
feu et à la lumière (2). D'entrer dans les jardins ou
autres lieux, d'y fourrager, d'aller ou envoyer couper,
abattre ni dégrader aucun bois; de chasser ni pêcher (3),
tirer des coups de fusil, tuer aucun animal domestique (4), et enfin de prendre aucune chose. De vous
établir en d'autres logemens que ceux portés par vos
billets (5), sous peine de quinze jours de prison.

145. — *Publication du ban au départ d'une troupe
qui entreprend une route.*

La troupe étant assemblée, les drapeaux étant reçus,
le signal de l'appel (6) ayant été battu et l'appel
rendu (7), le commandant du corps faisoit battre un
ban, et prononçoit ce qui suit :

Il vous est défendu de vous charger d'aucun effet prohibé ou de contrebande (8), sous peine d'être ar-

---

vice du 1er mars 1768, tit. 4, art. 1; et *Réglement de marche* du
25 fructidor an 8, tit. 2, art. 12 et 13). En général, l'adoucissement
de notre législation pénale a été déterminée par la meilleure composition de nos troupes, autrefois formées d'hommes ramassés sans
choix.

(1) *Code pénal* du 12 mai 1793, titre 1, sect. 3, art. 16.
(2) *Réglement de service* du 1er mars 1768, tit. 5, art. 24, 25
et 32.
(3) *Ordonnance* des 20 octobre 1689, et 6 mai 1720.
(4) Il étoit, pour ce délit, prononcé punition corporelle (*Ordonnance* du 1er juillet 1727, art. 42; et *Instruction* du 1er mai 1765,
art. 2.
(5) *Réglement de service* du 1er mars 1768, tit. 6, art. 17 et 18.
(6) Il y avoit autrefois une batterie qui donnoit le signal de l'appel. (*V.* n°. 310, note).
(7) *Réglement de service* du 1er mars 1768, tit. 32, art. 26.
(8) *Réglemens* des 20 avril 1734, et 1er octobre 1743, art. 3
et 23. Dans les pays où il étoit établi des octrois et des droits d'entrée, les préposés avoient ordre de visiter les havre-sacs, coffres,
valises et porte-manteaux; les officiers des compagnies dans lesquelles
on surprenoit de la contrebande, étoient condamnés à une amende

rétés (1), conduits à la tête du régiment, mis en prison
en arrivant à la garnison, et traduits au conseil de
guerre.

Il vous est défendu en route de quitter votre rang
pour rester en arrière, à moins d'en avoir obtenu la
permission, d'avoir laissé votre fusil à un camarade,
et d'être accompagné d'un sous-officier (2).

Il vous est enjoint, en cas d'alerte ou d'alarme,
après votre arrivée en chaque gîte, de vous rendre
de suite au lieu où vous vous serez mis en bataille en
arrivant; il vous est défendu de vous loger nulle part
de force et sans billet de logement (3).

Il vous est défendu de vous fournir d'autre logement
que celui qui vous seroit assigné (4), et d'exiger de
vos hôtes autre chose que le logement avec le lit, tels
qu'ils peuvent le donner, et place au feu et à la lumière (5).

Il vous est défendu, sous peine d'être livrés au conseil de guerre (6), de rançonner les gens de la campagne, soit dans leurs maisons soit sur les routes;
de prendre leurs chevaux ou bestiaux dans les villages ou sur les chemins; d'enfoncer les portes, d'escalader les murs pour entrer dans les maisons, et de
prendre aucune chose que ce puisse être; il vous est
défendu (7) de rester dans les lieux où la troupe aura

---

de 100 fr.; les sergens subissoient un mois de prison; il y avoit
peine d'interdiction la première fois, et cassation la seconde contre
les officiers.

(1) *Réglement de service* du 1ᵉʳ mars 1768, tit. 3, art. 11
V. n°. 135).

(2) *Réglement de marche* du 25 fructidor an 8, tit. 1, art. 22.

(3) *Réglement de service*, tit. 6, art. 16 et 17.

(4) *Réglement de marche* du 25 fructidor an 8, tit. 2, art. 11
et 12.

(5) *Idem*, art. 13. L'ordonnance du 4 juillet 1776 portoit: *Si
mieux n'aime l'hôte, donner le bois et la chandelle.*

(6) On encouroit la peine capitale (*Ordonnance* du 8 avril 1718,
art. 44).

(7) *Ordonnance* du 8 avril 1718, art. 30 et 47. Ce délit emportoit
peine de galères.

couché, après que l'arrière-garde en sera sortie; de tirer sur les pigeons.

Il vous est défendu (1) de marcher devant ou derrière la troupe, même en suivant le grand chemin sans un congé dans la forme prescrite (2), d'entrer dans les vignes et jardinages (1), le long du grand chemin ou ailleurs, d'y prendre des fruits, des légumes, des poules, etc.

Il vous est défendu de marcher dans les grains, vignes, prés ou autres endroits ou vous pourrez faire du dommage.

Il vous est défendu sous les peines les plus sévères, de faire la moindre résistance à la maréchaussée (2).

146. — *Publication du ban à l'arrivée au camp.*

Il vous est défendu de passer les gardes ordinaires du camp, à moins d'un ordre par écrit approuvé du général, et visé du chef de l'état-major (3).

Il vous est défendu de pêcher, de couper des arbres fruitiers ou de décoration, d'arracher les jalons qui marquent les chemins des colonnes, d'enlever aucune haie, palissade ou poteau, de prendre aucun bois neuf ou vieux, façonné (4), de jouer aucun jeu de hasard (5), d'acheter aucune des parties d'habillement ou équipement des déserteurs (6).

D'aller au-devant de ceux qui apportent des vivres

---

(1) *Ordonnance* du 8 avril 1718, art. 39, 46 et 47. Cette ordonnance prononçoit pour ce délit les châtimens militaires; l'art. 39 de *l'ordonnance* du 4 juillet 1716, fixoit ce châtiment à la peine des baguettes et de la prison.

(2) Tout soldat arrêté à deux lieues de la troupe, étoit regardé comme déserteur; et s'il résistoit à la maréchaussée, il s'exposoit à être passé par les armes, dans le cas où un seul cavalier auroit été blessé (*Réglement* du 8 avril 1718).

(3) *Réglement de campagne* du 5 avril 1792, tit. 35, art. 3.

(4) *Idem*, tit. 22, art. 9.

(5) *Idem*, art. 10.

(6) *Idem*, art. 15 et 17.

au camp, de leur faire aucun tort ou violence, d'en tirer aucune rétribution (1).

De donner aucun empêchement aux moulins, batardeaux ou écluses dans les environs du camp ;

D'aller en maraude sous peine d'être jugé comme voleur (*V.* n° 142, *page* 130, *alinéa* 3).

De vendre aucun objet dans le camp, à moins d'une permission par écrit du commandant du corps (2).

Et enfin d'aller au fourrage furtivement et en particulier (3).

147. — *Publication du ban à l'arrivée au cantonnement* (4).

Il vous est défendu de passer les limites fixées, sous peine d'être déclaré déserteur (5) ; de sortir de votre quartier, emportant vos armes (6) ; d'exiger de vos hôtes autre chose que les ustentiles (7) ordonnés ; il vous est défendu de faire aucune imposition (8), et d'employer à votre usage particulier, les chevaux et voiture des habitans (9).

148. — *Etendue* (10) *et application des peines de la discipline.*

La punition des soldats consiste dans ce qui suit (11): Les corvées de la chambre ; — celles du quartier ; —

(1) *Réglement de campagne* du 5 avril 1792, art. 22 (*V.* n°. 356).
(2) *Idem*, tit. 22, art. 26.
(3) *Idem*, tit. 25, art. 1.
(4) Il se publie enfin un dernier ban, c'est celui des exécutions à mort (*V.* n°. 158, paragr. 3). Quant aux bans pour réceptions *V.* n°. 203 ; et ceux contre les dettes, *V.* n°. 239, paragr. 3, etc. ; et ceux pour délégations, V. *Mémorial.*
(5) *Réglement de campagne* du 5 avril 1792, tit. 32, art. 38.
(6) *Idem*, art. 34. (Voy. *Ordonnance* du 20 octobre 1689).
(7) On appeloit ustensiles l'obligation imposée aux citoyens de fournir aux troupes le gîte, etc., et les moyens de préparer leurs alimens.
(8) *Réglement de campagne* du 5 avril 1792, tit. 32, art. 35.
(9) *Idem*, art. 36.
(10) *Réglement de police* du 24 juin 1792, tit. 10.
(11) *Idem*, art. 7, 43 et 47.

celles de la place; — la consigne aux portes de la ville, lorsqu'elles sont libres; — la consigne au quartier pour deux mois; — la chambre de police pendant un mois; (*V.* n° 354) — la prison pendant quinze jours; elle peut être aggravée par la réduction au pain et à l'eau; pendant trois jours de chaque semaine; — le cachot pendant quatre jours, au pain et à l'eau (1), (ces deux dernières punitions suspendent seules le service militaire (2); — les hommes de garde peuvent être puis pour fautes ordinaires par les corvées de la garde (3); — au camp, les fautes ordinaires sont punies par les corvées (4); — aux officiers est réservé le droit de prononcer la peine de prison (5); — aux chefs de corps est réservé le droit de prononcer la peine du cachot.

Punition des sous-officiers (6). Elle ne diffère de celle des soldats que parce qu'ils ne sont point sujets aux corvées, et peuvent être mis aux arrêts dans leur chambre pendant un mois; — au commandant de la compagnie est réservé le droit de les punir de prison (7); — aux chefs de corps, est réservé le droit de les punir de cachot (8).

Ordonnance de 1788. Les règles ci-dessus sont loin d'offrir un ensemble complet, le réglement dont elles sont tirées n'est qu'un morcellement de l'*ordonnance de police* du 1ᵉʳ juillet 1788 dont voici quelques dispositions déduites ici comme souvenir, mais non comme principes.

Punition des bas officiers (sous-officiers) *et caporaux* (8). Les fautes que commettront les bas officiers

_____

(1) Dans ce cas, il est donné un supplément de pain par jour (*Réglement de service* du 1ᵉʳ mars 1768, tit. 25, art. 9; et *Réglement de police*, tit. 10, art. 51.

(2) *Réglement de police*, tit. 10, art. 8.

(3) *Réglement de service* du 1ᵉʳ mars 1768, tit. 11, art. 40.

(4) *Réglement de campagne*, tit. 5, art. 33.

(5) *Réglement de police*, tit. 10, art. 9.

(6) *Idem*, art. 12, 44, 47 et 49.

(7) *Réglement de police* du 24 juin 1792, tit. 10, art. 14.

(8) *Réglement* du 17 mars 1788, tit. 13, art. 23.

et caporaux seront punies de différentes manières
(*art.* 13).

Les fautes légères de tenue, soit personnelle, soit
relative à leurs subdivisions et escouades, seront punies
par la consigne au quartier.

Consignes. Les bas officiers et caporaux ainsi consignés, ne seront dispensés d'aucun service, tant intérieur qu'extérieur. Cette punition sera prolongée un ou
plusieurs jours, suivant les circonstances. Les fautes
contre le service des places, ou la discipline intérieure
des régimens, devant être considérées comme plus
graves, seront punies suivant leurs degrés par la salle
de discipline ou la prison.

Livre de punition. Les motifs et la nature des punitions seront enregistrés avec leur date, dans le livre
de punition du régiment (*art.* 24). *V.* n° 283.

Tenue. Tout bas-officier ou caporal mis à la discipline, y conservera l'habit et les marques de son grade;
mais y sera sans armes et en bonnet de police, il sera
suspendu de tout service intérieur dans le régiment,
exercera au peloton d'instruction, et sera seulement
commandé pour le service extérieur, s'il y en a (*art.* 25).

Tenue en prison. Tout bas officier ou caporal mis en
prison, y sera en veste et en bonnet de police, ne fera
aucun service, soit intérieur soit extérieur, sera au
pain et à l'eau, et supportera la même retenue que ceux
à la salle de discipline.

Police. La police des prisons et salle de discipline
sera uniforme dans tous les régimens, et plus amplement traitée ci-après (*art.* 27.).

Cachot. Aucun bas officier ou caporal ne sera mis au
cachot, que dans le cas d'un délit qui le feroit passer à
un conseil de guerre; et dans ce cas, il y sera au pain
et à l'eau, et le surplus de sa paye (les frais de pain,
paille et geolage déduits), sera versé en entier à la
masse de compagnie (*art.* 28).

Suspension, etc. Les bas officiers pourront aussi relativement à diverses espèces et degrés de fautes, subir

les punitions suivantes, savoir : être suspendus (1) un
temps limité des fonctions de leur grade, pour remplir
celles du grade inférieur, être cassés pour descendre au
grade de caporal ; être cassés et remis à leur rang de
soldat, et en être cassés et mis à la queue de la compagnie.

Suspension des caporaux. Les caporaux pourront
de même être suspendus pour un temps de leurs fonctions, être cassés et remis à leur rang de soldat ou à
la queue de la compagnie (*art.* 29).

Casse. Tout bas officier qui se sera mis deux fois
dans le cas d'être suspendu des fonctions de son grade
pour un temps limité, sera cassé pour la troisième fois.

Abaissement de grade. Si, étant cassé, un bas officier (*sous-officier*) est conservé caporal, il remplace le
caporal qui sera fait bas officier (*sous-officier*) à sa
place.

Abaissement sans perte de rang. Si, étant cassé, il
est remis soldat sans perdre son rang, il restera dans sa
compagnie, et y prendra le rang d'ancienneté qu'il y
avoit comme soldat.

Perte de rang. Mais, si étant cassé, et redevenant
soldat, sa faute a été assez grave pour qu'on y ajoute
la punition de lui faire perdre son rang, dans ce cas, il
sera mis à la queue de la compagnie, ou d'une autre
compagnie, si le commandant le juge à propos (*art.* 30).

Caporal cassé. Il en sera usé de même pour un caporal, quand il sera cassé ou remis soldat sans perdre son
rang ; ou cassé et remis à la queue de la compagnie, ou
d'une autre compagnie (*art.* 31).

Suspension de sergent-major. Lorsqu'un sergent-major
sera suspendu de ses fonctions pour un temps limité,

_____

(1) La *suspension* et la *casse* ne sont point hors d'usage, quoiqu'aucune disposition pénale ni de police n'en prévoye le cas et n'en
prescrive l'application. Cependant, il est bien constant que le ministre ne la considère point comme illégale, puisque le *décret* du
24 ventose an 12 exige que la *cassation* des sous-officiers légionnaires n'ait lieu qu'en suite d'une autorisation du ministre. La *casse*
des sous-officiers non-légionnaires reste donc autorisée, indépendamment de la formalité prescrite pour les légionnaires,

il fera le service de sergent que le commandant de la compagnie aura, avec l'approbation du commandant du régiment, désigné dans sa compagnie pour le remplacer dans lesdites fonctions ; sa haute paye de sergent-major passera moitié au sergent qui le remplacera, et moitié à la masse de compagnie ; il ne touchera pendant tout le temps qu'il sera suspendu, que celle du sergent qui l'aura remplacé (art. 32).

Suspension de sergent. Lorsqu'un sergent ou fourrier sera suspendu de ses fonctions, il ne fera plus que le service du caporal de la compagnie, que le commandant de ladite compagnie aura désigné pour le remplacer ; sa haute paye aura la même destination, réglée par l'article ci-dessus, de manière qu'il ne touche que la paye de caporal (art. 33).

Tout caporal suspendu de ses fonctions, fera de même le service de l'appointé (1) qui le remplacera, et sa haute paye passera moitié en supplément audit appointé, et moitié à la masse de compagnie (art. 34).

Les bas officiers et caporaux simplement suspendus de leurs fonctions, continueront à porter les marques distinctives de leur grade ; en sorte que les caporaux et soldats pour les uns, et les soldats pour les autres continuent d'avoir pour eux la même déférence, à la portion d'autorité près dont ils sont déchus par la suspension de leurs fonctions (art. 36).

Les lieutenans et sous-lieutenans, ne pourront punir les bas officiers, qu'en les consignant ou les mettant à la salle de discipline.

Les capitaines en second pourront de plus mettre en prison ceux de leur compagnie seulement.

Le capitaine commandant aura le droit de suspendre de leurs fonctions ceux de sa compagnie seulement.

Le pouvoir de les casser appartiendra au seul colonel du régiment.

Lorsqu'un lieutenant commandera la compagnie, il pourra toutefois mettre les bas officiers en prison,

(1) Il n'y a plus actuellement que les régimens suisses qui aient des appointés.

7

ainsi que l'auroit pu faire le capitaine; et enfin tout officier supérieur commandant le régiment, pourra casser les bas officiers ou caporaux; l'intention de S. M. étant toujours que tout officier qui remplacera l'officier qui est au-dessus de lui dans ses fonctions, devenant responsable comme lui, ait dans les mains les mêmes moyens d'autorité et de discipline (*art.* 37).

Pour suspendre un bas officier ou caporal de ses fonctions pendant un temps déterminé, il suffira de l'annoncer à l'ordre du régiment et au cercle particulier d'ordre de la compagnie; mais la casse emportant la destitution absolue du grade, sera prononcée à la tête de la compagnie ou de la troupe dans la forme ci-après ordonnée (tit. 13, *art.* 38).

Lorsqu'on annoncera à l'ordre du régiment et au cercle d'ordre particulier de la compagnie, qu'un bas officier ou caporal est suspendu de ses fonctions, on spécifiera toujours pour quel motif cette punition est faite, et le temps qu'elle doit durer.

Lorsqu'on devra casser un bas officier ou caporal, il sera conduit par un détachement de la garde de police à la tête de la compagnie ou de la troupe; l'officier qui devra le faire casser, et qui sera du même grade que celui qui aura fait la réception, mettra l'épée à la main, et dira à haute voix : *de par le roi, bas officiers, caporaux et soldats* (si c'est un sergent-major qu'on casse), *vous ne reconnoîtrez plus le nommé un tel pour sergent-major, attendu qu'il a mérité par sa conduite de redescendre au grade de , ayant commis telle ou telle faute.* Il en sera de même pour un sergent ou caporal (1) (*art.* 39).

Les adjudans seront, suivant la nature et le degré

---

(1) On faisoit quitter sur le champ aux bas-officiers (*sous-officiers*), la marque distinctive du grade qu'ils avoient. V. *Manuel du dragon*, imprimé en 1781, chap. 4, art. 1. On procédoit de même aux dégradations, en ôtant au coupable son sabre, dont on faisoit couler le baudrier jusqu'à ses pieds; on déchiroit ses revers; on arrachoit ses marques distinctives, telles que galons, épaulettes, grenades, boutons, etc. Dans les régimens qui avoient des prévôts, c'étoit eux qui s'employoient à cette flétrissure.

de leurs fautes, consignés au quartier, ou mis aux arrêts dans leurs chambres, mis en prison, suspendus de
leurs fonctions pendant un temps limité, destitués de
leur emploi et remis bas officiers, ou enfin cassés, et
alors replacés comme simples soldats dans une compagnie (*art.* 40).

Lorsqu'ils seront mis en prison, ils le seront dans
une prison séparée, et sans communication avec les
soldats et bas officiers.

Quand ils seront suspendus pour un temps limité
de leurs fonctions, ils y seront remplacés par un bas officier au choix du commandant du régiment, et duquel
ils feront le service; et dans ce cas, on leur retiendra
un quart de leur paye qui sera ajouté en supplément
à celle du bas officier qui remplacera.

Quand ils seront destitués et remis bas officiers, cela
sera annoncé à l'ordre, et lorsqu'ils seront cassés, ils
le seront à la tête des bas officiers et par le major du
régiment; mais quand le colonel sera absent, ils ne
pourront l'être que par son ordre exprès (*art.* 41).

HUITIÈME LEÇON.

JUSTICE MILITAIRE.

149. — *Définition.*

La justice militaire diffère de la discipline, en ce
que la première ne peut prononcer que suivant les
lois, tandis que l'autre décide, conformément à des
réglemens. La discipline punit les fautes; la justice
réprime les délits. Les attributions de la justice commencent là où finissent celles de la discipline.

La justice est administrée par des assemblées de
militaires constitués en conseils.

Ces conseils sont de différentes formes (*V.* n° 150),
leurs séances sont publiques (1). La discipline, au con-

___

(1) La publicité des séances a été décrétée par l'assemblée consti-
tuante, et ce principe a été maintenu.

traire, est exercée par le pouvoir d'un seul, qui est à la fois juge et censeur; et ses décisions ont force suffisante, étant prononcées par un supérieur sur son inférieur.

Les militaires qui composent un conseil de guerre font en même temps fonction de jurés.

150. — Différentes formes des conseils.

Premier et second conseils de guerre permanens (1); — conseils de guerre convoqués particulièrement pour procéder au jugement des généraux d'armée (2); — conseils permanens de révision (3); — tribunaux spéciaux (4); — conseils de guerre spéciaux (5); — commissions militaires spéciales (6).

151. — Conseils permanens.

Les conseils de guerre permanens ont été institués par la loi du 13 brumaire an 5, qui a subi quelques modifications depuis celle du 4 fructidor an 5; il sont composés (7) : d'un colonel président; — un officier supérieur; — deux capitaines; — un lieutenant; — un sous-lieutenant; — un sous-officier (8).

Un capitaine, faisant fonction de rapporteur; le greffier est à son choix.

---

(1) *Loi du* 13 brumaire an 5.
(2) ———— 4 fructidor an 5.
(3) ———— 18 vendémiaire an 6.
(4) ———— 18 pluviose an 9.
(5) *Arrêté du* 19 vendémiaire an 12.
(6) *Loi du* 17 messidor an 12.
(7) *Loi du* 13 brumaire an 5, art. 2.
(8) Si le conseil devoit juger un général de division ou de brigade, ces trois derniers membres seroient remplacés par trois généraux du grade du prévenu.

Lorsque ce sont des officiers supérieurs qui sont traduits au conseil, le sous-lieutenant et le sous-officier sont remplacés par des officiers du grade du prévenu (*Loi du* 4 fructidor an 5, art. 10 et suivant). Le décret du 3 novembre 1807, applique cette loi au jugement des majors.

Enfin un capitaine faisant fonction de procureur impérial.

Ce conseil juge sans désemparer, et son prononcé est soumis à révision; les membres du conseil sont à la nomination du commandant de la division (1), et ne reçoivent aucune indemnité (2).

Les conseils de guerre permanens jugent les délits des militaires, et ceux des prévenus qui sont employés à l'armée. Tout prévenu a le droit de se choisir un défenseur (3). Les principaux délits sur lesquels prononce le conseil sont spécifiés n° 142.

Les embaucheurs et les espions qui en étoient d'abord justiciables, le sont maintenant des commissions militaires (*V.* n°. 157).

152. — *Second conseil de guerre.*

Un second conseil permanent a été créé dans chaque division (4), à l'effet de connoître des jugemens rendus par le premier conseil, lorsqu'ils auroient été annullés par le conseil de révision.

Les lois conformément auxquelles jugent les deux conseils permanens, sont celles-ci :

Code pénal du 16 octobre 1791, — du 12 mai 1793, — 2e. jour complémentaire an 3, — du 22 prairial an 4 (5), — du 21 brumaire an 5, et le décret du 2 février 1812.

153. — *Conseils extraordinaires.*

Cette disposition ne concerne que les généraux en chef; en parler ici est superflu.

_____

(1) *Loi* du 13 brumaire an 5, art. 4.

(2) *Décision* du ministre de la guerre, 28 floréal an 5; et *Arrêté* du 18 germinal an 9.

(3) *Loi* du 13 brumaire an 5, art. 19.

(4) *Loi* du 18 vendémiaire an 6, art. 19.

(5) Elle se réduit à ceci : = Art. 1. Toute tentative de crime manifestée par des actes extérieurs et suivie d'un commencement d'exécution, sera punie comme le crime même, si elle n'est suspendue que par des circonstances fortuites, indépendantes de la volonté du prévenu.

154. *Conseils permanens de révision.*

Il est établi un *conseil de révision* dans toutes les divisions; il se compose (1) d'un général-président; — un colonel; — un chef de bataillon; — deux capitaines; — un greffier au choix du président. Le conseil choisit un rapporteur dans son sein.

Un ordonnateur ou commissaire des guerres, fait fonction de procureur impérial; le jugement est rendu sans désemparer.

Il ne connoît pas du fond de l'affaire, mais prononce sur la compétence et l'observance des formes; c'est cet examen qui décide de la confirmation ou de l'annullation en vertu d'une décision motivée.

La loi du 26 vendémiaire an 6, prévoyant le cas où une place de guerre seroit investie, porte:

Dans toute place investie et assiégée, il fera formé des conseils de guerre et de révision, dont les membres seront pris sur la désignation du commandant en chef de la place, parmi les officiers et sous-officiers de la garnison (*art.* 1er).

La durée de leurs fonctions ne pourra excéder celle de l'état de siége (*art.* 2).

Les présidens de ces conseils adresseront au ministre de la guerre, aussitôt qu'il leur sera possible, copie certifiée des jugemens rendus (*art.* 3).

Les lois relatives aux conseils de guerre et de révision permanens, sont communes à ceux établis par la présente, en tout ce qui n'y est pas contraire (*art.* 4).

155. — *Tribunal spécial.*

Une loi de l'an 9 (2) détermine l'établissement d'un *tribunal spécial.* C'est une cour de justice criminelle qui prend la dénomination du tribunal spécial par l'adjonction de trois militaires, ayant au moins le grade de capitaine, et qui sont maintenant désignés par l'em-

---

(1) *Loi* du 18 vendémiaire an 6, art. 1, 2 et 3.
(2) 18 pluviose.

pereur. Ce conseil connoît du vagabondage, évasion des condamnés, violences, voies de fait, vol sur les grandes routes et dans les campagnes, en réunion et à main armée, incendie, fausse monnoie, etc. Ce tribunal qui prononce en dernier ressort, n'est point tenu de juger sans désemparer.

156. — *Conseil de guerre spécial.*

L'arrêté du 19 vendémiaire an 12, a créé les *conseils de guerre spéciaux* chargés de prononcer les peines contre les conscrits réfractaires et les déserteurs (*V.* n°. 297); ils se composent de sept membres, savoir :

Un officier supérieur; — quatre capitaines; — deux lieutenans; — un officier, ayant au moins le grade de lieutenant, remplit les fonctions de rapporteur; il choisit un sous-officier pour greffier (1). Tout conseil de guerre spécial est dissous dès qu'il a prononcé.

Il juge sans désemparer, à moins qu'il ne trouve pas l'instruction complète; auquel cas, il a droit d'ordonner un plus amplement informé, qui ne peut être prolongé au-delà de deux fois vingt-quatre heures (2).

157. — *Commission militaire spéciale.*

Un décret impérial du 17 messidor an 12, règle que les espions et embaucheurs doivent être jugés par des *commissions militaires spéciales* qui se composent de sept membres, parmi lesquels il y a au moins un officier supérieur; ils sont nommés par le général commandant (3). Ces commissions jugent sans appel, et sont dissoutes sitôt le jugement rendu; le membre le plus élevé en grade ou le plus ancien en grade préside. Un des membres de la commission, remplit les fonctions de rapporteur; et il a voix délibérative; il choisit un sous-officier pour greffier.

---

(1) *Loi* du 19 vendémiaire an 12, art. 17.
(2) *Idem*, art. 34.
(3) *Loi* du 17 messidor an 12, art. 1, 2 et 3.

158. — *Exécution des jugemens à mort* (1).

Si l'accusé (2) est condamné à mort, le major de la place (*V.* n°. 159, paragr. 3), le fait mettre à genoux pendant que le greffier lui lit sa sentence; il est exécuté dans la journée.

Le commandant de la place peut, s'il le juge à propos, faire prendre les armes à toute la garnison pour assister aux exécutions, où seulement au régiment dont est le coupable. Il y a des détachemens des autres corps, lesquels détachemens se placent aux exécutions, à la gauche du régiment dont est le coupable, quand même ce régiment seroit le moins ancien (*art.* 40).

Le criminel est amené sur le lieu de l'exécution, par un détachement d'un lieutenant et de vingt grenadiers; et lorsqu'il y arrive, les troupes sont sous les armes, les tambours battent aux champs, et il est publié à la tête de chaque troupe un ban portant défense, sous peine de la vie, de crier grace (*art.* 41).

Le criminel étant arrivé au centre des troupes, on le fait mettre à genoux, on lui lit sa sentence, on le dégrade des armes (*V.* page 46, note), après quoi on le conduit au lieu du supplice (*art.* 42).

L'exécution étant faite, les troupes défilent devant le mort, le régiment dont est l'exécuté, marche avant les détachemens des autres régimens (*art.* 44).

159. — *Exécution suivant le Code du 12 mai 1793,*
Section 6.

La condamnation à mort s'exécute militairement comme il suit :

Il est commandé quatre sergens, quatre caporaux, quatre fusiliers les plus anciens de service, pris à tour de rôle dans la troupe du prévenu, autant que faire se

---

(1) Les lois antérieures auxquelles réfère la loi actuelle, sont celles du 1ᵉʳ mars 1768, connue sous le nom de *Réglement de service,* et celle du 12 mai 1793. Voy. *Arrêté* du 19 vendémiaire an 12, art. 76 (*Voy.* n°. 159).

(2) *Réglement de service* du 1ᵉʳ mars 1768, tît. 26, art. 37.

peut; sinon, toujours dans la troupe présente sur les lieux où l'exécution doit se faire (*art.* 2).

On place ces douze militaires sur deux rangs; ce sont eux qui sont chargés de faire feu sur le coupable, quand le signal leur en est donné par l'adjudant (*art.* 3).

L'exécution se fait sur une place indiquée à cet effet, en présence de la troupe du prévenu, laquelle est rangée en bataille et sans armes; sinon, en présence de la troupe qui a fourni les tireurs (*art.* 4).

Un des juges du tribunal qui a appliqué la loi, est toujours présent à l'exécution (*art.* 5).

Il est commandé un piquet de cinquante hommes en armes, pour conduire le coupable au lieu de son exécution; ce piquet est chargé, sous les ordres du commandant, de veiller au maintien de l'ordre et de la police (*art.* 6).

160. — *Exécution des jugemens contre les déserteurs* (1).

Tout déserteur condamné au boulet, est conduit à la parade le lendemain du jour où il a été jugé. Il paroît traînant le boulet et revêtu de l'habillement des condamnés au boulet. Il entend la lecture de sa sentence à genoux et les yeux bandés; il parcourt, toujours les yeux bandés, le front entier des gardes et de tout son corps, qui est en bataille (*V.* n°. 316). Le corps dont il faisoit partie, défile ensuite devant lui à la tête des gardes du jour; sa compagnie marche la première (*art.* 77).

Le déserteur condamné aux travaux publics, arrive à la parade revêtu de l'habillement prescrit aux condamnés aux travaux publics; il entend sa sentence debout, n'a point les yeux bandés, il ne parcourt ni le front de la parade ni celui de son corps; les gardes et son corps défilent devant lui (*art.* 78).

(1) *Loi* du 19 vendémiaire an 12.

7 **

NEUVIEME LEÇON.

LOIS, RÉGLEMENS, etc.

161. — *Leur division.*

La législation relative à l'infanterie (1) peut se diviser en réglemens; — lois; — lois pénales; — décrets impériaux; — arrêtés; — instructions; — décisions et circulaires.

Chacune de ces séries est ici présentée en ordre chronologique.

162. — *Réglemens.*

Réglement de service des places, 1er. mars 1768.
——————— d'exercice, 1er. août 1791.
——————— de campagne, 5 avril 1792.
——————— de fournitures de campagne, 5 avril 1792,
——————— de logement, 23 mai 1792.
——————— de police, 24 juin 1792.
——————— de casernement, 30 thermidor an 2.
——————— de subsistances, 23 germinal an 6.
——————— de conscription, 17 ventose an 8.
——————— de comptabilité, 8 floréal an 8.
——————— de chauffage et lumière, 1er. fructidor an 8.
——————— de marche, 25 fructidor an 8.
——————— d'armement, 1er. vendémiaire an 13.
——————— de revues (2), 25 germinal an 13.
——————— de convois, 18 frimaire an 14.
——————— d'administration, 10 février 1806.

---

(1) Il n'est fait mention ici que des documens officiels et encore en vigueur, où sont puisées les citations de ce Manuel. Leur texte entier se retrouve dans le *Mémorial de l'officier d'infanterie.*

(2) V. *Réglement d'administration* du 25 février 1806. — L'article 224 du *Réglement de revues*, du 25 germinal an 13, a rapporté le *Réglement* du 26 ventose an 8.

Extrait du réglement de campagne, revu en 1809, et mis à l'ordre du jour le 11 octobre 1809.

Décret du 19 janvier 1812, portant réglement sur l'habillement.

163. — Lois.

Loi du 10 juillet 1791 ; *police et places de guerre.*
——— 14 germinal an 3 ; *avancement.*
——— 23 fructidor an 7 ; *personnel.*
——— 28 fructidor au 7, 19 et 25 frimaire an 9 ; *solde de retraite.*
——— 29 floréal an 10 ; *légion d'honneur.*
——— 8 floréal an 11 ; *secours aux veuves et orphelins.*

164. — Lois pénales.

Loi du 16 octobre 1791 ; *Code pénal.*
——— 17 mai 1792 ; *Code pénal.*
——— 28 mars 1793 ; *loi pénale.*
——— 12 mai 1793 ; *Code pénal.*
——— 22 prairial an 4 ; *tentative de crime punie.*
——— 13 brumaire an 5 ; *création des conseils de guerre permanens.*
——— 21 brumaire an 5 ; *Code pénal.*
——— 4 vendémiaire an 6 ; *évasion des détenus.*
——— 18 vendémiaire an 6 ; *conseils de révision.*
——— 18 pluviose an 9 ; *tribunaux spéciaux.*
Arrêté du 19 vendémiaire an 12 ; *conseils de guerre spéciaux.*
Décret du 17 messidor an 12 ; *commissions militaires.*
——— 8 frutidor an 13 ; *désertion des suppléans.*
——— 8 vendémiaire an 14 ; *chefs de complot de désertion.*
——— 6 janvier 1807 ; *mutilation volontaire.*
——— 21 février 1808 ; *jugement des prévenus sous les drapeaux.*

Décret du 11 octobre 1811 ; *Prohibition des jugemens par coutumace.*

————— 23 novembre 1811 ; *peines contre la désertion.*

————— 2 février 1812 ; *complot de désertion.*

Inst. du 10 décembre 1811 ; *désertion.*

165. — *Décrets impériaux.*

Décret du 16 brumaire an 10 ; *délégations.*

————— 24 messidor an 12 ; *honneurs.*

————— 24 messidor an 12 ; *haute-paie.*

————— 25 thermidor an 12 ; *haute-paie et chevrons.*

————— 24 floréal an 13 ; *création des compagnies de réserve.*

————— 27 floréal an 13 ; *admission aux vétérans.*

————— 16 thermidor an 13 ; *délégation par les membres de la légion d'honneur.*

————— 2ᵉ. jour complémentaire an 13 ; *création des voltigeurs de ligne.*

————— 25 février 1806 ; *effets de campement.*

Décret du 25 février 1806 ; *coiffure.*

————— 10 avril 1806 ; *convois et transports directs.*

————— 25 avril 1806 ; *réunion et administration de deux portions de la masse d'habillement.*

————— 18 février 1808 ; *organisation.*

————— 16 juin 1808 ; *mariage des militaires.*

————— 21 décembre 1808 ; *formation des conseils d'administration.*

————— 30 décembre 1810 ; *linge et chaussure.*

————— 6 mai 1810 ; *mode de décompter.*

————— 9 mars 1811 ; *masse d'habillement.*

————— 20 août 1811 ; *avancement dans les grades inférieurs.*

————— 9 novembre 1811 ; *congés de semestre.*

————— 24 décembre 1811 ; *service des états-majors des places.*

Décret du   4 mai 1812; *place de guerre en état de siége.*

166. — *Arrêtés.*

Arrêté du   7 thermidor an 8; *enfans de troupe.*
———— 24 thermidor an 8; *hôpitaux.*
———— 1er. fructidor an 8; *étapes.*
———— 9 fructidor an 8; *réduction.*
———— 25 fructidor an 9; *vivres.*
———— 18 vendémiaire an 10; *organisation.*
———— 26 floréal an 10; *détention des militaires.*
———— 3 thermidor an 10; *haute-paie et chevrons.*
———— 9 frimaire an 11; *première mise aux officiers promus.*
———— 17 frimaire an 11; *masses, durée des effets.*
———— 22 ventose an 12; *création des voltigeurs d'infanterie légère.*

167. — *Instructions, décisions, circulaires.*

———— 1er. ventose an 5; *sur les vivres.*
Circulaire du 29 brumaire an 6; *effets de menu entretien.*
———— 28 frimaire an 6; *grade du fourrier.*
———— 21 fructidor an 8; *vaguemestre.*
———— 2 vendémiaire an 9; *vaguemestre.*
Décision du 4 brumaire an 10; *sur l'équipement.*
Instruction du 15 frimaire an 10; *sur l'inspection générale.*
Circulaire du 11 brumaire an 11; *sur les extraits mortuaires.*
Instruction du 15 nivose an 11; *sur la durée des effets.*
Circulaire du ministre-directeur du 2 thermidor-an 11; *chauffage.*
Instruction sur l'arrêté du 19 vendémiaire an 12.
Circulaire du 30 brumaire an 12; *sarraux de toile.*

Circulaire du 5 frimaire an 12; *première mise des sous-lieutenans.*

———— 11 fructidor an 12; *sapeurs armés de mousquetons.*

Instruction du ministre de la guerre du 12 fructidor an 13, faisant suite au *réglement de revues.*

———— du ministre-directeur, du 12 fructidor an 13, faisant suite au *réglement de revues.*

Circulaire du 7 brumaire an 14; *fixation des époques de chauffage.*

Instruction du 10 avril 1806; *sur les transports directs.*

———— de juin 1806; *sur les armes portatives.*

Circulaire du 4 décembre 1806; *nourriture des détenus.*

———— 26 mai 1807; *munitions.*

———— 20 janvier 1808; *sacs à distributions.*

———— 30 janvier 1808; *monte-ressort, tournevis, épinglettes.*

———— 1er. mars 1808; *enfans d'officiers.*

———— 3 juin 1808; *enfans de troupe.*

———— 7 juin 1808; *bandages herniaires.*

———— 13 juin 1808; *pain de supplément.*

———— 22 décembre 1808; *billets d'hôpitaux.*

———— 11 janvier 1809; *dragonnes.*

———— 18 janvier 1809; *conseils d'administration.*

Instruction du 15 novembre 1809; *Code civil appliqué aux militaires.*

———— 25 octobre 1810, faisant suite au *décret* du 16 mai 1810.

Circulaire du 11 janvier 1811; *gratification aux sous-officiers promus.*

———— 21 février 1811; *prix des effets de grand équipement.*

Instruction du 4 mars 1811, faisant suite au *décret* du 30 décembre 1810.

Circulaire du 25 janvier 1811 ; *fournitures de petit équipement aux conscrits.*

———————— 13 avril 1811 ; *paiement du supplément de la masse d'habillement.*

———————— 24 décembre 1811 ; *achats d'effets de linge et chaussure.*

Instruction du 28 décembre 1811 ; *tenue et arrêté de la comptabilité.*

Circulaire du 28 mai 1812 ; *habillement des condamnés.*

Circulaire du 9 novembre 1810 ; *description des schakos.*

168. — *Ouvrages élémentaires que les militaires servant dans l'infanterie, doivent consulter.*

Mémorial de l'officier d'infanterie.
Instruction de Frédéric II à ses troupes légères.
État actuel de la législation militaire, par Quillet.
Cours d'administration.
Cours d'instruction à l'usage de l'école de Fontainebleau.
Législation militaire, par Berriat.
Dictionnaire d'infanterie.

DIXIÈME LEÇON.

SERVICE MILITAIRE.

169. — *Définition.*

Le service est l'unique destination de l'homme de guerre : c'est son devoir de tous les instants. Le service est l'objet et la fin de toutes les autres règles, études et occupations. C'est pour ce résultat qu'on assigne des enseignes (*V.* n°. 269) à l'homme de recrue ; qu'on le subordonne à des chefs (*V.* n°. 135, note 1); qu'on le revêt d'un uniforme (*V.* n°. 135, note 5); qu'on le réunit en caserne et le répartit en chambrées (*V.* n°. 352); qu'on le dresse par l'exercice (*V.* n°. 56); qu'on le plie à la discipline (*V*. n°. 141); qu'on le soumet à la police (*V*. n°. 135); qu'on l'assujétit aux appels (*V*. n°ˢ. 137 et 286); qu'on le surveille par les inspections (*V*. n°ˢ. 324 et 348), et par les visites de linge et chaussure (*V*. n°. 214); que l'on constate sa présence par les revues (*V*. n°ˢ. 207 et 288); enfin qu'on entretient son instruction par des évolutions et des manœuvres (*V*. n°. 109).

170. — *Elémens du service.*

Le service se compose des détails qui suivent : Manière de mouvoir et diriger les soldats vers leurs devoirs, selon la différence des compagnies et leurs prérogatives (*V*. n°. 171); manière de former la troupe sur trois rangs, ou de la déployer pour border la baie (*V*. n°. 291); manière d'égaliser les subdivisions, etc. (V. n°. 252); diverses batteries de caisse et sonneries de cornet, soit particulières au régiment, soit composant ce qu'on appelle l'ordonnance (V. n°ˢ. 299 et 310); manière d'aller aux drapeaux (*V*. n°. 172); manière d'assister aux messes militaires (*V*. n°. 174); ordre et différence du service en garnison, en route ou au camp, etc. (*V*. n°. 175); nature des différentes consignes, soit de postes, soit de sentinelles, etc. (*V*. n°ˢ. 138, 179, 373, etc.); manière de rendre les honneurs (*V*. n°. 186); forme de réceptions (*V*. n°. 203); forme des bans (*V*. 143); publications, casses (*V*. n°. 148); dégradations, etc. (*V*. n°. 148, note dernière); manière de faire les rapports journaliers et d'y aller, de transmettre l'ordre du jour (1), et de le rendre, de communiquer le mot (*V*. n°. 204).

171. — *Différence dans le service, suivant les compagnies et suivant leurs prérogatives.*

Le service des *fusiliers* est le même dans toutes les compagnies ; celui des *grenadiers* en diffère, en ce

---

(1) *Réglement de police* du 24 juin 1792, tit. 4, art. 44. (*Voy.* n°. 279).

qu'au camp, ils ne font jamais partie de la garde du camp, gardes de police, piquets ni corvées (1), et ne sont commandés que par leurs officiers et sous-officiers (2); ceux ci, en cas d'absence, sont remplacés sur-le-champ par des postiches du même grade (3). Leurs officiers et sergens sont exempts de faire des rondes (*V.* n°. 325).

En garnison, le poste de la place d'armes est de préférence affecté aux *grenadiers* sous les ordres d'un capitaine ou sous ceux d'un *officier de grenadiers*, à moins qu'ils ne soient point assez nombreux pour pouvoir garder seuls ce poste; auquel cas, ils sont entremêlés avec des fusiliers; mais faisant, de préférence la faction de la place d'armes (4).

En général, les *grenadiers* ont, autant que possible, des postes séparés, et dans tous les cas, ils ne doivent faire de corvées que celles de leurs compagnies (5) et celle de la soupe (6).

On a agité la question de savoir s'il seroit convenable d'étendre ces prérogatives aux *voltigeurs*; dans le doute où l'on reste, voici ce qui pourroit jeter quelques lumières sur cet objet.

A la création des compagnies de *chasseurs* (dont celles de *voltigeurs* sont une imitation) on demanda au ministre s'ils ne devoient pas faire le même service que les grenadiers et être exempts de corvées; il répondit, le 15 février 1777, que les prétentions des chasseurs étoient mal fondées; qu'ils n'étoient que des *fusiliers*, et par conséquent tenus à faire en temps de paix le service sans distinction.

Leur service étoit donc le même que celui des *fusiliers*; mais ils jouissoient de la prérogative d'aller

---

(1) *Réglement de campagne* du 24 juin 1792, tit. 6, art. 43, et tit. 7, art. 4.
(2) *Idem*, tit. 7, art. 4.
(3) *Idem*, art. 24.
(4) *Réglement de service* du 1ᵉʳ mars 1768, tit. 7, art. 13 et 14.
(5) *Réglement de campagne* du 5 avril 1792, tit. 7, art. 15.
(6) *Réglement de police* du 24 juin 1792, tit. 2, art. 17.

alternativement avec les *grenadiers* chercher le drapeau, ainsi que le vouloit le réglement d'exercice du
premier juin 1776.

Le réglement de campagne de 1778 et celui d'août
1788, les assimilèrent entièrement aux *grenadiers* quant
au service de guerre; les formèrent de même en bataillons d'élite; les employèrent aux mêmes avant-gardes.
Les compagnies de *chasseurs* furent supprimées avant
le réglement de campagne du 5 avril 1792, qui, par
conséquent, n'en parle point. L'on ne peut donc rien
citer qui détermine particulièrement l'espèce de service
qu'on doit exiger des *voltigeurs* actuellement recréés
(*V.* n°. 59). Ils différent des *chasseurs*, en ce qu'ils
jouissent d'une haute paie que ceux-ci n'avoient pas.

172. — *Manière d'aller aux drapeaux.*

On en trouve le détail aux évolutions de ligne, tit. 5,
réglement de 1791; mais cette ordonnance maintenant
en vigueur ne s'explique pas assez à cet égard, puisqu'elle ne connoissoit plus de *chasseurs* auxquels peuvent être assimilés les *voltigeurs* nouvellement formés
(*V.* n°. 59). Il est donc utile de relater les articles
ci-dessus, extraits du réglement de 1776.

173. — *Détachement qui va chercher le drapeau* (1).

Lorsqu'en garnison, les compagnies se mettent en
marche pour aller au lieu d'assemblée de leur bataillon,
ou bien en route, pendant que l'adjudant rassemble la
garde de police (*V.* n°. 255), on va chercher les drapeaux.

Composition du détachement. Le tambour-major, la
musique, la moitié des tambours, un peloton de grenadiers ou chasseurs (2), ou en cas que ces compagnies
fussent détachées, un peloton de fusiliers à tour de
rôles, les deux porte-drapeaux (2).

(1) *Réglement d'exercice* de 1776, tit. 5.
(2) On suppose que ce seroit actuellement les voltigeurs.
(3) Il n'y avoit plus alors que deux bataillons par régiment.

Disposition du détachement. Le peloton de grenadiers, de chasseurs ou de fusiliers rompu par sections, le capitaine commandant (1) ou le capitaine en second à la tête, deux pas en avant; les autres officiers ou sous-officiers à leur poste ordinaire.

Les porte-drapeaux à côté l'un de l'autre entre les deux sections (2)

Deux pas en avant des capitaines, les tambours sur un rang; deux pas en avant de la musique, le tambour-major (3).

Le détachement marche dans cet ordre au commandement du chef, l'arme au bras, sans bruit de caisse ni de musique.

Arrivé au lieu où sont les drapeaux, le détachement arrête et porte les armes en faisant halte.

La musique se place sur la droite, les tambours sur la gauche de la porte d'entrée.

Le commandant du détachement le forme en bataille, vis-à-vis la porte; le lieutenant du détachement, les porte-drapeaux et deux sergens vont chercher les drapeaux.

Lorsqu'ensuite les porte-drapeaux sortent avec les drapeaux, suivis par le lieutenant et les deux sergens, ils s'arrêtent en dehors de la porte, vis-à-vis le détachement auquel le commandant du détachement fait présenter les armes.

En même temps, les tambours et la musique battent et jouent aux drapeaux. (La musique ne se composoit alors que de quelques haut-bois qui jouoient en même temps que les tambours battoient) (*V.* n° 102, note).

Le commandant du détachement fait ensuite cesser de battre, faire porter les armes, et faire rompre le détachement par sections.

Les porte-drapeaux vont se placer dans l'intervalle des deux sections.

---

(1) Il y avoit à cette époque deux capitaines par compagnie.

(2) On suppose que ce seroit actuellement la place des porte-aigle et des porte-enseigne.

(3) Un autre usage a prévalu; la musique maintenant est toujours placée derrière les tambours.

Le tambour-major, la musique et les tambours vont reprendre leur place à la tête du détachement. Le commandant du détachement commande : *en avant marche.* A ce commandement, les tambours battent aux drapeaux jusqu'au lieu où est assemblé le régiment ou le bataillon.

A l'arrivée des drapeaux, les bataillons étant à rangs serrés, l'officier supérieur fait porter les armes.

Lorsque les drapeaux ne sont plus qu'à vingt pas de la droite ou de la gauche de la troupe, selon le côté par lequel ils viennent, l'officier supérieur commande : *Présentez vos armes* (1). Le bataillon présente les armes; les porte-drapeaux filent ensuite (2) seuls devant le front du bataillon, à huit pas du premier rang.

A mesure que les drapeaux passent devant le centre du bataillon, ils s'arrêtent, lui font face; ils sont salués par l'officier supérieur du bataillon.

Le porte-drapeau va aussitôt après prendre, au centre du bataillon, la place qui lui a été assignée au titre de la formation.

Le peloton de grenadiers, de chasseurs ou de fusiliers qui a escorté les drapeaux, va promptement prendre son poste dans son bataillon, en passant derrière la troupe.

A mesure que chaque drapeau est placé à son bataillon, le commandant de bataillon commande : *Portez vos armes.*

Les porte-drapeaux portent alors le drapeau au bras droit.

Lorsque le régiment est en marche pour rentrer dans son quartier, les drapeaux sont reconduits dans le même ordre, et avec la même escorte qui les a conduits au régiment.

---

(1) Maintenant le chef de bataillon ne fait présenter les armes que quand son drapeau est arrivé devant le centre du bataillon, et y fait face (*Réglement d'exercice* de 1791).

(2) Suivant l'usage actuel, les tambours battent aux drapeaux depuis ce moment, jusqu'à celui où les porte-drapeaux sont dans le rang.

Les sous-officiers de la garde du drapeau ne rentrent à leur compagnie qu'à l'instant où les compagnies se divisent, si elles logent dans des quartiers différens ; ils restent au contraire à la compagnie à laquelle est attachée la garde du drapeau, jusqu'à ce que le bataillon soit arrivé, si le bataillon est logé dans le même quartier.

174. — *Manières d'assister aux messes militaires.*

Depuis la révolution, les régimens n'y ont pas ou peu assisté en troupe.

Il est d'usage, pendant cette célébration, que l'autel soit gardé par deux factionnaires qui se tiennent à droite et à gauche du chœur, faisant face au prêtre qui officie ; ils y sont posés avant que l'office ne commence, par un sous-officier qui se tient lui-même derrière le prêtre, a cinq ou six pas des marches de l'autel. Ils ont l'arme portée à l'instant de l'arrivée du ministre du culte. Ils la reposent au signal que leur en donne le sous-officier, et ils conservent l'immobilité. A l'instant de l'élévation, le sous-officier fait un signe de tête aux deux factionnaires qu'il doit avoir à l'avance prévenus de le regarder ; au même moment, il donne un petit coup de crosse sur le pavé, les factionnaires portent l'arme ; à un second coup, ils présentent l'arme ; à un troisième coup, ils mettent le genou en terre de la manière prescrite au premier rang, pour le premier mouvement d'*apprêtez les armes*, à la différence près qu'ils portent la main droite à la coiffure, et inclinent la tête. Le sous-officier, après avoir veillé à l'exécution de ces mouvemens, prend lui-même cette position, et lorsqu'il voit que l'élévation est achevée, il se relève et fait présenter, porter et reposer les armes à ses factionnaires par les signaux ci-dessus.

Le sous-officier fait exécuter le même mouvement lorsque le prêtre se retourne et prononce *ite missa est.* A ce même instant, un tambour commandé à cet effet, exécute un roulement très-court (1).

_____

(1) Cette manière est celle qui est usitée dans la chapelle de Sa

Quand le prêtre est parti, le caporal relève et emmène ses factionnaires.

175. — Ordre et variétés du service.

Le service, considéré principalement ici comme l'accomplissement des devoirs des militaires en armes, varie suivant les lieux où la troupe se trouve, et selon l'objet qu'elle a à remplir. Ainsi, il est différent *en garnison, en route, au camp, en campagne*, et enfin dans une ville assiégée.

Suivant le but que le service se propose, il est armé ou sans armes ; cette dernière espèce s'appelle corvées (1).

En tout état de choses, un militaire de service est celui qu'on a commandé, soit de garde, soit de patrouille (2), soit de ronde (3), soit de piquet, soit de planton, soit de visite d'hôpital et de prison, soit d'escorte, soit de détachement ou de corvée.

En tout lieu, le service armé tend à une fin à peu près semblable ; celle de veiller à la sûreté et défense de la garnison, camp, corps, bivouac, etc., ainsi qu'au maintien du bon ordre.

Les différences du service sont prévues et exprimées par des consignes de postes et des consignes de sentinelles (*V.* n°⁵. 138, etc., 179, etc., 373, etc.).

176. — Service armé.

Les principales divisions du service consistent dans les gardes (4) de *garnison*, de *route*, de *camp* et de *siège* : elles durent vingt-quatre heures (1).

Majesté aux Tuileries. Un roulement annonce son arrivée (V. *Etiquette du palais impérial*, chap. 3, art. 15).

(1) *Réglement de service* du 1ᵉʳ mars 1768, tit. 23, art. 7. Il y a cependant des corvées armées (*Voy.* n°. 176, paragr. 6).

(2) *Idem*, tit. 14.

(3) *Idem*, tit. 15.

(4) *Réglement de service* du 1ᵉʳ mars 1768, tit. 7, art. 1.

Les gardes de garnison (1) se distinguent en gardes extérieures (2), gardes avancées, gardes de sûreté (3), gardes d'honneur (4), gardes de police (5). Dans les cas ordinaires, les soldats doivent avoir au moins cinq nuits d'intervalle entre leurs gardes (6) : elles commencent à midi ; mais dans les départemens méridionaux, elles peuvent défiler à dix heures, ce qui change alors les heures d'inspection et la batterie de l'assemblée (7).

Les gardes de route se distinguent en piquet d'avant-garde (8) ou de police, piquet de distribution (*V.* n°. 255), garde d'escorte (9), arrière-garde (10).

Le service du camp se distingue en détachemens, grand'gardes ou gardes extérieures mêlées de cavalerie suivant le besoin, gardes d'honneur (*V.* n°. 194), gardes intérieures (c'est-à-dire, des magasins (11), hôpitaux, parcs et autorités militaires), garde de police (*V.* n°. 140), garde du camp (12), piquets (*V.* n°. 185). Au camp, la garde se bat et se monte le matin (*V.* n° 301) ; à cette batterie, les détachemens, gardes ou piquets se rendent en avant du centre des brigades, à cinq toises

---

(1) Il doit être établi dans les places six tours de service (*Réglem. de service* du 1ᶜʳ mars 1768, tit. 8, art. 1) ; mais depuis long-temps la rapidité des événemens militaires s'est opposée à ce qu'il fût possible de s'asservir à cette règle trop compliquée.

(2) *Réglement de service*, tit. 8, art. 1.

(3) *Idem*, tit. 7, art. 1.

(4) *Idem*, art. 13 et 14 (*V.* n°. 194).

(5) *Idem*, tit. 6, art. 3 ; tit. 7, art. 1 et 24 ; tit. 21, art. 44 ; et *Réglement de police* du 24 juin 1792, tit. 4, art. 1 (*V.* n°ˢ. 138, etc.)

(6) *Réglement de chauffage* du 1ᶜʳ fructidor an 8, art. 31. *Loi* du 10 juillet 1791, tit. 3, art. 18.

(7) *Réglement de service*, tit. 10, art. 1.

(8) *Réglement de marche* du 25 fructider an 8, tit. 1ᵉʳ, art. 14 (*V.* n°. 139, etc.).

(9) *Idem*, tit. 2, art. 15 (*V.* n°. 181).

(10) *Idem*, art. 18 (*Voy.* n°. 182).

(11) *Réglement de campagne* du 5 avril 1792, tit. 7, art. 4.

(12) *Voy.* n°. 184. En cantonnement, il est établi de même une garde du camp. *Réglement de campagne* du 5 avril 1792, tit. 32, art. 38.

des faisceaux, pour y passer l'inspection et défilet.

Les gardes de siége se distinguent en gardes de sûreté (1), gardes des lignes, gardes de la tranchée (2), gardes des travailleurs.

Mais il n'y a véritablement que deux espèces de service (3), savoir : le service armé (4), et les corvées avec ou sans armes.

Le service armé (5) commence à l'heure de la garde (*V*. n°. 301) et dure vingt quatre heures, à l'exception des détachemens et des piquets, dont la durée est variable et indéterminée.

Les corvées armées comprennent celles du camp et hors du camp, celles de siége (6); les escortes de travailleurs, de fourrageurs, de distributions, etc., les détachemens pour les exécutions et le service d'ordonnance (7).

177. — *Service sans armes.*

En garnison, les travaux de propreté (8), les distributions, le transport des légumes, etc. (*V*. n°. 356), la cuisine (*V*. n°. 2), la fabrication les cartouches (*V*. n°. 45), l'entretion des armes du magasin (9), les travaux au parc d'artillerie (10) sont les principales corvées (11).

(1) *Réglement de campagne* du 5 avril 1792, tit. 34, art. 80 et 81.

(2) *Idem*, art. 2 et 26.

(3) *Idem*, tit. 7, art. 3 et 4.

(4) Dans tout service armé en campagne, les soldats doivent toujours avoir le sac sur le dos ; autrefois, ils le mettoient bas avant de combattre. Cette méthode, proscrite maintenant en France, est encore usitée par les troupes russes. *Réglement de campagne*, tit. 20, paragr. 5.

(5) *Réglement de campagne*, tit. 7, art. 12.

(6) *Idem*, tit. 34, art. 59, 66, 67 et 83.

(7) *Idem*, tit. 7, art. 15 (*V*. n°. 362).

(8) *Réglement de police* du 24 juin 1792, tit. 2, art. 7 et 17.

(9) *Réglement d'administration* du 10 février 1806, art. 34.

(10) *Réglement de service* du 1ᵉʳ mars 1768, tit. 7, art. 25.

(11) *Idem*, tit. 8, art. 1.

En route, la besogne des hommes chargés d'aider le vaguemestre et de servir les équipages (1), le port des marmites, gamelles, viande crue, vinaigre (*V.* nᵒ. 426), grands bidons, outils, piquets de tente, etc., sont les principales corvées.

Au camp, le fauchage des herbes ou grains qui couvrent la terre (2); le travail de tracer, de dresser et de détendre le camp (3), le soin de se retrancher; les fourrages (4); la recherche et le transport des légumes (5), eau (*V.* nᵒ. 3), bois (6), paille; les distributions, la cuisine, sont les principales corvées (7).

En campagne, le travail de se fortifier, et de se défendre par des ouvrages légers (8), est un service ou corvée, auquel est employé tout militaire qui n'est point en armes; et suivant l'exigence, le service armé et le service sans armes, alternent et se relèvent mutuellement pour ces travaux.

Devant une ville assiégée, la fabrication des objets nécessaires aux travaux de siége est la principale corvée des soldats d'infanterie (*V.* nᵒ. 84., etc.).

178. — *Commandement du service.*

En garnison, la répartition du service et le tour nominal des officiers, étoient réglés par le major (9) de la place (10), c'est maintenant la fonction du secrétaire-écrivain (*V.* nᵒ. 287, note 1ʳᵉ).

_____

(1) Cette corvée diffère des autres en ce qu'elle dure autant que la route.

(2) *Réglement de campagne* du 5 avril 1792, tit. 5, art. 1ᵉʳ.

(3) *Idem*, tit. 4, art. 1ᵉʳ. (*V.* nᵒ. 93).

(4) *Idem*, tit. 25, art. 4, 10, 11, 12, 15 et 35.

(5) *Idem*, tit. 24, art. 20.

(6) *Réglement de chauffage* du 1ᵉʳ fructidor an 8, art. 6x.

(7) *Réglement de campagne*, tit. 5, art. 24 et 33.

(8) *Idem*, tit. 6, art. 29.

(9) Le *Décret* du 24 décembre 1811, art. 7, veut que ce soit un adjudant de 1ʳᵉ ou 2ᵉ classe qui soit chargé des détails du service, avec le rang et le titre de *major de place*.

(10) *Réglement de service* du 1ᵉʳ mars 1768, tit. 8, art. 8 et 9; tit. 13, art. 12. Ce grade est supprimé par la loi du 10 juillet 1791,

8

Le préfet règle le service de la compagnie de réserve, et lui donne les consignes, y ajoutant celles qui lui sont transmises cachetées par le commandant d'armes (1).

Le major de chaque régiment détermine la répartition des soldats par compagnies, et commande les sous-officiers (2) par la tête et par la queue, suivant leur tour nominal.

Les sergens-majors commandent le service, et le tour nominal des fusiliers (3), en les prenant par la tête et par la queue, ils commandent les corvées par la queue de la liste.

Le service une fois commandé, nul ne peut changer son tour de garde ou son poste sans permission.

179. — Consignes.

Ce mot a deux acceptions, c'est la règle écrite d'un corps-de-garde, ou bien c'est l'ordre verbal donné à une sentinelle (V. n°. 373, etc.) ou à une patrouille. Une consigne de poste est un ordre signé de qui de droit, affiché aux endroits convenables, et ayant force jusqu'à ce qu'il lui soit substitué une nouvelle consigne. La différence que les consignes apportent dans la manière de servir, consiste principalement dans la composition et le nombre des hommes-de service, et dans les expli-

---

tit. 2, art. 1er; et les adjudans de place ont été créés par la même loi, tit. 3, art. 21.

(1) Loi du 24 floréal an 13, art. 19.

(2) Réglement de service, tit. 9, art. 1. Il est à observer que quand ce réglement fut promulgué, le grade et les fonctions de major n'étoient point semblables à ce qu'ils sont aujourd'hui. Voy. Décret du 18 février 1808, art. 3. Depuis la suppression des majors, les adjudans-majors ont été mis en possession de commander le service. Cet usage règne et se maintient jusqu'à présent (Voy. n°. 254). V. Réglement de campagne, tit. 7, art. 2.

(3) Réglement de service, tit. 9, art. 2; Réglement de campagne du 5 avril 1792, tit. 7, art. 2.

cations qui détaillent la manière de les faire concourir au bon ordre et à la sûreté générale et individuelle.

Les préfets donnent les consignes aux gardes et aux patrouilles des compagnies de réserve (1).

Les consignes se divisent en consignes de police (*V.* n°. 138, etc.) générale en garnison; — du piquet de logement en route; — de la garde d'escorte en route; — de l'arrière-garde en route; — des gardes au camp; — de la garde du camp; — du piquet au camp.

Une consigne générale (2) en garnison, peut être considérée comme devant renfermer les divisions suivantes :

Dispositions générales (V. n°. 367); — *devoirs de la sentinelle* (V. n°. 373, etc.); — *honneurs* (V. n°. 409); — *alertes* ; — *cas d'incendie* (V. n°. 404); — *patrouilles.* Une heure après la retraite, différentes patrouilles parcourant leur itinéraire, s'arrêtent devant les cafés, cabarets et tabagies de leur arrondissement (V. n°. 366).

Individus porteurs de paquets. Les factionnaires et les patrouilles arrêtent pendant la nuit les individus porteurs de meubles et paquets; ils les font entrer au poste, d'où ils sont conduits chez le commissaire de police. Comme il pourroit se trouver des individus que cet article ne doit point concerner, l'exécution en est remise à la prudence du chef du poste ou de la patrouille, pour que cette mesure qui ne doit prévenir que les vols, ne soit point vexatoire.

Devoir du caporal, chef de patrouille (V. n°. 366).

Étrangers, marchands d'eau-de-vie (V. n°. 371.

Réquisitions. Les chefs de poste défèrent aux réquisitions des commissaires de police et officiers de paix décorés.

Feuille de rapport (V. n°. 204).

(1) *Décret* du 24 messidor an 12, tit. 17, art. 7; et 24 floréal an 13, art. 19.

(2) *Réglement de service* du 1er mars 1768, tit. 11, art. 18 et 19. Elles doivent varier suivant les localités.

8 *

Reconnoissance des rondes et visites. Il est fait des visites de postes pendant le jour par les adjudans de place. La ronde d'adjudant de place qui se fait de nuit, est reconnue comme ronde major (*V.* n°ˢ. 325, 410).

180. — *Consigne du piquet de logement.*

Composition. Le piquet de logement se compose de deux sergens-majors par bataillon, et de tous les fourriers qui se rendent au gîte sous les ordres d'un officier (1).

Départ. Le piquet de logement part chaque jour du gîte, à l'instant où l'on bat la générale ou le premier (2). Ce piquet prend, s'il est nécessaire, un des guides demandés (*V.* n°ˢ. 182 et 320). Si le pays n'est pas sûr, il doit lui être donné une escorte (3).

Destination. Le piquet de logement est chargé de faire préparer les logemens et le pain (4) qui doivent être assurés quand la troupe arrive. Le commandant du piquet est porteur de la route; il se rend d'abord chez le commandant de la place pour prendre ses ordres, et ensuite chez l'inspecteur aux revues (5), et chez le commissaire des guerres (6); il ne peut se mêler en aucune manière de l'assiette des logemens ni

---

(1) Autrefois, c'étoit l'aide-major qui, au défaut du quartier-maître, accompagnoit le logement; aujourd'hui, le quartier-maître précède de trois jours la marche. V. *Réglement de service* du 1ᵉʳ mars 1768, tit. 32, art. 20 ; *Arrêté* du 1ᵉʳ fructidor an 8, sur les étapes, tit. 2, art. 10; *Réglement de marche* du 25 fructidor an 8, tit. 1ᵉʳ, art. 10. *V.* page 117, note 3.

(2) *Réglement de service* du 1ᵉʳ mars 1768, tit. 32, art. 12.

(3) Autrefois l'avant-garde et le logement partoient ensemble, conduits par un capitaine qui avoit sous ses ordres trois sergens, un tambour et deux fusiliers par compagnie (*Ordonnance* du 8 avril 1718, art. 1). Cette avant-garde, qui étoit tout-à-fait distincte de la garde de police, remplissoit les fonctions attribuées aujourd'hui au piquet de distribution. *Réglement de marche* du 25 fructidor an 8, tit. 3, art. 8. *V.* page 118, note.

(4) *Réglement de marche* du 25 fructidor an 8, tit. 1ᵉʳ, art. 10.

(5) *Idem*, art. 11.

(6) *Réglement de casernement* du 30 thermidor an 2, tit. 3, art. 1ᵉʳ.

avoir aucune préférence à cet égard. S'il n'y a pas d'état major, il se rend directement avec les fourriers à la mairie (1); il compte et reçoit les billets de logement, et les délivre par paquets séparés à chaque fourrier (2). Le second jour de route et jours suivans, l'officier commandé d'avant-garde, retire, avant de partir, la feuille de route restée à la mairie et signe le reçu des billets de logement de la veille.

Corps-de-garde, etc. L'officier de logement fait la demande du bois et lumière, ou bien, il avise aux moyens de les faire fournir; il va reconnoître le corps-de-garde de police et la prison de la ville, et s'assure des lieux où on met les prisonniers et les équipages; il va aussi reconnoître, autant que possible, la demeure du commandant du corps, et y laisse le billet de logement de cet officier.

181. — *Consigne de la garde d'escorte.*

La garde d'escorte n'est qu'un détachement de l'arrière-garde; elle doit être sous le commandement d'un sergent (3).

Destination. La garde d'escorte en route est chargée de la garde des équipages du régiment; ils lui sont confiés pendant le jour, comme ils le sont pendant la nuit, à la garde de police.

---

(1) *Réglement de service* du 1er mars 1768, tit. 5, art. 35.

(2) *Idem*, art. 48. Autrefois, l'officier-major remettoit au capitaine de logement, les billets des capitaines; au lieutenant de logement, les billets des autres officiers; aux fourriers, les billets des soldats. Le capitaine et le lieutenant de logement distribuoient ces billets après avoir inscrit au dos le nom de l'officier, et en avoir pris un contrôle. *Ordonnance* du 4 juillet 1716, art. 18 et 20. *V.* page 117, note 3.

(3) *Réglement de marche* du 25 fructidor an 8, tit. 2, art. 15. Cette garde se composoit autrefois d'un homme par compagnie, un tambour, deux capitaines, un sergent et un officier; cet officier avoit également sous ses ordres les valets et les femmes. Elle s'assembloit pendant qu'on battoit l'assemblée : le premier jour de route, les soldats en étoient, suivant le besoin, distribués aux équipages, et préposés à la garde de chaque voiture. *Réglement* de 1718. *V.* page 118, note.

Arrivée. La garde d'escorte doit marcher de manière à arriver cent pas en arrière de la troupe (1).

Second jour de route. Le commandant de la garde des équipages fait placer les convalescens sur la voiture à ce destinée ; il veille à ce qu'il n'y monte que des hommes hors d'état d'aller à pied (2) ; la garde d'escorte continue à être dépositaire des bagages (3) jusqu'après son arrivée au gîte ; elle les remet alors à la garde de police montante, qu'elle trouve établie au corps-de-garde de la place.

182. — Consigne de l'arrière-garde.

Composition. L'avant-garde de la veille devient arrière-garde, et est chargée de fournir l'escorte (4) (*V.* n°. 181)

Départ. Elle part une heure après le régiment (5), et doit s'en tenir à la distance d'un demi-myriamètre (6).

Destination. L'arrière-garde a pour objet de faire rejoindre les traînards (7) ; elle visite avant de partir, les logemens et cabarets, pour ramener avec elle les soldats restés en arrière (7). Le commandant de l'arrière-garde se munit, avant de partir, du certificat de bien vivre (8), qu'il va prendre à la mairie, où il laisse les billets de logement qui se sont trouvés superflus. Il est fourni à l'arrière-garde, si cela est nécessaire, un des guides demandés (*V.* n°. 320).

Arrivée. L'arrière-garde, avant d'entrer dans la ville, doit rajuster les parties d'habillement, armement et équipement, et mettre la baïonnette au bout du ca-

---

(1) *Réglement de service* du 1er mars 1768, tit. 3, art. 14.
(2) *Réglement de convois* du 14 frimaire an 14, sect. 1re, art. 1 et 9.
(3) *Ordonnance* de 1718, art. 3.
(4) *Réglement de marche* du 25 fructidor an 8, tit. 2, art. 15.
(5) *Idem*, art. 18. *Voy.* page 118, note.
(6) *Idem*, art. 20.
(7) *Réglement de service*, tit. 32, art. 30.
(8) *Réglement de marche*, tit. 2, art. 17.

non. C'est à ce moment, qu'on fait l'avant-dernier
appel (*V*. n°. 295).

Arrivée au gîte. Le service de l'arrière-garde finit à
l'arrivée au gîte. Le commandant de l'arrière-garde
reçoit du commandant de la garde de police les billets
de logement destinés à ses hommes, et rend compte à
son arrivée au commandant du régiment.

En campagne, il est commandé par régiment une
arrière-garde, composée d'un sergent et un caporal
avec douze hommes, aux ordres d'un lieutenant de
piquet. Cette arrière-garde visite les chemins creux;
elle arrête et conduit les soldats qui y seroient cachés (1).

183. — *Consigne générale des gardes au camp.*

Disposition des gardes. Toute garde est disposée,
comme elle devroit l'être en cas d'attaque (2), et se re-
tranche dans son poste (3). En avant du poste principal,
il est placé, s'il est besoin (4), de petits postes pendant
le jour; une garde postée ne peut être déplacée ou retirée
que par un ordre écrit de qui de droit, ou par l'ordre
verbal d'un officier général ou supérieur de jour (5).
Si une troupe se présentoit à une garde pour la relever
sans que ce fût annoncé à l'ordre ou sans un ordre de
qui de droit, l'ancienne garde resteroit au poste, et
tiendroit l'autre à quelque distance, jusqu'à l'arrivée
de l'ordre (6). Toute consigne particulière ou nouvel
ordre doit être remis par écrit, par les officiers-généraux, supérieurs, ou de l'état-major. Nul ne s'écarte
de son poste, sous tel prétexte que ce soit (7).

Sentinelles de jour. Les sentinelles dont le nombre
varie suivant le besoin, son placées de manière à découvrir de loin, mais à être à portée, et s'il se peut,

(1) *Règlement de campagne* du 5 avril 1792, tit. 19, art. 74.
(2) *Idem*, tit. 14, art. 1.   (5) *Idem*, tit. 14, art. 51.
(3) *Idem*, tit. 15, art. 3.   (6) *Idem*, art. 52.
(4) *Idem*, tit. 14, art. 7.   (7) *Idem*, art. 50.

en vue du poste (1), et masquées autant que possible (2).

Découverte. Au point du jour, tout le poste borde le parapet jusqu'à la rentrée de la découverte, qui est faite l'arme au bras (3) par un sergent et quatre fusiliers (4).

Reconnoissance et précautions. Les gardes de sûreté reconnoissent exactement toutes les personnes qu'elles apperçoivent. Les postes, avertis par leurs sentinelles, prennent les armes (5) pour toute troupe au-dessus de trois hommes, jusqu'à ce qu'elle soit reconnue. Les étrangers suspects sont conduits au chef de l'état-major (6).

Les gardes avancées ne laissent jamais arriver jusqu'au poste les tambours ou trompettes ennemis; le chef du poste envoie chercher les paquets qu'ils apportent (*V.* n°. 396), leur fait donner un reçu et les fait repartir (7).

S'il se présente des déserteurs, on les désarme, et on ne leur laisse rien vendre de ce qu'ils apportent ou amènent ; on les envoie au chef de l'état-major ou bien on les garde à vue, jusqu'à la garde relevée (8).

Grand'gardes, etc. Les grand'gardes et gardes postées sur les derrières, ne laissent sortir du camp aucun soldat, cavalier ou dragon, à moins d'une permission en forme ; elles procurent toute liberté aux marchands qui apportent des vivres (9).

Sentinelles de nuit. Pendant la nuit, il est établi des sentinelles volantes à qui leur route est prescrite (*V.* n°. 397). A l'entrée de la nuit, le poste prend les armes, quand on donne le mot d'ordre (10). Les soldats se tiennent auprès du feu sans dormir.

---

(1) *Réglement de campagne* du 5 avril 1792 , tit. 16, art. 1.
(2) *Idem* , tit. 14 , art. 6.
(3) *Idem* , tit. 16 , art. 16.
(4) *Idem*, tit. 14 , art. 27 et 28.
(5) *Idem*, tit. 14 , art. 33 et 34; et tit. 29, art. 12.
(6) *Idem* , tit. 14 , art. 42.
(7) *Idem* , art. 43 et 44.
(8) *Idem* , art. 46.
(9) *Idem* , art. 47 , 48 et 49.
(10) *Idem* , art. 13 , 14 et 15.

Patrouilles. Il part des patrouilles dans la direction déterminée par les reconnoissances du jour (1); pendant que ces patrouilles sont dehors, une partie des soldats bordent le retranchement (2).

Mesures générales. Toute troupe qui se présente pour entrer la nuit au camp, n'y est introduite que sur un ordre par écrit des officiers-généraux. Si le commandant de cette troupe apporte des nouvelles pressées, il peut seul avoir permission d'aller chez le général ou d'y envoyer (3).

184. — *Consigne de la garde-du-camp*.

Il n'y a qu'une garde-du-camp pour chaque corps (4). La nouvelle garde s'assemble devant le centre du corps, et se place à côté et à gauche de la nouvelle garde de police (5); celles des troupes de première ligne sont placés à 140 mètres en avant des faisceaux, et celles de la seconde ligne, à pareille distance en arrière des tentes des officiers-supérieurs, vis-à-vis le centre du corps. La garde-du-camp passe la nuit au bivouac, et ses armes sont posées comme celles de la garde de police (*V*. nᵒ. 140). Il y a à ce poste une tente pour mettre les prisonniers (4).

Composition. Elle reste composée d'un sergent, deux caporaux, trente-deux fusiliers (*V*. pag. 122, note 5) lorsqu'il en a été extrait les hommes formant la garde de police (6).

Par qui commandée. Elle est commandée par un sergent, qui est aux ordres des officiers de police, desquels il reçoit le mot (7). Les hommes composant cette garde ne peuvent s'écarter sous aucun prétexte; leur nourriture leur doit être apportée.

Sentinelles de jour (8). La garde-du-camp fournit de

___

(1) *Réglement de campagne* du 5 avril 1792, tit. 14, art. 9, 10 et 11.

(2) *Idem*, tit. 14, art. 25.   (6) *Idem*, art. 1.

(3) *Idem*, art. 40 et 41.   (7) *Idem*, art. 19.

(4) *Idem*, tit. 6, art. 18.   (8) *Idem*, art. 20.

(5) *Idem*, art. 27.

8 **

jour trois sentinelles, dont deux en avant du poste, vis-à-vis les gardes-du-camp, et la troisième devant les armes (*V.* n°. 395 et 396).

Honneurs. La garde-du-camp rend les honneurs prescrits (1). Elle prend les armes pour toute troupe armée, et jusqu'à ce qu'elle soit passée et éloignée, la garde-du-camp reste en bataille, et son tambour bat aux champs ; la troupe qui passe, marche tambour battant (2).

Inspection du soir. A la retraite, elle prend les armes ; le lieutenant de police en fait l'appel et l'inspecte, pour s'assurer que les fusils sont garnis de pierres, chargés et amorcés (3).

Sentinelles de nuit. Le caporal pose deux sentinelles d'augmentation vis à-vis les ailes du corps, entre les sentinelles extérieures et les faisceaux (3).

Diane. Le tambour de la garde-du-camp bat la diane au point du jour (*V.* n°. 311).

Breloque. A la breloque du matin, la garde-du-camp prend les armes et est inspectée par le sergent. Le caporal retire en même-temps les deux sentinelles d'augmentation.

Heure de la garde. Lors de l'assemblée de la nouvelle garde, l'ancienne prend les armes (4).

Formation La garde du camp se forme sur un rang, le sergent à la tête, le premier caporal en serre file, l'autre caporal à la droite, le tambour sur la droite à un pas du caporal (5).

Garde retranchée. La garde du camp prenant son poste pour la première fois, travaille aussitôt à élever un épaulement devant elle ; ce travail se perfectionne les jours suivans, jusqu'à ce que les hommes soient couverts de quatre pieds et demi de terre (6).

---

(1) *Règlement de campagne* du 5 avril 1792, tit. 6, art. 23 (*V.* n°. 409).
(2) *Idem*, tit. 6, art. 22 et 23.   (5) *Idem*, tit. 6, art. 28.
(3) *Idem*, art. 8 et 24.   (6) *Idem*, art. 29.
(4) *Idem*, art. 27.

Jours de marche. Les jours de marche, le sergent de l'ancienne garde du camp détache, quand on bat l'assemblée (1), un caporal et deux fusiliers pour enlever la tente des prisonniers et la remettre à la compagnie qui, à tour de rôle doit en être chargée. S'il y a des prisonniers à emmener, ils sont mis au centre de cette garde, qui marche elle-même au centre du régiment; s'il n'y a pas de prisonniers, cette garde rentre dans les compagnies. Les criminels, s'il y en a, sont attachés et particulièrement gardés par des fusiliers qui marchent à côté d'eux, le fusil sur le bras, et tenant de l'autre main le bout de la corde (2). Le caporal marche derrière eux, ayant de même le fusil sur le bras, la baïonnette au bout.

Arrivée au nouveau camp. A l'arrivée au nouveau camp, l'ancienne garde conduit les prisonniers à la nouvelle garde déjà postée; le sergent rend la consigne qui le concerne, et ramène l'ancienne garde dans les compagnies.

185. — *Consigne du piquet au camp.*

Le piquet se compose de soixante-douze fusiliers, un tambour, six caporaux et trois sergens par régiment; il est commandé par un lieutenant ou sous-lieutenant (3). Ce sont toujours les premiers à marcher qui le composent; ainsi l'on entre de garde à l'instant où l'on sort de piquet.

Formation et place. Lors que le piquet s'assemble (*V.* n°. 312, parag. 5), il se forme sur trois rangs, six pas en avant des intervalles, le lieutenant à la tête, le premier sergent et le premier caporal en serre-files, le second sergent à la droite, le deuxième caporal à la gauche du premier rang, le tambour un pas sur la droite (4); le faisceau de piquet est placé au centre de

---

(1) *Réglement de campagne* du 5 avril 1792, tit. 6, art. 30.
(2) *Idem*, art. 31.
(3) *Idem*, art. 3.
(4) *Idem*, art. 38.

l'intervalle des deux bataillons, sur l'alignement de celui des compagnies (1).

Destination. Le piquet est la pépinière de tous les détachemens et gardes qu'il faut commander à l'improviste; il est destiné à garantir le camp des entreprises de l'ennemi, et doit toujours être habillé, équipé et prêt à marcher (2); il n'est jamais commandé pour aucune corvée (2); il ne rend point d'honneurs, mais sort sans armes quand il doit être inspecté (3); toutes les fois que le régiment en entier prend les armes, le piquet rentre à ses compagnies (4).

Rassemblement. A l'heure de la garde, le piquet s'assemble devant le centre du régiment, est inspecté, défile, se met en bataille et pose ses armes aux faisceaux (5). Quand le nouveau piquet s'assemble, l'ancien prend les armes; le lieutenant en fait l'appel et le renvoie dans les compagnies. La nuit, le piquet s'assemble sans bruit de caisse (6). Son service commence et finit avec celui des gardes (7).

Devoirs du commandant. Le lieutenant de piquet en fait l'appel aussi souvent qu'il le juge à propos, pour surveiller son exactitude (8). Il fait tirer et décharger le matin, entre neuf et dix heures, ceux des fusils dont la poudre auroit été mouillée, et qui ne pourroient pas être déchargés avec le tire-balle (9).

Retraite. A la retraite, le piquet prend les armes; le lieutenant en fait l'appel, et inspecte les armes; après quoi, il le fait rentrer. Les officiers, sous-officiers et soldats vont se coucher dans leur tente, sans se déshabiller; à moins qu'ils n'aient l'ordre de passer la nuit au bivouac (10).

---

(1) *Réglement de campagne* du 5 avril 1792, tit. 6, art. 38. (*V.* n°. 398).

(2) *Idem*, art. 33 et 34.
(3) *Idem*, art. 36.
(4) *Idem*, art 42.
(5) *Idem*, art. 40.
(6) *Idem*, art. 37.

(7) *Idem*, tit. 6, art. 32.
(8) *Idem*, art. 41.
(9) *Idem*, tit. 12, art. 37.
(10) *Idem*, art. 39; et tit. 8, art. 3.

186. — *Honneurs* (1).

Les honneurs se distinguent en honneurs militaires, honneurs civils, honneurs funèbres (*V*. nᵉ. 201) et honneurs intérieurs (*V*. n°. 202). Il ne sera point ici question des honneurs civils.

Honneurs militaires. Il n'est rendu aucuns honneurs militaires à Paris, ou dans les lieux où se trouve l'Empereur, pendant tout le temps de sa résidence, ni pendant les vingt-quatre heures qui précèdent son arrivée ou qui suivent son départ (2). Sa Majesté s'est réservé le droit d'avoir deux vedettes à la porte de son palais (3). Il est placé autour de son logis toutes les sentinelles nécessaires (4).

Les honneurs militaires ne se cumulent point, on ne reçoit que ceux affectés aux dignités ou aux grades supérieurs (5).

Les généraux qui ne commandent que par *intérim* ou pendant l'absence des titulaires, n'ont droit qu'aux honneurs dus à leur grade ou à leur emploi (6).

Les honneurs ne se rendent que depuis la diane jusqu'à la retraite (7), et il n'en est jamais rendu dans les marches ni dans les haltes (8), ni dans la tranchée, si ce n'est que les troupes qui se rencontrent se cèdent mutuellement la droite; elles continuent à marcher les armes portées, les tambours battent aux champs (*V*. cependant nᵒˢ. 409 et 420).

Les honneurs se rendent par les troupes rassemblées sous les armes, — à rangs ouverts, — à rangs serrés,

---

(1) *Décret* du 24 messidor an 12.

(2) *Idem*, tit. 3, art. 20.

(3) *Idem*, tit. 25, art. 1.

(4) *Idem*, tit. 5, art. 10.

(5) *Idem*, tit. 25, art. 5 (*V*. nᵒ. 362, note 3).

(6) *Idem*, art. 6.

(7) *Réglement de service* du 1er mars 1768, tit. 12, art. 19; *Réglement de campagne* du 5 avril 1792, tit. 14, art. 37; *Décret* du 24 messidor an 12, tit. 25, art. 3.

(8) *Réglement de campagne* du 5 avril 1792, tit. 19, art. 73.

— sur une ou deux rangées, — bordant la haie, — avec ou sans armes, — et enfin par les gardes, postes ou piquets (1). Ils se rendent en garnison, — au camp (*V.* n°. 188).

187. — *Sommaire des honneurs.*

Les honneurs à rendre, soit au Saint-Sacrement (2), soit à Sa Majesté, soit pour l'arrivée des princes et dignitaires ou leur entrée d'honneur, soit pour leurs inspections aux revues, soit pour le passage des autorités, consistent dans ce qui suit :

Le rassemblement de la troupe ; — la désignation des postes d'honneur ; — le choix de l'emplacement où on la dispose ; — l'espèce et la force du détachement qui se rend au-devant de la personne en dignité ; le nombre de salves, volées ou coups de canon qui sont tirés ; — la présentation des clefs ; — l'espèce et la force des gardes d'honneur qui se transportent aux logis des dignitaires avant ou après leur arrivée ; — le nombre et l'espèce des sentinelles qu'on y pose ; — la composition des escortes d'honneur, — le grade des officiers d'ordonnance, — le droit de donner le mot d'ordre, sa transmission par un officier, sa transmission par un sergent. — Le commandement fait à la troupe, devant laquelle passent les dignitaires, de présenter les armes, la caisse battant aux champs ; les officiers (3) et le drapeau saluant ; les seuls officiers supérieurs (4) et le drapeau saluant ; — de porter les armes ; les tambours battant aux champs ; rappelant ; étant prêts à battre ; ne tenant point leurs baguettes ; — les officiers supérieurs et le drapeau sa-

---

(1) Ces derniers honneurs sont suffisamment expliqués au n°. 389, et ne diffèrent en rien, quel que soit le grade de celui qui commande le poste.

(2) *Réglement d'exercice* du 1er août 1791 ; *Evolutions de ligne,* n°. 610.

(3) Ce n'est que pour le Saint-Sacrement et Sa Majesté que les officiers de tout grade saluent.

(4) Depuis 1768 on salue sans ôter le chapeau.

luant; — les seuls officiers supérieurs saluant; — les officiers supérieurs et le drapeau ne saluant point; — le commandement fait dans le même cas de reposer sur les armes (*V.* n°. 409); — le défilement (1) en présence de la personne en dignité ou en grade, les porte drapeaux (*V.* n°. 273) et officiers supérieurs saluant; — enfin les visites de corps.

188. — *Honneurs en garnison et au camp.*

On rassemble la troupe pour les processions du Saint - Sacrement (2); — pour l'arrivée de Sa Majesté (3); — pour le passage des princes et grands dignitaires (4); — pour les ministres (5) et les grands officiers militaires et civils (6); — pour l'entrée d'honneur des sénateurs dans le chef - lieu de leur sénatorerie (7); — pour les conseillers d'état en mission arrivant dans le chef-lieu du département où leur mission les appelle (8); — pour les grands - officiers de la légion d'honneur chefs de cohorte, se rendant pour la première fois au chef-lieu de leur cohorte (9); — pour les généraux de division, commandant en chef une armée ou un corps d'armée (10); — pour les généraux de division commandant une division militaire territoriale, faisant leur entrée d'honneur (11); — pour les mêmes généraux, voyant les troupes pour les inspecter ou exercer (12); — pour les généraux de division employés, voyant les troupes pour la première ou dernière fois (13);

---

(1) (*Voy.* n°. 199). Anciennement la parade se défiloit à rangs ouverts; la personne passant l'inspection ou les revues, voyoit ainsi tous les rangs, sans avoir besoin de passer à travers leurs intervalles, quand le régiment étoit de pied ferme; on a renoncé à cet usage depuis l'adoption de l'ordre mince.

(2) *Décret* du 24 messidor an 12, tit. 2, art. 4.

(3) *Idem*, tit. 3, art. 1 et 2.

(4) *Idem*, tit. 5, art. 2.

(5) *Idem*, tit. 7, art. 1, par. 3.

(6) *Idem*, tit. 8, art. 1 et 4.

(7) *Idem*, tit. 9, art. 8.

(8) *Idem*, tit. 10, art. 1.

(9) *Idem*, tit. 11, art. 1.

(10) *Idem*, tit. 14, art. 1; et tit. 8, art. 2 et 3.

(11) *Idem*, tit. 14, art. 2.

(12 *Idem*, art. 6 et 20.

(13) *Idem*, art. 20.

— pour les généraux de division inspecteurs (1); — pour les généraux de brigade commandant un département faisant leur entrée d'honneur (2); — pour les mêmes généraux voyant les troupes pour la première ou dernière fois (3); — pour les généraux de brigade employés, voyant les troupes pour la première ou dernière fois (4); — pour les préfets, entrant pour la première fois dans le chef-lieu de leur département (5); — pour les archevêques et évêques faisant leur première entrée dans la ville de leur résidence (6).

189. — *Désignation des postes d'honneur.*

Aux processions du Saint-Sacrement, le poste d'honneur est à la droite de la porte de l'église par laquelle la procession sort (7); c'est là que se place le régiment le plus ancien, ayant en face de lui le régiment qui porte le numéro suivant.

Le poste d'honneur du logis de sa Majesté Impériale est à droite en sortant (8). Si l'Empereur ne fait que traverser la place, le poste d'honneur est à la droite de la porte de la ville par laquelle entre Sa Majesté (8).

190. — *Choix de l'emplacement.*

Lors de l'entrée de Sa Majesté Impériale dans une garnison (9), la moitié de l'infanterie est en bataille à droite et à gauche du glacis de la porte d'entrée; l'autre moitié est sur les places que Sa Majesté traverse. Au camp (10), l'infanterie est en avant du front de bandière; si Sa Majesté y passe inopinément (11), la troupe se forme rapidement et sans armes sur le front de bandière.

(1) *Décret* du 24 messidor an 12, tit. 14, art. 23.
(2) *Idem*, tit. 15, art. 1; et tit. 14, art. 6.
(3) *Idem*, tit. 15, art. 2.
(4) *Idem*, art. 6.
(5) *Idem*, tit. 17, art. 1 et 2; tit. 10, art. 1; et tit. 9, art. 5.
(6) *Idem*, tit. 19, art. 1.
(7) *Idem*, tit. 2, art. 4.
(8) *Idem*, tit. 3, art. 4.
(9) *Idem*, art. 1.
(10) *Idem*, art. 2.
(11) *Idem*, art. 3.

Lors de l'entrée des princes et grands dignitaires dans une garnison, un quart de l'infanterie est en bataille hors de la porte d'entrée, le reste est sur les places qu'ils traversent (1).

Au camp, l'infanterie est en avant du front de bandière (2), et s'ils y passent inopinément (3), les officiers se portent promptement sur le front de bandière, et les sous-officiers et soldats bordent la haie dans les rues du camp (4).

Lors de l'entrée des ministres (5) et grands-officiers (6) militaires et civils, l'infanterie est sur les places qu'ils traversent.

Lors de l'entrée d'honneur d'un sénateur (7), d'un conseiller d'état en mission (8), d'un grand-officier de la légion d'honneur chef de cohorte (9) se rendant au chef-lieu de sa cohorte, les troupes sont établies sur leur passage.

Lors du passage des généraux de division commandant en chef une armée ou un corps d'armée (10), l'infanterie est établie sur les places qu'ils traversent.

Lors de l'entrée d'honneur des généraux de division commandant une division militaire territoriale (11), et lors de l'entrée d'honneur des généraux de brigade commandant un département (12), l'infanterie est sur leur passage.

Lors de la première entrée des préfets dans le chef-lieu de leur préfecture (13), les troupes sont établies sur leur passage.

---

(1) *Décret* du 24 messidor an 12, tit. 5, art. 2.
(2) *Idem*, art. 5.
(3) *Idem*, art. 6.
(4) *Réglement de campagne* du 5 avril 1792, tit. 6, art. 36.
(5) *Décret* du 24 messidor an 12, tit. 7, art. 1, paragr. 3.
(6) *Idem*, tit. 8, art. 1.
(7) *Idem*, tit. 9, art. 8, parag. 3.
(8) *Idem*, tit. 10, art. 1; tit. 9, tit. 14, art. 6.
art. 8.
(9) *Idem*, tit. 11, art. 1.
(10) *Idem*, tit. 14, art. 1.
(11) *Idem*, tit. 14, art. 6.
(12) *Idem*, tit. 15, art. 1; et
(13) *Idem*, tit. 17, art. 1; art. 10, art. 1; et tit. 9, art. 7.

Lors de la première entrée des archevêques et évêques dans la ville de leur résidence (1), l'infanterie est
en bataille sur les places qu'ils traversent.

191. — *Détachement qui se rend au devant de la
personne en dignité.*

Ceci ne concerne que la cavalerie.

192. — *Nombre de salves, volées et coups de canon.*

Ceci ne concerne que les commandans d'armes et
l'artillerie.

193. — *Présentation des clefs.*

Cette cérémonie n'a lieu qu'à l'arrivée de Sa Majesté,
à qui les clefs de la place sont présentées par le gouverneur ou le commandant d'armes (2).

194. — *Espèce et forces des gardes d'honneur, et
nombre de sentinelles (V. n°. 253).*

Les gardes d'honneur se distinguent en gardes posées avant ou après l'arrivée.

La garde d'honneur de Sa Majesté se compose d'un
bataillon (du régiment portant le premier numéro et
ainsi à tour de rôle), et son drapeau (aigle ou enseigne); commandé par un colonel (3) : cette garde
fournit toutes les sentinelles nécessaires (*V.* n°. 186,
note quatrième).

Celle des princes et dignitaires se compose de cent
hommes avec un drapeau, fournis par ordre de numéro, commandés par un capitaine, un lieutenant et
un sous-lieutenant, et placés avant leur arrivée (4).

Celle du ministre de la guerre se compose de 80 grenadiers et un drapeau, commandés par 3 officiers (5);

---

(1) *Décret* du 24 messidor an 12, tit. 19, art. 1.
(2) *Idem*, tit. 3, art. 5.   (4) *Idem*, tit. 5, art. 4.
(3) *Idem*, art. 8.   (5) *Idem*, tit. 7, art. 2.

celle du ministre de la marine, dans les chefs-lieux d'arrondissemens maritimes, se compose de même (1); celle du ministre-directeur se compose de 80 fusiliers et un drapeau, commandés par 3 officiers (1) ; celle des autres ministres se compose de 60 hommes avec un drapeau, commandés par un capitaine et un lieutenant. Les gardes doivent être rendues au logement des ministres avant leur arrivée (2).

Celle des grands officiers, généraux en chef et généraux de division commandant une division militaire territoriale, se compose de 50 hommes et un drapeau, commandés par un capitaine et un lieutenant (3). La garde des grands officiers militaires est posée avant leur arrivée (4); celle des grands officiers civils n'est posée qu'après (4).

La garde des sénateurs (5), conseillers d'état en mission (6), et grands officiers de la légion d'honneur chefs de cohorte (7), généraux de division employés (8), généraux de division inspecteurs (9), et généraux de brigade commandant un département (10), faisant leur entrée d'honneur, se compose de 30 hommes, commandés par un lieutenant.

Celle des généraux de brigade employés est de 15 hommes, commandés par un sergent; le tambour qui conduit cette garde n'y reste pas (11).

Celle des adjudans commandans, qui commandent dans un département, est de 10 hommes, commandés par caporal (12).

Celle des préfets est proportionnée au besoin du service, et commandée par un sergent. Ils ont habituellement à leur porte une sentinelle (13).

La garde d'honneur des archevêques et évêques, s'ils

---

(1) *Décret* du 24 messidor an 12, tit. 7, art. 2.
(2) *Idem*, art. 1, paragr. 4.
(3) *Idem*, tit. 8, art. 1, parag. 4.
(4) *Idem*, art. 4.
(5) *Idem*, tit. 9, art. 10.
(6) *Idem*, tit. 12, art. 1; et tit. 9, art. 10, 11 et 12.
(7) *Idem*, tit. 11, art. 1.

(8) *Idem*, tit. 14, art. 18.
(9) *Idem*, art. 23.
(10) *Idem*, tit. 15, art. 1.
(11) *Idem*, art. 6.
(12) *Idem*, art. 16, art. 1.
(13) *Idem*, tit. 17, art. 5.

sont cardinaux, est de 50 hommes avec un drapeau, commandés par un capitaine, un lieutenant et un sous-lieutenant (1). Si l'archevêque n'est pas cardinal, sa garde est de 40 hommes, commandés par un officier (2). Si l'évêque n'est pas cardinal, sa garde est de 30 hommes, commandés par un officier (3). Ces gardes, qui sont placées après leur arrivée, leur sont fournies le premier jour seulement.

Les colonels et commandans d'un régiment ont une sentinelle à leur porte (4).

195. — *Composition des escortes d'honneur.*

L'escorte des processions du Saint-Sacrement (5) se compose de deux compagnies de grenadiers, ou, à leur défaut, de fusiliers qui marchent en haie à droite et à gauche du dais; ils portent le fusil dans le bras droit : la première compagnie est à droite, la seconde à gauche (6).

Lorsque le sénat (7) ou le corps-législatif (8) sortent en corps, il leur est, à défaut de cavalerie, fourni une garde de cent hommes qui se divise en avant, en arrière et sur les flancs du cortége.

Lors des fêtes et cérémonies publiques, un officier et 30 hommes de troupes de ligne accompagnent le préfet. (9).

Lorsque la cour de cassation (10) sort en corps, elle a une escorte de 80 hommes, commandés par un officier supérieur. La cour d'appel (11) a une escorte de 50 hommes, commandés par un capitaine et un lieutenant. Une cour de justice criminelle (12) a une escorte composée de 25 hommes, commandés par un lieutenant.

---

(1) *Décret* du 24 messidor an 12, tit. 19, art. 3.
(2) *Idem*, tit. 19, art. 1, paragr. 3.
(3) *Idem*, art. 1.
(4) *Idem*, tit. 21, art. 3.
(5) *Loi* du 18 germinal an 10, art. 45.
(6) *Décret* du 24 messidor an 12, tit. 2, art. 4, paragr. 6.
(7) *Idem*, tit. 9, art. 1.   (10) *Idem*, tit. 20, art. 1.
(8) *Idem*, tit. 12, art. 1.   (11) *Idem*, art. 2.
(9) *Idem*, tit. 17, art. 11.   (12) *Idem*, art. 3.

Un tribunal de première instance ou une mairie de 5,000 ames ont une garde de 15 hommes, commandés par un sergent (1).

Une mairie au-dessous de 5,000 ames a une escorte de cinq hommes (2).

196. *Officiers d'ordonnance.*

Outre les honneurs rendus au ministre de la guerre, quand il voyage, chaque corps lui fournit un lieutenant d'ordonnance (3); il est fourni un sous-lieutenant d'ordonnance au ministre-directeur (3).

197. — *Droit de donner le mot d'ordre.* (V. n°. 106). *Sa transmission.*

Le mot d'ordre est toujours donné par la personne du grade le plus élevé (4).

Pendant le temps que Sa Majesté reste dans une place ou au camp, elle donne le mot d'ordre (5) qui est transmis aux troupes, soit par le ministre de la guerre, s'il est présent, soit par le maréchal d'empire commandant la troupe, soit par le colonel général de la garde de service.

En l'absence de l'empereur, le ministre de la guerre (6) donne le mot d'ordre.

Dans les arrondissemens maritimes, en l'absence de l'empereur, le ministre de la marine donne le mot d'ordre (7).

Dans l'étendue de leur commandement, les grands officiers de l'empire et généraux en chef donnent le mot d'ordre (8).

Les généraux de division commandant une division militaire territoriale, et les généraux de brigade com-

---

(1) *Décret* du 24 messidor an 12 , tit. 7 , art. 4 et 5.
(2) *Idem* , art. 5.
(3) *Idem* , art. 2 , paragr. 6.
(4) *Idem* , tit. 25 , art. 13.
(5) *Idem* , tit. 3 , art. 15.
(6) *Idem* , tit. 7 , art. 2 , par. 7.
(7) *Idem* , paragr. 8.
(8) *Idem* , tit. 8, art. 1, paragr. 6 ; art. 3 , paragr. 2 ; et tit. 14 , art. 1.

mandant un département (1), donnent le mot d'ordre dans leur division et département; ils l'envoient cacheté au préfet, qui le fait donner par les officiers de la compagnie de réserve aux gardes et patrouilles de cette compagnie (2). Le commandant d'armes le reçoit le jour de l'arrivée de ces généraux, et le jour de leur départ; les autres jours, c'est l'adjudant de place qui le reçoit (3).

Dans les villes où il n'y a point de général employé ou de commandant d'armes, le préfet donne le mot d'ordre au commandant de la compagnie de réverve, qui le transmet à ses gardes et patrouilles (2).

Les commandans d'armes donnent le mot, excepté dans les cas ci-dessus (4).

Un officier de l'état-major général de l'armée, porte le mot d'ordre aux princes et grands dignitaires (5), et dans les places, c'est un adjudant de place qui le porte. Au camp, le mot d'ordre est porté au ministre-directeur (6), aux grands officiers de l'empire voyageant hors de leur commandement (7), et aux généraux en chef, par un officier de l'état-major, et dans les places, par un adjudant de place.

Un officier de l'état-major de l'armée ou de la place, porte le mot d'ordre aux généraux de division employés, et aux généraux de division inspecteurs (8).

Un sergent porte le mot d'ordre aux généraux de brigade commandant un département (9), aux généraux de brigade employés (10), aux inspecteurs en chef aux revues (11), aux commissaires généraux et ordonna-

---

(1) *Décret* du 24 messidor an 12, tit. 15, art. 1; et tit. 14, art. 9.

(2) *Décret* du 24 floréal an 13, art. 19.

(3) *Décret* du 24 messidor an 12, tit. 14, art. 9.

(4) *Idem*, tit. 18, art. 4; et *Décret* du 24 floréal an 13, art. 19.

(5) *Décret* du 24 messidor an 12, tit. 5, art. 10; et tit. 7.

(6) *Idem*, tit. 7, art. 2, paragr. 7.

(7) *Idem*, tit. 8, art. 2; et tit. 14, art. 1.

(8) *Idem*, tit. 14, art. 21 et 23.

(9) *Idem*, tit. 15, art. 5.

(10) *Idem*, art. 6, paragr. 5.

(11) *Idem*, tit. 22, art. 5.

teurs employés (1), aux adjudans commandans qui commandent dans un département (2) et aux préfets (3).

198. — *Présenter les armes, la caisse battant aux champs* (V. n°. 304).

Lorsque le Saint-Sacrement passe devant une troupe, elle prend les armes, les porte, les présente, met genou droit en terre, incline la tête, porte la main au schako et reste couverte. Les officiers se mettent à la tête de la troupe, saluent (4) de l'épée, portent la main gauche au schako, restant couverts ; le tambour bat aux champs, les drapeaux saluent (5), les troupes se mettent en bataille sur le passage des processions. Ces dispositions sont particulières aux villes où les cérémonies religieuses peuvent être extérieures (6).

Quand Sa Majesté Impériale passe (7), devant une troupe, la troupe présente les armes, les officiers et le drapeau saluent, les tambours battent aux champs. Quand les princes (8) et grands dignitaires (9), minis-

---

(1) *Décret* du 24 messidor an 12, tit. 23, art. 2 et 6.

(2) *Idem*, tit. 16, art. 1, paragr. 2.

(3) *Idem*, tit. 17, art. 8.

(4) Tel étoit l'ancien usage. Il n'est point dit ici si les officiers doivent mettre genou en terre (V. *Réglement d'exercice* du 1ᵉʳ août 1791 ; *Evolutions de ligne*, n°. 613 et suiv.) Cela paroît probable ; il n'y a que deux circonstances où les officiers en serre-files, officiers en ligne, ou officiers ne commandant pas la troupe, doivent saluer, savoir : pour rendre les honneurs au Saint-Sacrement, et pour les rendre à Sa Majesté.

(5) *Décret* du 24 messidor an 12, tit. 2, art. 1 et 2 (*V.* n°. 273).

(6) *Loi* du 18 germinal an 10, art. 45.

(7) *Décret* du 24 messidor an 12, tit. 3, art. 1 et 2.

(8) *Idem*, tit. 5, art. 2 et 7. Ainsi la différence des honneurs rendus au monarque ou aux princes, consiste en ce que, pour le Souverain, tous les officiers saluent.

(9) *Décret* du 24 messidor an 12, tit. 6. Sous ce titre, on comprend la famille impériale, l'archi-chancelier, l'archi-trésorier, le vice-grand-électeur, le vice-connétable et les ministres. (V. *Almanach impérial* de 1813).

tres (1) et maréchaux (2) passent devant une troupe, elle présente les armes, les officiers et le drapeau saluent, et les tambours battent aux champs.

Quand les grands officiers militaires (3) ou civils (4), et généraux en chef (5), passent devant une troupe, la troupe porte les armes, les tambours battent aux champs, les officiers et le drapeau ne saluent point.

Lorsque le sénat en corps (6), un sénateur faisant son entrée d'honneur (7), un conseiller d'état en mission (8), un préfet entrant pour la première fois dans le chef-lieu de son département (9), un grand officier de la légion d'honneur chef de cohorte, se rendant pour la première fois au chef-lieu de sa cohorte (10), passent devant une troupe, elle prend et porte les armes, les officiers supérieurs saluent, les tambours rappellent (V. n°. 302).

Lorsque les généraux de division, qui commandent une division militaire territoriale, font leur entrée d'honneur (11), ou qu'ils voient les troupes pour la première ou dernière fois, à l'effet de les inspecter ou exercer (12), la troupe devant laquelle ils passent porte les armes, les officiers supérieurs et les drapeaux saluent, et le tambour rappelle ; dans toute autre circonstance, ces généraux ne sont salués (12) ni par les officiers supérieurs, ni par le drapeau.

Quand les généraux de division employés (13) ou gé-

---

(1) *Décret* du 24 messidor an 12, tit. 7, paragr. 3.

(2) *Idem*, tit. 8, art. 1 et 2.

(3) *Idem*, tit. 8, art. 3. Sous ce nom sont compris les maréchaux, les inspecteurs-généraux et les colonels-généraux (V. *Almanach impérial* de 1813).

(4) *Décret* du 24 messidor an 12, tit. 8, art. 4. Ce nom comprend le grand aumônier, le grand chambellan, le grand maréchal du palais, le grand écuyer, le grand maître des cérémonies, le grand chancelier et le grand trésorier de la légion d'honneur.

(5) *Décret* du 24 messidor an 12, tit. 14, art. 1, et tit. 8, art. 3.

(6) *Idem*, tit. 9, art. 3.

(7) *Idem*, art. 8.

(8) *Idem*, tit. 10, art. 1.

(9) *Idem*, tit. 17, art. 1.

(10) *Idem*, tit. 11, art. 1 et 2.

(11) *Idem*, tit. 14, art. 2.

(12) *Idem*, art. 6.

(13) *Idem*, art. 20.

néraux de division inspecteurs, pendant leur inspection (1), voient les troupes pour la première ou dernière fois., la troupe devant laquelle ils passent, prend et porte les armes; les officiers supérieurs saluent, les drapeaux ne saluent pas., les tambours rappellent; dans toute autre circonstance, les officiers supérieurs ne saluent point (2).

Lorsque les généraux de brigade, qui commandent un département, font leur entrée d'honneur (3), la troupe devant laquelle ils passent, porte les armes, les officiers supérieurs et le drapeau saluent, les tambours sont prêts à battre. Lorsqu'ils voient une troupe pour la première ou dernière fois, les drapeaux ne saluent point.

Lorsque les archevêques et évêques font leur première entrée dans la ville de leur résidence (4), les troupes prennent les armes et se mettent en bataille sur les places qu'ils doivent traverser.

199. — *Défilement des troupes.*

Le décret sur les honneurs ne parle point de défiler pour rendre les honneurs. Voici ce que dit le réglement d'exercice : Les régimens en marche au pas cadencé, ayant pris 40 pas d'intervalle entre eux, ayant leurs guides (5) du côté vers lequel on rend les honneurs,

---

(1) *Décret* du 24 messidor an 12, tit. 14, art. 23.

(2) *Idem*, art. 6.

(3) *Idem*, tit. 14, art. 2; tit. 15, art. 1 et 2. Dans ce titre, il n'est point spécifié que, dans toute autre circonstance que celle ci-dessus, les officiers supérieurs et le drapeau ne saluent point; mais cela paroît indubitable, puisqu'il en est ainsi à l'égard des généraux de division.

(4) *Décret* du 24 messidor an 12, tit. 19, art. 1.

(5) *Evolutions de ligne*, nᵒ. 626. Il est à remarquer que lorsqu'il n'est point établi d'officiers à cheval pour servir de jalonneurs, les guides ont de la propension à trop appuyer vers le côté où on rend les honneurs; nous avons vu maintes fois les troupes de la queue d'une colonne un peu longue, appuyer tellement par la fausse direction de la tête, qu'ils obligeoient le général et son état-major à rentrer de plusieurs pas. Il faut attribuer cette défectuosité à la curiosité des guides qui, tournant la tête pour regarder la personne que l'on salue, dérangent la carrure de leurs épaules,

étant précédés de leurs musiques et tambours, chaque
bataillon porte successivement les armes et reprend
l'arme au bras cent pas plus loin (*V.* n°. 271 , note 3).

On défile aux revues des inspecteurs généraux d'armes,
et des inspecteurs et sous-inspecteurs, pour qu'ils puissent faire une revue plus exacte de chaque compagnie (1)
(*V.* n°. 207 , note 2e.).

200. — *Visites.*

Il y a deux sortes de visites : celles rendues par les
individus , et celles rendues par les corps; il ne doit être
question ici que de ces dernières. Elles sont de deux
sortes : visites en grande tenue; visites non en grande
tenue. Les premières se rendent en baudrier , hausse-
col et bottes (2) ; les secondes se rendent sans hausse-col.

Il est fait des visites en grande tenue à Sa Majesté (3),
aux princes (4), aux grands dignitaires (5), aux ministres (6), aux grands officiers de l'Empire (7), aux généraux en chef (8), aux quatre aides-de-camp de service de
Sa Majesté (9), aux généraux de division commandant
un département (10), aux généraux de division employés,
aux généraux de division inspecteurs (11), aux généraux
de brigade commandant un département (12), aux colonels (13), lors de leur arrivée au régiment.

Il est fait des visites de corps aux sénateurs faisant
leur entrée d'honneur (14), aux conseillers d'état en
mission (15), aux grands officiers de la légion d'honneur,

(1) *Instruction* du 15 frimaire an 10, art. 26; et *Réglement de
revues*, du 25 germinal an 13, art. 28.
(2) *Décret* du 24 messidor an 12, tit. 25, art. 12, paragr. 1 et 3.
(3) *Idem*, tit. 3, art. 16.
(4) *Idem*, tit. 5, art. 10.
(5) *Idem*, tit. 6.
(6) *Idem*, tit. 7, paragr. 6.
(7) *Idem*, tit. 8, paragr. 6.
(8) *Idem*, tit. 14, art. 1.
(9) V. *Etiquette du palais im-
périal*, tit. 1er, chap. 8, art. 19.
(10) *Décret* du 24 messidor an 12, tit. 14, art. 13.
(11) *Idem*, art. 21 et 23.
(12) *Idem*, tit. 15, art. 1.
(13) *Idem*, tit. 21, art. 2.
(14) *Idem*, tit. 9, art. 12.
(15) *Idem*, tit. 10, art. 1.

chefs de cohorte se rendant pour la première fois au chef-
lieu de leur cohorte (1) , aux généraux de brigade employés (2), aux préfets de département (3), aux commandans d'armes (par les troupes arrivantes (4) ou de
passage), aux archevêques et évêques (5), aux inspecteurs
en chef aux revues (6), aux commissaires généraux et
ordonnateurs (7).

201. *Honneurs funèbres* (8).

Les détachemens pour les convois funèbres sont fournis par l'infanterie (9).

Lorsqu'il n'y a qu'une partie de la garnison qui marche, les troupes sont commandées par un officier du
même grade que celui à qui on rend les honneurs funèbres. Quand il ne marche que des détachemens , quatre
sont commandés par un colonel, trois par un major,
deux par un chef de bataillon , un par un capitaine, un
demi par un lieutenant, un quart par un sergent, un
huitième par un caporal.

Pour les colonels qui meurent sous leurs drapeaux ,
le régiment en entier marche en corps au convoi ;—pour
les majors, la moitié du corps avec deux drapeaux ; —
pour les chefs de bataillon , leur bataillon avec son drapeau ; — pour un capitaine , sa compagnie ; — pour un
lieutenant ou sous-lieutenant , sa section. La poudre est
fournie par les magasins de l'état. Les sous-officiers et
soldats portent l'arme sous le bras gauche.

Les coins du poêle sont portés par quatre personnes
du rang ou grade égal à celui du mort ; ou, à défaut ,
par quatre personnes du rang ou grade inférieur.

---

(1) *Décret* du 24 messidor an 12, tit. 11 , art. 1.
(2) *Idem* , tit. 15 , art. 6, pa-   (5) *Idem* , tit. 19, art. 6.
ragr. 3.   (6) *Idem* , tit. 22 , art. 3.
(3) *Idem* , tit. 17 , art. 14.   (7) *Idem* , tit. 23 , art. 3.
(4) *Idem* , tit. 18 , art. 6.   (8) *Idem* , tit. 26.
(9) Le *Règlement de service* du 1er mars 1768, prescrivoit, tit. 28 ,
art. 12 , qu'il y auroit un détachement de 50 hommes, commandés
par un capitaine, à l'enterrement d'un commissaire des guerres.

Les frais de funérailles sont faits par l'état, pour tout militaire mort sur le champ de bataille, ou dans les trois mois, et des suites des blessures qu'il a reçues.

Les crêpes ne restent un an aux drapeaux que pour Sa majesté; pour le colonel du corps, ils y restent jusqu'à son remplacement.

Tous les officiers portent le deuil de leur colonel pendant un mois; il consiste en un crêpe à l'épée.

202. — *Honneurs intérieurs.*

Il est une autre sorte d'honneurs que nous nommerons *honneurs intérieurs*. Elle consiste dans les témoignages publics d'une politesse hiérarchique, et s'exprime par des salutations d'une forme déterminée. Les belles ordonnances de 1788 n'ont pas manqué de fixer ces utiles détails. Notre réglement de police, qui a copié le réglement du 1er. juillet 1788, a passé sous silence, et n'a remplacé par rien, les règles de la civilité militaire. Voici en substance quelles étoient ces règles :

Si des officiers-généraux ou les officiers supérieurs du régiment passent à portée des sergens, caporaux et soldats, lorsqu'ils sont assis ou arrêtés, ceux-ci doivent, dans le premier cas, se lever, se placer dans la position du port d'armes, les bas-officiers (1) ôtant leur chapeau, les soldats y portant la main; ils doivent dans le second cas se tourner du côté de la personne saluée.

Si les subordonnés sont en marche, et qu'ils passent devant leur chef arrêté, les bas-officiers saluent en ôtant leur chapeau, les caporaux et soldats en y portant la main à plat (1).

Si les subordonnés en marche, sont armés et non en troupe, le bas-officier porte régulièrement l'arme du côté droit; le soldat se place au port d'armes. L'un et l'autre présentent les armes, s'ils sont appelés par un

_____

(1) Les sous-officiers étant actuellement coiffés de schakos, ainsi que les soldats, les uns et les autres y porteroient la main, les ongles en l'air, la paume en avant.

officier général, par le commandant de la place, par un officier supérieur du régiment, ou par le commandant de leur compagnie.

Tous caporaux et soldats en marche, sans armes, saluent les officiers généraux, les officiers supérieurs de leur régiment, et le capitaine de leur compagnie, en s'arrêtant et faisant face, sans porter la main au chapeau. Ils saluent tous les autres grades, en portant, sans s'arrêter, une main à plat sur le côté du chapeau opposé à la personne saluée.

Les bas-officiers (*sous-officiers*) saluent les officiers généraux, et les officiers supérieurs et les capitaines de leur compagnie, en s'arrêtant, ôtant leur chapeau, et le tenant abattu du côté droit, sans inclinaison de tête, ni de corps. Ils saluent de même les autres grades, mais sans s'arrêter (1).

Si un officier-général, un officier supérieur ou autre appelle un bas-officier (*sous-officier*) ou soldat, celui-ci s'avance avec empressement jusqu'à deux ou trois pas de son chef, mettant le chapeau bas (1), s'il est bas-officier; en y portant la main, si c'est un soldat, et restant ainsi jusqu'à ce que l'officier ait cessé de parler.

Si les chefs sont arrêtés et que les subordonnés passent auprès d'eux, les bas-officiers saluent en ôtant le chapeau (1), et les soldats en y portant la main à plat.

Les officiers se saluent entre eux. Le grade supérieur doit toujours rendre exactement le salut au grade inférieur.

Les officiers ôtent leur chapeau aux bas-officiers (*sous-officiers*) dont ils reçoivent le salut, et y portent la main pour tout soldat.

Lorsque les officiers-généraux, officiers supérieurs ou le commandant de la compagnie, entrent dans une chambrée, les soldats se lèvent, se mettent à leur place au pied de leur lit, et mettent la main droite au chapeau

---

(1) Les sous-officiers étant actuellement coiffés de schakos, ainsi que les soldats, les uns et les autres y porteroient la main, les ongles en l'air, la paume en avant.

jusqu'à ce que leur chef leur fasse le commandement *repos.* Pour tout autre officier, ils se lèvent sans se dé-placer.

203. — *Publication de bans de réceptions.*

Les réglemens en vigueur ont omis de mentionner la forme des réceptions des sous-officiers. Voici ce que prescrivoit l'ordonnance du 1ᵉʳ. juillet 1788 (1) :

Aucun caporal ou bas-officier (*sous-officier*) ne pour-ront entrer en fonctions, sans être reçus à la tête de la compagnie à laquelle ils doivent être attachés.

Toutes les fois qu'un caporal ou bas-officier (*sous-officier*) devra être reçu, le commandant du régiment en donnera l'ordre, en en prescrivant le jour et l'heure (*art.* 20).

Celui qui devra être reçu, sera toujours armé et en grande tenue : il se placera en avant du centre de la compagnie (2), à la gauche de celui qui devra le faire recevoir, faisant face à la troupe. Dans cette position, celui qui devra le faire recevoir, suivant le grade de celui qui sera reçu, mettra l'épée à la main, et dira à haute voix : *de par le Roi* (3), *soldats,* (si c'est un capo-ral qu'on reçoit); *caporaux et soldats,* (si c'est un ser-gent ou un fourrier); *bas-officiers, caporaux et sol-dats,* (si c'est un sergent-major) *vous reconnoîtrez* (si c'est un caporal, sergent ou fourrier) *le nommé* (un tel); et si c'est un sergent-major), *le sieur* (un tel), *pour caporal, pour sergent, pour fourrier ou sergent-major;* et vous lui obéirez en tout ce qu'il vous ordonnera en cette qualité pour le service du Roi (3) (*art.* 23).

Mode et formule pour réception d'officier (4). Pour un

---

(1) *Réglement de service* du 1ᵉʳ mars 1768, tit. 11, art. 19.

(2) La compagnie doit être en bataille et sous les armes. Voyez *Manuel pour le corps de l'infanterie,* imprimé en 1781, chap. 4 et 5, art. 1.

(3) On diroit maintenant pour le service de l'Empereur et Roi, et mis à ordre du jour le 11 octobre 1809.

(4) *Extrait du Réglement de campagne,* revu à Schoenbrünn en 1809. Le major est omis dans cette nomenclature. L'ancienne ma-nière de recevoir les officiers supérieurs étoit différente; le régiment

colonel, on fera porter les armes au régiment ; — pour
un chef de bataillon, au bataillon ; — pour un capitaine,
à sa compagnie ; — pour un lieutenant ou sous-lieutenant, à sa section (1).

Après qu'il aura été battu un ban, on dira : De par
l'Empereur et Roi (*nommer les grades inférieurs à celui
de l'officier qui devra être reconnu*), vous reconnoîtrez
Monsieur (*le nom et le grade*), et vous lui obéirez en
tout ce qu'il vous commandera pour le service de Sa
Majesté. On fermera le ban, et on donnera l'accolade.

204. — *Rapport journalier. — Situation.*

Le rapport est le compte graduellement rendu (2)
aux supérieurs, de ce qui s'est passé depuis une époque
fixée, soit comme administration et service, soit comme
police et discipline (3), la situation en fait partie. —
Les rapports dont il est ici question, se rendent toutes
les vingt-quatre heures ; la réunion où ils sont portés,
et qu'on appelle également le *rapport*, a lieu après le
premier appel. Le chef de bataillon de service le reçoit (4) de chaque sergent-major (*V.* nᵒˢ. 250, 286).

Le rapport des postes (*V.* nº 410), se fait le matin
à neuf heures, à moins qu'il ne survienne quelque évé-

étant assemblé, les officiers formoient un cercle ; ils avoient derrière
eux les sous-officiers, derrière lesquels les tambours formoient un
troisième cercle. Ces cercles étoient concentriques ; le commandant
du corps et le récipiendaire se mettoient au centre avec les officiers
supérieurs, et le premier disoit à haute voix, après l'ouverture du
ban : *De par Sa Majesté, vous reconnoîtrez*, etc.

Mais si l'officier reçu passoit à un grade supérieur à celui de l'officier qui recevoit, ce dernier, au lieu de dire, *vous reconnoîtrez*,
disoit : *Nous reconnoîtrons*, etc. (**V.** *Manuel pour le corps de l'infanterie*, imprimé en 1781, chap. 4 et 5).

(1) L'usage est que le récipiendaire soit en grande tenue, et qu'il
se tienne en face du centre de la troupe sous les armes (V. *Manuel
pour le corps de l'infanterie*, chap. 4 et 5, art. 1).

(2) *Réglement de service* du 1ᵉʳ mars 1768, tit. 20.

(3) *Idem*, tit. 21, art. 31.

(4) *Réglement de police* du 24 juin 1792, tit. 4, art. 8 et 12.

nement qui nécessite un avis particulier, tel qu'arrivée
d'une troupe (1), ou d'un tambour ou trompette ennemi (2), incendie (3), alarmes (4), émeute, et enfin un
délit assez grave (5) commis par un soldat, pour qu'il y
ait lieu à mettre sur-le-champ le délinquant en arres-
tation.

Ce rapport mentionne exactement tout ce dont on a
eu connoissance depuis l'heure de la fermeture des
portes ou de la retraite. Il est porté par le caporal de
consigne ou par un soldat des plus intelligens (6),
ainsi que les registres et boîtes ou troncs des rondes
et patrouilles (7), pour qu'ils soient visités par l'officier-major. Le militaire d'ordonnance dépose ensuite
ce tronc entre les mains du caporal de consigne du poste
de la place, et retourne à son poste (7).

Situation. La situation est le tableau des présens ou
absens, appuyée des détails des mouvemens et mutations.

Les mouvemens sont des déplacemens, soit individuels, soit collectifs. Le mouvement individuel est celui
d'un militaire, soit qu'il change de lieu, soit que son
nom change de place sur les contrôles; mais dans ce
dernier cas cela s'appelle plutôt communément mutation; les mouvemens collectifs sont ceux, soit d'un
détachement, soit d'une compagnie, soit d'un corps
quittant un lieu pour se rendre ailleurs.

Les mutations sont donc toujours des changemens
résultant d'un mouvement; on en distingue de deux
sortes : 1°. celles qui occasionnent des différences dans
la situation sans augmenter ni diminuer l'effectif; tels
sont les *congés*, les *détachés*, les *hôpitaux*, les *détenus*,
et les *prisonniers de guerre non rayés*; 2°. celles qui
font perte ou gain dans l'effectif; tels sont : les recrues, les venus ou passés à d'autres corps, les congé-

---

(1) *Réglement de service* du 1er mars 1768, tit. 11, art. 84.
(2) *Idem*, art. 86 (*V.* n°. 396).   (5) *Idem*, art. 40.
(3) *Idem*, art. 106.   (6) *Idem*, art. 75.
(4) *Idem*, art. 104.   (7) *Idem*, art. 102.

diés, morts ou désertés et les rayés, soit pour longue absence ou comme prisonniers de guerre. Les promotions et la casse s'effectuant dans la même compagnie, sont des mutations locales; elles tiennent de la première espèce, parce qu'elles ne changent point l'effectif. Lorsqu'elles s'effectuent d'une compagnie à une autre, elles sont alors de seconde espèce.

Tout passage de militaire d'une compagnie dans une autre, sont des mouvemens individuels qui font des mutations pour les compagnies.

Tout mouvement d'une compagnie est une mutation par rapport au bataillon. Tout *mouvement* d'un bataillon est une mutation pour le régiment. Ce principe est applicable à un détachement.

205. — *Ordre.*

L'ordre se distingue en ordre général du jour, ordre de la place (1), ordre du jour du régiment (2) ou détachement (*V.* n°. 250), ordre ou cercle pour recevoir le mot (3).

L'ordre général s'envoie ordinairement par écrit aux chefs de corps; il est transcrit sur le livre d'ordre du régiment (1). L'ordre général au camp renferme les mots d'ordre et de ralliement; les détails du service du jour et de la police; les défenses, les publications, etc. (*V.* n°. 206, alin. 6).

L'ordre de la place se donne au roulement fait après la garde défilée (4); à cet effet, les sergens-majors et sergens de semaine de toute la garnison et des troupes qui auroient séjourné (5) dans la ville, forment un cercle (6), au commandement : *à droite et à gauche,*

---

(1) *Réglement de police* du 24 juin 1792, tit. 4, art. 15.

(2) *Réglement de police* du 24 juin 1792, tit. 4, art. 14.

(3) *Réglement de service* du 1ᵉʳ mars 1768, tit. 13, art. 1.

(4) *Idem*, art. 1 et 6.

(5) *Idem*, tit. 31, art. 5.

(6) *Idem*, tit. 13, art. 7.

9 **

formez le cercle ; les caporaux de semaine se placent à quatre pas en arrière des sergens (1).

L'officier major de place (*le secrétaire écrivain*) commande le service, en détaillant la quantité d'hommes à fournir par chaque corps. Il nomme les officiers de service, ainsi que les rondes (2), conformément au contrôle qu'il en tient, il commande ensuite : *rompez le cercle ;* alors le major de chaque régiment fait former un cercle particulier, où il explique en détail les ordres du grand cercle (3), nomme les officiers et sous-officiers, etc., et fait ensuite rompre le cercle ; les sous-officiers rendent alors l'ordre (4) aux officiers qui ont dû rester sur la place jusqu'à ce moment. Les sous-officiers s'en retournent au quartier et donnent les ordres aux caporaux ; ils en agissent de même au camp (5).

Au camp, l'ordre se donne au centre du corps, à vingt pas en avant des faisceaux. Les sergens-majors et sous-officiers de semaine y assistent, ainsi qu'un sergent et un caporal de piquet (6). Les sergens, le fusil dans le bras droit, formant un cercle, ayant derrière eux les caporaux qui en forment un second et présentent les armes en dehors, les officiers de piquet, le quartier-maître, l'adjudant-major, l'adjudant de semaine, le vaguemestre et le tambour-major y assistent également, et se tiennent entre les deux cercles (7). Le chef de bataillon entre seul dans le cercle inférieur (7), donne l'ordre et prescrit la répartition du service ; il donne ensuite le mot aux officiers de piquet, puis à l'adjudant-major, lequel le donne à l'adjudant, et celui-ci au premier sergent-major, etc.

Les sous-officiers présentent les armes, tant que le mot circule.

L'ordre général du jour et l'ordre particulier du

---

(1) *Réglement de service* du 1er mars 1768, tit. 13, art. 8.

(2) *Idem*, tit. 15, art. 12.　　(5) *Réglement de campagne*

(3) *Idem*, tit. 13, art. 14 et 15, du 5 avril 1792, tit. 11, art. 23.

(4) *Idem*, art. 16,　　(6) *Idem*, art. 28.

　　(7) *Idem*, art. 14 et suiv.

régiment, transcrit sur le livre d'ordre du régiment
(*V.* n°. 250), et ensuite sur celui des compagnies
(*V.* n°. 287) est la publication des intentions des
chefs, et sert en quelque sorte de supplément aux réglemens : c'est le moyen de publicité des événemens et
punitions mémorables.

L'ordre qui a pour objet de donner le mot, a lieu le
soir après la fermeture des portes (1).

206. — *Mot.* (V. n°. 197).

Le mot est de deux espèces : d'*ordre* (*V.* n°. 205) et
de *ralliement* (2); ils ont pour objet de prévenir les sur-
prises, en donnant un moyen de reconnoissance (3).

Le mot d'ordre se composoit autrefois du nom d'un
saint, et de celui d'une ville commençant par la même
lettre. On appeloit *donner le mot entier,* quand on
donnoit ces deux mots; il y avoit des cas, tels que patrouilles, etc., où on ne donnoit qu'un de ces deux
mots, on exigeoit l'autre.

Le mot de ralliement étoit autrefois une espèce de
cri de guerre; c'étoit le plus souvent le nom d'un général. Dans les postes fermés, il est donné par le
commandant de la place une heure avant la fermeture
des portes (4), et transmis par un officier-major de la
place (3) aux postes extérieurs, parce qu'ils ne doivent
pas entrer de nuit dans la ville. Les postes éloignés envoient à cet effet un sous-officier (5), à l'avancée de la
porte la plus voisine; ce mot met les postes à même de
se rallier, en cas d'événement, sur les points désignés
par le commandant de la place.

L'usage de donner à tous les postes et en toutes les
circonstances un mot d'*ordre* et de *ralliement,* a prévalu
depuis cette guerre.

---

(1) *Règlement de service* du 1ᵉʳ mars 1768, tit. 13, art. 1;
(*V.* n°. 405).

(2) *Idem*, art. 2.

(3) *Idem*, tit. 12, art. 15.

(4) *Idem*, tit. 13, art. 20.

(5) *Idem*, tit. 11, art. 99.

En campagne, tout officier qui sort pour aller à l'ennemi, donne à sa troupe un *mot de ralliement* en même temps qu'un rendez-vous, où elle se réunit en cas de séparation (1).

Au camp, les mots d'*ordre* et de *ralliement* sont donnés, l'un et l'autre, tous les jours à midi (2); ils se transmettent au cercle, ou par écrit, ou par un officier (3). Les mots d'ordre et de ralliement sont donnés ou envoyés à tous les postes (4).

Ils sont adressés cachetés (5) aux grand'gardes ou gardes extérieures (6). Les chefs des postes, les donnent à l'entrée de la nuit à leurs officiers et sous-officiers (5).

Le *mot* se donne en garnison aux sous-officiers ou soldats de chaque poste envoyés (*V.* n°. 405) pour le recevoir. Ces militaires se forment en cercle sur la place d'armes (7), par ordre de grade et de régiment (8); la garde de la place fournit un caporal et six fusiliers (9). Ces fusiliers entourent ce cercle à quatre pas, et présentent les armes en dehors, afin d'empêcher que personne n'entende le *mot*.

L'officier-major fait l'appel des postes, ôte son chapeau, ainsi que les sous-officiers (10); dans tous les cas, le *mot d'ordre* se donne à l'oreille, à voix basse, et le chapeau à la main (11), hormis dans les reconnoissances des rondes et patrouilles (*V.* n°. 410).

Le *mot* donné au premier sergent du plus ancien régiment, circule jusqu'au dernier sous-officier, lequel le rend à l'officier-major, celui-ci commande : *rompez le cercle*, lorsque ce *mot* lui est rendu fidèlement.

---

(1) *Réglement de campagne* du 5 avril 1792, tit. 17, art. 20.

(2) *Idem*, tit. 11, art. 1, 7, 12 et 15.

(3) *Idem*, art. 14.

(4) *Idem*, tit. 14, art. 13.

(5) *Idem*, art. 13 et 22.

(6) *Idem*, tit 11, art. 29.

(7) *Réglement de service* du 1er mars 1768, tit. 11, art. 97.

(8) *Réglement de service*, tit. 13, art. 23.

(9) *Idem*, art. 24.

(10) *Idem*, tit. 13, art. 25. Les sous-officiers coiffés d'un schako demeurent couverts.

(11) *Idem*, art. 28.

Chaque sous-officier ou soldat, qui a recu le *mot d'ordre*, le porte de suite (1) au commandant de son poste, le retenant de mémoire et ne devant point l'écrire.

ONZIÈME LEÇON.

ADMINISTRATION.

207. — *Définition.*

L'administration est la direction de toutes les opérations financières d'un régiment, le mode d'emploi des deniers et matières; la gestion de tous les intérêts des militaires, le dépôt de tous leurs titres, et comme hommes de guerre et comme citoyens; elle repose sur l'ordre et l'économie; elle est justifiée par la comptabilité.

La haute administration ressortit au ministre de la guerre et au ministre-directeur. L'administration principale d'un corps est celle que gère le conseil d'administration, dont le colonel est président perpétuel. Ses opérations sont fixées par les lois y relatives (*V*. nᵒ. 161). Son exactitude est constatée par les revues faites chaque mois (2) sur le terrain, par l'inspecteur ou sous-inspecteur aux revues (3), ou bien en route, par un commandant d'armes, etc. (*V*. nᵒ. 417), et par les inspections annuelles de l'inspecteur-général d'armes (4).

L'administration intérieure est celle que dirige paternellement le capitaine et le commandant de chaque

(1) *Réglement de service* du 1ᵉʳ. mars 1768, tit. 13, art. 27.
(2) *Réglement de revues* du 25 germinal an 13, art. 22.
(3) C'est une lettre du ministre, du 4 juin 1770, qui a décidé en principe que les troupes devoient, après la revue, défiler par sections, les tambours battant aux champs (*Voy.* nᵒ. 288). C'étoit comme droit et moyen d'inspection, et non comme honneur militaire (*Voy.* nᵒ. 187, note 4).
(4) *Instruction* du 15 frimaire an 10, art. 3.

compagnie; elle est un détail des attributions ci-dessus décrites, et fournit les élémens de l'administration principale. Elle comprend en outre toutes les écritures relatives à la police, discipline et exercice: objets dont ne s'occupe point le conseil d'administration, mais qu'un capitaine doit regarder comme inséparables de son administration. Ce n'est que de cette *gestion du capitaine*, qu'il est besoin de parler ici.

208. — *Ses livres, registres et renseignemens.*

ADMINISTRATION et COMPTABILITÉ.	Registre de signalement (*V.* n°. 277. Contrôle annuel (*V.* n°. 278). Livre de détail (*V.* n°. 329). Livret du soldat (*V.* n°. 329.
POLICE.	Livre d'ordre (*V.* n°. 279). Inscription du service (*V.* n°. 280). Cahier d'ordinaire (*V.* n°. 356). Cahier d'appel (*V.* n°. 281). Livret des travailleurs (*V.* n°. 282).
DISCIPLINE.	Livre des punitions (*V.* n°. 283).
EXERCICE.	Livret d'instruction (*V.* n°. 284).

209. — *Détail des connoissances relatives à l'administration.*

Première mise à laquelle ont droit les sous-officiers qui deviennent officiers (*V.* n°. 210).

Marques distinctives des grades (*V.* n°. 211.).

Durée des effets (*V.* n°. 212).

Composition du sac du soldat (*V.* n°. 213).

Masse et visite de linge et chaussure, époque de son paiement (*V.* n°s. 214, 215).

Epoques, lieux et saisons suivant lesquelles les soldats ont droit aux distributions de vivres, chauffage et couchage, soit en garnison, soit en route, soit au camp (*V.* n°. 216, etc.).

Fournitures de munitions d'exercice et de gardes (*V.* n°. 219).

Dimensions des effets de casernement (*V.* n°. 220).

Enfin la comptabilité et l'état civil expliqués aux leçons 12 et 13 de ce litre.

210. — *Première mise des sous-lieutenans.*

L'arrété du 9 frimaire an 11, accorde sur les fonds de la masse d'habillement aux sous-officiers promus à une sous-lieutenance, après cinq ans de service effectif sans interruption, un habillement et les marques distinctives de leur grade.

Le gouvernement a ordonné que ces effets seroient payés en argent par les conseils d'administration, à raison de 250 fr. pour l'infanterie de ligne, et 270 fr. pour l'infanterie légère ; au moyen de cette somme, ces officiers doivent se fournir d'habit, veste, culotte ou pantalon et coiffure, bottes, épaulettes et épée (1).

211. — *Marques distinctives des grades* (2).

Le second et le troisième porte-aigle portent quatre chevrons sur les deux bras (3) et un galon d'or ou d'argent, suivant l'arme. Leurs chevrons sont de laine rouge de trente centimètres.

Les sergens-majors portent sur le côté extérieur de l'avant-bras, deux galons d'or ou d'argent de 22 millimètres (10 lignes) de large, placés obliquément d'une couture de la manche à l'autre, de manière que le bout du premier qui touche à la couture intérieure, soit de 19 millimètres (9 lignes) plus haut que le parement, et que le bout qui joint la couture extérieure, soit de 10 centimètres (3 pouces et demi) plus haut que le bout supérieur dudit parement ; le second galon est placé parallèlement au premier, à 13 millim. (6 lignes) au-dessus.

_____

(1) *Circulaire* du ministre-directeur, du 6 frimaire an 12.

(2) *Réglement d'habillement*, du 1ᵉʳ octobre 1786, art. 3.

(3) *Décret* du 18 février 1808, art. 17 ; et *Circulaire* du ministre-directeur du 18 mars 1811. Ce sont deux chevrons sur chaque bras, et non quatre chevrons sur les deux bras.

Les sergens portent un pareil galon placé comme le galon d'en bas des sergens-majors.

Les fourriers portent les mêmes galons que le caporal, ils portent de plus un galon d'or ou d'argent cousu en travers sur le dehors de la manche, au-dessus du pli du bras (1).

Sur les habits blancs, ces galons sont garnis d'un passe-poil de la couleur de la distinction.

Les caporaux portent des galons de laine placés comme ceux des sergens-majors; en général, ils sont de couleur jaune (2).

Les sapeurs ont sur le dehors de la manche au-dessus du pli du bras, deux haches en sautoir, dont le manche est de 11 millimètres (5 lignes) de large, sur 13 centimètres et demi (5 pouces) de long, et dont le fer a 22 millimètres (10 lignes) à l'extrémité; 11 millimètres (5 lignes) à l'emmanchure, et 5 centimètres et demi (2 pouces) de long. Ces haches façonnées en galon de laine, sont de la couleur des galons de caporaux; l'usage le plus général est de les porter en drap.

Les chevrons d'ancienneté sont de laine rouge (3); ils sont portés au-dessus du pli du bras gauche.

Les galons de caporaux et d'ancienneté sont placés sur les vestes, mais ils sont moitié moins larges que ceux des habits.

_____

(1) *Instruction provisoire* du 1er avril 1791.

(2) Cet usage est emprunté des gardes nationales. Le *Réglement d'habillement*, du 1er octobre 1786, art. 3, parag. 6, vouloit qu'ils fussent de laine bleue pour les habits blancs, et de fil blanc pour habits bleus et rouges.

(3) *Arrêté* du 3 thermidor an 10, art. 5; *Décret* du 25 thermidor an 12. Il a été mis en doute si les sergens et fourriers doivent ou non porter le chevron d'ancienneté. Autrefois ils ne le portoient pas; ou si, dans quelques corps, ces sous officiers l'ont porté, c'étoit en laine. A la renaissance de la paye d'ancienneté, ils n'en ont point porté, parce que cette paye étoit une faveur particulière aux caporaux et soldats; mais cette faveur leur ayant été étendue treize mois après, c'est-à-dire, le 25 thermidor an 12, on a vu, dans quelques régimens, des fourriers et sergens porter le galon d'ancienneté en or ou en argent, et dans d'autres le porter en laine.

212. — *Etat et durée des effets d'habillement*, etc.

Capotte d'infanterie de ligne et légère (1). .	3 ans.
Habit veste (2).	2
Habit veste blanc (3).	3
Gilet à manche de drap (4).	2
Pantalon de tricot, de ligne et légère (5). . .	1
Caleçon de toile (6).	1
Bretelles (7).	0
Schako (8).	4
Bonnet de police (9).	2
Bonnet d'oursin (10).	6
Grand équipement. Buffleterie (11). . . .	20
Giberne (11).	20
Caisse et collier de tambour (11).	20
Tablier de sapeur (12).	20
Aigles (13). (Leur durée n'est pas déterminée).	

(1) *Décret* du 25 avril 1806, art. 7; et le *Décret* du 19 janvier 1812, art. 2.

(2) *Décret* du 19 janvier 1812, art. 2.

(3) L'habit blanc n'est conservé qu'aux compagnies de réserve.

(4) *Décret* du 19 janvier 1812, art. 2.

(5) *Idem*, art. 17.

(6) *Idem*, art. 19.

(7) *Idem*, art. 21.

(8) *Décret* du 25 février 1806.

(9) Le *Décret* du 19 janvier 1812 veut qu'il soit confectionné avec l'étoffe du vieil habillement.

(10) *Décision* du 4 brumaire an 10; et *Arrêté* du 17 frimaire an 11, art. 7.

(11) *Arrêté* du 17 frimaire an 11, art. 7.

(12) *Réglement d'habillement* du 1ᵉʳ octobre 1786, art. 7, paragr. 19; *Réglement d'administration* du 25 février 1806, tableau y faisant suite sous le n°. 1; et *Législation militaire*, livre 3, chap. 1ᵉʳ, sect. 1ʳᵉ.

(13) *Arrêté* du 17 frimaire an 11, art. 6. Aucun corps ne peut porter l'aigle pour enseigne, s'il ne l'a reçu des mains de Sa Majesté (*Décret* du 25 décembre 1811, art. 1ᵉʳ.). Il est attaché au premier bataillon (*Idem*, art. 9). — La durée de son étendard est de deux ans (*Idem*, art. 8). Il est brodé sur l'étendard, d'un côté : *L'empereur Napoléon, à tel régiment*; et de l'autre, le noms des

Fanions (1). (Leur durée n'est pas déterminée).

Etendard (2). . . . . 2 ans.

Armement, fusil et sabre (3). 50

Hache de sapeur et étui (4). 10

213. — *Composition du sac* (n°. 426).

Le sac du soldat se compose de l'*équipement* et du *menu entretien*, l'équipement comprend le *linge et chaussure* et le *petit équipement*. Le *menu entretien* comprend les objets nécessaires à la tenue et la *petite monture*.

Linge et chaussure. Trois chemises (5);

Un col noir (6) et deux rabats;

Trois cols blancs (6);

Deux paires de bas de fil ou de coton (5);

Une paire de bas de laine (5);

Deux paires de souliers (5);

Deux mouchoirs de poche (7);

Deux serre-tête (7);

Petit équipement. Un havre-sac de peau (5);

Un sac de toile (8) pendant la guerre;

---

batailles de la Grande-Armée, auxquelles se sera trouvé ce régiment, savoir : Les batailles d'*Ulm* , d'*Austerlitz* , d'*Jéna* , d'*Eylau* , de *Friedland* , d'*Eckmul* , d'*Esseling* et de *Wagram*.

(1) Les bataillons des régimens sont porteurs chacun d'un fanion, sans inscription , et auquel il n'est rendu aucun honneur ; celui du 2ᵉ. bataillon est blanc, celui du 3ᵉ. bataillon est rouge, celui du 4ᵉ. est bleu, et celui du 5ᵉ. est vert.(*Décret* du 25 décembre 1811, art. 9 et 10; et *Circulaire* du 19 mars 1811).

(2) *Arrêté* du 17 frimaire an 11 , art. 6. (*V.* p. 109, note).

(3) *Réglement d'habillement* , art. 7 , paragr. 20 ; *Réglement d'armement* du 1ᵉʳ vendémiaire an 13 , art. 12 et 23.

(4) *Décret* du 25 février 1806, art. 7; et *Réglement d'habillement*.

(5) *Réglement de comptabilité* du 8 floréal an 8, tit. 5, art. 14.

(6) *Réglement de police* du 24 juin 1792 , tit. 5 , art. 11 ; et *Réglement de comptabilité* , tit. 5 , art. 14. Les cols blancs sont inusités.

(7) *Réglement de comptabilité* du 8 floréal an 8 , tit. 4 , art. 53. *Réglement* du 1ᵉʳ janvier 1792 , tit. 5 , art. 3.

(8) *Réglement de comptabilité* du 8 floréal an 8 , tit. 5 , art. 14, fourni la première fois par la masse d'habillement , et entretenu sur les fonds de la masse de linge et chaussure (*Circulaire* du ministre-directeur, du 20 janvier 1808).

Deux cocardes dont une au schako (1);

Un sarrau (2);

Un pompon (3);

Une paire de guêtres noires et grises (4);

Un petit bidon ou bouteille clissée (5);

Menu entretien, objets de tenue. Un couvre schako en toile cirée (6);

Une peigne à décrasser (7);

Un martinet (8);

---

(1) *Réglement de comptabilité* du 8 floréal an 8, tit. 5, art. 14. Elle étoit fixée à 3 pouces et demi pour les chapeaux, et 2 pouces pour les casques.

(2) Le sarrau ne fait pas partie obligée de l'habillement, quoique le *Réglement de police* du 24 juin 1792, tit. 7, art. 2, paragr. 2; et le *Réglement de service*, tit. 23, art. 4, supposent que le soldat en soit pourvu. Il n'en est pas accordé individuellement, mais seulement quelques-uns par escouades (*Arrêté* du 17 frimaire an 11, art. 13.)

(3) *Circulaire* du ministre-directeur du 21 février 1811 (*V.* nº. 135, note 10).

(4) *Réglement de police*, tit. 5, art. 14; et *Réglement de comptabilité*, du 8 floréal an 8, de ce Manuel, nº. 11; et *Réglement de comptabilité*, tit. 5, art. 14. Le *Réglement de service* du 1ᵉʳ mars 1768, tit. 10, art. 7, veut qu'en été et dans les beaux jours on ne monte la garde qu'en guêtres blanches. Le *Réglement d'habillement* les a prescrites, mais nos Réglemens d'administration ne sont plus d'accord avec cette disposition; les guêtres blanches sont inusitées, si ce n'est par la garde impériale. Il n'en est question ni dans le *Réglement* du 8 floréal an 8, tit. 5, art. 14, ni dans la *Décision sur l'équipement*, du 4 brumaire an 10.

(5) Le bidon doit avoir la forme d'un flacon applati, être formé d'un couvercle concave, contenir une pinte, être supporté par une bretelle d'un pouce, etc. (*ancienne ordonnance*). Des bouteilles clissées leur ont été substituées. *Réglement de campagne* du 5 avril 1792, tit. 19, art. 35 et 58 (*V.* nº. 823), et doivent être fournis la première fois sur les fonds de la masse de campement. *Décret* du 25 février 1806, art. 4, 5 et 6.

(6) Il est en usage dans tous les régimens.

(7) Les régimens qui ont conservé la queue doivent avoir de plus un peigne à retaper, un sac à poudre, une houpe, et un ruban de queue. *Circulaire* du 29 brumaire an 6.

(8) Il pourroit suffire qu'il y en eût, comme autrefois, deux ou trois par escouade.

Brosses pour cuivre (1), habit et souliers (2);
Une patience (3);
Des curettes (3);
Une trousse garnie (4);
Une alène (5);
Un tire-bouton (5);
Un livret de compte (6);
Petite monture. Un couvre-giberne (7);
Un couvre-platine (8);
Un tourne-vis (9); ⎫
Une épinglette (9); ⎪ *V*. Pl. 3, p. 73.
Un tire-balle (10); ⎬
Une pièce grasse; ⎭
Pierres et plomb de rechange (11);
Une pierre de bois ou de corne (12);
Une fiole à l'huile (13).

(1) *Instruction* du ministre de la guerre, du 1er vendémiaire an 13, art. 49.

(2) *Circulaire* du ministre de la guerre, du 29 brumaire an 6; *Réglement de police* du 24 juin 1792, tit. 5, art. 12.

(3) *Réglement de police* du 24 juin 1792, tit. 5, art. 16.

(4) *Circulaire* du ministre de la guerre, du 29 brumaire an 6; le *Réglement* du 1er janvier 1792, tit. 5, art. 3, vouloit que cette trousse fût garnie d'un rasoir, de quelques morceaux de cuir, de fil, aiguilles, etc.

(5) *Circulaire* du ministre de la guerre, du 29 brumaire an 6; et *Réglement de comptabilité* du 8 floréal an 8, tit. 5, art. 11. (*V.* n°. 329).

(6) La première mise et le renouvellement des livrets de soldat sont à la charge de la masse de linge et chaussure (*Circulaire* du 16 novembre 1811).

(7) Nous avons vu cet étui en usage dans plusieurs régimens.

(8) *Réglement de campagne* du 5 avril 1792, tit. 12, art. 23, et tit. 34, art. 38. Ils ne sont point en usage.

(9) *Circulaire* du 29 brumaire an 6. (*V.* ces mots n°. 22). Ils sont fournis la première fois aux frais de la masse d'habillement, mais entretenus et remplacés au compte du soldat ou de sa masse de linge et chaussure. (*Circulaire* du ministre-directeur, du 30 janvier 1808).

(10) Fourni des arsenaux en même temps que le fusil.

(11) *Réglement de campagne* du 5 avril 1792, tit. 20, paragr. 2.

(12) *Instruction* du 15 frimaire an 10, tit. 8, art. 54.

(13) *Réglement d'habillement* du 1er octobre 1786, art. 7.

214. — *Visite de linge et chaussure.*

Les soldats la connoissent sous le nom de *Revue de butin*, et cette définition, encore qu'elle laisse à desirer une expression plus correctement françoise, est néanmoins plus exacte que celle de *revue de linge et chaussure*; car dans cette visite, il doit être examiné non-seulement le linge et chaussure, mais encore l'habillement, l'armement, l'équipement grand et petit, les menus objets, et la petite monture; à moins qu'on ne préjuge que la visite de linge et chaussure doit avoir lieu par mesure d'administration, et que la revue du surplus des effets doit être inspectée par mesure de police; c'est ce que les réglemens ne donnent point droit de supposer. La revue de linge et chaussure a lieu tous les mois après une inspection du dimanche. Un relevé du résultat de cette visite est inscrit sur le livre de détail (*V.* n⁰ 329) et sert à passer la visite du mois suivant. Elle a pour objet de constater la présence, et l'état de conservation ou de vétusté des objets dont se compose le havre-sac, et de reconnoître l'exact numérotage de toutes les pièces d'habillement, armement et équipement (*V.* n° 332). Le soldat tient son livret à la main; c'est après l'examen de ce livret que le renouvellement des objets est ordonné (1). Elle doit être passée par le commandant du corps (2). Le décompte n'est soldé qu'après la passation de cette revue.

215. — *Décompte.*

C'est le revenant-bon auquel le soldat a droit dans le cas que voici :

Au moyen d'une somme de 10 centimes, prélevée sur la solde des présens et des absens (*V.* n° 226), leur masse de linge et chaussure se forme: Le complet de cette masse qui est individuelle et qui est la propriété

---

(1) *Réglement de comptabilité* du 8 floréal au 8, tit. 4, art. 60.
(2) *Réglement de service* du 1ᵉʳ mars 1768, tit. 21, art. 141 et 142; *Réglement de police* du 24 juin 1792, tit. 4, art. 38 et 40.

de chaque homme, est de 40 francs pour les sous-officiers et de 30 francs pour les caporaux, soldats et
tambours (1). On prend à mesure sur ce fonds, pour
acquitter le prix des effets de petit équipement (2)
fournis à l'homme, soit des magasins du régiment, soit
par les soins du capitaine (V. n°. 213).

Si à l'expiration du trimestre, il reste (toutes dépenses faites) quelque somme en sus des 40 ou des 30 fr.
et que le sac de l'homme soit garni, on remet au sous-
officier ou soldat ce qui excède son fonds de masse : c'est
le paiement de ce residu qui s'appelle *décompte*.

Pour faciliter la formation du fonds de masse, il est
fait aux hommes de nouvelle levée une première fourniture des objets de linge et chaussure (3).

Le fonds de masse reste en caisse, il n'en est jamais
fait compte aux militaires, si ce n'est quand ils reçoivent
leur congé de retraite, de réforme, de passe ou absolu;
s'ils reçoivent leur congé de passe, ce fonds de masse
est adressé par le conseil d'administration du régiment
que quitte ce militaire, à celui du régiment où il doit
entrer.

Le décompte a lieu au commencement de chaque trimestre, pour les trois mois précédens, au moyen des
feuilles de décompte dressées à cet effet (4).

216. — *Fournitures.*

Elles se distinguent en fournitures en garnison
(V. n° 217, etc.), fournitures en route (V. 217 et 224),
et fournitures en campagne (V. n°. 221, etc.)

217. — *Fournitures en garnison et en route.*

Les premières se composent des vivres, chauffage
(V. n°. 218), munitions (V. n°. 219), objets de cou-

_____

(1) *Décret* du 30 décembre 1810, art. 3.
(2) *Réglement de comptabilité*, tit. 54, art. 45.
(3) *Réglement de comptabilité*, tit. 5, art. 14; *Réglement d'administration* du 10 février 1806, art. 53.
(4) *Réglement de comptabilité* du 8 floréal an 8, tit. 4, art. 59 (V. n°. 337, note 1).

chage (*V.* nᵒ. 220). Celles de route ne se composent que de pain, de moyens de transport (*V.* nᵒ. 263, note dernière) et de billets de logement (*V.* nᵒ. 341).

Vivres (1). Les sous-officiers et soldats ont droit (2) en garnison, en route et en station, à la fourniture d'une ration de pain de munition, par jour, la ration est la moitié d'un pain, et pèse 7 hectogrammes et demi. Ce pain se compose (3) de trois quarts de froment et d'un quart de seigle ou orge de bonne qualité : la farine doit être blutée (4) à raison de 7 hectogrammes un tiers (15 livres) d'extraction de son, par 49 kilogrammes (1 quintal) de farine. Chaque pain doit être du poids de 17 hectogrammes (3 livres et demi) en pâte, et 15 hectogrammes (environ 3 livres) cuit et rassis de 24 heures (5). Il doit être rond et du diamètre d'environ 27 centimètres (10 pouces), sur 8 centimètres (environ 3 pouces d'épaisseur.)

En garnison, les distributions de pain ont lieu tous les 4 jours, la veille du jour où il est dû, sur un bon du quartier-maître (6) ou du commandant de détachement, visé du commissaire des guerres.

En route, le pain se délivre sur les mandats des commissaires des guerres, des sous-préfets ou des maires (7), pour 4 jours (8). Ce n'est que quand les militaires voyagent en détachement qu'ils ont droit à la fourniture du pain. — Ils n'en reçoivent pas s'ils voyagent isolément (*V.* nᵒ. 417).

_____

(1) *Arrêté* du 25 fructidor an 9.

(2) *Loi* du 23 floréal an 5 ; art. 3.

(3) *Instruction* du 1ᵉʳ ventose an 5, sur les vivres, tit. 1ᵉʳ ; *Réglement de subsistances* du 23 germinal an 6, art. 3 ; *Loi* du 26 fructidor an 7, art. 5 ; et *Réglement de marche* du 25 fructidor au 8, tit. 3, art. 13, 14, 15 et 16.

(4) A Paris elle est blutée à 1 myriagramme (20 livres), parce que telle est la farine du commerce.

(5) *Arrêté* du 25 fructidor an 9.

(6) *Instruction* du 1ᵉʳ ventose an 5, art. 3.

(7) *Réglement de marche* du 25 fructidor an 8, tit. 3, art. 1, paragr. 3.

(8) *Arrêté* du 1ᵉʳ fructidor an 8, sur les étapes, art. 3.

218. — *Chauffage* — (V. nᵒˢ. 222, 411) *en garnison.*

Il consiste en bois, charbon de terre, tourbe de marais ou de tanneur, suivant la localité (1); il n'en est point délivré aux troupes en route (2) : dans les détachemens ou cantonnemens trop éloignés des magasins, le chauffage est fourni provisoirement par les soins des communes (2).

Les adjudans, tambours-majors, sergens-majors, maîtres-ouvriers, sergens et fourriers (3), reçoivent double ration.

Le chauffage se distingue en ration d'été et ration d'hiver; la dernière est double de la première (4).

Les combustibles pour chauffage et cuisson d'alimens se délivrent par homme et par jour d'hiver à raison pour le bois à la mesure, d'un cent cinquantième de stère; à raison, pour le bois au poids, de 2 kilogrammes (4 livres); à raison, pour charbon de terre, d'un kilogramme (2 livres); et à raison, pour les tourbes de marais, de 10 tourbes.

Les troupes de l'intérieur et de Paris reçoivent le chauffage, à raison de 5 mois d'hiver, du 1ᵉʳ. novembre au dernier mars. Les troupes dans les départemens du nord, et sur quelques côtes de la mer, reçoivent le chauffage à raison de 6 mois d'hiver, du 16 octobre au 16 avril inclusivement. Les troupes dans les départemens du midi, reçoivent le chauffage à raison de quatre mois d'hiver, du 16 novembre au 15 mars inclusivement (5).

219. — *Munitions de guerre.*

Le réglement d'armement (6) a fixé une distribution

(1) *Réglement de chauffage* du 1ᵉʳ fructidor an 8, art. 1.
(2) *Idem*, art. 9.
(3) *Idem*, art. 6; et *Circulaire* du ministre-directeur, du 2 thermidor an 11.
(4) *Réglement de chauffage* du 1ᵉʳ fructidor an 8, art. 2.
(5) *Réglement de chauffage et de lumière* du 1ᵉʳ fructidor an 8, art. 8.
(6) *Idem*, art. 25 (*V.* aussi *Réglement de service* du 1ᵉʳ mars 1768, tit. 22, art. 6.

annuelle de poudre et de plomb nécessaires aux exercices des troupes et à la composition des cartouches des
hommes de garde; ces munitions se délivrent du 20 avril
au 20 septembre, et consistent dans les quantités suivantes : 250 kilogrammes (510 livres) de poudre, et
125 kilogrammes (255 livres) de plomb par bataillon.
Une lettre du ministre de la guerre, en date du 26 mai
1807, a décidé que ces fournitures auroient lieu pour
chaque bataillon, suivant le nombre des présens effec-
tifs, à raison d'un kilogramme (2 livres) de plomb, et
2 kilogrammes (4 livres) de poudre, par quatre hommes.
Ces munitions se délivrent des magasins d'artillerie à
mesure des besoins (1); le transport en est fait à la
charge des corps (2), qui n'ont droit à aucune délivrance
de pierres à feu. Si ces munitions ne sont point données
en cartouches toutes faites, le soin et la dépense de cette
confection reste à la charge des corps (3). Les munitions pour la guerre se distribuent suivant le besoin;
les troupes ont alors droit à une délivrance de pierres
à feu, à raison du vingtième du nombre de cartouches
accordées (4).

220. — *Lits militaires* (5).

Un lit militaire se compose d'une couchette, une
paillasse, un matelas, un traversin, deux paires de
draps et une couverture.

Bois de lit. Elévation de 3 à 4 décimètres (12 à 15
pouces); longueur, 19 centimètres (à peu près 6 pieds);
largeur, 11 décimètres (3 pieds 4 pouces).

Paillasse. Même longueur et largeur; elle doit être

---

(1) *Réglement d'armement* du 1er vendémiaire an 13, art. 26.
(2) *Idem*, art. 27.
(3) *Idem*, art. 28 (*V.* n°. 45).
(4) *Réglement d'armement* du 1er vendémiaire an 13, art. 30.
(5) *Réglement de logement* du 12 octobre 1791, art. 30.

garnie de 15 kilogrammes (30 livres) de paille, qui doit être renouvelée tous les six mois (1).

Matelas. Même longueur et largeur que la paillasse; il doit être garni de 13 kilogrammes (26 livres) de laine; il peut y entrer un quart de crin.

Traversin. Longueur, un décimètre (3 pieds 4 pouces); tour, 8 décimètres (2 pieds et demi), garni de deux kilogrammes (4 livres) de laine.

Couverture. Longueur, 28 décimètres (8 pieds et demi); largeur, 22 décimètres (7 pieds) : neuves, elles doivent peser 10 à 12 livres.

Draps. On les change tous les vingt jours en été, et tous les mois en hiver; ils doivent être de toile demi-blanche, ayant 28 décimètres (8 pieds et demi) de longueur, sur 19 décimètres (5 pieds 8 pouces) de large.

Il est fourni aux sous-officiers détenus au cachot, et aux soldats détenus aux prisons et cachots, 6 kilogrammes (12 livres) de paille par homme, laquelle doit durer quinze jours (2).

221. — *Fournitures en campagne.*

Elles se composent de vivres, de chauffage (*V.* n° 222), de couchage (*V.* n°. 223) et de munitions (*V.* n°. 219).

Les vivres se composent (3) de pain, biscuit, riz, légumes secs, viande fraîche, bœuf salé, lard, eau-de-vie, vin, vinaigre, sel.

Le poids du pain est le même qu'en garnison; la distribution s'en fait par régimens et compagnies à la tête du camp (4), autant que possible, tous les quatre jours (5); un officier ou sous-officier est toujours présent

(1) *Réglement de casernement* du 30 thermidor an 2, tit. 4, sect. 2, art. 16.
(2) *Réglement de police*, du 24 juin 1792, tit. 10, art. 49.
(3) *Loi* du 23 floréal an 5, art. 5.
(4) *Réglement de campagne* du 5 avril 1792, tit. 24. (*V.* n°. 217).
(5) *Réglement de subsistance* du 23 germinal an 6, art. 4.

à la prise. Le pain peut être quart, demi ou trois quarts biscuité, mais son poids doit rester le même. Le biscuit se donne en remplacement du pain; il se délivre à raison de 5 hectogrammes et demi (18 onces) la ration (1).

Le riz se distribue à raison de 3 décagrammes (1 once) la ration (1), et la ration de légumes secs, tels que fèves, pois, haricots ou lentilles (2), à raison du double; ces deux distributions ont lieu en remplacement l'une de l'autre.

La viande (1), à raison de 24 décagrammes (8 onces) la ration; la distribution se compose de deux tiers de bœuf, et d'un tiers de vache ou de mouton; la pesée se fait en bloc par compagnies; les têtes, foies et fressures entrent dans la distribution; elle a lieu ordinairement tous les deux jours. Le bœuf salé se distribue en remplacement de viande fraîche, à raison de 24 décagrammes (8 onces) la ration (1). Le lard se distribue de même à raison de 2 hectogrammes (6 onces). Ces deux fournitures ont principalement lieu dans les villes assiégées.

L'eau-de-vie ne se distribue que sur ordre spécial du général, à raison d'un seizième de litre (pinte) par homme (3). Le vin ne se distribue en campagne qu'à défaut d'eau-de-vie, à raison d'un quart de litre par homme (1). Le vinaigre, fourni par ordre du général, dans les chaleurs, se distribue à raison d'un vingtième de litre (4).

Le sel à raison de 5 hectogrammes (1 livre), par mois et par homme (3).

La paie du soldat subit une diminution de 15 centimes du moment qu'il reçoit les 24 décagrammes (une demi-livre (de viande, et 6 décagrammes (2 onces) de légumes (3).

Les officiers n'ont droit qu'en campagne à la four-

---

(1) *Arrêté* du 25 fructidor an 9.

(2) *Règlement de fournitures de campagne* du 5 avril 1792.

(3) *Instruction* du 1er ventose an 5, tit. 4, art. 14; et *Règlement de fournitures de campagne* du 5 avril 1792.

(4) *Décret* du 30 décembre 1810.

220 TIT II. CONNOISSANCES THÉORIQUES.

niture des vivres ; il leur en est dû une ration et demie. Ils n'ont aucun droit aux distributions d'eau-de-vie et de vinaigre.

222. — *Chauffage de campagne.*

Les officiers ont droit à quatre rations un sixième de chauffage ; mais il ne leur est accordé qu'extraordinairement, et à charge par eux de le payer comptant. Les sous-officiers en reçoivent double ration (1).

Le chauffage se distribue de même qu'en garnison, par ration d'hiver et d'été, mais il est compté un mois d'hiver de plus. La ration d'hiver pour le bois à la mesure, est d'un cent vingt-cinquième de stère (2). Celui au poids, à raison de 24 hectogrammes (5 livres) ; le charbon de terre, à raison de 12 hectogrammes (2 livres et demi), et les tourbes de marais, à raison de 12 tourbes. La ration d'été est moindre de moitié ; cette distribution doit pourvoir au chauffage des postes et corps-de-garde (*V.* n°. 411). Le chauffage est distribué à l'avance pour cinq jours au plus (3).

223. — *Couchage en campagne.*

La paille pour campement se distribue (4) à raison de 5 kilogrammes (10 livres) tous les quinze jours, pour les présens seulement (5).

Il est délivré quatre couvertures de laine par tente de nouveau modèle : c'est à raison d'une par trois à quatre hommes (6).

---

(1) *Réglem. de chauffage et lumière* du 1er fructidor an 8, art. 53.
(2) *Idem*, art. 52.
(3) *Idem*, art. 11.
(4) *Instruction* du 1er ventose au 5, tit. 3, art. 3 ; *Instruction* de brumaire au 12, chapitre des (*fournitures pour le campement*). *Décret* du 30 juillet 1810.
(5) *Réglement de fournitures de campagne* du 5 avril 1792.
(6) *Instruction* sur le campement, de frimaire an 12 ; *Fournitures. Circulaire* du 23 vendémiaire an 9. *Réglement de campagne* du 5 avril 1792, art. 1.

La paille que les généraux jugent nécessaire de faire fournir aux corps-de-garde, sous les tentes ou dans les baraques, se distribue dans la proportion suivante : corps-de-garde de 1ʳᵉ classe (*V.* n°. 411), 20 bottes de 5 kilogrammes (10 livres); — de 2ᵉ classe, 12 bottes ; — de 3ᵉ classe, 6 bottes (1).

224. — *Fournitures en tous lieux.*

Par l'arrêté des consuls, en date du 24 frimaire an 11, il avoit été accordé à chaque caporal et soldat 12 décagrammes (4 onces) de pain de pur froment et rassis, pour être taillé en soupe. Cet avantage avoit été étendu aux sous-officiers, le 2 fructidor suivant. Par décret du 12 mars 1806, la masse d'ordinaire avoit été chargée de l'acquisition de ce pain de soupe, qui doit, y est-il dit, être au moins de 3 onces par homme.

Ces décrets venant d'être supprimés, et le prix représentatif de ce pain ayant été ajouté à la solde, il semble hors de doute que l'ordinaire doit demeurer chargé de cette fourniture dont le prix d'acquisition sera inscrit au livret d'ordinaire.

DOUZIÈME LEÇON.

COMPTABILITÉ.

225. — *Définition.*

La comptabilité ou mode d'apurement, est l'obligation de prouver l'emploi de l'argent ou des valeurs reçues et délivrées, et de s'acquitter de cette reddition de compte, suivant les formes consacrées. La comptabilité présente les résultats de l'administration, et cons-

---

(1) Article 12 de l'*Instruction* du ministre-directeur, faisant suite au *Réglement de revues* du 25 germinal an 13.

tate la légitimité de ses dépenses de toute espèce, tant en deniers qu'en nature. Son exactitude consiste dans ses preuves arithmétiques et dans le balancement de ses recettes et dépenses. Elle est sous la direction et la responsabilité du conseil d'administration, surveillé lui-même par l'inspecteur aux revues.

La composition, les classes et la division de la solde (V. n°. 227.), la nature, les quotités et l'époque des fournitures (V. n°. 217, etc.) et des distributions, sont les détails qui ressortissent à la comptabilité.

226. — Solde et indemnités. (1).

Elle est distinguée en solde de présence, et solde d'absence ; ces deux espèces composent 6 classes. La solde de Paris se paye suivant un taux particulier (2). Les militaires porteurs de chevrons (3) ont droit à une augmentation de paye comme le fera connoître le tarif ci-après :

Solde de présence. Elle forme trois classes. Nous ne l'examinons ici que dans la proportion de la paye du simple soldat. La 1re de ces classes de présence est la solde avec vivres de campagne ; elle est de 30 centimes. La 2e classe est la solde sur le pied de paix, avec le pain : elle est de 45 centimes. La 3e classe est la solde en marche avec le pain, elle est de 55 centimes.

La solde de présence, quelle que soit sa composition, se divise en retenue pour linge et chaussure (4) et en prêt (5). Le quartier-maître fait déduction du montant de linge et chaussure, il le garde entre ses mains (6).

Prêt. Le prêt est un à compte, sauf réglement, qui se

---

(1) Décret du 30 décembre 1810.
(2) Telle étoit la disposition des lois du 4 thermidor an 5, et 6 brumaire an 6.
(3) Arrêté du 3 thermidor an 10 ; Décret du 24 messidor an 12.
(4) Réglement de comptabilité du 8 floréal an 8 , tit. 4 , art. 52.
(5) Idem , tit. 3 , art. 1 et 3.
(6) Idem , tit. 4 , art. 52.

délivre à l'officier de semaine les 1ᵉʳ, 6, 11, etc. de
chaque mois (1). Il est distribué en sa présence, par le
sergent-major (*V.* n°. 334, note 2) ou le fourrier (2)
au chef de chaque chambrée. Il se divise en deniers de
poche et en deniers d'ordinaire (3).

Le chef d'escouade distribue de suite à chaque soldat
ses deniers de poche, qui (dans toute circonstance),
à raison de 5 centimes par jour, se montent à 25 centimes, pour le prêt de cinq jours, et 30 centimes, pour
le prêt de six jours.

Deniers de poche. Ils pouvoient supporter les amendes
pour punitions (4); ils acquittent le prix des dégradations de prison (5), de casernement (6) et d'hôpitaux (7),
dégâts et dommages en route (8). Ils peuvent supporter
le prix des objets de menu entretien et petite monture,
dont il faut que le soldat soit fourni (9), et celui de
réparations pour dégradations d'habillement, équipement et armement, du fait de sa négligence (10); mais il est
à propos que ces retenues ne soient jamais exercées que

---

(1) *Réglement de service* du 1ᵉʳ mars 1768, tit. 21, art. 129 ;
Réglement de comptabilité du 8 floréal an 8, tit. 3, art. 3.

(2) *Réglement de service* du 1ᵉʳ mars 1768, tit. 21, art. 136.

(3) Telle étoit la division prescrite par la loi du 23 floréal an 5,
art. 12.

(4) *Décret* du 10 avril 1806, art. 1. Ce décret vient d'être supprimé.

(5) *Réglement de police* du 24 juin 1792, tit. 10, art. 45.

(6) *Loi* du 10 juillet 1791, tit. 3 ; art. 62 ; *Réglement de logement* du 23 mai 1792, art. 22 ; *Réglement de casernement* du 30
thermidor an 2, tit. 4, art. 4, et sect. 2, art. 23 ; *Décret* du 10 avril
1806, art. 1, paragr. 1 ; *Réglement de police*, tit. 6, art. 2.

(7) *Décision* du ministre-directeur, du 12 vendémiaire au 11.

(8) *Réglement de marche* du 25 fructidor an 8, tit. 2, art. 16.

(9) *Loi* du 23 floréal an 5, art. 12 ; *Réglement de police* du 24
juin 1792, tit. 2, art. 20 ; *Circulaire* du 30 janvier 1808 ; mais ces
dispositions, vaguement exprimées par la loi, et dont la mise à
exécution est fort délicate, demanderoient une interprétation for-
melle. *V.* n°. 330.

(10) *Réglement d'administration* du 10 février 1806, art. 15,
17 et 29.

par l'ordre du capitaine, autorisé à cet effet par le conseil d'administration. S'il étoit distrait du prêt pour toute autre cause, la plus légère partie, l'officier de semaine en seroit responsable (1).

Les proportions du prêt varient pour les sous-officiers, caporaux, grenadiers, voltigeurs, tambours, etc., comme il est expliqué par le tarif ci-après.

Deniers d'ordinaire. Le surplus du prêt qui reste entre les mains du chef-d'escouade, après qu'il a payé les deniers de poche, forme les fonds d'ordinaire; et la quotité en doit varier suivant les circonstances qui seront exposées plus bas. Ces deniers d'ordinaire ne doivent concourir à d'autres dépenses qu'à celles de nourriture, éclairage et balais (2); depuis la suppression de la masse de compagnie, l'ordinaire acquitte les dépenses dont elle étoit chargée.

La somme qui reste par homme et par jour entre les mains du chef d'ordinaire, est, si les hommes touchent la paye de présence de 1re classe, de 15 centimes; s'ils touchent la paye de 2e classe, de 30 centimes; et s'ils touchent celle de 3e, de 40 centimes.

Aucune disposition ne détruit celle qui veut que les sergens mettent à l'ordinaire au moins 5 centimes de plus que les soldats (3).

Solde d'absence. Elle forme trois classes; la première de ces classes d'absence, est celle des militaires ayant voyagé isolemment avec indemnité de route; elle est de 30 centimes. La seconde, est celle des semestriers, et des ex-détenus, absous par jugement; elle est de 15 centimes. La troisième, est celle des hommes aux hôpitaux; elle est de 10 centimes. Il n'est point fait de prêt pour les absens; il n'est alloué pour les hommes aux hôpi-

---

(1) *Réglement de comptabilité* du 8 floréal an 8, tit. 5, art. 3.

(2) *Réglement de police* du 24 juin 1792, tit. 2, art. 15; *Décret* du 10 avril 1806, art. 3; *Réglement de casernement* du 30 thermidor an 2, tit. 5, art. 2, et tit. 6, art. 8.

(3) *Réglement de police* du 24 juin 1792, tit. 2, art. 20; *Réglement de service* du 1er mars 1768, tit. 21, art. 13.

taux que les deniers de linge et chaussure. Les semestriers et les ex-détenus ont droit à un rappel de 5 centimes par jour. Les hommes ayant voyagé isolément ont droit à l'excédant de leur masse de linge et chaussure.

Solde des conducteurs de conscrits. Tous sous-officier indistinctement appelés aux fonctions de conducteurs de conscrits, reçoivent un supplément de solde égal au tiers de la solde de chaque grade (1).

Solde des prisonniers de guerre. Les sous-officiers et soldats qui ont séjourné plus de deux mois dans les prisons de l'ennemi, reçoivent, à leur retour en France, deux mois de leur solde, à titre de secours pour se rendre à leur destination, indépendamment de leur indemnité de route ou d'étape; et quand ils sont restés moins de deux mois, ils sont payés de la solde qui est échue pour tout le temps de leur captivité, indépendemment des indemnités de route ou d'étape (2). Les paiemens de solde entière des sous-officiers et soldats sont faits sur des états d'à-bon compte imputables aux corps (3). Au moyen de ces dispositions, les prisonniers de guerre François ne peuvent prétendre à aucun autre décompte pour le temps de leur captivité (4).

Solde des militaires rentrant de congé. Les hommes revenus de congés autorisés par le Ministre, ne sont compris dans les états de prêt que du jour de leur retour, et pour les faire payer de ce qui leur revient de leur demi-solde, pendant le temps de leur absence, le sergent major dresse ou fait dresser par le fourrier à la fin de chaque mois un état qui contient le décompte de la somme à payer à ces hommes. Cet état est nominatif et désigne les époques du départ et du retour, le temps de leur absence et ce qui leur revient net, déduction

---

(1) *Instruction* du ministre de la guerre, du 4 mars 1811, art. 4.
(2) *Décret* du 17 mars 1809, art. 7.
(3) *Circulaire* du directeur général, du 20 juin 1809.
(4) *Décret* du 17 mars 1809, art. 8.

faite des avances qui auroient pu leur être faites en route. Les hommes qui outre-passent l'expiration de leur congé, n'ont droit à aucun rappel ni décompte autre que celui de linge et chaussure, à moins qu'ils ne justifient de leur absence pour cause de maladie par des billets d'hôpitaux en bonne forme.

Indemnité de route. L'indemnité de 15 centimes par demi-myriamètre est payée aux sous-officiers et soldats voyageant isolément; elle tient lieu de toutes fournitures en vivres. Elle leur est due dans les cas suivans. Aux militaires partant de garnison ou cantonnement pour faire partie d'un détachement de leurs corps, ou en revenant; à ceux allant aux hôpitaux externes ou aux eaux en revenant; à ceux faisant partie d'un détachement éloigné du corps de plus de 35 kilomètres (9 lieues environ), et appelés à l'infirmerie du corps pour y être traités; à ceux rejoignant leurs corps pour y être réformés; à ceux se rendant aux invalides; à ceux passant d'un corps dans un autre; aux recrues et volontaires acquittés par jugement, retournant à leur corps; aux congédiés se retirant du corps dans leurs foyers; à ceux qui, appelés en témoignage devant les tribunaux, conseils de guerre ou commission militaire, s'y rendent ou retournent à leur corps; à ceux revenant de semestre ou congé, et ne trouvant pas le corps dans le lieu indiqué par la feuille de route, depuis ledit lieu seulement jusqu'à la nouvelle destination; aux sous-officiers et soldats rentrant des prisons de l'ennemi et rejoignant leur corps, ou rentrant dans leurs foyers en vertu d'un ordre légal, etc., etc. Tous les militaires qui ont droit à l'indemnité de route doivent être porteurs d'une feuille de route.

Récapitulation. La retenue pour linge et chaussure, pour tous, et dans tous les cas, est de 10 centimes (1). La somme mise à l'ordinaire est de 15, de 30 ou 40 centimes. Les deniers de poche des présens, semestriers

---

(1) *Décret* du 30 décembre 1810, art. 3.

et absous par jugement., sont de 5 centimes. Ceux des absens ayant voyagé isolément avec indemnité, sont de 20 centimes. Les hommes aux hôpitaux n'ont droit à rien.

C'est au sergent-major à distribuer lui-même à chaque rentrant les deniers de poche pour solde d'absence.

Les frais de gîte et geolage sont tombés au compte du gouvernement.

GRADES.	SOLDE DE PRÉSENCE				SOLDE D'ABSENCE.		Supplément de solde dans Paris.
	Mensuelle, avec vivres de campagne.	JOURNALIÈRE,			En semestre.	A l'hôpital.	Par jour.
		avec vivres de campagne.	en station avec le pain, pour les Sous-officiers et Soldats.	en marche, avec le pain, pour les Sous-officiers et Soldats.			
	fr. c. m.	fr. c. m.	fr. c. m.	fr. c. m.	fr. c. m.	fr. c. m.	fr. c. m.

OFFICIERS (*).

Etat-major.

GRADES.	Mensuelle fr. c. m.	Journ. avec vivres fr. c. m.	en station fr. c. m.	en marche fr. c. m.	En semestre fr. c. m.	A l'hôpital fr. c. m.	Suppl. Paris fr. c. m.
...uel.... { en premier	416 66 6	13 88 8	13 88 8	18 88 8	6 94 4	10 88 8	2 77 7
{ en second	400 00 0	13 33 3	13 33 3	18 33 3	6 66 6	10 33 3	2 66 6
...r..... { en premier	3o8 33 3	11 94 4	11 94 4	16 44 4	5 97 2	8 94 4	2 38 8
{ en second	333 33 3	11 11 1	11 11 1	15 61 1	5 3o 5	8 11 1	2 22 2
...de bataillon	3oo 00 0	1o 00 0	1o 00 0	14 00 0	5 00 0	7 00 0	2 00 0
...dant-major	166 66 6	5 55 5	5 55 5	8 55 5	2 77 7	3 55 5	1 38 8
...rtier-maître trésorier (**) } ...cier payeur	1oo 00 0	3 33 3	3 33 3	5 83 3	1 66 6	1 83 3	1 11 1
...nier Porte-Aigle	104 16 0	3 47 2	3 47 2	5 97 2	1 73 6	1 97 7	1 15 1
...ônier, Ministre (*infant. suisse*)	1oo 00 0	3 33 3	3 33 3	5 83 3	1 66 6	1 83 3	1 11 1
.....*Idem*	15o 00 0	5 00 0	5 00 0	8 00 0	2 5o 0	3 00 0	1 25 0

Compagnies.

GRADES.	Mensuelle fr. c. m.	Journ. avec vivres fr. c. m.	en station fr. c. m.	en marche fr. c. m.	En semestre fr. c. m.	A l'hôpital fr. c. m.	Suppl. Paris fr. c. m.
...taine.. { 1re classe	200 00 0	6 66 6	6 66 6	9 66 6	3 33 3	4 66 6	1 66 6
{ 2e *idem*	166 66 6	5 55 5	5 55 5	8 55 5	2 77 7	3 55 5	1 38 8
{ 3e *idem*	15o 00 0	5 00 0	5 00 0	8 00 0	2 5o 0	3 00 0	1 25 0
...tenant.. { 1re classe	104 16 6	3 47 2	3 47 2	5 97 2	1 73 6	1 97 2	1 15 7
{ 2e *idem*	91 66 6	3 o5 5	3 o5 5	5 55 5	1 52 7	1 55 5	1 o1 8
...s-lieutenant	83 33 3	2 77 7	2 77 7	5 27 7	1 38 8	1 52 7	0 92 5

NOTA. 1° Le commandant de chaque régiment reçoit, à titre d'indemnité, pour frais de représentation, un supplé-...ut de 1800 francs par an, payable tous les mois avec la solde.

(*) La solde des officiers des compagnies d'artillerie régimentaire est détaillée au bas du n°. suivant.

(**) Ou la solde de leur grade, si elle excède 1200 francs.

GRADES.	SOLDE DE PRÉSENCE. Mensuelle, avec vivres de campagne.	JOURNALIÈRE, avec vivres de campagne.	JOURNALIÈRE, en station avec le pain, pour les Sous-officiers et Soldats.	JOURNALIÈRE, en marche, avec le pain, pour les Sous-officiers et Soldats.	SOLDE D'ABSENCE. En semestre.	SOLDE D'ABSENCE. A l'hôpital.	Supplément de Solde dans Paris. Par jour.
	fr. c. m.	fr. c. m.	fr. c. m.	fr. c. m.	fr. c. m.	fr. c. m.	fr. c. m
SOUS-OFFICIERS ET SOLDATS.							
Petit État-Major.							
Adjudant sous-officier..........	»						
Vaguemestre (en temps de guerre)....	»	1 60 0	1 75 0	2 60 »	0 80 0	0 53 3	0 54 0
2e et 3e Porte-Aigles........	»	1 66 0	»	»	»	»	»
Tambour-major...........	»	0 80 0	0 95 0	1 20 0	0 46 0	0 16 0	0 22 0
Caporal-tambour...........	»	0 80 0	0 95 0	1 20 0	0 40 0	0 16 0	0 22 0
Musicien..........	»	0 55 0	0 70 0	0 80 0	0 32 5	0 20 0	0 12 5
Maître ouvrier, prévôt (infant. suisse).	»	0 30 0	0 45 0	0 55 0	0 27 5	0 10 0	0 17 5
Compagnies d'élite.							
Sergent-major..........	»	0 85 0	1 00 0	1 25 0	0 42 5	0 10 0	0 24 0
Sergent, fourrier..........	»	0 72 0	0 87 0	1 07 0	0 36 0	0 10 0	0 18 8
Caporal..........	»	0 50 0	0 65 0	0 75 0	0 25 0	0 10 0	0 15 0
Appointé (infanterie suisse)........	»	0 40 0	0 55 0	0 65 0	0 20 0	0 10 0	0 10 0
Grenadier, carabinier, voltigeur....	»	0 35 0	0 50 0	0 60 0	0 17 5	0 10 0	0 10 0
Tambour..........	»	0 45 0	0 60 0	0 70 0	0 27 5	0 20 0	0 07 5
Compagnies du centre.							
Sergent-major..........	»	0 80 0	0 95 0	1 20 0	0 40 0	0 10 0	0 22 0
Sergent, fourrier..........	»	0 62 0	0 77 0	0 97 0	0 31 0	0 10 0	0 14 8
Caporal..........	»	0 45 0	0 60 0	0 70 0	0 22 5	0 10 0	0 12 5
Appointé (infanterie suisse)........	»	0 35 0	0 50 0	0 60 0	0 17 5	0 10 0	0 07 5
Fusilier..........	»	0 30 0	0 45 0	0 55 0	0 15 0	0 10 0	0 05 0
Tambour..........	»	0 40 0	0 55 0	0 65 0	0 25 0	0 20 0	0 05 0
Enfant de troupe.	»	»	0 20 0	0 40 0	»	0 10 0	0 07 5
Compagnie d'artillerie régimentaire.							
Officiers.... Lieutenant 1re classe.	120 83 3	4 02 7	4 02 7	6 52 7	2 01 3	2 52 7	1 34 2
Lieutenant 2e classe.	104 16 6	3 47 2	3 47 2	5 97 2	1 73 6	1 97 2	1 15 7
Sous-lieutenant.......	95 83 3	3 19 4	3 19 4	5 69 4	1 59 7	1 94 4	1 06 4
Sous-officiers et soldats. Sergent-major......	»	0 90 0	1 05 0	1 30 0	0 45 0	0 30 0	0 26 0
Sergent et fourrier....	»	0 72 0	0 87 0	1 07 0	0 36 0	0 10 0	0 18 8
Caporal....	»	0 55 0	0 70 0	0 80 0	0 27 5	0 10 0	0 17 5
Ouvrier et soldat....	»	0 40 0	0 55 0	0 65 0	0 20 0	0 10 0	0 05 0

229. — Haute-paie.

Les sous-officiers et fusiliers réunis avec des compagnies de grenadiers, pour former des bataillons d'élite (aux armées), les adjudans, les tambours-majors et les tambours-maîtres de ces bataillons, reçoivent la haute-paie de 5 centimes attribuée aux compagnies d'élite.

Les sous-officiers et soldats, après dix ans de service dans le même corps (*Loi* du 3 thermidor an 10. art. 1, 2 et 3; et *Décret* du 24 messidor an 12), ou n'ayant changé de corps qu'en vertu d'autorisation, reçoivent, à titre de haute-paie, 1 franc par mois; — après 15 ans de service, 1 franc 50 centimes; — à vingt ans, 2 francs.

230. — Tarif *de Réparations d'armes , par ordre alphabétique* (1).

		PRIX des MANUFACTURES,
Baguette...	Neuve..................	1 fr. 25 c.
	La raccourcir et la tarauder...	» 5
	La faire jouer dans le canal...	» 10
Bassinet. ..	En cuivre............	» 70
	Élargir et approfondir la fraisure.............	» 10
Batterie. ..	Neuve..............	» 80
	Ajuster seulement........	» 30
	La rajuster sur le bassinet....	» 25
	Mettre une feuille.......	» 45
	Y placer un taquet.......	» 75
Baïonnette..	En fournir une neuve......	3 15
	Fendre et ajuster........	» 20
	Mettre une bague (2)......	» 40
	Vis de la bague.........	» 15
	En ajuster une de 1777.....	» 10
	Refaire la pointe........	» 6
	Reforer la douille.......	» 5
	Remettre un étouteau......	» 10
	Fourreau.............	» 30
Bois......	Pièce collée au bois.......	» 25
	Bois collé avec une toile....	» 25
	Monture complète.......	4 20
	Oreille (3)............	» 25

---

(1) *Réglement d'armement* du 1er vendémiaire an 13; *Réglement d'administration* du 25 février 1806 , art. 27 et 28. Le *Réglement d'armement* contient quatre classes de prix. On n'a mis ici que le prix le plus élevé. (V. *Mémorial de l'officier d'infanterie*).

(2) Les bagues sont d'une grande dépense par leur réparation fréquente ; le soldat qui veut l'ôter, pour nétoyer à fond la douille, fait faire ressort à la bague ; si le fer n'en est très-doux, elle est bientôt brisée. Nous avons vu des fusils allemands dont la bague étoit à charnière. (V. nos. 20 et 26).

(3) On appelle *oreille* un petit éclat de bois qui se fait proche la cannelure ou encastrement de la queue de culasse.

Suite du Tarif de Réparations d'armes.

		PRIX des MANUFACTURES.
BRASURES. . .	⎰ Quelconques.	» fr. 20 c.
	⎱ Soudures.	» 15
BRIDES. . . .	⎰ Neuves.	» 40
	⎱ Ajuster seulement.	» 15
CANON.	Le fournir neuf.	10 »
	Tarauder, limer, ajuster une culasse.	1 20
	Le reforer et mettre au calibre.	» 30
	L'adoucir.	» 20
	Le redresser.	» 10
	Oter une culasse cassée dans le canon.	» 25
	Ajuster une culasse neuve sur le bois.	» 20
	Mettre un grain au canon, et percer la lumière.	» 30
	Percer et fraiser le trou de la queue de culasse.	» 8
	Mettre un bouton ou tenon pour arrêter la baïonnette. . . .	» 20
CAPUCINES. .	Neuves.	» 30
	Grenadières.	» 60
	Remplacer un anneau de grenadière et le souder.	» 25
	Un battant de grenadière de 1777.	» 20
CHIEN.	Complet, à gorge.	1 15
	Ajuster seulement.	» 35
	Le rassurer dans son carré. . .	» 10
	V. *Vis de chien,* V. *Mâchoire.*	
DÉTENTE. . . .	Remplacer une pièce de détente de 1777, sur un bois.	1 05
	La remplacer, piquer, et régler avec la platine.	» 35
	Remplacer une pièce ordinaire.	» 40
EMBOUCHOIR.	Neuf, et l'ajuster sur son bois. .	» 80
ENTURE. . . .	⎰ Grande, ou demi-bois.	1 25
	⎱ Petite.	» 75

Suite du Tarif de Réparations d'armes.

		PRIX des MANUFACTURES.	
FUSIL.	Neuf. (1).	34 fr.	64 c.
GACHETTE. .	Neuve.	»	30
	Ajuster seulement.	»	15
	Retailler.	»	6
GOUPILLE. . .	. . . .	»	5
GRAND RESSORT.	Neuf.	1	»
	L'ajuster.	»	10
	Le retremper.	»	5
GRENADIÈRES.	Neuves.	»	60
	Anneau et le souder.	»	25
	Battant, modèle de 1777. . . .	»	20
MACHOIRE. .	Neuve.	»	30
	L'ajuster seulement.	»	10
MARQUAGE. .	Marque complète.	»	»
	De baïonnette, baguette, caisse, hache, etc.	»	»
MONTE-RESSORT	du nouveau modèle (2).	3	»
NOIX.	Neuve.	»	60
	La retailler.	»	10
NETTOYAGE en QUATRE CLASSES.	1re classe, fusil garni de sa baïonnette.	»	50
	2e, fusil sans baïonnette.	»	45
	3e, fusil garni en cuivre. . . .	»	45
	4e, une platine seulement. . . .	»	30
PIERRE A FEU	enveloppée de son plomb coulé V. n° 31.	»	7
PLAQUE DE COUCHE.	La remplacer et l'ajuster sur son bois.	1	»
PLATINE. . . .	Neuve.	5	»
	Corps de platine, limer et ajuster toutes les pièces dessus. . . .	2	50
PONTET. . . .	L'assujétir sur une pièce de détente.	»	20

(1) Voy. *Instruction* de juin 1806.
(2) *Voy.* la fin de la dernière note du chap. 5 de la première partie de l'*Instruction* de juin 1806. Ce monte-ressort peut s'établir à un prix moindre. (*V.* n°. 21). Même observation pour le tourne-vis.

Suite du Tarif de Réparations d'armes.

		PRIX des MANUFACTURES.
PORTE-VIS....	Le rajuster sur son bois et le replacer.	» fr. 20 c.
	Toutes espèces de trous taraudés.	» 5
	Oter tous les frottemens qui se trouvent occasionnés par les ressorts de la platine.	» 10
	Faire joindre la platine sur le canon, et empêcher le frottement de la batterie.	» 25
RÉPARATIONS DIVERSES (1).	Enfoncer la platine dans le bois, limer le rempart du bassinet, et le pan du canon pour le faire joindre.	» 10
	Faire marcher le fusil.	» 25
	L'approprier, c'est-à-dire, adoucir, ôter le coup de marteau et les mâchures d'étau sur le canon et la garniture.	» 50
	De gachette.	» 25
	Ajuster seulement.	» 5
	Retremper seulement.	» 3
	De batterie.	» 50
	Ajuster seulement.	» 5
RESSORTS.	Retremper seulement.	» 5
	Dresser le ressort sur le frottement de la batterie, et rafraîchir le talon.	» 15
	Ressort d'embouchoir, de grenadière ou capucine.	» 12
	Neuf (V. *Monture*) (1).	9 67
	Fourreau (2).	1 25
	Fournir son bout.	» »
	Sa chape complète.	» »
SABRE.	Un pontet à sa chape.	» »
	Une passe neuve à sa chape. . .	» 10
	Lame (1).	2 87
	Une soie neuve et la remonter.	» 50
	Ralonger la soie et la remonter.	» 25
	Monture et montage.	5 55

(1) *Instruction* de juin 1806.
(2) *Règlement d'armement* du 1ᵉʳ vendémiaire an 13. *Tarif.*

Fin du Tarif de Réparations d'armes.

		PRIX des MANUFACTURES.

		fr.	c.
SOUS-GARDE.	Neuve et l'ajuster sur le bois. .	1	»
	L'ajuster seulement.	»	30
	Un battant, et percer le trou de goupille.	»	25
	Ajuster le crochet.	»	75
TIRE-BALLE.		»	30
TOURNE-VIS ployant à trois branches.		1	»

			fr.	c.
TREMPE. . . .	Le corps de la platine. La batterie. . . . . . . Le bassinet. . . . . . Le corps de chien. . . . La noix. . . . . La gachette. . . . . . La bride.	chaque,	»	10
	La mâchoire. . . . . . La vis du chien. . . . Toute espèce de vis de platine et de garniture. La détente.	chaque,	»	15

		fr.	c.
VIS.	De contre-platine.	»	30
	De batterie, de gachette, clou de chien.	»	20
	Cassées dans leurs trous.	»	25
	Petites.	»	15
	De chien, à tête percée.	»	25
	L'ajuster seulement.	»	15
	Relever une cassée dans son trou.	»	30
	Mettre en place une grande vis.	»	20
	Remplacer les deux vis de sous-garde de plaque, et raser les têtes, par chaque.	»	25

231. — *Acquittement des dépenses d'armurerie.*

A l'exception des *monte-ressort*, *pierre*, *tire-balle et tourne-vis*, les autres articles sont marqués aux prix auxquels les conseils d'administration doivent acheter dans les manufactures d'armes, et pour un an à l'avance, les pièces d'armurerie dont ils ont besoin (1).

_____

(1) *Réglement de comptabilité* du 8 floréal an 8, tit. 4, art. 39; *Réglement d'armement* du 1er vendémiaire an 13, art. 22; et *Réglement d'administration* du 25 février 1806, art. 25.

Quand les armes sont portées chez l'armurier, le prix
en peut être acquitté de deux manières, savoir : au compte
de la masse générale, si les pièces manquantes ou brisées
l'ont pu être par vétusté, mauvaise qualité ou événement
de service ; au compte du soldat, si la défectuosité a eu
lieu par suite de sa maladresse, négligence ou méchan-
ceté (*V.* n°. 216).

232. — Tarif *des Réparations de buffleterie* (1).

Bois de giberne.		30 cent.
Bordure de giberne.		20
Sa couture.		20
Boucles (2).	De banderolle, fort modèle.	20
	(Petite) de banderolle.	5
	De bretelle de fusil.	»
	Sa couture.	2
	De giberne.	5
Bouton de porte-giberne.		3
Sa couture.		3
Contre-san-glon.	De giberne.	5
	Sa couture.	3
	De banderolle.	10
	Sa couture.	3
Enchapure d'une petite boucle de banderolle.		1
Sa couture.		2
Fonds de giberne.		13
Martingales.	De giberne.	10
	Sa couture.	3
	De banderolle.	10
	Sa couture.	2
Patte de chape de fourreau de sabre.		10
Chapeau de fourreau de baïonnette.		2
Paire de courroies pour bonnet.		30
Leur couture.		10
Pendant de baudrier avec enchapure.		50
Sa couture.		15
Poche de giberne.		15
Sa couture.		5

(1) Pour l'exécution de l'art. 18 du *Réglement d'administration*
du 10 février 1806. Ce taux est le prix de Paris.

(2) Leur prix pourroit s'élever moins haut en d'autres lieux qu'à
Paris.

TREIZIÈME LEÇON.

ÉTAT CIVIL.

233. — *Définition.*

L'état civil des militaires est l'application à leur égard des lois auxquelles les autres citoyens se trouvent soumis depuis la promulgation du Code Napoléon; et qui sont fixées, pour les gens de guerre, suivant les modifications que réclament leur profession. Son Exc. le ministre de la guerre a donné, le 15 novembre 1809, une instruction qui relate les articles du Code civil, auxquels le militaire est assujéti comme citoyen, et dont l'influence s'exerceroit encore sur lui, après le terme de ses services, ou bien sur ses héritiers ou ayant-cause.

234. — *Actes civils.*

Tels sont ceux de *naissance*, *mariage*, *testament* et *décès* hors du territoire, mais sur le territoire français, la conduite à tenir est la même que tiendroient les autres citoyens.

Enfin, il est quelques autres lois qui semblent également concerner l'état civil, telles que celles qui traitent des engagemens pour dettes (*V.* n°. 239), des délégations (*V.* n°. 240), des secours aux veuves (*V.* n°. 241).

235. — *Naissances.*

Le quartier-maître dans chaque corps, ou le capitaine commandant, remplissent les fonctions d'officiers de l'état civil (1); ils tiennent un registre des actes de l'état

_____

(1) Code Napoléon, art. 89.

civil; ce registre est déposé aux archives de la guerre, à la rentrée du régiment sur le territoire de l'Empire (1).

La déclaration de la naissance à l'armée est faite dans les dix jours qui suivent l'accouchement, en présentant l'enfant à l'officier chargé de la tenue du registre, lequel en adresse un extrait à l'officier de l'état civil du dernier domicile du père; un double est envoyé au ministre de la guerre (2).

236. — *Mariage.*

L'homme, avant 18 ans révolus, la femme, avant 15 ans (3), révolus, ne peuvent contracter mariage.

L'homme, avant 25 ans, la femme, avant 21 ans révolus, ne peuvent se marier sans le consentement de leurs père et mère (4).

Les publications de mariage des militaires sont faites au lieu du dernier domicile; elles sont mises à l'ordre du jour du corps (5), 25 jours avant la célébration. Lorsque l'acte de publication du mariage est inscrit sur le registre à ce destiné, l'officier qui le tient, en envoie une expédition à l'officier de l'état civil du dernier domicile des époux. (6).

Tels sont les formes de la garantie sociale ; quant aux règles de discipline auxquelles sont assujétis les mariages des militaires, elles sont fixées par un décret de Sa Majesté, en date du 16 juin 1808, qui porte que les officiers en activité de service, ne peuvent se marier qu'après avoir obtenu le consentement du ministre de la guerre; que les sous-officiers et soldats ne peuvent se marier qu'avec la permission du conseil d'administration, et que les officiers de l'état civil, qui sciemment

---

(1) *Code Napoléon*, art. 90.
(2) *Idem*, art. 92 et 93 (*V.* n°. 242, 245).
(3) *Idem.*, art. 144.
(4) *Idem*, art. 148.
(5) *Idem*, art. 94 (*V.* n°. 206).
(6) *Idem*, art. 95 (*V.* n°. 243, 245, note).

célébreroient un mariage non autorisé, encourroient la destitution.

Les colonels (1) doivent remettre leur demande à leur supérieur immédiat, qui la fera parvenir avec son avis, en suivant la hiérarchie des grades, au commandant en chef, et celui-ci la transmettra au ministre de la guerre, avec son avis, d'après les renseignemens qu'il aura dû prendre sur la famille, la réputation et la fortune de la personne indiquée.

Tous les officiers des corps remettront leur demande au colonel, ou, en son absence, au commandant du régiment, en suivant également la hiérarchie des grades, et cet officier supérieur, après avoir pris des renseignemens, renverra le tout au ministre, avec son avis.

Les officiers de santé de toute classe feront parvenir leurs demandes de permission de mariage par leurs supérieurs au ministre-directeur.

257. — Testamens.

Les militaires peuvent disposer (2) de leurs biens en faveur de qui bon leur semble; ils peuvent même, lorsqu'ils sont en campagne, s'exempter des règles des testamens ordinaires, en observant cependant de ne rien faire qui soit prohibé par les lois sur la faculté de tester; ainsi leurs dernières volontés ne peuvent être en faveur des officiers de santé, pharmaciens ou employes qui les ont traités pendant leur maladie, non plus qu'en faveur des ministres des cultes.

Les testamens peuvent, en quelque pays que ce soit, être reçus par un chef de bataillon ou officier supérieur, en présence de deux témoins, ou par deux commissaires des guerres, ou par un commissaire des guerres, en présence de deux témoins (3).

Si le testateur est malade ou blessé (4), le testament

_____

(1) *Décision* du ministre, du 10 août 1808.
(2) *Voy.* l'ouvrage intitulé : *Législation militaire*, chap. 12.
(3) *Code Napoléon*, art. 981.
(4) *Idem*, art. 982.

peut être reçu par l'officier de santé en chef, assisté du commandant militaire chargé de la police de l'hospice.

Ces dispositions (1) n'ont lieu qu'en faveur de ceux qui sont en expédition militaire, ou en quartier, ou en garnison hors le territoire de l'Empire, ou prisonniers chez l'ennemi, sans que ceux qui sont en quartier ou en garnison dans l'intérieur, puissent en profiter; à moins qu'ils ne se trouvent dans une place assiégée, ou dans une citadelle ou autre lieu dont les portes soient fermées, et les communications interrompues à cause de la guerre.

Ce testament est nul six mois après que le testateur est revenu dans un lieu où il a la liberté d'employer les moyens ordinaires (2).

Le Code civil autorise encore les Français qui se trouvent en pays étranger, à faire des dispositions testamentaires par actes sous-signature privée ou testamens olographes (3), *c'est-à dire entièrement écrits et signés de la main du testateur.*

Ils peuvent encore tester valablement par acte authentique, avec les formes usitées, dans le lieu où le testament est passé (4).

Les testamens faits sur mer et non olographes, doivent être reçus par l'officier commandant le bâtiment, ou, à son défaut, par celui qui le supplée dans l'ordre de service, l'un et l'autre conjointement avec l'officier d'administration, ou avec celui qui en remplit les fonctions. Dans tous les cas, ces testamens doivent être reçus en présence de deux témoins (5).

238. — *Décès.*

Les actes de décès sont dressés par le quartier-maître et envoyés dans les dix jours à l'officier de l'état civil

---

(1) *Code Napoléon*, art. 983.
(2) *Idem*, art. 984.
(3 (*Idem*, art. 970 et 999.
(4) *Idem*, art. 999.
(5) *Idem*, art. 983.

du dernier domicile du décédé, ainsi qu'au ministre de la guerre (1).

Les quartiers-maîtres réclament des directeurs d'hôpitaux, et surtout d'hôpitaux ambulans, les actes de décès des militaires qui y sont morts.

239. — *Engagemens pour dettes.*

Les dettes des militaires pouvoient être du ressort des autorités civiles, et la poursuite contre les débiteurs, pouvoit être exercée conformément à l'article 10 du réglement de police, qui portoit en substance que tout militaire qui auroit contracté des engagemens par lettres-de-change ou autres obligations emportant la contrainte par corps, et qui s'étant laissé poursuivre, auroit été condamné, ne pourroit rester au service, si, dans le délai de deux mois, il n'avoit satisfait à ses engagemens. C'étoit un effet de l'ordonnance de 1673. La convention nationale abolit le 9 mars 1793, la contrainte par corps ; elle fut rétablie le 15 germinal an 6, mais elle n'a pas d'effet sur les militaires : les traites, lettres-de-change, etc. n'étant réputées que simples promesses, si elles ne sont signées par des négocians, etc. (2).

Les anciennes ordonnances, voulant prévenir les dettes, défendoient à tous marchands de faire crédit aux troupes, et à leur arrivée dans les garnisons, cette défense étoit publiée au son de la caisse. Les militaires ne pouvoient obtenir crédit qu'au moyen d'un billet fait par un officier et signé par le commandant ou par le conseil d'administration, comme autorisant l'emprunt ; si la dette étoit contractée par un officier, elle étoit acquittée sur ses appointemens, pourvu que le propriétaire des billets, ou même des mémoires arrêtés, les présentât au commandant du régiment deux mois après leur date au plus tard. Il n'étoit admis à paiement que

---

(1) *Code Napoléon*, art. 96 (*V.* n°. 244, 246).
(2) *Code du commerce*, livre 1er, art. 112 ; et livre 2, titre 2, art. 23.

les créances ayant pour objet la subsistance (1), habillement, équipement et fournitures relatives au service (2).

240. — *Délégations.*

Les officiers qui s'embarquent pour le service du gouvernement, sont autorisés à déléguer à leurs femmes, enfans ou autres, une portion de leurs appointemens qui n'en peut excéder le quart.

Les membres de la légion d'honneur, payés sur revues (3), peuvent, dans le même cas, déléguer tout ou partie de leur traitement.

Le ministre ordonne aux inspecteurs aux revues (4) et commissaires des guerres, de délivrer un livret spécial relatant la délégation, qui ne peut avoir d'effet que pour un an (4). C'est au moyen de ce livret que les femmes ou enfans, etc. peuvent recevoir des payeurs de la guerre, de trimestre en trimestre (5), les sommes déléguées.

241. — *Secours aux veuves et orphelins.*

Les veuves des officiers, sous-officiers et soldats (6) tués dans les combats ou morts dans les six mois des blessures qu'ils ont reçues, ont droit à une portion du maximum de la pension de retraite à laquelle le défunt eût eu droit, savoir: au quart de ce maximum, pour les veuves d'officiers et adjudans sous-officiers; et au tiers, pour les veuves des sous-officiers et soldats. Si la femme

---

(1) *Réglement de police* du 24 juin 1792, tit. 6, art. 9 et 13.
(2) *Lettre* datée de Compiègne, du 27 juin 1730; *Réglement de service* du 1ᵉʳ mars 1768, tit. 19, art. 9; tit. 21, art. 146; tit. 32, art. 23 et 24 ; *Ordonnance* concernant les dettes, du 2 juin 1777; *Ordonnance* du 1ᵉʳ juillet 1788.
(3) *Décret* du 16 thermidor an 13.
(4) *Idem*, art. 3 et 5.
(5) *Décret* du 16 brumaire an 10, art. 1, 4 et 5.
(6) *Loi* du 8 floréal an 11, art. 10 et 11.

n'existe plus, ses enfans, quel que soit leur nombre, ont le droit qu'auroit eu leur mère, jusqu'à ce que le plus jeune ait atteint sa vingt-unième année.

242. *Acte de naissance* (1).

Aujourd'hui..... (*date du mois et de l'an, indication du jour, de l'heure et du lieu*), devant nous..... (*prénoms, nom et grade de l'officier remplissant les fonctions d'officier de l'état civil, avec la désignation du corps auquel il appartient*), s'est présenté..... (*prénoms, nom, âge du requérant et la désignation de son grade, ainsi que de la compagnie et du bataillon auxquels il appartient, et du numéro sous lequel il est signalé au registre-matricule, s'il est sous-officier ou soldat*); lequel nous a requis de dresser l'acte de naissance de..... (*nom et prénoms que l'on donne à l'enfant*), son fils ou sa fille (*si l'enfant est présenté par toute autre personne que le père, indiquer les noms et prénoms de cette personne et sa profession*) auquel il a donné le jour... (*prénoms, âge et nom de famille de l'épouse*), son épouse (*indiquer le jour et l'heure de l'accouchement*). Il nous a en conséquence représenté cet enfant, en nous déclarant qu'il produit pour témoins de cet acte (*noms, prénoms et âge des deux témoins, lesquels doivent toujours être majeurs et du sexe masculin, avec l'indication des compagnies et bataillons auxquels ils appartiennent, ou de leur profession*), sur quoi, nous, remplissant les fonctions d'officier de l'état civil, et ci-dessus dénommé, après avoir, en présence desdits témoins, examiné cet enfant, avons reconnu qu'il est du sexe (*désigner le sexe de l'enfant*).

De tout quoi nous avons dressé le présent acte, qui a été signé sur le registre, par le requérant, les témoins

---

(1) Tels sont les modèles des actes de l'état civil que les quartiers-maîtres ou capitaines des corps peuvent être dans le cas de rédiger hors du territoire français, et d'inscrire aux registres, conformément aux dispositions des art. 88 et 89 du Code Napoléon.

et nous, après qu'il en a été donné lecture lesdits jour et an.

(*Si quelque témoin ne savoit signer, il faudroit en faire mention*).

243 — *Acte de mariage.*

Aujourd'hui..... (*date du mois et de l'an, indication du jour, de l'eure et du lieu*), devant nous..... (*prénoms, nom et grade de l'officier remplissant les fonctions d'officier de l'état civil, avec la désignation du corps auquel il appartient*) se sont présentés (*prénoms, nom, âge et lieu de naissance du futur, le corps auquel il appartient, le bataillon et la compagnie, ainsi que le numéro sous lequel il est signalé au registre-matricule*), fils, (*majeur ou mineur*) de..... (*prénoms, nom, profession, âge et domicile des père et mère du futur*), d'une part, et..... (*prénoms, nom, âge, lieu de naissance, profession et domicile de la future*), fille (*majeure ou mineure*) de..... (*prénoms, noms, profession, âge et domicile des père et mère de la future*) d'autre part ; lesquels en présence de... (*prénoms, nom, âge et grade des témoins ; corps, bataillons et compagnies auxquels ils appartiennent, ou leur profession*), leurs témoins..... (*désigner séparément chaque témoin, en énonçant s'il est parent et à quel degré*), et sous l'autorisation et consentement de leurs père et mère..... ou aïeuls et aïeules (*s'il a été fait des actes respectueux, en faire mention*), nous ont requis de procéder à la célébration de leur mariage.

A quoi, nous, remplissant les fonctions d'officier de l'état civil ; et ci-dessus dénommé, déférant, avons donné lecture :

1°. Des actes de naissance des futurs ;

2°. Des actes de publication mis à l'ordre du jour du corps, dans les délais prescrits par l'art. 94 du Code Napoléon, sur lesquels il n'est survenu aucune opposition ;

3°. Des actes des publications faites en la commune de... (*nom de la commune*), lieu du dernier domicile du futur, et en celle de... (*nom de la commune*), lieu du dernier domicile de la future; les... (*date des publications*) ;

4°. Des certificats délivrés les (*date des certificats*), par les officiers de l'état civil desdites communes, constatant qu'il n'est survenu aucune opposition ;

5°. Des actes contenant les consentemens voulus par la loi pour chacun des futurs (*ou des actes respectueux, s'il en a été fait*) ;

6°. De la permission de mariage exigée par l'article (*indiquer le numéro de l'article, suivant le grade du militaire* (du décret impérial du 16 juin 1808 ;

7°. Enfin du chapitre 6 du titre du mariage sur les droits et devoirs des époux, après quoi nous avons demandé audit futur époux, qui il entend prendre pour femme ; il nous a répondu à haute et intelligible voix qu'il demande à s'unir à... (*prénoms et nom de la future*); et avons ensuite demandé à la future qui elle entendoit prendre pour époux ; elle nous a répondu aussi à haute et intelligible voix qu'elle desiroit avoir pour mari... (*prénoms et nom du futur*). En conséquence, nous avons prononcé, au nom de la loi, que... (*prénoms et noms des futurs*) sont unis par le mariage.

De tout ce que dessus nous avons dressé le présent acte ; et après en avoir donné lecture, nous l'avons signé avec les parties et les témoins, lesdits jour et an. (*Si quelqu'un ne sait signer, en faire mention*).

Nota. S'il existoit un enfant naturel, et que les époux fussent dans l'intention de le reconnoître conformément aux dispositions de l'article 331 du Code, l'acte de mariage devroit alors être suivi de la déclaration ci-dessous.

Lesdits époux nous ayant déclaré qu'il existe un enfant naturel, fruit de leurs œuvres ; que cet enfant n'a pas été reconnu lors de sa naissance, et qu'il a été présenté à l'officier remplissant les fonctions de l'état civil à..... (*désigner le corps ou la commune, si c'est dans l'intérieur*), sous les prénoms et noms de... (*indication des prénoms et nom qui ont été donnés à l'enfant*), qu'ils desirent le reconnoître pour leur enfant, attendu qu'il n'est ni adultérin, ni incestueux, et qu'à cet effet, ils nous le présentent ; sur quoi nous, remplissant les fonctions d'officier de l'état civil, après avoir examiné cet enfant, que nous attestons être du sexe... (*indiquer le sexe de l'enfant*), avons déclaré que (*prénoms et nom de l'enfant*), enfant naturel desdits..... (*prénoms et noms des époux*) est légitimé, et que mention de la présente légitimation sera faite en marge de son acte de naissance.

De tout ce que dessus nous avons dressé acte, qui a été signé par les parties, les témoins et par nous, après lecture faite lesdits jour et an.

244. — *Acte de décès.*

Aujourd'hui... (*date du mois et de l'an, indication du jour, de l'heure et du lieu*), devant nous... (*prénoms, nom et grade de l'officier remplissant les fonctions d'officier de l'état civil, désignation du corps auquel il appartient*), sont comparus.... (*prénoms, nom, âge et grade des trois témoins voulus par l'article 96 du Code ; corps, bataillons et compagnies auxquels ils appartiennent, ou leur profession*), lesquels nous ont déclaré que... (*prénoms, nom et grade du militaire décédé, corps, bataillon et compagnie auxquels il appartient, numéro sous lequel il est signalé au registre-matricule*) est décédé ce jour à... (*désigner l'heure et le lieu*), par suite de.... (*indication du genre de mort lorsqu'il y a lieu*) ; ce militaire étoit marié à (*désigner le nom de la veuve et de son domicile*), étoit fils de... (*noms des père et mère du décédé et leur domicile*).

De tout quoi nous avons dressé le présent acte, qui a été signé par noms et les trois témoins, après lecture faite lesdits jour et an.

245. — *Extrait de naissance* (numéro et désignation
du corps) (1).

Nous soussignés... (*prénoms , nom et grade de l'officier*), remplissant les fonctions d'officier de l'état civil,
certifions qu'il résulte du registre destiné à l'inscription
des actes de l'état civil, faits hors le territoire français,
pour le... (*désignation du corps*), que le... (*date de la
déclaration*), le nommé (*prénoms et nom du père ou de
la personne qui a présenté l'enfant, désignation de la
profession ou du corps, du bataillon et de la compagnie
auxquels il appartient, ainsi que du numéro sous lequel
il est signalé*), nous a déclaré en présence des deux témoins, mâles et majeurs, voulus par la loi, que le.....
(*date de la naissance de l'enfant*), son épouse... *ou*
épouse de.... (*nom et état du père, prénoms et nom de
la mère*), est accouchée à... (*indiquer le lieu et l'heure*),
de... (*d'un garçon ou d'une fille*) à qui ils ont donné les
prénoms de... (*prénoms de l'enfant*) et ont, le père...
(*ou celui qui a présenté l'enfant*) et les témoins , signé
avec nous au registre, à... le... (*désigner le lieu et la
date du mois et de l'an*). -

246. — *Extrait d'acte de mort* (numéro et désigna-
du corps).

Nous soussignés (*prénoms , nom et grade de l'officier*), remplissant les fonctions d'officier de l'état
civil, certifions qu'il résulte du registre destiné à l'inscription des actes de l'état civil fait hors du territoire

(1) Tels sont les modèles des extraits des actes de l'état civil, rédigés hors du territoire français, tels qu'ils doivent être envoyés à
l'officier de l'état civil du dernier domicile des parties intéressées,
et au ministre de la guerre. Ils doivent être certifiés par le conseil
d'administration, et visés par le sous-inspecteur.
Quant aux actes de mariage, on ne doit point envoyer extrait de
ces sortes d'actes, mais bien une copie littérale du registre, conformément aux dispositions de l'article 95 du Code Napoléon.

français, pour le... (*désigner le corps*), que le nommé (*prénoms, nom et grade du décédé, désignation du corps, du bataillon et de la compagnie*), fils de... et de... (*prénoms et noms des père et mère*), natif de... (*lieu de naissance*), marié à..... (*prénoms et nom de la veuve, ainsi que son domicile*), signalé au registre-matricule, sous le n°... (*indiquer le numéro*), est décédé à... (*indiquer le lieu*), par suite de... (*déterminer le genre de mort lorsqu'il y a lieu*), le... (*la date et l'heure du décès*), d'après la déclaration à nous faite, le... (*indiquer la date*), par les trois témoins, mâles et majeurs, voulus par la loi, lesquels ont signé au registre avec nous, à... (*indiquer le lieu*), le... (*date du mois et de l'an*).

TITRE TROISIÈME.

DEVOIRS.

247. — Sommaire.

Les devoirs des sous-officiers varient suivant le grade dont ils sont revêtus, et selon les diverses espèces de service auxquels peuvent être employés les sous-officiers du même grade.

Le devoir de chaque grade sera ici précédé de l'origine et définition de l'emploi, ainsi que de l'étendue des droits, attributions et autorité du sous-officier.

Ce titre se divise en 18 leçons, dont chacune compose un devoir.

Le grade de caporal est le seul dont on ait distingué et divisé les fonctions en plusieurs leçons, parce que toute la science du métier des armes consiste pour les sergens dans la surveillance, et pour les caporaux, dans l'exécution de ces devoirs; ce titre comprend :

1re. LEÇ. DEV. *de l'adjudant.*
2e. ——————— *du vaguemestre.*
3e. ——————— *du porte-enseigne.*
4e. ——————— *du sergent-major.*
5e. ——————— *du tambour-major.*
6e. ——————— *du sergent.*
7e. ——————— *du fourrier.*
8e. ——————— *du caporal tambour.*
9e. ——————— *du caporal à tous les instans de la journée.*
10e. ——————————— *chef d'escouade.*
11e. ——————————— *de semaine.*
12e. ——————————— *d'ordinaire.*

PREMIÈRE LEÇON.

DEVOIR DE L'ADJUDANT.

248. — *Origine, droits, etc.*

Le grade de l'adjudant a été institué après la suppression des aides-majors et sous-aides-majors (1); il y en a actuellement deux par bataillon (2).

L'adjudant est le premier sous-officier d'un bataillon (3). Il est même, dans quelque cas, assimilé aux officiers (*V*. n°. 241; il fait partie de l'état-major (4); il ne lui est fait aucune retenue pour linge et chaussure (5). Son avancement a lieu conformément à la loi du 14 germinal an 3 (6). Il n'est payé que du jour de sa nomination, ou depuis son départ du corps d'où il sort par promotion (7). Il ne peut, ainsi que les sous-officiers, exercer ses fonctions qu'après avoir été reçu. Il l'est à la tête des sous-officiers assemblés ; et dans ce cas, il est vêtu et armé comme s'il étoit de service (*V*. n°. 203);

---

(1) *Ordonnance* du 25 mars 1776, rendue sous le ministère de M. de Saint Germain.

(2) *Décret* du 18 février 1808, art. 2.

(3) Ce rang a été accordé également au vaguemestre (*V*. n. 257).

(4) *Loi* du 14 germinal an 3, art. 8 et 11.

(5) *Règlement de comptabilité* du 8 floréal an 8, tit 4, art. 52.

(6) *Idem*, art. 1 et 10.

(7) *Règlement de revues* du 25 germinal an 13, art. 43.

c'étoit par le major qu'il étoit reçu (1); il est convenable qu'il le soit par l'adjudant-major; il porte habituellement une canne (2), et ne doit tirer l'épée qu'à la guerre et pour sa défense personnelle. Le réglement d'habillement, art. 7, vouloit qu'il fût armé d'un sabre. L'usage lui donne une épée toujours portée en baudrier. Ce même réglement décidoit que son épaulette seroit à fond de soie, couleur de feu, traversée dans le milieu de sa longueur de deux cordons de tresses d'or ou d'argent, suivant la couleur du bouton (3). Il porte des bottes quand il est sous les armes (4); il loge avec son collègue (5); il a le droit de coucher seul (6).

Il étoit autrefois spécialement chargé de l'examen des sujets désignés pour être sergens et caporaux; il en rendoit compte au major (7).

Ses fonctions en manœuvres sont suffisamment expliquées au réglement d'exercice.

Les punitions et la casse qu'il peut encourir sont détaillées n°. 148.

Les adjudans concourent entre eux à un service de semaine (8); celui qui est de semaine, reçoit l'appel du matin, est porteur de l'ordre des arrêts des officiers, etc. (9).

249. — *Qualités exigées pour la nomination à cet emploi.*

Voici comment s'exprimoit l'ordonnance du 1er. juillet 1788 (10). Les adjudans étant les premiers bas-officiers

___

(1) *Ordonnance* du 1er juillet 1788, art. 26.
(2) *Réglement d'exercice* du 1er août 1791, pl. 1. Il seroit convenable que cette canne fût longue d'un mètre, elle pourroit ainsi suppléer le cordeau de campement (*V.* n°. 93, note 1 et 2).
(3) *Réglement d'habillement* du 1er octobre 1786, art. 3.
(4) *Réglement de police* du 24 juin 1792, tit. 5, art. 7.
(5) *Instruction* du 29 floréal an 7, art. 13.
(6) *Réglement de police* du 24 juin 1792, tit. 2, art. 4; et *Réglement de casernement* du 30 thermidor an 2, tit. 3, art. 4.
(7) *Ordonnance* du 1er juillet 1788.
(8) *Réglement de police*, tit. 3, art. 4.
(9) *Idem*, tit. 10, art. 22.
(10) *Idem*, tit. 11, art. 18.

(*sous-officiers*) du régiment, et pouvant beaucoup influer sur son instruction et sur son bon esprit, les commandans des régimens et officiers supérieurs ne pourront apporter trop d'attention au choix qu'ils feront d'eux, et ils ne devront par conséquent s'en rapporter pour leur examen qu'à eux-mêmes, ou à l'officier supérieur de leur régiment qu'ils jugeront le plus instruit et le plus capable de leur en répondre.

Les examens théoriques et la pratique des fonctions de bas-officiers ne suffisant pas même pour s'en bien assurer, ils ne fixeront leur opinion et leur choix qu'après avoir fait faire, pendant un mois au moins, au bas-officier qu'ils ont eu en vue pour remplir la place d'adjudant, le service de cet emploi.

250. — *Rapport journalier.*

L'adjudant reçoit et réunit, avant neuf heures et demie, les billets de rapports particuliers que lui remettent les sergens-majors (1), et dresse dans les bureaux du quartier-maître, le rapport général, qu'il signe (2)

A neuf heures et demie, l'adjudant et les sergens-majors sont conduits chez le major ou le commandant du détachement, qui reçoit tous les rapports.

L'adjudant, mené avec l'adjudant-major chez le colonel, y inscrit sur son livre d'ordre particulier, l'ordre du jour, que de retour au quartier, il dicte aux sergens-majors (3).

Il rassemble, commande et conduit à la parade les sous-officiers de semaine (4), et après le cercle rompu, il les ramène au quartier en bon ordre.

_____

(1) *Réglement de police* du 24 juin 1792, tit. 4, art. 4.

(2) *Idem*, art. 11.

(3) *Idem*, art. 14.

(4) Le *Réglement de service* du 1er mars 1768, tit. 21, art. 85, veut que les sergens-majors, sergens de semaine et caporaux de semaine assistent à la parade. Le *Réglement de police*, tit. 4, art. 19, ne fait mention que des sergens-majors et caporaux de semaine.

251. — *Rassemblement du bataillon.*

Lorsque le bataillon prend les armes, l'adjudant veille à la manière dont on établit le rang de taille des soldats et caporaux, ainsi qu'à la manière dont on forme les trois rangs (*V.* n°. 291), soit sur la droite, soit sur la gauche, soit sur le centre, suivant l'emplacement marqué pour la ligne de bataille.

Il assemble le bataillon et égalise les pelotons (*V.* n°. 252).

Il fait, de mémoire, l'appel des sous-officiers, musiciens, fifres, tambours et sapeurs; il compte les sous-officiers-serre-files, et est responsable de leur exact placement.

Il désigne et place, suivant les ordres de l'adjudant-major, les sous-officiers qui devroient être guidés (dans le cas où le premier ou second sergent seroit absent, et n'en pourroit pas remplir les fonctions); il désigne les caporaux qui doivent se mettre en serre-files, en remplacement des sergens manquans; il forme le peloton de l'aigle (1), plaçant les trois porte-aigles au premier rang.

Il forme le peloton de l'enseigne (1), en mettant le porte-enseigne entre deux sergens. Les deuxième et troisième rangs de l'aigle et de l'enseigne sont composés de fourriers (*V.* n°. 252) et de caporaux.

L'adjudant devant connoitre à toute heure du jour le disponible (par la comparaison des situations qui lui sont remises), doit voir d'un coup-d'œil, quelles sont les compagnies plus foibles qu'elles ne devroient l'être, s'assurer des noms et du nombre des manquans, et savoir s'ils sont absens par supercherie, par tolérance, par permission irrégulière (2) ou par suite d'un appel inexactement fait.

---

(1) Aucune décision ministérielle n'a encore notifié à quel bataillon doivent être placés l'aigle et l'enseigne.

(2) C'est-à-dire, donnée par des subalternes, clandestinement, et sans participation de qui de droit.

252. — *Manière d'égaliser les pelotons.*

Lorsque l'adjudant doit égaliser les pelotons, voici la manière dont il s'y prend : il sait à l'avance le nombre des files que chaque sergent-major peut et doit fournir, et calcule avec un crayon quel est le terme moyen, qu'en résultat, doit présenter chaque compagnie; il fait sortir du rang, au moyen du pas en arrière, l'homme, la file ou les files de gauche des pelotons dans lesquels ce terme moyen se trouve outrepassé; il ordonne à ces files de se porter vers et derrière le centre du bataillon pour s'y réunir.

Il se rend lui-même au point où se sont assemblés ces hommes, et c'est de-là qu'il les distribue, en indiquant à chaque file le peloton qu'elle doit aller compléter.

Un adjudant habile doit, en moins de cinq minutes, avoir égalisé facilement les pelotons d'un bataillon de 800 hommes, puisqu'en deux minutes, ce sous-officier marchant seulement au pas accéléré (1), doit avoir parcouru le front, qu'on peut évaluer approximativement à 200 pas (2); qu'il faut à-peu-près une minute pour que les files surabondantes soient réunies au centre, et une minute pour qu'elles soient rendues au lieu de leur nouveau placement.

Tout autre moyen seroit plus long et moins sûr; il auroit d'ailleurs l'inconvénient de brouiller le rang de taille, de mélanger d'une manière désagréable les pompons, et de nécessiter même le dérangement et le replacement de tous les caporaux qui sont dans le rang.

---

(1) Un pas d'adjudant doit être de 120 à la minute.

(2) Nous supposons la place que chaque soldat occupe dans le rang, à raison d'un mètre (3 pieds) pour deux hommes (V. *Instruction* de brumaire an 12, sur le campement); un bataillon de 800 hommes auroit chacun de ses rangs composé de 266 hommes, et ce front seroit égal à 133 mètres (204 pas et demi), qu'il est facile de faire en moins de 2 minutes.

253. — *Commandement du service, gardes d'hon-*
neur, etc.

L'adjudant fait la répartition du service des compagnies suivant leur force (*V.* n°. 178); il assemble les
hommes de garde que les sergens-majors forment par
compagnie sur un rang ; l'adjudant les fait serrer à un
pas de distance sur celle de la tête, et appelle les différens postes (1). Il commande et rassemble les gardes
d'honneur (*V.* n°. 186), et a soin que les sentinelles
d'honneur, qui doivent être habituellement posées,
soient celles ci :

A la porte des généraux en chef, des généraux divi-
sionnaires commandant une division militaire territoriale, des généraux de division employés, des généraux
de division inspecteurs pendant leur inspection, deux
grenadiers (2).

A la porte des généraux de brigade commandant un
département, deux fusiliers (3.

A la porte des généraux de brigade employés et des
adjudans commandans qui commandent dans un département, un fusilier (4).

A la porte des cardinaux, des archevêques et des évêques, à celle des inspecteurs en chef aux revues, en
tournée ou en mission particulière ; à celle des commissaires généraux et commissaires ordonnateurs en
chef, et à celle des commandans d'armes, un fusilier (5).
Si ces commandans d'armes sont officiers généraux, la
sentinelle est tirée des grenadiers (6).

Les adjudans-commandans, chefs d'état-major d'une

---

(1) *Réglement de police* du 24 juin 1792, tit. 4, art. 19.
(2) *Décret* du 24 messidor an 12, tit. 14, art. 10, 22 et 28.
(3) *Idem*, tit. 15, art. 4.
(4) *Idem*, tit. 15, art. 6, paragr. 3.
(5) *Idem*, tit. 18, art. 1; tit. 19, art. 4; tit. 22, art. 1; et
tit. 23, art. 1.
(6) *Idem*, tit. 18, art. 1.

division, ont un fusilier à la porte du lieu où se tient leur bureau (1).

Les ordonnateurs employés ont, pour le jour seulement, un factionnaire à la porte du lieu où se tient leur bureau (2).

254. — *Surveillance et responsabilité de l'adjudant.*

L'adjudant tient un contrôle d'ancienneté des sous-officiers, et commande leur service (3) par la tête et par la queue; veille à leur instruction et fait leur théorie (4); rassemble les gardes en garnison, en route et au camp; a l'œil sur les appels, les distributions (*V.* n°. 336, note 1ʳᵉ.), les différentes classes d'instruction, l'école des tambours, les répétitions de la musique, les salles d'escrime et de danse (5), et est enfin à tous les instans, le surveillant de la police et l'âme de la discipline.

Il commande les corvées sous les ordres du capitaine de police (6), et veille à l'entretien et propreté du corps-de-garde de police, des salles de police et du quartier.

S'il s'y fait la moindre dégradation, il en fait sur-le-champ le rapport à ses chefs; si ces dégradations échappent à sa surveillance, et qu'il ne découvre pas par qui la réparation doit en être supportée, c'est lui qui en devient passible.

Quand il le juge à propos, il s'assure de la présence des consignés par les appels qu'il en fait (7).

Aux époques fixées (8), il fait nettoyer les vitres (9)

---

(1) *Décret* du 24 messidor an 12, tit. 16, art. 2.
(2) *Idem*, tit. 23, art. 4.
(3) *Réglement de campagne* du 5 avril 1792, tit. 7, art. 2 et 3 (*Voy.* n°. 178, 3ᵉ note; et n°. 256, dernier paragraphe).
(4) *Réglement d'exercice* du 1ᵉʳ août 1791, tit. 1.
(5) *Réglement de police* du 24 juin 1792, tit. 6, art. 17.
(6) *Idem*, tit. 3, art. 4.
(7) *Idem*, tit. 4, art. 23.
(8) *Idem*, art. 35. *V.* aussi *Réglement de casernement* du 3 thermidor an 2, tit. 4; sect. 2, art. 15.
(9) *Réglement de police* du 24 juin 1792, tit. 2, art. 7.

et battre les couvertures. Il s'assure que quand les soldats les secouent, c'est toujours dans la largeur, c'est-à-dire dans le sens de la trame et non dans la longueur, ce qui en peu de temps les briseroit par leur milieu (*V.* n°. 289, dernier parag.).

Il peut accorder permission aux sous-officiers de faire faire leur cuisine par une personne étrangère au régiment (1); il fait former leur ordinaire par la réunion des sous-officiers de deux compagnies (2).

Il est chargé de la tenue du livre de police (3), et le signe tous les jours; il se fait rendre compte de toutes entrées ou sorties de la salle de police.

Le matin et le soir, il reçoit et réunit les billets d'appel pour en dresser un appel général (4); il présente celui du soir à la signature du capitaine de police, et le porte à l'un des chefs de bataillon (*V.* n°. 137).

Les adjudans ont droit à un franc 50 centimes par mois pour frais de papier, plumes, etc. (5).

L'adjudant est responsable des fanions, à moins qu'il n'y en ait autant que de compagnies (6), et que les sergens-majors ne soient gardiens chacun du leur (7). Il est responsable des cordeaux de campement (*V.* n°. 93), de la poudre et munitions; il surveille et dirige les ateliers où se font les cartouches (*V.* n° 45); il a sous

(1) *Réglement de police* du 24 juin 1792, tit. 2, art. 20.
(2) *Réglement de comptabilité* du 8 floréal an 8, tit. 5, art. 6.
(3) *Réglement de police*, tit. 10, art. 10.
(4) *Réglement de service* du 1er mars 1768, tit. 21, art. 115.
(5) Ces frais de bureau sont réduits à 1 franc par mois.
(6) Morceau d'étoffe de laine carré, placé au haut d'une fiche de 6 pieds. C'étoit autrefois l'enseigne des valets; chaque compagnie eut ensuite un fanion de la couleur de son pompon. Lorsque le régiment qui faisoit route arrivoit au gîte, le sergent-major ou le sergent-fourrier laissoit flotter ce fanion en dehors de sa croisée, afin qu'il indiquât sa demeure; aujourd'hui, ils servent aux exercices, et sont portés par les guides généraux et jalonneurs. Le *Réglement d'habillement* du 1er octobre 1806 vouloit, art. 9, qu'il en fût porté un par chaque fourrier de fusiliers: rien n'a annullé cette disposition.
(7) *Manuel pour le corps de l'infanterie*, imprimé en 1781, chap. 8, art. 1.

sa garde tous les objets du corps-de-garde de police, ainsi que les baquets de la cour (1), brouettes, etc.

255. — *En route.*

En route, il commande et rassemble la garde de police (2) après que le régiment est réuni.

L'adjudant fait sortir des rangs, en arrière ou en avant du front, suivant le terrain, les hommes de garde, et les forme sur trois rangs.

Il commande un sous - officier chargé de la conduite des éclopés (3).

En tous lieux de logemens militaires, il commande une garde, sous la conduite d'un officier, pour assister à la distribution du pain, et y maintenir l'ordre (4).

Si l'adjudant est envoyé en avant avec les fourriers pour faire le logement, il se rend (après que le logement est fait) au-devant de l'officier qui commande le régiment pour lui porter les ordres du commandant de la place, et remettre lui-même aux officiers et sous-officiers de l'état-major leur billet de logement ; il remet au tambour-major son billet et ceux de ses tambours ; il remet pareillement au vaguemestre son billet et ceux des maîtres ouvriers (5). Il indique l'heure et le lieu de la distribution, et le nombre d'hommes que chaque compagnie doit fournir.

L'adjudant couche seul (6).

256. — *Au camp.*

Au camp, il commande le service de corvée des sous-

---

(1) *Réglement de casernement* du 30 thermidor an 2, tit. 5, sect. 2, art. 2.

(2) *Réglement de marche* du 25 fructidor an 9, tit. 1er, art. 14.

(3) *Idem*, art. 13.

(4) *Idem*, tit. 3, art. 8; et *Réglement de subsistance* du 23 germinal an 6, art. 4 (*V.* n°. 139 - note).

(5) *Réglement de service* du 1er mars 1768, tit. 11, art. 49 et 50.

(6) *Réglement de logement* du 12 octobre 1791, art. 14, paragr. 12.

officiers par rang d'ancienneté de compagnie, en commençant par le moins ancien de la dernière (1).

Lorsqu'on doit détendre pour marcher, l'adjudant
fait partir la nouvelle garde du camp, qui marche derrière cette garde et celle de police (V. n°. 95 note 3);
il veille à ce que le chevalet et le manteau d'armes du
piquet soient chargés convenablement. (2)

Une partie de ces devoirs, ou même la surveillance
de leur exécution, peut être attribuée aux adjudans-
majors (3). Cette démarcation reste dépendante de l'ordre donné particulièrement à cet effet par les chefs.

DEUXIÈME LEÇON.

DEVOIR DU VAGUEMESTRE (4).

257. — *Origine, attributions, etc.*

Le nom de ce sous-officier est emprunté de l'allemand,
et signifie maître des chariots; en route, il a sous ses
ordres les domestiques des officiers (5). Ces fonctions
ont toujours été remplies par un sergent ou un fourrier (6) de confiance (7); c'est ordinairement à lui qu'est
attribué le soin de retirer de la poste les lettres du régiment (8). Il avoit autrefois le droit de percevoir un sou
par chaque lettre, et le sou pour livre de l'argent en-

(1) *Réglement de campagne* du 5 avril 1792, tit. 7, art. 16.

(2) *Idem*, art. 42.

(3) *Idem*, tit. 7, art. 2.

(4) *Loi* du 23 fructidor an 7; et *Arrêté* du 9 fructidor an 8.

(5) *Réglement de campagne*, tit. 12, art. 27.

(6) Dans le temps où le fourrier comptoit au nombre des sergens.

(7) *Réglement de campagne*, tit. 21, art. 1.

(8) *Réglement sur les postes*, du 31 août 1809.

voyé par la poste (1); cette rétribution lui est interdite (2).

Une instruction du ministre de la guerre (3) lui a donné rang de premier sous-officier du corps. A ce titre, il doit avoir le droit de coucher seul en route : les réglemens ont omis d'en faire mention.

Ce n'est qu'en campagne que le vaguemestre a une solde particulière. En temps de paix, ou dans une route ordinaire, un sous-officier en remplit momentanément les fonctions (4). Le vaguemestre est sous les ordres du vaguemestre général chez lequel son nom est inscrit, et qui lui transmet les instructions relatives aux fonctions qu'il a à remplir (5).

Les convois militaires se divisant en transports directs (6), et en transports à la suite des corps, le vaguemestre n'est chargé (7) que de ces derniers.

258. — *Ses fonctions en qualité de facteur.*

Il est porteur d'un acte de nomination que lui délivre le conseil d'administration ou le commandant du détachement, et qui l'autorise à retirer les lettres chargées et non chargées, ainsi que les articles (*l'argent*). Il est donné connoissance de cette nomination aux bureaux

---

(1) *Manuel pour le corps de l'infanterie*, imprimé en 1781, chap. 3, art. 13 (V. *Ordonnance* du 8 avril 1735, art. 2).

(2) *Arrêtés* du 7 thermidor an 2, 24 thermidor an 3; *Circulaire* du 27 vendémiaire an 5.

(3) *Instruction* en date du 21 fructidor an 3, faisant suite à l'arrêté du 9 du même mois ; *Arrêté* du 18 vendémiaire an 10, qui établissoit un pied de paix.

(4) L'arrêté du 18 vendémiaire an 10 les avoit supprimés. Voy. *Législation militaire*, édit. de 1808, tome 1, page 54.

(5) *Réglement de campagne* du 5 avril 1792, tit. 21, art. 5, 6 et 22.

(6) *Réglement de convois* du 18 frimaire an 14, art. 71.

(7) *Idem*, art. 1; et *Décret* du 10 avril 1806, art. 1.

des postes (1). Voici le modèle de cette nomination : *Régiment*, etc., *bataillon de guerre*, etc., *acte de nomination.*

Les membres du conseil d'administration du... (*désigner les numéros des bataillons et du régiment*), sur le compte qui nous a été rendu de la bonne conduite, du zèle et de l'intelligence du sieur.... (*nom*, *prénoms et grade*, *numéro du bataillon et de la compagnie*), le nommons à l'emploi de vaguemestre, pour en remplir les fonctions sous notre autorité, sous la surveillance spéciale de M. *le capitaine....* (*désigner le nom*), l'un de nous, et sous celle de M. le sous-inspecteur aux revues ayant la police du régiment.

Le présent acte de nomination servira d'autorisation pour retirer des bureaux de poste les lettres, chargemens et articles d'argent adressés aux officiers, sous-officiers et soldats du corps, à la charge par le vaguemestre de se conformer aux dispositions à ce relatives, notamment à celles des articles 76, 77, 78, 79, 80, 81, 82, 83 et 85 du réglement sur le service des postes militaires, transcrit de l'autre part (*au dos de cet acte doivent être transcrits les articles précités*). Fait à .... le .... (*Signature des membres du conseil, du sous-inspecteur et du vaguemestre*).

259. — *Retrait des lettres.* — *Chargemens.* — *Dépôts.*

Le facteur est assujéti aux formalités du service des postes, sauf réclamation auprès du commissaire des guerres. Il doit payer comptant les lettres qu'il retire. Le port de celles qu'il emporte lui est rendu, si elles n'ont pas été décachetées, et si le motif de la remise au bureau est inscrit au dos, tel que : *Refusée,* — *malade à tel hôpital,* — *au dépôt à,* — *en détachement à,* — *en congé temporaire ou absolu à,* — *mort,* — *déserté,* — *prisonnier de guerre,* — *égaré,* — *inconnu.* (Ce mot ne peut s'appliquer qu'à celui qui n'a jamais paru au corps.) Le facteur doit rapporter au bureau des postes

____

(1) *Réglement* du 31 août 1809, art. 76, etc.

les chargemens et les articles adressés à des individus qui se trouvent dans une disposition ci-dessus prévue et s'en fera donner décharge sur son registre par le directeur.

Les lettres chargées (1) et les articles déposés dans les bureaux de poste par le vaguemestre ou par les militaires eux-mêmes, sont enregistrés en présence des uns et des autres ; il leur est délivré un bulletin pour les chargemens et une reconnoissance pour les articles. Les bulletins et reconnoissances sont ensuite remis aux envoyeurs, si les chargemens et dépôts ont été faits par les soins du vaguemestre.

260. — *Registre des lettres chargées* (2).

Ce registre, que doit tenir le facteur pour les char-gemens et articles, est coté et paraphé par le sous-ins-pecteur, qui le vérifie aussi souvent qu'il le croit néces-saire, et il se divise par colonnes destinées, les unes à l'inscription des articles au fur et mesure que les recon-noissances en sont remises au vaguemestre par les per-sonnes intéressées, lesquelles peuvent exiger que cette inscription soit faite en leur présence ; les autres, à re-cevoir de la part du directeur ou de l'un des employés du bureau des postes, l'indication signée par lui, de la date du jour où il a payé *l'article*, ou remis le charge-ment ; et la dernière, à recevoir pour acquit la signa-ture du destinataire ; si ce dernier ne sait pas écrire, il fait sa croix en présence de deux militaires qui signent pour certifier le paiement ; l'un d'eux doit être officier. Voici le modèle de ce registre :

261. — *Régiment.* — *Bataillons de guerre, etc.* — *Re-gistre des lettres chargées et articles d'argent à retirer des bureaux des postes.*

Le présent registre, contenant (*désigner le nombre des feuilles*), a été coté et paraphé par nous....., sous-

_____

(1) *Réglement* du 31 août 1809, art. 78.
(2) *Idem,* art. 79.

inspecteur aux revues, ayant la police des.... bataillons de guerre du.... régiment (*désigner le numéro et l'arme*), pour servir à l'enregistrement des lettres chargées et articles d'argent adressés aux militaires dudit corps, et qui doivent être retirés des bureaux de poste par le vaguemestre, en conformité de l'article 79 du réglement du 31 août 1809.   A.........le......

Nota. (*) Ce registre, ainsi que celui des lettres à charger, doit être vérifié le lundi de chaque semaine, par l'un des officiers membres du conseil d'administration, nommé *ad hoc*, et chargé spécialement de faire remettre au directeur de la poste, sur reçu que ce dernier doit inscrire sur le présent registre, les chargemens et articles adressés *à des militaires à l'hôpital à — au dépôt à — en détachement à — passés à d'autres régimens ou à d'autres armées — en mission à — en congé temporaire ou absolu à — morts... désertés... prisonniers de guerre... égarés... inconnus.* (Art. 77 et 80 du même réglement).

Le même officier est chargé de recevoir et vérifier les plaintes et réclamations des militaires, relativement aux lettres et articles d'argent. Il fait faire droit sur le champ auxdites plaintes et réclamations ; et dans le cas où elles l'amèneroient à découvrir quelques infidélités, il en dénonce les auteurs, qui sont punis suivant toute la rigueur des lois. (*Même article*).

Le sous-inspecteur aux revues chargé de la police du corps, doit en outre vérifier ce registre et celui des lettres à charger, aussi souvent qu'il le croit utile (*art.* 83). On observe les mêmes dispositions dans l'intérieur de l'Empire (*art.* 82).

_____

(*) Ce nota doit être transcrit sur les registres des vaguemestres, afin de rappeler les dispositions y énoncées à ceux qui sont chargés de les exécuter.

Remise des Reconnoissances d'articles par les Destinataires.					Remise des chargemens et paiemens des articles par les bureaux de poste.			Acquits des Destinataires.		Reçus des Directeurs ou Employés pour les objets non distribués.
Nos d'enregistrement.	Dates.	DESTINATAIRES.	Bureaux de départ.	Dates des reconnoissances.	Dates.	Objets.	Designation des bureaux et signatures des directeurs ou employés.	Dates.	Signatures.	
1		(Désigner le nom, grade, n° de la compagnie et du bataillon du destinataire).								
2										
3										

12

262. — *Registre des lettres à charger.*

Le facteur tient un registre pour les lettres à charger et pour les articles à déposer au bureau de poste, de la part des militaires. Ce registre est également coté et paraphé.

Il se divise par colonnes, indiquant : le nom de l'envoyeur; celui du destinataire; les bureaux d'expédition et de destination, et la somme ou la lettre qui a été remise au vaguemestre pour être déposée ou chargée.

Les lettres et articles ne doivent rester entre les mains du facteur, que le temps nécessaire pour la remise ou dépôt, soit au destinataire, soit au bureau de poste. Voici le modèle de ce registre :

Régiment, etc.., Bataillon de guerre, etc. Registre des lettres et paquets à charger et des articles d'argent à déposer aux bureaux de poste.

Le présent registre, contenant...... feuilles (*désigner le nombre*), a été coté et paraphé par nous...... sous-inspecteur aux revues, ayant la police des (*désigner les n°s. des bataillons, du régiment et l'arme dont il fait partie*), pour servir à l'enregistrement des lettres et articles d'argent adressés par les militaires dudit corps, et qui doivent être chargés et déposés aux bureaux de poste par le vaguemestre, en conformité de l'article 79 du règlement du 31 août 1809. -A.   le

Remise par les Envoyeurs des Lettres à charger ou des articles à déposer.						Remise des Bulletins ou reconnoissances délivrées par les Directeurs.	
Nos d'enregistrement.	DATES.	ENVOYEURS.	OBJETS.	DESTINATION.	BUREAUX où les chargemens et dépôts ont été faits.	DATES.	SIGNATURE des Envoyeurs.
1							
2							

12.

263. — Dispositions pour la route.

Lorsque l'ordre de départ est donné, le premier soin du vaguemestre est de faire l'inspection des chariots ou fourgons du régiment (1). A cet effet, il frappe avec un morceau de bois sur chaque rais, le son indique s'il est fendu. Il examine le rais à la patte et à la broche, si l'épaulement ne porte pas sur le moyeu et sur la jante, la roue a besoin d'être châtrée. Il sonde avec un outil pointu le bois du moyeu vers les rais, pour connoître si l'eau en y séjournant ne l'auroit pas pourri. Il observe si les bandes joignent la jante ; s'il y a du jour, la bande en appuyant fait ressort, les clous jouent dans leur logement, et la bande tombe. Il frappe sur les bandes, pour connoître si les jantes sont pourries ; si elles le sont, la bande se détache de la jante et l'eau qui filtre sous la bande, particulièrement à l'endroit des clous, pourrit la jante dans son milieu. Il examine avec la même attention les harnois pièce à pièce.

La veille du départ, le vaguemestre se tient au lieu indiqué par l'ordre du jour, pour le rassemblement des bagages ; il ne reçoit les paquets qu'autant qu'ils sont fermés d'une manière suffisamment solide, et qu'ils portent en inscription lisible et ineffaçable, le nom de celui ou de ceux auxquels ils appartiennent ; il ne reçoit les porte-manteaux d'officiers, qu'autant qu'ils n'excèdent pas le poids de 12 kilogrammes chacun (2) ; qu'ils sont envoyés par des personnes ayant droit à ce transport, et qu'ils ne contiennent que des effets d'un usage journalier (3).

---

(1) *Aide-Mémoire d'artillerie*, pag. 254, édit. de 1809.
(2) *Réglement de convois* du 18 frimaire an 14, art. 3, et *Décret* du 10 avril 1806, art. 6. Quant aux sacs des soldats, *Voy.* n°. 426.
(3) *Réglement de convois*, art. 1 ; et *Décret* du 10 avril 1806, art. 1.

264. — *Inscription des bagages.*

Le vaguemestre pèse et numérote ces bagages , et les inscrit sur un registre qu'il garde à cet effet , en commençant par ceux de l'état-major, et continuant dans l'ordre des compagnies; il est dépositaire des caisses d'armes du régiment, dont il doit avoir les clefs, afin de veiller à la conservation des armes (1).

Le vaguemestre spécifie sur son registre le nom des personnes , leur grade, l'espèce et la quantité de leurs ballots, et enfin le numéro sous lequel il les a marqués.

Il prend toutes les mesures que lui suggère sa vigilance, pour l'exact rassemblement des voitures nécessaires (2) , lesquelles doivent être réunies à 4 heures du matin en été, et à 6 heures en hiver, dans la proportion d'une voiture à deux colliers et deux voitures à quatre colliers, pour les bataillons voyageant isolément avec les papiers et la caisse (laquelle doit être mise sur la voiture à deux colliers) (3); et dans la proportion de deux voitures à quatre colliers , pour les bataillons voyageant avec le régiment, savoir : une pour les armes , caisse, papiers, porte-manteaux , sacs et armes des sous-officiers et soldats à la suite; l'autre pour les convalescens (4).

265. — *Chargemens des voitures.*

Il fait placer avec soin , les ballots, etc. , sur les voitures, ne souffrant point qu'on les surcharge ; qu'il y,

---

(1) Autrefois il y avoit une caisse d'armes par compagnie. (*V.* la description d'une nouvelle caisse dans l'instruction du ministre de la guerre, de juin 1806 , 3° partie, chap. 2). Quant aux armes des semestriers, elles sont voiturées par les transports directs. (*Réglement de convois,* art. 73).

(2) *Réglement de marche* du 25 fructidor an 8 , tit. 4 , art. 1.

(3) Les deux voitures restantes sont destinées , l'une aux éclopés et convalescens, l'autre aux armes, porte-manteaux, etc. (*Décret* du 10 avril 1806 , art. 6).

(4) *Réglement de convois* du 18 frimaire an 14 , art. 3 ; et *Décret* du 10 avril 1806 , art. 6.

monte des vivandiers, femmes ou enfans, qu'on excède ou surmène les chevaux; qu'on maltraite les conducteurs; qu'on menace ou injurie les fonctionnaires ou les préposés au service (1); que l'on s'écarte de la route, ou que l'on fasse doubler les stations (1).

Il lui est expressément défendu d'entrer en arrangement pour aucun rachat de fournitures de convois militaires (2).

Le vaguemestre empêche qu'il ne soit porté sur les voitures, d'autres bagages que ceux qu'il a numérotés et inscrits; il y place les cordes de rechange dont il doit toujours être pourvu à l'avance, par précaution contre les accidens. Il ne fait charger que dans les proportions autorisées, c'est-à-dire, de manière qu'une voiture attelée de quatre chevaux, ne soit pas chargée (3) de plus de 75 myriagrammes (1532 livres) de poids, ou bien de plus de dix à douze hommes éclopés (V. n°. 181, note 3).

Qu'une voiture à trois chevaux ne soit pas chargée (3) de plus de 60 myriagrammes (1226 livres) de poids, ou bien de plus de huit à neuf hommes;

Qu'une voiture à deux chevaux ne soit pas chargée (3) de plus de 45 myriagrammes (920 livres) de poids, ou bien de plus de cinq à sept hommes;

Qu'une voiture à un cheval ne soit pas chargée de plus de 25 myriagrammes (512 livres), ou de plus de deux à quatre hommes (4).

Si le régiment avoit des chariots ou fourgons, et que les chevaux seulement lui fussent fournis, la charge reste la même (5).

_____

(1) *Réglement de convois* du 18 frimaire an 4, art. 30 et 31; et *Décret* du 10 avril 1806, art. 13.

(2) *Réglement de convois*, art. 33.

(3) *Réglement de marche* du 25 fructidor an 8, tit. 4, art. 7 et 17.

(4) *Réglement de convois*, art. 2; et *Décret* du 10 avril 1806, art. 7.

(5) *Réglement de convois*, art. 5.

La voiture qui doit être chargée la première, est celle qui porte la caisse et les papiers du régiment; c'est celle qui doit marcher en tête du convoi.

266. — *En route.*

Le vaguemestre doit accompagner assidument les bagages, et les diriger avec l'aide du sergent d'escorte. Ces bagages sont sous leur commune responsabilité, et sous celle de la garde commandée à cet effet.

Il peut être choisi par compagnie un homme de corvée pour aider le vaguemestre dans ses fonctions (1), et pour charger et décharger les voitures sous ses ordres; ces hommes sont les mêmes pendant toute la route, et ne font aucun autre service.

Le vaguemestre fait partir les bagages de manière à marcher à cent pas en arrière du régiment (*V.* nº. 181, note 2).

Il laisse à l'arrière-garde, si cela est nécessaire, une voiture pour y placer les convalescens (2).

Une fois en route, le vaguemestre ne souffre point que les voitures se séparent, ni qu'elles s'arrêtent, excepté aux haltes du régiment, ni qu'elles fassent une trop longue file (3); il ne souffre pas que les charretiers quittent leurs chevaux, ni que personne monte sur les voitures, à moins d'un ordre par écrit, de qui de droit; il ne souffre point qu'un charretier coupe la voiture d'un autre, si ce n'est expressément ordonné (4). Il cède le beau chemin, autant que possible, aux troupes d'infanterie qui marcheroient à sa rencontre. Le seul cas où ils puisse s'arrêter, est celui d'un accident, ou bien celui où il rencontre une montagne trop roide; pour que le convoi puisse la gravir sans faire dételer

---

(1) *Ordonnance* du 8 avril 1718.

(2) *Réglement de marche* du 25 fructidor an 8, tit. 2, art. 20; et tit. 4, art. 1.

(3) *Réglement de campagne* du 5 avril 1792, tit. 18, parag. 21.

(4) *Idem*, tit. 21, art. 26.

les chevaux., les conducteurs devant alors se prêter un secours mutuel; auquel cas, il partage sa garde d'escorte, de manière à laisser des hommes sûrs à chaque voiture.

Si malheureusement une des voitures se brise, il en fait diligemment déplacer les bagages, pour les répartir sur toutes les autres voitures auxquelles il fait, en ce cas, ajouter les chevaux de la voiture perdue (1). Le chariot cassé est jeté hors du chemin, et ce qui ne peut être chargé ou emmené, doit être brûlé (1).

267. — *Arrivée au gîte.*

A l'arrivée au gîte, il conduit ses équipages au corps-de-garde de police, à moins qu'il ne lui soit assigné un autre lieu pour en faire le dépôt.

Il fait décharger les bagages et en fait l'examen en les confrontant avec son registre d'inscription; s'ils sont couverts de neige, il les fait nettoyer avant de les entasser; s'ils sont mouillés de la pluie, il a soin de les mettre le moins possible en monceau.

La garde d'escorte reçoit ses billets de logement des mains du vaguemestre, à qui l'officier de police les remet: le vaguemestre ne la renvoie et ne se retire que quand il a tout mis en sûreté, et que la garde de police a fourni les sentinelles nécessaires.

268. — *Au camp.*

Lorsque le camp doit se lever pour une nouvelle destination, le vaguemestre veille à ce que les tentes, etc., soient chargées avec précaution (*V.* n°. 95): et fait partir le campement à la suite de la nouvelle garde du camp, entre cette garde et celle de police.

---

(1) *Extrait du Réglement de campagne,* revu en 1809, tit. 18, paragr. 24.

TROISIÈME LEÇON.

DEVOIR DU PORTE-ENSEIGNE (1).

269. — *Rang et fonctions.*

Le porte-enseigne (2), qui est un sous-officier choisi par le chef du corps dans une des compagnies du bataillon, remplit les fonctions auparavant attribuées comme porte-drapeau au sergent-major le plus instruit (3). Son placement est expliqué au réglement d'exercice (4). Il ne quitte jamais son drapeau (enseigne) (5), qu'il n'ait été posé une sentinelle pour le

---

(1) Il n'est point ici question des devoirs du porte-aigle, puisqu'il est officier, ni des devoirs du 2ᵉ. et 3ᵉ. porte-aigles créés par le décret du 24 décembre 1811, puisqu'ils en sont uniquement les gardiens et les défenseurs. Le présent devoir du porte-enseigne est exactement celui qui étoit applicable à l'ancien porte-drapeau.

(2) *Décret* du 18 février 1808, art. 18.

(3) *Réglement d'exercice* du 1ᵉʳ août 1791, tit. 1. Le titre de *porte-drapeau* a succédé à celui *d'enseigne*, aujourd'hui rétabli ; mais *l'enseigne* étoit alors dernier sous-lieutenant (*Ordonnance* du 10 décembre 1762). Il remplissoit quelques-unes des fonctions d'adjudant, telles que celles de conduire les sous-officiers de semaine à la parade (*Réglement de service* du 1ᵉʳ mars 1768, tit. 21, art. 85 et 86) ; de recevoir les billets d'appel (*Idem*, art. 113, 114 et 115) ; d'entrer au cercle de l'ordre (*Idem*, tit. 13, art. 11 et 16). Il étoit chargé aussi des fonctions attribuées aujourd'hui au lieutenant d'armement. Le *porte-aigle* pourroit être ainsi employé.

(4) *Réglement d'exercice* du 1ᵉʳ août 1791, tit. 1 ; et *Evolutions de ligne*, nᵒ. 638. Mais ce placement est devenu inexact à raison de la formation nouvelle. La place obligée que semble devoir occuper l'aigle ou enseigne, scroit au centre du bataillon, c'est-à-dire à la gauche du 2ᵉ peloton de fusiliers ; nulle autre place où il puisse être plus analogiquement établi, et pourtant ce placement est vicieux : il est contre l'usage qu'un drapeau soit au centre d'une division ; c'est à une aile gauche de division qu'il doit être. Une adoption de règle à cet égard est remplie de difficultés.

(5) *Réglement de campagne* du 5 avril 1792, tit. 5, art. 18. Les drapeaux ne servoient d'abord qu'à rallier les troupes ; ils ont eu ensuite pour objet de les rallier et de les aligner. Cette première desti-

11**

garder (*V*. n°. 392). En garnison et en route, il le dépose chez le chef du corps. Il le porte aux gardes d'honneur de Sa majesté, etc. (1). Le drapeau étoit gardé par les huit fourriers de fusiliers du bataillon. Le fourrier des grenadiers n'y étoit point employé. Comme il n'y a plus maintenant que six fourriers par bataillon, y compris ceux des compagnies d'élite, il paroît naturel qu'ils forment le second et le troisième rang de la garde de l'enseigne, et que son premier rang soit composé de deux sergens.

270. — *Instruction.*

Les porte-drapeaux doivent s'adonner surtout à l'étude des paragraphes de l'Ecole de bataillon du réglement de 1791, sous les n°s. 124, 449, 451, 506, 557, et à celle du paragraphe 638 des évolutions de ligne.

Ils trouveront quelques notions les concernant n°s 172 et suivant de ce recueil. Ils peuvent consulter l'instruction du général Schawenburg, quatrième leçon, paragraphe 2, concernant les manœuvres d'infanterie.

271. — *Manière de porter le drapeau.*

Dans les rangs, les porte-drapeaux portent le talon du drapeau à la hanche droite, soit de pied ferme, soit en marchant; mais le Réglement d'exercice ne détermine point la manière de descendre et de remonter le drapeau au commandement de *portez vos armes*, et de *reposez-vous sur vos armes*; voici ce que prescrivoit le réglement de 1776;

Portez vos armes. 1er. *mouvement.* Elever le drapeau de la main droite à hauteur du menton, le saisir de la main gauche à hauteur du dernier bouton de la veste; l'élever aussitôt de cette main à hauteur du menton, et

---

nation semble être celle de l'aigle, et la seconde paroît être celle des enseignes (V. *Décret* du 18 février 1808, art. 17 et 18).

(1) *Décret* du 24 messidor an 12, tit 3, art. 8; tit. 8, etc. Reste à savoir s'il ne conviendroit pas que ce fût l'aigle elle-même, et non les enseignes, qui fut portée à cette garde d'honneur.

descendre la main droite pour le saisir à hauteur du dernier bouton de la veste, le drapeau d'à-plomb.

2e. *mouvement.* Le placer sur la hanche droite dans la position prescrite pour le porter, la main gauche pendante derrière l'épée (1).

Reposez-vous sur vos armes. 1er. *mouvement.* Détacher le drapeau de la hanche droite, le porter perpendiculairement devant soi, le saisir de la main gauche, un demi-pied au-dessus de la main droite pour l'abaisser de la gauche, et le porter d'à-plomb à côté de la pointe du pied droit ; le saisir aussitôt de la main droite à hauteur du teton, le talon à trois pouces de terre, la main gauche tombant en même temps derrière l'épée.

2e. *mouvement.* Laisser glisser le drapeau, le talon à côté de la pointe du pied droit, la main droite contenant toujours le drapeau à hauteur du teton, le coude au corps.

Toutes les fois qu'un bataillon rend les honneurs, on porte le drapeau à la hanche. Toutes les fois qu'un bataillon est en bataille, on porte le drapeau à l'épaule droite, le bras droit alongé, le talon dans la main droite. Lorsque les drapeaux doivent rendre les honneurs (*V.* n°. 198), les porte-drapeaux (2) saluent de la manière suivante (3).

La personne qu'on doit saluer étant éloignée de six pas, baisser doucement la lance jusqu'à six pouces de terre (*V.* n°. 272), restant face en tête sans que le talon du drapeau quitte la hanche ; relever doucement

---

(1) Le mot *épée* indique que le drapeau étoit alors porté par un sous-lieutenant.

(2) *Réglement d'exercice* du 1er août 1791 ; fin de l'*Ecole de peloton.* Il est calqué à cet égard sur celui de 1776.

(3) Le *Réglement d'exercice; Evolutions de ligne*, n°. 638, portant ces mots : *Les drapeaux resteront dans les rangs en défilant*, il s'ensuivroit que les porte-drapeaux ne devroient pas, quand on défile le guide à droite, changer de côté pour se porter vers la personne à laquelle on rend les honneurs ; cependant nous avons quelquefois vu prévaloir la règle contraire. (*Voy.* planche 7).

la lance lorsque la personne qu'on a saluée est dépassée de deux pas.

272. — *Différences ordonnées à cet égard.*

Telle est la manière qui a été usitée jusqu'à l'instant où Sa Majesté a délivré de nouveaux drapeaux qui se sont trouvés plus lourds que les anciens (1), ce qui a rendu ce salut impossible. Ce fut l'occasion d'un ordre du jour de l'armée de Boulogne, publié par le major-général, lequel ordre a prescrit aux porte-drapeaux de rendre dorénavant les honneurs en n'abaissant la hampe qu'à 45 degrés, c'est-à-dire, en n'abaissant le drapeau que sur une ligne horizontale.

273. — *Circonstance où le drapeau doit saluer.*

Dans les villes où les cérémonies religieuses peuvent avoir lieu hors des églises, les drapeaux saluent, lorsque le Saint-Sacrement passe devant une troupe assemblée (*V.* n°. 198); en tous lieux, les drapeaux saluent lorsque Sa Majesté Impériale, les princes et les grands dignitaires, les ministres et maréchaux passent devant une troupe assemblée sous les armes.

Les drapeaux saluent : les généraux de division commandant une division militaire territoriale, lorsqu'ils ont leur entrée d'honneur ou qu'ils voient une troupe pour la première ou dernière fois, à l'effet de l'inspecter ou exercer ; ils saluent les généraux de brigade qui commandent dans un département, faisant leur entrée d'honneur.

274. — *Au camp.*

Au camp, le porte-enseigne plante son enseigne vers

---

(1) L'ancien drapeau, plié, pesoit moins de cinq livres.

Les drapeaux donnés des mains de Sa Majesté, à l'époque du couronnement, pesoient plus de 3 kilogrammes (7 livres).

On ne sait pas encore quelles seront les dimensions ni le poids de l'aigle ni des enseignes (V. *Décret* du 18 février 1808, art. 17 et 18).

le centre du front du bataillon ; à distance égale des faisceaux et du front de bandière (1). Il s'assure que chaque jour (si le temps est beau) ce drapeau reste déployé (2) ; et qu'il est, après la retraite, mis dans son
étui et couché sur deux chevalets, par le sergent de bivouac (*V.* nᵒ. 323, paragr. 4).

En cas de siége offensif, il le porte déployé dans la
tranchée, et l'y plante sur l'épaulement (3).

QUATRIÈME LEÇON.

DEVOIR DU SERGENT-MAJOR.

275. — *Rang et attributions.*

Ce n'est que depuis 1776 (4) que ce grade existe sous
cette dénomination, après avoir existé pendant 20 ans
sous celle de fourrier (5). Le sergent-major a d'abord
été choisi entre tous les sergens et fourriers du régiment (6), avec rang de premier sergent de la compagnie.

Aujourd'hui la nomination du sergent-major est au
choix du capitaine de la compagnie (7), sauf l'agrément
du conseil d'administration. Le sergent-major est reçu
par son capitaine à la tête de la compagnie (8). C'est
de la classe des sergens-majors qu'étoit tiré le porte-

(1) *Réglement de campagne* du 5 avril 1792, tit. 5, art. 17 ;
tit. 6, art. 7 ; et *Instruction* de brumaire an 12.

(2) *Réglement de campagne*, tit. 6, art. 14.

(3) *Idem*, tit. 34, art. 38 et 39.

(4) *Ordonnance* du 26 mars 1776. Celle du 30 mai 1775 n'en
fait point encore mention.

(5) C'est pourquoi le *Réglement de service* du 1ᵉʳ mars 1768,
qualifie de fourrier le grade correspondant à celui de sergent-major
(*Voy.* nᵒ. 328).

(6) *Ordonnance* du 1ᵉʳ juillet 1788.

(7) *Loi* du 14 germinal an 3, art. 24.

(8) *Ordonnance* du 1ᵉʳ juillet 1788, art. 25.

drapeau (*V.* n°. 269); ce choix étoit déterminé par le commandant du corps.

Le sergent-major a le droit de coucher seul ; il loge avec le fourrier (1). Il resserre en sa chambre l'armement et les effets des hommes aux hôpitaux (*V.* n°. 289, 290). Il commande le service (*V.* n°. 178).

Le sergent que désigne le capitaine, est en cas d'absence du sergent-major, chargé de ses fonctions. Le sergent-major demeure seul chargé de la besogne du fourrier, si ce dernier s'absente (2).

276. — *Livres que doit tenir le sergent-major* (3).

Les livres que le sergent-major doit tenir, sont ceux d'administration, de police, de discipline et d'instruction (*V.* n°. 208), savoir :

ADMINISTRATION. ·{ 1°. Livre de signalement.
2°. Contrôle annuel.

POLICE. · · · · ·{ 3°. Livre d'ordre.
4°. Inscription du service.
5°. Cahier d'appel.
6°. Livret des travailleurs.

DISCIPLINE. · · · · · 7°. Livre de punitions.
EXERCICE. · · · · · · 8°. Livret d'instruction.

---

(1) *Instruction* du 29 floréal an 7, art. 21.

(2) *Réglement de police* du 24 juin 1792, tit. 1, art. 8.

(3) Cette répartition de livres à tenir, les uns par le sergent-major, les autres par le fourrier, n'est pas le résultat d'un principe écrit, mais il est constant que, si le sergent-major ne tient pas lui-même tous ses livres, c'est du moins sous ses yeux, et pour ainsi dire sous sa dictée, qu'il doit les faire tenir par le fourrier. Si cette disposition reste indéterminée, cela résulte de ce que le *Réglement de service* encore en vigueur ne connoît ni sergent-major, ni caporal-fourrier, mais seulement un sergent-fourrier. Les réglemens postérieurs ont diversement attribué la tenue des livres, comme le prouvent les notes ci-après (*Réglement de police*, tit. 8, art. 8, paragr. 3).

277. — *Registre de signalement.*

Le livre de signalement (1), est représentatif du contrôle matricule dont il offre les numéros ; tout autre numéro y est inutile. Ce registre contient trois colonnes, savoir : la date de l'incorporation, de l'avancement, de la sortie du corps. On y fait inscription au fur et à mesure, sans y biffer les noms des hommes perdus. Il n'y est point fait mention des officiers ; on y fait inscription des sobriquets donnés aux hommes qui arrivent au régiment, quand par hasard ces hommes portent un nom qui seroit également celui de quelque autre militaire du même corps (2) ; les suppléans y portent pour sobriquet, le nom des hommes qu'ils remplacent (3).

278. — *Contrôle annuel.*

Le contrôle annuel (4) présente un numéro d'ordre qui change chaque année, et ne roule que sur la compagnie. Il présente aussi le numéro matriculaire qui est invariable ; il se divise en quatre colonnes, une par chaque trimestre, et fournit les élémens de la situation journalière que dresse le fourrier, et que le sergent-major porte au rapport (*V.* n°. 286).

Lorsque dans le courant de l'année, il est ajouté sur ce contrôle un homme venant d'une autre compagnie, il doit être fait mention sur la nouvelle inscription, du numéro qu'il avoit précédemment (5). Les absens

---

(1) Prescrit par le *Réglement de police* du 24 juin 1792, tit. 4, art. 41 ; et le *Réglement de comptabilité* du 8 floréal an 8, tit. 2, art. 16 ; tit. 5, art. 19. Le Réglement de police connoissoit ce registre sous le nom de *demi-signalement.* (*Voy.* le tableau n°. 3, qui fait suite à ce réglement).

(2) *Réglement de comptabilité* du 8 floréal an 8, tit. 2, art. 16, paragr. 2.

(3) *Réglement de conscription* du 17 ventose an 8, tit. 3, art. 12.

(4) *Réglement de revues* du 25 germinal an 13, art. 7 et 12.

(5) *Idem*, art. 7.

dont on n'a pas eu de nouvelles depuis trois mois,
sont rayés (1).

On laisse au contrôle annuel, pour les remplacemens
qui pourroient avoir lieu dans le cours de l'année, deux
cases en blanc numérotées à la suite de chaque grade
d'officier; deux à la suite des sergens-majors; huit à
la suite des sergens; deux à la suite des fourriers; six
à la suite des caporaux; quatre à la suite des tambours;
quatre à la suite des enfans de troupe (2).

On biffe les noms des hommes à mesure qu'ils sont
rayés, sans que cela change l'ordre des numéros annuels.

Les contrôles annuels sont fournis par les inspecteurs
aux revues (3).

Au renouvellement de ces contrôles, l'inscription se
fait comme elle s'est faite la première fois, c'est-à-dire,
par rang de grade, et dans chaque grade, par rang
d'ancienneté (2).

279. — Livre d'ordre.

Le sergent-major tient le livre d'ordre portatif de la
compagnie (4); lorsque ce livre est rempli, il est remis
au capitaine qui en reste dépositaire.

280. — Inscription du service.

Le livre d'inscription de service que tient le sergent-
major, a pour objet de rendre témoignage que chacun
ne monte la garde qu'à son tour; il a pour objet aussi
de faciliter les enquêtes juridiques qui pourroient être
ultérieurement faites; l'inscription nominale par poste
et par homme, y est faite le jour de la garde descendante.

_____

(1) Réglement de revues du 25 germinal an 13, art. 15.
(2) Idem, art. 7.
(3) Idem, art. 17.
(4) Réglement de police du 24 juin 1792, tit. 4, art. 14 et 43.

281. — *Cahier d'appel.*

Les sergens-majors étant chargés de faire les appels (*V*, n°. 137, 286), et de commander le service (*V*, n° 178), doivent toujours être porteurs du cahier d'appel. Ce cahier se divise en six parties :

1ʳᵉ. *partie.* Elle est consacrée à l'inscription des hommes par ancienneté (1) ; on n'y met ni notes ni aucunes observations pour distinguer les présens des absens ; on y ajoute seulement à la fin, les nouveaux venus au fur et à mesure, et l'on biffe le nom des hommes perdus pour la compagnie. Cet appel sert en cas de besoin au capitaine pour contrôler la feuille de revue. Les officiers, sergens-majors, sergens, fourriers, caporaux, tambours, sapeurs, fifres et enfans de troupe y sont compris.

2ᵉ. *partie.* Elle est consacrée à l'appel par rang de taille. On laisse entre chaque nom un intervalle suffisant pour y intercaler suivant leur taille, les nouvelles recrues ; cet appel sert pour les exércices. On biffe au fur et à mesure les hommes perdus (2). On n'y fait mention que des soldats, parce qu'un sergent-major doit savoir si les sergens et caporaux manquent, sans en faire l'appel, ou faire cet appel de mémoire.

3ᵉ. *partie.* Elle est consacrée à l'appel pour commander le service. Comme la garde doit être également composée d'anciens et de nouveaux soldats (3), il faut que ce registre soit ordonné de la manière suivante, on y inscrit d'abord le premier fusilier, ensuite le dernier ; le second, ensuite l'avant-dernier ; le troisième, ensuite l'anté-penultième, et ainsi de suite jusqu'à ce

---

(1) *Réglement de campagne* du 5 avril 1792, tit. 7, art. 2 et 16 ; et l'un des tableaux n°. 3, faisant suite au *Réglement de police* du 24 juin 1792.

(2) L'un des tableaux n°. 3, faisant suite au *Réglement de police.*

(3) *Réglement de service* du 1ᵉʳ mars 1768, tit. 9, art. 3 et 4. *Voy.* aussi *Réglement de campagne*, tit. 7 ; art. 10, note 4.

qu'on ait épuisé le contrôle par ancienneté. On laisse entre ces noms un intervalle suffisant pour y intercaler les noms des hommes qui peuvent arriver, et qui étant passés à l'école de bataillon, sont aptes à monter la garde (*V.* n°. 285).

On les place dans ce contrôle de manière que le premier homme de recrue soit mis le second du contrôle, c'est-à-dire, dans l'intervalle qui reste entre le premier et le dernier fusilier, lesquels, comme on l'a dit plus haut, soit en tête. Le second homme de recrue est placé dans l'espace vacant au bas du contrôle, c'est-à-dire, se trouve l'avant-dernier; le troisième homme de recrue se trouve le quatrième et ainsi de suite.

De cette manière, les vieux et jeunes soldats sont toujours partagés. On biffe au fur et à mesure les hommes perdus, sans rien changer pour cela à l'ordre actuel, à moins que les pertes ne soient trop grandes. Quand vient l'époque de renouveler les appels, c'est-à-dire, à la fin du trimestre, on refond ce contrôle des hommes de garde pour le faire plus correctement, et de la manière qui a été dite plus haut. Dans cette liste, il n'est question ni de sergens ni de caporaux, c'est l'adjudant qui sait leur ancienneté et qui les commande. D'après ce contrôle, on copie tous les quinze jours, la liste affichée dans les chambres, sous le titre de liste des *Sentinelles* (*V.* n°. 285). On y copie également la feuille affichée chaque jour, sous le titre de *Feuille de service de tel jour* (le lendemain) (*V.* n°. 285).

4ᵉ. *partie.* Elle est consacrée à faire l'appel ou les contre-appels (*V.* n°. 137) par lits, sans réveiller les soldats. Les lits de chaque compagnie sont en conséquence numérotés depuis un jusqu'au dernier. Les noms des hommes sont accouplés dans la liste, suivant leur lit. On laisse un intervalle entre les noms, afin d'intercaler les nouveaux camarades de lits. Le sergent-major et les sergens ne sont point sur cette liste. Les caporaux y sont, puisqu'ils couchent avec les soldats. On biffe au fur et à mesure les hommes perdus.

5ᵉ. *partie.* Elle est consacrée à faire connoître quel

est le numéro de l'armement de chacun (1); tous les hommes y sont inscrits, sans aucun égard à leur ancienneté, ni à leur grade.

L'homme qui a l'arme n°. 1, se trouve le premier et ainsi de suite; il est laissé entre chaque nom deux ou trois lignes d'espace, pour y intercaler le nom de ceux qui prennent le numéro d'un homme rayé. Les quatorze premiers fusils appartiennent invariablement aux sous-officiers, savoir : les six premiers aux sergens et fourriers, et les huit autres aux caporaux. Ceci seroit différent dans les compagnies de voltigeurs, puisque leurs sergens sont armés de carabines.

Ce contrôle sert à passer la revue d'armement et équipement, et même celle de linge et chaussure, puisqu'il présente le numéro auquel doivent être marquées toutes les parties d'habillement et d'équipement.

6e. *partie.* Elle est consacrée à présenter le tableau des sections, subdivisions et escouades de la compagnie (*V.* n°. 352). Ce tableau doit être affiché sur les portes; on met toujours à la fin de la subdivision la plus foible, les noms des nouveaux venus, biffant les hommes perdus.

On renouvelle ces contrôles tous les trois mois.

282. — *Livret des travailleurs* (2).

Le sergent-major doit tenir un livret partagé en deux sections : la première présente le nom des travailleurs (3), l'époque de leur passage à l'école de bataillon (4); la date de la permission, sa durée, le jour de la rentrée au quartier, le nom et le domicile de l'habitant chez

---

(1) *Réglement de comptabilité* du 8 floréal an 8, tit. 4, art. 47 ; *Réglement d administration* du 25 février 1806, art. 34.

(2) Il peut être accordé six permissions de travailleurs par compagnie (*Réglement de service* du 1er mars 1768, tit. 21, art. 124 et 127 ; et *Réglement de police* du 24 juin 1792, tit. 8, art. 1.)

(3) *Voy.* l'un des tableaux faisant suite au *Réglement de police* du 24 juin 1792.

(4) *Réglement de police,* tit. 8, art. 1.

lequel est employé le travailleur, là somme laissée pour paiement du service (1) ; enfin le nom du soldat chargé de l'entretien et conservation (2) des armes et effets du travailleur.

La deuxième section mentionne les hommes en congé de semestre, petits congés et permissions ; spécifiant leurs noms, la date de la permission, sa durée, le lieu où ils sont, l'état des effets qu'ils ont laissés et emportés (3), le nom du signataire de la permission.

283. — *Livre de punitions*, *dit* livre rouge.

Le livre de punitions sert à enregistrer les fautes graves et leur date, ainsi que le genre et la durée des punitions infligées ou à infliger pour lesdites fautes (4).

284. — *Livret d'instruction.*

Le sergent-major tient dans son livret un détail de l'instruction, indiquant le nom des hommes, la date de leur instruction, le nom de l'instructeur, le passage d'une leçon à l'autre (5).

285. — *Inscription de domicile*, etc.

Le sergent-major doit afficher dans sa chambre les domiciles du grand état-major, des officiers de santé (6), et des officiers de sa compagnie ; l'état des ordinaires et chambrées de sa compagnie (*V.* n°. 281, 6ᵉ. partie) ; il veille à ce que les listes des chambres soient rectifiées à mesure qu'il arrive des variations dans les escouades (7).

---

(1) *Réglement de police* du 24 juin 1792, tit. 8, art. 3.

(2) *Idem*, art. 4.

(3) Parce que si, étant en permission, ils venoient à mourir ou déserter, les effets restans tournent au profit de l'ordinaire.

(4) *Réglement de police*, tit. 10, art. 56.

(5) *Voy.* l'un des tableaux qui font suite au *Réglement de police* du 24 juin 1792.

(6) *Réglement de police*, tit. 4, art. 47.

(7) *Idem*, tit. 2, art. 3. (*Voy.* l'un des tableaux à la suite de ce Réglement).

Il fait afficher dans chaque chambre par les soins du caporal de semaine, le service du lendemain. Tous les quinze jours, il veille à ce qu'il soit affiché une liste des sentinelles de la compagnie, afin que chacun connoisse son tour (*V.* n°. 355). Il veille à ce qu'il soit affiché un extrait des lois pénales (*V.* n°. 142).

286. — *Appel.* — *Rapport.*

Les sergens-majors assistent à l'appel (*V.* n°. 137) que font le soir les sergens dans leurs subdivisions, en présence de l'officier de semaine (1). Chaque matin, le sergent-major vérifie l'appel qui lui est rendu par les caporaux chefs d'escouades (2). Le réglement de service veut (3) que cet appel soit fait en réunissant les escouades en haie ; il ne paroît pas que telle soit l'intention du réglement de police. La réunion des hommes par compagnie, toutes les fois que le temps le permet, est une disposition bien entendue.

Le sergent-major après avoir reçu du fourrier, le rapport (*V.* n°. 204) visé du quartier-maître (4), et signé du capitaine (5), le remet tous les matins à 9 heures et demie (6), au major (7) ou à l'officier faisant ses fonctions, chez lequel le conduit l'adjudant de service ; il remet également à cet officier les plaintes en désertion qu'il auroit été dans le cas de dresser (*V.* n°. 297).

---

(1) *Réglement de police* du 24 juin 1792, tit. 4, art. 29. Mais il est plus convenable que ce soient les sergens-majors eux-mêmes qui fassent l'appel matin et soir.

(2) *Idem*, tit. 4, art. 4. (*V.* n°. 334).

(3) *Réglement de service* du 1ᵉʳ mars 1768, tit. 21, art. 47, 111 et 112.

(4) *Réglement de police*, tit. 4, art. 10.

(5) *Réglement de revues* du 25 germinal an 13, art. 13.

(6) *Réglement de police*, tit. 4, art. 12.

(7) *Voy.* cependant le *Décret* du 18 février 1808, qui attache le major au bataillon de garnison.

287. — *Aubette.* — *Parade.*

Après le rapport, le sergent-major se rend au lieu de la garnison où doivent se tirer au sort les postes et les rondes d'officiers et sous-officiers; il tire grade par grade le billet de chaque poste (1), et chaque ronde. Il emporte avec lui les marrons nécessaires, pour les distribuer aux militaires commandés (2).

Avant le roulement de la soupe, les sergens-majors réunis par l'adjudant, écrivent l'ordre du jour sous sa dictée (3); au rappel pour la garde, chaque sergent-major rassemble ses hommes sur un rang (4).

Lorsque le sergent-major se rend sur la place d'armes en même-temps que la nouvelle garde (5), il remet à chaque officier ou sous-officiers de service, un billet sur lequel est inscrit le poste, etc., qui lui est échu (6); puis, lorsqu'on bat la garde, il se place vis-à-vis le terrain de la nouvelle garde derrière les officiers; après le cercle rompu, il leur rend l'ordre qui les concerne, soit sur la place d'armes, soit à leur logement (7). De retour au quartier, le sergent-major donne l'ordre aux caporaux.

288. — *Recrues.* — *Revues.*

Lorsqu'il se présente un homme qui doit faire partie de la compagnie, le sergent-major place le nouveau venu dans l'escouade la plus foible, et lui indique son chef d'escouade et de subdivision, ainsi que l'instructeur

(1) *Règlement de service* du 1er mars 1768, tit. 10, art. 3 et 5; et tit. 15, art. 13. C'étoit ce qu'on appeloit *aller à l'aubette*. Maintenant on va tirer les postes chez le secrétaire-écrivain. (*Loi du 10 juillet 1791*, tit. 3, art. 23.)
(2) *Règlement de service*, tit. 15, art. 15.
(3) *Règlement de police* du 24 juin 1792, tit. 4, art. 14.
(4) *Idem*, art. 19
(5) *Règlement de service*, tit. 13, art. 3.
(6) *Idem*, tit. 21, art. 80.
(7) *Idem*, tit. 13, art. 17.

qui doit le dresser (*V*. n°. 326, 346). Si c'est un homme de recrue, le sergent-major le conduit au chirurgien-major pour qu'il le visite et signe son billet d'admission. L'homme de recrue doit, autant que possible, coucher avec le caporal.

Quand l'homme de recrue est de retour de chez le sous-inspecteur (*V*. n°. 334 et 347, par. 4), le sergent-major signale l'arrivant ou le fait signaler par le fourrier, inscrit son nom sur tous les régistres où il doit être mentionné, et s'occupe des moyens de pourvoir à son habillement, armement et équipement. Sitôt qu'il est habillé et équipé, il le présente au capitaine et aux officiers de la compagnie.

Aux revues d'inspecteur, le sergent-major place la compagnie en haie, par rang de grade et de numéro de contrôle (1) ; il s'assure que tout le monde est présent, au moyen de son livre d'appel portatif (*V*. n°. 281). Lorsque l'inspecteur est arrivé, le sergent-major appelle tous les hommes sur la feuille dressée par le fourrier et certifiée par le commandant de la compagnie ; il est de rigueur que cette feuille ne mentionne que les militaires faisant véritablement partie de la compagnie (2).

C'est sur trois rangs, à rangs ouverts (3), que se passe la revue de l'inspecteur général d'armes, avec ou sans havre-sacs, suivant l'ordre ; les officiers sont placés à la droite (4), les enfans de troupe à la gauche (5). Le sergent-major fait l'appel, et les hommes doivent répondre en prononçant le mot *présent* (6).

---

(1) *Réglement de revues* du 25 germinal an 13, art. 25.

(2) *Idem*, art. 29. *Loi* du 21 brumaire an 5, tit. 7, art. 1. On appeloit *passe-volans* les hommes qui passoient la revue comme soldats dans des corps ou compagnies dont ils ne faisoient pas partie.

(3) *Instruction* du 15 frimaire an 10, art. 20.

(4) *Idem*, art. 22.

(5) *Idem*, art. 18.

(6) *Idem*, art. 23. Suivant un ancien usage, la manière de répondre des tambours consiste dans un coup de baguette qu'ils donnent sur leur caisse.

289. — Administration. — Responsabilité.

Le sergent-major dresse tous les cinq jours ou fait dresser par le fourrier (*V.* n°. 334), la feuille de prêt (*V.* n°. 226). Il y rappelle les hommes qui seroient venus d'un autre corps depuis le jour de l'arrivée inclus (1), et y fait mention des hommes congédiés jusqu'au jour de leur départ exclus (2); il présente cette feuille au chef de la compagnie, qui la vérifie et la signe; elle est également signée par l'officier de semaine (3), qui va chercher le prêt chez le quartier-maître à l'heure fixée par l'ordre du jour.

Le sergent-major est chargé de faire réparer les armes au moyen du bon de réparation qu'il présente à la signature du capitaine; c'est en vertu de cette signature que l'armurier procède à ce travail (*V.* n°. 231). Le sergent-major retire ensuite ce billet et cette arme (4).

Le sergent-major est responsable envers le capitaine et les autres officiers de sa compagnie de tous les détails de police, discipline, service et administration; ainsi que de l'emploi de tous les deniers.

Le sergent-major est le dépositaire des effets, armes et sacs des hommes absens par maladie ou toute autre cause (5). Il vend, en présence de son capitaine, les effets des déserteurs (*V.* n°. 282, note 6) qui ont été contumacés; si ces hommes rentrent, il leur est tenu compte du montant de la vente, aux frais de la masse d'habillement.

Après le retour des gardes, le sergent-major reçoit des sous-officiers de semaine, les munitions qu'ils retirent aux soldats (6).

---

(1) *Réglement de revues* du 25 germinal an 13, art. 43.
(2) *Idem*, art. 60.
(3) *Réglement de comptabilité* du 8 floréal an 8, tit. 3, art. 3.
(4) *Réglement d'administration* du 25 février 1806, art. 30.
(5) *Réglement de police* du 24 juin 1792, tit. 9, art. 8. (*Voy.* n°. 290.). *Instruction* du 29 floréal an 7.
(6) *Idem*, tit. 4, art. 22. (*V.* n°. 324, dernier paragr.)

Il se fait donner par chaque chef de chambrée un
reçu des fournitures qu'il lui délivre (1), lequel est conforme à l'état qu'ils en affichent sur les portes des chambres (*V*. n°. 347). Le premier jour de chaque semaine, il
vérifie en présence du chef de la compagnie (2), la situation des lits et fournitures (*V.* n°. 220), afin de s'assurer de leur nombre et état, constater qu'ils ne servent
que dans les casernes (3), et procéder de suite à l'é-
change des fournitures qui auroient éprouvé quelques
dégradations ; c'est à lui à les remettre en magasin en
présence du quartier-maître ou d'un officier désigné à
cet effet, lorsque le régiment quitte la caserne (4).

Le sergent-major est responsable de la précision du
signalement des hommes, et doit connoître en conséquence la table signalétique (*V.* n°. 298). Il est responsable de l'exact paiement du décompte d'hôpital et de
linge et chaussure, du prêt des travailleurs, hommes
en permission et en punition. Il est responsable du com-
bustible, des effets et armes des travailleurs, des lan-
ternes ou reverbères de la compagnie, des pelles, chandeliers, baquets, etc., objets et outils de campement (5)
du petit cordeau métrique (*V.* n°. 93, note 1 et 2). Il
est responsable du placement des étiquettes de lits et
rateliers d'armes, de l'inscription sur les portes des
chambres, de l'inscription tous les 15 jours de la feuille
des *sentinelles* (*V.* n°. 347) ; enfin, il répond généralement de la propreté des couvertures et manière de les

---

(1) *Réglement de casernement* du 30 thermidor an 2 , tit. 4 ,
sect. 2 , art. 10 , paragr. 2.

(2) *Idem*, art. 12.

(3) *Réglement de service* du 1er mars 1768 , tit. 5 , art. 30.

(4) *Réglement de casernement*, tit. 4 , sect. 2 , art. 22.

(5) Le sergent-major en étoit également responsable autrefois. Ils
étoient donnés à raison d'un par 4 hommes. Lorsque les compagnies
étoient de 40 hommes, ces outils consistoient en 3 pelles, 3 pioches,
2 haches ou pics, 1 serpe ou faulx (*V.* n°. 437, note 1. — et
n°. 418, paragr. 3).

battre (1), ainsi que de la conservation et réparation
de l'habillement, armement et équipement (*V.* n°. 333);
que sous ses ordres, le fourrier fait remettre en état.

290. — *Havre-sacs des malades.*

A l'instant où le sergent-major présente au capitaine
l'homme de sa compagnie qui entre à l'hôpital, il soumet à sa signature le billet d'hôpital déjà signé du chirurgien et du sergent-major, et indiquant le genre de
maladie (2), ainsi que l'état des effets qu'emporte le
malade; il présente également son havre-sac dans lequel
tous ses effets sont placés ; défenses étant faites à ses
camarades de retenir, retirer ou accepter en conservation, aucun des effets ou propriétés du malade. Il est
mis au fond du havre-sac un état de ce qu'il contient,
lequel est signé du sergent-major et du chef de subdivision ou d'escouade. Si l'homme a du linge chez la
blanchisseuse, le sac n'est clos qu'après que ce linge est
revenu, et joint au reste. Il est alors cousu sur la patelette du sac une bande de papier qui le ferme. Le capitaine appose son cachet sur cette ouverture, de manière qu'on n'en puisse rien soustraire sans briser ce
scellé. Si l'homme meurt, le sac est ouvert en présence
du capitaine (3).

Le sergent-major présente ensuite le billet à la signature du quartier-maître et le remet à un sous-officier
qu'il charge de conduire le malade à l'hôpital.

---

(1) Le *Réglement de police* veut, tit. 4, art. 35, qu'elles soient
battues avec des houssines et des martinets. Le *Réglement de casernement*, tit. 4, sect. 2, art. 15, veut qu'elles soient simplement
secouées dans les cours une fois par semaine. Le marché Laurent,
actuellement en vigueur, indique (sect. 12, art. 71) qu'elles peuvent être battues avec de petites baguettes; mais non avec celles des
fusils.

(2) *Arrêté* du 24 thermidor an 8, art. 34.

(3) Les parens n'ont jamais eu de droit sur le prix des objets de
linge et chaussure laissés par les hommes morts ou désertés (Voy.
Réglement du 2 septembre 1775, art. 20, et *Réglement de service*
du 1er mars 1768, tit. 21, art. 139.

Lors de la rentrée des hommes qui sont en congé, semestre ou permission, ou qui sortent des hôpitaux, le sergent-major reçoit du fourrier leur billet de sortie, cartouche ou permission, et les joint à la feuille du rapport du lendemain.

291. — *Formation d'un peloton.*

Pour former le peloton sur trois rangs, il faut ployer en trois parties la compagnie, *bordant la haie* (*Voyez* n°. 327), c'est-à-dire, établie sur un seul rang.

Un peloton en temps de guerre étant un *ordre* (1) sur trois de hauteur, dont le premier rang se compose des plus grands hommes, et le second rang des plus petits, il y a trois manières de le former, savoir : sur la droite, sur la gauche et sur le centre. Le peloton du drapeau (*aigle ou enseigne*) doit ne se former que de la dernière manière.

Les pelotons du demi-bataillon de droite doivent se former sur la gauche ; ceux du demi-bataillon de gauche doivent se former sur la droite.

292. — *Formation sur la droite.*

Le sergent-major met ses caporaux et fusiliers en haie par rang de taille. Il compte ses hommes, et partage cette ligne en trois ; il commande : *second et troisième rang par le flanc droit.* Il les fait déboîter l'un à droite et à l'autre à gauche (2) en même temps qu'il les met en marche par le commandement : *second rang, pas accéléré : troisième rang, pas ordinaire : marche.* Les rangs s'arrêtent d'eux-mêmes, et il leur commande

(1) *Réglement d'exercice* du 1ᵉʳ août 1791, tit. 1.

(2) On pouvoit encore simplifier cette formation en faisant avancer d'un pas le premier rang, et reculer d'un pas le troisième rang, lors du commandement d'avertissement. Le second rang pourroit alors, après avoir fait par le flanc, marcher de suite devant lui au lieu de déboîter à gauche.

13 *

front. Le peloton se trouve alors formé avec ses plus petits hommes au deuxième rang.

293. — *Formation sur la gauche.*

Le sergent-major, après avoir formé ses soldats sur un seul rang, le divise en trois.

Il commande : *premier et troisième rang par le flanc gauche.* Il fait déboîter le troisième rang à gauche, et le premier à droite, il commande : *premier rang, pas accéléré ; troisième rang, pas ordinaire, marche, front.* Ces rangs viennent ainsi se former, l'un devant, et l'autre derrière le deuxième rang qui est resté immobile.

294. — *Formation sur le centre* (1).

Le sergent-major forme sa troupe sur un seul rang et commande : *Premier rang par le flanc gauche, second rang par le flanc droit ;* il fait déboîter le premier rang à droite et le second à gauche, et les fait partir au pas ordinaire. C'est dans ce seul cas qu'il doit commander *halte,* avant de commander —*front ;* la marche des deux rangs devant se terminer au même instant.

Il place alors les caporaux suivant leur rang de taille, à la droite et à la gauche des rangs du peloton, en intervertissant le moins possible, l'ordre établi ci-dessus ; il est convenable qu'il place deux caporaux au centre du premier rang pour y déterminer les ailes de chaque section. Le sergent-major numérote ensuite les files, en faisant prononcer à chaque homme son n°.

On déploie un peloton pour lui faire *border la haie* (2), par les moyens inverses.

La compagnie étant formée d'une de ces trois manières, le sergent-major compte de nouveau les hommes du premier rang, et partage ce rang en deux, afin de

---

(1) C'étoit la formation prescrite par l'*Instruction* du 11 juin 1774.

(2) *Règlement de service* du 1er mars 1768, tit. 18, art. 2.

former deux sections. Si le premier rang se compose de
12 hommes, il dit au sixième : *vous êtes la gauche de
la première section*, et au septième, *vous êtes la droite
de la deuxième.*

295. — En route.

Chaque jour de route, le sergent-major remet au
commandant de la troupe un état de situation (1).

Il doit faire lui-même les appels de sa compagnie ; il
fait le premier appel avant qu'on aille chercher le drapeau, et qu'on forme la garde de police.

Il fait le second (2) à 200 pas de la place en dehors
des glacis ou de la première barrière, afin d'envoyer,
s'il est nécessaire, à la recherche des hommes qui seroient restés en arrière sans permission.

C'est après cet appel qu'il veille à ce que les soldats
aient la baïonnette remise.

Il fait les autres appels à chaque halte ; à cet effet,
la troupe s'arrête, se met en bataille, ouvre les rangs,
se repose sur les armes, personne ne quittant son rang
avant l'ordre.

Lorsqu'ensuite les tambours appellent pour qu'on se
remette en route, les sergens-majors font lever et charger les soldats ; ils leur font mettre l'arme au bras, et
serrer les rangs ; puis ils comptent les files, ce qui équivaut à un appel.

En route, le sergent-major a le droit de coucher
seul (3).

296. — Au camp.

Le sergent-major assiste à l'ordre, et le rend de
même qu'en garnison (*V.* n°. 205).

Il fait mettre immédiadement après la retraite le

(1) *Réglement de marche* du 25 fructidor an 8, tit. 1, art. 18.
(2) *Réglement de service* du 1ᵉʳ mars 1768, tit. 32, art. 29.
(3) *Réglement de logement* du 12 octobre 1791, art. 14, paragr. 12.

manteau d'armes sur les faisceaux, après avoir vérifié s'il n'y manque point de fusil (1), et le lendemain, après la garde défilée, il les fait découvrir et s'occupe d'une pareille vérification.

Il a soin de retirer la poudre et les balles dont sont porteurs les soldats qui vont aux hôpitaux (2), et fait décharger avec le tire-balle les fusils dont la poudre auroit été mouillée (3).

Comme il n'y a point de tente particulièrement affectée à aucun grade, au-dessous de celui d'adjudant, il est convenable que le sergent-major couche dans la tente qui donne sur le front de bandière (4) (*V.* pl. 5). Lorsqu'il s'agit de décamper, il assemble la compagnie face à l'aile gauche du camp, la droite de la compagnie ne débordant pas le front de bandière. Il fait l'appel, s'assure que les chefs d'escouade ont réparti les effets de campement, et que le fourrier a fait démonter les faisceaux et le manteau d'armes. Le sergent-major veille à ce que rien ne soit oublié, à ce que les feux soient éteints, à ce que les convalescens partent avec les équipages, à ce que personne ne s'écarte.

297. — *Formule de plainte* (5) *en désertion.*

(A) L'art. 23, tit. 3 de l'arrêté du Gouvernement, du 19 vendémiaire an 12, est conçu ainsi qu'il suit :

Tout chef de corps ou de détachement militaire dont un sous-officier ou soldat aura abandonné ou n'aura pas re-

PLAINTE (A).

A M..........., commandant d'armes de la place d........ division militaire de l'intérieur (B).

Monsieur. .... *colonel* (C) *du.* . . . (mettre

---

(1) *Réglement de campagne* du 5 avril 1792, tit. 12, art. 5 et 6.
(2) *Idem*, art. 36.
(3) *Idem*, art. 37.
(4) Tout ce qu'on trouve d'écrit à ce sujet consiste dans ceci : « Les sergens doivent coucher dans les mêmes tentes que les soldats. » *Instruction* du 1er mars 1792, paragr. 3.
(5) *Instruction* pour l'exécution de l'arrêté du 19 vendémiaire an 12.

4e. LEÇON. *Devoir du sergent-major.* (n°. 297). 295

joint ses drapeaux, devra, sous peine de quinze jours d'arrêts forcés, et de plus forte peine s'il y a lieu, porter plainte contre ledit sous-officier ou soldat, dans les vingt-quatre heures qui suivront l'époque où, en exécution du titre 9 du présent arrêté, il devra être réputé déserteur.

(B) A l'armée, cette plainte doit toujours être adressée au général de brigade sous les ordres duquel se trouve le corps ou le détachement dont fait partie l'accusé.

Dans les divisions militaires de l'intérieur, elle doit être adressée au commandant d'armes de la place dans laquelle se trouve le corps ou le détachement, dont faisoit partie l'accusé; et à défaut de commandant d'armes, au commandant du lieu.

(C) Si celui qui porte plainte n'est pas colonel, il fera mention du détachement militaire dont il est chef.

(D) Si l'accusé est déserteur pour avoir dépassé son congé et n'avoir pas rejoint dans le délai de faveur accordé par l'arrêté précité, au lieu des mots *a abandonné ses drapeaux le   du mois d   an 181   et n'a plus reparu au corps depuis cette époque*, il faut mettre, *ayant obtenu un congé limité, pour en jouir à*

le numéro du régiment), *régiment de.* . . . . (désigner l'arme), *a l'honneur de vous représenter que.* . . . . (mettre les noms et prénoms du déserteur), *né à* . . . . *département d.* . . . . *âgé d.* . . . . (mettre ici son grade et son signalement, et désigner le corps dont il fait partie),

a abandonné ses drapeaux (D) *le.* . . . . *du mois d.* . . . . *an* (E) . . . . *et n'a plus reparu au corps depuis cette époque.*

(Si la désertion de l'accusé est accompagnée de circonstances aggravantes, il faut les énoncer ici ; il faut en outre indiquer les témoins (F) ; et si l'accusé

dater du · · du
mois de · *an* 181
jusqu'au du
mois de sui-
vant, *en a dépassé la durée,*
et n'a pas rejoint dans le dé-
lai de faveur accordé par le
titre 9 de l'arrêté du 19 ven-
démiaire an 12.

(E) Indiquer l'heure de la
disparition.

(F) En général les témoins
doivent être des soldats et des
sous-officiers de la compagnie
de l'accusé; ou si l'accusé a
déserté étant de garde, des
sous-officiers et des soldats de
cette même garde.

Signé Alex. Berthier.

a été arrêté, indiquer la
prison dans laquelle il est
détenu).

Pourquoi il vous demande
qu'il en soit informé, afin
que ledit. . . . .
(mettre ici le nom du dé-
serteur.), *soit ensuite jugé*
conformément à l'arrêté du
Gouvernement, du 19 ven-
démiaire an 12.

Il vous demande, en
outre, de lui donner un
récépissé de la présente
plainte, afin de l'annexer,
ainsi qu'il est prescrit par
l'article 23, titre 3 de l'ar-
rété précité, au registre des
délibérations du conseil d'ad-
ministration, sur lequel re-
gistre, copie de ladite plainte
sera inscrite sous vingt-quatre
heures.

Fait à . . . . le
du mois d .
an 181.

(Place de la signature de
celui qui porte plainte).

298. — *Table Comparative signalétique* (1).

ANCIENNES			NOUVELLES		ANCIENNES			NOUVELLES	
Pieds.	Pouces.	Lignes.	Mètres.	Millim.	Pieds.	Pouces.	Lignes.	Mètres.	Millim.
4	9	1	1	545	4	11	0	1	597
		2	1	548			1	1	599
		3	1	550			2	1	602
		4	1	552			3	1	604
		5	1	554			4	1	606
		6	1	557			5	1	608
		7	1	559			6	1	611
		8	1	561			7	1	613
		9	1	563			8	1	615
		10	1	566			9	1	617
		11	1	568			10	1	620
4	10	0	1	570			11	1	622
		1	1	572	5	0	0	1	624
		2	1	575			1	1	626
		3	1	577			2	1	629
		4	1	579			3	1	631
		5	1	581			4	1	633
		6	1	584			5	1	635
		7	1	586			6	1	638
		8	1	588			7	1	640
		9	1	590			8	1	642
		10	1	593			9	1	644
		11	1	595			10	1	647

(1) L'Instruction du ministre de la guerre sur la loi du 6 fructidor an 6, contient également une table de comparaison ; mais qui ayant été calculée avant la fixation définitive du mètre, est inexacte.

DÉNOMINATION DES MESURES					DÉNOMINATION DES MESURES				
ANCIENNES.			NOUVELLES.		ANCIENNES.			NOUVELLES.	
Pieds.	Pouces.	Lignes.	Mètres.	Millim.	Pieds.	Pouces.	Lignes.	Mètres.	Millim.
5	0	11	1	649	5	3	9	1	725
5	1	0	1	651		3	10	1	728
	1	1	1	653		3	11	1	730
	1	2	1	656	5	4	0	1	732
	1	3	1	658		4	1	1	734
	1	4	1	660		4	2	1	737
	1	5	1	662		4	3	1	739
	1	6	1	665		4	4	1	741
	1	7	1	667		4	5	1	743
	1	8	1	669		4	6	1	746
	1	9	1	671		4	7	1	748
	1	10	1	674		4	8	1	750
	1	11	1	676		4	9	1	752
5	2	0	1	678		4	10	1	755
	2	1	1	680		4	11	1	757
	2	2	1	683	5	5	0	1	759
	2	3	1	685		5	1	1	761
	2	4	1	687		5	2	1	764
	2	5	1	689		5	3	1	766
	2	6	1	692		5	4	1	768
	2	7	1	694		5	5	1	770
	2	8	1	696		5	6	1	773
	2	9	1	698		5	7	1	775
	2	10	1	701		5	8	1	777
	2	11	1	703		5	9	1	779
5	3	0	1	705		5	10	1	782
	3	1	1	707		5	11	1	784
	3	2	1	710	5	6	0	1	786
	3	3	1	712		6	1	1	788
	3	4	1	714		6	2	1	791
	3	5	1	716		6	3	1	793
	3	6	1	719		6	4	1	795
	3	7	1	721		6	5	1	797
	3	8	1	723		6	6	1	800

DÉNOMINATION DES MESURES					DÉNOMINATION DES MESURES				
ANCIENNES.			NOUVELLES.		ANCIENNES.			NOUVELLES.	
Pieds.	Pouces.	Lignes.	Mètres.	Millim.	Pieds.	Pouces.	Lignes.	Mètres.	Millim.
5	6	7	1	802	5	9	4	1	877
	6	8	1	804		9	5	1	879
	6	9	1	806		9	6	1	882
	6	10	1	809		9	7	1	884
	6	11	1	811		9	8	1	886
5	7	0	1	813		9	9	1	888
	7	1	1	815		9	10	1	891
	7	2	1	818		9	11	1	893
	7	3	1	820	5	10	0	1	895
	7	4	1	822		10	1	1	897
	7	5	1	824		10	2	1	900
	7	6	1	827		10	3	1	902
	7	7	1	829		10	4	1	904
	7	8	1	831		10	5	1	906
	7	9	1	833		10	6	1	909
	7	10	1	836		10	7	1	911
	7	11	1	838		10	8	1	913
5	8	0	1	841		10	9	1	915
	8	1	1	843		10	10	1	918
	8	2	1	846		10	11	1	920
	8	3	1	848	5	11	0	1	922
	8	4	1	850		11	1	1	924
	8	5	1	852		11	2	1	927
	8	6	1	855		11	3	1	929
	8	7	1	857		11	4	1	931
	8	8	1	859		11	5	1	933
	8	9	1	861		11	6	1	936
	8	10	1	864		11	7	1	938
	8	11	1	866		11	8	1	940
5	9	0	1	868		11	9	1	942
	9	1	1	870		11	10	1	945
	9	2	1	873		11	11	1	947
	9	3	1	875	6	0	0	1	949

CINQUIÈME LEÇON.

DEVOIR DU TAMBOUR-MAJOR.

299. — *Rang.* — *Autorité*, etc.

Le tambour-major est un sous-officier (1). élu au choix du conseil d'administration (2). Il fait partie de l'état-major; il est le chef des tambours et cornets (3); c'est de lui qu'ils reçoivent l'ordre (*V.* n° 205) qui lui a été donné au cercle. Il fait l'appel des musiciens; il passe l'inspection des tambours (4); il commande leur service au moyen d'un contrôle par rang de compagnie (5); il a droit de coucher seul; il loge avec le caporal-tambour et les musiciens (6); il fait ordinaire avec les sergens (7). L'usage veut qu'ils soit reçu par le capitaine de police à la tête de la garde, tous les tambours y étant présens (8). Il porte une longue canne à grosse pomme (9). Les différentes batteries que le réglement lui prescrit (10) de

---

(1) L'ordonnance du 10 décembre 1762 lui donnoit rang de sergent (**V.** *Manuel pour le corps de l'infanterie*, imprimé en 1781, chap. 3). Il est d'usage qu'il porte les galons de sergent-major.

(2) *Loi* du 14 germinal au 3°, art. 6 et 8.

(3) *Décret* du 2° jour complémentaire an 13°, art. 3.

(4) *Réglement de service* du 1er mars 1768, tit. 21, art. 71.

(5) *Réglement de campagne* du 5 avril 1792, tit. 7, art. 2 et 10.

(6) *Réglement de police* du 24 juin 1792, tit. 2, art. 4; *Réglement de casernement* du 30 thermidor an 2, tit. 3, art. 4; *Réglement de logement* du 12 octobre 1791, art. 14, paragr. 12.

(7) *Réglement de service*, tit. 21, art. 134.

(8) *Ordonnance* du 1er juillet 1788, art. 25.

(9) La première planche du *Réglement d'exercice* le représente avec sa canne; nous n'avons rien trouvé d'écrit à ce sujet. Il n'existe aucune décision qui fasse connoître sur quels fonds cette canne doit être payée.

(10) *Voy.* la fin de l'*Ecole de peloton*, du 1er août 1791.

faire exécuter, et qui forment ce qu'on appelle l'*ordonnance*, sont celles-ci :

La générale; — l'assemblée; — le rappel; — aux
drapeaux; — aux champs; — le pas accéléré; — la
retraite; — la messe; — la breloque; — aux armes.

300. — *La générale.*

La *générale* annonce le rassemblement de toutes les
troupes d'une garnison, d'un cantonnement ou d'un
camp; à l'école des tambours, elle termine la leçon,
afin qu'on ne prenne point le change, en supposant
qu'elle appelle aux armes (1). Au lieu de la *générale*,
on bat le *premier* (2), c'est-à-dire, *aux champs*, quand
il y a dans le même lieu d'autres troupes qui ne doivent
pas prendre les armes. Pour une troupe partant d'une
garnison, le *premier* se bat (3) deux heures avant qu'on
ne se mette en route. Quelquefois, pour éviter que la
générale ne répande l'alarme, on la remplace par la
retraite, afin que les troupes se réunissent à leur quartier. Si on bat la générale à l'improviste, les troupes
s'assemblent de suite au poste d'alarme (4).

Au camp, la *générale* commence ordinairement au
quartier-général (5); c'est le tambour de la garde de la
place qui l'exécute; les tambours des gardes de police
et des officiers généraux y répondent de suite : elle se
bat une heure et demie avant le départ (6); si elle se

---

(1) *Réglement de service* du 1er mars 1768, tit. 18, art. 7; et
Réglement de campagne du 5 avril 1792, tit. 12, art. 42.

(2) Il y a des régimens dont la batterie, nommée le *premier*,
n'est autre que la batterie *aux armes*, et consiste en trois coups de
baguette. Quand plusieurs corps voyagent ensemble, il est bon que
cette batterie soit différenciée, pour que chaque troupe sache si c'est
elle qu'on appelle. (*Réglement de service*, tit. 18, art. 1; et *Réglement de campagne*, tit. 19, art. 10.)

(3) *Réglement de service*, tit. 32, art. 10.

(4) *Idem*, tit. 18, art. 7. (*V.* nº. 425, note 3).

(5) *Réglement de campagne*, tit. 19, art. 14.

(6) *Idem*, art. 11.

battoit pour une réjouissance, l'armée en seroit prévenue (1).

3o1. — L'assemblée.

C'est la batterie qui annonce la réunion des hommes par compagnie. Elle est en usage pour l'avertissement des gardes en garnison et au camp; aussi l'appelle-t-on également *battre la garde*; elle a lieu en garnison à 9 heures du matin (2). Dans les pays méridionaux, où la garde peut se monter à 10 heures, l'assemblée doit être battue à 7 heures du matin.

En route, l'*assemblée* est la seconde batterie après la *générale* ou le *premier*, c'est pourquoi, on l'appeloit autrefois le *second*; elle précède le *drapeau*, afin de faire habiller le soldat pour qu'il se rende au lieu du rassemblement. Au camp, lorsque l'*assemblée* doit annoncer la garde, elle se bat à 7 heures, depuis le 1er. mai jusqu'au 1er. septembre, et à 8 heures, les autres mois de l'année (3).

Au camp, l'*assemblée* est la seconde batterie; elle a lieu une demi-heure après la *générale* (4), lorsqu'on doit décamper; elle commence toujours par la droite, et indique qu'il faut détendre (*V.* n°. 66), charger les bagages et atteler (5).

3o2. — Le rappel.

Le *rappel* est l'avertissement de la réunion des compagnies en bataillon, à rangs serrés. Cette batterie sert aussi à rendre les honneurs (*V.* n°. 198) au sénat en corps, aux sénateurs faisant leur entrée d'honneur, aux grands officiers de la légion d'honneur, chefs de cohorte,

---

(1) *Réglement de campagne* du 5 avril 1792, tit. 19, art. 24.
(2) *Réglement de service* du 1er mars 1768, tit. 10, art. 1. (*V.* n°. 176, note 8.)
(3) *Réglement de campagne*, tit. 13, art. 1.
(4) Idem, tit. 19, art. 10 et 15.
(5) Idem, art. 17.

aux généraux de division commandant une division militaire territoriale faisant leur entrée d'honneur, aux généraux de division employés, et généraux de division inspecteurs pendant leur inspection (1).

En garnison, le tambour de la garde de police *rappelle* à 8 heures et demie du matin (*V.* n°. 138) aux tambours pour leur inspection ; à onze heures un quart les tambours rappellent pour la garde (2).

On fait quelquefois battre le *rappel* au lieu de la *générale*, lorsqu'il n'y a qu'une partie de la garnison, du camp ou du cantonnement qui doive prendre les armes.

On le fait battre encore pour rappeler les soldats d'une ligne qui ont quitté leurs rangs, et se sont éparpillés (3).

Le tambour de police fait un *rappel* à l'heure ordonnée suivant la saison, pour réunir les tambours, afin d'aller battre la *retraite* (*V.* n°. 138).

En route, il est quelquefois exécuté un premier *rappel* une demi-heure avant qu'on ne batte le *premier* ou la *générale*. Cette batterie, nécessaire sur-tout dans les gîtes où il n'est point battu de *diane* (*V.* n°. 311), seroit exécutée par le tambour de la garde de police, et auroit pour objet d'*appeler* à tous les autres tambours; elle serviroit aussi à réveiller les fourriers, qui se lèvent et partent de suite (*V.* n°. 341).

Dans les routes de nuit, si le tambour de la queue rappelle, cela indique qu'il est besoin que la tête de la colonne s'arrête (4); si la colonne est de plusieurs bataillons, cette batterie se répète jusqu'à la tête.

On s'en sert à l'armée, lorsqu'on a quelques propositions à faire à l'ennemi, ou bien lorsqu'une ville veut

(1) *Réglement de campagne* du 5 avril 1792, tit. 29, art. 12.

(2) *Réglement de police* du 24 juin 1792, tit. 4, art. 19. (*Voy.* n°. 176).

(3) *Manuel pour le corps de l'infanterie*, de 1781, chap. 8, art. 6. (*V.* n°. 303, note 6).

(4) *Réglement de campagne*, tit. 19, art. 72.

capituler, et qu'elle arbore le drapeau blanc; c'est ce qu'on nomme battre la *chamade* (1).

303. — *Aux drapeaux*.

On fait usage de cette batterie, lorsqu'on emporte le drapeau (*aigle ou enseigne*) de la demeure du commandant ou qu'on l'y reconduit, soit en garnison, soit en route (2). Quand une troupe part d'une garnison, il ne doit pas y avoir plus de deux heures d'intervalle entre la *générale* et le *drapeau* (3).

Quand en route, on apporte le drapeau, cette batterie est la troisième, c'est-à-dire, qu'elle succède à la *générale* ou *premier*, et à l'*assemblée* (4). Elle a lieu une heure et demie après la *générale* (5).

Au camp, cet ordre et cet intervalle de batteries sont les mêmes; le signal aux *drapeaux* vient de la droite; il annonce que les troupes doivent se mettre en bataille à la tête du camp (6).

On pourroit aussi appeler *ralliement* cette batterie; parce que, si une troupe en manœuvre ou en pleine campagne avoit été dispersée par la *breloque* (7), on bat aux *drapeaux* pour la rallier à son aigle.

Autrefois, on faisoit encore usage de cette batterie pour faire poser les armes aux faisceaux (*V.* n°. 371) ou au corps-de-garde (8).

---

(1) Chamade dérive de l'italien *chiamata*, qui signifie appel.

(2) Par conséquent, si une troupe voyage sans drapeaux, cette batterie n'est point exécutée; il est à propos de la remplacer en ce cas par le *rappel*.

(3) *Réglement de service* du 1er mars 1768, tit. 32, art. 9 et 10.

(4) Le *Réglement de campagne* ne dit rien du *rappel*; cependant, dans l'ordre des batteries, le *Réglement des manœuvres*, du 1er août 1791, reconnoît le *rappel* comme la troisième.

(5) *Réglement de campagne* du 5 avril 1792, tit. 19, art. 11, 15 et 17.

(6) *Idem*, art. 17 et 38.

(7 *Réglement d'exercice* du 1er août 1791, *Ecole de bataillon*, n°. 684.

(8) *Manuel pour le corps de l'infanterie*, imprimé en 1781, chap. 8, art. 6.

Le signal que l'ordonnance prescrit pour la faire exécuter, consiste à élever le bras droit, en tournant le poignet en dedans, de façon que la canne soit à la hauteur de la cravate; on pourroit douter si le bout de la canne doit être à gauche ou à droite. Il y a des tambours-majors qui sont dans l'habitude de la diriger vers leur gauche; le mouvement contraire semble plus gracieux.

3o4. — *Aux champs.*

On appelle ainsi la batterie du pas ordinaire, parce qu'au camp, elle annonce que la tête de la troupe est en marche; on l'appeloit autrefois *la marche* (1). Elle s'est à rendre les honneurs (*V.* n°. 198) au Saint-Sacrement, à Sa Majesté, aux princes, grands dignitaires, ministres, maréchaux, grands officiers militaires ou civils, et généraux en chef (2). Dans les messes militaires, on bat *aux champs* à l'instant de l'élévation (*V.* n°. 174). On appelle cette marche le *premier*, quand en route on s'en sert pour faire partir les fourriers du régiment, ou bien quand au camp on s'en sert au lieu de la *générale*, par la raison qu'il n'y auroit qu'une partie du camp qui devroit détendre. Dans les routes de nuit, lorsque les tambours de la queue battent *aux champs*, après que la colonne a fait halte (*V.* n°. 3o2, parag. 7) pour se rallier, cela indique que la tête de la colonne doit se remettre en marche. C'est au son de cette batterie qu'on défile; cependant Sa Majesté fait plus ordinairement défiler au *pas accéléré* (*V.* n°. 118).

Cette batterie sert aussi à annoncer la fermeture des portes. Les tambours (3) montent, dans ce cas, sur le parapet du rempart pour l'y exécuter.

---

(1) *Manuel pour le corps de l'infanterie*, imprimé en 1781, chap. 8, art. 6.

(2) *Réglement de campagne* du 5 avril 1792, tit. 29, art. 12.

(3) *Réglement de service* du 1ᵉʳ mars 1768, tit. 124, art. 19.

305. — *Le pas accéléré* (1).

Le *pas accéléré* a succédé au *pas de manœuvres*, et celui-ci au *pas redoublé*; il sert, à conduire les gardes à leur poste et à les en ramener (*V.* n°. 370, note 2). Le *pas accéléré*, proprement dit, se bat à cent à la minute; mais il peut, suivant la volonté du chef (2), être ralenti ou précipité, et devient alors, ou le *pas de route* ou le *pas de charge.* Le signal que l'ordonnance prescrit, consiste à porter le bout de la canne en avant, le bras tendu. Il seroit difficile d'expliquer pourquoi il n'y a presque pas de tambours-majors qui se soient conformés à cette instruction. Le signal consacré par l'usage, et qui a prévalu, consiste à élever la canne, le bras tendu, la paume de la main tournée en avant, la pomme de la canne au-dessus de l'épaule droite, le bout de la canne à la hauteur et devant la poignée du sabre.

306. — *La retraite.*

La *retraite* est l'avertissement de l'appel du soir, qui a lieu une demi-heure après cette batterie terminée (3). Elle se bat au signal du tambour-major du plus ancien régiment, et les tambours l'exécutent depuis la place d'armes jusqu'à leur quartier (4).

Dans le cas d'une dispute engagée entre différens ré- régimens, ou dans toute autre circonstance, telle qu'un incendie, etc., on fait quelquefois battre la *retraite*, qui équivaut à un ordre aux militaires de regagner de suite leur logement.

En garnison, elle a lieu une demi-heure après que le mot est donné (5).

---

(1) *Réglement d'exercice* du 1er août 1791; *Ecole du soldat,* n°. 206.

(2) *Idem*; *Ecole de bataillon,* n°s 174 et 184.

(3) *Réglement de service* du 1er mars 1768, tit. 14, art. 6.

(4) *Idem*, art. 3 (*V.* n°. 405).

(5) *Idem*, tit. 12, art. 5; et tit. 14, art. 1.

Au camp, elle a lieu au soleil couchant ; elle est annoncée par un coup de canon, ou tout autre signal de la droite (1).

Dans les évolutions de ligne, on la fait quelquefois battre derrière tel ou tel régiment marchant en ligne, pour lui annoncer qu'il faut qu'il se retire.

Le tambour-major, après avoir fait l'inspection et l'appel du tambour-maître et des tambours, les conduit, la caisse sur le dos, au lieu désigné pour la *retraite* (2).

Après la *retraite*, les tambours-majors ne font plus rendre d'honneurs à personne (*V.* n°. 186, parag. 5.)

3o7. — *La messe* (3).

C'étoit une batterie particulière ; elle est inusitée depuis la révolution. Elle servoit à appeler les compagnies qui se réunissoient sans armes, les dimanches et fêtes, à la gauche de la garde du jour.

3o8. — *La breloque.*

On la bat pour les distributions (4) et pour les corvées ; aussi dit-on également *battre la fascine*, qui est une des principales corvées du camp. On la bat pour faire balayer les rues du camp, ce qui a lieu après que les tentes sont tendues et que la garde a défilé (5).

Pendant les exercices, on fait quelquefois battre la *breloque*, soit que la troupe marche ou qu'elle soit de pied ferme ; ce qui indique aux soldats qu'ils peuvent rompre les rangs et se disperser à volonté (6) ; elle se bat pour envoyer les travailleurs à leurs chantiers et pour les leur faire quitter.

---

(1) *Réglement de campagne* du 5 avril 1792, tit. 12, art. 1.
(2) *Réglement de service* du 1ᵉʳ mars 1768, tit. 14, art. 2.
(3) *Réglement de campagne*, tit. 12, art. 19.
(4) *Réglement de police* du 24 juin 1792, tit. 7, art. 2.
(5) *Réglement de campagne*, tit. 5, art. 25 ; et tit. 12, art. 22.
(6) *Réglement d'exercice* du 1ᵉʳ août 1791 ; *École de bataillon*, n°. 683.

309. — *Aux armes.*

Cette batterie consiste en trois coups de baguette ; elle appelle les gardes, postes et piquets (1).

Il n'est rien dit ici au sujet des signaux de ces différentes batteries ; ils sont tous expliqués au réglement d'exercice, Ecole de peloton, sixième leçon.

310. — *Batteries que n'a point prescrites le réglement de 1791.*

On vient de voir quelles sont les batteries consacrées par le réglement d'exercice. Il en a omis plusieurs, que d'autres réglemens en vigueur reconnoissent, et dont on fait par conséquent encore usage aujourd'hui ; telles sont (2) :

La diane ; — le roulement ; — l'ordre ; — le ban ; — la charge ; — le rigaudon ; — la marche de nuit.

311. — *La diane.*

Batterie du camp et des places de guerre ; elle a pour objet de tenir les troupes en éveil.

En garnison, cette batterie, exécutée au point du jour sur le parapet, annonce l'ouverture des portes (3).

Au camp, elle annonce le doublement des gardes ; c'est au point du jour que le tambour de la garde du camp (4), se conformant aux signaux de la droite, doit l'exécuter.

Son signal est arbitraire ; l'usage de quelques tam-

----

(1) *Réglement de campagne* du 5 avril 1792, tit. 6, art. 37. Quant aux piquets du camp (*Voy.* n°. 312).

(2) On faisoit en outre usage autrefois d'une batterie nommée *l'appel.* Elle annonçoit qu'on eût à s'assembler pour l'appel ; on l'employoit aux haltes de la route ; son signal consistoit dans un *roulement* suivi de trois *rappels* partagés par trois coups de baguette. (*Manuel pour le corps de l'infanterie*, de 1781, chap. 8, art. 6).

(3) *Réglement de service* du 1er mars 1768, tit. 12, art. 23.

(4) *Réglement de campagne*, tit. 6, art. 25.

bours-majors est de prendre la canne de la main gauche, et de mettre le pouce sur la pomme, à la hauteur de l'épaule gauche ; mais plus ordinairement on l'exécute sans signal.

Les tambours font encore usage de cette batterie pour saluer un officier, le jour de sa réception.

312. — Le roulement.

Il sert à annoncer à une troupe sous les armes, qu'elle doit reprendre l'immobilité et observer le silence. En ligne, le côté d'où il vient, annonce de quel côté viendra le commandement ; le *roulement* sert à *fermer un ban* ; l'ordre est un composé de *roulemens* (*V.* nᵒ. 313).

En garnison, il est fait un *roulement* le matin (*V.* pag. 115, *batterie*) pour faire lever les soldats.

Deux *roulemens* à 9 heures et demie du matin, annoncent l'inspection du sergent (1) ; une heure après, trois *roulemens* annoncent l'inspection de l'officier de semaine (2). Les *roulemens* de 10 heures du matin et de 4 ou 5 après-midi, sont ceux des repas (3). Une demi-heure après la *retraite*, le tambour de garde fait trois *roulemens* qui annoncent l'appel (4) ; il est ajouté à ce signal une petite batterie pour le distinguer, quand la garnison se compose de différens régimens. Une demi-heure après l'appel, ce même tambour fait un *roulement* pour éteindre les feux (5) ; aux messes militaires, il est battu un *roulement* très-court qui annonce la fin de l'office divin (*V.* nᵒ. 174).

En route, un *roulement*, suivi de trois coups de baguette, exécuté après l'arrivée du drapeau, annonce qu'il faut que chaque sergent-major fasse l'appel (*V.* nᵒ. 310, note).

---

(1) *Réglement de service* du 1ᵉʳ mars 1768, tit. 21, art. 73.
(2) *Idem*, art. 79.
(3) *Réglement de police* du 24 juin 1792, tit. 4, art. 16 et 24.
(4) *Idem*, art. 29 ; et *Réglement de service*, tit. 21, art. 120. (*V.* nᵒ. 137, note 2).
(5) *Réglement de police*, tit. 4, art. 33.

Au camp, un *roulement*, suivi de trois coups de baguette et d'un *rappel*, exécuté par le tambour de la garde de police, annonce, pendant le jour, qu'il faut que le piquet s'assemble (1).

Au camp, un *roulement* est le signal auquel doivent s'élever et s'abattre ensemble les tentes (*V.* n°. 94, par. 9 et n°. 95).

A l'exercice, lorsqu'une troupe exécute la marche en route ou toute autre manœuvre au pas non cadencé, un *roulement* indique aux soldats qu'il faut qu'ils reprennent le silence, le pas cadencé et l'arme au bras.

Le signal de ces batteries est arbitraire; celui dont les tambours-majors font usage, a quelque ressemblance avec celui du pas ordinaire. Ils étendent à droite le bras droit et agitent vivement la canne.

313. — *L'ordre.*

Cette batterie a lieu, aussitôt la parade défilée, pour l'ordre de la place. Elle a lieu le soir, après la fermeture des portes (2), pour donner le mot d'ordre; elle consiste en trois *roulemens* (3), suivis chacun d'un coup de baguette.

Son signal est le même que celui ci-dessus. Le tambour-major fait cesser chaque *roulement* par un mouvement de son bras qui abaisse et relève la canne.

L'ordre sert aussi à appeler dans les régimens à telle ou telle classe de sous-officiers (*V.* pag. 116).

314. — *Le ban* (4).

Batterie qui précède les publications ou réceptions d'officiers (*V.* n°. 143).

---

(1) *Réglement de campagne* du 5 avril 1792, tit. 6, art. 37. (*V.* n°. 140 et 185).

(2) *Réglement de service* du 1er mars 1768, tit. 13; art. 21 et 22.

(3) *Réglement de campagne*, tit. 11, art. 13.

(4) On dit ouvrir et fermer un *ban*, parce qu'avant l'allocution on bat les reprises du *ban*, et que quand elle est terminée, on bat un *roulement*.

Le signal *du ban* est arbitraire, puisque le réglement de 1791 ne le prescrit pas ; l'usage des tambours-majors est de passer diagonalement la canne devant la figure, la pomme à droite, les doigts en dessous, et d'appuyer le jonc dans la saignée du bras gauche, que le bout de la canne dépasse d'un pied.

315. — *La charge* (1).

Avant le réglement de 1791, les régimens marchoient à la charge, au bruit de la musique et des tambours d'un seul bataillon. La *charge* n'étoit d'abord battue que lentement, et presque à la mesure du pas ordinaire ; on l'accéléroit ensuite peu à peu, en n'en changeant le mouvement que de 100 pas en 100 pas, jusqu'à ce que la batterie fût à raison de 120 par minute (*V.* n°. 117). Le signal que les tambours-majors ont adopté aujourd'hui, est à peu près le même que celui que prescrit le réglement d'exercice pour le pas accéléré, excepté qu'ils retirent le coude droit en arrière, et dirigent le bout de la canne plus bas et près de terre. Ils accélèrent le pas de charge, au moyen d'un tremblement de la main droite.

316. — *Le rigaudon.*

Les tambours donnent un nom plus trivial encore à cette batterie.

On l'exécute aujourd'hui comme on battoit autrefois la *marche des verges*, c'est-à-dire, de régiment en régiment, à mesure que défilent devant la troupe les hommes traînant le boulet, ensuite de leur condamnation à cette peine. Le *rigaudon* commence par un *roulement*; son signal se fait en tenant la canne dans le même sens et de la même manière que pour le *roulement*, à l'exception que la pomme est à hauteur de la ceinture.

---

(1) *Réglement d'exercice* du 1er août 1791 ; *Ecole de peloton,* n°. 108.

317. — *La marche de nuit* (1).

Cette marche, qui est différente pour chaque régiment, a pour objet d'appeler et de rassembler plus facilement les soldats égarés ou restés en arrière pendant la nuit ou pendant un temps de brouillard. Il est donc bien important que chaque soldat soit familiarisé avec cette batterie. Son signal est arbitraire; il y a des tambours-majors qui la font exécuter, en réunissant les signaux du *pas accéléré* et de la *retraite* (2).

318. — *Fonctions et responsabilité.*

Le tambour-major fait à 8 heures et demie du matin l'inspection des tambours (3), à 9 heures, il fait *battre la garde* (4). Il conduit ses tambours avec les détachemens du régiment au lieu d'assemblée pour la garde, de manière à s'y trouver à 11 heures et demie. Cinquante pas avant que d'y arriver, il fait battre *aux champs* (5); il se place à la droite de la garde (6). Après la garde défilée (*V.* n°. 319.), il ramène en ordre les tambours qui ne sont pas de service (7).

Le soir, il les rassemble et les conduit, la caisse sur le dos, sur la place d'armes, de manière à y arriver une demi-heure avant la fermeture des portes (8); il les forme sur un ou plusieurs rangs suivant leur nombre.

Le tambour-major a ordinairement par chaque tam-

---

(1) Les réglemens actuels n'en parlent point, mais son usage est fort ancien. (V. *Manuel pour le corps de l'infanterie*, imprimé en 1781, chap. 8, art. 6).

(2) Quand une troupe repart d'un gîte, avant la diane, elle bat cette marche après en avoir obtenu permission du commandant de place.

(3) *Réglement de service* du 1ᵉʳ mars 1768, tit. 21, art. 71.

(4) *Idem*, tit. 10, art. 1.

(5) *Idem*, tit. 21, art. 90.

(6) *Idem*, tit. 10, art. 17.

(7) *Idem*, art. 14.

(8) *Idem*, tit. 14, art. 2; et tit. 21, art. 119. *Réglement de police* du 24 juin 1792, tit. 4, art. 28 (*V.* n°. 306).

bour deux peaux de caisse sous sa garde ; elles sont achetées à l'avance au moyen des deniers de baguettes des tambours , parce qu'en route et dans beaucoup de villes, on n'a pas la facilité de s'en fournir, et que sans cette précaution, il pourroit arriver que quelques compagnies se trouvassent dépourvues de caisses battantes.

Le tambour major veille à la manière dont sont remontées et nettoyées les caisses (*V.* nos. 23, 24, 104). Hormis les cas d'alarme et la marche de nuit , il ne fait exécuter aucune batterie entre la retraite et la diane (*V.* n°. 186, par. 5).

Quand il commande un tambour pour conduire la garde d'honneur des généraux de brigade employés, il donne ordre à ce tambour de ne pas rester (1), et de rapporter de suite au quartier son équipement.

319. — *Surveillance d'instruction.* — *Défilement*, etc.

Les tambours-majors doivent assister à l'école de leurs tambours, et leur faire donner la leçon sous leurs yeux, par le tambour-maître. Aussitôt que les élèves ont surmonté les premières difficultés, c'est en marchant, et non de pied ferme qu'ils doivent être exercés, et leur manière doit être simple, nette et bien tranchée (2).

En marche, le tambour le plus habile prend place à la droite de chaque rang des tambours, et y exécute le roulement qui sert de basse aux batteries.

Lorsqu'on défile, le tambour-major se porte en tête de la colonne, ainsi que les tambours et musiciens (3). A 50 pas de la personne à qui on rend les honneurs, il

---

(1) *Décret* du 24 messidor an 12, tit. 15, art. 6.

(2) La manière de battre la caisse est dans chaque régiment différente et trop brodée, et les tambours font abus des coups doubles, ce qui brouille et alourdit la marche. Il n'a point été pour cet objet communiqué de réglement aux troupes, depuis celui du 14 mai 1754, approuvé de nouveau le 6 mai 1755 et le 11 juin 1774, si ce n'est à quelques régimens étrangers.

(3) *Réglement d'exercice* du 1er août 1791 , *Evolutions de ligne*, u°. 623 (*V.* pag. 163 , note 3).

14

fait signe (1) à la musique de jouer; et quand les tambours et la musique ont défilé, il les forme à quelques pas au-delà et vis-à-vis la personne à qui se rendent les honneurs. La musique joue jusqu'à ce que le dernier peloton ait défilé; alors elle prend, ainsi que les tambours, la queue du régiment.

Si le tambour-major est précédé d'un autre régiment, il ne fait signe à la musique de jouer, qu'au moment où la musique qui le précède a cessé (2) (*V.* n°. 199).

320. — *En route* (V. n°s. 301, 302).

Lorsque la troupe doit partir du gîte, le tambour-major se lève aussitôt qu'il entend battre la *diane* ou le *rappel* par le tambour de la garde de police, et se rend de suite sur la place; il y réunit ses tambours, en fait l'appel et leur fait exécuter la *générale* ou le *premier*, en les conduisant dans tous les quartiers de la ville où sont logés les hommes du régiment.

Si la ville est considérable, il les partage en plusieurs détachemens, et reste au corps-de-garde de la place jusqu'à leur retour.

Lorsque la troupe se met en marche, le tambour-major se met 2 pas en avant de ses tambours formés sur deux rangs (3), et les conduit ainsi en les maintenant à 30 pas en avant de la tête de la colonne. Il laisse un tambour à la tête, et un à la queue de chaque bataillon (4).

Lorsque le régiment voyage dans les chemins de traverse ou dans les pays étrangers, et qu'il a été requis des guides de gîte en gîte, le tambour-major est chargé

---

(1) Il fait ce signe en élevant sa canne la pomme en l'air.

(2) *Réglement d'exercice* du 1er août 1791, *Evolutions de ligne*, n.°s 626, 627, 629.

(3) Quelques régimens ont des fifres; il y a des tambours-majors qui les font marcher derrière les tambours; cette manière est vicieuse; ils doivent former le premier rang.

(4) Autrefois l'usage vouloit même qu'un tambour se tînt auprès du drapeau, pendant tout le temps de la route; le tambour de la tête, successivement relevé, battoit le *pas de route*.

de les réunir au corps-de-garde de police, pendant qu'on
bat la *générale* ou le *premier*; il remet un de ces guides
au commandant du logement, il en remet un au commandant de l'arrière-garde (1), et est responsable du
troisième qu'il fait marcher à côté de lui; et si dans les
marches de nuit, il doute de sa fidélité, il le fait attacher
avec des cordes tenues par deux tambours.

Le tambour-major commande chaque jour plusieurs
tambours de service, savoir : un pour l'avant-garde ou
garde de police, un pour le piquet chargé d'assister aux
distributions, et enfin des tambours destinés à marcher
à la queue de chaque bataillon (*V.* nᵒ. 302, par. 7)

Lorsque le régiment est arrivé à 300 pas du glacis
d'une place, et qu'il est crié : *qui vive* (*V.* nᵒ. 407)?
le tambour-major s'arrête de sa personne, et ré-
pond : *France ;* lorsqu'il est crié : *quel régiment ?* il désigne le numéro de son régiment (2). Il fait battre la
marche dès les postes avancés, ou dès la première barrière (3).

La veille des séjours du régiment, le tambour-major
réunit ses tambours, et leur fait battre la *retraite* dans
le quartier et dans ses environs; le jour du séjour, il
les conduit sur la place d'armes pour y battre la *retraite*
avec les tambours de la garnison (4).

321. — *Au camp.* — *Dans une action.*

Au camp, les tambours-majors font répéter toutes
les batteries venant de la droite, et à l'exception de la
générale, ils font exécuter de pied ferme toutes les
batteries devant le drapeau, à raison de 25 reprises de
suite (5).

Dans les cantonnemens, le tambour-major doit tou-

(1) C'étoit une disposition du *Réglement* de 1718, tit. 3, art. 14.
(*V. Dictionnaire militaire* de 1758, au mot *Départ*).
(2) *Réglement de service* du 1ᵉʳ mars 1768, tit. 11, art. 83.
(3) *Idem*, art. 85.
(4) *Idem*, tit. 31, art. 6.
(5) *Réglement de campagne* du 5 avril 1792, tit. 12, art. 2.

14*

jours, autant que possible, être logé, ainsi que ses tambours, près de l'officier qui commande (1).

Le jour d'une action, le tambour-major emploie, suivant l'ordre qu'il en reçoit, une partie des tambours à aller chercher les cartouches aux caissons de la division d'artillerie la plus à portée (2), et à les distribuer aux serre-files, placés derrière les hommes qui en manquent; tandis que l'autre partie de ses tambours reste attentive à faire les roulemens, donner les coups de baguette, ou battre la *charge*.

SIXIÈME LEÇON.

DEVOIR DU SERGENT.

322. — *Grade, fonctions, etc.*

Le titre de sergent est un des plus anciens termes du langage militaire; à son origine, il signifioit simplement homme au service. Depuis Louis XII, cette expression a désigné le grade des sous-officiers de la première classe. On calculoit ordinairement dans les ordonnances de composition, à raison d'un sergent pour 20 soldats. Le calcul est aujourd'hui à raison d'un sergent pour 30 soldats.

Le sergent commandoit les postes depuis 12 hommes jusqu'à 18 et un caporal (3); et même 24 hommes et 2 caporaux. L'augmentation de force des compagnies veut que les postes qu'il est susceptible de commander s'élèvent jusqu'à 30 hommes. Au-dessus de ce nombre, le poste est commandé par un officier, sous l'autorité duquel le sergent maintient l'ordre et assure l'exactitude. Le sergent n'a de tambour sous ses ordres qu'à la garde

---

(1) *Réglement de campagne* du 5 avril 1792, tit. 32, art. 16.

(2) *Idem*, tit. 20, paragr. 30. C'est un ancien usage et non une règle.

(3) *Réglement de campagne*, tit. 7, art. 13.

de police en garnison (*V.* n°. 138), ou bien à la garde
du camp (1).

Le cas où il commande une garde d'honneur, est celui
où cette garde est accordée à un tribunal de première
instance (2).

Il a deux fonctions distinctes à remplir, la surveillance et le service.

La première s'exerce continuellement sur les caporaux;
les détails de la seconde attribution se ramifient suivant
les différens emplois qu'il exerce comme sergent de semaine, — de planton (3), — de garde, — de ronde, —
en détachement, — sergent-instructeur, — sous-officier
de remplacement, — d'encadrement, — garde-enseigne,
— guide de gauche, — guide général, — et serre-file.

Le devoir de sergent, ne consistant pour ainsi dire
que dans l'exécution des ordres qu'il reçoit, dans l'application des réglemens qu'il est censé connoître, dans
la suveillance par laquelle il maintient les caporaux
dans l'observance continuelle des devoirs qui vont être
expliqués n°. 344, etc.; il suffit d'en parler ici d'une
manière succincte.

Le sergent, chef de subdivision, est responsable de
ses deux escouades envers le sergent-major et les officiers (4) de la compagnie; il en fait l'appel devant eux
(*V.* n°. 286); il tient inscription des effets de linge et
chaussure des hommes composant sa subdivision (5), et
assiste aux inscriptions faites sur leurs livrets (*V.* n°. 329).

En garnison, les sergens logent et font ordinaire ensemble, mettant à l'ordinaire 5 centimes de plus que le
soldat (6), à l'ordinaire duquel ils ne peuvent vivre
qu'en campagne, ou bien s'ils sont séparés du batail-

<hr>

(1) *Réglement de campagne* du 5 avril 1792, tit. 7, art. 13.
(2) *Décret* du 24 messidor an 12, tit. 20, art. 4.
(3) La nature de ces fonctions est expliquée aux n°ˢ 363, 364.
(4) *Réglement de police* du 24 juin 1792, tit. 1, art. 7.
(5) *Réglement de comptabilité* du 8 floréal an 8, tit. 5, art. 16.
(6) *Réglement de service* du 1ᵉʳ mars 1768, tit. 21, art. 131 et
132; *Réglement de police*, tit. 2, art. 2 et 20; *Réglement de
comptabilité*, tit. 5, art. 6.

lon (1) ; en tout temps, ils sont exempts des corvées d'ordinaire et de chambrée (1). Les sergens d'une même
compagnie logent à la caserne dans une même chambre,
et ils couchent seul à seul (2) ; ils couchent deux à deux
en route (3).

C'est un sergent qui est chargé de porter le mot d'ordre
aux généraux de brigade, etc. (*V.* n°. 197, dern. parag.)

323. — *En route.* — *Au camp.* — *En détachement.*

En route, ils ne doivent jamais loger ni coucher avec
les soldats. Dans la colonne de route, ils se tiennent aux
ailes des pelotons (4), et des sergens restent de bataillon
en bataillon, dans les villages, pour empêcher qu'aucun
soldat ne s'y arrête (5).

Les sergens portent les grands bidons de vinaigre (6)
et sont responsables de la marmite de supplément.

Au camp (*V.* n°. 296), les sergens prennent le commandement de la tente où il se trouvent, et y couchent
avec les soldats. A l'arrivée au camp, le sergent commandé à cet effet, va planter le faisceau à la place marquée (7).

Lorsqu'ils y sont de police, ils replient, couchent,
plantent et déploient les drapeaux (*V.* pag. 124, 1er
alinéa).

Au camp, le sergent de piquet assiste au cercle de
l'ordre (8). Le sergent des gardes extérieures est chargé
d'aller à la découverte (9).

---

(1) *Réglement de police* du 24 juin 1792, tit. 2, art. 21.
(2) *Instruction* du 29 floréal an 7, art. 22. *Traité Laurent*, du
20 novembre 1807, modèle n°. 4, art. 9.
(3) *Réglement de logement*, art. 14, *duodécimo.*
(4) *Réglement de campagne* du 5 avril 1792, tit. 19, art. 52
(*V.* n°. 420).
(5) *Réglement de campagne*, tit. 19, art. 59.
(6) *Instruction* de brumaire an 12, *sur le campement, Fournitures* ; — *Instruction provisoire sur le campement*, 1er mars 1792
(*Voy.* n°. 426).
(7) *Réglement de campagne*, tit. 5, art. 10.
(8) *Idem*, tit. 11, art. 28 (*V.* pag. 202, 2e. alinéa).
(9) *Idem*, tit. 14, art. 28.

Ce sont les sergens de garde des postes du camp qui vont reconnoître (1) avec quatre fusiliers, les troupes ou officiers généraux qui passent; ils crient, *halte-là, qui vive* (2)? et après qu'il leur a été répondu *France*, ils demandent : *de quel régiment ou de quel grade ?* Quand ils ont reconnu la troupe, ils détachent un des quatre fusiliers au commandant du poste, et ne laissent passer qu'après que l'ordre leur en a été envoyé.

Le sergent envoyé en détachement, ne part point sans avoir dressé un contrôle des hommes qui le composent, afin d'en pouvoir tenir jour par jour les mutations. Il s'assure qu'ils sont porteurs de leurs livrets, que le prêt et les distributions leur sont faites, et qu'ils n'ont aucune réclamation à élever. Il fait l'inspection de leur armement, habillement et chaussure.

Il emporte, s'il y a lieu, un certificat signé du conseil d'administration qui constate jusqu'à quelle époque a été payée la troupe. Il marche comme il est dit (*V*. n°. 420). Il se fait précéder d'une petite avant-garde, et d'éclaireurs s'il est nécessaire (*V*. n°. 431).

Lorsqu'il est rendu à sa destination, il établit sa troupe dans le plus petit espace possible; il se loge au centre. Il pose sa garde de police, ainsi que les postes qui garantissent sa sûreté. Il indique un lieu de rassemblement en cas d'alarme. Il fait la reconnoissance des environs de ses logemens, des gués, des défilés, des chemins par lesquels l'ennemi pourroit déboucher. Il combine ses issues et le moyen de retraite, dans le cas où il seroit poussé par un ennemi supérieur (En supposant que son ordre ne l'obligeât pas de se battre jusqu'à la dernière extrémité); il prend toutes ses mesures de défense, comme abatis, barricades, fossés, retranchemens, etc., et il se fait aider, s'il est nécessaire, par les habitans du lieu. S'il est à proximité de l'ennemi, il défend à sa troupe de se déshabiller la nuit, et de quitter le poste pendant le jour. En tout état de

---

(1) *Réglement de campagne* du 1ᵉʳ mars 1768, tit. 14, art. 34.
(2) *Idem*, art. 35.

choses, il veille à ce que sa troupe ne se dissémine pas, qu'elle vive en bonne intelligence avec les habitans, qu'elle respecte les personnes et les propriétés ; qu'elle se rende exactement aux appels, et qu'elle reçoive ses distributions avec régularité ; il visite souvent les logemens ; il passe des inspections et des revues de ses soldats ; il fait des rondes ; il commande des patrouilles ; il fait chaque matin le rapport et donne l'ordre du jour. Il fixe les heures de la retraite, suivant la saison.

324. — *Sergent de semaine.* (1).

Le sergent de semaine (2) concourt à remplir les devoirs prescrits n°. 353, et se trouve chargé de les accomplir, toutes les fois que le caporal de semaine est absent.

Le sergent de semaine ne peut quitter la caserne sans être convenu avec le caporal que celui-ci sera présent pour répondre à tout en son absence (3). Le sergent de semaine envoie par écrit, après l'appel du matin, au commandant de la garde de police, les noms et les numéros des chambres des soldats indisposés (4).

Il passe à neuf heures et demie, l'inspection des hommes de garde (5) que lui amène le caporal de semaine, examinant d'abord la tenue des hommes, et s'assurant (si c'est en hiver ou dans le mauvais temps), qu'ils sont revêtus des vieux habits distribués aux compagnies pour le service (6); il se fait ensuite accompagner de ce même caporal, pour examiner les soldats, homme par homme. Il se fait rendre compte du nom des hommes qui manquent, et de la cause d'absence.

_____

(1) *Réglement de police* du 24 juin 1792, tit. 3, art. 5.
(2) Le *Réglement de campagne* du 5 avril 1792, tit. 11, art. 14, appelle *sous-officier d'ordre*, les sous-officiers de semaine. (Voy. *Réglement de service* du 1ᵉʳ mars 1768, tit. 21, art. 97.
(3) *Réglement de police*, tit. 3, art. 8.
(4) *Idem*, tit. 4, art. 47.
(5) *Réglement de service*, tit. 21, art. 73.
(6) *Réglement d'administration* du 10 février 1806, art. 16.

A dix heures et demie, quand on bat les trois roulemens (1), le sergent de semaine conduit ses hommes
à l'officier de semaine (*V.* n°. 312, note 2).

A l'instant de la soupe du matin, le sergent de semaine remet à l'officier de semaine (qui doit aussi y
assister (2), hormis les jours d'exercice, par ce qu'alors
la visite des chambrées (3) ne se fait qu'à l'heure du
souper), le nom des hommes qui n'y ont pas été présens.

Le sergent de semaine se rend sur la place d'armes
(*V.* pag. 253, note 4), en même temps que les gardes
du jour. Il s'y place en bataille (4), ayant son fusil sans
baïonnette, son sabre et point de giberne ; il assiste ensuite au cercle de l'ordre. De retour au quartier, il
donne l'ordre de service aux caporaux (*V.* pag. 202,
lig. 14).

Lorsque les gardes rentrent au quartier, et qu'elles
ont monté la garde avec les armes chargées, il veille à
ce que les fusils soient déchargés sous ses yeux avec un
tire-balle (5).

325. — *Sergent de ronde* (6).

La ronde (*V.* n°. 410) est un moyen de surveillance
qu'un sergent, commandé à cet effet, exerce sur les sentinelles (7) des postes, en parcourant les ramparts (8).
Les *rondes simples* se font le plus ordinairement pendant la nuit ; elles diffèrent de la *ronde major*, en ce
qu'elles ont pour objet de tenir les sentinelles en
éveil (9), et de voir ce qui se passe hors la place ; et

---

(1) *Réglement de service* du 1ᵉʳ mars 1768, tit. 21, art. 79.
(2) *Réglement de police* du 24 juin 1792, tit. 4, art. 16.
(3) *Réglement de service*, tit. 21, art. 75 ; *Réglement de casernement* du 30 thermidor an 2, tit. 1, art. 2.
(4) *Réglement de service*, tit. 13, art. 4 ; et tit. 21, art. 86.
(5) *Réglement d'armement* du 1ᵉʳ vendémiaire an 13, art. 29.
(*Voy.* pag. 364, note 2).
(6) *Réglement de service*, tit. 15, art. 1.
(7) *Idem*, art. 23.
(8) *Idem*, tit. 15, art. 6 et 7.
(9) *Idem*, art. 23.

14 **

que le but de l'autre est de s'assurer, en outre, si tous les postes ont exactement le mot d'ordre (*V.* n°. 206), et si les chefs de poste font régulièrement poser les sentinelles aux lieux ordonnés.

Dans les garnisons, les sergens, ou sergens de garde (1), peuvent être commandés de *ronde* comme les officiers; mais ceux des grenadiers ne sont point sujets à cette espèce de service (2).

Les officiers et sous-officiers de *ronde* sont porteurs d'un *marron* ou pièce de cuivre ou de fer-blanc percée en son milieu, et sur laquelle est indiquée l'heure de la *ronde.*

Ils glissent ce marron dans un tronc où il s'enfile sur une fiche soudée en dedans (3); ils signent en outre sur un registre destiné à cet effet, sans laisser d'intervalle entre leur signature et celle qui précède (4); par ce moyen, ils fournissent à l'état-major la preuve qu'ils ont ponctuellement obéi à l'ordre de l'aubette (*V.* n°. 287) ou de la parade, qui les commandoit de *ronde.* Les sous-officiers portent eux-m s leur fallot (5), et se mettent en marche en suivant exactement le parapet, après avoir pris le *mot* du commandant du poste d'où la *ronde* a dû partir (6).

Si les rondes font quelque découverte qui intéresse la sûreté de la place, elles en avertissent les postes voisins, et vont en informer de suite le commandant de la place. Si le bon ordre est troublé, elles préviennent le poste le plus voisin (7). Si les sentinelles sont en faute, les rondes en avertissent le commandant de leur poste (8).

---

(1) *Réglement d'armement* du 1er vendémiaire an 13, art. 3 et 4.

(2) *Réglement de service* du 1er mars 1768, tit. 15, art. 3 et 4.

(3) *Idem*, art. 18.

(4) *Idem*, art. 16 et 17.

(5) *Idem*, art. 22.

(6) *Idem*, art. 5.

(7) *Idem*, art. 24.

(8) *Idem*, art. 25.

Quand deux *rondes* se rencontrent, la première qui découvre l'autre, crie : *qui vive ?* l'autre répond *ronde*, en disant de quelle espèce. La première s'annonce en-suite, et, quand elles se joignent, le grade inférieur, ou à grade égal, le militaire du moins ancien régiment donne le *mot* (1). Si le grade et le régiment étoient le même, la ronde, qui la première a découvert l'autre, a le droit d'exiger le mot. Dans tous les cas, c'est à la ronde major à recevoir le mot.

Dans les circonstances extraordinaires, il est fait des *contre-rondes* et *doubles-rondes* (2).

Au camp, il est fait la nuit des rondes par un adju-dant-major, pour s'assurer si les sergens et leurs fusi-liers sont en règle. Elle équivaut à la ronde major, avec cette différence, que cet adjudant-major se fait recon-noître en donnant le mot (3).

326. — *Sergent instructeur* (V. n°s. 56, 70, 109 etc.).

S'il est chargé de l'instruction des travailleurs, il leur donne leçon deux fois par semaine, depuis le 1er. mai jusqu'au 1er. août et trois fois par semaine, de-puis le 1er. août jusqu'au 1er. octobre (4).

Voici la définition des termes élémentaires les plus usuels. Un instructeur doit se pénétrer de leur sens exact, pour pouvoir faire avec précision l'explication et la démonstration des principes qu'ils expriment.

---

(1) *Réglement de service* du 1er mars 1768, tit. 15, art. 27 (*V.* n°. 206). Une explication plus précise seroit à desirer; l'an-cienneté de régiment est ici une expression vague, puisque le nu-méro de régiment ne l'indique point. Si l'une des rondes appartient à un régiment de la ligne, et l'autre à un régiment d'infanterie lé-gère, qui tous deux auroient le même numéro, quelle est la ronde qui donne le mot. Si elles appartiennent à des troupes nationales et étraugères d'ancienneté égale, la difficulté est la même.

(2) *Réglement de service*, tit. 15, art. 10.

(3) *Réglement de campagne* du 5 avril 1792, tit. 9, art. 14.

(4) *Réglement de service*, tit. 21, art. 126.

327. — *Notions générales.*

Théorie. Démonstration et explication des principes; c'est en général une étude spéculative.

Files. C'est un composé d'hommes les uns derrière les autres, à un pied de distance. Elles se forment de trois hommes en temps de guerre, de deux hommes en temps de paix. Nous n'avons pas vu la formation sur deux rangs être usitée, si ce n'est, pendant quelque temps, par l'infanterie légère.

Files ouvertes, ou *rangs ouverts.* C'est un composé d'hommes à un mètre (3 pieds) de distance, quand on est en marche. A 2 mètres 6 décimètres (8 pieds), quand on est de pied ferme.

Files en arrière d'un seul côté. Mouvement qui a pour principe de présenter le premier rang sur le *front* et sur un *flanc.*

Files en arrière de deux côtés. Mouvement qui a pour principe de présenter le premier rang sur le front et les deux flancs.

Chef de file. Sous-officier ou soldat derrière lequel un autre marche soit par le *flanc,* soit en *colonne,* soit en *bataille.*

Serre-file. Officier ou sous-officier placé pour la surveillance des rangs qui le précèdent. Il est en quatrième rang en temps de guerre, en troisième rang en temps de paix (*V. Files*).

Rangs. Composé d'hommes coude à coude, ne devant occuper qu'un demi-mètre (un pied et demi) d'espace (1).

Front. Face d'un rang, soit en *bataille*, soit en *colonne.*

Ordre ou *ordonnance.* La formation actuelle d'une ligne s'appelle *ordre mince.* Le mot *ordre* s'applique plus particulièrement aux grandes opérations et à la disposition des différentes armes.

---

(1) *Instruction sur le campement,* de brumaire an 12.

Hauteur signifie épaisseur. On dit être sur deux ou trois de *hauteur*.

Formation. Etablissement ou rétablissement en bataille d'une troupe dispersée ou en colonne. La *formation* en bataille d'une colonne, dont les subdivisions conversent, pour se former en ligne sur l'un des flancs, a lieu de pied ferme au pas ordinaire; mais Sa Majesté fait souvent *former* en marchant et au pas accéléré. — Rétablissement en *front* des files d'une subdivision mises en arrière. — Réunion de deux subdivisions qu'on avoit rompues en marchant; (les principes, dans ce dernier cas, consistent à obliquer du côté opposé au guide, et à respecter et conserver la ligne sur laquelle il se prolongeoit).

Tiroir. On appelle ainsi la place qu'occupe le second rang; il y a une manière de défiler en tiroir non prescrite par l'ordonnance (*V.* nᵘ. 83), mais usitée.

Pied ferme. Etat d'immobilité d'une troupe ou d'une partie de troupe.

Marche. Il n'y en a que de trois sortes : en *bataille,* en *colonne,* et par le *flanc.*

Pas. V. le tableau, nᵒ. 117.

Par le flanc. Quart de conversion d'un homme.

Demi-tour. Demi-conversion d'un homme.

Division. Réunion de deux pelotons sous le commandement du plus ancien chef de peloton.

Peloton. Compagnie en manœuvre. Le mot *compagnie* n'étant employé que pour l'administration.

Section. Demi-peloton.

Subdivision. Terme générique qui exprime les fractions d'une colonne, soit qu'on la rompe en divisions, pelotons ou sections (1).

Profondeur. C'est l'épaisseur ou hauteur d'une colonne, de même que la hauteur est la *profondeur* ou épaisseur d'une ligne.

Encadrement. Un bataillon, une division, un peloton, sont *encadrés,* une section ne l'est pas. On appelle aussi *encadrement* le sergent de gauche du bataillon.

---

(1) Ce mot a encore une autre signification (*Voy.* pag. 360).

Rompre. Ployer une ligne de pied ferme au pas ordinaire par subdivisions (Sa Majesté fait ordinairement
rompre au pas accéléré). — Ployer, en marche au pas
ordinaire ou au pas accéléré (une subdivision en deux
parties; dans ce dernier cas, il y a à observer deux
principes : 1°. *rompre* de manière que la première ou
dernière subdivision se trouve en avant, suivant que la
colonne marche dans l'ordre direct ou renversé et de
manière que la colonne faisant halte après avoir *rompu*,
elle ait ses subdivisions dans une disposition telle
qu'elles puissent se reformer en bataille par les principes naturels, sans que l'ordre de ligne soit troublé;
2°. pour rompre, obliquer du côté opposé au guide, et
par conséquent négliger et perdre la ligne sur laquelle
se prolongeoient les guides.

Colonne. Ordre d'un bataillon rompu.

Colonne à distance entière. Colonne dont les subdivisions, sont espacées entre elles, dans une proportion
qui égale l'étendue du front d'une de ces subdivisions.

Colonne dans l'ordre direct. Ayant la droite en tête.

Colonne renversée. Ayant la gauche en tête.

Colonne à demi-distance. Colonne dont l'espacement
des subdivisions égale un demi-front de l'une de ses subdivisions.

Colonne serrée. Colonne dont la proportion des distances est de trois pas. Cet espacement donne à une
colonne le nom de *masse.*

Déploiement. Formation des colonnes en bataille.
Cette *formation*, au lieu de s'exécuter par le moyen des
conversions, s'exécute par la marche des subdivisions qui
(quel que soit leur espacement), manœuvrent parallèlement à leur front. Elles se portent, suivant leur ordre
naturel, par la marche de flanc d'abord, par la marche
de front ensuite, sur la ligne où se trouvent, soit la subdivision de base, soit les subdivisions antérieures. Sa
Majesté fait déployer en ne faisant halte que sur la
ligne (1).

_____

(1) C'étoit un des principes de l'ordonnance des troupes légères,
du 1er mai 1769.

Prendre la distance. Rétablir entre les subdivisions, à demi-distance ou serrée, un vide presque carré.

Guide. Sergent fermant une aile de subdivision ; le second sergent est *guide* dans l'ordre direct, le remplacement est *guide* dans l'ordre inverse. Un *guide* n'est pivot fixe que dans les conversions pour se reformer ; il n'a de fonctions en bataille que comme jalonneur; il n'en a point de particulière dans la marche de flanc. Dans une colonne en marche, il n'y a point de cas où il cesse de faire son pas de deux pieds, si ce n'est quand il est ordonné à toute la subdivision de marquer le pas.

Remplacement. Fonction du premier sergent, ainsi désigné parce qu'il prend la place du capitaine, lorsque celui-ci s'absente ; — quand on fait par le flanc ; — quand on rompt.

Déboîter. Sortir d'un alignement, soit parallèle, soit perpendiculaire. Cesser de faire partie d'une ligne, d'un rang, d'une file. Cette expression s'applique également soit à une subdivision, soit à un individu.

Pivot. Homme placé à l'aile sur laquelle appuie la conversion; il est *pivot fixe,* s'il doit stationner ou marquer le pas ; il y a des cas où son pas est d'un sixième de mètre (6 pouces) ; d'autres, où il est d'un tiers de mètre (un pied) (*V.* n°. 117).

Aile. Chaque extrémité d'un front.

Conversion. Circulation autour d'un centre, de manière à regagner le point du départ. La *conversion par rangs*, opérée de pied ferme, a un *pivot* qui représente un centre, et une aile marchante qui représente une circonférence. — La *conversion par homme* est égale au mouvement qu'il exécuteroit en faisant quatre fois par le flanc du même côté.

Conversion de pied ferme ou à pivot fixe. Ce n'est vraiment qu'un quart de conversion à *pivot* stationnaire.

Conversion en marchant ou à pivot mobile. Ce n'est qu'un *quart de conversion* par rangs.

Changement de direction. Portion de conversion d'une subdivision sur un angle variable. Les conversions d'un bataillon en marche s'appellent *changement de direction;*

les changemens de direction d'une colonne en marche, s'appellent *conversion*.

Demi à-droite. C'est la huitième portion d'un cercle ou le demi-quart de conversion, soit d'*un rang*, soit d'*une ligne* sur plusieurs rangs.

Contre-marche. Mouvement qui rétablit l'ordre direct d'une colonne ou qui produit l'effet opposé; l'emploi de ce mouvement résulte de cette règle, qu'une colonne ne doit jamais marcher ni par le pas en arrière, ni par son troisième rang. Son principe est de faire toujours par le flanc du côté opposé au guide, et par file du côté du premier rang.

Ligne de bataille. Ordre d'un bataillon en *bataille* sur deux ou trois rangs. — Détermination du lieu où on veut le former. — Réunion d'un nombre indéterminé de bataillons *en bataille*. On distingue 1re et 2e *ligne*; elles sont à 196 mètres (300 pas) de distance. Le passage *des lignes* est la marche par laquelle la 1re et 2e *ligne* se traversent mutuellement.

Echarper. Marcher en bataille sur une ligne fausse, une aile étant trop en avant par rapport à l'autre.

Potence. Disposition d'une troupe qui marche en arrière et perpendiculairement à un front, soit de subdivision, soit de bataille, et dont le plan peut se comparer à la forme d'un manche de hache. La *potence* est le contraire du *crochet*.

Intervalle. Espace vide entre les bataillons en bataille; il doit être maintenant de 30 mètres ou d'un demi-front de peloton. — Espèce d'embrasure ou meurtrière à l'usage de l'artillerie de campagne. Une ligne pleine est une ligne sans intervalle.

Border la haie. Former plusieurs rangs en un seul. — Recoudre les trois rangs sur une même ligne.

Inversion. Formation en bataille, la gauche en tête.

Sergent d'encadrement. Celui qui est placé à l'aile gauche du bataillon en bataille.

Caporal d'encadrement. Celui qui est placé à l'aile gauche du troisième rang du bataillon en bataille.

Jalon. Fiche dont les géomètres se servent pour pren-

dre des alignemens ; de là vient le nom de *jalonneur,*
dont on tire un semblable parti.

Flottement. Déviation et bris d'alignement d'une
troupe qui marche en ligne, sur une fausse perpendiculaire.

A coups. — *Temps d'arrêt.* Résultats du flottement.

Carrés. Front quadruple, ou formation quadrangu-
laire, face en dehors. C'est presque toujours un parallè-
logramme.

SEPTIÈME LEÇON.

DEVOIR DU FOURRIER.

328. — *Ancienneté, rang, etc.*

Le fourrier, dont on prétend que le nom dérive du
mot fourrage, doit se trouver à toutes les distributions,
sous les ordres de son lieutenant ou sous-lieutenant ; il
est l'économe et l'écrivain de la compagnie (1) ; il est
chargé des logemens. Cette dernière fonction est celle
qui a été le plus anciennement exercée par les fourriers.

Après avoir été réformés, les fourriers ont été rétablis
en 1758, et leur rang a varié depuis 1762 ; ils marchoient à cette époque après les sergens ; peu de temps
après, la denomination de *sergent fourrier* fut donnée
au premier bas officier de chaque compagnie. En 1776,
le fourrier passa après le sergent-major, et avant les
autres sergens ; il portoit deux galons d'or ou d'argent
sur le dehors de la manche au-dessus du pli du bras ; il
n'en porte plus maintenant qu'un seul ; il n'est que premier caporal (2) ; il jouit cependant de la paie des ser-

(1) C'est à ce dernier titre qu'il leur est alloué 1 franc 50 cent.
par mois, aux frais de la masse générale, pour dépense de papier,
plumes, etc. (V. *Circulaire* du ministre-directeur, du 8 prairial
an 12 ; et *Réglement* du 1ᵉʳ janvier 1792, tit. 4, art. 20. *Voy.* aussi
Réglement de police du 24 juin 1792, tit. 1, art. 8, paragr. 3 ; et
Réglement de comptabilité du 8 floréal an 8, tit. 6, art. 6.

(2) *Circulaire* du ministre de la guerre, du 28 frimaire an 6.

gens (*V.* n°.1228), et vit, s'il le préfère, à leur ordinaire (1). Il loge avec le sergent-major (2); mais n'a point le droit de coucher seul (3).

Le placement en bataille du fourrier de grenadiers a été oublié dans le réglement d'exercice de 1791.

La division du travail d'administration entre les sergens-majors et les fourriers demanderoit à être précisée (*V.* pag. 278, note 3). on pourroit dire qu'une compagnie devroit être sous la conduite du sergent-major, et sous l'intendance du fourrier.

Le fourrier n'a pas droit de signature, tout devant être certifié par le sergent-major et approuvé par le capitaine.

Il tient au courant les inscriptions du livre de détail, et du livret du soldat.

329. — *Livre de détail.* — *Livret.*

Le fourrier inscrit sur le livre de détail (4), 1°. le compte ouvert des sous-officiers et soldats pour linge et chaussure; il fait semblable inscription sur le livret du soldat (5), où il ne doit rien marquer qu'en sa présence, et sous les yeux du sergent de subdivision et du caporal d'escouade;

2°. L'état nominatif des hommes qui ont un dépôt à la caisse, pour masse de linge et chaussure;

3°. L'état de visite des effets de linge et chaussure; c'est au moyen du relevé qu'il en fait, qu'on en passe la visite le mois suivant;

4°. et 5°. La situation des effets d'habillement, équipement et armement, dont toutes les parties sont dis-

_____

(1) *Réglement de police* du 24 juin 1792, tit. 2, art. 20.

(2) *Idem*, tit. 2, art. 2.

(3) *Réglement de casernement* du 30 thermidor an 2, tit. 3, art. 4, paragr. 8. Il faut au contraire qu'il couche seul; en ceci les réglemens se contrarient. (V. *Instruction* du 29 floréal an 7).

(4) Prescrit par le *Réglement de comptabilité* du 8 floréal an 8, tit. 5, art. 9 (*V.* n°. 334, note 3).

(5) *Réglement de comptabilité*, tit. 5, art. 11.

tinguées en colonne, désignant les objets bons ou mé-
diocres (1);

    6°. Les entrées et sorties des hôpitaux du lieu ;

    7°. —————————————— des hôpitaux externes ;

    8°. Les détachés ;

    9°. Les congés limités ;

    10°. Les prisonniers de guerre ;

    11°. Les distributions (2);

    12°. Les mutations ;

    13°. Les effets de casernement (2).

Livret. Le livret est un cahier de 8 à 10 feuillets : la
1ʳᵉ. page mentionne le signalement ; la 2ᵉ. donne une
instruction sommaire sur la destination dudit livret ; la
3ᵉ. est consacrée aux promotions et campagnes ; la 4ᵉ.
précise la durée des effets ; la suite est rayée à deux colonnes pour le compte courant ; la 5ᵉ. fixe l'état de la
première composition du sac. Les dernières pages offrent
désigation, date de délivrance, quotité, et époques de
recettes des effets d'habillement, linge et chaussure,
équipement et armement.

330. — *Objets de tenue.* — *Petite monture.* (*V.* pl. 4).

Comme il n'est point prescrit de mesures générales
d'administration, sur les moyens de pourvoir aux objets
de tenue et de petite monture, dont la quantité, l'espèce, la fourniture et le paiement peuvent différer suivant les corps, les fourriers doivent (à moins que ce
ne soit mentionné à la fin du livret de compte), tenir un
livret d'inscription particulier pour ces objets (*V.* n°.
213).

En 1776, il fut établi dans les régimens des magasins
de petite monture ; ils furent bientôt supprimés (3).

Ce fut le fourrier qui resta chargé de procurer aux
soldats les moyens de remplacer ces différens objets,
quand il falloit les renouveler ou qu'ils les avoient per-

---

(1) *Réglement d'administration* du 10 février 1806, art. 20.

(2) *Voy.* les tableaux à la suite du *Réglement de police* du 24
juin 1792.

(3) *Réglement de comptabilité* du 8 floréal an 8, tit. 4, art. 22.

dus; il remplaçoit de même les objets de petit équipement, s'il n'y en avoit point au magasin; ce qu'il faisoit par une sage distribution des services payés, des corvées à prix d'argent, et par l'emploi du décompte.

Ce qu'il y a de plus récent et de plus explicatif à ce sujet, est une décision (1) qui porte : il sera fait une retenue d'un sou par jour par chaque caporal et soldat, jusqu'à ce qu'il soit pourvu à son menu entretien par les effets ci-dessous désignés, savoir : boucles de soulier et de jarretière, — sac à poudre, — brosses — trousse, — ruban de queue, — tire-bouton, — alêne, —tire-bourre, — épinglette, — tourne-vis, — livret de compte; mais cette décision est incomplète et ignorée, et tout ce qui concerne le menu entretien (*V.* n°. 213) est resté vague.

Il en avoit été fait mention dans la loi du 23 floréal an 5, art. 12. Elle promettoit à ce sujet un réglement qui n'a pas paru.

331. — *Marque des effets.* (2).

Le fourrier veille à ce que tous les effets du soldat soient marqués de la marque du régiment et des numéros (3) de l'homme et de la compagnie; l'habit doit être marqué en dedans et au côté droit à la hauteur de la poitrine sur la doublure de toile au moyen d'une étiquette de papier blanc, où le n°. et la lettre seront inscrits avec de l'encre d'imprimerie.

Les vestes à manches le seront de la même manière et à la même place.

Les pantalons de drap seront marqués en-dedans de la couture et au côté droit sur la doublure de la toile.

Les pantalons de toile seront marqués de même.

Les capottes seront marquées à 50 millimètres au-dessous du collet et au milieu du dos sur la doublure avec de l'encre d'imprimerie.

---

(1) *Décision* du 29 brumaire an 6.
(2) *Réglement d'administration* du 10 février 1806, art. 34.
(3) *Réglement de comptabilité* du 8 floréal an 8, tit. 4, art. 29.

Les schakos seront marqués en-dedans par les mêmes procédés, l'étiquette sera placée au fond du schako.

Les bonnets de police seront marqués en-dedans sur la doublure et au milieu de la calotte de la même manière que les schakos.

Les guêtres noires le seront en-dedans sur le devant de la jambe, sur la doublure de la toile qui garnit leur partie supérieure.

Les guêtres grises sont marquées de même.

Les chemises seront marquées avec de la rouille ou de l'encre d'imprimeur, au côté droit, à la hauteur de la poitrine.

Les souliers seront marqués au moyen de l'empreinte d'un fer chaud en-dedans de la semelle au milieu du talon. L'empreinte sera assez légère pour qu'elle ne blesse pas le pied.

Les chaussettes seront marquées en-dedans et au côté droit sur la doublure de toile avec de la rouille ou de l'encre d'imprimeur.

Buffleterie. La giberne sera marquée au moyen d'une empreinte faite avec un fer chaud sur le côté droit du coffre au-dessous de la sous-pattelette, entre la bordure du fond et la bourse.

La banderolle de la giberne, ainsi que les baudriers, seront marqués intérieurement avec de l'encre d'imprimeur sur le milieu du buffle à l'endroit où se croisent, par derrière l'homme, le baudrier et la banderolle.

Le havre-sac sera marqué aux extrémités de ses bretelles près de leur jonction, au moyen d'un fer chaud, de manière à ne pas brûler la couture du contrefort qui les réunit.

Les courroies longues et courbées du havre-sac, le seront de même au milieu et à l'intérieur.

La bretelle du fusil sera marquée intérieurement au moyen d'une empreinte d'encre d'imprimeur, à la partie qui appuie entre la première capucine du fusil et celle d'en bas.

Le fourreau de bayonnette doit être marqué au moyen d'un fer chaud sur le côté opposé à la couture, à 25 millimètres au-dessous du chapeau de buffle.

Le fourreau de sabre doit être marqué en dehors au moyen d'un fer chaud à 25 millimètres au-dessous de la pointe inférieure du pendant du baudrier.

Armement. Le fusil doit être marqué au tonnerre près le bouton de culasse, à la plaque de couche entre le talon et la vis à bois, à la douille de bayonnette du côté opposé à l'échancrure, 25 millimètres au-dessus du bourrelet, et à la poire de la bague.

Le sabre sur le côté extérieur du fourreau.

332. — *Différens numéros du soldat.*

Le fourrier doit fixer et connoître les différens numéros particuliers à un même soldat, savoir :

1°. Le numéro d'inscription matriculaire (1) qui est invariable et roule sur tout le régiment ;

2°. Le numéro de contrôle annuel (1) qui change tous les ans, et ne roule que sur la compagnie ;

3°. Le numéro d'habillement et équipement, qui doit être pareil au numéro de l'armement qu'on donne au soldat (*V.* pag. 282, dern. lig). Afin que ce numéro ne soit pas confondu avec celui d'une autre compagnie, il y est toujours joint une lettre alphabétique (2) particulière, qui désigne la compagnie.

Quand l'homme passe d'une compagnie à une autre, il prend un nouveau numéro.

Ce numéro est, pour tous les tambours et fifres, celui de leur instrument ; pour les sapeurs, celui de leur hache ; pour les musiciens, c'est une marque particulière ;

4°. Le numéro de rang de taille, lequel roule sur les caporaux et soldats de la compagnie indistinctement ;

5°. Le numéro d'escouade (3), lequel y fixe le rang

(1) *Réglement de revues* du 25 germinal an 13, tit. 2, art. 7, paragr. 8.

(2) *Réglement de comptabilité* du 8 floréal an 8, tit. 4, art. 29 et 47.

(3) *Voy.* les tableaux à la suite du *Réglement de police.* De tous ces numéros il n'y a de fixe que celui du contrôle-matricule et celui de l'armement ; les autres sont variables. Il y en a ensuite d'éven-

qu'il y tient, facilite les appels de nuit, et est inscrit sur son étiquette de lit (1);

6⁰. Le numéro du lit où il couche.

333. — *Réparations.* — *Feuille d'habillement.*

C'est sous la direction du fourrier que doivent se faire les menues réparations d'habillement (2) et de buffleterie (3) par le soldat lui-même, si elles en sont susceptibles, ou par un ouvrier du régiment; dans ce dernier cas, le fourrier présente les objets à réparer au commandant de sa compagnie, qui lui donne un billet, pour que les réparations soient exécutées.

Le fourrier conduit le soldat chez le capitaine d'habillement, qui fait faire la réparation et la vérifie aussitôt qu'elle est achevée; le capitaine de la compagnie, après l'avoir également examinée, s'assure si elle provient de la négligence ou maladresse du soldat, et en ordonne le paiement en conséquence. Toutes les réparations à faire, qui, dans les 24 heures, ne sont pas présentées au capitaine d'habillement, sont exécutées aux dépens du fourrier (4).

Après la distribution de l'habillement et équipement neuf, le fourrier forme deux copies de l'état qu'il en dresse; un double reste entre les mains du capitaine d'habillement; il garde l'autre, et tous les trois mois, il est fait vérification de ces feuilles, où toutes les inscriptions ont dû être contradictoirement portées à mesure (5).

---

tuels, tels que les numéros d'exercice (Voy. *Règlement d'exercice*, commencement de *l'Ecole de peloton*), et les numéros des factionnaires. (*V.* nº. 369).

(1) *Règlement de police* du 24 juin 1792, tit. 2, art. 8.
(2) *Règlement d'administration* du 10 février 1806, art. 14 et 15. *Règlement de police*, tit. 5, art. 20.
(3) *Règlement d'administration*, art. 17. (*V.* nº. 232).
(4) *Idem*, art. 15 et 18. (*V.* nº. 289, paragr. 2).
(5) *Idem*, art. 20 et 21.

334. — *Comptabilité.* — *Signalemens, etc.*

Le fourrier fait chaque jour le billet de rapport du mouvement des 24 heures (1), aussitôt l'appel rendu, et le porte au quartier-maître.

Il établit la feuille de prêt, de concert avec le sergent-major (2).

Il surveille la tenue journalière du cahier d'ordinaire, et en repasse les additions (*V.* n°. 356).

Lorsque le fourrier reçoit le prêt (*V.* n°. 289) des mains de l'officier de semaine, il le distribue (3), sous les yeux de cet officier, à l'heure de la soupe, aux chefs d'escouade ; il remet aux chefs d'ordinaire la portion du prêt destinée à l'ordinaire ; il tient note du montant général et de la division du prêt, afin que cela se rapporte à l'inscription qu'il en tient au livre de détail.

Il paie le *frater* (4) au prix fixé dans le régiment.

Au retour des hommes qui sortent des hôpitaux, le fourrier leur retire leur billet de sortie, examine s'il n'y a ni surcharge, ni rature, s'ils n'ont rien touché (5) en effets ou autrement dans leur route ; il s'assure que les hommes rapportent les effets qui y sont inscrits et remet ces papiers au sergent-major. Si l'homme sortant

---

(1) Tableau n°. 1, faisant suite au *Réglement de police* du 24 juin 1792. *Réglement de comptabilité* du 8 floréal an 8, tit. 2, art. 15 ; et *Réglement de revues* du 25 germinal an 13, art. 13.

(2) *Réglement de comptabilité,* tit. 5, art. 2.

(3) *Réglement de service* du 1er mars 1768, tit. 21, art. 136. Il n'est cependant pas constant que ce soit précisément au fourrier, plutôt qu'au sergent-major, à faire le prêt. Le Réglement de service ne s'exprime ainsi que parce qu'il ne connoissoit ni sergent-major, ni caporal-fourrier, mais seulement un sergent-fourrier. Nous pensons que le maniement des deniers doit être une des attributions du sergent-major.

(4) *Le frater* est un soldat qui sait raser, et que l'on exempte ordinairement du service, pour un prix convenu ; il s'entretient de savon et de rasoirs, et coupe les barbes tous les deux jours, ou au moins deux fois par semaine.

(5) *Réglement de comptabilité,* tit. 3, art. 8.

de l'hôpital a besoin de repos ou d'une convalescence, le fourrier présente cet arrivant à l'officier de santé du corps, afin qu'il constate son état, et que, s'il y a lieu, le sergent-major ne commande point encore cet homme de service (1).

Si c'est un homme de recrue qui arrive, le fourrier confronte son signalement, ou dresse, sous la dictée du sergent-major, ce signalement, s'il n'y en a point encore d'établi, conformément au tableau signalétique (*V.* n°. 298); il examine sa feuille de route, les effets qu'il a reçus en chemin (2), et les sommes qu'il a touchées.

Dans les 24 heures qui suivent l'arrivée, le fourrier conduit chez le sous-inspecteur tous les arrivans.

335. — *Hommes entrant aux hôpitaux.*

Le fourrier remplit les billets d'hôpitaux que le chirurgien a signés, y inscrivant au dos les effets que les partans emportent ; ces billets doivent être imprimés ; il faut, qu'ensuite de la désignation du corps, le numéro matriculaire du malade y soit inscrit (3).

Le fourrier retire les effets et armes des hommes qui vont aux hôpitaux (*V.* n°. 275), en semestre ou en congé ; il enregistre au dos des cartouches, permissions ou billets d'hôpitaux, tout ce que les militaires emportent avec eux (*V.* n°. 290). S'ils entrent aux hôpitaux quand le régiment est en route, le fourrier reçoit du caporal de l'escouade (4) la note des armes et effets laissés ou emportés aux hôpitaux.

336. — *Distributions* (5).

Le jour de distribution du pain, le fourrier, après avoir dressé le bon et l'avoir fait vérifier par le capi-

---

(1) *Réglement de service* du 1er mars 1768, tit. 9, art. 10.
(2) *Réglement de revues* du 25 germinal an 13, art. 131 et 132.
(3) *Circulaire* du ministre-directeur, du 11 brumaire an 11.
(4) *Réglement de marche* du 25 fructidor an 8, tit. 1, art. 21;
et *Réglement d'armement* du 1er vendémiaire an 13, art. 9.
(5) *Réglement de police* du 24 juin 1792, tit. 1, art. 8, paragr. 3.

taine (1), conduit, sous les ordres d'un officier ou d'un adjudant (2), les hommes de corvée en veste retournée ou sarrau (3), en pantalon et bonnet de police chez le munitionnaire; ils sont porteurs des sacs nécessaires. Il s'assure de l'exacte mesure des distributions, et de la bonne qualité des fournitures.

Le quartier-maître, ou bien un sous-officier à ce préposé, se trouve à la manutention, et fait remettre à chaque fourrier la quantité de pain qui lui revient, en présence d'un officier (4) de la compagnie. Si l'officier de la compagnie ne se trouve point à la distribution c'est le fourrier qui, dans ce cas, doit signer au bas du bon dont il est porteur, si la distribution a été complétée, et quand elle ne l'a pas été, il n'en donne qu'un récépissé d'à-bon-compte, et garde le bon jusqu'au complètement de la fourniture. Aussitôt que le fourrier est expédié, il ramène en ordre au quartier (5) les hommes de corvée de sa compagnie. Le pain est alors réparti, et il en est fait écriture à l'article *distributions* du livre de détail (*V.* n°. 329).

337. — *Feuille de décompte, de subsistance et d'appel.*

Le fourrier dresse tous les trois mois la feuille de décompte : elle fait connoître la situation de la masse de linge et chaussure d'une manière conforme aux inscriptions du *Livre de détail* (*V.* n°. 329), et par conséquent, elle doit se rapporter à la feuille du dernier trimestre.

Cette feuille est nominative et contient, homme par

---

(1) *Réglement de comptabilité* du 8 floréal an 8, tit. 5, art. 2, paragr. 3, et tit. 6, art. 3.

(2) *Réglement* du 1er juillet 1788, tit. 9; *Réglement de campagne* du 5 avril 1792, tit. 24, art. 1 et suiv.; *Réglement de subsistance* du 23 germinal an 6, art. 4, paragr. 2.

(3) *Réglement de police* du 24 juin 1792, tit. 7, art. 2, parag. 2; *Réglement de service* du 1er mars 1768, tit. 23, art. 4; *Réglement de campagne*, tit. 24, art. 13 (*V.* n°. 213, note).

(4) *Réglement de comptabilité*, tit. 6, art. 2.

(5) *Réglement de service*, tit. 23, art. 16.

homme, le montant des effets de linge et chaussure qui ont été délivrés à chacun, et la situation de sa masse, dont la partie seule qui excède les 3o ou 4o francs, peut être objet de décompte (1).

Feuilles de subsistances. Le fourrier dresse la feuille de subsistance du trimestre conformément au modèle donné (2). Cette feuille contient sommairemement, 1°. le nombre d'hommes par grade, le nombre de journées donnant droit aux diverses espèces de solde, aussi par grade, et le décompte de ces mêmes journées, ainsi que les sommes allouées pour indemnités de vivres et supplémens de solde aux conducteurs de conscrits, 2°. le tableau des feuilles de prêt pour les deniers de poche, 3°. Les recettes et dépenses des fournitures en nature. Cette feuille est faite tous les trimestres ; elle est certifiée par le chef de la compagnie et visée par le major ; on joint à l'appui la minute de chacune des feuilles d'appel établies pendant le même trimestre (3).

Feuilles d'appel. On distingue deux espèces de feuilles d'appel : celles de revues mensuelles, et celles de revues trimestrielles. Les feuilles d'appel de revue mensuelle (4) servent à constater l'effectif de chaque compagnie et à vérifier l'exactitude des mutations et mouvemens fournis par les corps ; elles présentent les n°s, noms, prénoms, surnoms et grades des hommes ainsi que leurs mouvemens et mutations depuis la dernière revue.

Les feuilles d'appel de revue trimestrielles servent à établir, justifier et régulariser le payement et la fourniture de la solde et des masses. Ces feuilles doivent être commencées et remises le 1er jour de chaque mois.

_____

(1) *Réglement de comptabilité* du 8 floréal an 8, tit. 4, art. 61 ; *Décret* du 3o décembre 18 1o (*V.* l°. 215).

(2) *Réglement de comptabilité*, tit. 3, art. 4 ; et tit. 5, art. 5. *Réglement de revues*, art. 38.

(3) *Circulaire* du 21 décembre 18o9.

(4) Ces revues sont inopinément passées par les sous-inspecteurs qui en déterminent l'époque et le lieu. *Réglement de revues* du 25 germinal an 13, et *Décret* du 16 mai 18 1o.

Elles présentent les nom, prénoms et grades des officiers; ceux des sous-officiers et soldats, l'indication des présens, des absens, comptant à l'effectif, de ceux perdus depuis la dernière revue, les mutations et mouvemens, le nombre de journées de solde entière et de partie de solde entière à l'hôpital et en semestre. Elle est terminée par un tableau présentant la composition et situation sommaire de l'effectif, le résultat des mutations survenues, dans l'effectif depuis la dernière revue, l'état général des hautes-payes à l'ancienneté et les mutations y relatives. Le décompte en deniers pour les journées de solde entière et partie de solde entière, etc. Enfin, le décompte des fournitures en nature.

Le fourrier dresse aux époques ordinaires les feuilles d'appel ou de revues des inspecteurs généraux d'armes (1), il dresse à la fin de chaque mois les feuilles de revues de sous-inspecteur (2) conformément aux principes ci-après.

Le jour de l'admission ou de l'incorporation n'étant point considéré comme station, les conscrits, enrolés volontaires, venus d'autres corps et les rayés soit par longue absence ou prisonniers de guerre réintégrés ne comptant à leur compagnie que du lendemain de leur arrivée, les déserteurs rentrés, les absens par jugement, et les venus d'autres compagnies, comptent du jour de leur arrivée à leur compagnie. Les hommes rentrant de congé comptent du jour de leur rentrée.

La journée du départ, quand elle fait perte pour le corps, n'est point comprise dans les cas suivans, savoir: pour les démissionnaires ou destitués, les congédiés, retraités ou passés à d'autres corps, les rayés, soit par longue absence ou prisonniers de guerre; ils ne sont portés que jusqu'au jour de leur départ exclusivement. Quant aux hommes, morts à leur compagnie ou tués dans une affaire de guerre, ils sont compris jusqu'au jour inclus de leur mort ou de leur désertion. Les

_____

(1) *Instruction* du 15 frimaire an 10, art. 23.
(2) *Réglement de revues* du 25 germinal an 13, art. 27.

hommes absens par congé sont compris pour la solde
entière jusqu'au jour de leur départ exclusivement (1).

En général il ne doit porter les journées d'absence
sur la feuille d'appel que lorsque le retour s'est effec-
tué dans le trimestre, le dernier jour inclusivement ;
sinon, ces journées ne sont rappelées que dans le trimestre suivant (2).

Lorsqu'un homme sort de sa compagnie pour se
rendre à l'hôpital, on doit toujours indiquer l'hôpital
sur lequel il a été dirigé (*hôpital de telle ville*), lorsqu'il est rentré à sa compagnie on désigne alors s'il
vient de l'hôpital du lieu ou de l'hôpital externe.

Lorsque l'entrée ou la sortie se sont effectuées dans
un hôpital de la ville où la compagnie est en garnison,
on désigne : (*sorti de l'hôpital du lieu*) si lors de la
sortie de l'hôpital la compagnie n'étoit plus dans la
même garnison, il seroit dans ce cas porté : (*rentré de
l'hôpital externe*) comme s'il eût été dirigé sur un hôpital externe.

Lorsqu'un homme est décédé à l'hôpital, les journées qu'il a passées à l'hôpital ne doivent pas être comptées, le corps n'ayant point droit au rappel de ses deniers d'hôpitaux.

La journée d'entrée à l'hôpital, soit du lieu ou externe, compte à l'hôpital ; celle de sortie de l'hôpital
du lieu compte à la compagnie. La rentrée de l'hôpital
externe compte à l'hôpital.

Soit que les militaires voyagent isolément (n°. 226)
ou en détachement (3), les journées de marche de
départ et d'arrivée comptent pour la route.

Les hautes-payes à l'ancienneté sont portées à raison
de 30 jours quel que soit le mois de l'année.

---

(1) *Décret* du 10 avril 1806.

(2) Parce qu'un homme en détachement, en congé ou en mission,
pourroit être entré à l'hôpital dans les derniers jours du trimestre,
et que cette entrée étant inconnue au corps, on lui porteroit des
journées d'hôpital qui doivent être portées comme journées de présence. Un homme à l'hôpital externe est dans le même cas.

(3) Pour former un détachement, il faut qu'il y ait au moins
six hommes réunis: (*Réglement* du 25 germinal an 13, art. 120).

Les journées pour les officiers se calculent à raison de 30 jours, excepté pour l'indemnité de fourrage. A cette différence près, les principes ci-dessus leur sont applicables. Quant à l'indemnité de logement (1), elle ne leur est payée qu'à raison du nombre de journées de station, et à compter du lendemain, mais ils y ont droit pour les journées d'absence pour la conduite des conscrits (2).

Les mutations et mouvemens étant quelquefois fort compliqués pour un même individu, on a remarqué qu'on se faciliteroit le calcul et le classement des diverses espèces de journées, en établissant ces journées pour chacun des mois du trimestre séparément.

Nota. On n'a pas cru devoir donner ici le modèle des feuilles d'appel que les corps se fournissent tout imprimées.

338. — Congés.

Quand il est accordé un congé par ancienneté ou réforme (3), le fourrier retire d'entre les mains de celui qui l'a obtenu, ceux des effets d'équipement, habillement, armement et grand équipement qu'il ne doit pas emporter; il remplit son congé, fait son compte, le transcrit au dos du congé, et présente ce congé (quand il est revêtu des signatures nécessaires), à la signature du sous-inspecteur (4). Maintenant ces congés ou cartouches sont sur papier blanc; il n'y a de cartouches de couleur, que celles qui sont délivrées aux hommes condamnés aux travaux publics, et qui ont fait leur temps (5).

---

(1) Elle ne leur est due que lorsqu'on ne leur fournit pas en nature. (*Loi* du 23 floréal an 5, art. 7 ; *Circulaire* du 24 fructidor an 10; *Décret* du 16 mai 1810).

(2) *Instruction* du 19 septembre 1806, art. 44.

(3) *Arrêté* du 19 frimaire an 9.

(4) *Réglement de revues*, art. 55.

(5) *Arrêté* du 19 vendémiaire an 12, art. 31.

339. — *Petits congés. — Semestriers. — Déserteurs.*

Quand les semestriers rejoignent, le fourrier retire leurs cartouches ou permissions, et s'assure si elles portent le *visa* qui a dû y être apposé au lieu où ils ont résidé (1); il examine s'il n'y a ni surcharge ni rature, et s'ils n'ont rien touché en effets ou autrement. Si l'homme qui rentre ne rapporte point sa cartouche, il perd tout droit au décompte de solde depuis son départ, et la somme qui lui reviendroit est versée à la masse de linge et chaussure (2). Tous ces papiers sont remis par le fourrier ou sergent-major, afin qu'ils soient communiqués au sous-inspecteur, ainsi que tous brevets, congés, billets de sortie d'hôpital, extraits mortuaires, etc. (3). Le fourrier fait ensuite l'état de ce qui revient à ces hommes, visite leur sac, et avise aux moyens de pourvoir au remplacement ou à la réparation des objets qui leur manquent ou qui sont dégradés (4).

Sitôt qu'un soldat est mort ou est soupçonné de désertion, le fourrier s'empare de son sac; il en fait la visite en présence du sergent, chef de la subdivision dont faisoit partie le mort ou le déserteur; il fait un état de ce qu'il y trouve, le présente à la signature du capitaine, et remet le sac et les effets au sergent-major.

340. — *Veille du départ.*

Lorsque le régiment doit partir, le fourrier réunit, la veille du départ, les ballots ainsi que l'excédant des

---

(1) Ancien usage. Toute cartouche ou permission de semestrier devoit être visée, à son arrivée dans son pays, par le commandant de la maréchaussée, et il devoit en outre apporter un certificat de bonne conduite, signé de ce commandant ou du curé de sa paroisse, sous peine de perdre la paie qui lui seroit revenue pendant son absence, et de n'avoir pas de congé une autre année. (*Manuel pour le corps de l'infanterie,* 1781, chap. 7, art. 7).

(2) *Règlement de revues* du 25 germinal an 13, art. 58.

(3) *Idem*, art. 50.

(4) *Règlement de comptabilité* du 8 floréal an 8, tit. 4, art. 35.

armes, équipement et habillement, et fait porter le tout au vaguemestre du régiment ou au sous-officier qui en fait fonction (*V.* n°. 263), de même que les caisses, malles, coffres, valises, porte-manteaux qui doivent être transportés par les équipages. L'ordre du jour indique le lieu où doivent être déposés ces effets.

341. — *En route.*

En route, les fourriers s'assemblent à la *diane* ou bien au *rappel* pour les tambours (*V.* n°. 320), et partent sous les ordres d'un officier quand on bat la *générale* ou le *premier* (1) ; arrivés au gîte, ils se rendent à l'hôtel-de ville, et reçoivent du quartier-maître ou de l'officier commandant le logement, les billets de logement de leurs compagnies.

Le fourrier fait, sous les yeux du quartier-maître ou de cet officier, inscription du nom et du numéro des hôtes pour lesquels il a des billets ; il met à côté de leur nom, celui du soldat qu'ils doivent loger, afin de prévenir le changement des billets, d'en prouver l'emploi et d'avoir les éclaircissemens nécessaires en cas de plainte contre les soldats (*V.* n°. 180, note 8). Il va alors reconnoître le quartier de la ville affecté à sa compagnie. Si le régiment doit loger dans une caserne, les fourriers y sont conduits par le quartier-maître ou par l'officier qui le remplace, pour s'occuper de l'établissement du logement (2).

_____

(1) *Réglement de service* du 1er mars 1768, tit. 32, art. 12 ; et tit. 3, art. 1 (*V.* n°. 180).

(2) C'est pendant ce temps que l'officier ou adjudant qui a accompagné le quartier-maître se rend au-devant du régiment pour porter à l'officier qui le commande, les ordres du commandant de la place, et remettre lui-même aux officiers et sous-officiers de l'état-major, leurs billets de logement ; il remet au tambour-major son billet et ceux de ses tambours ; il remet pareillement au vaguemestre son billet et ceux des maîtres-ouvriers ; il indique l'heure et le lieu de la distribution, et le nombre d'hommes que chaque compagnie y doit fournir. (*Réglement de service* du 1er mars 1768, tit. 5, art. 49 et 50. (*V.* pag. 173).

Défense expresse leur est faite de rien changer à l'assiette du logement, ou de faire, par une préférence répréhensible, des permutations en faveur d'une escouade ou d'un individu au préjudice d'un autre. Il leur est défendu, sous les peines les plus fortes, de faire aucun trafic des billets, en proposant aux hôtes qui paroissent dans l'aisance, d'entrer en accommodement, et de payer le rachat (1) des billets qui pourroient se trouver superflus.

A l'arrivée du régiment, le fourrier se trouve sur la place d'armes.

Aussitôt que le drapeau est renvoyé et que la troupe se sépare, le fourrier sert de guide à sa compagnie, qui se rend sous les ordres de ses officiers, par le chemin le plus court, au centre du quartier de la ville où elle doit loger, ou bien dans la commune voisine (2) où elle va prendre gîte; c'est-là que le fourrier remet les billets de logement aux officiers et sous-officiers, ceux-ci étant tenus de rester jusqu'à l'entier établissement de la troupe (3).

Comme il ne doit délivrer les billets qu'après l'appel fait, il n'en distribue qu'aux hommes présens ; il remet au commandant de la garde de police (*V.* n°. 182, par. 3) les billets non distribués, portant au dos le numéro de la compagnie et le nom des soldats absens auxquels ils sont destinés, tels que convalescens, manquans aux appels, hommes d'escorte ou d'arrière-garde, hommes à la garde du camp, etc., afin de leur éviter, à travers la ville, des

_____

(1) Tout rachat de choses dues par les hôtes a toujours été sévèrement défendu (*Ordonnance* du 8 avril 1735, art. 37).

(2) *Règlement de marche* du 25 fructidor an 8, tit. 2, art. 3. L'article 26 de l'*Ordonnance* du 8 avril 1718, portoit que si les lieux destinés au logement des troupes étoient trop petits, et qu'il ne pût être fourni des lits pour tous les soldats, ceux qui ne pourroient en avoir, seroient mis dans des lieux où on leur fourniroit le couvert, de la paille et du bois.

(3) *Règlement de service* du 1er mars 1768, tit. 6, art. 8 et 10. (*V.* n°. 423).

15 **

courses superflues et fatigantes. Si ces hommes en retard doivent être logés dans une autre commune, ou bien s'ils doivent être logés avec plusieurs autres camarades à qui le billet auroit été délivré, le fourrier remet à l'officier de la garde de police ce détail écrit.

Il laisse enfin au corps-de-garde l'inscription de la demeure des officiers, celle du sergent-major et la sienne.

Si à l'appel du soir, il se trouvoit encore entre les mains du fourrier quelques billets de logement qui n'eussent pas été employés, il les remet au commandant de la police.

A l'arrivée du régiment dans une garnison, le fourrier reçoit les casernes, et marque avec de la craie le logement de ses escouades (1).

342. — *Au camp.*

Quand on doit camper, les fourriers marchent avec le *logement*, et tracent l'emplacement des tentes de leurs compagnies (*V.* n°. 94). Ils font placer le faisceau d'armes et son manteau ; ils prennent également le soin de les faire démonter et transporter aux bagages, à l'instant où l'on bat l'assemblée pour le décampement.

En campagne et dans les manœuvres, les fourriers de fusiliers ont le poste honorable de garde du drapeau (2).

_____

(1) Cependant le *Réglement de casernement* du 30 thermidor an 2, tit. 4, sect. 2, art. 5, attribue la répartition du logement au sergent-major. Cette disposition paroît fautive.

(2) C'étoit du moins leur destination avant l'institution des aigles et enseignes (*Décret* du 18 février 1808, art. 17 et 18). Ce poste leur convient mal : 1°. parce que pendant la manœuvre ils sont souvent employés aux distributions et aux écritures; 2°. parce qu'en marche ils sont au piquet d'avant-garde ou au campement; 3°. parce qu'il y en a parmi eux de mal habiles au pas militaire; 3°. parce qu'en campagne ceux des grenadiers et voltigeurs étant fréquemment détachés avec leurs compagnies, il ne reste que 4 fourriers, nombre bien insuffisant, puisqu'il en faudroit 6 à l'aigle et 8 à l'enseigne. Ce poste auroit dû être celui du 4° sergent, qui n'a pas de place en bataille, ou même peut-être le poste du 1er sergent. (*Voy. Instruction* du général Schawburg, page 3).

On n'y plaçoit point autrefois le fourrier des grenadiers, à qui le réglement de 1791 avoit oublié d'assigner une place. On doit déduire de ce principe que le fourrier des voltigeurs ne doit pas non plus faire partie de cette garde; ainsi, des quatre fourriers de fusiliers, le mieux exercé, est au second rang; et les trois autres au troisième rang de l'aigle ou de l'enseigne.

HUITIÈME LEÇON.

DEVOIR DU CAPORAL-TAMBOUR.

343. — *Grade.* — *Fonction.*

Le caporal-tambour a été d'abord appelé tambour-maître, parce qu'il est l'instructeur des tambours. C'est depuis l'ordonnance du 17 mars 1788 qu'il est désigné par sa qualification actuelle. Il fait partie du petit état-major; il n'y a qu'un caporal-tambour par régiment (1). Sa réception a lieu en présence des tambours, sous les ordres du capitaine de police; il est reconnu par l'adjudant (2); il étoit à la nomination du colonel (3). La loi sur l'avancement donne au conseil d'administration le droit de le désigner : il est choisi parmi tous les tambours (4).

Il loge avec le tambour-major et les musiciens (*V.* n°. 299, note 6). Il fait ordinaire avec les musiciens (5).

Il étoit autrefois prescrit au caporal-tambour de porter une caisse et de battre, excepté lorsqu'il remplaçoit le

(1) *Décret* du 18 février 1808, art. 4.
(2) *Ordonnance* du 1er juillet 1788, tit. 11, art. 24.
(3) *Réglement de police* du 24 juin 1792, tit. 9, art. 10.
(4) *Loi* du 14 germinal an 3, art. 6.
(5) *Réglement de police*, tit. 2, art. 13.

tambour-mojor (1); l'usage est différent aujourd'hui, quoiqu'aucune décision n'ait été prise à ce sujet. Le tambour-maître porte une canne (*V.* n°. 299, note 9), et se tient en bataille et en défilant, deux pas en avant des tambours du bataillon auquel il est attaché. En colonne, si tous les tambours du régiment marchent réunis, il se tient à l'aile du premier rang des tambours du côté de la direction. Il doit être capable de leur montrer à battre la caisse ; l'usage vouloit même autrefois qu'il fût assez instruit pour pouvoir leur enseigner les batteries des troupes étrangères, comme moyen de surprise ou de stratagême en cas de guerre.

Toutes les notions qu'il doit posséder se trouvent énoncées n°. 23, 24, 30, 31; 104, 105, 300, etc.

NEUVIÈME LEÇON.

DEVOIR JOURNALIER DU CAPORAL.

344. — *Origine.* — *Fonctions.*

Le caporal fait partie des sous-officiers (2); il appartient à leur deuxième classe. Avant Henri II, on l'appeloit *cap d'escouade* (3), nous avons, ainsi que les allemands, emprunté son non actuel de la langue italienne; il ne comptoit pas d'abord parmi les bas-officiers; il a existé un grade inférieur au sien, celui d'*anspessade* et ensuite d'*appointé*. Ce dernier grade est encore reconnu dans nos régimens suisses. Le nombre des caporaux étoit calculé dans les ordonnances de formation sur le pied d'un par dix ou onze hommes : il commandoit le

---

(1) *Ordonnance* du 17 mars 1788.

(2) *Réglement de revues* du 25 germinal an 13, art. 204.

(3) Ou *cap d'escadre.* Ces mots dérivent de l'italien.

service des hommes de son escouade, dont il tenoit à cet effet un contrôle exact (1). Un caporal a maintenant 15 ou 16 hommes sous ses ordres. L'usage est que le lieutenant de semaine le fasse reconnoître à un des appels qu'il fait hors des chambres : le capitaine donne l'ordre de cette réception (2).

Le caporal est chargé, sous la surveillance immédiate et continuelle des sergens, de deux fonctions : l'une relative aux détails intérieurs du corps (3), l'autre relative au service militaire (4). Il est en tout temps exempt de la corvée de la soupe (5). Il loge et couche avec les soldats de son escouade (6).

345. — *Surveillance et devoir de toute la journée.*

Tout caporal doit être pourvu d'une liste de son escouade, et lorsqu'il y arrive quelques variations, il doit les mentionner sur cette liste, et porter au sergent-major le tableau nominatif affiché sur la porte (7). Le caporal demande également les nouvelles étiquettes nécessaires (7). En tout temps, il veille à ce que les gibernes qui ne sont point en service soient couvertes de leurs étuis; il ne souffre pas que l'on fume dans les chambres, ce qui ne peut être toléré que dans les grands froids; il fait mettre le pot au blanc près des portes de la chambre; il ne laisse pas blanchir la buffleterie ailleurs que sur le pallier, ou bien dans les corridors ou dans la cour, si la proximité ou la saison le permettent; il a soin que les souliers soient nettoyés avant d'être accrochés (8). Jamais il ne tolère qu'il reste des souliers sous

---

(1) *Manuel pour le corps de l'infanterie*, imprimé en 1781, chap. 3, art. 3. Cela suppose que les caporaux doivent savoir lire et écrire.

(2) *Ordonnance* du 1ᵉʳ juillet 1788.

(3) *Voy.* les 10ᵉ, 11ᵉ et 12ᵉ devoirs.

(4) *Voy.* les 13ᵉ, 14ᵉ, 15ᵉ, 16ᵉ, 17ᵉ et 18ᵉ devoirs.

(5) *Réglement de police* du 24 juin 1792, tit. 2, art. 17.

(6) *Idem*, art. 2; *Instruction* du 29 floréal an 7, art. 23.

(7) *Idem*, tit. 2, art. 3. *V.* aussi les tableaux y faisant suite.

(8) *Idem*, art. 8.

les lits, ni de linge sale entre la paillasse et le matelas (1). Il s'oppose à ce qu'on fasse aucune entaille sur
les pieds des lits pour y fourbir et nettoyer les armes (2).

Les baïonnettes des sous-officiers et grenadiers restent au ratelier, à moins que leurs banderolles n'aient
des porte-bayonnettes. S'ils n'ont pas de porte-bayonnettes, elles restent suspendues au ratelier et dans le
fourreau, la douille étant retenue par le gros bout de
la baguette; celles des soldats restent dans le fourreau
attaché à la giberne (3). Les lits sont étiquetés (4); les
étiquettes des hommes absens pour plusieurs jours sont
retournées, et la cause de l'absence écrite par derrière. Les effets des hommes à l'hôpital sont remis au
fourrier, et gardés par le sergent-major.

Le caporal fait poser sur le rayon supérieur les habits
et vestes pliés en deux, la doublure en dehors; il fait
mettre à côté les schakos ou bonnets dans leur étui éti-
queté (5); il fait mettre le pain sur les planches (6) à ce
destinées.

Les fusils, gibernes et sabres des partans sont toujours remis entre les mains du fourrier par le caporal;
le caporal doit s'assurer fréquemment si les fusils sont à
leurs numéros et étiquettes, si la plaque de couche est
nettoyée et le chien abattu (7). Il s'oppose à ce que les
hommes se couchent sur leurs lits avec leurs souliers (8),
et à ce qu'il y soit posé du pain, de la viande, des légumes, des armes, etc.; il n'y laisse pas coucher de
chiens; il s'oppose à ce qu'on prenne de la paille dans
les paillasses pour allumer le feu (9) ou essuyer aucun

---

(1) *Réglement de police* du 24 juin 1792, tit. 2, art. 9.
(2) *Réglement de casernement* du 30 thermidor an 2, tit. 4,
sect. 2, art. 14; et *Traité* Laurent, du 20 novembre 1807, art. 71.
(3) *Réglement de police*, tit. 2, art. 11.
(4) *Idem*, art. 8.
(5) *Idem*, art. 10.
(6) *Idem*, art. 12.
(7) *Idem*, art. 11.
(8) *Réglement de casernement*, tit. 4, sect. 2, art. 14, paragr.
1 et 4.
(9) *Idem*, art. 17.

objet; il s'oppose à ce qu'on fasse servir les draps en guise de nappes, de rideaux (1), ou de sacs à distribution.

Le caporal se fait représenter les permissions écrites qu'auroient les hommes de ne pas manger à l'ordinaire (tous les hommes de la chambrée (2) devant y manger ensemble), ainsi que celles des convalescens (3) et les exemptions d'exercice. Il punit tous ceux qui ayant une permission de travailleur, etc., et donnée par qui que ce soit, n'auroient pas la déférence de l'en prévenir; il doit renvoyer à leurs postes ceux qui, étant de garde, seroient venus à la chambre; ce dont il rendroit compte. Il doit veiller à ce que les consignés ne gardent qu'une guêtre, et la portent à la jambe gauche (*V.* pag. 114, *Consignés*). Le caporal demande à toutes les personnes qu'il ne connoît pas, excepté aux officiers nationaux décorés de leur épaulette, quel motif les amène au quartier. Il ne souffre dans son escouade ni femmes suspectes, ni étrangers, ni brocanteurs; il s'oppose à ce qu'il soit chanté des chansons obscènes; à ce qu'il soit raconté des scènes licencieuses; à ce que certains soldats fassent récit de leurs anciennes désertions, et en général de ce que les mœurs, l'honneur et la loi proscrivent. Il suspend par tous les moyens de conciliation ou de punition, les querelles qui peuvent survenir (*V.* nᵒ. 136), et punit avec la plus grande sévérité toutes voies de fait.

La veille d'une revue ou inspection, il redouble de vigilance, et quand le jour de la revue est arrivé, il fait mettre ses hommes sur pied de meilleure heure qu'à l'ordinaire, pour tout examiner en détail et prévenir les reproches ou les punitions que la mauvaise tenue de sa troupe lui attireroit.

Le premier de chaque mois, le caporal fait nettoyer

---

(1) *Réglement de casernement* du 30 thermidor an 2, tit. 4, sect. 2, art. 14, paragr. 1 et 4.

(2) *Réglement de police* du 24 juin 1792, tit. 2, art. 19 et 20; et tit. 4, art. 25.

(3) *Idem*, tit. 4, art. 48.

des vitres en dedans et en dehors (1); tous les samedis (2), il fait laver les bancs, les tables, les bois de lits; il fait battre les couvertures (*V*. n°. 289, note 12).

Il s'oppose à ce qu'il soit joué dans les chambres aux jeux de hasard (3), qui sont ordinairement une source de querelles.

Si, faute d'autres places, on nettoie les fusils dans les chambres et près des lits, le caporal fait retrousser et plier en double les matelas pour qu'on ne les tache pas, non plus que les couvertures.

Le caporal doit faire laisser à la chambre les effets d'habillement des travailleurs; ils sont déposés chez le sergent-major (V. pag. 289, 2e. alinéa).

346. — *Instruction des hommes de recrue, etc.*

Le caporal montre aux hommes de recrue à monter et démonter leurs armes (4), à nettoyer leurs habits (*V*. n°. 7) et blanchir leur buffleterie (*V*. n°. 4). Il est responsable de la manière dont ils l'exécutent. Il doit être capable de procéder à leur instruction, depuis les premiers détails de propreté jusqu'à la dernière leçon de l'école de peloton; il les instruit des règles du service (*V*. n°. 169), de leurs fonctions quand ils seront de garde (*V*. n°. 176), de ce qu'ils auront à observer quand ils seront de faction. (*V*. n°. 373).

Après les exercices terminés, et au retour des gardes et piquets, le caporal fait mettre les armes et habits dans l'état de propreté convenable.

Le caporal s'oppose à ce qu'aucun homme de recrue monte des gardes pour ses camarades, moyennant rétribution, avant qu'il ne soit suffisamment exercé pour pouvoir manœuvrer au bataillon.

---

(1) *Réglement de police* du 24 juin 1792, tit. 2, art. 7.

(2) *Idem*, tit. 4, art. 35.

(3) *Réglement de service* du 1er mars 1768, tit. 19, art. 15; tit. 20, art. 28 et 31; et *Réglement de police*, tit. 6, art. 7.

(4) *Réglement de police*, tit. 5, art. 19. (*V*. n°. 11, etc.)

Le caporal est responsable des vêtemens retaillés, tronqués, défaits sans permission et en général de tous changemens ou réparations faits sans ordre à l'habillement, équipement et armement.

Le caporal est punissable s'il est jeté des ordures par la fenêtre(1). Il s'oppose à ce que des havre-sacs ou armes soient emportés hors de la chambre, si ce n'est par ordre ou pour cause de service.

Quand un soldat se plaint (2) d'une indisposition, le caporal cherche à s'assurer si c'est le fruit de quelque débauche, un mal-aise simulé ou une maladie véritable ; il en avertit le sergent-major, et porte au corps-de-garde le nom du malade pour que le chirurgien le visite. Il traite avec humanité et douceur les hommes de recrue, cherche à leur donner le goût de leur métier, en en adoucissant l'apprentissage (3), et ne sévit que contre ceux chez lesquels il remarque paresse, obstination ou mauvaise volonté.

Tout caporal qui ordonne une punition, en rend compte au sergent de semaine et au sergent-major.

Si deux caporaux habitent dans la même chambre, le devoir expliqué ici est rempli par celui qui se trouve présent, soit qu'il commande ou non l'escouade; ou bien par celui qui commande la chambrée, si plusieurs caporaux sont présens en même temps.

---

(1) *Réglement de casernement* du 30 thermidor an 2, tit. 5, sect. 2, art. 1.

(2) *Réglement de service* du 1ᵉʳ mars 1768, tit. 21, art. 69.

(3) *Réglement de police* du 24 juin 1792, tit. 1, art. 1.

DIXIÈME LEÇON.

DEVOIR DU CAPORAL CHEF D'ESCOUADE (1).

347. — *Fonctions et surveillance.*

Le caporal chef d'escouade est responsable envers son sergent de la tenue et discipline de l'escouade (2). Il tient inscription des effets de linge et chaussure des hommes de son escouade (3); il affiche sur la porte de sa chambre, l'état des objets qu'elle contient, tels que tables, bancs, bois de lits, planches à pain (4), râteliers d'armes et porte havre-sacs, etc.

Quand on fait le roulement du matin (5), le caporal doit se lever, s'habiller, faire lever les soldats de son escouade, en faire l'appel (6) pour s'assurer si ceux qui manquoient à l'appel sont ou ne sont pas rentrés, en rendre compte au sergent-major (6). Il prévient ceux qui doivent aller à l'exercice de se tenir prêts à être emmenés par le caporal de semaine de la compagnie; s'il y a des prisonniers qui doivent monter la garde ou

---

(1) Le chef d'escouade étoit autrefois responsable des outils de campement dont chaque chambrée devoit être pourvue; ils consistoient en une tente, une marmite, une gamelle, et un baril ou bidon. (*Instruction provisoire* du 1er mars 1792; *Réglement de casernement* du 30 thermidor an 2, tit. 6, art. 1; et *Décret* du 25 février 1806, art. 1).

(2) *Réglement de police* du 24 juin 1792, tit. 1, art. 6.

(3) *Réglement de comptabilité* du 8 floréal an 8, tit. 5, art. 16.

(4) Tableau n°. 3, faisant suite au *Réglement de police* du 24 juin 1792; *Réglement de casernement*, tit. 4, art. 1, paragr. 3.

(5) *Réglement de police*, tit. 4, art. 4 (*V.* pag. 115, *Ordre des batteries*).

(6) *Réglement de service* du 1er mars 1768, tit. 21, art. 47; et *Réglement de police*, tit. 4, art. 4.

être exercés, le caporal en prévient le sergent-major, et celui-ci soumet à l'adjudant leur billet de sortie.

Le caporal fait laver les mains et la figure à tous ses subordonnés : il fait, suivant la saison, ouvrir les croisées (1) afin d'aërer les chambres (2); il fait laisser les lits découverts, pendant une demi-heure, afin que l'air puisse les pénétrer (2); en cas de mauvaise odeur, il fait brûler une ou deux fois du génièvre, acheté aux frais de l'ordinaire. Quand le caporal de la chambre doit aller au marché, ou s'absenter pour quoi que ce soit, le caporal qui habiteroit la même chambre, ou le plus ancien fusilier, le remplace et est responsable de tout ce qui est dit ci-dessus.

A l'arrivée des recrues, le caporal les informe de l'obéissance et du respect qu'ils doivent à leurs officiers et sous-officiers, et leur donne connoissance des réglemens militaires et de la loi sur la désertion (*V.* page 127); il veille à ce qu'il soit à cet effet, toujours affiché dans les chambres un extrait des peines contre la désertion (*V.* pag. 126, note 3); il veille aussi à ce qu'il soit affiché chaque jour, le service du lendemain; à ce qu'à chaque quinzaine la liste des sentinelles soit renouvellée (*V.* pag. 282 et n°. 355); à ce qu'il soit placardé sur les portes le tableau des hommes composant la chambrée (3), et l'état des meubles, etc., contenus dans la chambre, à ce qu'enfin le livret d'ordinaire soit toujours pendu à un clou dans la chambre.

Le caporal veille à ce que tous les hommes soient dans la tenue prescrite (4); à ce qu'ils ne brossent ni ne battent leurs habits (5) dans les chambres, et que la manière

_____

(1) *Réglement de police* du 24 juin 1792, tit. 4, art. 5.

(2) *Réglement de casernement* du 30 thermidor an 2, tit. 1, art. 3; et tit. 5, sect. 1, art. 2. (*V.* page 224, note 2).

(3) *Voy.* les tableaux faisant suite au *Réglement de police.* (*V.* le modèle actuel, n°. 352).

(4) *Réglement de police*, tit. 4, art. 7.

(5) *Réglement de casernement*, tit. 4, sect. 2, art. 14, paragr. 3.

de les battre et de les nettoyer, n'ait rien qui puisse endommager l'étoffe ou en altérer les couleurs (*V.* n°. 7).
Il veille à ce que les hommes soient toujours rasés et peignés dehors de la chambre.

Il fait ensuite refaire les lits, arroser dessous, ainsi que dans les ruelles, racler les endroits où la boue seroit endurcie; puis il fait balayer (1), et porter les ordures sur le pallier, dans un panier destiné à cet usage.

Après avoir fait mettre les effets dans l'état de propreté convenable, il fait refermer et replacer les sacs; quand on y a serré tout ce qui doit y être, savoir : les ustensiles pour la tenue, dans les poches du dessus; et le linge sale, en dedans (2).

Tout cela doit être exécuté lors de la visite de l'officier de la compagnie, qui a lieu une heure après le lever (3).

Le caporal veille à ce que les murs, les bois de lits, les bancs, les planches à pain et les rateliers d'armes soient essuyés tous les jours et entretenus dans un état de propreté suffisant pour que la poussière et l'humidité ne s'y attachent point (4).

348. — *Inspection.*

A neuf heures, il doit passer l'inspection de ses hommes (5), c'est-à-dire, s'assurer que leur habillement, armement et équipement, sont dans le plus grand ordre.

A neuf heures et demie, quand on bat deux roulemens, il doit les conduire au sergent de semaine (6). Il

---

(1) *Règlement de service* du 1ᵉʳ mars 1768, tit. 21, art. 48.

(2) *Règlement de police* du 24 juin 1792, tit. 2, art. 9.

(3) *Règlement de casernement* du 30 thermidor an 2, tit. 5, sect. 1, art. 2.

(4) *Idem*, art. 4.

(5) *Règlement de service*, tit. 21, art 72.

(6) *Idem*, art. 73.

sort du rang, après avoir été inspecté lui-même, et accompagne le sergent, auquel il rend compte du nom et des hommes qui manquent et pourquoi ; après l'inspection du sergent, le caporal fait mettre la bayonnette dans le fourreau, et reconduit les hommes dans la chambre, pour y faire exécuter sans délai les ordres qui auroient pu être donnés par le sergent, au sujet de la tenue.

Au roulement de la soupe, le caporal visite chaque soldat, afin de juger s'il n'a pas fait de dégradation à son ajustement et il ne lui permet de sortir qu'autant qu'elle a été entièrement réparée (1). Il veille à ce que personne ne s'absente ; auquel cas il donne le nom des manquans au sergent de semaine, qui doit être présent à cet instant, et s'assurer si tout le monde est dans la tenue prescrite (2). Après la soupe, il fait encore ouvrir les croisées, arroser et balayer la chambre ; il en est usé de même après le repas du soir (3), et plus souvent suivant la saison et la température.

349. — *La garde.*

Quand on rappelle, le caporal réunit les hommes, la bayonnette dans le fourreau ; s'assure de la tenue des hommes ; les emmène au lieu ordonné, se mettant lui-même à la droite de son escouade, avec son fusil, s'il doit être de garde ; avec son sabre dans le fourreau, s'il n'en est pas : de manière que de garde ou non, tous les caporaux se trouvent à l'inspection générale.

A l'instant du rappel pour la garde, il remet ses hommes au caporal ou au sergent de semaine qui les assemble, à moins qu'on n'ordonne de les former de suite par rang de poste : c'est alors que le caporal qui n'est ni de garde, ni de semaine, devient libre de son temps ;

(1) *Réglement* du 2 septembre 1775, art. 16, paragr. 3.

(2) *Réglement de police* du 24 juin 1792, tit. 4, art. 16 et 17.

(3) *Réglement de casernement* du 30 thermidor an 2, tit. 5, sect. 1, art. 1 et 2.

mais il ne peut être exempt de s'acquitter de tous les
détails ci-dessus, sans une permission spéciale, et sans
avoir chargé le plus ancien de la chambrée d'exercer
cette surveillance jusqu'à son retour.

350. — Retour de la garde. — Repas du soir.

Au retour de la garde, le caporal fait mettre en bon
ordre les habits et les armes (*V.* n°. 413). Il fait remettre les gibernes dans les étuis et les fusils à leur
place du ratelier (*V.* pag. 350, note 7). Il doit con-
signer jusqu'au lendemain les hommes pris de boisson ; il doit faire conduire de suite à la salle de police
les hommes punis pendant leur garde.

Après le repas du soir, ou bien à l'heure ordonnée,
il fait partir les hommes qui doivent porter aux militaires de garde, les vivres qu'on leur a réservés (1), et
les objets nécessaires à la conservation de l'habillement.

A l'instant de la retraite, le caporal doit être rentré
un des premiers dans son escouade, y être présent à
l'appel ; et répondre pour ceux qui sont de garde ou de
piquet, ainsi que pour les prisonniers.

Lors du roulement, il doit faire éteindre les feux,
après s'être assuré que tout le monde est couché. C'est
alors qu'il se livre au repos ; cependant, si dans la
nuit, il entend quelqu'un se lever, entrer ou sortir,
parler bas, il donne toute son attention à ce qui se
passe, et surveille particulièrement ceux dont la conduite à pu lui inspirer quelques soupçons.

351. — Responsabilité.

Sitôt qu'un caporal chef d'escouade s'aperçoit qu'un
homme a déserté, il en rend compte, sous peine d'être
cassé (*V.* pag. 105, note 2).

Il doit s'assurer si les hommes qui manquent auroient emporté au-dehors leurs effets ; ce qui seroit
un indice de désertion.

---

(1) *Réglement de police* du 24 juin 1792, tit. 4, art. 27.

Il doit prendre tous les renseignemens possibles pour connoître en quel lieu se seroient attardés les hommes manquans, et en rendre compte, afin que les patrouilles les puissent faire rentrer.

Le caporal répond de la cire à giberne que lui remet le sergent-major, et de la terre de pipe que le caporal d'ordinaire achète pour la chambrée; ainsi que du pinceau ou éponge pour blanchir la buffleterie. Il est dépositaire du monte-ressort de son escouade.

s tambours sont attachés aux pre- | et troisième escouades, mais sans | re nombre.

M. B...., *Capitaine.*

Les soldats sont distribués dans les escouades, de manière qu'elles soient également composées d'anciens et de nouveaux.

COMPAGNIE.

PREMIÈRE SECTION. *M. B...., Lieutenant.* | SECONDE SECTION. *M. B...., Sous-Lieutenant.*

Le *s. B...., Sergent-Major.*
Le *s. B...., Caporal-fourrier.*

SUBDIVISIONS.

1.re	3.e	2.e	4.e
e s. B...., 1.er *Sergent.*	Le s. B...., 3.e *Sergent.*	Le s. B...., 2.e *Sergent.*	Le s. B...., 4.e *Sergent.*

ESCOUADES.

1.re	5.e	2.e	6.e	3.e	7.e	4.e	8.e
, 1.er capo.	B..., 5.e capor.	B..., 2.e capor.	B..., 6.e capor.	B..., 3.e capor.	B..., 7.e capor.	B..., 4.e capor.	B..., 8.e capor.

Le Tableau de subdivision prescrit par le Réglement du 24 juin 1792, est devenu inexact, par suite de l'augmentation du nombre des escouades; il n'y avoit alors que deux sergens et quatre escouades.

ONZIÈME LEÇON.

DEVOIR DU CAPORAL DE SEMAINE.

353. — *Genre de son service.*

Le caporal de semaine, dont le service dure depuis la parade d'un dimanche, jusqu'à celle du dimanche suivant, est principalement chargé de la tenue et de la surveillance des hommes qui montent la garde, ainsi que des détails de police intérieure (1); au sortir de ce service, il communique à celui qui le relève, les ordres particuliers de la semaine précédente (2).

Il assiste au grand cercle de la garnison, et au cercle particulier de son corps, pour y recevoir l'ordre (*V.* n°. 205); c'est pourquoi le réglement de service le connoissoit sous le nom de *caporal d'ordre.* (*V.* p. 320, note 2).

354. — *Appel. — Exercice.*

Le caporal de semaine, aussitôt après le roulement du matin, passe dans les chambres et s'adresse à chaque caporal d'escouade, afin de savoir : si les hommes qui avoient permission de manquer à l'appel sont rentrés à l'heure indiquée; si les hommes manquans à l'appel sans permission, sont également rentrés; si quelques hommes se seroient absentés pendant la nuit. L'heure de cette information doit être réglée, de manière que l'appel du matin puisse être rendu à l'adjudant à six heures du matin, depuis le premier avril jusqu'au premier octobre, et à sept heures du matin le reste de l'année (3); le caporal de semaine s'informe

(1) *Réglement de police* du 24 juin 1792, tit. 3, art. 5.
(2) *Idem*, art. 10.
(3) *Idem*, tit. 4, art. 3 et 4.

en même-temps, s'il n'y a pas de malades susceptibles, d'entrer aux hôpitaux (*V.* page 353, parag. 3). Ensuite de ces renseignemens, il fait son rapport au sergent de semaine, et celui-ci au sergent-major ; il fait sortir de la salle de police (*V.* pag. 355), les prisonniers pour l'exercice, ayant soin de faire descendre leur fourniment et armement, afin que les détenus ne montent point dans les chambres ; il réunit également les travailleurs deux ou trois fois par semaine, pour faire l'exercice (*V.* n°. 326). Aussitôt l'exercice fini, il fait déshabiller les hommes punis, s'ils sont au cachot ; mais s'ils sont à la salle de police, ils doivent garder leur uniforme et être dans la même tenue qu'à la chambre, mais en bonnet de police (1).

Il fait reprendre leur fourniment et leurs armes, et remet les prisonniers entre les mains du caporal de la garde de police.

355. — Inspection. — Garde.

A neuf heures, il a la liste nominative des caporaux et soldats de service, conforme à celle qui est affichée, afin de connoître, lorsque les caporaux d'escouade passent leur inspection, si le nombre d'hommes demandé est présent à l'inspection ; il accompagne le sergent de semaine passant l'inspection, à moins qu'à l'instant de l'inspection, il ne faille pour quelques mesures de propreté ordinaire (2) ou extraordinaire, réunir les hommes punis ou commandés de corvées. Dans ce cas, le caporal de semaine est exempt d'être à l'inspection. Il conduit les hommes au rendez-vous particulier des gardes du régiment, dans la tenue indiquée, et se place au cercle, quatre pas derrière le sergent-major et le sergent de sa compagnie (*V.* p. 202, note 1). Après l'ordre donné, il commande le service

(1) *Réglement de police* du 24 juin 1792, tit. 10, art. 47.
(2) *Réglement de casernement* du 30 thermidor an 2, tit. 5, sect. 1, art. 4 ; et sect. 2, art. 4.

des soldats, ainsi que tous les hommes de corvée (1)
il assemble les différentes classes pour l'exercice,
les y surveille. Lorsque la majeure partie des caporaux se trouve de service, celui qui est de semaine doi
surveiller entièrement la propreté de leurs chambres
au retour des gardes, il retire les munitions, et fai
décharger les fusils avec un tire-balle; il remet ce
munitions au sergent-major (2).

Il consigne au quartier, jusqu'au lendemain matin,
et surveille particulièrement tout homme qui, lors d
la soupe du soir, est pris de boisson (3).

Il consigne au quartier, jusqu'au lendemain matin,
et surveille particulièrement tout homme qui, lors de
la soupe du soir, est pris de boisson (3).

Le soir, il doit être présent, et suivre le sergent-
major et l'officier de semaine, lors de l'appel.

En général, le caporal de semaine doit remplacer
dans leurs fonctions de surveillance tous les caporaux
absens, pour quelque cause que ce soit, et être lui-
même remplacé sur-le-champ, s'il est commandé pour
un autre service, ou s'il encourt punition de prison.

Les 15 et 30 de chaque mois, le caporal de semaine
remplit, sous la dictée du sergent-major, la liste des sentinelles; cette liste se compose des noms des hommes
disponibles pour monter la garde. Elle a pour objet de
montrer aux soldats quand vient leur tour, et de prévenir les passe-droits. Elle n'est autre chose que la copie de la *troisième partie* du livre d'appel (*V.* n°. 281);
les mutations qui apportent quelques différences dans
le nombre des sentinelles, y sont spécifiées.

Chaque jour le caporal de semaine affiche la liste du
service du lendemain.

---

(1) *Réglement de police* du 24 juin 1792, tit. 4, art. 23.

(2) *Idem*, art. 22; *Réglement de service* du 1ᵉʳ mars 1768,
tit. 21, art. 98; *Réglement d'armement* du 1ᵉʳ vendémiaire an 13,
art. 29. (*V.* pag. 321.)

(3) *Réglement de police*, tit. 4, art. 26.

DOUZIÈME LEÇON.

DEVOIR DU CHEF D'ORDINAIRE.

356. — *Gestion,*

La gestion des ordinaires est généralement confiée aux caporaux; mais le capitaine peut en charger un ancien soldat (1). Le chef d'ordinaire reçoit du fourrier, en présence de l'officier de semaine, la portion du prêt destinée à l'ordinaire (*V.* n°. 334 , parag. 4). De grand matin, il va au marché faire les provisions pour les deux repas, emportant son sabre et emmenant les hommes de corvée, en bonnet de police, en sarrau, veste ou capotte, et sans armes. Il est convenable que chaque homme de la chambrée soit successivement employé à cette corvée. Il est défendu d'aller au-devant de ceux qui apportent des vivres pour en acheter, même de gré à gré; les acquisitions ne peuvent se faire qu'aux marchés publics (2). Le chef d'ordinaire achète, s'il en a l'ordre de son capitaine, au prix convenu, le pain blanc et la viande (3); il doit connoître l'avantage qu'il y a à s'approvisionner dans un marché plutôt que dans un autre; il doit choisir les denrées de manière à ce que la qualité en soit saine, et la quantité proportionnée au nombre d'hommes de l'ordinaire (4); il doit en faire l'achat avec économie et payer comptant en présence des hommes de corvée (4); il doit avoir connois-

(1) *Réglement de police* du 24 juin 1792, tit. 2 , art. 14.
(2) *Réglement de service* du 1ᵉʳ mars 1768, tit. 19 , art. 10.
(3) Le pain et la viande doivent être achetés aux frais de l'ordinaire; le pain blanc doit être rassis, de pur froment, et pesant 12 décagrammes (4 onces) par homme; et la viande pesant un quart de kilogramme , une demi-livre par homme.
(4) *Réglement de comptabilité* du 8 floréal an 8, tit. 5 , art. 4. Le *Réglement de police*, tit. 2, art. 13, veut qu'en tout temps les ordinaires soient de 14 ou 16 hommes.

sance des nouveaux poids et mesures (*V.* n°. 359, etc.).
Il ne doit jamais laisser revenir les hommes de corvée
sans les ramener lui-même. De retour au quartier, il
inscrit en leur présence, ses dépenses sur le cahier
d'ordinaire (1) et fait signer en marge les hommes qui
ont fait cette corvée.

357. — *Surveillance.*

Le caporal doit veiller à ce que tout ce qu'il a acheté
soit serré avec ordre, pour s'apercevoir au premier coup
d'œil de ce qu'on pourroit y avoir soustrait ; il doit être
toujours présent lorsque le cuisinier met et ôte la viande
de la marmite, afin qu'il n'en soit rien détourné, et
qu'il ne soit taillé que le nombre de portions ordonnées.

Il veille également à la manière de couper le pain de
soupe, pour que chaque gamelle soit remplie avec égalité.

Il surveille sans cesse les cuisiniers, afin de voir s'ils
font bon usage des denrées mises à leur disposition, et
s'ils observent une grande propreté dans la préparation
des alimens.

Il veille avec soin à ce que les cuisines ou chambres
où se tient l'ordinaire (2) soient tenues proprement, et
à ce que tout y soit rangé avec ordre.

Il fait écurer en sa présence, avec du sablon, les
marmites, couvercles, casseroles et gamelles, de quelque matière qu'elles soient, toutes les fois qu'on en doit
faire usage (3). Il fait placer les ustensiles de cuisine et
autres objets relatifs à l'ordinaire, de manière qu'ils ne
puissent gêner (4).

A l'heure indiquée pour aller à la viande, il doit recevoir du caporal de semaine le nombre nécessaire

---

(1) *Réglement de police* du 24 juin 1792, tit. 2, art. 16; et
Réglement de comptabilité du 8 floréal an 8, tit. 5, art. 4, paragr. 3 (*Voy.* n°. 347, paragr. 4).

(2) *Réglement de casernement* du 30 thermidor an 2, tit. 5,
art. 3.

(3) *Idem*, tit. 6, art. 7.

(4) *Réglement de police*, tit. 2, art. 12.

d'hommes de corvée. Il examine avec attention si la viande est de bonne qualité, et si la pesée se fait à bon poids, sinon il la refuse.

Il n'exige du boucher aucuns cadeaux à son bénéfice, tels que langues, cotelettes, etc.

Il remarque si aux heures des repas aucun soldat n'est absent (*V.* pag. 351, note 2, et pag. 357, note 1re.).

Il fait ses dispositions, de sorte que du 1er. septembre au 1er. avril, la soupe du soir se mange à 4 heures, et le reste de l'année à 5 heures.

Le dimanche matin, il retire et inscrit les chemises des soldats, et compte et distribue le linge blanc, après s'être assuré s'il n'y faut pas de réparations, s'il n'est pas nécessaire d'y remettre la marque effacée, et s'il est besoin de le faire sécher avant de le délivrer.

358. — *Responsabilité.*

Il est responsable des deniers de l'ordinaire, des sacs aux légumes et aux distributions (*V.* n°. 213, note 6), des tabliers, sacs ou torchons de cuisine, et enfin de la gestion et ponctualité de cuisiniers.

359. — *Table de comparaison des anciens et nouveaux poids pour peser le pain, la viande, etc.*

livres.	hectogr.	hectogr.	livres.	onces.	décagram.	décagram.	onces.
1	0,4895	1	2,043	1	3,0594	1	0,327
2	0,9790	2	4,086	2	6,1188	2	0,654
3	1,4685	3	6,129	3	9,1782	3	0,981
4	1,9580	4	8,172	4	12,2376	4	1,307
5	2,4475	5	10,214	5	15,2971	5	1,634
6	2,9370	6	12,257	6	18,3565	6	1,961
7	3,4265	7	14,300	7	21,4159	7	2,288
8	3,9160	8	16,343	8	24,4753	8	2,615
9	4,4056	9	18,386	9	27,5347	9	2,942

360. — *Mesures de capacité pour acquisition de légumes* (1).

litrons.	litres.	litres.	litrons.	boiss.	décalitres.	décalit.	boiss.
1	0,7927	1	1,230	1	1,301	1	0,769
2	1,5853	2	2,460	2	2,602	2	1,537
3	2,3780	3	3,690	3	3,902	3	2,306
4	3,1707	4	4,920	4	5,203	4	3,073
5	3,9633	5	6,150	5	6,504	5	3,844
6	4,7560	6	7,380	6	7,805	6	4,612
7	5,5487	7	8,610	7	9,106	7	5,381
8	6,3413	8	9,840	8	10,407	8	6,150
9	7,1340	9	11,070	9	11,707	9	6,919

361. — *Mesures de capacité pour eau-de-vie, vinaigre, etc.* (1).

pintes.	litres.	litres.	pintes.	parties de la pinte.	décilitre.
1	0,931	1	1,074	$\frac{1}{2}$ ou chopine.	4,66
2	1,863	2	2,147		
3	2,794	3	3,221	$\frac{1}{4}$ ou demi-septier.	2,33
4	3,725	4	4,295		
5	4,657	5	5,369	$\frac{1}{8}$ ou poisson.	1,16
6	5,588	6	6,44"		
7	6,519	7	7,516	$\frac{1}{16}$ ou demi-poisson.	0,58
8	7,450	8	8,590		
9	8,382	9	9,664	$\frac{1}{32}$ ou roquille.	0,30

(1) La comparaison du litron et de la pinte est particulière à la ville de Paris; ces mesures étoient d'une proportion et d'un nom différent dans le reste de la France.

TREIZIÈME LEÇON.

DEVOIR DU CAPORAL D'ORDONNANCE.

362. — *Son service.*

Un caporal d'ordonnance ne peut pas plus s'absenter de son poste, ni quitter sa giberne pendant la durée de ce service, que s'il étoit de garde. Il porte en ordonnance son arme dans le bras droit ; s'il rencontre des officiers du régiment, il passe sans s'arrêter, mais en redressant son arme. Un caporal qui envoie un soldat en ordonnance (*V.* nᵒˢ. 405 et 410), s'assure également qu'il porte son fusil avec lui, et qu'il le tient de la même manière.

Si le caporal ou soldat d'ordonnance sont porteurs d'une lettre ou paquet adressé à un officier supérieur, ou à une personne à laquelle le décret sur les *honneurs* prescrit de présenter les armes, et s'ils remettent cette lettre ou paquet en mains desdites personnes, l'usage est qu'ils présentent l'arme en la soutenant seulement de la main gauche, qu'ils aveignent et présentent de la main droite l'objet de leur message, et reportent ensuite l'arme au bras droit, sans mettre la main à leur schako ou bonnet.

S'ils portent une lettre ou paquet à toute autre personne, le militaire s'avance en portant son arme dans le bras droit, à la manière des sous-officiers, présente de la main gauche l'objet de son message, et reprend ensuite la position et l'immobilité des sous-officiers sous les armes, jusqu'à ce qu'il en ait la réponse ou le reçu.

16 **

QUATORZIEME LEÇON.

DEVOIR DU CAPORAL DE PLANTON.

363. — *Définition.*

Planton signifie service immobile ou fait sur place. Celui qui en est chargé ne peut donc quitter le poste où on le met. Le *planton* est un service de surveillance et de police à exercer soit à la boulangerie et au quartier général, soit sur les employés subalternes des hôpitaux et sur les malades, soit dans une caserne, soit sur des ateliers, dans des magasins, etc. Des *plantons* sont, suivant l'ordre, placés chez des officiers généraux ou supérieurs, auprès des administrations, aux portes des villes, à la porte de la caserne, etc. En chacune de ces circonstances, le détail de leur fonction leur est précisé par qui de droit. Les sergens ou caporaux de *planton* ne sont armés que de leur sabre : leur service, dont la durée varie, n'est jamais de plus de 24 heures.

A la boulangerie. — *Au Camp.* Le caporal de planton à la boulangerie (1) est envoyé pour être présent au blutage ; en conséquence, il doit assister à la pesée de la farine et du son, et s'assurer de leurs proportions (*V.* n°. 217).

Au camp, il est envoyé un sous-officier de planton au quartier-général (2) ; il est chargé d'une surveillance de police à exercer sur les soldats du corps auquel il appartient. Ce sous-officier constate de quelle compagnie font partie les délinquans qu'il reconnaîtroit ou arrêteroit, afin d'en informer les chefs du régiment.

---

(1) *Réglement* du 23 germinal an 6, art. 2.
(2) *Réglement de campagne* du 5 avril 1792, tit. 23, art. 21.

364. — *Planton de l'hôpital.*

On trouve détaillés dans l'arrêté des consuls, en date du 24 thermidor an 8, les devoirs du sous-officier de planton à l'hôpital; en voici l'extrait :

Indépendamment de la garde de l'hôpital, il est commandé chaque jour un ou deux sous-officiers de planton qui doivent assister aux pesées de la viande du matin et du soir, ainsi qu'à celle du pain, après s'être fait remettre par l'économe le mouvement qui indique la quantité de malades et d'infirmiers qui doivent participer à la consommation des alimens ; ces sous-officiers doivent se conformer, au surplus, à ce qui est prescrit par l'art. 215, et à ce qui pourroit leur être ordonné, pour le bien du service, par le commissaire des guerres (*art.* 436).

Les visites du matin se font à 6 heures, depuis le mois d'avril jusqu'au mois d'octobre, et à 7 heures, le reste de l'année ; elles peuvent commencer plutôt si le nombre des malades l'exige.

Le sous-officier de planton veille à ce que les malades n'aient aucune arme, poudre à tirer, cartes ou dés à jouer; à ce qu'ils observent les égards qu'ils doivent aux officiers de santé; ils s'opposent à ce qu'ils fument dans les salles, à ce qu'ils entrent dans les cuisines, dépenses, etc. Il veille à ce qu'ils n'injurient ni ne frappent les infirmiers (1); auquel cas, il prêteroit main-forte et arrêteroit les perturbateurs, à la charge d'en rendre compte au commissaire des guerres (*art.* 215) (2).

Le sous-officier de planton ou le commandant de la garde de l'hôpital assiste exactement aux visites, afin de faire observer le silence et l'ordre (*art.* 222).

La prescription du régime est toujours faite à haute voix, et les prescriptions écrites en français (*art.* 224).

La portion d'alimens pour chaque malade est, par jour, d'un demi-kilogramme de viande, dont 2 tiers de

---

(1) *Arrêté* du 24 thermidor an 8, paragr. 437, 438, 439, 440.
(2) *Idem*, paragr. 444.

bœuf et l'autre tiers de veau ou de mouton ; lequel demi-kilogramme (une livre) de viande cuite et sans os , doit se réduire à peu près aux 9 seizièmes ; de 7 hectogrammes de pain , entre le bis et le blanc , de pur froment et bien cuit ; d'un demi-litre de vin de bonne qualité et vieux autant que possible ; il est fourni en outre le sel et le vinaigre nécessaires.

Chaque pain fourni dans les hôpitaux , doit être, étant refroidi , du poids d'une ou deux rations complètes, pour en faciliter, sans pesée de détails , la division en trois quarts, demie, quart, demi-quart ou soupe. Il doit être pesé à son entrée à la dépense , et ce qui se trouve alors de mauvaise qualité est rejeté (*art.* 245).

La pesée de la viande est faite à raison de 244 grammes 57 centigrammes (une demi-livre) de viande pour chaque malade , infirmier ou servant , à 7 heures du soir pour la distribution du matin, et entre 9 et 10 heures du matin pour la distribution du soir ; et si dans l'intervalle de la pesée à la mise de la viande dans la marmite , il entroit quelque malade à l'hôpital , il est dans ce cas seulement , ajouté 244 grammes 57 centigrammes (une demi-livre) pour chaque entrant (*art.* 246).

Le sous-officier de planton assiste toujours à la pesée, et aussitôt qu'elle est faite , la viande est mise dans un lieu dont il a la clef. A l'heure accoutumée , il se trouve présent pour en faire l'ouverture ; alors la viande en est tirée et mise à la marmite devant lui. Il est toujours posé à la cuisine une sentinelle à laquelle il est donné pour consigne de ne laisser tirer de la marmite aucun morceau , jusqu'au moment de la distribution (*art.* 247).

On met dans la marmite , pour chaque demi-kilogramme de viande, un litre, neuf décilitres (deux pintes) d'eau, qui sont réduites par l'ébullition à un litre quatre décilitres quatre centilitres (une pinte et demie); on y ajoute également le sel nécessaire, et autant que la saison le permet, des plantes potagères en suffisante quantité (*art.* 248).

Il entre dans une panade, un demi-hectogramme de pain ; dans une bouillie, trois décagrammes de farine ; la portion de riz au gras et au lait , est d'un demi-hec-

togramme (une once et demie), la portion de lait
simple est d'un quart de litre, et il entre également un
quart de litre de lait dans une bouillie et dans un riz
au lait; enfin la portion de pruneaux, est de six décagrammes, pesés avant la cuisson (*art.* 251).

La distribution des alimens dans les hôpitaux militaires se fait le matin à dix heures, et le soir à quatre
heures ; le commissaire des guerres peut néanmoins
modifier quelque chose à cette fixation, de concert
avec le médecin et le chirurgien de première classe
(*art.* 257).

Vers l'heure de la distribution, la viande est retirée
de la marmite pour être coupée en portions, en présence du sous-officier de planton, qui assiste également à la préparation des portions de pain et de vin
(*art.* 258).

On commence par distribuer le pain et le bouillon
en même-temps; pendant ce temps, on dispose dans les
cuisines les portions de viande et les autres alimens
dont la distribution, ainsi que celle du vin, se font de
suite et avec la plus grande célérité, sans nuire à
l'exactitude ni à la propreté (*art.* 259).

Les portions d'alimens, après avoir été comptées en
présence du chirurgien de garde et du sous officier de
planton, sont portées et distribuées dans les salles par
les infirmiers, chacun dans son quartier (*art.* 262.)

QUINZIÈME LEÇON.

DEVOIR DU CAPORAL DE PATROUILLE.

365. — *Définition.*

La patrouille est un guet (1) de nuit, composé de 2,
4 ou 6 hommes, commandés par un caporal. Ce guet
est ordinairement tiré d'un ou plusieurs postes; il suit

(1) *Règlement de service* du 1er mars 1768, tit. 14, art. 9.

l'itinéraire qui lui est indiqué, et veille à la tranquillité
de la ville. Les patrouilles se servent de marrons (1)
comme les rondes (*V*. n°. 325). Dans les places de
guerre, elles sont accompagnées d'un sergent de ville;
elles arrêtent les gens turbulens, les bourgeois trouvés
sans feu (2), les soldats absens du quartier sans permission après la retraite (*V*. n°. 366); elles font fermer les lieux publics aux heures ordonnées; elles s'as-
surent de la vigilance des sentinelles (3).

Au camp, la patrouille se compose de 2 hommes qui
sont au choix du chef de patrouille (4); elle marche
sans bruit (5), et l'arme au bras (6); fait souvent halte
pour écouter, ne tire jamais à moins qu'elle ne soit
coupée (7), et ne rentre au poste qu'en donnant le mot
de ralliement (8).

366. — *Surveillance du chef de patrouille.*

Toutes les fois qu'un caporal de patrouille, rencontre, une demi-heure après la retraite, des soldats
du régiment, il exige qu'ils lui montrent leur permission de manquer à l'appel; à défaut de quoi, il les
conduit au corps-de-garde (9), et les mentionne au
rapport; il y conduit de même toute personne faisant
du bruit : la troupe, sous ses ordres, doit marcher au
pas ordinaire, silencieusement et l'arme au bras.

Si le caporal apprend, pendant sa patrouille, quelque
chose qui intéresse la sûreté et la tranquillité, il en

---

(1) *Réglement de service* du 1er mars 1768, tit. 14, art. 12.
(2) *Idem*, tit. 19, art. 13. (*V*. n°. 389, note dernière).
(3) *Idem*, tit. 14, art. 18.
(4) *Réglement de campagne* du 5 avril 1792, tit. 14, art. 11,
12, 18 et 19.
(5) *Idem*, art. 20.
(6) *Idem*, tit. 16, art. 16.
(7) *Idem*, tit. 14, art. 21.
(8) *Idem*, art. 22. (*Voy.* n°. 206).
(9) *Réglement de service*, tit. 21, art. 121.

informe les rondes qu'il rencontre, et les postes devant lesquels il passe.

Après la retraite battue, il s'arrête avec sa troupe devant les cafés, cabarets et tabagies; il y entre seul, en fait sortir les sous officiers, soldats, tambours, etc., qui feroient partie de la garnison. S'ils résistent, il les arrête et les conduit à l'état-major (1) ou au corps-de-garde de la place, quand même ces militaires seroient porteurs d'une permission.

S'il surprend des femmes débauchées, avec les soldats, il arrête ces femmes à l'effet de les traduire à la police civile (2).

Si dans sa route, le chef de patrouille découvre un incendie, il s'y porte avec sa troupe, pour y maintenir l'ordre; et détache un de ses soldats qui va à la course avertir le poste le plus voisin.

Après minuit, il arrête les personnes porteurs de paquets (1) qui lui paroîtroient être le fruit d'un vol; il les conduit au poste le plus voisin.

Le chef de patrouille qui rencontre la *ronde major*, lui donne le *mot* en entier. Quand deux patrouilles se rencontrent, celle qui découvre l'autre crie : *qui vive?* l'autre répond *patrouille* et de quel régiment. Si leur chemin est de se joindre, le sous-officier du moins ancien régiment, ou de la moins ancienne compagnie, donne le mot à l'autre (3); en cas de difficulté, celle qui a crié la première *qui vive*, reçoit le *mot*. Si les deux premiers *mots* qu'on rend au chef de patrouille qui a crié *qui vive*, se trouvent n'être point les véritables, ce chef arrête tous les hommes qui composent la fausse patrouille, et les conduit au corps-de-garde le plus voisin. En campagne, les patrouilles font souvent usage d'autres moyens de reconnaissance, tels que signes,

_____

(1) *Réglement de service* du 1ᵉʳ mars 1768, tit. 14, art. 15, 16 et 17.

(2) *Décret* du 10 juillet 1791, tit. 3, art. 52; et *Réglement de service*, tit. 19, art. 17.

(3) *Réglement de service*, tit. 14, art. 19.

gestes ou autres remarques (1), en outre des *mots*
d'ordre et *ralliement*.

Le chef de patrouille passant à un poste, donne le
mot entier au caporal de consigne, et signe sur la
feuille de rapport, son heure d'arrivée et son nombre
d'hommes.

Le chef de patrouille qui seroit repoussé par une
force supérieure, se retire au poste voisin.

SEIZIEME LEÇON.

DEVOIR DU CAPORAL DE GARDE.

367. — *Reconnoissance du corps-de-garde.*

Un caporal commandoit ordinairement les postes au-
dessous de 10 ou 12 hommes. Actuellement il doit commander ceux au-dessous de 16. Dans les postes où il y a
plus d'un caporal, on désigne ces sous-officiers sous le nom
de *caporal de consigne* et *caporal de pose* : le premier ou
le plus ancien caporal est *caporal de consigne* (2). C'est
lui qui prend possession du corps-de-garde, et visite (3),
avec le caporal descendant, les bancs, lits de camps,
tables, rateliers d'armes, planches à pain, arrosoir,
boîte de ronde, falots, bidon, chandeliers, encrier,
pelle, brancard, hache, scie, chevalet, poêle (4), capotes, guérites et tous autres objets consignés. Il
reconnoît l'état, affiché dans le corps-de-garde, et men-
tionnant le nombre des objets qui s'y trouvent (5). S'il

(1) *Réglement de campagne* du 5 avril 1792, tit. 14, art. 26.
(2) *Réglement de service* du 1er mars 1768, tit. 11, art. 9 et 10.
(3) *Idem*, art. 12.
(4) *Réglement de chauffage* du 1er fructidor an 8, art. 33 et 36.
Quelle que soit la classe des corps-de-garde, les ustensiles sont les
mêmes, sauf les dimensions du lit de camp, etc.
(5) *Réglement de chauffage*, art. 39.

y aperçoit des dégradations., il en rend compte au commandant de sa garde; ou s'il est commandant lui-même, il en rend compte à l'état-major. S'il s'acquitte mal de cette visite, il s'expose à être obligé de remplacer ce qui manque., et subir en outre une punition (1). Il est, pendant la nuit, responsable des boîtes ou troncs pour les marrons (2). Si pendant sa garde, quelque objet est brisé ou égaré, il en est responsable et le paie (3). C'est lui qui reçoit et reconnoît les rondes, et qui veille à ce que la chandelle reste allumée toute la nuit. Lorsque les factionnaires à poser sont nombreux, le *caporal de consigne* partage cette fonction avec le *caporal de pose*. C'est le *caporal de consigne* qui envoye chercher le bois., etc.

Les caporaux ne doivent en aucun cas s'écarter des consignes générales et particulières, écrites et placées dans chaque corps-de-garde (4). Si le caporal est commandant du poste, il ne doit jamais, en cette qualité, s'absenter de son poste pour quelque cause que ce soit.

Le *caporal de pose* est celui qui relève les sentinelles (5).

Pendant que le *caporal de consigne* visite le poste, le commandant de la nouvelle garde, fait l'inspection des armes (6).

368. — *Disposition pour relever l'ancienne garde.*

La garde, se rendant à son poste, marche l'arme au bras (7), en ordre et en silence. Elle rend si le cas y

---

(1) *Réglement de service* du 1er mars 1768, tit. 11, art. 13.
(2) *Idem*, tit. 14, art. 13 et 14; et tit. 15, art. 19.
(3) *Réglement de chauffage* du 1er fructidor an 8, art. 39.
(4) *Réglement de service*, tit. 11, art. 18 et 19.
(5) *Idem*, art. 16.
(6) *Idem*, art. 14.

(7) Le *Réglement de service*, tit. 10, art. 37, veut qu'elle marche l'arme au bras, au pas de route; mais actuellement cela impliqueroit

échoit, les honneurs (*V.* n°. 409); en arrivant à 15 pas
du poste, elle porte les armes; si elle a un tambour, il
bat aux *champs* ; elle prend le pas. Elle se met en bataille à la gauche de l'ancienne garde, qui, à cet effet,
a pris les armes. Si le terrain n'est pas assez large,
l'ancienne se place face au corps de garde, auquel la
nouvelle tourne le dos (1).

Si la garde est de six hommes et plus, elle se met
sur un rang; si elle est de 12 hommes et plus, elle se
met sur deux; si elle est de 18 et plus, elle se met sur
trois (2).

Les caporaux sont à la gauche, à moins qu'ils ne
commandent le poste; le tambour est à la droite; l'officier commandant le poste est devant le centre à 2 pas du
premier rang (3). Tout sous-officier commandant un
poste, se place sur le flanc droit, et non en avant.

Toutes les fois que les gardes prennent les armes,
elles se rangent toujours dans le même ordre (4).

La garde est toujours partagée en 2 ou 4 subdivisions,
suivant sa force; afin que si elle devoit tirer, elle ne se
dégarnisse pas de tout son feu (5).

Les officiers et sergens des deux gardes s'avancent
les uns vers les autres, pour donner et recevoir la consigne (6).

369. — *Manière de poser les sentinelles.*

Le commandant numérote la garde; ce numéro est
une espèce de nom qui doit servir à faire reconnoître
les hommes pendant leur garde; dans les postes nombreux, il y avoit même des caporaux qui écrivoient

---

contradiction; on ne marche au pas de route qu'*en colonne, au pas
non cadencé, et l'arme à volonté* ; on ne marche l'arme au bras
qu'à *rangs serrés,* et au *pas cadencé.*

(1) *Réglement de service* du 1ᵉʳ mars 1768, tit. VI, art. 7.
(2) *Idem* , art. 3.
(3) *Idem,* art. 5.
(4) *Idem* , art. 6.
(5) *Idem* , art. 4.
(6) *Idem,* art. 8.

avec de la craie ce numéro sous les gibernes. Le chef
du poste commande : l'*arme au bras.* Alors le *caporal
de pose* fait sortir les premiers factionnaires, au commandement de premières poses en avant; il les forme
en haie, et les présente au commandant de la garde.
Après que le commandant les a inspectées, le caporal
les met sur 2 ou 3 rangs, suivant leur nombre; il se
met à leur tête, portant son arme dans le bras droit, et
leur commande de marcher. Il les conduit l'arme portée (1), en ordre et en silence, accompagé du caporal
descendant; il relève d'abord la sentinelle devant les
armes (2); arrivé à 4 ou 6 pas d'elle, il fait arrêter sa
pose (3), et suivi du seul soldat qu'il a désigné pour
occuper ce poste, il s'approche de l'ancienne sentinelle,
place la nouvelle à la gauche de celle-ci, commande à
toutes deux de se faire face et de présenter leurs armes (3); alors l'ancienne sentinelle donne la consigne
(*V.* n°. 373) à la nouvelle; les caporaux s'approchent
pour écouter si elle lui donne cette consigne telle
qu'elle l'a reçue; mais si elle en oublie quelque partie,
ou si elle en altère quelque autre, le caporal descendant répare les omissions ou les erreurs de ses sentinelles. Quand la consigne est donnée, le caporal examine dans la guérite et aux environs, si les sentinelles
précédentes n'ont point porté des pierres (4) pour
s'asseoir; si elles n'ont pas bouché les fenêtres des guérites; si elles n'ont pas déchiré, endommagé ou perdu
la capote ou la consigne; si elles n'ont pas commis ou
laissé commettre des dégradations, fait ou laissé faire
des ordures dans les environs de leur poste (*V.* n'. 373,
parag. 3). Le caporal visite les palissades, plate-formes,

(1) *Réglement de service* du 1ᶜʳ mars 1768, tit. 11, art. 48. Au
camp, elles marchent l'arme au bras. *Réglement de campagne* du
5 avril 1792, tit. 16, art. 16.

(2) Au camp, c'est au contraire par la sentinelle la plus éloignée
qu'il commence. *Réglement de campagne*, tit. 16, art. 7.

(3) *Réglement de service*, tit. 11, art. 50 et 51; *Réglement de
campagne*, tit. 16, art. 9.

(4) *Réglement de service*, tit. 11, art. 42.

batteries, affuts, etc. Il fait ensuite porter les armes aux sentinelles, leur commande : *à droite et à gauche*, et renvoie au poste celle qui vient d'être relevée ; mais il se fait suivre des autres sentinelles qu'il relève après celle-là (1), ne souffrant pas qu'aucun soldat s'écarte sous prétexte de ses besoins, ou pour prendre un plus court chemin, soit en allant, soit en revenant. Il rejoint les soldats qui doivent aller en faction, et va les poser de la même manière. Il place chaque soldat à l'endroit désigné. (2).

En général, soit en garnison, soit au camp, le *caporal de pose* présente, avant de partir, les sentinelles au chef de poste, qui les fait mettre en haie, les inspecte ainsi que leurs armes et platines, et règle les lieux de leur faction (3).

Le caporal commandant un petit poste, peut se faire aider pour poser les sentinelles par le plus ancien soldat (4).

Quand la pose est finie, le caporal retourne à son poste, et rend compte à son commandant de tout ce qu'il a observé (5) ; et, excepté à la première pose, il lui présente toujours les anciennes sentinelles (5), soit en garnison, soit au camp (3). Il fait ensuite faire demi-tour à droite (6), présenter les armes, haut les armes et rompre les rangs.

370. — *Départ de l'ancienne garde.*

Les sentinelles de l'ancienne garde étant rassemblées, et le commandant les ayant réunies, ainsi que tous les petits postes, il leur fait porter l'arme, et les met en marche ; son tambour bat la *marche* de même que celui

---

(1) *Règlement de service* du 1er mars 1768, tit. 11, art. 49.
(2) *Idem*, art. 20.
(3) *Règlement de campagne* du 5 avril 1792, tit. 16, art. 4, 5 et 6. *Règlement de service*, tit. 11, art. 47.
(4) *Règlement de service*, tit. 11, art. 17.
(5) *Idem*, art. 52.
(6) *Idem*, art. 28.

de la nouvelle garde (1). A 50 pas du poste, le commandant de la garde descendante fait remettre la baïonnette, mettre l'arme au bras, et ordonne au plus ancien sous-officier de reconduire la garde au quartier; quand l'officier cesse de conduire la garde descendante, le tambour cesse de battre. Si c'est un sous-officier qui commande le poste, il ramène lui-même (2) sa garde.

371. — *Répartition du service.* — *Police du corps-de-garde.*

Le caporal tient la main à ce que chaque homme mette son arme au ratelier (*V.* n°. 303, parag. 5) suivant son numéro de faction; le fusil du sergent se met à la droite, et ceux des caporaux à la gauche; quand la garde est rentrée, le commandant du poste visite ses sentinelles, lit les consignes, s'assure qu'elles sont connues de ceux qu'elles concernent, et instruit les sergens et caporaux de ce qu'ils ont à faire (3).

Le commandant du poste règle le service des caporaux, et répartit avec équité celui des soldats, et lorsque ce partage ne peut se faire également, le sort en décide (4). Le *caporal de consigne* fait tirer les soldats au sort, pour savoir quels sont ceux qui iront chercher le bois, la chandelle, etc., et qui feront les autres corvées; les soldats vont à ces corvées en veste et bonnet, conservant leur giberne pour marque de service, et emportant les paniers ou brancards nécessaires (5), et le marron de distribution qui a été remis à l'avance au caporal (6).

Le caporal maintient, parmi les soldats, l'ordre et la discipline, sort souvent du corps-de-garde pour obser-

---

(1) *Réglement de service* du 1er mars 1768, tit. 11, art. 24 et 25.
(2) *Idem*, tit. 10, art. 37.
(3) *Idem*, tit. 11, art. 29.
(4) *Idem*, art. 15.
(5) *Idem*, art. 30.
(6) *Réglement de chauffage* du 1er fructidor an 8, art. 29, paragr. 3.

ver ce qui se passe dans les environs, et visite les
sentinelles. Le *caporal de pose* est responsable de la
tenue et de l'exactitude des factionnaires, de la propreté
de leurs postes et de leurs guérites, ainsi que de la
conservation des capotes.

Le commandant d'une garde peut punir les fautes
légères (1) par quelques heures de faction, ou par les
corvées de la garde, ou bien ordonner d'autres punitions
après la garde descendue. Il fait arrêter sur-le-champ
l'homme de garde qui auroit commis quelque faute
grave (1); il en fait à l'instant le rapport à l'état-major
de la place, et ensuite à celui du corps. Il fait relever
toute sentinelle qui, par mégarde ou autrement, auroit
tisé un coup de fusil à son poste (2).

Le commandant d'un poste ne permet à aucun soldat,
sous tel prétexte que ce soit, de s'en éloigner (3). Il ne
laisse entrer personne au corps-de-garde que pour raison
de service.

Il n'y laisse entrer aucun marchand d'eau-de-vie; il
empêche les étrangers d'y boire, manger ou jouer (4):
après l'appel, il fait mettre les bonnets de police, sarraux et couvre-gibernes.

Le commandant de la garde en fait l'appel toutes les
fois qu'on relève les sentinelles, et plus souvent, s'il le
juge à propos; la garde sort avec ou sans armes, toutes
les fois que le commandant le lui ordonne (5).

372. — *Caporal de pose.*

Le caporal de pose réveille un quart d'heure à l'a-
vance les soldats qui doivent aller en faction; il les présente au commandant (6), en leur faisant former la haie;

---

(1) *Réglement de service* du 1er mars 1768, tit. 11, art. 40 et 73.
(2) Ancien usage.
(3) *Réglement de service*, tit. 11, art. 39.
(4) *Idem*, art. 33 et 34.
(5) *Idem*, art. 36 et 37.
(6) *Idem*, art. 45.

celui-ci en passe l'inspection, et assigne à chacun son poste. (*V.* pag. 380, note 3).

Le caporal ne fait faire que 6 heures de faction aux sentinelles pendant leur garde (1). Ces factions sont de 2 heures, soit en garnison, soit au camp (2); cependant, s'il y a urgence, l'état-major de la place peut autoriser les chefs de poste à faire faire 8 heures de faction depuis le 1er. mai jusqu'au 1er. octobre, et permettre que dans les temps de gelée (3) les factions ne soient que d'une heure.

Quand l'heure de relever est sonnée, le caporal en agit comme pour la première pose; les plus anciens soldats sont mis devant les armes et aux endroits les plus essentiels (4). Si tous sont également intéressans, les recrues sont au poste le plus à portée d'être surveillé.

Le caporal fait toujours répéter sa consigne à chaque sentinelle, afin de s'assurer qu'elle n'en a rien oublié.

Si la sentinelle l'a oubliée, ou si elle ne la sait point, le caporal lui donne une des consignes ci-après, suivant l'espèce de la faction.

373. — *En garnison. — Consigne générale de jour.*

Vous avez deux alertes (5), *le feu et le bruit.* Dans le premier cas, vous crierez *au feu* (6); dans le second cas, c'est-à-dire, si vous entendiez quelque tumulte ou quelque querelle autour du poste, vous crieriez *à la garde,* pour que cet avertissement passât de sentinelle en sen-

---

(1) *Réglement de service* du 1er mars 1768, tit. 7, art. 8. (*Voy.* n°. 276, note 1).

(2) *Réglement de campagne* du 5 avril 1792, tit. 16, art. 2.

(3) *Réglement de service*, tit. 7, art. 8; tit. 11, art. 43. *Réglement de campagne*, tit. 16, art. 3.

(4) *Réglement de service*, tit. 11, art. 47.

(5) La sentinelle devant les armes a deux alertes de plus, savoir: celle des *honneurs* et du *Saint-Sacrement.* A quelque poste que ce soit, la sentinelle crie pour le *feu* et le *bruit;* mais il n'y a que celle qui est postée devant les armes, qui crie pour les *honneurs* et le *Saint-Sacrement.*

(6) *Réglement de service*, tit. 11, art. 64.

tinelle jusqu'au corps-de-garde (1). S'il vous arrivoit quelque accident ou que vous voulussiez être relevé parce que vous seriez blessé ou malade, vous crieriez *caporal, hors de garde ?* Vous vous arrêterez, ferez face en tête (2) et présenterez les armes quand vous verrez passer près de vous (3) Sa Majesté Impériale, les princes, maréchaux d'empire (4), ministres, grands dignitaires, sénateurs, généraux, cardinaux, conseillers d'état, grands officiers, commandans de la légion d'honneur, archevêques, évêques, commissaires généraux, commissaires ordonnateurs en chef, inspecteurs en chef aux revues, adjudans commandans, colonels, majors, chefs de bataillon ou d'escadron.

Vous ferez face en tête (2) et porterez vos armes aux préfets, commissaires ordonnateurs, officiers de la légion d'honneur (5), inspecteurs et sous-inspecteurs aux revues, commissaires des guerres, capitaines, lieutenans, sous lieutenans et aux membres de la légion d'honneur. Si le Saint-Sacrement passe, vous présenterez les armes, mettrez le genou droit en terre, poserez la crosse à terre, en vous inclinant un peu, et mettrez la main au schako.

Vous ne devez point laisser faire de dégradations ni d'ordures autour de votre poste (6), ni souffrir qu'on y en jette par les fenêtres. Vous ne vous en devez point

---

(1) *Réglement de service* du 1er mars 1768, tit. 11, art. 63.

(2) *Idem*, art. 58 et 59; et *Réglement de campagne*, tit. 16, art. 14.

(3) *Décret* du 24 messidor an 12.

(4) Les sentinelles ne doivent d'honneur qu'aux personnes reconnoissables par leur costume ou décoration; une personne qui a plusieurs dignités ne reçoit d'honneurs que ceux affectés aux dignités supérieures; ainsi, par exemple, les sentinelles doivent porter les armes aux préfets, mais elles les leur présentent s'ils sont commandans de la légion d'honneur, et de même pour toutes les autres personnes de marque.

(5) *Décret* du 24 messidor an 12, tit. 11, art. 2.

(6) *Réglement de service*, tit. 11, art. 55; et *Réglement de casernement* du 30 thermidor an 2, tit. 5, sect. 2, art. 1.

écarter de plus de 30 pas (1). Vous ne devez pas souffrir que qui que ce soit touche à vos armes. Vous ne
quitterez pas votre fusil, même étant dans la guérite (1),
où vous ne devez entrer qu'en cas de mauvais temps (2),
et dont vous devez sortir, soit pour rendre les honneurs
soit pour vous mettre en état de defense. Vous ne devez
point boire, manger, vous asseoir, dormir, fumer, chanter
tant que durera votre faction, ni enfin parler à personne
sans nécessité (1). Vous ne devez vous occuper que de
votre consigne, ne vous laisser relever et ne recevoir
de consigne que par un caporal du poste (3), ne révéler
la vôtre qu'en sa présence. Vous devez avoir toujours
la baïonnette au bout du fusil (4), n'avoir aucun linge
ni étoffe autour de la platine; vous pouvez porter l'arme
au bras, sous le bras, ou vous tenir l'arme reposée (1).
Vous vous arrêterez, ferez face en tête, et porterez
l'arme quand il passera près de vous une troupe armée.

374. — *De jour et de nuit, consigne de la sentinelle
devant les armes.*

Vous avez quatre alertes : *le Saint-Sacrement, les Honneurs,* (*V.* pag. 181, note 7) *le Feu et le Bruit.* (*V.* p. 383,
note 5). Pour le Saint-Sacrement, pour le bruit, pour toute
troupe armée, pour les autorités et corps constitués, pour
lesquels la garde doit sortir avec les armes (5), et dans le
cas où l'on battroit la générale, vous devez crier *aux
armes* (6); pour le feu, *au feu ;* vous crierez (7) *hors la
garde* (6) pour les officiers supérieurs, pour les officiers
majors de place, et pour ceux des officiers pour lesquels

. (1) *Réglement de service* du 1ᵉʳ mars 1768, tit. 11, art. 55 ; et
Réglement de campagne du 5 avril 1792, tit. 16, art. 11.
(2) *Réglement de service*, tit. 11, art. 62.
(3) *Idem*, art. 53 ; et *Réglement de campagne*, tit. 16, art. 10.
(4) *Idem*, art. 54 ; *Idem*, art. 13.
(5) La nomenclature de toutes les personnes en grade ou dignité
se trouve page 384.
(6) *Réglement de service*, tit. 11, art. 64, 65 et 66.
(7) *Idem*, tit. 16, art. 6.

17

la garde doit sortir sans armes, ainsi que pour les officiers généraux de jour; vous ne laisserez entrer aucune
personne étrangère dans le corps-de-garde, à moins que
ce ne soit par l'ordre du caporal. Si l'on arrête des étrangers, gens sans aveu, soldats ou habitans faisant du
désordre, vous les ferez entrer au corps-de-garde, pour
qu'ils soient de là conduits au poste de la place d'armes(1).

375. — *Consigne de la sentinelle devant les armes du*
corps-de-garde de la porte intérieure d'une ville de
guerre.

Il vous est défendu de laisser prendre aux soldats, ni
à qui que ce soit, les armes du poste, si ce n'est en
présence du caporal. Vous avertirez de ce que vous
apprendrez par le passage de la voix; vous avertirez de
ce qui surviendra du côté de la ville, comme incendie,
émeute, etc.; vous avertirez de l'heure que sonnera
l'horloge; vous ne laisserez sortir aucun sous-officier
ou soldat de la garnison sans les faire parler au commandant du poste; vous n'en laisserez point entrer qui
soient étrangers à la garnison, à moins qu'ils ne lui
aient également parlé. S'il se présente des voitures ou
chariots pour sortir, vous les ferez arrêter en criant:
Arrête là-bas. Si une autre sentinelle répond, *arrête!* Vous
ne les ferez pas marcher avant que les ponts ne soient
débarrassés; et lorsque les sentinelles, en passant la
voix, vous crieront *marche*, vous ferez passer les voitures
arrêtées, en les faisant défiler de distance en distance, et
ne souffrant point qu'elles s'arrêtent entre les portes,
ni sous les orgues, grilles ou herses (2).

---

(1) *Réglement de service* du 1er mars 1768, tit. 11, art. 94; et
Décret du 24 messidor an 12, tit. 24, art. 1. Cette consigne peut
être plus détaillée, si, par exemple, il est renfermé et consigné au
corps-de-garde quelqu'un qui ne doive pas en sortir, etc., etc.
(2) *Réglement de service*, tit. 11, art. 91 et 92.

376. — *De jour. Consigne de la sentinelle de la voute de la porte intérieure.*

Il vous est enjoint d'avoir incessammment l'œil sur toutes les autres sentinelles extérieures, et de passer la voix à la sentinelle qui est devant les armes, pour lui faire savoir ce qui surviendroit au dehors.

377. — *Consigne de la sentinelle du pont-levis intérieur.*

Vous ne laisserez jamais embarrasser le pont-levis; vous ne souffrirez pas qu'aucune voiture ou chariot s'y arrête plus long-temps qu'il ne le faut pour en achever le trajet; vous ferez passer la voix.

378. — *Consigne de la sentinelle du pont de la demi-lune.*

En cas d'alarme, il vous est ordonné de tirer de suite la bascule.

379. — *De jour. Consigne de la sentinelle de l'avancée, devant les armes.*

Il vous est enjoint de ne laisser prendre les armes au râtelier qu'en présence du caporal. Vous annoncerez l'heure qui sonnera; vous ferez passer la voix, afin de faire connoître ce que les autres sentinelles crieront; vous ne laisserez passer aucun étranger, ni voyageur qu'il n'ait parlé *au portier-consigne;* vous ne souffrirez point que les voitures s'arrêtent entre les portes, ni sur les ponts-levis ou sous les orgues, grilles ou herses (1); vous empêcherez qu'elles ne trottent, ni ne galoppent sur les ponts, non plus que les chevaux de selle. Si quelques voitures se brisent, vous crierez *caporal hors de garde,* ou si elles causent quelques dégradations, vous arrêterez le conducteur et avertirez le caporal.

---

(1) *Réglement de service* du 1ᵉʳ mars 1768, tit. ɪɪ, art. 91 et 92.

17 *

380. — *Consigne de la sentinelle de l'angle saillant de la demi-lune.*

Vous êtes chargé de veiller à ce qui se passe dans la campagne et dans le fossé.

381. — *De jour, consigne de la sentinelle au-dessus de la porte de la demi-lune.*

Vous êtes chargé de découvrir ce qui se passe au dehors de la place, et de faire passer la voix à l'effet de faire connoître ce que crient les sentinelles avancées.

382. — *De jour, consigne de la sentinelle du pont-levis de l'avancée.*

Il vous est ordonné à la moindre alarme de faire basculer le pont-levis.

383. — *De jour, consigne de la sentinelle placée à la barrière extérieure.*

Il vous est enjoint, à la moindre alarme, de fermer la barrière; vous avertirez toutes les fois que vous apercevrez plus de quatre hommes armés, fussent même des troupes de la garnison qui seroient sorties pour manœuvrer; vous devez, après les avoir aperçues, fermer la première barrière et crier *aux armes* (1), et ensuite, *halte-là* (*V.* n°. 407, note) jusqu'à ce que le caporal vienne reconnoître. Vous ne laisserez entrer dans la place aucun mendiant, à moins qu'il ne soit muni de passe-port (2) ce dont le caporal s'assurera. S'il se présente des déserteurs étrangers, vous les arrêterez pour qu'ils soient conduits au poste, et ne souffrirez point qu'ils parlent à personne; s'ils viennent en trop grand nombre, vous les ferez rester à la première barrière jusqu'à

_____

(1) *Réglement de service* du 1ᵉʳ mars 1768, tit. II, art. 82.
(2) *Idem*, art. 81.

l'arrivée des ordres du chef du poste (1); s'il se présente des voitures couvertes pour entrer, vous avertirez le caporal, afin qu'il visite ce qu'elles contiennent (2); vous ne devez laisser entrer aucun soldat d'une autre garnison, qu'avec la permission du commandant du poste, auquel il devra présenter sa cartouche; vous ne devez pas laisser couper d'herbes, paître de bestiaux (3), pêcher ni tirer des coups de fusil dans les ouvrages, ni sur les glacis, sans en avertir le caporal; vous n'y devez laisser aller personne, excepté les ingénieurs et officiers majors de la place, que le caporal vous fera connoître. S'il se présente des voitures pour entrer, vous crierez à la sentinelle de la porte : *Arrête là-bas* (4)! Si elle vous répond *arrête là-bas*, vous ferez ranger les voitures de manière que le passage soit libre; vous crierez une seconde fois *arrête là-bas*; quand elle répondra *marche*, vous ferez défiler les voitures de distance en distance. Vous empêcherez qu'elles ne trottent, ni ne galoppent sur les ponts, non plus que les chevaux de selle; vous ne laisserez faire aucune dégradation; vous aurez incessamment les yeux sur la sentinelle du glacis; vous ferez passer la voix pour avertir de tout ce que vous remarquerez.

384. — *De jour. Consigne de la sentinelle du glacis.*

Il vous est ordonné d'arrêter les chariots ou voitures jusqu'à ce que vous sachiez, en faisant passer la voix, et par le retour de la voix, si les ponts sont libres. A cet effet, vous retiendrez les voitures qui veulent entrer, et vous crierez : *arrête là-bas*; vous ne laisserez marcher les voitures que quand les sentinelles vous auront répondu le mot *marche*; si l'on vous répond : *arrête*, vous les ferez attendre jusqu'à ce que la communication soit libre.

---

(1) *Réglement de service* du 1er mars 1768, tit. 11, art. 87.
(2) *Idem*, art. 88.
(3) *Idem*, tit. 35, art. 11.
(4) *Idem*, tit. 11, art. 89.

S'il se présente des hommes armés, vous leur crierez d'une voix forte : *qui vive ?* (*V.* n°. 315 et n°. 407). Lorsqu'ils seront à 300 pas de la place, vous prendrez la position d'apprêtez les armes ; s'ils continuoient à avancer après que vous leur aurez crié *halte-là*, vous vous disposeriez à faire feu, et à vous retirer en dedans de la barrière, en criant *aux armes*. S'ils font halte, vous appellerez le caporal, pour qu'il vienne reconnoître.

385. — *De jour et de nuit. Consigne de la sentinelle à l'angle saillant du bastion.*

Vous devez veiller à ce qui se passe au-dehors de la place, et empêcher qu'aucune personne ne s'approche des canons et des batteries, à moins qu'elle n'y soit conduite par le *caporal de pose ;* vous ne laisserez monter personne sur la banquette.

386. — *De jour. Consigne de la sentinelle sur le rempart.*

Vous ne devez laisser monter personne sur le rempart, ni sur les parapets, que les ingénieurs que vous désigneroient le caporal et les officiers-majors de place ; vous devez faire face aux personnes qui passeront près de vous ; vous vous arrêterez et porterez, ou présenterez les armes dans cette position (1) ; vous ne laisserez point couper d'herbes, tirer de coups de fusil, ni chasser sans en avertir le caporal.

387. — *De jour et de nuit. Consigne de la sentinelle d'un magasin à poudre.*

Vous ferez faction le sabre ou la bayonnette à la main, ou bien avec la hallebarde fournie par le magasin (2), laissant votre fusil dans la guérite, dont vous

_____

(1) *Réglement de service* du 1er mars 1768, tit. II, art. 59.
(2) *Idem*, tit. II, art. 61. *Réglement de campagne* du 5 avril 1792, tit. 16, art. 17.

ne vous écarterez point; vous ne laisserez approcher personne avec du feu; vous ne laisserez point ouvrir la porte du magasin, et n'y laisserez entrer personne sans que le caporal l'ait ordonné (1); vous ferez observer par les personnes entrantes, les précautions prescrites par la consigne affichée.

388. — *Consigne de la sentinelle de la garde de l'hôpital.*

Vous ne laisserez entrer ni sortir personne sans qu'ils aient parlé au portier (2); vous lui prêteriez main-forte et appelleriez la garde, dans le cas où il la requerroit (3).

389. — *Consigne générale de nuit.*

Après la retraite battue, vous devez crier d'une voix forte · *qui vive* (4)? toutes les fois que vous verrez ou entendrez quelqu'un s'approcher du poste. Vous ne laisserez point passer qu'on n'ait répondu d'une manière à se faire connoître; quand vous apercevrez une patrouille ou une ronde, vous crierez : *qui vive ? caporal hors la garde*, ou *hors de garde*, *patrouille* ou *ronde*, en expliquant (si c'est une ronde), de quelle espèce elle est (5) (*V.* pag. 403, note 6). Vous ferez passer les allans et les venans du côté opposé à votre poste (6). Vous présenterez vos armes aux rondes et patrouilles, et à toute troupe armée, de même que lorsqu'il faudra vous mettre en état de défense (7). Après dix heures du soir, vous ne laisserez passer personne sans feu (8); après que vous aurez

---

(1) *Réglement de service* du 1er mars 1768, tit. 11, art. 67.
(2) *Arrêté* du 24 thermidor an 8, art. 463.
(3) *Idem*, art. 468.
(4) *Réglement de service*, tit. 11, art. 68, 69 et 70.
(5) *Idem*, art. 72; et tit. 15, art. 29.
(6) *Idem*, tit. 11, art. 68.
(7) *Idem*, art. 60.
(8) Ceci est particulier à celles des villes de guerre, où il n'est

crié trois fois, *qui vive ?* Si on continue de s'approcher de vous, vous crierez, *halte-là*, en menaçant de tirer, et vous vous mettrez en état de défense, en criant *aux armes*.

390. — *De nuit. Consigne de la sentinelle devant les armes.*

Lorsque vous aurez crié *qui vive ?* si on vous répond *patrouille*, vous crierez : *halte-là, caporal, venez reconnoître ;* si l'on vous répond *ronde-major*, vous crierez : *halte-là, caporal, aux armes, ronde-major ;* si on répond simplement *ronde*, vous crierez : *caporal, venez reconnoître : ronde.*

391. — *De nuit. Consigne de la sentinelle sur le rempart.*

Vous ne laisserez passer que les rondes et patrouilles. Vous ne les laisserez passer qu'après que vous leur aurez crié : *qui vive*, et qu'elles se seront nommées (1).

392. — *En route. Consigne de la sentinelle devant le drapeau* (2).

Vous ne laisserez enlever le drapeau (*aigle ou enseigne*) que par un détachement du régiment, commandé par un officier.

---

point établi de réverbères publics. Il est sonné à dix heures la retraite des bourgeois, leur annonçant qu'ils ne doivent plus sortir qu'avec du feu. (*Réglement de service* du 1er mars 1768, tit. 14, art. 7).

(1) *Réglement de service*, tit. 11, art. 71. Les anciennes ordonnances vouloient que les sentinelles ne souffrissent point qu'aucune ronde descendît par les talus ou les degrés du rempart. Ils la devoient contraindre d'aller jusqu'à l'autre sentinelle, et ainsi de suite jusqu'à ce qu'elle arrivât à un corps-de-garde. C'étoit une précaution contre de fausses rondes, que les factionnaires n'ont pas caractère pour reconnoître.

(2) En garnison cette consigne est la même.

393. — *En route.* — *Consigne de la sentinelle de la garde de police devant les armes.*

Vous ne laisserez sous nul prétexte, sortir aucun des hommes consignés au corps-de-garde, à moins que le caporal ne l'accompagne. Pour le commandant du régiment, vous crierez : *hors la garde* (1).

394. — *Consigne de la sentinelle des équipages.*

Vous ne laisserez approcher personne des bagages, ni n'en laisserez enlever aucun objet, si ce n'est en la présence du vaguemestre ou du commandant du poste ; vous n'en laisserez approcher personne avec du feu (*V.* pag. 121, *devoirs des sentinelles*).

395. — *Au camp. Consigne de la sentinelle de la garde-du-camp, pendant le jour.*

Vous ne laisserez aucun homme de garde s'écarter des environs du poste, même sous prétexte de manger la soupe (2) ; vous empêcherez qu'aucun soldat ne sorte du camp, s'il n'est conduit par un officier ou sous-officier ; vous ne laisserez sortir de la tente (ou barraque), les prisonniers, que pour aller aux latrines (3), et escortés par un fusilier armé ; vous arrêterez les gens suspects (4) qui pourroient s'introduire dans le camp ; vous crierez *aux armes*, pour toute troupe armée que vous apercevrez (5).

396. — *Consigne générale des sentinelles des postes du front du camp.*

Vous ne laisserez aucun militaire de garde s'écarter

---

(1) *Décret* du 24 messidor an 12, tit. 21, art. 4.
(2) *Réglement de campagne* du 5 avril 1792, tit. 6, art. 19.
(3) *Idem*, art. 20.
(4) *Idem*, art. 21.
(5) *Idem*, art. 22.

de son poste, sous tel prétexte que ce soit (1). Vous
avertirez le poste, afin qu'il prenne les armes, toutes
les fois que vous verrez venir toute troupe au-dessus
de trois hommes; vous arrêterez les étrangers suspects;
vous ne laisserez point approcher les tambours ou
trompettes ennemis venant en parlementaires, et sitôt
que vous les apercevrez vous avertirez le chef du
poste; vous ne laisserez pas approcher les déserteurs
ennemis, et ne souffrirez pas qu'ils vendent rien de ce
qu'ils apportent ou amènent; si vous voyez déserter
une sentinelle, vous tirerez dessus et avertirez le poste.

397. — *Consigne des sentinelles doublées ou volantes.*

Vous ne devez jamais parler à l'autre sentinelle que
pour ce qui concerne le service; vous devez être tourné
du côté opposé à celui qu'elle surveille; vous ne devez
marcher que jusqu'à la distance de (*le nombre de pas
dépend du terrain.........*) Si vous aperceviez quelque
troupe, vous resteriez en observation, tandis que
votre camarade iroit avertir au corps-de-garde; si
l'autre sentinelle déserte, vous devez faire feu dessus et
avertir le poste (2).

398. — *Consigne des sentinelles placées sur le front
du camp, par la garde de police.*

Vous ne souffrirez point que personne touche au
drapeau (*aigle* ou *enseigne*) sans permission, à moins
que ce ne soit le sous-officier du bivouac ou le porte-
drapeau (*V.* n°. 274); vous ne laisserez aucun soldat
toucher aux armes des faisceaux, si ce n'est en présence
d'un officier de sa compagnie (3); vous avertirez aussitôt
que vous apercevrez le général d'armée. Les armes du
piquet vous sont consignées (4).

---

(1) *Réglement de campagne* du 5 avril 1792, tit. 14, art. 50.
(2) *Idem*, tit. 16, art. 11, paragr. 2.
(3) *Idem*, tit. 6, art. 7.
(4) *Idem*, art. 38. Ces consignes doivent s'approprier, suivant la
pose de chacune des trois sentinelles.

399. — *Consigne des sentinelles placées à la queue et sur les flancs du camp.*

Vous ne laisserez sortir du camp aucun soldat ou tambour, s'il n'est conduit par un officier ou sous-officier du corps (1).

400. — *De nuit. Consigne de la sentinelle d'augmentation de la garde-du-camp.*

Depuis la retraite jusqu'à la breloque, vous ne laisserez sortir du camp aucun sous-officier, ni soldat, à moins que l'officier de police ne vous en donne lui-même l'ordre (2).

401. — *Consigne de la sentinelle sur le front du camp.*

Vous ne laisserez sortir que les hommes qui vont aux latrines, et remarquerez s'ils rentrent à leurs compagnies (3).

402. — *De nuit. Consigne de la sentinelle placée sur les flancs et sur le derrière du régiment.*

Vous ne laisserez sortir aucun sous-officier ni soldat, si ce n'est pour affaire relative au service, et sur l'ordre d'un des officiers de police en personne (3). Vous arrêterez indistinctement depuis la retraite jusqu'à l'appel du matin, tout soldat d'un autre corps (4), qui passeroit à votre portée, et le ferez conduire à la garde. S'il s'introduisoit des gens suspects, vous les arrêteriez et appelleriez la garde (5). Vous arrêterez également les soldats qui rentreroient au camp par les derrières (6).

---

(1) *Réglement de campagne* du 5 avril 1792, tit. 6, art. 7.
(2) *Idem*, art. 24.
(3) *Idem*, art. 10.
(4) *Idem*, art. 11.
(5) *Idem*, art. 12.
(6) *Idem*, tit. 12, art. 8.

403. — *Consigne générale en temps de guerre* (1).

Vous observerez tout avec une attention extrême ; vous ferez feu si l'on vous attaque ; vous crierez *aux armes*, si vous découvrez l'ennemi ; vous pourrez placer de temps en temps l'oreille contre terre, pour reconnoître si quelque troupe ne marche pas dans les environs ; vous remarquerez s'il ne s'élève pas des nuages de poussière ; si les oiseaux fuient avec précipitation ; si les chiens des environs font de grands aboimens : ce qui peut être l'indice que quelque troupe est en marche.

Vous ne présenterez les armes que quand les troupes passeront à votre portée, ou que vous croiriez devoir vous mettre en état de défense (2).

404. — *Cris du factionnaire.* — *Cas d'incendie.*

Quand la sentinelle crie *aux armes*, ou *hors la garde* (3), le caporal veille à ce que toute la garde sorte avec la plus grande rapidité, avec ou sans armes. Si elle crie *hors de garde* ; le caporal s'empresse de sortir seul, ou bien avec l'escorte de reconnaissance.

S'il éclate un incendie, le commandant y envoie de

---

(1) Les consignes de paix sont la base de celles données en temps de guerre, moyennant ce que l'expérience et l'intelligence des chefs y ajoutent.

(2) *Réglement de campagne* du 5 avril 1792, tit. 16, art. 15. Quant aux honneurs, il n'en est rendu à la tranchée à qui que ce soit ; mais si le général d'armée où les généraux de tranchée la visitent, les soldats mettent l'arme au bras, faisant face à l'épaulement, et prêts à monter sur la banquette. (*Idem*, tit. 34, art. 42).

(3) Le *Réglement de service* du 1er mars 1768 veut, tit. 15, art. 29, que la sentinelle crie : *caporal hors la garde*, et c'est effectivement la manière accoutumée ; il veut qu'à ce cri, la troupe prenne les armes. Ce Réglement n'est point en cela d'accord avec lui-même, puisqu'il prescrit, tit. 11, art. 66, que pour que la garde sorte sans armes il faut crier *hors la garde*, et que pour qu'elle sorte armée il faut crier *aux armes*. Le cri *aux armes* est en général préférable comme tenant mieux les troupes en éveil.

suite un caporal et deux soldats de sa garde, pour voir
si le feu est dangereux; s'il paroît tel, on y envoie un
plus grand nombre d'hommes, suivant la force du
poste (1); le caporal dépêche alors un soldat en ordonnance pour en donner avis à l'état-major; il éloigne
tous les gens oisifs, afin qu'ils n'embarrassent pas ceux
qui travaillent; il fait ensorte de maintenir l'ordre
et se retire à son poste quand les piquets ou compagnies de grenadiers arrivent.

405. — *Fermeture des portes d'une place forte.*

Une heure avant la fermeture des portes, le chef
du poste de la porte, envoie un tambour battre
la retraite sur le parapet du rempart (2); l'instant en
est annoncé par le son d'une cloche. Une demi-heure
après la cloche sonnée, la garde de l'avancée ou celle
de la porte, fournit un détachement de 4 hommes et un
caporal à la première barrière, par redoublement de
surveillance (3). Le commandant du poste envoie 2 soldats chercher les clefs avec le portier (4). S'il n'y a
point de portier, un des 2 soldats y va sans armes,
sous l'escorte de l'autre (5).

A l'arrivée des clefs, la garde prend les armes (6) et
reste ainsi jusqu'à l'arrivée de l'officier-major; la troupe
alors est formée sur deux haies (7); et présente les
armes : le tambour bat aux champs, pendant tout le
temps que dure cette fermeture (8). Deux fusiliers armés
suivent l'officier-major qui ferme d'abord la barrière
la plus avancée, et successivement les autres; c'est à
cet instant, que les postes extérieurs reçoivent le mot de
ralliement (9). Les hommes nécessaires sont envoyés de

---

(1) *Réglement de service* du 1ᵉʳ mars 1768, tit. 11, art. 105
et 106.
(2) *Idem*, tit. 12, art. 5 et 6.   (6) *Idem*, tit. 12, art. 12.
(3) *Idem*, art. 11.   (7) *Idem*, art. 13.
(4) *Idem*, art. 8.   (8) *Idem*, art. 19.
(5) *Idem*, art. 10.   (9) *Idem*, art. 15 (*V.* n⁰. 206).

corvée pour lever les ponts et fermer les barrières ; le *caporal de consigne* éclaire et assiste à cette fermeture qui a toujours lieu une demi-heure après le soleil couché (1). Pendant qu'on s'en occupe, le *caporal de pose* place les sentinelles qui sont commandées d'augmentation (2) ; ensuite les clefs sont reportées dans le même ordre à l'état-major (3).

Le caporal qui commande un poste, envoie après la fermeture des portes, un soldat chercher le mot d'ordre (*V.* n°. 205) ; mais c'est un caporal ou sergent qui y va, si le poste est commandé par un grade supérieur (4).

406. — *Ouverture des portes.*

Une demi-heure avant l'ouverture des portes (*V.* n°. 311), pendant qu'on bat *la diane*, on va chercher les clefs comme il est dit plus haut (5).

A l'ouverture des portes, qui a toujours lieu une demi-heure avant le lever du soleil, on prend les précautions convenables contre les embuscades qui pourroient avoir été dressées autour de la place ; les jours de brouillard, on redouble de surveillance (6). Pendant cette ouverture, on ne laisse sortir personne à moins d'un ordre par écrit (7). Il est fourni par le poste un détachement (8) sous les ordres d'un officier major, qui conduit également les hommes de corvée nécessaires pour baisser les ponts levis et ouvrir les barrières. Cet officier fait à mesure lever les uns et fermer les autres derrière lui (9), jusqu'à ce qu'il arrive à la barrière la plus avancée ; ne la faisant ouvrir que pour le passage du détachement qui va à la découverte, et la refermant aussitôt. Au retour du détachement, celui qui commande fait son rapport ; s'il n'y a rien de nouveau,

(1) *Réglement de service* du 1er mars 1768 , tit. 12 , art. 1.
(2) *Idem* , tit. 11 , art. 96.   (6) *Idem* , tit. 12 , art. 34.
(3) *Idem* , tit. 12 , art. 20.   (7) *Idem* , art. 32.
(4) *Idem*, tit. 11, art. 97 et 98.   (8) *Idem* , art. 27 et 30.
(5) *Idem* , tit. 12 , art. 24.   (9) *Idem* , art. 26.

les portes sont ouvertes et les ponts-levis baissés(1). C'est alors que le caporal retire les sentinelles d'augmentation (2) et fait nettoyer le corps-de-garde, le dessous des portes, les ponts et les environs de son poste, par des soldats qui ont tiré au sort pour cette corvée (2).

407. — *Reconnoissance des troupes.* — *Précautions de sûreté.*

Lorsqu'il s'agit de reconnoître une troupe, arrivant de l'extérieur, laquelle a dû être arrêtée à 300 pas du glacis ou de la barrière (*V.* pag. 321), un sous-officier s'y porte avec 4 fusiliers, s'avance à 30 pas en avant des sentinelles, fait faire haut les armes, et crie : *Qui vive?* Après qu'il lui a été répondu *France,* il crie : *Quel régiment?* et quelque réponse qui lui soit faite, il crie *Halte-là* (3). Si après avoir trois fois répété ce mot, la troupe arrivante continue à s'avancer, il fait feu, et se retire derrière la première barrière qu'il ferme, et où il tient constamment ; si la troupe s'arrête, le sous-officier s'avance seul pour la reconnoître de plus près. Il conduit le commandant de cette troupe au commandant de son poste ; celui-ci en informe le commandant de la place, dont il attend les ordres (4). Il donneroit le même avis, et attendroit de même un ordre, si c'étoient des tambours ou trompettes ennemis ou des parlementaires qui se fussent présentés (5).

Le commandant de l'avancée ne laisse entrer aucun soldat d'une autre garnison, sans avoir vu sa cartouche ; et le caporal de garde à la porte, ne laisse sortir aucun soldat sans avoir vu sa permission (6), à moins que les portes ne soient libres.

---

(1) *Réglement de service* du 1ᵉʳ mars 1768, tit. 12, art. 33.
(2) *Idem,* tit. 11, art. 101.
(3) L'usage qui a été contracté en quelques armées, pendant cette guerre, de commencer par crier *halte-là* (ce que n'avoit point prescrit le Réglement), est fort sage.
(4) *Réglement de service,* tit. 11, art. 83 et 84.
(5) *Idem,* art. 86.
(6) *Idem,* art. 76 et 77.

Le commandant de l'avancée fait arrêter les déserteurs étrangers ou ennemis qui se présenteroient, et les fait conduire au poste, pour qu'ils soient menés de là au corps-de-garde de la place sans qu'ils puissent parler à personne (1). Il y fait conduire de même, après les avoir interrogés, tous les étrangers (2) venant des terres d'une autre domination (3). Si un chariot ou voiture se brise, le caporal fait de suite lever les ponts et prendre les armes (4). Si elle commet des dégradations, il arrête la voiture, qui n'est relâchée, ainsi que les chevaux, que par l'ordre du commandant de la place (5).

Une heure avant que les gardes défilent, les postes envoient sur la place d'armes un soldat d'ordonnance chargé de conduire les postes relevans (6).

Les gardes ne prennent les armes en cas d'attroupement que pour leur sureté, et gardent l'arme au bras.

En cas d'alarme, la garde prend les armes, et fait fermer les barrières et les ponts-levis (7).

Pendant les processions, la moitié des gardes se tient alternativement, sous les armes (8), et s'il y a un grand concours, on ferme les barrières, et on lève un pont à chaque porte; même attention les jours de foire et de marché (9), pendant lesquels il est en outre envoyé des patrouilles dans les rues voisines.

408. — *Garde de la place d'armes.*

La garde de la place d'armes est principalement chargée de la police de la place. On lui renvoie les

---

(1) *Réglement de service* du 1er mars 1768, tit. 11, art. 87.
(2) *Idem*, art. 78.
(3) *Idem*, art. 95.
(4) *Idem*, art. 90.
(5) *Idem*, tit. 35, art. 7.
(6) *Idem*, tit. 10, art. 29; et tit. 11, art. 103.
(7) *Idem*, tit. 11, art. 104.
(8) *Idem*, art. 108.
(9) *Idem*, art. 109.

étrangers, gens sans aveu, bourgeois ou militaires faisant du désordre (1). Elle fournit un caporal et 6 fusiliers pour le cercle du mot d'ordre (*V.* n°. 205); le caporal de consigne précède le major dans le cercle, et tient le falot (2). Elle fournit, pour les rondes de gouverneur et commandant de place, une escorte de 4 hommes, relevés de poste en poste (3). Le caporal fait prendre les armes à sa garde, avant que la garde défile (4).

409. — *Honneurs* (5) *à rendre par les gardes.*

Quand le Saint-Sacrement passe (6) devant les gardes, postes ou piquets, le commandant fait prendre, porter et présenter les armes, mettre le genou droit en terre, et porter la main droite au schako (7). Le premier poste fournit 2 fusiliers d'escorte; ils sont relevés de poste en poste, et marchent, de chaque côté du Saint-Sacrement, l'arme dans le bras droit.

Les gardes, postes, ou piquets (8), prennent et présentent les armes quand S. M. I. passe devant eux ; le tambour bat aux champs — (9). Les gardes, postes

(1) *Réglement de service* du 1ᵉʳ mars 1768, tit. 11, art. 94.
(2) *Idem*, tit. 13, art. 25.
(3) *Idem*, tit. 15, art. 28.
(4) *Idem*, tit. 10, art. 19.
(5) Les gardes d'honneur ne trouvant point de consignes écrites, puisque le plus ordinairement elles prennent un poste non encore occupé, le commandant de ces gardes doit verbalement leur donner la consigne qui suit : *Vous ne devez rendre d'honneurs militaires qu'aux personnes supérieures ou égales en grade ou en dignité, à celles près desquelles vous êtes placés, et alors les honneurs restent les mêmes.* (*Décret* du 24 messidor an 12, tit. 25, art. 4).
(6) *Loi* du 18 germinal an 10, art. 45.
(7) Le *Décret* du 24 messidor an 12, sur les honneurs, n'explique point si, dans ce cas, le commandant du poste doit mettre le genou droit à terre; cela paroît convenable, puisque les officiers d'une troupe en bataille mettent genou en terre en même temps qu'elle. (*V.* pag. 191, note 4).
(8) Mais les piquets au camp ne doivent pas rendre d'honneurs. *Réglement de campagne* du 5 avril 1792, tit. 6, art. 36.
(9) Les honneurs à rendre par la sentinelle sont expliqués n°. 373.

ou piquets, portent les armes pour les princes, les grands dignitaires (1), les ministres, les maréchaux d'empire, les généraux de division commandant en chef une armée ou un corps-d'armée (*V.* n°. 198); le tambour bat aux champs. — Ils prennent les armes, le tambour rappelle pour le sénat passant en corps. — Ils prennent et présentent les armes, le tambour rappelle, lorsque la cour de cassation passe avec escorte. — Ils prennent les armes pour le corps législatif. Il n'est rendu aucuns honneurs aux ambassadeurs. Ils prennent les armes, le tambour rappelle, pour les généraux de division commandant une division militaire territoriale. — Ils prennent les armes pour les généraux de brigade commandant dans un département ; les tambours sont prêts à battre. — Mêmes honneurs pour les préfets accompagnés de leur garde. — Ils sortent et se reposent sur leurs armes pour un adjudant-commandant qui commande dans un département ; pour le commandant de la place (2), une cour de justice criminelle, un tribunal de première instance ou une mairie. — S'il passe devant eux un archevêque, un évêque ou une cour d'appel, ils prennent et portent les armes ; les tambours rappellent.

Les piquets sortent sans armes pour les officiers généraux qui sont de jour (3), et pour être inspectés par les officiers supérieurs de piquet.

La garde de police sort sans armes pour le colonel ou pour le commandant du régiment excepté au camp (*V.* pag. 113, 123 et n°. 393).

Si des officiers supérieurs font une ronde, les postes sortent et ont l'arme reposée (4).

On ne rend pas d'honneurs (*V.* n°. 186, note 7) avant la diane ni après la retraite ; dans tous les cas, si la garde, poste ou piquet, est en route, à l'instant

---

(1) *Décret* du 24 messidor an 12.
(2) *Idem*, tit. 18, art. 2.
(3) *Idem*, tit. 24, art. 1. *Réglement de campagne* du 5 avril 1792, tit. 6, art. 36, paragr. 3.
(4) *Réglement de service* du 1er mars 1768, tit. 16, art. 6.

où passent le Saint-Sacrement (1), Sa Majesté (2) ou la garde impériale (3), la troupe s'arrête, se met en bataille et rend les honneurs prescrits (*V.* nᵒˢ. 413 et 420).

Les gardes qui se rencontrent se rendent mutuellement les honneurs, c'est-à-dire, se cèdent la droite (4).

Pour tout officier supérieur de visite des postes, le commandant de la garde la fait reposer sur les armes, et attend les ordres de cet officier. Une garde ne porte les armes pour une troupe qui passe devant elle qu'autant que cette troupe les porte ; et elle ne bat *aux champs*, qu'autant que les tambours de la troupe qui passe, battent la *marche* (5).

410. — *Reconnoissance des rondes, visites ou patrouilles.*

Les rondes de jour s'appellent visites de postes ; les postes les reçoivent l'arme reposée (6).

La sentinelle devant les armes *ayant crié* (*V.* n°. 389): *Halte-là, caporal hors la garde ou hors de garde* (7), *ronde* ou *patrouille ;* le caporal, éclairé par un soldat, crie.

---

(1) *Décret* du 24 messidor an 12, tit. 2, art. 3.

(2) *Idem*, tit. 3, art. 13.

(3) *Etiquette du palais impérial*, art. 5. Le Règlement de campagne, tit. 19, art. 73, s'opposoit à ce qu'en marche il fût rendu d'honneurs à personne. (*Voy.* pag. 181, note 8).

(4) *Règlement de campagne* du 5 avril 1792, tit. 19, art. 79.

(5) *Règlement de service* du 1ᵉʳ mars 1768, tit. 11, art. 85 ; et *Règlement de campagne*, tit. 6, art. 22.

(6) *Règlement de service*, tit. 16, art. 6.

(7) Il sembleroit plus à propos pour les patrouilles et rondes ordinaires de crier : *caporal hors de garde.* C'est dans cet esprit qu'étoient rédigées toutes les anciennes ordonnances, et le contraire est probablement une erreur de celle que nous suivons (V. *Règlemens* des 21 octobre 1661, et 25 juillet 1665 ; *Elémens de l'art militaire*, t. 1, pag. 55, etc.), et de ne crier *hors la garde*, qu'en même temps que l'on crie au commandant du poste de venir reconnoître la ronde-major. Il sembleroit encore préférable de ne crier *hors la garde* que pour faire sortir les soldats sans armes ; il faudroit par conséquent crier *aux armes* pour la ronde-major (*V.* pag. 396, note 3).

Il est à remarquer que pour toutes les rondes et patrouilles, on crie : *avance qui a l'ordre*, et pour la ronde-major : *avance à l'ordre.*

Qui vive ? avance qui a l'ordre, présente ses armes et reçoit le mot (1).

Ronde-major. La sentinelle ayant crié : *Halte-là*, *caporal, hors la garde , ronde du commandant*, ou *ronde-major*, le caporal, s'il est commandant du poste, fait prendre les armes à sa garde, et la forme en haie comme elle étoit disposée pendant le jour ; il s'avance à dix pas en avant de sa garde, éclairé par un soldat, met la main sur la poignée de son sabre (2) et donne le mot à la ronde.

Si le caporal n'est pas commandant du poste, il avertit, au cri de la sentinelle, le commandant du poste, qui fait prendre les armes comme ci-dessus.

Le commandant fait reconnoître la ronde ; s'avance à dix pas ; éclairé par le caporal de consigne, et escorté par quatre fusiliers (3) qui font haut les armes, et marchent ensuite deux pas en arrière. Il met la main sur la garde de son épée (2) et crie alors : *Avance à l'ordre*, donne le mot (*V.* n°. 206), rend compte (4) et fournit une nouvelle escorte.

C'étoit de la même manière que devoit être reconnue la ronde des gouverneurs, inspecteurs (5), commandans de place, et celles des colonels et majors de service (6) ; avec cette différence, que la *ronde du major de place* n'étoit reçue par le commandant du poste que sous l'escorte de deux fusiliers, et à quatre pas de la sentinelle, et que si le major de place recommençoit sa ronde, elle devenoit une ronde simple ; il étoit obligé, en ce dernier cas, de donner lui-même le mot au caporal qui la reconnoissoit (7). Tout ceci devient applicable à la *ronde-major*, que fait un adjudant de place, et à la

---

(1) *Réglement de service* du 1er mars 1768 , tit. 11 , art. 72 ; et tit. 15 , art. 29.

(2) *Idem*, tit. 15 , art. 26.

(3) *Idem* , art. 30.

(4) *Idem* , art. 32.

(5) *Idem*, art. 39.

(6) *Idem* , art. 28 , 29 et 31. (*V.* pag. 402 , note 3).

(7) *Idem* , art. 36 et 37 ; et tit. 16 , art. 8.

ronde supérieure que fait un gouverneur ou un commandant d'armes.

Si le mot est bon, le caporal reçoit le marron, le
fait mettre dans la boîte, fait signer celui qui fait !
ronde, et le laisse passer.

Si le mot donné par la ronde n'est pas bon, celui qui
fait la ronde doit être arrêté (1).

Le caporal de garde fournit aux officiers de ronde
un soldat porteur du falot (2).

A neuf heures du matin, le caporal de garde en garnison, envoie, s'il est commandant du poste, un soldat
porter à l'état-major le rapport. Il y fait mention de tout
ce qui est parvenu à la connoissance du chef de poste
depuis le commencement de la nuit. Si le poste est
commandé par un officier, c'est le caporal de consigne (3)
qui porte ce rapport.

Le matin, le caporal détache un soldat d'ordonnance,
de manière à ce qu'il soit rendu sur la place d'armes à
onze heures, à l'effet de conduire les nouvelles gardes
à leur poste. Ce soldat se tient sur la place à vingt pas
du poste qu'il doit conduire, et lui faisant face. L'état-
major peut dispenser d'envoyer ces ordonnances, une
fois que les postes sont connus de toute la garnison (4).

Le caporal de garde à l'hôpital accompagne les distributions pour y maintenir le bon ordre (5).

411. — *Chauffage des corps-de-garde* (6).

1ʳᵉ CLASSE de 16 hommes et plus.	On fournit le bois (7) le premier et dernier mois d'hiver, à raison d'un sixième de stère; les autres mois, à raison de deux sixièmes.

---

(1) *Réglement de service* du 1ᵉʳ mars 1768, tit. 11, art. 72.
(2) *Idem*, tit. 15, art. 21.
(3) *Idem*, tit. 11, art. 102.
(4) *Idem*, tit. 10, art. 29.
(5) *Arrêté* du 24 thermidor an 8, art. 264.
(6) *Circulaire* du ministre-directeur, du 7 brumaire an 14.
(7) *Réglement de chauffage* du 1ᵉʳ fructidor an 8.

2ᵉ CLASSE
de
8 à 16 hommes.
{ Le premier et dernier mois d'hiver, à raison d'un huitième de stère ; les autres mois, à raison de deux huitièmes.

3ᵉ CLASSE
de 7 hommes
et moins.
{ Le premier et dernier mois d'hiver, à raison d'un dixième de stère ; les autres mois, à raison de deux dixièmes.

Le premier mois d'hiver est du 16 octobre au 15 novembre.

Les grands mois d'hiver sont du 16 novembre au 15 mars.

Le dernier mois d'hiver est du 16 mars au 15 avril (1).

En été, il est donné quatre tourbes de tanneur par jour, elles sont de treize centimètres et demi de longueur, sur huit de largeur, et cinq et demi d'épaisseur.

412. — Eclairage (2).

Les chandelles de corps-de-garde sont de 7 décagrammes (deux onces) l'une, ou quinze chandelles au kilogramme (sept chandelles à la livre), elles sont délivrées, savoir :

1ʳᵉ CLASSE
de 16 hommes
et plus.
{ Le premier et dernier mois d'hiver, à raison de 4 chandelles. Les autres mois, à raison de 5 chandelles. Et les mois d'été, 3 chandelles.

---

(1) Ceci regarde Paris et les pays où il n'y a que cinq mois d'hiver; pour les départemens du nord et quelques côtes de la mer, les mois d'hiver commencent quinze jours plus tôt, et finissent quinze jours plus tard. Dans les pays du midi, la distribution du chauffage commence quinze jours plus tard, et finit quinze jours plus tôt.

(2) *Réglement de chauffage* du 1ᵉʳ fructidor an 8, art. 23 et 24.

2ᵉ et 3ᵉ classes ⎰ Le premier et dernier mois d'hi-
de 16 à 7 hommes ⎱ ver, à raison de 3 chandelles.
et moins. ⎰ Les autres mois d'hiver, 4 chan-
⎰ delles.
⎱ Et les mois d'été, 2 chandelles.

En campagne, le chauffage des corps-de-garde n'est
point fourni particulièrement ; il doit être prélevé sur la
fourniture du chauffage de la troupe (1).

413. — *Descente de la garde.*

A la descente de la garde, le caporal ramène au quartier les hommes en ordre et en silence (2), l'arme à
volonté ; il leur fait porter les armes devant les corps-
de-garde près desquels il passe ; il prend la droite, s'il
rencontre d'autres troupes. S'il rencontre la garde impériale, il s'arrête, met la troupe en bataille, fait porter
les armes et rend les honneurs (3). Il fait rétablir, lors
du retour au quartier, les parties de l'équipement,
habillement et armement (4).

414. — *Au camp.*

Lorsque le caporal monte la garde à l'extérieur du
camp, il fait partir de son poste un soldat d'ordonnance, qui se rend en avant du front de la brigade, de
manière à y arriver avant qu'on ne batte la garde ; il
s'y place en face du poste qu'il doit conduire, se met
à la tête de cette garde lorsqu'elle défile, et la conduit
au poste. Le jour d'arrivée, les premières gardes à poser
sont conduites par les officiers qui ont été chargés de
la reconnoissance des postes.

---

(1) *Réglement de chauffage* du 1ᵉʳ fructidor an 8, art. 54.
(2) *Réglement de service* du 1ᵉʳ mars 1768, tit. 11, art. 38.
(3) L'*Etiquette du palais impérial*, imprimée en 1808, annonce
seulement, il est vrai, le cas où la troupe impériale voyage, mais
l'induction paroît naturelle ici.
(4) Autrefois il se rendoit ensuite avec sa garde descendante, à
l'inspection que devoit en passer le sergent et l'officier de semaine,
Réglement de service, art. 99 et 100.

DIX-SEPTIÈME LEÇON.

DEVOIR DU CAPORAL EN ROUTE.

415. — *Veille du départ.*

La veille du départ, le caporal a le soin de remettre au fourrier de la compagnie, les armes, habillement, ballots qui doivent être portés aux équipages.

Il redouble de surveillance; s'assure que les soldats qui auroient des dettes les acquittent; examine les dégradations de toute espèce qui pourroient avoir été commises; fait l'inspection des armes, gibernes, havresacs; veille à ce qu'il soit mis, s'il est nécessaire, de clous sous les souliers; s'oppose à ce qu'aucune des parties de l'habillement ou équipement soit vendue ou jetée, etc.; veille à ce que les soldats ne s'enivrent point; il les empêche d'allumer de grands feux, de brûler les goberges, etc.

416. — *Jour du départ.*

Pendant le temps que les fournitures se rendent, le caporal veille à ce que le logement soit nettoyé avec soin, de manière que cette opération soit terminée avant qu'on ne quitte la caserne (1). Il s'oppose à ce qu'en la quittant, on brûle la paille ou qu'on dégrade aucun des objets qu'on doit conserver; il remet en compte à l'officier ou au sous officier chargé de ce détail, toutes les fournitures, meubles, ustensiles qui ont été délivrés à la troupe (*V.* n°. 347), pour que ces objets soient (pendant que le régiment se forme en bataille) rendus aux gardes-magasins, entrepreneurs ou autres (2) qui

---

(1) *Réglement de casernement* du 30 thermidor an 2, tit. 5, art. 6 et 7.

(2) *Idem*, tit. 6, art. 3 et 8.

les auroient fournis. Si des effets étoient dégradés, perdus ou détruits, la retenue du montant de leur estimation, seroit ordonnée sur les officiers qui, par eux, leurs valets ou leurs compagnies, auroient accasionné le dégât (1); ce n'est qu'après que ces fournitures sont rendues en compte, que le *certificat de bien vivre*, réclamé par le régiment, lui est délivré.

Un caporal par compagnie doit rester pour remettre les clefs des chambres, après le départ de la troupe; il rejoint ensuite le régiment, sous la conduite de l'officier qu'on avoit laissé en arrière pour recevoir le *certificat de bien vivre.*

417. — *Départ du lieu de garnison* (2).

La troupe ne part qu'après que l'on a battu la *générale* ou le *premier*, l'*assemblée* et le *drapeau* (3). A la batterie de l'*assemblée*, les compagnies sortent de leur quartier avec armes et bagages, et se réunissent au rendez-vous général (4) où se fait l'appel. A 200 pas de la place, en dehors du glacis, il est fait halte et ordonné un deuxième appel (5).

La troupe qui voyage doit être munie d'une feuille de route délivrée par le commissaire des guerres du lieu du départ (6), en suite de revue de présence passée par l'inspecteur aux revues, ou, en son absence, passée par le commandant d'armes (7), dont extrait est transcrit sur la feuille de route. Il est fait mention sur cette feuille, du nombre et de l'espèce des voitures accor-

---

(1) *Réglement de service* du 1ᵉʳ mars 1768, tit. 32, art. 19. Disposition confirmée par la Circulaire du payeur-général de la guerre, du 20 février 1807.

(2) *Dictionnaire militaire* de 1758, au mot *Garnison*, pag. 329. — *Idem*, au mot *Générale.*

(3) *Réglement de service*, tit. 32, art. 9.

(4) *Idem*, art. 15 (*V.* n°. 145).

(5) *Idem*, tit. 32, art. 29.

(6) *Réglement de marche* du 25 fructidor an 8, tit. 1, art. 5.

(7) *Idem*, art. 6, 7 et 9; et *Réglement de revues* du 25 germinal an 13, art. 34.

18

dées (1). A défaut de commissaire des guerres, les feuilles de route peuvent être délivrées par les secrétaires généraux de préfecture, par les sous-préfets ou commandans d'armes; mais dans ce cas elles ne sont valables que jusqu'à la résidence la plus prochaine d'un commissaire des guerres. La journée de marche doit être de 30 à 40 kilomètres (2) (6 à 8 lieues, à raison de 5 kilomètres (2556 toises) chacune. Le sous-officier et le soldat n'ont droit (*V*. n°. 217) qu'à la fourniture du logement, et à celle d'une ration de pain.

Au lieu de vin et de viande qui étoient fournis autrefois par l'étapier (3), il est accordé une augmentation de solde, payée en même-temps que le prêt (*V*. n°. 228).

Quant aux sous-officiers et soldats voyageant isolément avec une feuille de route et un coupon (4), ils n'ont point droit, en ce cas, à la fourniture du pain; ils reçoivent une indemnité de route (5) de 15 centimes par myriamètre (3 sous par lieue), et ont droit à une solde de 20 centimes (*V*. n°. 226). Leur feuille de route indique les fournitures dues aux titulaires, ainsi que les sommes délivrées pour indemnités de route (*V*. n°. 226) et les avances faites en route pour objet de linge et chaussure. Ces avances sont considérées comme indemnité de route payées à des hommes qui n'y ont pas droit, eu égard à leur position.

418. — *Départ du gîte.*

Le caporal en route doit se lever, s'habiller et s'ar-

---

(1) *Règlement de convois* du 18 frimaire an 14, art. 11. (*Voy.* n°. 264).

(2) *Arrêté* du 1er fructidor an 8, art. 1.

(3) L'étape a été supprimée par la loi du 23 floréal an 5, art. 15. (V. *Arrêté* relatif aux étapes, du 1er fructidor an 8, art. 4).

(4) On appelle *coupon* un morceau de papier détaché de la feuille de route, et qui sert de reçu au payeur qui en acquitte le montant, (*Règlement de revues* du 25 germinal an 13, art. 128). Quant aux mandats, V. *Règlement de convois*, art. 21). Le nombre des coupons est égal à celui des journées de marche.

(5) *Règlement de comptabilité* du 8 floréal an 8, tit. 3, art. 8; *Règlement de marche* du 25 fructidor an 8, tit. 3, art. 23; *Arrêté* du 1er fructidor an 8, tit. 2, art. 8; *Règlement de revues*, art. 128.

nier promptement (1), aussitôt qu'il entend battre la
générale ou le *premier*. Il fait de même lever les hommes
qui auroient couché dans le même gîte que lui. Si le
caporal doit être de garde, il part de suite pour rassembler sa garde; s'il n'est pas commandé pour ce service,
il part du logement quand on commence à battre l'*assemblée*, afin de se trouver sur la place d'armes (2) ou
au lieu du rassemblement du corps, assez tôt pour y
passer l'inspection de ses hommes, avant qu'on ne batte
le *drapeau*. Lorsque c'est du camp qu'on doit partir,
il faut qu'un quart d'heure avant la batterie du *drapeau*, il forme en haie son escouade dans la grande rue,
sans déborder le front de bandière (3).

. Il met promptement en ordre les hommes de son
escouade, s'assure qu'il n'y en a pas qui soient pris de
vin, et note ceux qui manquent, et pour quelle cause,
afin d'en rendre compte lors du premier appel du sergent-major.

Il s'assure qu'il ne manque aux hommes aucune pièce
de leur armement et équipement; qu'ils sont porteurs
de leurs havresacs, du nombre de cartouches données,
ainsi que des effets de campement dont ils doivent être
chargés chacun à leur tour, comme serpe, pioche, ha-
chette, bidon, gamelles, marmites, etc. (4).

Le caporal prend note et rend compte de tous les
objets ci-dessus qui se trouvent manquans, et s'assure
que tous les hommes sont vêtus de la manière prescrite
par l'ordre de la marche.

Il informe le sergent-major du nom des hommes qui,
étant éclopés, auroient pris l'avance, afin d'aller à un pas
plus lent que celui de la troupe, ou de ceux qui, étant
incommodés, auroient été, par urgence, obligés de
monter sur les voitures (5). Il a soin de rassembler les
objets d'armement et équipement, ainsi que les cartou-

---

(1) *Réglement de campagne* du 5 avril 1792, tit. 19, art. 17...
(2) *Réglement de service* du 1ᵉʳ mars 1768, tit. 32, art. 15.
(3) *Réglement de campagne* du 5 avril 1792, tit. 19, art. 34.
(4) *Décret* du 25 février 1806, art. 8. (*Voy.* n°. 347, note 1, et
426).
(5) *Réglement de marche* du 25 fructidor an 8, tit. 1, art. 13.

ches des hommes qui entrent aux hôpitaux (1), ou qui étant arrêtés pour des fautes ou délits, sont mis à la garde du camp (2).

Il a soin, lorsqu'on bat un *ban* (*V.* n°. 143), de faire observer l'immobilité et le silence.

Au roulement, le caporal réunit promptement les soldats de son escouade, et une fois en route, il ne souffre plus qu'ils s'arrêtent ou qu'ils s'écartent sous aucun prétexte, les haltes devant leur suffire pour se désaltérer, satisfaire à leurs besoins et allumer leur pipe.

419. — *Décampement.*

Aussitôt que les tambours battent l'*assemblée* (*V.* n°. 95), le caporal doit faire détendre sa tente, et veiller à ce qu'elle ne tombe qu'au signal prescrit, c'est-à-dire, à la fin du roulement. Il fait diligemment plier la tente et la couverture; il observe que le soldat réunisse tout son bagage; qu'il n'oublie dans le camp ni piquet de tente, ni outils, ni marmite, etc.; il fait la répartition de tous ces objets; il veille à ce qu'il ne s'élève point de dispute au sujet de leur transport; il réunit ses soldats promptement et sans bruit, les fait charger, s'assure qu'aucun ne s'écarte et ne parte en avant; il s'assure que les feux soient exactement éteints, à moins d'ordre contraire.

Si la *générale* est battue inopinément, c'est avec plus de diligence encore, que le caporal se livre à tous ces soins.

420. — *Marche de la troupe.*

Si la troupe en marche rencontre le Saint-Sacrement, elle fait halte à l'effet de lui rendre les mêmes honneurs qu'en garnison (3), et si elle rencontre Sa Majesté Im-

---

(1) *Règlement de marche* du 25 fructidor an 8, tit. 1, art. 21.
(2) *Règlement de campagne*, tit. 6, art. 31.
(3) *Règlement de service* du 1ᵉʳ mars 1768, tit. 27, art. 1, 2 et 4; *Décret* du 24 messidor an 12, tit. 2, art. 1, etc.; et *Règlement de campagne* du 5 avril 1792, tit. 19, art. 73.

périale ou bien les princes et les grands dignitaires, elle s'arrête (*V.* nᵒˢ. 186 et 188).

Le caporal veille à ce que tous ses hommes marchent en ordre, sur plusieurs rangs ou en colonne (1), selon que l'ordre en a été donné (2); ne confondant pas leurs rangs et ne changeant rien aux distances ordonnées (3).

Si la difficulté du chemin occasionne quelque défectuosité à cet égard, il la fait rétablir aussitôt, suivant l'ordre prescrit (3); il empêche que les soldats n'attachent à leurs fusils ni bidons, ni bâtons de tentes, afin qu'ils soient toujours en état de porter les armes au premier signal (3).

Le caporal, lorsqu'il marche aux ailes comme sergent, veille à ce qu'un soldat, forcé de quitter son rang pendant la marche, en demande permission au commandant de la subdivision, et donne son fusil à son camarade (4).

Il ne laisse jamais arrêter les soldats aux ruisseaux ou puits pendant la marche, leurs bidons devant leur suffire (5). Dans les villages, il fait soigneusement serrer (6), n'y laissant arrêter personne.

Si des hommes de l'escouade entrent aux hôpitaux quand le régiment est en route, le caporal (7) doit soigner les armes et effets qu'ils laissent, et en remettre la note au fourrier.

---

(1) Voy. *École de bataillon*, de 1791, n°. 146. La leçon de la colonne en route n'autorise point en voyage la marche de flanc, quelque mauvais que soit le chemin (*Voy.* la note ci-après).

(2) Le lieutenant marche à la tête, le sous-lieutenant marche à la queue, et le capitaine sur les flancs (*Réglement de marche* du 25 fructidor an 8, tit. 1, art. 16). Ceci est en contradiction avec le *Réglement d'exercice* cité dans la note précédente.

(3) *Réglement de campagne* du 5 avril 1792, tit. 19, art. 53, 54 et 55.

(4) *Réglement de marche* du 25 fructidor an 8, tit. 1, art. 22; *Réglement de campagne*, tit. 19, art. 57.

(5) *Réglement de campagne*, tit. 19, art. 58.

(6) *Idem*, art. 59.

(7) *Réglement de marche*, tit. 1, art. 21; *Réglement d'armement* du 1ᵉʳ vendémiaire an 13, art. 9.

421. — *Marche de nuit.*

Dans les marches de nuit, le caporal fait observer le plus grand silence (1), et redouble d'attention pour qu'aucun homme ne s'écarte. Il empêche qu'il ne soit jamais crié ni *halte* ni *marche*, et qu'on ne fasse passer aucune parole (2).

Le caporal doit savoir que quand on entend le tambour battre le rappel à la queue de la colonne, cela signifie qu'il faut s'arrêter pour attendre la colonne qui ne peut suivre (*V*. n°. 302); et que quand on entend battre *aux champs* à la queue de la colonne, cela indique que la tête peut recommencer à marcher, parce que la queue l'a rejointe.

422. — *Halte avant d'entrer au gîte.*

Lorsque la troupe est à 300 pas du glacis, elle doit s'y arrêter si la sentinelle de l'avancée lui a crié *halte-là* ? jusqu'à ce que le caporal de l'avancée (*V*. n°. 320 et 407) soit venu reconnoître la troupe, et en ait conduit le commandant au chef du poste de la porte de la ville. Cette troupe reste sur le glacis jusqu'au retour de l'officier ou sous-officier qui la commande ; elle profite de cet instant pour rajuster les parties de l'habillement, armement et équipement (3), et (s'il ne pleut point), pour ôter les enveloppes ou étoffes dans lesquelles les fusils pourroient être enfermés par précaution contre l'humidité. Si les troupes doivent être fouillées par les commis de la régie, on fait pendant cette halte, ouvrir les rangs, poser les armes à terre, et le caporal ainsi que les soldats, placent leurs sacs devant eux (4).

Soit que la troupe ait attendu, comme il est dit ci-dessus, le retour de son commandant, soit qu'elle entre dans une ville ouverte, et dont les portes ne

---

(1) *Réglement de campagne* du 5 avril 1792, tit. 19, art. 69.
(2) *Idem*, art. 71.
(3) *Réglement de service* du 1er mars 1768, tit. 3, art. 10.
(4) *Idem*, art. 11.

soient pas gardées, elle doit également faire halte à
3oo pas en dehors, pour s'y rassembler, se mettre en
ordre, et être jointe par ses bagages.

Le commandant de la troupe, ou le sous-officier qui
la commande, fait battre la marche dès les postes avancés, ou à la première barrière (1). La troupe ne peut
être dispensée de se rendre à la place d'armes qu'autant qu'elle ne doit pas tenir garnison dans la ville et
quelle doit être logée en un seul quartier ou caserne. Un
adjudant de place qui l'attend à la porte la conduit à
sa destination (2). C'est dans ce cas, au quartier, que
le ban doit être publié (*V*. n°. 144). Si le commandant
de la troupe la conduit sur la place, il la range face au
corps-de-garde, ou à l'hôtel-de-ville.

423. — *Arrivée au gîte.*

En arrivant au gîte, le caporal doit s'assurer si aucun
homme de son escouade n'est resté en arrière, et si chacun a tous les objets dont il doit être porteur (*V*. n°. 426),
tels que cartouches, effets de campement, etc.

Il reçoit du fourrier les billets pour son escouade; il
les distribue en entremêlant avec soin les hommes qui
méritent le moins de confiance avec ceux qui en méritent
le plus; ceux qui ont le moins d'expérience, avec ceux
qui en ont davantage; et plaçant les convalescens et les
hommes âgés dans les logemens qu'il suppose les meilleurs, et autant que possible, il met ensemble les mêmes
camarades de lits. Sa compagnie doit être répartie dans
le même quartier (3). Il doit loger de sa personne avec
le soldat qui a le plus besoin d'être surveillé, soit à cause
de son inexpérience, soit à cause des mauvaises dispositions qu'on lui connoîtroit.

Le caporal ne va à son logement qu'après que son
escouade est pourvue de billets, ou qu'elle est établie, si
elle loge ensemble; en ce cas, il loge avec elle (4).

---

(1) *Réglement de service* du 1er mars 1768, tit. 11, art. 85.
(2) *Idem*, tit. 3, art. 12 et 15; et tit. 31, art. 1 et 3.
(3) *Réglement de logement* du 12 octobre 1791, art. 10.
(4) *Réglement de service*, tit. 6, art. 1.

Il ne quitte le lieu où le bataillon se sépare, qu'après avoir pris connoissance de la demeure du sergent-major et de celle du capitaine, afin de pouvoir les trouver la nuit, si cela étoit nécessaire.

Le caporal observe pour son propre compte, et fait observer aux soldats qui logeroient avec lui, qu'ils n'ont d'autre droit chez l'habitant (1) que celui d'obtenir place au feu et à la lumière, et d'autre demande à faire que celle d'un pot pour cuire leur viande, et d'une gamelle ou écuelle pour l'apprêter et manger (*V.* n°s. 144 et 145) (2).

Il doit savoir que le plus petit billet de logement ne peut être pour moins de deux hommes (3), auxquels il doit être fourni une chambre, un lit suivant la faculté des hôtes (4), et deux chaises.

Qu'il n'y a que les adjudans, vaguemestre, tambour-major, sergens - majors et chef de musique (5) qui aient le droit de coucher seuls (6) ; que les sergens ne couchent jamais avec les soldats ; qu'en aucun cas, les hôtes ne peuvent être dépossédés de leurs lits (7), ni de la chambre qu'ils occupent habituellement (8) ; et que les militaires qui s'établissent en d'autres logemens

---

(1) Les troupes en cantonnement et détachement sont logées chez les habitans, à défaut d'emplacement dans les bâtimens militaires. Celles de passage sont logées chez l'habitant. (*Réglement de logement* du 12 octobre 1791, art. 3, 4, 7, 13, 14).

(2) *Réglement de service* du 1er mars 1768, tit. 5, art. 25.

(3) *Idem*, art. 45 ; et *Réglement de logement*, art. 14, parag. 12.

(4) *Réglement de logement*, art. 18. Si les troupes sont cantonnées, détachées ou logées chez l'habitant, par insuffisance de logement militaire, il doit leur être fourni des draps tous les mois en hiver, et toutes les trois semaines en été. Il n'y a que les troupes de passage, qui puissent exiger place au feu et à la lumière. (*Idem*, art. 19).

(5) *Réglement de casernement* du 30 thermidor an 2, tit. 3, art. 4.

(6) *Réglement de service*, tit. 5, art. 24 ; *Réglement de logement*, art. 14.

(7) *Réglement de logement*, art. 20 ; *Réglement de service*, tit. 5, art. 27.

(8) *Réglement de marche* du 25 fructidor an 8, tit. 2, art. 11. Disposition très-ancienne. Voy. *Ordonnances* de janvier 1514, de février 1584, etc.

que ceux portés par leurs billets, où les troquent entre-eux, sont punissables de quinze jours de prison (1).

424. — *Détachement logé dans les villages.*

Tout sous-officier qui se trouveroit commander un détachement qui, par l'effet de la répartition du logement, seroit envoyé dans un village ou hameau (2), doit établir un poste de surveillance, lequel après le départ de la troupe se réunit au poste principal de police, pour former l'arrière-garde (3). Ce sous-officier ne doit point se mettre en route, sans avoir reçu du maire un certificat de bien-vivre (4).

425. — *Séjour.*

Lorsque le régiment doit séjourner, et si c'est dans une ville où il y a un état-major, le caporal se trouve sur la place d'armes à l'heure où se donne l'ordre général; s'il n'y a dans la place ni état-major, ni troupes, l'ordre qui se donne lors de l'arrivée, avant qu'on ne renvoie le drapeau (*aigle ou enseigne*), spécifie le lieu, la tenue et l'heure des appels, des inspections (5) de la revue (6) du lendemain, l'heure et le lieu où se donnera l'ordre, l'heure de la retraite.

Si pendant le séjour ou le repos au gîte, le caporal entend battre à l'improviste le rappel, par tous les tambours du régiment, cela indique qu'il faut qu'il se rende sans délai, ainsi que tous les autres militaires, au quartier du régiment, ou au lieu indiqué pour les rassemblemens (7).

---

(1) *Réglement de service*, tit. 4, art. 1.

(2) *Réglement de marche* du 25 fructidor an 8, tit. 2, art. 3 et 8.

(3) *Idem*, art. 3.

(4) *Idem*, art. 17. Les maires doivent être informés par le commandant de l'heure du départ, et ne peuvent refuser ce certificat qu'autant qu'il seroit porté plainte contre la troupe, dans l'heure qui s'écoule après son départ. (*Réglement de service* du 1er mars 1768, tit. 32, art. 21 et 28 *V.* aussi *Loi* du 10 juillet 1791, tit. 3, art. 54; et *Réglement de logement* du 12 octobre 1791, art. 23.

(5) *Réglement d'habillement* du 1er octobre 1786, art. 12.

(6) *Réglement de revues* du 25 germinal an 13, art. 37.

(7) *Réglement de service*, tit. 31, art. 3; et tit. 18, art. 7.

18**

426. — TABLEAU *présentant le poids des objets qui composer l'habillement, armement, petit et grand équipement, petit monture, nourriture et munitions de guerre des sous-officiers sapeurs, grenadiers, voltigeurs, fusiliers et tambours, e temps de guerre.*

GRADES.	DÉSIGNATION DES OBJETS.		TOTAL par chaque genre d'objet.
	Leur genre.	LEUR DÉTAIL ET POIDS.	
			kil. m.
FUSILIER d'infanterie de ligne (1).	EFFETS qu'il a sur le corps.	Schako.................... 0,672 Couvre-schako........... 0,079 Houpe.................... 0,026 Capotte.................. 1,549 Habit.................... 1,210 Veste.................... 0,658 Culotte.................. 0,780 Caleçon.................. 0,397 Une chemise............. 0,534 Un mouchoir de poche..... 0,072 Un col.................. 0,045 Une paire de bas de coton... 0,122 Une paire de guêtres grises.. 0,333 Une paire de souliers........ 0,611 Boucles { de jarretières.... de col......... de culotte........ } 0,042	kil. m. 7,130 ou 15 l. ¼
	Armement.	Fusil et baïonnette........ 4,725 Bretelle................. 0,089	4,814 ou 8 l. ¾
			11,944 ou 24 liv.

(1) En campagne, les soldats portent en outre, à tour de corvée, les marmites, gamelles, piquets de tente, objets de campement, etc. *Voy.* n°. 347, note 1.

En temps de paix, il faut défalquer du total ci-dessus, le poids de la nourriture, des cartouches et des munitions de guerre. Ainsi, la charge de fusilier reste à 18 kilogrammes 6 hectogrammes (37 livres 2 onces, *voy.* n°. 93, paragr. 2), et proportionnellement pour les autres supputations.

GRADES.	DÉSIGNATION DES OBJETS.		TOTAL par chaque genre d'objet.
	Leur genre.	LEUR DÉTAIL ET POIDS.	

			kil. m.
		Report. . . .	11,944 ou 24 l.
			kil. m.
		Banderolle, fourreau...... 0,372	
		Giberne.................. 0,526	
		Couvre-giberne.......... 0,048	
		Bonnet de police......... 0,167	
	Garniture	Deux paquets de cartouches. 1,323	2,556
	de	Tire-balle............... 0,007	ou
	giberne.	Pierre et plomb de rechange. 0,037	5 l. ¾
		Pierre de bois ou de corne. . 0,008	
		Pièce grasse............. 0,005	
		Bouteille à l'huile......... 0,028	
		Tourne-vis.............. 0,030	
		Epinglette............. 0,008	
		Petit bidon rempli........ 0,675	4,169
Suite du	Nourri-	Pain pour quatre jours...... 2,937	ou
FUSILIER	ture.	Viande pour deux jours..... 0,489	9 liv.
d'infanterie		Cuiller................. 0,068	
de		Sac de toile............. 0,718	
ligne (1).		Havresac de peau......... 1,072	
		Une culotte............. 0,780	
		Deux chemises.......... 1,068	
		Une paire de bas de laine. .. 0,152	
		Une paire de guêtres noires. . 0,353	
		Une paire de souliers...... 0,611	
		Serre-tête............. 0,052	
		Peigne................ 0,008	
		Trousse garnie........... 0,137	5,503
	Rechange	Alène................ 0,022	ou
	et objets	Tire-bouton............ 0,028	11 liv.
	de	Vergette............... 0,041	
	tenue.	Martinet............... 0,087	
		Brosse pour habit......... 0,076	
		—— pour souliers....... 0,072	
		—— pour cuivre........ 0,030	
		Patience............... 0,022	
		Curette............... 0,019	
		Astic pour giberne........ 0,042	
		Polissoir.............. 0,098	
		Livret de compte........ 0,015	

TOTALITÉ *du poids dont est chargé le militaire*, 24 k. 172 m. ou 49 l. ¼.

(1) Voyez la note de la page précédente.

GRADES.	DÉSIGNATION DES OBJETS		Poids pour chaque grade.
	Leur genre	LEUR DÉTAIL ET POIDS.	
		kil. m.	kil. m.
CAPORAL.	Armement. Garniture de giberne.	Autant que le fusilier...... 24,172 Il - de plus sabre, baudrier.. 1,498 Monte-ressort............ 0,060	25,730 ou 51 l. 3/4
SERGENT.	Armement. Nourri-ture.	Autant que le fusilier...... 24,172 De plus, sabre, baudrier.... 1,498 Bidon de vinaigre (V. n° 323). 1,958	27,628 ou 55 l. 10 onc.
SERGENT-MAJOR et FOURRIER.	Armement	Autant que le fusilier...... 24,172 De plus, sabre, baudrier.... 1,498 Fanion (V. page 258, note 6). 0,733	26,403 ou 531 l. 1/2
VOLTIGEUR de ligne. Le caporal a de plus un monte-ressort.	Armement.	Autant que le fusilier...... 24,172 Son fusil pèse de moins..... 0,232	23,940 ou 47 l. 3/4
SERGENT-MAJOR, SERGENT et FOURRIER de voltigeurs.	Armement et munitions de guerre.	Autant que le voltigeur...... 23,940 Leur carabine pèse moins que le fusil, et ils n'ont point de cartouches. A déduire..... 2,008 Reste......... 21,932 Mesure de charge......... 0,026 Maillet pour charger...... 0,245 Poire à poudre.......... 0,244 Demi-livre de poudre...... 0,244 40 balles et leur calpin..... 0,736	23,427 ou 47 l. 3/4
GRENADIER (1). Le caporal a de plus un monte-ressort.	Armement. Grand et petit équipe-ment.	Autant que le fusilier...... 24,172 De plus, sabre, baudrier.... 1,498 Bonnet d'oursin.......... 0,947 Couvre-bonnet en toile cirée. 0,218 Couvre-bonnet en coutil..... 0,152 Plumet de bonnet et étui.... 0,259 Epaulettes en laine........ 0,208	27,354 ou 55 l. 1/2

(1) Le grenadier est supposé porteur de son schako.

GRADES.	DÉSIGNATION DES OBJETS.		Poids pour chaque grade.
	Leur genre	LEUR DÉTAIL ET POIDS.	
			kil. m.
			kil. m.
SAPEUR.	Armement. Grand équipement.	Autant que le grenadier.... 27,354 Il a de moins la différence du fusil ou mousqueton ..... 1,55c Reste.......... 25,795 Il a de plus sa hache........ 4,489 — son porte-hache...... 1,468 — son tablier....... ... 1,223	32,975 ou 66 l. ¼.
SERGENT de GRENADIER	Nourriture.	Autant que le grenadier..... 27,354 Bidon de vinaigre........... 1,958	29,312 ou 59 l. ½.
SERG.-MAJ. et FOURRIER de grenadiers.	Armement.	Autant que le grenadier..... 27,354 Fanion 0,73c	28,087 ou 57 l. ½.
TAMBOUR de grenadiers.	Habillem. Equipement.	Autant que le grenadier..... 27,354 Il a de moins, fusil, giberne et garniture. .... 6,931 Reste....... 20,423 Bonnet de police......... 0,167 Caisse,.............. 5,384 Collier, baguettes........ 1,733	27,707 ou 55 l. ¾.
TAMBOUR de FUSILIERS.	Habille-ment.	Autant que celui de grenadiers 27,707 Il a de moins. bonnet d'oursin, plumet et couvre bonnet. . 1,476	26,231 ou 53 l. ¼.
CORNET de voltigeurs.	Grand équipe-ment.	Autant que le tambour de fusiliers. .... 26,231 Son cornet et cordon pèse de moins que la caisse et bag. 6,302	19,929 ou 38 l. ½.

DIX-HUITIÈME LEÇON.

DEVOIR DU CAPORAL EN CAMPAGNE ET DANS UNE ACTION.

427. — *Notions premières.*

Un caporal qui entre en campagne doit être instruit des principales dispositions du réglement qui fixe ce genre de service ; il doit connoître la manière de dresser une tente ou de construire une baraque (*V.* n°s. 91 et 93) ; — de bien faire une patrouille (*V.* n°. 365), une reconnoissance (*V.* n°. 183) ; — d'occuper une tête de point ou un défilé ; — de bien fouiller un bois, — un village, — de conduire sagement un petit parti, — de flanquer une troupe, — de protéger un convoi, — de se défendre contre la cavalerie, — de se retrancher dans une redoute (1) ; il faut enfin qu'il puisse diriger les travaux de campagne, et instruire les hommes de corvée qui y sont employés (*V.* n°. 84, etc.).

428. — *Occupation d'un défilé, d'une tête de pont.*

On appelle *défilé*, un chemin étroit en deçà et au-delà duquel une troupe peut se former en bataille. S'en emparer, c'est parvenir à le traverser avant que l'ennemi (qui pourroit se déployer vis-à-vis le débouché et y diriger tout son feu), n'en rendît le trajet dangereux ou impossible. A cet effet, le caporal, chargé d'occuper un défilé, ne doit s'y engager qu'après l'avoir fait fouiller et éclairer, et qu'après que son avant-garde s'est emparée des sorties et des hauteurs. Pendant ce temps, il réunit sa troupe, et l'y fait entrer avec vitesse et le plus

---

(1) *Réglement de campagne* du 5 avril 1792, tit. 15. (*V.* pag. 178, *Garde retranchée*).

serrée possible, afin qu'elle puisse se former rapidement en bataille.

Si la troupe se porte en avant, il ne change rien à son ordre de marche; mais si elle marche en retraite, et qu'il soit besoin de protéger le passage du défilé, il y entre par le moyen prescrit dans l'Ordonnance pour le passage du défilé en retraite. Dans tous les cas la tête de sa troupe se forme en bataille, face à l'ennemi, à mesure qu'elle débouche. C'est par le même principe qu'on exécute le passage d'un gué, ou qu'on se rend maître d'une tête de pont.

429. — Fouiller un bois, un village.

Le caporal qui en est chargé, ne s'avance qu'après s'être assuré si le lieu à fouiller ne recèle ni parti ennemi, ni embuscade. Il en examine les fossés, les ravins, les chemins creux, les revers des chaussées ou des fossés très-relevés, les haies fourrées, les champs clos de murs, ceux qui sont couverts d'une haute moisson, enfin tout ce qui peut servir à cacher, ne fût-ce que quelques hommes.

En passant dans les villages, il prend encore plus de précautions, et pendant qu'une partie de sa troupe le traverse, il s'assure si les cimetières, églises, granges, etc. ne contiennent point d'hommes cachés; l'autre partie passe autour du village à portée du fusil, et ces hommes doivent réciproquement s'attendre et se réunir au débouché, puis aller de suite occuper le premier défilé qu'ils trouveront.

430. — Conduire un petit parti.

Un parti a ordinairement pour objet de faire la reconnoissance de la position de l'ennemi, ou de s'instruire de la nature du terrain, etc.

Le caporal, envoyé à la tête d'un parti, doit s'avancer partout avec la précaution indiquée aux articles précédens, en se réglant à cet égard sur la force de la troupe qu'il a à sa disposition; il détacheroit deux ou un plus grand nombre d'hommes, suivant sa force, à 4 ou 500 pas en avant pour lui servir d'avant-garde, et quelques éclaireurs sur le flanc le plus couvert ou le plus exposé. Au passage des bois, il laisseroit quelques hommes en arrière, à distance telle qu'ils pussent toujours voir le corps de la troupe (1 ; il s'arrêteroit aux premières maisons des villages qu'il devroit traverser; — pour s'informer si l'ennemi est dans le village ; — s'il y a paru, — quelle est sa force et l'espèce de ses troupes, — par où il a passé, — comment il s'est comporté, etc. S'il lui est annoncé que l'ennemi n'est pas dans le village, il y entreroit en le fouillant en grand, et en parcourant les places, les églises et les principales rues; il iroit chez le premier magistrat pour recueillir plus exactement les renseignemens qui lui seroient nécessaires, et employeroit ou les menaces ou les promesses, pour en obtenir soit des guides, soit des ôtages, soit des objets dont il auroit ordre de faire la demande; il continueroit de la même manière sa marche, jusqu'au point et dans la direction qui lui auroit été ordonnée; il feroit la remarque des positions, rivières, châteaux, ponts, routes, etc. qu'il auroit eu lieu d'examiner; et de retour à son corps, il rendroit compte du tout.

431. — Convois. — Eclaireurs.

Le nombre de voitures ou bêtes de somme qui composent le convoi, les objets qu'on transporte, leur répartition, la distance à parcourir, la nature et la direction des chemins qu'on doit tenir, la composition de l'escorte, la force et la position de l'ennemi, tels sont les notions sur lesquelles doivent se régler les dispositions militaires.

Un convoi est ordinairement sous les ordres d'un officier; c'est un sous-officier qui en commande ou l'avant garde ou les éclaireurs; ceux-ci ne doivent jamais marcher moins de deux ensemble; ils sont partagés sur

---

(1) *Instruction* de Frédéric II à ses troupes légères (*Patrouilles et Reconnoissances*).

le flanc ou en avant; ils marchent à 150 ou 200 pas du corps de bataille; ils ne perdent jamais de vue ni les autres éclaireurs, ni l'avant-garde; ils marchent le fusil armé et couché sur le bras gauche; ils obéissent à tous les signaux que le corps leur fait; ils se conforment à ses mouvemens, à sa direction et à ses haltes; ils cherchent en marchant à se couvrir des haies, arbres, broussailles ou éminences, faisant ensorte de voir, sans être vus. La nuit, ils se tiennent de préférence dans les endroits peu élevés; aussitôt qu'ils font quelque découverte qui peut intéresser la sûreté du corps d'escorte, un d'eux se détache pour rendre compte du résultat de leurs observations, donnant avis sans bruit et en se cachant.

Leur destination n'est pas de combattre; ils ne doivent jamais faire usage de leurs armes à feu, que dans un cas de nécessité absolue. La nuit, ils ne se laissent dépasser ni par les voyageurs, ni par les paysans; ils marchent lentement, s'arrêtent de temps en temps, mettent l'oreille à terre, et ne s'éloignent jamais du corps au delà de la portée de la voix; ils tuent à coups d'armes blanches, les chiens qui pourroient les faire découvrir. S'ils rencontrent une patrouille ennemie, ils se blotissent dans un sillon ou se cachent de toute autre manière, et quand elle est passée, ils courent avertir l'avant-garde; s'ils traversent un village, ils s'opposent à ce qu'aucun habitant n'en sorte, en se dirigeant du côté de l'ennemi. S'ils aperçoivent une troupe considérable, ils donnent un signal convenu, afin que l'avant-garde se mette en état de défense.

432. — *Avant-garde.* — *Arrière-garde.*

L'avant-garde est un petit détachement, commandé par un sous-officier, devant lequel et aux flancs duquel marchent les éclaireurs. Aussitôt que ceux-ci transmettent l'annonce de quelque découverte, le commandant de l'avant-garde en fait passer l'avis au chef du corps de troupe qu'il précède; il se maintient à la distance qui lui est prescrite. Il ne fait feu qu'en cas de nécessité et qu'après que les éclaireurs se sont repliés.

Il dispose sa troupe de manière qu'il n'y en ait jamais que la moitié qui tire, et que l'autre moitié ait toujours son feu en réserve.

L'arrière garde est un petit détachement chargé de terminer la marche d'une colonne et d'en assurer les derrières. Le sous-officier qui le commande garantit ses flancs au moyen de quelques soldats qu'il détache de droite et de gauche en flanqueurs, et dont les fonctions sont pareilles à celles des éclaireurs. S'il est poursuivi par l'ennemi, il se défend en exécutant sur lui un feu de deux rangs et couchant quelquefois en joue sans tirer, pour lui en imposer; il fait marcher serré et en ordre, et règle son pas et ses haltes, sur ceux de la troupe qu'il protège.

433. — Opération d'une armée assiégeante.

Approcher d'une place, la reconnoître, se mettre à l'abri de son feu, l'éteindre au moyen des batteries qu'on y élèvera, pousser la tranchée, battre les sorties, se rendre maître du chemin couvert, sapper le glacis, l'ouvrir, passé le fossé, forcer l'ennemi dans ses ouvrages extérieurs, s'y établir, faire brèche au corps de la place, amener le gouverneur à capituler, s'il ne veut recevoir l'assaut; tels doivent être le but, la conduite, le résultat d'un siége.

Tous ces moyens, les seuls qui puissent mettre une place forte bien défendue au pouvoir d'un assiégeant entreprenant, vont être rapidement examinés.

434. — Investissement, approches, reconnoissances.

Ce sont ordinairement des troupes d'avant-garde qui portent à une place forte les premières insultes, resserrent l'ennemi, l'empêchent de fourrager et le débusquent de ses postes extérieurs; avant qu'il soit revenu de sa première surprise, le corps d'armée s'avance et asseoit son camp.

Aussitôt que les officiers du génie ont, sur l'ordre du général commandant, reconnu la place et ses déhors; et qu'ils ont déterminé quel doit être le *front d'attaque*, il s'agit de procéder à *l'ouverture de la tranchée*, qui se trace parallèlement au front du camp; cette tranche s'appelle *parallèle* ou *place d'armes*.

L'*ouverture*, ou commencement de la tranchée, à laquelle on donne le nom de *queue de tranchée*, s'exécute à portée des magasins, entrepôts et hôpitaux. La tranchée a pour objet d'envelopper le front attaqué, en évitant l'enfilade; — de resserrer l'assiégé dans ses ouvrages; — de favoriser l'érection des batteries, enfin de mettre en sûreté les travailleurs contre le feu de la place et les sorties; aussi, à mesure qu'on pousse la tranchée, la garnit-on de troupes prêtes à faire feu sur celles qui viendroient interrompre les progrès des travaux. Ces troupes, dont la disposition doit varier à mesure que la tranchée s'avance, prennent poste conformément aux ordres du colonel du régiment chef de tranchée, qui se nomme colonel de tranchée (1).

435. — *Ouverture de la tranchée.*

Lorsque l'ordre est donné pour l'ouverture de la tranchée, les travailleurs et les gardes armées des travailleurs, qui sont commandés par la tête de la liste (2), suivant un tour particulier, s'assemblent au lieu indiqué (3), et qui est fixé ordinairement hors la portée du canon (4) de la place. A la chute du jour, les troupes se mettent en marche, ayant leur cavalerie sur les ailes pour s'opposer aux sorties. Les travailleurs sont distribués ordinairement par pelotons de cinquante (5); mais le nombre des escouades dont ils se forment peut varier; ils sont conduits au rendez-vous par un adjudant-major (6). Chaque peloton est sous les ordres de

---

(1) *Réglement de campagne* du 5 avril 1792, tit. 34, art. 14.
(2) *Idem*, art. 54.
(3) *OEuvres de Vauban*, tome Iᵉʳ, chap. 6.
(4) *Idem*, chap. 4.
(5) *OEuvres de Vauban*, chap. 6, page 58.
(6) *Réglement de campagne*, tit. 34, art. 5.

trois officiers (1) et des sous-officiers nécessaires. Chaque sergent veille sur deux escouades (2); et ils ont à
l'avance le soin d'indiquer aux travailleurs quel seroit
le rendez-vous général, où ils se retireroient dans le
cas d'une attaque vive. C'est le seul moyen d'éviter
qu'ils ne se dispersent, et de faire reprendre bientôt le
travail interrompu.

Les troupes destinées à soutenir les travailleurs,
partent d'abord en avant, puis se rangent à leur droite
et à leur gauche; les travailleurs, munis d'une pelle,
une pioche, une fascine et deux piquets (3), sont dirigés par plusieurs officiers du génie qui marchent à
leur tête pour les conduire (3) aux extrémités du travail
qu'ils doivent exécuter. Les travailleurs tiennent leurs
fascines sous le bras ou sur l'épaule du côté de la place
assiégée. Chacun, à son tour, présente sa fascine à l'officier du génie, qui la reçoit et la pose sans délai, faisant
coucher le travailleur contre terre à côté de sa fascine,
de manière qu'elle se trouve entre lui et la place. Quand
le travail est ainsi tracé, ce qui doit se faire avec le
plus grand silence (4), l'ordre est donné aux travailleurs en disant ; *Haut les bras* (5); ils se lèvent, tous
ensemble, et ouvrent la tranchée à environ deux pieds
de leurs fascines, afin de conserver une banquette en
deçà. Ils enfoncent, quand il en est temps, dans les
fascines, les deux piquets qu'ils ont apportés.

On ne donne d'abord à la tranchée que trois ou
quatre pieds de largeur, et une profondeur telle, que
le soldat s'enterre le plus promptement possible ; les
troupes qu'on y place travaillent ensuite à l'élargir (6).

On jette sur la fascine les terres de la tranchée, pour
suppléer à la profondeur qui manque d'abord. Les
sous-officiers doivent incessamment surveiller les tra-

---

(1) *Réglement de campagne*, tit. 34, art. 60.
(2) *Idem*, art. 62.
(3) *Réglement de campagne* du 5 avril 1792, tit. 34, art. 69.
(4) *Idem*, art. 63.
(5) *OEuvres de Vauban*, chap. 6.
(6) *Réglement de campagne*, tit. 34, art. 41.

vaux (1) en allant de la queue à la tête, et s'ils trouvent des ponts, c'est-à-dire, des endroits où le fossé n'auroit pas été creusé parce que le travailleur y auroit été tué, ils y font travailler ceux de droite et de gauche, dès que le terrain les abrite suffisamment.

Une tranchée se compose de quatre parties : le *parapet*, formé par la terre qu'on en tire; — la *banquette*, ou, intervalle de deux pieds qu'on laisse entre le bord et les fascines (elle sert à faire feu par-dessus le parapet); — le *revers*, qui est le côté opposé au parapet, et enfin le *fossé*.

La *tranchée*, c'est-à-dire la troupe de *tranchée*, se relève ordinairement à la nuit tombante (2). Les troupes font le service 24 heures; mais les travailleurs de la nuit sont relevés le matin par un pareil nombre (3).

Service et travaux des jours suivans. A la seconde garde, le masque étant levé, on monte la tranchée tambour battant, drapeau déployé (4). Les drapeaux se plantent sur l'épaulement, et on y met des sentinelles chargées d'avertir de ce qu'elles verroient, et des bombes qui partiroient de la place (5).

Les troupes qui soutiennent les travailleurs doivent être assises, tenant leurs fusils, la crosse à terre (6), et ne rendant d'honneurs à personne.

Seconde parallèle. Au lieu d'être construite avec des fascines, elle l'est avec des gabions et par les soins des sapeurs. Les tranchées qui y conduisent s'appellent boyaux ou ziguezagues.

La manière de pousser la tranchée ne devient plus les jours suivans, pour l'infanterie, qu'un service d'obéissance, dont toute la direction sera du ressort des officiers du génie.

---

(1) *Réglement de campagne*, tit. 34, art. 65.
(2) *Idem*, du 5 avril 1792, tit. 34, art. 26 et 27.
(3) *OEuvres de Vauban*, chap. 6, pag. 62.
(4) *Réglement de campagne*, tit. 34, art. 38; *OEuvres de Vauban*, chap. 6.
(5) *Idem*, art. 39.
(6) *Idem*, art. 66.

436.—*Service de la tranchée.*

Les grenadiers sont commandés à leur rang, quand leurs bataillons ne sont pas de tranchée, soit pour renforcer la tranchée, ou pour les attaques ordonnées (1). Il est désigné aux troupes un lieu où elles doivent se rendre en cas de sortie.

Chaque bataillon avant d'entrer dans la tranchée forme deux piquets de huit escouades, dont l'un marche à la tête et l'autre à la queue du bataillon. Ils sont commandés par un capitaine et un lieutenant. Chaque bataillon et chaque compagnie de grenadiers envoient à la queue une ordonnance chargée de conduire la troupe, par qui ils doivent être relevés (2). Les tambours seront partagés également à la tête et à la queue de chaque bataillon (3). Les troupes relevantes occupent le côté le plus près de l'épaulement (4). Chaque soldat doit travailler dans son terrain à élargir la tranchée et à épaissir l'épaulement (5). Les troupes sortent de la tranchée en colonnes renversées (6). Tout soldat allant à la tranchée prend à la tête du camp et porte à la queue de la tranchée une fascine (7).

437.—*Résistance aux sorties.*

Les sorties générales ou extérieures se font plutôt de jour, et les petites sorties se font de nuit. Elles ont pour objet de battre la tranchée, de combler une partie du travail des assiégeans, d'enclouer les canons, de briser les affuts, d'incendier les fascines, ou quelquefois seulement de jeter l'alarme dans la tranchée, et d'attirer les assiégeans sous le feu de la place.

Les piquets de grenadiers de la tranchée, qu'on

---

(1) *Réglement de campagne* du 5 avril 1792, tit. 34, art. 7 et 8.
(2) *Idem*, art. 35.
(3) *Idem*, tit. 34, art. 34.
(4) *Idem*, art. 37.
(5) *Idem*, art. 41.
(6) *Idem*, art. 42.
(7) *Idem*, art. 53.

place dans les demi-places d'armes, sur les côtés et aux retours des boyaux, ont pour objet de faire halte aux sorties, et de les prendre à dos ou à revers. S'il est possible, les travailleurs se retirent aux rendez-vous indiqué (1). Les troupes sortent diligemment de la tranchée, pour se rendre aux batteries, angles et débouchés indiqués; ne devant point occuper la banquette pour défendre l'épaulement, mais se placer sur le revers de la tranchée (2) après la sortie repoussée, les assiégeans doivent ne pas poursuivre l'ennemi et reprendre leur poste dans la tranchée (3). Les travailleurs sont alors ramenés à leur besogne.

438. — Couronnement du chemin couvert.

C'est ainsi qu'on appelle la prise de possession qui expulse l'ennemi. Cette attaque a lieu par industrie, ou de vive force. Ce dernier moyen est celui auquel on emploie l'infanterie, qui pour cet effet se rend et se range en bataille dans la troisième parallèle. Le canon ayant commencé a écreter la sommité du glacis et à déranger les pointes des palissades, toutes les troupes à un signal convenu, franchissent la banquette et le parapet, et vont à grands pas au chemin couvert du front attaqué, y entrent en franchissant la palissade, ou bien, elles s'y font un passage, en la coupant à coups de hache.

Pendant que les grenadiers sont aux prises avec les assiégés, les travailleurs s'occupent en toute diligence à faire à trois toises des palissades, la coupure circulaire d'un angle saillant qui puisse servir de retraite aux assiégeans et qui devient un logement à feu, taillé dans le glacis. On rappelle bientôt les troupes qui ont chargé et qui doivent venir se rallier derrière les travailleurs. Elles y restent genou en terre jusqu'à ce que le logement soit en état de les couvrir (4). C'est surtout quand l'attaque des chemins couverts se fait de

(1) *Réglement de campagne* du 5 avril 1792.
(2) *Idem*, art. 70.
(3) *Idem*, art. 72.
(4) *OEuvres de Vauban*, chap. 13, page 128.

nuit, qu'il est bien important que les troupes assiégeantes fassent former et ne se livrent point à la poursuite de l'ennemi qui fuit ; autrement, elles courroient
risque de se rencontrer dans l'obscurité avec des troupes
amies qui ayant pénétré par un autre point s'entre-
chargeroient avec elles.

439. — Assaut.

Il est deux sortes d'assaut : l'un a lieu par escalade,
et l'autre en s'avançant en force sur la rampe d'une
brêche. Le premier a pour objet de gravir, avec le secours des échelles, sur un rempart ou sur une muraille
qui n'ont pas de brêche ou qui n'auroient qu'une brêche
sans rampe ; dans ce cas, on doit faire l'approche à bas
bruit, à la course, mais sans désunion, planter l'échelle
et s'élancer sur l'ouvrage défendu. L'autre assaut, est
celui qu'on donne à un bastion, dont les salves d'artillerie ont fait couler la sommité, et dont les déblais
ont ainsi préparé une rampe aux colonnes d'attaque.
Dans tous les cas, une fois le rempart gagné, il est important que le sous-officier rallie sa troupe, qu'il s'éta-
blisse sur la crête plutôt que sur les décombres, qu'il
s'assure si l'ennemi fait retraite, qu'il se prépare à un
combat en ordre, qu'il se construise promptement un
logement à feu, susceptible d'être opposé aux ouvrages
que probablement l'assiégeant auroit élevés à la gorge des
bastions ; enfin, il est à propos qu'il examine si aucun
indice de mine ne se laisse apercevoir : c'est en arra-
chant à propos la mèche, où le saucisson destiné à y
mettre le feu, qu'on prévient l'explosion du logement ;
mais cette recherche doit avoir lieu, sans trop en faire
sentir la conséquence au soldat, de peur que son cou-
rage n'en soit ébranlé.

Les soldats ont dû être prévenus à l'avance, sous
quelles peines il leur est défendu de quitter leur poste
pour se livrer au pillage (1).

---

(1) Cinq ans de fers (*Code pénal* de 1793, art. 4). La peine de
ce délit peut être prononcée par le général qui commande l'assaut.
(*Réglement de campagne* du 5 avril 1792, tit. 34, art. 87).

440. — *Seul cas de reddition d'une troupe retranchée.*

Si le caporal commande une troupe retranchée, et que l'ennemi l'attaque, il n'écoute à aucune sommation ; il ménage ses munitions ; il ne met tout son monde sur la banquette, que quand l'ennemi est au pied du retranchement.

Il faut, pour qu'il capitule, qu'il n'ait plus de retraite, plus d'espérance de secours, plus de munitions, plus de vivres, et qu'il ait perdu la plus grande partie de son monde ; il ne peut se rendre qu'en obtenant les honneurs de la guerre, ou comme prisonnier de guerre (1).

441. — *Manière d'exécuter les feux.*

Lorsque le caporal prévoit une action, il recommande aux hommes de son escouade d'être attentifs à ne faire feu qu'au commandement, à ajuster soigneusement (*V.* n°. 129) avant de tirer, à épingler souvent, à reprendre l'immobilité parfaite lors des roulemens.

Il leur recommande de prendre les cartouches sans en laisser tomber, d'amorcer avec attention et sans perdre de poudre, de bourrer suffisamment, de ne point oublier la baguette dans le canon, de regarder si, après le coup de feu, il sort de la fumée par le trou de la lumière, ce qui est l'indice du coup parti ; leur enseignant que s'il ne se montre pas de fumée, il faut épingler et réamorcer, et que le tireur qui ferme les yeux en tirant, et néglige la remarque ci-dessus, court risque de surcharger son fusil, en y insinuant plusieurs cartouches les unes sur les autres : ce qui peut l'estropier, ainsi que ses camarades, lors de la détonation.

Le caporal doit aussi s'assurer, avant le combat, que les fusils sont garnis de bonnes pierres à feu, et les

---

(1) *Réglement de campagne* du 5 avril 1792, tit. 15. *Décret* du 24 décembre 1811, art. 21, et *Décret* du 1ᵉʳ mai 1812.

gibernes suffisamment pourvues de cartouches, épinglettes et pierres de rechange (1); il doit, à l'instant
du combat, donner l'exemple du sang froid, du silence, et de l'attention.

442. — *Pendant l'action.*

Il obéit rapidement à l'ordre que lui donneroient ses
supérieurs, de se porter en *chef de subdivision*, *guide*,
guide général, *serre-file*, *garde de l'enseigne* ou *porte-
enseigne*; car il se pourroit que ceux qui doivent occuper ces places, fussent mis hors de combat, et qu'il fût
urgent de les remplacer. Il doit savoir qu'il est prononcé peine de mort contre quiconque quitte son rang
pour fouiller les morts (2) ou les dépouiller; et que
pareille peine est prononcée par le Code pénal (3) contre
celui qui quitteroit son rang pour achever ou mutiler
un blessé.

Le caporal s'oppose à ce qu'aucun soldat quitte sa
place sous prétexte d'aider à transporter les blessés (4),
ou sous celui d'aller chercher des cartouches; elles
doivent être, en cas de besoin, apportées et distribuées
aux soldats de chaque rang, sans qu'ils quittent leur
place (*V.* n°. 321); les sous-officiers en serre-file ou
en guide doivent distribuer les cartouches à ceux qui
en manquent. Ils font appuyer promptement du côté de
la direction indiquée, dans le cas où la mousqueterie
ou bien l'artillerie auroient éclairci les rangs. Ils feroient appuyer vers la tête, si l'on est par le flanc; —
vers le drapeau, si l'on est en bataille; — vers le guide,
si l'on est en colonne. Les serres-files doivent retirer
des rangs les hommes mis hors du combat, pour qu'ils

---

(1) *Réglement de campagne*, tit. 20, paragr. 2.
(2) *Idem*, du 5 avril 1792, tit. 20, paragr. 32.
(3) *V.* n°. 134 *Loi* de brumaire an 5, tit. 5, art. 7.
(4) *Réglement de campagne*, tit. 20, paragr. 33. *V.* aussi la
proclamation de Sa Majesté, du 2 décembre 1805, veille de la
bataille d'Austerlitz.

soient dirigés, sitôt qu'il y a possibilité, derrière le centre de l'armée (1), où doit se trouver le dépôt de l'ambulance. Ils complètent, en tant que de besoin, les files, par des transferts d'un rang à l'autre.

Le caporal doit, en cas de besoin, décider, par ses exhortations, et sa contenance ferme, ses subordonnés à mépriser le danger ; et à surmonter les obstacles, leur rappelant à propos, que c'est l'opiniâtreté autant que la valeur, qui gagne les batailles (2).

443. — *Résistance contre la cavalerie* (*V*. n°. 63).

Si la cavalerie ennemie avoit la témérité de tenter une charge, le caporal en ligne doit être inébranlable ; le serre-file doit appuyer sur le rang qui le précède pour former un quatrième rang (*V*. n°. 66). Le caporal doit se rappeler que le réglement ne défend point de frapper les fuyards (3) ; mais il ne sera pas besoin qu'il ait recours à cette extrémité, s'il est à l'avance pénétré de cette vérité, et en a pénétré ses subordonnés, qu'il n'est pas de choc de cavalerie, quelle que soit son impétuosité, que puisse redouter une ligne d'infanterie, faisant à bout-portant un *feu de rangs,* ou un *feu de deux rangs ;* et demeurant immobile derrière un triple rang de bayonnettes.

Il n'est pas que les sous-officiers n'aient éprouvé, et n'aient ouï dire aux militaires expérimentés, qu'en pareil cas, les bataillons qui restent inébranlables voient bientôt expirer à leurs pieds une partie des ennemis culbutés sous leurs chevaux ; que les assaillans qui survivent sont trop heureux de rebrousser chemin au grand galop, et qu'enfin il y a plus de danger à fuir qu'à demeurer, puisque la moindre désunion d'une ligne peut entraîner la déroute d'une armée, puisqu'inévitablement les fantassins qui lâchent pied sous une

(1) *Arrêté* du 24 thermidor an 8, art. 32 et 38.
(2) *Réglement de campagne*, tit. 30, paragr. 13.
(3) *Loi* du 21 brumaire an 5, tit. 8, art. 16.

charge de cavalerie, vont être foulés et hachés par les escadrons.

Mais s'il étoit des troupes assez foibles pour qu'il fût besoin de les contenir par de semblables préceptes, en les plaçant, pour ainsi dire, entre deux terreurs, n'y a-t-il pas mille moyens plus puissans que les menaces, pour tout obtenir des français entrevoyant l'honneur du triomphe !

ÉCOLE DU SOLDAT

ET DE PELOTON,

EXTRAIT DU RÉGLEMENT DU 1ᵉʳ AOUT 1791.

N. B. Divers changemens survenus depuis 1791 ont nécessité la suppression ou la modification de plusieurs dispositions de ce Réglement. Ce qui n'est plus d'une application possible est imprimé en caractères italiques ; en regard se trouve l'amendement proposé.

TITRE PREMIER.

Formation d'un Régiment en ordre de bataille.

TEXTE DU RÉGLEMENT.

QUELLE que soit la place d'une brigade dans l'ordre de bataille, le plus ancien des deux régimens dont elle sera composée sera placé à la droite, et le moins ancien à la gauche.

Quelle que soit la place des régimens dans leur brigade, le premier bataillon de chacun sera placé à la droite, *et le second à la gauche ; l'intervalle entre les bataillons sera de huit toises* (1).

TEXTE DU MANUEL
D'INFANTERIE.

QUELLE que soit la place d'une brigade dans l'ordre de bataille, le plus ancien des deux régimens dont elle sera composée, sera placé à la droite, et le moins ancien à la gauche.

Quelle que soit la place des régimens dans leur brigade, le premier bataillon de chacun sera placé à la droite, le second ensuite ; le quatrième tiendra la gauche ; ou bien, dans les régimens qui ont plus de quatre bataillons de guerre (2), le dernier tien-

---

(1) Cet intervalle étoit alors égal à un front et demi de peloton ; par le réglement de formation du 1ᵉʳ janvier 1791, les compagnies n'étoient que de 16 files ou 30 pieds.

(2) Il y a actuellement des régimens de six et de sept bataillons.

dra la gauche ; l'intervalle entre les bataillons sera de trente mètres (1).

Chaque bataillon d'un régiment sera composé d'une compagnie de grenadiers, d'une compagnie de voltigeurs, et de quatre compagnies de fusiliers. Le bataillon de dépôt n'est composé que de quatre compagnies ; il n'a ni grenadiers ni voltigeurs.

Le premier bataillon de chaque régiment sera composé de la première compagnie de grenadiers, et des compagnies des 1ᵉʳ, 3ᵉ, 5ᵉ, 7ᵉ, 9ᵉ, 11ᵉ, 13ᵉ, et 15ᵉ, capitaines de fusiliers du régiment.

Le second bataillon de chaque régiment sera composé de la seconde compagnie de grenadiers et des compagnies des 2ᵉ, 4ᵉ, 6ᵉ, 8ᵉ, 10ᵉ, 12ᵉ, 14ᵉ, et 16ᵉ, capitaines de fusiliers du régiment.

Dans le premier bataillon, les compagnies de fusiliers seront placées de la droite à la gauche, dans l'ordre suivant : 1ʳᵉ, 9ᵉ, 3ᵉ, 11ᵉ, 5ᵉ, 13ᵉ, 7ᵉ, 15ᵉ.

Dans chaque bataillon, les compagnies seront placées de la droite à la gauche, suivant leur ordre numérique. Les voltigeurs tiendront la gauche (2).

Dans le second bataillon, les compagnies de fusiliers seront également placées de la droite à la gauche, dans l'ordre. suivant : 2ᵉ, 10ᵉ, 4ᵉ, 12ᵉ, 6ᵉ, 14, 8ᵉ, 16ᵉ.

Lorsque les deux bataillons d'un régiment se trouveront séparés, cet ordre aura

(1) C'est-à-dire égal à un front et demi de peloton ; car il faut supposer le peloton de 40 files ou 20 mètres.

(2) *Décret* du 18 février 1808, art. 6. Le placement des voltigeurs à la gauche, contrarie le système naturel d'endivisionnement ; ils sembleroient, pour les manœuvres, mieux placés à côté et à la gauche des grenadiers.

lieu par bataillon ; et à leur réunion , il sera rétabli sur la totalité du régiment.

Les deux compagnies de grenadiers seront dénommées première et seconde , d'après le rang d'ancienneté des capitaines qui les commandent : la première sera placée à la droite du premier bataillon , et la seconde à la gauche du second bataillon.

Chaque bataillon sera partagé en deux demi-bataillons , désignés par les noms de demi-bataillon de droite , et demi-bataillon de gauche.

Chaque compagnie, soit de grenadiers, ou de fusiliers, formera un peloton , et les pelotons seront désignés par les noms de premier , second , troisième , quatrième, *cinquième , sixième , septième et huitième* , de suite, en commençant par la droite et finissant par la gauche de chaque bataillon. Le peloton des grenadiers de chaque bataillon ne sera point compris dans ce nombre, et conservera sa dénomination de grenadiers.

Le premier et le second peloton de chaque bataillon

Les compagnies de grenadiers seront dénommées 1re, 2e, 3e, etc. ; chacune d'elles tiendra la droite du bataillon auquel elle appartient.

Chaque bataillon sera partagé en deux demi-bataillons , désignés par les noms de demi-bataillon de droite et demi-bataillon de gauche.

Chaque compagnie, soit de grenadiers , de fusiliers ou de voltigeurs, formera un peloton (1); et les pelotons de fusiliers seront désignés par les noms de premier , deuxième, troisième et quatrième, en commençant par la droite et finissant par la gauche.

Le peloton des grenadiers et celui des voltigeurs de chaque bataillon, ne sera point compris dans ce nombre : ils conserveront leur dénomination de grenadiers et de voltigeurs.

Le premier et le second peloton de chaque bataillon

(1) *Voy.* page 440 , note.

formeront la première division ; les troisième et quatrième pelotons, la seconde division ; *les cinquième et sixième pelotons, la troisième division , enfin les septième et huitième pelotons formeront la quatrième division.*

Chaque peloton sera partagé en deux parties égales, qui seront désignées par le nom de section ; celle de droite sera appelée première section, celle de gauche deuxième section.

Chaque compagnie sera formée par rang de taille, de la droite à la gauche, quelle que soit sa place dans le bataillon : le tiers, composé des plus grands

formeront la première division (1); le troisième et le quatrième peloton, la seconde division. Les grenadiers seront à la fois peloton et division ; les voltigeurs de même : à moins qu'il ne soit donné ordre de former une seule division de ces deux compagnies, ou de les endivisionner avec des fusiliers.

Chaque peloton sera partagé en deux parties égales, qui seront désignées par le nom de section ; celle de droite sera appelée première section, celle de gauche, deuxième section (*V.* n° 291).

Chaque compagnie sera formée par rang de taille, de la droite à la gauche, quelle que soit sa place dans le bataillon : le tiers, composé des plus grands hommes, formera le premier rang;

(1) D'où il suit que la compagnie de grenadiers et celle de voltigeurs doivent chacune former une division, ce qui feroit manœuvrer les bataillons conformément à un nombre de divisions pair. Jamais, avant le décret du 18 février 1808, qui change la formation constitutionnelle, ils n'avoient manœuvré en divisions impaires. Si l'on adopte l'ordre impair des divisions, il faut en ce cas, lorsqu'on manœuvre, réunir les grenadiers et voltigeurs, et les endivisionner. Dans aucun cas, les compagnies d'élite ne devroient s'endivisionner avec les compagnies du centre. De nombreuses raisons le prescrivent; entre autres, 1°. la séparation probable et fréquente des compagnies d'élite allant former des bataillons spéciaux (ce départ détruiroit la forme habituelle d'endivisionnement des compagnies du centre , si on les avoit mises en divisions avec les compagnies de grenadiers et de voltigeurs); 2°. le faux placement de l'aigle ou enseigne (*V.* p. 446, note 3), qui se trouveroit au centre d'une division, au lieu d'être à une des ailes, si les compagnies du centre n'étoient point endivisionnées ensemble (*V.* page 273 , note 4). Cette note suppose cependant les grenadiers endivisionnés avec la première de fusiliers, parce qu'on en a vu quelques exemples.

hommes, formera le premier rang; le tiers, composé des plus petits, formera le second rang; et l'autre tiers, le troisième rang.

La distance d'un rang à l'autre sera *d'un pied*, lequel sera mesuré de la poitrine des hommes du second et du troisième rang, au dos de l'homme qui les précède respectivement dans leur file; ou à son havresac, quand le soldat sera chargé.

Les régimens étant sur le pied de paix, lorsqu'ils devront manœuvrer par bataillon ou par régiment, les pelotons seront formés sur deux rangs, afin d'occuper à peu près la même étendue qu'ils occuperoient sur trois rangs, au pied de guerre; on égalisera les *pelotons* dans chaque bataillon, en reversant à cet effet, s'il y a lieu, des hommes d'une compagnie dans l'autre.

La compagnie de grenadiers de chaque bataillon restera attachée à son bataillon lorsqu'il devra exercer séparément, mais lorsqu'on devra exercer par

le tiers, composé des plus petits, formera le second rang; et l'autre tiers le troisième rang.

La distance d'un rang à l'autre sera d'un tiers de mètre, lequel sera mesuré de la poitrine des hommes du second et du troisième rang, au dos de l'homme qui les précède respectivement dans leur file, ou à son havresac quand le soldat sera chargé.

Les régimens étant sur le pied de paix, lorsqu'ils devront manœuvrer par bataillon ou par régiment, les pelotons seront formés sur deux rangs (*V.* pag. 324, lig. 7), afin d'occuper à peu près la même étendue qu'ils occuperoient sur trois rangs, au pied de guerre (1) : on égalisera les pelotons de fusiliers dans chaque bataillon, en reversant à cet effet, s'il y a lieu, des hommes d'une compagnie dans l'autre (*V.* n° 252).

_____

(1) Parce qu'en 1788 il avoit été constitutionnellement établi un pied de paix et un pied de guerre.

régiment, celle du second bataillon ira se réunir à la première et se placera à sa gauche. Les deux compagnies réunies formeront deux pelotons d'égale force, qui seront désignés par les noms de premier et de second peloton de grenadiers.

Place des officiers et sous-officiers dans l'ordre de bataille.

(1). Le capitaine, à la droite de sa compagnie ou peloton, au premier rang.

Le lieutenant en serre-file, à deux pas derrière le centre de la seconde section.

Le sous-lieutenant en serre-file, à deux pas derrière le centre de la première section.

Le sergent-major, derrière la droite de la deuxième section, en serre-file.

Le premier sergent, derrière le capitaine, au troisième rang. Ce sergent sera désigné, dans les évolutions, sous le nom de sous-officier de remplacement, et sera guide de droite de son peloton.

Le second sergent derrière la gauche de la seconde section, en serre-file.

(1) Le capitaine, à la droite de sa compagnie ou peloton, au premier rang.

Le lieutenant en serre-file, à deux pas derrière le centre de la seconde section.

Le sous-lieutenant en serre-file, à deux pas derrière le centre de la première section.

Le sergent-major, derrière la droite de la deuxième section, en serre-file.

Le premier sergent, derrière le capitaine, au troisième rang. Ce sergent sera désigné, dans les évolutions, sous le nom de sous-officier de remplacement, et sera guide de droite de son peloton.

Le second sergent, derrière la gauche de la seconde section, en serre-file. Ce ser-

---

(1) Planche de formation.

TEXTE DU RÉGLEMENT.

Ce sergent sera guide de gauche de son peloton dans les évolutions.

Dans le *huitième peloton du premier bataillon*, le second sergent sera placé à la gauche du premier rang du bataillon, ayant derrière lui un caporal au troisième rang.

Il en sera de même au deuxième bataillon, dans le peloton, soit de grenadiers, soit de fusiliers, qui fermera la gauche de ce bataillon.

Le caporal-fourrier, *à la garde du drapeau de son bataillon.*

Les caporaux dans le rang seront placés à la droite et à la gauche de leur peloton,

TEXTE DU MANUEL D'INFANT.

gent sera guide de gauche de son peloton, dans les évolutions.

Le troisième sergent, en serre-file derrière la gauche de la première section.

Le quatrième sergent, en serre-file derrière la droite de la première section.

Dans le dernier peloton de chaque bataillon, le second sergent sera placé à la gauche du premier rang du bataillon, ayant derrière lui un caporal au troisième rang. Ils seront désignés sous le nom de sergent et caporal d'encadrement.

Le caporal-fourrier de fusiliers fera partie du deuxième ou troisième rang de la garde de l'aigle ou de l'enseigne.

Les fourriers de grenadiers et voltigeur n'en feront point partie (1). En bataille, ils se placeront, le fourrier des grenadiers entre le sous-lieutenant et le quatrième sergent, le fourrier des voltigeurs derrière la gauche de la seconde section.

Les caporaux dans le rang seront placés à la droite et à la gauche de leur peloton,

---

(1) Le fourrier des grenadiers n'en a jamais fait partie, parce que sa compagnie est regardée comme susceptible d'être à tout instant détachée en totalité.

suivant leur taille, et de préférence au premier et au troisième rang.

Le remplacement des officiers et sous-officiers se fera de grade en grade dans chaque compagnie; mais en l'absence du capitaine et du lieutenant d'une compagnie, le commandant du régiment pourra, lorsqu'il le jugera nécessaire, envoyer un lieutenant d'une autre compagnie pour commander, pendant la manœuvre, celle dont le capitaine et le lieutenant se trouveroient absens.

Lorsque les régimens seront sur le pièd de guerre, le troisième sergent de chaque compagnie se placera en serre-file derrière la gauche de la première section de son peloton (1).

suivant leur taille, et de préférence au premier et au troisième rang. Un caporal sera à la gauche du premier rang de la première section, et un autre sera à la droite du premier rang de la seconde section.

Le remplacement des officiers et sous-officiers se fera de grade en grade dans chaque compagnie ; mais, en l'absence du capitaine et du lieutenant d'une compagnie, le commandant du régiment pourra, lorsqu'il le jugera nécessaire, envoyer un lieutenant d'une autre compagnie pour commander, pendant la manœuvre, celle dont le capitaine et le lieutenant se trouveroient absens.

Place des officiers supérieurs, adjudans-majors et adjudans.

Le colonel et les deux *lieutenans-colonels* seront à cheval; les adjudans-majors et adjudans seront à pied.

Le colonel sera placé à trente pas en arrière du

Le colonel, le major et les chefs de bataillon seront à cheval ; les adjudans-majors et adjudans seront à pied.

Le colonel sera placé à trente pas en arrière du rang

(1) *Voy.* pag. 443, 2ᵉ colonne, ligne 4.

rang des serre-files, vis-à-vis le centre de l'intervalle qui sépare *les deux batail-lons* de son régiment.

Chaque *lieutenant-colo-nel*, à vingt pas en arrière du rang des serre-files de son bataillon, vis-à-vis la file du *drapeau*.

L'adjudant - major de chaque bataillon, à huit pas en arrière du rang des serre-files de son bataillon, vis-à-vis le centre du demi-bataillon de droite.

L'*adjudant* de chaque bataillon, à huit pas en ar-rière du rang des serre-files, vis-à-vis le centre du demi-bataillon de gauche.

des serre-files, vis-à-vis le centre de l'intervalle qui sé-pare le deuxième et le troi-sième bataillon de son régi-ment, ou, s'il commande plus ou moins de quatre batail-lons, il se placera en arrière de l'aigle de son régiment.

Le major, à la gauche du colonel (1).

Chaque chef de bataillon, à vingt pas en arrière du rang des serre-files de son batail-lon, vis-à-vis la file de l'aigle ou enseigne.

L'adjudant-major de cha-que bataillon, à huit pas en arrière du rang des serre-files de son bataillon, vis-à-vis le centre du demi-bataillon de droite.

Le premier adjudant de chaque bataillon, à huit pas en arrière des serre-files, vis-à-vis le centre du demi-ba-taillon de gauche.

Le second adjudant, à même hauteur derrière la se-conde file des grenadiers, ayant auprès de lui le guide général de droite, placé éga-lement à huit pas, derrière la première file des grenadiers.

Place des tambours et musiciens.

Les tambours de chaque bataillon, formés sur un rang si le régiment est sur le pied de paix, sur deux rangs s'il est sur le pied de

Les tambours de chaque bataillon, formés sur un rang, si le régiment est sur le pied de paix, sur deux rangs s'il est sur le pied de guerre (2),

_____

(1) *Réglement* du 1er juin 1776, tit. 4, art. 9.
(2) *Voy.* page 441, note.

guerre, seront placés à quinze pas derrière le *cinquième* peloton de leur bataillon ; le tambour-major sera à la tête des tambours du premier bataillon, et le caporal-tambour à la tête de ceux du second. Les musiciens, sur un rang, seront placés à deux pas derrière les tambours du premier bataillon.

Garde du drapeau.

La garde *du drapeau* de chaque bataillon, composée des huit caporaux-fourriers des compagnies de fusiliers, sera placée à la gauche de la deuxième section du quatrième peloton, et fera partie de cette section.

Le premier rang de *cette garde* sera composé du sergent-major, qui portera le drapeau, et de deux caporaux-fourriers, placés, l'un

seront placés à quinze pas derrière le troisième peloton de leur bataillon ; le tambour-major sera à la tête des tambours du premier bataillon, et le caporal-tambour à la tête de ceux du second (1). Les musiciens, sur un rang, seront placés à deux pas derrière les tambours du premier bataillon.

Garde de l'aigle ou enseigne.

La garde de l'aigle, composée des deuxième et troisième porte-aigles, de quatre fourriers et de deux caporaux, sera placée à la gauche du deuxième peloton (2) et fera partie de la deuxième section de ce peloton.

Le premier rang de la garde de l'aigle sera composé du porte-aigle, ayant à sa droite le deuxième porte-aigle, et à sa gauche le troisième porte-aigle.

---

(1) Ceci prouve qu'il faudroit un caporal-tambour par bataillon, puisqu'ainsi les tambours des deux bataillons seront sans chefs.

(2) Elle sera ainsi à la gauche de la première division de fusiliers, et au centre du bataillon garde-aigle. Ce placement, qui est le plus analogiquement imité du réglement, suppose que les grenadiers formeront une division particulière, ou bien qu'ils seront de division avec les voltigeurs ; mais que jamais ils ne seront endivisionnés avec la première compagnie de fusiliers, ce qui seroit contre les principes et l'usage. Si cet endivisionnement des grenadiers et de la première de fusiliers avoit lieu, l'aigle, au lieu d'être à l'aile gauche de la seconde division, se trouveroit au centre de la troisième, et jamais drapeau n'a pu être placé autre part qu'*à une aile de division*.

à sa droite et l'autre à sa gauche.

Les deux autres rangs seront formés chacun de trois caporaux-fourriers.

Le second rang de l'aigle sera composé d'un fourrier et deux caporaux. Le troisième rang sera composé de trois fourriers.

Le premier rang de la garde de l'enseigne sera composé d'un sergent-major porte-enseigne, et des troisième et quatrième sergent du peloton. Les second et troisième rangs seront composés comme ceux de l'aigle.

Les caporaux-fourriers porteront, ainsi que les sous-officiers placés derrière les chefs de peloton et les sous-officiers de serre-file, l'arme dans le bras droit.

On placera de préférence au second rang de la garde du *drapeau*, les *trois caporaux-fourriers* qui auront le plus de régularité et de perfection, tant pour la position sous les armes, que pour la marche.

Le colonel, et en son absence le commandant du régiment, choisira dans chaque bataillon le sergent-major qui devra porter *le drapeau*. Il est de la plus grande importance pour la marche en bataille, que ce sergent-major soit exercé avec le plus grand soin à la précision du pas, tant pour la longueur que pour

Les sous-officiers faisant partie de la garde de l'aigle ou de l'enseigne, porteront, ainsi que les remplacemens, les encadremens et les sous-officiers serre-files, l'arme dans le bras droit.

On placera de préférence au second rang de la garde de l'aigle ou enseigne, le caporal-fourrier et les deux caporaux qui auront le plus de régularité et de perfection, tant pour la position sous les armes que pour la marche.

Le colonel, et en son absence le commandant du régiment, choisira dans chaque bataillon le sergent-major qui devra porter l'enseigne. Il est de la plus grande importance pour la marche en bataille, que ce sergent-major soit exercé avec le plus grand soin à la précision du pas, tant pour la longueur que pour la cadence, et à se prolonger, sans varier, sur une direction donnée.

la cadence, et à se prolon- ger, sans varier, sur une direction donnée.

Les guides généraux se pla- ceront en bataille, celui de droite derrière l'aile droite du bataillon, à côté du second adjudant; celui de gauche, derrière l'aile gauche du ba- taillon, à huit pas en arrière des serre-files.

Lorsqu'on devra manœu- vrer, la place de bataille des sapeurs de chaque bataillon sera à la hauteur du troisième rang (1), dans l'intervalle qui sépare les bataillons (2). Lors- que la troupe devra faire une marche-route, ou bien quand il s'agira de défiler, ou enfin en présence de l'ennemi, tous les sapeurs du bataillon pour- ront être réunis à la droite du régiment, dont ils seront éloignés d'une étendue de front de peloton (3), à la hauteur du troisième rang.

Dans tous les cas ils seront sur deux rangs. Ceux du pre- mier bataillon auront à leur droite leur caporal.

Ils défileront en avant du tambour-major, dont ils se tiendront distans d'une éten- due de front de peloton (3).

---

(1) Afin de ne pas masquer les points d'alignement.

(2) Parce qu'ils doivent servir de jalonneurs, et que de cette place ils seront promptement rendus sur les différens points où les officiers- majors seroient dans le cas de les établir.

(3) A peu près 20 mètres.

Instruction des Régimens.

Le colonel, et en son absence l'officier-supérieur qui commandera chaque régiment, sera responsable de l'instruction générale des officiers, sous-officiers et soldats du régiment.

Instruction des officiers.

L'instruction des officiers devant embrasser tout ce qui est compris dans les trois écoles du soldat, du peloton et du bataillon, et ne pouvant être solidement établie qu'en joignant la théorie à la pratique, il y aura dans chaque régiment une instruction de théorie, indépendamment des exercices sur le terrain.

En conséquence, le commandant de chaque régiment assemblera les officiers aussi souvent qu'il le jugera nécessaire, soit chez lui, soit chez l'officier supérieur de chaque bataillon, pour leur expliquer ou faire expliquer tous les principes relatifs à ces différentes écoles.

Nul officier ne sera réputé instruit que lorsqu'il sera en état de commander et d'expliquer parfaitement tout ce que renferment les trois écoles susdites.

On ne s'attachera dans cette instruction qu'aux principes et à l'esprit des évolutions, sans jamais exiger que les officiers en apprennent littéralement le texte.

Les officiers seront exercés souvent, par un des officiers supérieurs, à la marche; et on s'attachera avec le plus grand soin à leur faire contracter l'habitude de la bonne position sous les armes, de la formation régulière, ainsi que de la longueur et de la cadence du pas.

Instruction des sous-officiers. (Voy. pag. 324.)

L'instruction des sous-officiers embrassera l'école du soldat et celle de peloton, et ils seront tenus de savoir exécuter eux-mêmes avec précision, outre le maniement des armes qui leur est particulier, tout ce qui a rapport au maniement des armes du soldat, aux feux et à la marche.

Les adjudans-majors et adjudans devant être spécialement chargés de l'instruction des sous-officiers, les chefs de régiment commenceront par s'assurer de l'instruction desdits adjudans-majors et adjudans, et les rendront ensuite responsables de celle des sous-officiers.

Les adjudans-majors et adjudans commenceront par instruire avec le plus grand soin tous les sergens-major, et deux sous-officiers par compagnie, les plus intelligens.

Ces sous-officiers étant solidement instruits, en choisiront chacun deux ou trois autres dans leurs compagnies respectives, et les instruiront de la même manière, sous la surveillance des adjudans et sergens-majors.

Cette première instruction, qui n'embrassera que l'école du soldat, étant assurée, on réunira les sous-officiers de chaque bataillon pour en former un peloton sur trois rangs, auquel on attachera un chef de peloton, un sous-officier de remplacement et des serre-files ; ce peloton sera exercé par l'adjudant-major ou l'adjudant, dans la progression indiquée dans l'*École de peloton*.

Cette instruction ayant principalement pour objet de mettre les sous-officiers en état de bien instruire les recrues, on leur expliquera tous les principes des deux premières écoles, d'abord sur le terrain, et ensuite dans des théories particulières, lesquelles devront comprendre aussi les diverses fonctions des guides dans les exercices de bataillon.

Et afin que cette instruction soit ensuite constamment maintenue, les adjudans-majors et adjudans assembleront de temps en temps les sous-officiers, soit pour les exercer sur le terrain, soit pour la théorie dans les chambres.

A mesure qu'il arrivera des mutations dans la colonne des sous-officiers, les sergens-majors seront tenus d'instruire les nouveaux sergens et caporaux, chacun dans leur compagnie, et les adjudans-majors et adjudans y tiendront la main avec soin.

Les commandans des régimens feront exercer fréquemment les pelotons des drapeaux (*aigles et enseignes*) et les guides généraux à la marche en bataille.
On s'attachera avec une attention scrupuleuse à faire
contracter aux porte-drapeaux (*porte-aigles et porte-
enseignes*) l'habitude de se prolonger, sans varier, sur
une direction donnée, et à observer avec la plus grande
précision la longueur ainsi que la cadence du pas.

TITRE II.

Ecole du Soldat.

CETTE école, qui a pour objet l'instruction des r crues, devant influer d'une manière sensible sur l'in truction des compagnies, dont dépend celle des b taillons et des régimens, doit être établie et surveillé avec le plus grand soin par les officiers supérieurs elle sera spécialement dirigée et commandée par le adjudans - majors, qui répondront au commandan du régiment de l'exactitude et des progrès de l'ins truction : en conséquence ; l'un des deux adjudans majors (*un adjudant - major*) à tour de rôle, ainsi que l'un des deux adjudans, y assisteront constamment.

Les nouveaux officiers seront toujours employés, pendant six mois au mois, à l'école des recrues, sous les ordres des adjudans-majors, et ne pourront en être exemptés que sur l'ordre du commandant du régiment, et lorsqu'ils seront en état d'exécuter eux-mêmes, de bien commander, et d'expliquer clairement tout ce qui sera prescrit dans l'école du soldat et dans celle du peloton.

Les chefs des compagnies devant être responsables envers le commandant du régiment et l'officier supérieur de leur bataillon, de l'instruction générale de leurs compagnies respectives, ne perdront pas de vue celle de leurs recrues; ils désigneront en conséquence les sergens et caporaux qui devront les former, et chargeront les officiers et le sergent-major de leur compagnie de veiller au progrès de leur instruction.

Il y aura toujours, autant que possible, un rendez-vous général indiqué pour le rassemblement des recrues de chaque régiment, et l'un des officiers supérieurs y assistera lorsque ses occupations le lui permettront.

Lorsqu'il y aura un certain nombre de recrues en état de passer à l'école du peloton, l'adjudant-major les réunira, et les fera exercer, soit par un des nouveaux officiers attachés à l'école, soit par un sous-officier; il surveillera lui-même cette instruction, et y fera observer la progression prescrite dans l'école de peloton.

Lorsque l'adjudant-major jugera qu'un ou plusieurs des recrues qui composent ce peloton, sont en état de passer au bataillon, il en fera prévenir les chefs des compagnies dont seront ces hommes, et les fera exercer en leur présence; les chefs des compagnies prononceront ensuite, s'ils les trouvent suffisamment instruits, leur admission au bataillon.

Division de l'Ecole du Soldat.

L'école du soldat sera divisée en trois parties. La première partie comprendra ce qu'on doit enseigner à l'homme de recrue, avant de lui faire porter l'arme.

La seconde comprendra le maniement des armes, les charges et les feux.

La troisième comprendra les différens pas, les principes de la marche de front et de flanc, des alignemens, des conversions et des changemens de direction.

Chaque partie sera divisée en quatre leçons, ainsi qu'il suit :

PREMIÈRE PARTIE.

1re. LEÇON. { Position du soldat sans armes.
{ Mouvemens de tête à droite et à gauche.
2e. LEÇON. A droite, à gauche, demi-tour à droite.
3e. LEÇON Principes du pas ordinaire direct.
4e. LEÇON. Principes du pas oblique.

SECONDE PARTIE.

1re. LEÇON. Principes du port d'armes.
2e. LEÇON. Maniement des armes.
3e. LEÇON. Les charges précipitées et à volonté.
4e. LEÇON. Les feux directs, obliques, et de deux rangs.

TROISIÈME PARTIE.

1re. LEÇON. Réunion de cinq à neuf hommes pour la marche de front et les différens pas.

2e. LEÇON. Marche de flanc.

3e. LEÇON. Principes d'alignement.

4e. LEÇON. Principes des conversions et changemens de direction.

Chaque leçon sera suivie d'observations qui auront pour objet de démontrer l'utilité des principes qu'on y aura prescrits. Les instructeurs ne sauroient trop s'attacher à les étudier, et à en faire l'application lorsqu'ils instruiront des recrues.

Le ton du commandement sera toujours animé, et d'une étendu de voix proportionnée au nombre de recrues qu'on exercera.

Il y aura deux sortes de commandemens : les commandemens d'*avertissement*, et ceux d'*exécution*.

Les commandemens d'*avertissement*, qui seront distingués dans l'ordonnance par des lettres italiques, seront prononcés distinctement et dans le haut de la voix, en alongeant un peu la dernière syllabe.

Les commandemens d'*exécution*, seront distingués dans l'ordonnance par des majuscules, et seront prononcés d'un ton ferme et bref.

Les commandemens dont l'énonciation sera séparée dans l'ordonnance par des tirets, seront coupés de même en les prononçant.

Les instructeurs expliqueront toujours ce qu'ils enseigneront, en peu de paroles, claires et précises ; ils exécuteront toujours eux-mêmes ce qu'ils commanderont, afin de donner ainsi l'exemple en même-temps qu'ils expliqueront le principe. Ils s'attacheront à accoutumer l'homme de recrue à prendre de lui-même la position qu'il devra avoir, et ne le placeront eux-mêmes que lorsque son défaut d'intelligence les y obligera.

PREMIÈRE PARTIE.

1. La première partie de l'école du soldat sera toujours enseignée, autant que possible, homme par homme, et au plus à deux ou trois hommes réunis, lorsque le nombre des recrues à dresser et celui des instructeurs qu'on y pourra employer y obligeront; on les placera alors sur un rang, à un pas de distance l'un de l'autre : le soldat sera sans armes.

PREMIÈRE LEÇON.

Position du Soldat.

2. (1) Les talons sur la même ligne, et rapprochés autant que la conformation de l'homme le permettra; les pieds un peu moins ouverts que l'équerre et également tournés en dehors; les genoux tendus sans les roidir; le corps d'à-plomb sur les hanches, et penché en avant; les épaules effacées et également tombantes, les bras pendant naturellement, les coudes près du corps, la paume de la main un peu tournée en dehors; le petit doigt en arrière et contre la couture de la culotte; la tête droite sans être gênée; le menton rapproché du cou sans le couvrir; les yeux fixés à terre, à environ quinze pas devant soi.

Observations relatives à la position du Soldat.

3. Les talons sur la même ligne;

Parce que s'il y en avoit un qui fût plus en arrière que l'autre, l'épaule du même côté s'effaceroit, ou bien la position du soldat seroit gênée.

Les talons plus ou moins rapprochés;

Parce que les hommes cagneux et ceux qui ont la jambe forte ne peuvent pas les joindre.

---

(1) Planche III, fig. 1 et 2.

Les pieds également tournés en dehors, mais point trop ouverts;

Parce que si un pied étoit plus tourné en dehors que l'autre, il entraîneroit l'épaule, et que si les pieds étoient trop tournés, il ne seroit pas possible de faire porter le haut du corps en avant, sans que la position ne devînt chancelante.

Les genoux tendus, mais sans roideur;

Parce que si l'homme les roidissoit, il en résulteroit pour lui de la gêne et de la fatigue.

Le corps d'à-plomb sur les hanches;

Parce que c'est le seul moyen de donner à l'homme un parfait équilibre. L'instructeur observera que la plupart des recrues ont la mauvaise habitude de pencher une épaule, de creuser un côté ou d'avancer une hanche, sur-tout la hanche gauche, lorsqu'on leur fait porter l'arme, et il s'attachera à corriger ces défauts.

Le haut du corps penché en avant;

Parce que les hommes de recrue sont ordinairement disposés à faire le contraire, à avancer le ventre, à creuser les reins, et à reverser les épaules, quand ils veulent se tenir droits; ce qui a de grands inconvéniens dans la marche, ainsi qu'il sera expliqué dans les observations sur les principes du pas. L'habitude de pencher le haut du corps en avant est si importante à faire contracter, que l'instructeur doit, dans les commencemens, rendre cette position même forcée, surtout pour les hommes dont la position naturelle présenteroit la disposition contraire.

Les épaules effacées;

Parce que si l'homme avoit les épaules en avant et le dos voûté, ce qui est le défaut ordinaire des hommes de la campagne, il ne pourroit n'y s'aligner ni manier son arme avec adresse; il est donc très-important de corriger ce défaut: en conséquence l'instructeur aura attention que l'habit et la veste des recrues aient l'ampleur nécessaire pour ne pas gêner la position qu'on voudra leur donner, et à ne pas rejeter les épaules trop en arrière en les faisant effacer, pour ne pas faire creuser les reins; ce qu'il faut éviter avec soin.

Les bras pendans naturellement, les coudes près du corps, la paume de la main un peu tournée en dehors, le petit doigt en arrière et contre la couture de la culotte;

Parce qu'il est important, soit pour la perfection du port d'armes, soit pour n'occuper dans le rang que l'espace nécessaire à pouvoir manier ses armes avec facilité, que le soldat ait les coudes bien placés. Cette position des bras, des coudes et des mains, remplit ces divers objets, et a de plus l'avantage de faire effacer les épaules.

La tête droite sans être gênée.

Parce que s'il y avoit de la roideur dans la tête, elle se communiqueroit à toute la partie supérieure du corps, dont elle gêneroit les mouvemens; ce qui rendroit cette attitude pénible et fatigante.

Les yeux fixés droit devant soi;

Parce que la position de la tête directe est le plus sûr moyen d'accoutumer les soldats à maintenir leurs épaules carrément, principe essentiel auquel il faut les habituer avec le plus grand soin.

4. L'instructeur ayant donné à l'homme de recrue la position, il lui apprendra à tourner la tête à droite et à gauche; à cet effet il commandera :

1. *Tête* = a droite.
2. Fixe.

5. A la fin de la seconde partie du premier commandement, le soldat tournera la tête à droite sans brusquer le mouvement, de manière que le coin de l'œil gauche, du côté du nez, réponde à la ligne des boutons de la veste, les yeux fixés sur la ligne des yeux des hommes du même rang.

6. Au deuxième, il replacera de même la tête dans la position directe, qui doit être la position habituelle du soldat.

7. Le mouvent de *tête à gauche* s'exécutera par les moyens inverses.

20**

8. L'instructeur veillera à ce que le mouvement de la tête n'entraîne pas les épaules, ce qui pourroit arriver si on le brusquoit.

9. Lorsque l'instructeur voudra ensuite faire passer de l'état d'attention à celui de repos, il commandera :

REPOS.

10. A ce commandement, le soldat ne sera plus tenu à garder l'immobilité ni la position.

11. L'instructeur voulant lui faire reprendre l'une et l'autre, fera les commandemens suivans :

1. *Garde à vous.*
2. PELOTON.

12. Au premier commandement, le soldat fixera son attention.
Au deuxième, il reprendra la position prescrite, ainsi que l'immobilité.

DEUXIEME LEÇON.

A droite, à gauche, demi-tour à droite.

13. Les à-droite et les à-gauche s'exécuteront en un temps, l'instructeur commandera :

1. *Peloton par le flanc droit* (ou *gauche*).
2. A DROITE (*ou* A GAUCHE).

14. Au deuxième commandement, le soldat tournera sur le talon gauche, élevant un peu la pointe du pied gauche, et rapportera en même temps le talon droit à côté du gauche et sur la même ligne.

15. Le demi-tour à droite s'exécutera en deux temps; l'instructeur commandera :

1. *Peloton.*
2. *Demi-tour* ⸗ A DROITE.

Premier temps.

16 Au commandement de *demi-tour*, faire un demi à-droite, porter le pied droit en arrière, la boucle vis-à-vis et à trois pouces du talon gauche, saisir en même temps la giberne par le coin, avec sa main droite.

Second temps.

17. An commandement de *à-droite*, tourner sur les deux talons, en élevant un peu les pointes des pieds, les jarrets tendus, faire face en arrière, rapporter en même temps le talon droit à côté du gauche, et lâcher la giberne.

18. Lorsque le soldat portera l'arme, il la tournera de la main gauche au premier temps du demi-tour à droite, comme il sera expliqué au premier mouvement de charge, et la replacera dans la position du port d'armes, à l'instant où il rapportera le talon droit à côté du gauche.

19. L'instructeur observera que ces mouvemens ne dérangent pas la position du corps, qui doit demeurer incliné en avant.

TROISIEME LEÇON.

Principes du pas ordinaire direct.

20. La longueur du pas ordinaire sera de deux pieds, à compter d'un talon à l'autre, et sa vîtesse de 76 par minute.

21. L'instructeur voyant l'homme de recrue affermi dans la position, lui expliquera les principes et le mécanisme du pas, en se plaçant à trois ou quatre pas devant, et face au soldat, et exécutant lui-même lentement le pas, afin de joindre ainsi l'exemple en même qu'il expliquera le principe; il commandera ensuite :

1. *En avant.*
2. *Marche.*

22. (1) Au premier commandement, le soldat portera le poids du corps sur la jambe droite.

23. Au deuxième commandement, il portera vivement, mais sans secousse, le pied gauche en avant, à deux pieds du droit ; le jarret tendu, la pointe du pied un peu baissée et légèrement tournée en dehors, ainsi que le genou ; portera en même temps le poids du corps en avant, et posera, sans frapper, le pied gauche à plat, précisément à la distance où il se trouve du pied droit, tout le poids du corps se portant sur le pied qui pose à terre; le soldat passera

(1) Pl. III, fig. 3.

vivement, mais sans secousse, la jambe droite en avant, le pied passant près de terre, le posera à la même distance et de la même manière qu'il vient d'être expliqué pour le pied gauche, et continuera de marcher ainsi sans que les jambes se croisent, sans que les épaules tournent, et la tête restant toujours dans la position directe.

24. Lorsque l'instructeur voudra arrêter la marche, il commandera :

1. *Peloton.*
2. Halte.

25. Au deuxième commandement, qui sera fait à l'instant où l'un ou l'autre pied indifféremment va poser à terre, le soldat rapportera le pied qui est derrière à côté de l'autre, sans frapper.

Observations relatives aux principes du pas.

26. Porter le poids du corps sur la jambe droite au commandement en avant.

Pour disposer l'homme à pouvoir former plus vivement son premier pas; ce qui est fort essentiel en troupe.

La pointe du pied baissée, mais sans affectation;

Parce que la pointe du pied baissée fait tendre le jarret, et dispose le pied à poser à plat.

La pointe du pied un peu tournée en dehors;

Parce que si on tournoit les pieds trop en dehors, le corps seroit sujet à chanceler.

Le haut du corps en avant;

Afin que le poids du corps porte sur le pied qui pose à terre, que le pied qui est derrière puisse se lever aisément, et que le pas ne soit pas raccourci.

Marcher le jarret tendu;

Parce qu'une troupe ne pouvant, sans se gêner et se découdre, marcher comme si chaque homme étoit isolé, puisqu'il n'en existe pas deux qui marchent absolument de la même manière, il est nécessaire que les recrues apprennent à marcher un pas uniforme, qui soit marqué et cadencé, sans quoi il n'y auroit point d'ensemble.

Passer le pied près de terre ;

Parce que si les soldats levoient la jambe plus que cela n'est nécessaire, ils perdroient du temps et se fatigueroient inutilement. D'ailleurs, si, n'ayant pas un principe déterminé, ils levoient la jambe ou ployoient les genoux, les uns plus, les autres moins, les pieds ne poseroient pas en même-temps à terre; et il n'y auroit ni cadence, ni ensemble.

Poser le pied à plat, sans frapper ;

Afin d'éviter le balancement du corps et le raccourcissement du pas, qui auroient lieu nécessairement, si le talon posoit à terre le premier, ou si l'on frappoit en posant le pied ; ce dernier mouvement auroit encore l'inconvénient de fatiguer inutilement les soldats, et de rompre la cadence, parce que les uns leveroient le pied plus, les autres moins.

La tête directe ;

Parce que la position de la tête directe empêche que les épaules ne tournent, et fait que le soldat marche carrément.

27. L'instructeur indiquera de temps en temps à l'homme de recrue la cadence du pas, en faisant le commandement *un*, à l'instant où il lève le pied, et celui *deux*, à l'instant où il devra le poser, et en observant la cadence de 76 à la minute. Cette méthode contribuera infiniment à bien imprimer au soldat les deux temps dont le pas est naturellement composé.

QUATRIEME LEÇON.

Principes du pas oblique.

28. La vitesse du pas oblique sera, comme celle du pas ordinaire direct, de 76 par minute : la longueur de ce pas va être indiquée ci-après.

29. Lorsque les soldats de recrue auront acquis l'habitude de bien former le pas direct, de les faire égaux en longueur et en vitesse, l'instructeur leur apprendra

à marcher le pas oblique, et on le décomposera pour en faire mieux comprendre le mécanisme, ainsi qu'il suit :

30. (1) L'homme de recrue étant de pied ferme, l'instructeur lui fera porter le pied droit obliquement à droite en avant, à environ 24 pouces du gauche, observant de faire tourner un peu la pointe du pied droit en dedans, pour empêcher l'épaule gauche d'avancer : le soldat restera dans cette position.

31. Au commandement *deux* de l'instructeur, l'homme de recrue portera le pied gauche par la ligne la plus courte, à environ 17 pouces en avant du talon droit, restera dans cette position.

32. Il continuera à marcher de cette manière, aux commandemens *un*, *deux*, arrêtant à chaque pas, ayant la plus grande attention à maintenir les épaules carrément et la tête directe.

33. Le pas oblique à gauche s'exécutera d'après les mêmes principes : le soldat partira d'abord du pied gauche.

34. Après quelques leçons de cette espèce, on fera marcher à l'homme de recrue le pas oblique à droite et à gauche sans le décomposer; ce qui s'exécutera ainsi qu'il suit :

35. Le soldat étant en marche directe au pas ordinaire, l'instructeur commandera :

  1. *Oblique à droite.*
  2. MARCHE.

36. Au deuxième commandement, qui sera fait à l'instant où le pied gauche pose à terre, l'homme de recrue commencera le pas oblique à droite, en observant de se conformer à ce qui a été prescrit ci-dessus, relativement à la formation, à la longueur des pas et à la carrure des épaules, mais sans s'arrêter sur chaque pas, et observant d'en faire 76 par minute.

37. Le pas oblique à gauche s'exécutera d'après les mêmes principes : l'instructeur fera le commandement *marche*, à l'instant où le pied droit pose à terre.

---

(1) Planche II.

38. Pour reprendre la marche directe, l'instructeur commandera :

1. *En avant.*

2. MARCHE.

39. Au second commandement, qui sera fait à l'instant où l'un ou l'autre pied indifféremment pose à terre, le soldat reprendra la marche directe et le pas de deux pieds.

Observations relatives au pas oblique.

40. L'instructeur veillera, comme dans la leçon précédente, à ce que le soldat marche le jarret tendu, que le poids du corps se porte sur le pied qui pose à terre, que les pieds se portent toujours par la ligne la plus courte à la place où ils doivent poser, que la tête reste toujours directe, et que les épaules ne tournent pas.

41. On exercera beaucoup les hommes de recrue à marcher ce pas, qui est difficile dans les commencemens, mais très-utile dans les mouvemens de ligne : c'est d'ailleurs un moyen excellent de leur donner de l'à-plomb, et de les habituer à maintenir la direction des épaules : ainsi on les fera marcher obliquement cinquante ou soixante pas de suite, avant de leur faire reprendre la marche directe.

42. Lorsque l'homme de recrue saura bien former le pas oblique, l'instructeur ne s'attachera pas, avec une précision rigoureuse, à faire observer les mesures qui ont été prescrites pour ce pas; il donnera pour principe essentiel au soldat, de gagner le plus de terrain possible de côté et en avant dans la même proportion, sans déranger la ligne des épaules, qui doit toujours être la même que dans la marche directe.

Observations générales relatives au pas direct et oblique.

43. Pour juger si la position du corps est conforme aux principes qui ont été prescrits, si le pas se forme régulièrement, et si le poids du corps se porte sur le pied qui pose à terre, l'instructeur se placera souvent

à dix ou douze pas en avant, et face à l'homme de re
crue ; si alors il n'aperçoit pas la semelle des soulier
lorsqu'il lève et pose les pieds, s'il ne remarque aucu
mouvement dans les épaules, ni balancement dans l
haut du corps, il pourra être assuré que les principe
sont bien observés.

44. Lorsqu'on montrera les principes du pas à deux
ou trois hommes à la fois, on n'exigera point qu'ils s'occupent de l'alignement, pour ne pas trop partager leur
attention : d'ailleurs, lorsqu'ils auront contracté l'habitude de faire des pas égaux en longueur et vitesse, ils
auront acquis le vrai moyen de conserver l'alignement.

45. L'instructeur doit aussi observer dans le même
cas de la réunion de deux ou trois hommes, de les
placer à un pas de distance l'un de l'autre, pour empêcher qu'ils ne prennent la mauvaise habitude d'écarter les coudes, ou de s'appuyer sur l'homme qui est à
côté d'eux.

SECONDE PARTIE.

Port d'armes.

46. L'instructeur ne fera passer l'homme de recrue à
cette seconde partie de l'École du soldat, que lorsqu'il
sera bien affermi dans la position du corps et la formation du pas direct et oblique.

47. L'instructeur réunira alors trois hommes, qu'il
placera sur un rang, coude à coude : il leur montrera le
port d'armes, ainsi qu'il suit :

PREMIERE LEÇON.

Principes du port d'armes.

48. L'homme de recrue étant placé comme il a été
prescrit dans la première leçon de la première partie, l'instructeur lui fera relever la main gauche, sans plier le
poignet, et ne faisant agir que l'avant-bras gauche,

l'instructeur élevera alors le fusil perpendiculairement, et le placera de la manière suivante :

(1) L'arme dans la main gauche, le bras très-peu ployé, le coude en arrière et joint au corps, sans le serrer, la paume de la main serrée contre le plat extérieur de la crosse, son tranchant extérieur dans la première articulation des doigts, le talon de la crosse entre le premier et le second doigt, le pouce par-dessus les deux derniers doigts sous la crosse, qui sera appuyée plus ou moins en arrière, suivant la conformation de l'homme, de manière que l'arme, vue de face, reste toujours perpendiculaire, et que le mouvement de la cuisse en marchant ne puisse pas la faire lever ni vaciller; la baguette au défaut de l'épaule, le bras droit pendant naturellement; comme il a été prescrit dans la première leçon de la première partie.

Observations relatives au port d'armes.

49. Il n'est pas rare de rencontrer des hommes de recrue qui aient des défauts naturels dans la conformation des épaules, de la poitrine et des hanches : l'instructeur doit s'efforcer de corriger, autant que possible, ces défauts, avant de faire porter l'arme au soldat, et doit avoir ensuite une attention suivie à régler le port d'armes selon ces défauts de conformation; de manière que le coup-d'œil général en soit uniforme, sans que les hommes soient gênés dans leur position.

50. Il observera que les hommes de recrue sont sujets à déranger la position du corps, lorsqu'ils commencent à porter l'arme, et surtout à renverser les épaules; ce qui fait que l'arme marquant de point d'appui, ils descendent la main gauche pour empêcher que l'arme ne tombe, baissent l'épaule gauche, creusent le flanc, ouvrent les coudes afin de reprendre l'équilibre, etc.

51. L'instructeur aura attention de corriger tous ces défauts, et de rectifier continuellement leur position; il

_____

(1) Planche III, fig. 1 et 2.

leur ôtera quelquefois l'arme pour la replacer ensuite, évitera de les fatiguer dans les commencemens,
et s'attachera à leur rendre peu à peu cette position si
naturelle et si facile, qu'ils puissent la conserver long-
temps sans fatigue.

52. Enfin, l'instructeur doit apporter beaucoup
d'attention à ce que le port d'armes ne soit ni trop haut
ni trop bas : s'il étoit trop haut il feroit ouvrir le coude
gauche, le soldat occuperoit par-là trop d'espace dans
le rang, et l'arme seroit chancelante ; s'il étoit trop
bas, le soldat n'auroit pas l'espace nécessaire pour manier son arme avec liberté, parce que les files se trouveroient trop serrées, le bras gauche fatigueroit trop, entraîneroit l'épaule, etc.

53. L'instructeur fera répéter les mouvemens de *tête
à droite* et *à gauche*, ainsi que les *à-droite* et les *à-
gauche*, et les *demi-tour à droite*, l'arme portée,
avant de passer à la deuxième leçon.

SECONDE LEÇON.

Maniement des armes.

54. Le maniement des armes sera montré aux trois
hommes placés d'abord sur un rang et coude à coude,
et ensuite sur une file.

55. L'exécution de chaque commandement ne formera qu'un temps ; mais ce temps sera divisé en mouvemens, afin d'en mieux faire connoître le mécanisme
au soldat.

56. La dernière syllabe du commandement décidera
l'exécution brusque et vive du premier mouvement,
les commandemens *deux* et *trois* décideront celle des
autres mouvemens. Dès que le soldat connoîtra bien
la position des divers mouvemens d'un temps, on lui
montrera à l'exécuter sans s'arrêter sur ces différens mouvemens ; mais il en observera le mécanisme, afin d'assurer
l'arme, et pour éviter les inconvéniens qui résultent de
ce qu'on appelle *escamoter l'arme*.

57. Le maniement des armes sera montré dans la progression suivante : l'instructeur commandera :

Charge en douze temps.

1. *Chargez* ⸺ vos armes.

Un temps et deux mouvemens.

Premier mouvement.

58. Faire demi à-droite sur le talon gauche, placer en même-temps le pied droit en équerre derrière le talon gauche, la boucle appuyant contre le talon ; tourner l'arme avec la main gauche, la platine en dessus, et saisir en même-temps la poignée du fusil avec la main droite, l'arme d'à-plomb et détachée de l'épaule ; laisser la main gauche sous la crosse.

Deuxième mouvement.

59. Abattre l'arme avec la main droite dans la main gauche, qui viendra en même-temps la saisir à la première capucine, le pouce alongé le long du bois, la crosse sous l'avant-bras droit, la poignée du fusil contre le corps, à environ deux pouces au-dessous du teton droit, le bout du canon à hauteur de l'œil, la sous-garde un peu en dehors, le coude appuyé sur le côté ; en même-temps que l'arme tombe dans la main gauche, le pouce de la main droite se placera contre la batterie au-dessus de la pierre, les quatre autres doigts fermés, l'avant-bras droit le long de la crosse.

2. *Ouvrez* ⸺ le bassinet.

Un temps et un mouvement.

60. Découvrir le bassinet en poussant fortement la batterie avec le pouce de la main droite, la main gauche résistant et contenant l'arme : retirer aussitôt le coude droit en arrière ; porter la main à la giberne, en la passant entre la crosse et le corps, et ouvrir la giberne.

3. *Prenez* ⸺ la cartouche.

Un temps et un mouvement.

61. Prendre la cartouche entre le pouce et les deux premiers doigts, et la porter tout de suite entre les dents, la main droite passant entre la crosse et le corps.

4. *Déchirez* ⚊ LA CARTOUCHE.

Un temps et un mouvement.

62. (1) Déchirer la cartouche jusqu'à la poudre, la tenant près de l'ouverture, entre le pouce et les deux premiers doigts ; la descendre tout de suite, et la placer perpendiculairement contre le bassinet, la paume de la main droite tournée vers le corps, le coude droit appuyé sur la crosse.

5. AMORCEZ.

Un temps et un mouvement.

63. Baisser la tête, porter l'œil sur le bassinet, le remplir de poudre, resserrer la cartouche près l'ouverture avec le pouce et le premier doigt, relever la tête et porter la main droite derrière la batterie, en appuyant les deux derniers doigts contre.

6. *Fermez* ⚊ LE BASSINET.

Un temps et un mouvement.

64. Résister de la main gauche ; fermer fortement le bassinet avec les deux derniers doigts, tenant toujours la cartouche entre les deux premiers et le pouce ; saisir tout de suite la poignée du fusil avec les deux derniers doigts et la paume de la droite, le poignet droit joint au corps, le coude en arrière et un peu détaché du corps.

7. *L'arme* ⚊ A GAUCHE.

Un temps et deux mouvemens.

Premier mouvement.

65. Redresser l'arme le long de la cuisse gauche, en appuyant fortement sur la crosse et étendant vivement

_____

(1) Planche III, fig. 4.

le bras droit, sans baisser l'épaule droite; tourner en même-temps la baguette vers le corps; ouvrir la main gauche et laisser couler l'arme dans cette main jusqu'à la seconde capucine, le chien portant sur le pouce de la main droite; faire en même-temps *face en tête*, en tournant sur le talon gauche, et porter le pied droit en avant, le talon contre la boucle du pied gauche.

Deuxième mouvement.

66. Lâcher alors le fusil de la main droite, descendre l'arme avec la main gauche le long et près du corps, remonter en même-temps la main droite à hauteur et à un pouce de distance du canon; poser la crosse à terre sans frapper, la main gauche appuyée au corps au-dessous du dernier bouton de la veste, l'arme touchant la cuisse gauche, le bout du canon vis-à-vis le milieu du corps.

8. *Cartouche* = DANS LE CANON.

Un temps et un mouvement.

67. (1) Porter l'œil sur le bout du canon, tourner brusquement le dessus de la main droite vers le corps, pour renverser la poudre dans le canon, en élevant le coude à hauteur du poignet; secouer la cartouche, l'enfoncer dans le canon, et laisser la main renversée, les doigts fermés sans les serrer.

9. *Tirez* = LA BAGUETTE.

Un temps et deux mouvemens.

Premier mouvement.

68. Baisser vivement le coude droit, et saisir la baguette entre le pouce et le premier doigt ployé, les autres fermés, la tirer vivement en alongeant le bras, les ongles en l'air, la ressaisir par le milieu entre le pouce et le premier doigt, la main renversée, la paume de la main en avant, et la tourner rapidement entre la baïon

(1) Planche III, fig. 5.

nelte et le visage en fermant les doigts, les baguette des hommes du second et du troisième rang rasant l'é paule droite de l'homme qui est immédiatement devan eux dans leur file, la baguette droite et parallèle à l baïonnette, le bras tendu, les yeux en l'air, le gro bout de la baguette vis-à-vis l'embouchure du cano sans y être engagé.

Deuxième mouvement.

69. Mettre le gros bout de la baguette dans le canon, et l'y enfoncer jusqu'à la main.

10. BOURREZ.

Un temps et un mouvement.

70. (1) Etendre le bras de sa longueur, en remontant la main droite pour saisir la baguette avec le pouce alongé, le premier doigt ployé et les autres fermés; la chasser avec force dans le canon deux fois de suite, et la ressaisir par le petit bout, entre le pouce et le premier doit ployé, les autres fermés, le coude droit joint au corps.

11. *Remettez* ══ LA BAGUETTE.

Un temps et deux mouvemens.

Premier mouvement.

71. Comme au premier mouvement de *tirez la baguette*, porter le petit bout de la baguette à l'entrée des tenons, sans l'y engager.

Deuxième mouvement.

72. Engager le petit bout dans le tenon, et faire glisser la baguette avec le pouce, remonter vivement la main, la placer un peu ployée sur le gros bout.

12. *Portez* ══ VOS ARMES.

Un temps et trois mouvemens.

---

(1) Planche III, fig. 6,

Premier mouvement.

73. (1) Elever l'arme avec la main gauche le long du corps, la main gauche à hauteur de l'épaule, le coude gauche ne quittant pas le corps, le canon en dehors; descendre en même-temps la main droite pour saisir l'arme à la poignée.

Deuxième mouvement.

74. Elever l'arme de la main droite, lâcher alors la main gauche, la descendre et la porter sous la crosse; rapporter en même-temps le talon droit à côté du gauche et sur le même alignement; appuyer l'arme avec la main droite contre l'épaule, dans la position indiquée pour le port d'armes, la main droite touchant l'arme à la poignée, sans la serrer.

Troisième mouvement.

75. Laisser tomber vivement la main droite le long de la cuisse dans la position prescrite.

Apprêtez = VOS ARMES.

Un temps et trois mouvemens.

(2) POSITION DU PREMIER RANG.

Premier mouvement.

76. Tourner l'arme, la platine en dessus, avec la main gauche, la saisir avec la main droite à la poignée, comme au premier mouvement de la charge, et rester *face en tête*, en tournant seulement la pointe du pied gauche un peu en dedans.

Deuxième mouvement.

77. Porter vivement le pied droit en arrière, le talon en l'air, les doigts du pied ployés; poser le genou

(1) Planche III, fig. 1.
(2) Planche IV, fig. 1.

à terre à dix ou douze pouces en arrière, et à environ
six pouces sur la droite du talon gauche, observant de
ne pas tomber brusquement ; descendre en même-temps
l'arme avec la main droite, la saisir avec la main gauche
à la première capucine ; poser la crosse à terre sans
frapper ; la placer devant la cuisse droite, de manière
que le bec de la crosse soit vis-à-vis le talon gauche ;
saisir en même-temps le chien avec le pouce et le premier doigt de la main droite.

Troisième mouvement.

78. Armer.

(1) POSITION DU SECOND RANG.

Premier mouvement.

Comme le premier mouvement de la charge.

Deuxième mouvement.

79. Apporter l'arme avec la main droite au milieu
du corps ; placer la main gauche, le petit doit joignant
le ressort de la batterie, le pouce alongé le long du bois
à hauteur du menton, la contre-platine tournée presque vers le corps, la baguette vers le front du bataillon ; porter en même-temps le pouce de la main droite
sur la tête du chien ; le premier doigt au-dessous et
contre la sous-garde, les trois autres doigts joints au
premier.

Troisième mouvement.

80. Fermer vivement le coude droit en armant, et
saisir l'arme à la poignée.

---

(1) Planche IV, fig. 2.

(1) POSITION DU TROISIÈME RANG.

Premier, second et troisième mouvemens.

Comme ceux du second rang.

JOUE.

Un temps et un mouvement.

81. (2) Abaisser brusquement le bout du canon, glisser vivement la main gauche jusqu'à la première capucine, appuyer la crosse contre l'épaule droite, le bout du canon un peu baissé, les coudes abattus sans être serrés au corps ; fermer l'œil gauche, diriger l'œil droit le long du canon, abaisser la tête sur la crosse pour ajuster ; placer le premier doigt sur la détente.

82. (3) Les hommes du troisième rang seulement porteront en même-temps le pied droit à huit pouces sur la droite, vers le talon gauche de l'homme qui est à côté d'eux.

Redressez = VOS ARMES.

Un temps et un mouvement.

83. Redresser fortement l'arme, et reprendre la position du troisième mouvement d'*apprêter vos armes*.

FEU.

Un temps et un mouvement.

84. Appuyer avec force le premier doigt sur la détente, sans baisser davantage la tête ni la détourner, et rester dans cette position.

CHARGEZ.

Un temps et un mouvement.

85. Retirer brusquement l'arme, et prendre la position du deuxième mouvement du premier temps de la charge, excepté que le pouce de la main droite, au lieu de se placer contre la batterie, saisira la tête du

---

(1) Planche IV, fig. 3.
(2) Pl. IV, fig. 4 et 5.
(3) Pl. IV, fig. 6.

chien avec le premier doigt ployé, et les autres doigts
fermés. Le premier rang se relevera vivement sans pencher le corps en avant, mais en effaçant l'épaule droite,
afin de ne point rencontrer l'arme du deuxième rang,
et le troisième rang rapportera le pied droit derrière le
gauche, la boucle contre le talon.

86. Lorsqu'étant dans cette position, l'instructeur
voudra faire charger les armes, il commandera :

Le chien ══ AU REPOS.

Un temps et un mouvement.

87. Relever le chien jusqu'au cran du repos, prendre
garde de ne pas l'armer; porter aussitôt la main à la
giberne, en la passant entre la crosse et le corps, et
ouvrir la giberne.

88. Lorsqu'au lieu de faire charger les armes, l'instructeur voudra les faire porter, il commandera :

Portez ══ VOS ARMES.

89. Au commandement *portez*, les soldats mettront
le chien au repos, comme il vient d'être expliqué, fer-
meront le bassinet, et saisiront le fusil à la poignée ; à
celui *vos armes*, ils porteront les armes vivement, et
feront face en tête.

(1) *Présentez* ══ VOS ARMES.

Un temps et deux mouvemens.

Premier mouvement.

90. Comme le premier mouvement de la charge,
excepté que le soldat restera face en tête.

Deuxième mouvement.

91. Achevez de tourner l'arme avec la main droite,
pour l'apporter d'à-plomb vis-à-vis l'œil gauche, la baguette en avant, le chien à hauteur du dernier bouton
de la veste, la main droite empoignant l'arme au-dessous et contre la sous-garde, l'empoigner en même-

---

(1) Pl. V, fig. 1.

temps brusquement avec la main gauche, le petit doigt contre le ressort de la batterie, le pouce alongé le long du canon, contre la monture, l'avant-bras collé au corps sans être géné, rester *face en tête* sans bouger les pieds.

Portez ⚌ vos armes.

Un temps et deux mouvemens.

Premier mouvement.

92. Tourner l'arme avec la main droite, le canon en dehors, l'élever et le placer contre l'épaule gauche avec la main droite, descendre la main gauche sous la crosse, la main droite restant libre sur la poignée.

Deuxième mouvement.

93. Laisser tomber vivement la main droite à sa position,

Reposez-vous ⚌ sur vos armes.

Un temps et deux mouvemens.

Premier mouvement.

94. Descendre l'arme en alongeant vivement le bras gauche, la saisir en même-temps avec la main droite au-dessus et près de la première capucine; lâcher l'arme de la main gauche, et la porter vivement vis-à-vis l'épaule droite, la baguette en avant, le petit doigt derrière le canon, la crosse à trois pouces de terre, la main droite appuyée à la hanche, l'arme d'à-plomb, la main gauche pendante sur le côté.

Deuxième mouvement.

95. Laisser glisser l'arme dans la main, la laisser tomber sans frapper, et prendre la position qui va être indiquée.

Position du Soldat reposé sur l'arme.

96. (1) La main basse, le canon entre le pouce et l premier doigt alongé le long de la monture, les troi autres doigts alongés et joints, le bout du canon à en viron deux pouces de l'épaule droite, la baguette en avant, le talon de la crosse à côté et contre la pointe du pied droit, l'arme d'à-plomb.

97. Lorsque l'instructeur voudra faire reposer dan cette position, il commandera :

REPOS.

98. A ce commandement, le soldat passera la main droite étendue sur la baguette, et appuiera le bout du canon contre l'épaule droite

99. Lorsque l'instructeur voudra ensuite faire passer le soldat de l'état de repos à celui de l'immobilité, il commandera :

100. 1. *Garde à vous.*
    2. PELOTON.

101. Au second commandement, le soldat reprendra la position de *reposez sur les armes*, n°. 96.

Inspection des armes.

102. Le soldat étant dans la position de *reposez sur les armes*, l'instructeur commandera :

Inspection = DES ARMES.

Un temps et un mouvement.

103. Faire un à-droite et demi sur le talon gauche, en portant le pied droit à six pouces du gauche perpendiculairement en arrière de l'alignement, les pieds en équerre ; saisir l'arme brusquement de la main gauche à la hauteur du dernier bouton de la veste ; incliner le bout du canon en arrière sans que la crosse bouge, la baguette tournée vers le corps ; porter en même-temps la main droite à la baïonnette, la saisir par la douille

(1) Pl. V, fig. 2.

et la branche, de manière que l'extrémité de la douille dépasse le talon de la main d'un pouce, et qu'en la tirant le pouce s'alonge sur la lame ; l'arracher du fourreau, la porter et la fixer au bout du canon ; saisir aussitôt la baguette, et la tirer comme il est expliqué *à la charge en douze temps ;* la laisser glisser dans le canon, et se mettre aussitôt face en tête dans la position de *reposez sur les armes*, nº. 96.

104. Alors l'instructeur inspectera successivement l'arme de chaque soldat, en passant devant le rang. Chaque soldat, à mesure que l'instructeur passera devant lui, élevera vivement son arme de la main droite, la saisira avec la main gauche entre la première capucine et le ressort de la batterie, la platine en dehors, la main gauche à hauteur du menton, l'arme vis-à-vis l'œil gauche : l'instructeur la prendra et la lui rendra après l'avoir examinée ; le soldat la reprendra de la main droite, et la replacera à la position de *reposez sur les armes.*

105. Lorsque l'instructeur l'aura dépassé, il remettra de lui-même la baguette, en reprenant la position prescrite au commandement d'*inspection des armes ;* après quoi il se remettra face en tête.

106. Si, au lieu de faire l'inspection des armes l'instructeur veut seulement faire mettre la baïonnette au bout du canon, il commandera :

Baïonnette ══ AU CANON.

Un temps et un mouvement.

107. Prendre la position indiquée ci-dessus, mettre la baïonnette au bout du canon, comme il a été expliqué, et se remettre aussitôt face en tête.

108. Si, la baïonnette étant au bout du canon, l'instructeur veut faire mettre la baguette dans le canon, pour faire l'inspection des armes après avoir tiré, il commandera :

Baguette ══ DANS LE CANON.

Un temps et un mouvement.

109. Mettre la baguette dans le canon, comme il a

été expliqué ci-dessus, et faire aussitôt face en tête; la remettre ensuite successivement, à mesure que l'arme de chaque soldat aura été inspectée.

110. Le soldat n'élevera pas l'arme pour la présenter à l'instructeur lorsqu'il passera devant lui : l'instructeur devant seulement examiner si l'arme n'est point chargée; il pourra, pour s'en assurer, prendre la baguette par le petit bout, et la faire sauter dans le canon.

Vos armes = A TERRE.

Un temps et deux mouvemens.

Premier mouvement.

111. Tourner l'arme de la main droite, la contreplatine en avant; saisir en même-temps le coin de la giberne avec la main gauche, courber le corps brusquement; avancer le pied gauche, le talon vis-à-vis la première capucine, poser l'arme à terre droit devant soi avec la main droite, le talon de la crosse restant toujours à hauteur de la pointe du pied droit, le jarret droit un peu ployé, le talon droit élevé.

Deuxième mouvement.

112. Se relever, rapporter le pied gauche à côté du droit, lâcher la bretelle de la giberne, et laisser tomber les deux mains à leur position.

Relevez = VOS ARMES.

Un temps et deux mouvemens.

Premier mouvement.

113. Comme le premier mouvement de *vos armes à terre*.

Deuxième mouvement.

114. Relever l'arme, rapporter le pied gauche à côté du droit, et tourner aussitôt l'arme avec la main droite, la baguette en avant; lâcher en même-temps la giberne, et laisser tomber la main gauche à sa position.

Portez ⇌ vos armes.

Un temps et deux mouvemens.

Premier mouvement.

115. Elever vivement l'arme de la main droite, la porter contre l'épaule gauche en la faisant tourner, pour que le canon se trouve en dehors; placer en même-temps la main gauche sous la crosse et descendre la main droite contre la batterie.

Deuxième mouvement.

116. Laisser tomber la main droite vivement à sa position.

(1) *L'arme* ⇌ au bras.

Un temps et trois mouvemens.

Premier mouvement.

117. Empoigner brusquement l'arme à quatre pouces au-dessous de la platine, sans tourner l'arme et en l'élevant un peu.

Deuxième mouvement.

118. Quitter la crosse de la main gauche, placer l'avant-bras gauche étendu sur la poitrine contre le chien, la main sur le teton droit.

Troisième mouvement.

119. Laisser tomber la main droite vivement à sa position.

L'arme ⇌ a volonté.

120. Porter l'arme indifféremment sur l'une ou sur l'autre épaule, d'une ou des deux mains; l'extrémité du canon en l'air.

L'arme ⇌ au bras.

_____

(1) Pl. V, fig. 3.

121. Reprendre vivement la position du troisième mouvement de ce temps, n°. 119.

Portez = VOS ARMES.

Un temps et trois mouvemens.

Premier mouvement.

122. Porter brusquement la main droite à la poignée de l'arme.

Deuxième mouvement.

123. Placer brusquement la main gauche sous la crosse.

Troisième mouvement.

124. Laisser tomber la main droite vivement à sa position ; descendre en même temps l'arme avec la main gauche à la position du port d'armes.

Remettez = LA BAÏONNETTE.

Un temps et trois mouvemens.

Premier mouvement.

125. Descendre l'arme en alongeant le bras gauche, la saisir en même-temps avec la main droite, au-dessus et près de la première capucine, comme au premier mouvement de *reposez sur les armes.*

Deuxième mouvement.

126. Descendre l'arme de la main droite le long de la cuisse gauche ; la saisir de la main gauche, au-dessus de la droite, pour prendre la position du second mouvement de *l'arme à gauche*, mais sans placer le talon droit devant la boucle du pied gauche ; ôter la baïonnette avec la main droite, la remettre dans le fourreau, et laisser la main droite près de la douille.

Troisième mouvement.

127. Elever l'arme de la main gauche, la saisir à la poignée avec la main droite, et porter l'arme.

L'arme sous le bras = GAUCHE.

Un temps et deux mouvemens.

Premier mouvement.

128. Empoigner brusquement l'arme avec la main droite, le pouce sur la contre-platine, et le premier doigt contre le chien ; détacher en même-temps l'arme de l'épaule, le canon en dehors, sans que le bec de la crosse change de place ; la saisir avec la main gauche à la première capucine, le pouce alongé sur la baguette, l'arme d'à-plomb vis-à-vis l'épaule, le coude gauche joint à l'arme.

Deuxième mouvement.

129. Renverser l'arme, la passer sous le bras gauche, la main gauche restant à la première capucine, le pouce appuyé sur la baguette pour l'empêcher de glisser, le petit doigt appuyé à la hanche, la main droite tombant en même-temps à sa position.

Portez = VOS ARMES.

Un temps et deux mouvemens.

Premier mouvement.

130. Relevez l'arme de la main gauche sans trop brusquer ce mouvement, pour éviter que la baguette ne s'échappe des tenons ; la saisir de la main droite à la poignée pour l'appuyer contre l'épaule, quitter en même-temps l'arme de la main gauche, et la placer brusquement sous la crosse.

Deuxième mouvement.

131. Laisser tomber la main droite vivement à sa position ; descendre en même temps l'arme avec la main gauche à la position du port d'armes.

Baïonnette = AU CANON.

Un temps et trois mouvemens.

21**

Premier mouvement.

132. Comme le premier mouvement de *remettez la baïonnette.*

Deuxième mouvement.

133. Comme le second mouvement de *remettez la baïonnette*, excepté que la main droite saisira la douille de la baïonnette, comme il a été prescrit à l'*inspection des armes*, pour l'arracher du fourreau et la porter brusquement au bout du canon ; laisser la main droite à la branche de la baïonnette.

Troisième mouvement.

134. Portez l'arme comme il a été expliqué au troisième mouvement de *remettez la baïonnette.*

(1) *Croisez* $=$ LA BAÏONNETTE.

Un temps et deux mouvemens.

Premier mouvement.

135. Comme le premier mouvement du premier temps de la charge, empoigner l'arme à deux pouces au-dessous du chien.

Deuxième mouvement.

136. Abattre l'arme avec la main droite dans la main gauche, qui la saisira un peu en avant de la première capucine, le canon en dessus, le coude gauche près du corps, la main droite appuyée sur la hanche droite, la pointe de la baïonnette à hauteur de l'œil. Les hommes du second et du troisième rangs auront attention que la pointe de leur baïonnette ne touche point l'homme qui est devant eux.

Portez $=$ VOS ARMES.

Un temps et deux mouvemens.

(1) Pl. V, fig. 4.

Premier mouvement.

137. Tourner sur le talon gauche pour se remettre *face en tête*; rapporter le talon droit à côté du gauche, redresser en même temps l'arme de la main droite, la porter à l'épaule gauche, et placer la main gauche sous la crosse.

Deuxième mouvement.

138. Laisser tomber la main droite vivement à sa position.

(1.) *Descendez* ⹀ VOS ARMES.

Un temps et deux mouvemens.

Premier mouvement.

139. Comme le premier mouvement de *reposez sur les armes.*

Deuxième mouvement.

140. Incliner un peu le bout du canon en avant, la crosse en arrière, et à environ trois pouces de terre; la main droite appuyée à la hanche, contiendra l'arme de manière que les baïonnettes des hommes du second et du troisième rangs ne touchent pas ceux qui sont devant eux.

Portez ⹀ VOS ARMES.

141. Au commandement *portez*, redresser l'arme perpendiculairement dans la main droite; au commandement *vos armes*, exécuter ce qui a été prescrit pour les porter, en partant de la position de *reposez sur les armes.*

Observations relatives au maniement des armes.

142. Le maniement des armes déforme souvent chez les hommes de recrue, la position du corps quand elle n'est pas encore parfaitement assurée; il est donc nécessaire que l'instructeur les ramène souvent à la régu-

(1) Pl, V, fig. 5.

larité de la position et du port d'armes dans le cours des leçons.

143. Les hommes de recrue sont aussi fort sujets à creuser les reins et à renverser le corps, surtout au premier temps de la charge, lorsqu'on les y tient trop long-temps; ainsi l'instructeur doit éviter de trop les arrêter dans cette position.

TROISIEME LEÇON.

Charge précipitée.

144. L'objet de cette charge est de faire distinguer au soldat les temps qu'il doit précipiter, et ceux dont l'exécution exige plus de régularité et d'attention, tels que les temps d'*amorcer*, *mettre la cartouche dans le canon*, *et bourrer;* en conséquence, elle sera divisée en quatre temps principaux, ainsi qu'il suit :

145. Le premier temps s'exécutera à la fin du commandement; les trois autres aux commandemens *deux*, *trois* et *quatre*.

146. L'instructeur commandera, *charge précipitée.*

Chargez = VOS ARMES.

147. (1) Exécuter le premier temps de la charge, découvrir le bassinet, prendre la cartouche, la déchirer, la descendre près du bassinet, et amorcer.

Deux.

148. (2) Fermer le bassinet, passer l'arme à gauche, mettre la cartouche dans le canon, la secouer et l'enfoncer.

Trois.

149. (3) Tirer la baguette, la faire entrer dans le canon jusqu'à la main, et bourrer deux coups.

----

(1) Pl. III,, fig. 4.
(2) Pl. III, fig. 5.
(3) Pl. III, fig. 6.

Quatre.

150. (1) Remettre la baguette, et porter l'arme.

Charge à volonté.

151. L'instructeur enseignera ensuite la charge à volonté, qui s'exécutera comme la charge précipitée, mais de suite, et sans s'arrêter sur les quatre temps marqués ; l'instructeur commandera :

152. *Charge à volonté.*
  Chargez == VOS ARMES.

Observations relatives aux charges.

153. L'instructeur observera que les soldats qui, sans se presser en apparence, chargent avec calme et sang-froid, sont ceux qui chargent le mieux et le plus promptement, parce qu'ils tournent la baguette sans accrocher celles des hommes qui sont à côté ou devant eux ; qu'ils ne manquent ni l'embouchure du canon, ni celle du tenon ; qu'ils bourrent mieux ; qu'ils ne répandent point la poudre en amorçant, et ne laissent pas tomber de cartouches en les prenant dans la giberne : objets essentiels auxquels l'instructeur obligera les soldats à donner la plus grande attention.

154. L'instructeur exigera de la régularité dans l'exécution des temps et dans les positions, sans quoi les soldats se gêneroient et s'embarrasseroient réciproquement. Il leur donnera, au bout de quelques leçons, des cartouches de son ou de sciure de bois, et les habituera à amorcer et à bourrer avec soin.

QUATRIEME LEÇON.

Feux.

155. Les feux seront ou directs ou obliques, et s'exécuteront ainsi qu'il va être expliqué.

_____

(1) Pl. III, fig. 1.

Feux directs.

156. L'instructeur fera les commandemens suivans :

Feux de pelotons.

1. *Peloton.*
2. ARMES.
3. JOUE.
4. FEU.
5. CHARGEZ.

157. (1) Ces divers commandemens seront exécutés comme il a été prescrit au maniement des armes.

158. Au deuxième commandement, les trois hommes prendront la position qui a été indiquée, suivant le rang dans lequel ils se trouvent placés ; après le cinquième, ils chargeront les armes et les porteront.

Feux obliques.

159. Les feux obliques s'exécuteront à droite et à gauche, et par les mêmes commandemens que les feux directs, avec cette seule différence, que le commandement JOUE sera précédé chaque fois du commandement d'avertissement, *oblique à droite* ou *à gauche*, qui sera fait après celui ARMES; à cet avertissement, les hommes du troisième rang fixeront les yeux sur le créneau ou ils devront mettre en joue.

Position des trois rangs dans les feux obliques à droite.

160. (2) Au commandement ARMES, les trois rangs exécuteront ce qui leur a été prescrit pour le feu direct.

161. Au commandement *joue*, le premier rang dirigera le bout du canon à droite, en inclinant le genou gauche en dedans, sans déranger les pieds.

---

(1) Pl. VI, fig. 1.
(2) Pl. VI, fig. 2.

162. Le deuxième rang dirigera de même le bout du canon à droite sans bouger les pieds.

163. Le troisième rang avancera le pied gauche d'environ six pouces, et vers la pointe du pied droit de l'homme du second rang de sa file; avancera aussi le corps en pliant un peu le genou gauche, et dirigera le bout du canon à droite.

164. Les trois rangs effaceront l'épaule droite.

Dans cette position, les deux derniers rangs seront prêts à tirer dans le même créneau que dans le feu direct, quoique dans une direction oblique.

165. Au commandement *chargez*, les trois rangs reprendront la position qui leur a été prescrite dans le feu direct; le troisième rapportera le pied gauche, le talon contre la boucle du pied droit, en retirant l'arme.

Position des trois rangs dans les feux obliques à gauche.

166. (1) Au commandement ARMES, les trois rangs exécuteront ce qui leur a été prescrit pour le feu direct.

167. Au commandement *joue*, le premier dirigera le bout du canon à gauche, sans incliner le genou ni bouger les pieds.

168. Le deuxième rang mettra en joue dans le créneau à gauche de son chef de file, sans bouger les pieds.

169. Le troisième rang avancera le pied gauche d'environ six pouces, et vers le talon droit de l'homme du second rang de sa file, avancera aussi le haut du corps, en pliant un peu le genou gauche, et mettra en joue dans le créneau à gauche de son chef de file.

170. Les trois rangs effaceront l'épaule gauche.

171. Dans cette position les deux derniers rangs seront prêts à tirer dans le créneau à gauche de leur chef de file, et dans une direction oblique.

172. Au commandement *chargez*, les trois rangs retireront leurs armes dans la position oblique où elles se trouvent, et amorceront dans cette position; le troisième rang rapportera le pied gauche, le talon contre la boucle du pied droit, en passant l'arme à gauche: les trois rangs prendront la même position que dans le feu direct.

(1) Pl. 6, fig. 3.

Observations relatives aux feux obliques:

173. Effacer une épaule en mettant en joue ;

Afin de pouvoir diriger.le bout du canon plus ou moins obliquement, selon la position de l'objet auquel on visera.

L'instructeur rendra ce principe sensible aux hommes de recrue, en plaçant un homme en avant, plus ou moins vers la droite ou vers la gauche, pour figurer cet objet, lorsqu'ils connoîtront bien l'emboîtement des feux obliques.

Porter le pied gauche à six pouces en avant, et faire avancer le haut du corps au troisième rang ;

Afin d'éviter les accidens ; parce que, sans cette précaution, les armes du troisième rang ne déborderoient pas suffisamment le premier rang, dans la position oblique où elles se trouvent.

Dans le feu oblique à gauche, retirer les armes et amorcer dans la position oblique où elles se trouvent ;

Parce que si l'on vouloit reprendre la même position que dans les feux directs, en retirant l'arme pour amorcer, il faudroit la faire passer par-dessus la tête de l'homme qui est devant soi.

Feux de deux rangs.

174. Le feu de deux rangs s'exécutera par les deux premiers rangs ; le troisième ne faisant que charger et passer l'arme au second rang, ne tirera point : au moyen de cette disposition, le premier rang tirera debout.

175. L'instructeur fera les commandemens suivans :

1. *Feu de deux rangs.*
2. *Peloton.*
3. ARMES.
4. *Commencez le feu.*

176. Au troisième commandement, tous les trois rangs prendront

la position prescrite pour les deuxième et troisième rangs, dans les feux direct et oblique.

177. Au quatrième commandement, l'homme du premier et celui du second rang, mettront en joue ensemble, et feront feu. L'homme du troisième rang ne devant pas tirer, ne fera que charger et passer son arme à celui du second rang.

178. L'homme du premier rang chargera vivement son arme, et tirera de nouveau, puis rechargera son arme, fera feu de nouveau, et ainsi de suite.

179. L'homme du second rang, après avoir fait feu, passera son arme de la main droite au soldat du troisième rang de sa file, celui-ci la prendra de la main gauche et passera la sienne de la main droite au soldat du second rang, lequel tirera avec l'arme de celui du troisième rang, la chargera ensuite, et tirera un second coup avec la même arme, qu'il repassera aussitôt à l'homme du troisième rang, ainsi de suite : en sorte que l'homme du deuxième rang tire toujours deux coups de suite avec la même arme, avant de la repasser à l'homme du troisième rang, excepté la première fois.

180. Après le premier feu, l'homme du premier et du second rang de chaque file ne s'astreindront plus à tirer ensemble.

181. Les trois rangs feront toujours face en tête, en passant l'arme à gauche; et après avoir chargé, ils prendront la position indiquée ci-dessus, n°. 79. A cet effet, chaque soldat ayant remis la baguette, élevera son arme de la main gauche, la laissant glisser dans cette main qui se placera contre le ressort de la batterie à hauteur du menton, en même temps qu'il fera un demi-à-droite pour revenir à la position prescrite, et que le pouce de la main droite se placera sur la tête du chien pour armer, le petit doigt au-dessous et contre la sous-garde. L'homme du troisième rang passera toujours son fusil à celui du second rang, sans être armé.

182. Lorsque l'instructeur voudra faire cesser le feu, il commandera :

Roulement.

183. A ce commandement le soldat ne tirera plus, chaque homme mettra son arme au repos, la chargera

ou achevera de la charger, si elle ne l'est pas, et la
portera, les hommes du second et du troisième rang
ayant attention de reprendre leur propre arme.

Observations générales relatives aux feux.

184. Les feux seront exécutés dans les commencemens
sans cartouches, et ensuite avec des cartouches de son
ou de sciure de bois, afin d'accoutumer de plus en plus
le soldat à amorcer et à mettre la cartouche dans le canon promptement, mais régulièrement et sans verser la
poudre, ainsi qu'à bien bourrer; et on finira cette instruction par faire exécuter les feux à poudre.

185. Lorsqu'on exécutera les feux à poudre, on recommandera aux soldats d'être attentifs à observer, en
mettant le chien au repos, si la fumée sort par la lumière; ce qui est une indication sûre que le coup est
parti : si la fumée ne sortoit pas, le soldat, au lieu de
recharger, passeroit derrière le rang pour épingler et
amorcer de nouveau. Si le soldat, croyant le coup
parti, avoit mis une seconde charge, il devroit du
moins s'en apercevoir en bourrant, par la hauteur de
la charge, et il seroit très-punissable s'il en mettoit
une troisième. L'instructeur fera donc toujours l'inspection des armes après les feux à poudre, afin de vérifier si quelque soldat a fait la faute de mettre trois
charges dans son fusil.

186. L'instructeur doit aussi apporter beaucoup
d'attention à ce que le soldat, en mettant le chien au
repos, ne réarme pas son fusil par trop de précipitation,
faute dont il pourroit résulter des accidens.

Observations générales relatives à la seconde partie de l'École du Soldat.

187. Lorsqu'après quelques jours d'exercice de la
leçon du maniement des armes, les trois hommes seront
affermis dans le port d'armes, l'instructeur terminera
toujours la leçon par les faire marcher pendant quelque
temps sur un rang, à un pas de distance l'un de l'autre,

afin de les affermir de plus en plus dans le mécanisme
du pas direct et oblique ; il leur montrera à marquer et
à changer le pas ; ce qui s'exécutera de la manière suivante.

Marquer le pas.

188. Les trois hommes étant en marche au pas ordinaire, l'instructeur leur commandera :

1. *Marquez le pas.*
2. MARCHE.

189. Au second commandement, qui sera fait à l'instant où le
pied va poser à terre, les soldats simuleront le pas, en rapportant
les talons à côté l'un de l'autre sans avancer, et en observant la
cadence du pas.

190. Lorsque l'instructeur voudra faire reprendre le
pas ordinaire, il commandera :

1. *En avant.*
2. MARCHE.

191. Au second commandement, qui sera fait comme ci-dessus,
les soldats reprendront le pas de deux pieds.

Changer le pas.

192. Les soldats étant en marche au pas ordinaire,
l'instructeur leur commandera :

1. *Changez le pas.*
2. MARCHE.

193. Au second commandement, qui sera fait à l'instant où le
pied va poser à terre, les soldats rapporteront vivement le pied qui
est derrière, à côté de celui qui vient de poser à terre, et reparti-
ront de ce dernier pied.

TROISIEME PARTIE.

PREMIERE LEÇON.

194. Lorsque les trois hommes seront bien affermis
dans les principes et le mécanisme du pas, la position
du corps et le port d'armes, l'instructeur réunira cinq

ou six hommes au moins, et au plus neuf, pour leur apprendre le principe du tact des coudes en marchant de front, ceux de la marche de flanc, le pas accéléré, le pas en arrière, les principes des changemens de direction, des conversions en marchant, et de pied ferme, et les principes d'alignement.

195. L'instructeur les placera sur un rang coude à coude, et fera ensuite les commandemens suivans.

    1. *Peloton en avant.*

    2. *Guide à gauche* (ou *à droite*).

    3. MARCHE.

196. Au commandement de *marche*, le rang partira vivement du pied gauche.

197. L'instructeur fera marcher un homme bien dressé, à deux pas devant le soldat placé à la droite ou à la gauche du rang, selon le côté où le guide aura été indiqué, et prescrira à ce soldat de marcher exactement dans la trace de l'homme qui le précède, en conservant toujours la distance de deux pas : c'est le plus sûr moyen de faire contracter aux hommes de recrue l'habitude de faire le pas de la longueur et vitesse prescrites.

198. L'instructeur fera observer les règles suivantes :

Tenir légèrement au coude de son voisin du côté du guide;

Parce qu'en tenant ainsi coude à coude à son voisin, on est assuré d'être à peu près aligné, et qu'il ne se forme pas d'ouverture entre les files. Si, au lieu de tenir légèrement au coude de son voisin, on s'appuyoit sur lui, on l'obligeroit à appuyer à son tour du côté du guide, et on repousseroit par-là ce dernier hors de la direction.

Ne point ouvrir le coude gauche ni le bras droit;

Afin que le soldat ne pousse pas son voisin, et n'occupe dans le rang que l'espace qu'il doit y tenir.

Céder à la pression qui vient du côté du guide, et résister à celle qui vient du côté opposé;

Pour éviter de rejeter le guide en dehors de la direction.

Ne rejoindre qu'insensiblement le coude de son voisin du côté du guide, s'il venoit à s'éloigner, ou si l'on s'en étoit soi-même écarté;

Parce qu'il peut arriver que le voisin se jette mal à propos à droite ou à gauche. Si alors l'homme qui est à côté de lui, et successivement ceux qui suivent, se conformoient brusquement à ce faux mouvement, il en résulteroit que la faute d'un seul homme se propageroit à plusieurs; et lorsqu'ensuite l'homme où la faute auroit commencé voudroit la réparer, il seroit obligé de repousser son voisin, celui-ci l'homme suivant, et ainsi de suite jusqu'à l'aile; ce qui occasionneroit un flottement continuel dans la marche. Si, au contraire, chaque homme observe le principe de ne se conformer que peu à peu aux mouvemens de son voisin, ce dernier aura le temps de réparer sa faute, s'il en a fait une; son erreur ne se propagera pas, et le flottement n'aura pas lieu.

Conserver toujours la tête directe et les yeux fixés à terre, à douze ou quinze pas en avant de soi, de quelque côté que le guide soit indiqué;

Parce que si les soldats tournoient la tête du côté du guide, elle entraîneroit l'épaule opposée, ce qui donneroit une fausse direction au rang, causeroit une pression continuelle du côté du guide, et par conséquent du flottement. Les yeux fixés à terre, à douze ou quinze pas en avant, empêchent que le soldat ne dérive en marchant, ce qui est un point très-essentiel.

Si l'on s'aperçoit qu'on est soi-même trop en avant ou trop en arrière, ne se remettre que peu à peu, en alongeant ou en raccourcissant d'une manière presque insensible son pas;

Parce que les mouvemens brusques en marchant tendent toujours à désunir une troupe, à y causer du flottement, et font perdre la cadence : car un homme ne sauroit faire un pas de deux pieds et demi, dans le même espace de temps que son voisin en fait un de deux pieds, sans que le mouvement du premier ne soit plus vif que celui du second; au lieu qu'on peut alonger le pas d'un ou deux pouces, sans qu'il en résulte une accélération sensible de mouvement.

199. Enfin, l'instructeur s'attachera à faire comprendre aux hommes de recrue que l'alignement ne peut se conserver en marchant que par la régularité du pas, par le tact des coudes et la carrure des épaules; que si, par exemple, ils faisoient des pas plus grands les uns que les autres, ou s'ils marchoient les uns plus vite, les autres plus lentement, ils se désuniroient nécessairement; que si, devant avoir la tête directe, ils n'observoient pas le tact des coudes, il leur seroit impossible de juger s'ils marchent à même hauteur que leur voisin; et s'il ne se forme pas entre eux des ouvertures.

200. L'instructeur les exercera ensuite à marcher obliquement à droite avec le guide à gauche, et à marcher obliquement à gauche avec le guide à droite.

201. Dans la marche oblique, comme dans la marche directe, le tact des coudes doit toujours se prendre du côté du guide : ainsi chaque homme doit tenir légèrement au coude de son voisin de ce côté.

202. La marche oblique du côté opposé au guide étant beaucoup plus difficile que celle qui a lieu du côté du guide, l'instructeur recommandera de redoubler d'attention toutes les fois qu'on obliquera ainsi.

203. Lorsque ces divers principes seront devenus familiers aux hommes de recrue, et qu'ils seront bien affermis dans la position du corps, le port d'armes, le mécanisme, la longueur et la vitesse du pas ordinaire, l'instructeur les fera passer du pas ordinaire au pas accéléré, et l'inverse, de la manière suivante.

204. Le rang étant en marche au pas ordinaire, l'instructeur commandera :

1. *Pas accéléré.*

2. MARCHE.

205. Au commandement de *marche*, qui sera fait sur l'un ou l'autre pied indistinctement, le rang prendra le pas accéléré.

206. La longueur de ce pas sera la même que celle du pas ordinaire, mais sa vitesse sera de cent par minute.

Observations relatives au pas accéléré.

207. Le pas oblique ne sera jamais accéléré.

208. La marche au pas accéléré s'exécutera d'après les mêmes principes qu'au pas ordinaire ; mais l'impulsion du pas accéléré disposant le soldat à s'abandonner, l'instructeur s'attachera à bien régler la cadence de ce pas, et à habituer le soldat à conserver toujours l'à-plomb du corps, ainsi que la régularité du pas.

209. L'instructeur fera quelquefois marquer le pas, et changer le pas, en marchant au pas accéléré.

210. Lorsque l'instructeur voudra faire reprendre le pas ordinaire, il commandera :

1. *Pas ordinaire.*
2. Marche.

211. Au commandement de *marche*, qui sera fait indistinctement sur l'un ou l'autre pied, le rang reprendra le pas ordinaire.

212. Le rang étant en marche, l'instructeur l'arrêtera par les commandemens et moyens prescrits ci-dessus, nᵒ. 24.

213. Si le rang marche au pas accéléré, le commandement de *halte* se fera un instant avant que le pied ne soit prêt à poser à terre.

214. Le rang étant de pied ferme, l'instructeur lui fera marcher le pas en arrière ; à cet effet il commandera :

1. *En arrière.*
2. Marche.

215. Au commandement de *marche*, les soldats retireront vivement le pied gauche en arrière, et le poseront à la distance d'un pied, à compter d'un talon à l'autre, et ainsi de suite jusqu'au commandement de *halte*, qui sera toujours précédé de celui de *peloton* ; les soldats arrêteront à ce commandement, en rapportant le pied qui est en avant à côté de l'autre.

216. L'instructeur veillera à ce que les hommes ne s'appuient pas sur leur voisin, à ce qu'ils se portent droit en arrière, et que l'à-plomb et la position du corps, ainsi que de l'arme, soient toujours conservés.

DEUXIEME LEÇON.

Marche de flanc.

217. Les soldats étant placés sur un rang, coude à coude, l'instructeur leur fera les commandemens suivans :

    1. *Peloton par le flanc (droit ou gauche).*
    2. A DROITE (OU A GAUCHE).
    3. MARCHE.

218. Au second commandement, ils feront à droite ou à gauche.

219. Au commandement de *marche*, ils partiront vivement du pied gauche, au pas ordinaire.

Observations relatives à la marche de flanc.

220. L'instructeur placera un homme bien dressé à côté du premier soldat du flanc vers lequel le rang fait face, pour régler son pas et le conduire, et il sera recommandé au soldat qui est au flanc, de marcher toujours coude à coude de l'homme qui doit le diriger.

221. L'instructeur fera observer dans la marche de flanc les règles suivantes :

Que le pas s'exécute d'après les principes prescrits ;

Parce que ces principes, sans lesquels des hommes placés à côté les uns des autres sur un même rang, ne sauroient conserver de l'ensemble en marchant, sont encore plus indispensables à observer lorsqu'on marche en file.

Qu'à chaque pas le pied de l'homme qui précède soit remplacé par celui de l'homme qui le suit ;

Afin que les files ne puissent pas s'ouvrir.

Que le soldat ne plie pas les genoux, pour éviter de marcher sur les talons de l'homme qui le précède ;

Parce que s'il plioit les genoux, la distance entre les files, ainsi que la cadence, se perdroient.

Que la tête de l'homme qui précède immédiatement chaque soldat, lui cache celles de tous les autres qui sont devant lui ;

Parce que c'est la règle la plus sûre qu'on puisse donner pour se maintenir exactement sur le chef de file.

222. L'instructeur se placera, dans la marche de flanc, le plus souvent à cinq ou six pas sur le flanc des hommes qu'il instruit, pour veiller à l'observation des principes ci-dessus.

223. Il se placera aussi quelquefois derrière la file, s'arrêtera, et lui laissera parcourir quinze ou vingt pas, afin d'observer si les hommes conservent exactement le chef de file.

224. L'instructeur fera converser par file à droite et à gauche ; à cet effet il commandera :

1. *Par file à droite* (ou *à gauche*).

2. Marche.

225. Au second commandement, le premier homme de la file tournera à droite ou à gauche, et marchera ensuite droit devant lui ; chaque homme viendra successivement tourner à la même place que le premier.

226. L'instructeur fera aussi exécuter les *à-droite* et les *à-gauche* en marchant ; à cet effet il commandera :

1. *Par le flanc droit* (ou *gauche*).

2. Marche.

227. Au second commandement, qui sera fait sur l'un ou sur l'autre pied indifféremment, et un peu avant que le pied ne soit prêt à poser à terre, les soldats tourneront le corps, poseront le pied qui est levé dans la nouvelle direction, et partiront de l'autre pied, sans altérer la cadence du pas.

228. Lorsque l'instructeur voudra arrêter le rang marchant par le flanc, et le remettre face en tête, il fera les commandemens suivans :

1. *Peloton*.

2. Halte.

3. Front.

229. Au second commandement, la file s'arrêtera, et aucun homme ne bougera plus, quand même il auroit perdu sa distance :

22

cette attention est nécessaire pour habituer le soldat à l'observation continuelle de sa distance.

230. Au troisième commandement, chaque homme se remettra face en tête par un *à gauche*, si l'on marche par le flanc droit, et par un *à droite*, si l'on marche par le flanc gauche.

Observations relatives à la marche de flanc.

231. Lorsque les hommes auront acquis de l'aisance et de la facilité dans la marche de flanc, l'instructeur les exercera à la marche de flanc au pas accéléré; cette leçon leur rendra plus sensible la nécessité qu'il y a de bien emboîter le pas en marchant par le flanc, et de conserver la cadence ainsi que l'à-plomb du corps.

TROISIEME LEÇON.

Alignement.

232. L'instructeur exercera d'abord les soldats de recrue à s'aligner homme par homme, afin de leur faire mieux comprendre les principes de l'alignement : à cet effet il commandera aux deux premiers hommes de l'aile droite de marcher deux pas en avant, et les ayant alignés, il avertira successivement chaque homme de se porter sur l'alignement des deux premiers.

233. Chaque soldat, à l'avertissement qui lui sera fait par l'instructeur de se porter sur l'alignement, tournera la tête et les yeux à droite, dans la position prescrite dans la *première leçon* de la *première partie*, marchera dans la cadence du pas ordinaire, deux pas en avant, en raccourcissant le dernier, de manière à se trouver à environ six pouces en arrière du nouvel alignement qu'il ne doit jamais dépasser; il se portera ensuite par de petits pas, les jarrets tendus, tranquillement et sans saccade, à côté de l'homme auquel il doit appuyer, de manière que (sans déranger la position de sa tête) la ligne de ses yeux, ainsi que celle de ses épaules, se trouve dans la direction de celle de son voisin, et de manière à sentir légèrement son coude sans ouvrir le sien.

234. L'alignement à gauche se prendra d'après les mêmes principes.

235. Lorsque les hommes de recrue auront ainsi appris, homme par homme, à s'aligner correctement et sans tâtonner, l'instructeur fera aligner le rang entier à la fois, par le commandement suivant :

A droite (ou *à gauche*) ALIGNEMENT.

236. A ce commandement, le rang tout entier, à l'exception des deux hommes placés d'avance pour servir de base d'alignement, se portera au pas ordinaire sur la nouvelle ligne, et s'y placera tranquillement, d'après les principes prescrits ci-dessus, n°. 233.

237. L'instructeur, placé à cinq ou six pas en avant, et faisant face au rang, veillera à l'observation des principes, et se portera ensuite à l'aile qui a servi de base d'alignement, pour le vérifier.

238. L'instructeur, voyant le plus grand nombre des soldats alignés, fera le commandement suivant :

FIXE.

239. A ce commandement, les soldats replaceront la tête et les yeux dans la position directe, et reprendront l'immobilité.

240. L'instructeur commandera ensuite aux hommes qui ne seroient pas alignés : *telle file* (ou *telles files*), *rentrez* ou *sortez*, en les désignant par leurs numéros, la file ou les files désignées seulement porteront aussitôt l'œil sur le rang du côté de l'alignement, pour juger de combien elles doivent avancer ou reculer, se placeront tranquillement sur la ligne, et replaceront ensuite la tête dans la position directe.

241. L'instructeur aura soin de numéroter les files d'avance.

242. Les alignemens en arrière se prendront d'après les mêmes principes : les soldats se porteront un peu en arrière de la ligne, et s'y replaceront ensuite par de petits mouvemens en avant, conformément à ce qui a été prescrit ci-dessus, n°. 233.

L'instructeur commandera :

En arrière à droite (ou *à gauche*) ALIGNEMENT.

22 *

Observations relatives aux principes d'ali-
gnement.

243. L'instructeur s'attachera à faire observer les principes suivans :

Que le soldat arrive tranquillement sur la ligne ;

Parce que la précipitation est contraire au bon ordre et même à la promptitude dans l'exécution, qu'on n'obtient qu'en habituant le soldat à faire tous les mouvemens avec calme, sang-froid et précision.

Qu'il ne penche pas le corps en arrière, ni la tête en avant.

Parce que ce n'est que par la régularité de la position qu'on apprend à s'aligner.

Qu'il ne tourne la tête que le moins possible, et seulement de manière à voir la ligne des yeux ;

Afin d'éviter que la tête n'entraîne l'épaule hors du rang, et que la fausse position d'un seul homme n'induise en erreur tous ceux qui sont au-delà.

Qu'il ne dépasse jamais l'alignement ;

Parce que si un soldat dépassoit l'alignement, il seroit ensuite obligé de reculer pour se placer sur la véritable ligne ; sa faute se propageroit aux hommes qui sont au-delà, lesquels seroient obligés de reculer à leur tour, ce qu'il faut éviter avec d'autant plus de soin, qu'outre la perte de temps qui en résulteroit, il est plus difficile de s'aligner en arrière qu'en avant.

Qu'au commandement FIXE, le soldat cesse tout mouvement, quand même il ne seroit pas aligné ;

Afin de lui faire contracter l'habitude de juger son alignement promptement, et de s'y placer sans tâtonner.

Qu'au commandement *telle file* ou *telles files, rentrez* ou *sortez,* celles qui n'auront pas été désignées ne bougent ;

Afin de ne pas déranger les files qui sont alignées.

Que dans les alignemens en arrière, le soldat dépasse un peu la ligne en reculant ;

Afin de se placer sur la ligne par un petit mouvement en avant, parce que de cette manière il est plus facile de juger de l'alignement.

QUATRIEME LEÇON.

Conversions.

244. Les conversions sont de deux espèces : les conversions de pied ferme, et les conversions en marchant.

245. Les conversions de pied ferme ont lieu pour faire passer une troupe de l'ordre en bataille à l'ordre en colonne ; ou de l'ordre en colonne à l'ordre en bataille.

246. Les conversions en marchant ont lieu dans les changemens de direction en colonne, toutes les fois que ce mouvement s'exécute sur le côté opposé au guide.

247. Dans les conversions de pied ferme, l'homme qui est au pivot de la conversion ne fait que tourner sur la place, sans avancer ni reculer.

248. Dans les conversions en marchant, l'homme qui est au pivot fait le pas de six pouces, afin de dégager le point de la conversion; ce qui est nécessaire pour que les subdivisions d'une colonne puissent changer de direction sans perdre leur distance, ainsi qu'il sera expliqué dans l'*Ecole de peloton*.

249. Dans les deux cas ci-dessus, l'homme qui est à l'aile marchante doit toujours faire le pas de deux pieds.

250. Le mouvement de *tournez à droite* (ou *à gauche*) n'a lieu que dans les changemens de direction en colonne, sur le côté du guide; et il faut bien se garder de confondre ce mouvement avec les conversions en marchant.

Conversion de pied ferme.

251. L'instructeur placera un homme bien dressé à l'aile qui devra marcher, pour la conduire, et commandera :

　1. *Par peloton à droite.*
　2. MARCHE.

252. Au second commandement, les soldats partiront du pied gauche, et tourneront en même temps la tête un peu à gauche, les yeux fixés sur la ligne des yeux des hommes qui sont à leur gauche. L'homme qui est au pivot ne fera que marquer le pas, en se conformant au mouvement de l'aile marchante. L'homme qui conduit cette aile marchera le pas de deux pieds, avancera dès le premier pas un peu l'épaule gauche, jettera les yeux sur le terrain qu'il doit parcourir, et de temps en temps sur le rang, et sentira toujours le coude de l'homme qui est à côté de lui, mais légèrement, et sans jamais le pousser.

253. Les autres soldats doivent sentir légèrement le coude de leur voisin du côté du pivot, résister à la pression qui viendroit du côté opposé, et se conformer au mouvement de l'aile marchante, en faisant le pas d'autant plus petit, qu'ils seront plus près du pivot.

254. L'instructeur fera parcourir une ou deux fois le tour du cercle, avant d'arrêter le rang, afin de faire mieux sentir les principes ; il veillera avec soin à ce que le centre ne crève pas.

255. Il fera converser à gauche d'après les mêmes principes. Lorsque l'instructeur voudra arrêter la conversion, il fera les commandemens suivans ·

　1. *Peloton.*
　2. HALTE.

256. Au second commandement, le rang s'arrêtera, et aucun homme ne bougera plus jusqu'au commandement qui va suivre.

257. L'instructeur se portant à l'aile opposée au pivot, placera les deux premiers hommes de cette aile dans la direction qu'il voudra donner au rang, laissant entre eux et le pivot l'espace nécessaire pour que les autres puissent s'y placer ; il commandera ensuite :

A gauche (ou *à droite*) = ALIGNEMENT.

258. A ce commandement, le rang se placera sur l'alignement des deux hommes qui doivent servir de base, en se conformant aux principes prescrits.

259. L'instructeur commandera ensuite FIXE ; ce qui sera exécuté comme il a été prescrit n°. 239.

260. *Observations relatives aux principes des conversions.*

Tourner la tête un peu du côté de l'aile marchante, et fixer les yeux sur la ligne des yeux des hommes qui sont de ce côté ;

Parce que sans cette attention, il seroit impossible au soldat de régler la longueur de son pas, de manière à se conformer au mouvement de l'aile marchante.

Tenir légèrement au coude de son voisin du côté du pivot ;

Afin que les files ne s'ouvrent pas en conversant.

Résister à la pression qui vient du côté de l'aile marchante ;

Parce que si l'on négligeoit ce principe, le pivot qui doit être un point fixe dans les conversions de pied ferme, pourroit être rejeté hors de sa place par la pression.

Conversions en marchant.

261. Lorsque les hommes de recrue exécuteront bien les conversions de pied ferme, on les exercera à converser en marchant.

262. A cet effet, le rang étant en marche, l'instructeur voulant lui faire changer de direction sur le côté opposé au guide, fera les commandemens suivans :

1. *A droite* (ou *à gauche*) *conversion.*
2. MARCHE.

263. Le premier commandement sera fait deux pas avant d'arriver au point de la conversion.

264. Au second commandement, la conversion s'exécutera de la même manière que de pied ferme, excepté que le tact des coudes restera du côté du guide, au lieu de se prendre du côté du pivot ; que l'homme qui est au pivot, au lieu de tourner sur la place, se

conformera au mouvement de l'aile marchante, en sentant légèrement le coude de son voisin, en faisant le pas de six pouces, et gagnera ainsi du terrain en avant, en décrivant un petit cercle, de manière à dégager le point de la conversion, et que le milieu du rang cintre un peu en arrière.

265. La conversion étant achevée, l'instructeur commandera :

    1. *En avant.*
    2. MARCHE.

266. Le premier commandement sera prononcé deux pas avant que la conversion ne soit achevée.

267. Au second qui sera fait à l'instant où la conversion sera achevée, l'homme qui conduit l'aile marchante, se dirigera droit en avant : l'homme du pivot, ainsi que tout le reste du rang, reprendront le pas de deux pieds, et replaceront la tête directe.

Changer de direction sur le côté du guide.

268. Les changemens de direction sur le côté du guide s'exécuteront ainsi qu'il suit ; l'instructeur commandera :

    1. *Tournez à gauche* (ou *à droite*).
    2. MARCHE.

269. Le premier commandement sera fait deux pas d'avance, comme ci-dessus.

270. Au second, qui sera prononcé à l'instant où le rang devra tourner, le guide fera à gauche ou à droite en marchant, et se prolongera dans la nouvelle direction, sans ralentir ni accélérer la cadence, sans alonger ni raccourcir la mesure du pas. Tout le reste du rang se conformera promptement, mais sans courir à la nouvelle direction du guide ; et, pour cet effet, chaque homme avancera l'épaule opposée au guide, prendra le pas accéléré pour se porter dans la nouvelle direction, tournera la tête et les yeux du côté du guide, joindra le coude de son voisin du même côté, en se plaçant sur l'alignement du guide, dont il prendra le pas, et replacera ensuite la tête et les yeux dans la position directe, chaque homme arrivera ainsi successivement sur l'alignement du guide.

TITRE III.

Ecole de peloton.

L'INSTRUCTION par peloton devant toujours précéder l'instruction par bataillon, et ayant pour objet d'y préparer les soldats, on se conformera, dans les exercices de détail des compagnies, à la progression et aux principes qui vont être prescrits ci-après.

Le peloton de l'école des recrues se conformera de même à ce qui va être prescrit. Il sera formé sur trois rangs ; on y attachera un chef de peloton, un sous-officier de remplacement et des serre-files, et ils seront placés comme il a été prescrit dans la *Formation en ordre de bataille.*

Il y aura en outre un officier ou sous-officier chargé d'exercer ce peloton ; il sera désigné sous le nom d'*instructeur.*

L'école de peloton sera divisée en six leçons, et chaque leçon comprendra cinq articles ainsi qu'il suit :

Première leçon.

1...... Ouvrir les rangs.
2 ..... Alignemens à rangs ouverts.
3...... Maniement des armes.
4...... Serrer les rangs.
5....... Alignemens à rangs serrés.

Deuxième leçon.

1...... Charge précipitée.
2...... Charge à volonté.
3...... Feu de peloton direct et oblique.
4...... Feu de deux rangs.
5...... Feux en arrière.

Troisième leçon.

1...... Marche en bataille par le premier rang.
2...... Arrêter le peloton marchant en bataille.

22 **

3...... Marche oblique en bataille.
4...... Marquer le pas, marcher le pas accéléré et le pas en arrière.
5...:... Marcher en bataille par le troisième rang.

Quatrième leçon.

1...... Marche de flanc.
2...... Changer de direction par file.
3...... Arrêter le peloton marchant par le flanc, et le remettre de front.
4...... Se former sur la droite ou sur la gauche par file en bataille.
5...... Étant en marche par le flanc, former le peloton et les sections.

Cinquième leçon.

1...... Rompre par section.
2...... Marcher en colonne.
3...... Changer de direction.
4...... Arrêter la colonne.
5...... Se former en bataille.

Sixième leçon.

1...... Étant en colonne, mettre des files en arrière et les faire rentrer en ligne.
2...... Marcher au pas de route, exécuter ainsi des changemens de direction, mettre des files en arrière, et les faire rentrer en ligne.
3...... Rompre et former le peloton.
4...... La contre-marche.
5...... Étant en colonne par section, se former sur la droite ou sur la gauche en bataille.

De quelque nombre de files que le peloton soit composé, il sera toujours formé sur trois rangs lorsqu'il devra exécuter la première et la deuxième leçon.

Lorsque le nombre des files sera au-dessous de douze, le peloton sera formé sur deux rangs quand il devra exécuter les troisième, quatrième, cinquième et sixième leçons.

Dans l'un et l'autre cas, l'instructeur numérotera les files de la droite à la gauche, de manière que chaque homme connoisse son numéro dans son rang.

L'instructeur sera le plus clair et le plus concis qu'il

sera possible dans ses explications. Il fera rectifier les
fautes de détail qui concernent les soldats par le chef de
peloton, à qui il les indiquera, s'il ne les avoit pas re-
marquées, et ne les rectifiera lui-même que lorsque le
chef de peloton n'aura pas bien compris, ou qu'il aura
mal rempli ses intentions.

Le calme et le sang-froid de celui qui commande et
de ceux qui exécutent, étant le premier moyen d'ordre
dans une troupe, l'instructeur s'attachera à y habituer
celle qu'il exerce, et en donnera lui-même l'exemple.

PREMIERE LEÇON.

ARTICLE PREMIER.

Ouvrir les rangs.

1. Le peloton étant reposé sur les armes et aligné
ainsi que les serre-files, l'instructeur, voulant faire ouvrir les rangs, fera placer les deux serre-files les plus
près de la gauche, à la gauche du premier et du troisième rang.

2. L'instructeur fera ensuite les commandemens suivans :

    1. *Garde à vous.*
    2. PELOTON.
    3. *Portez* ⸗ VOS ARMES.
    4. *En arrière* ⸗ OUVREZ VOS RANGS.

3. Au quatrième commandement, le chef de peloton, le sous-
officier de remplacement et les deux serre-files placés à la gauche du
premier et du troisième rangs, se porteront légèrement en arrière
pour aller tracer l'alignement où devront se placer les deux derniers
rangs.

4 Le chef de peloton et le serre-file placé à la gauche du premier
rang, se porteront sur la ligne des serre-files, et s'aligneront sur eux.

5. Le sous-officier de remplacement, et le serre-file placé à la
gauche du troisième rang, se porteront à quatre pas en arrière du
rang des serre-files, et jugeront cette distance à l'œil, sans compter
les pas.

6. L'instructeur, se portant en même temps sur le
flanc droit, vérifiera successivement la position des uns

et des autres, pour s'assurer qu'ils soient placés parallèlement au premier rang; il la rectifiera promptement
s'il est nécessaire, et commandera ensuite :

5. MARCHE.

7. A ce commandement, le premier rang du peloton ne bougera.

8. Les deux derniers rangs marcheront en arrière au pas ordinaire, sans compter les pas, et se placeront sur l'alignement déterminé pour chaque rang, en se conformant à ce qui a été prescrit
dans l'*Ecole du soldat*, n°. 242.

9. Le chef de peloton alignera le second rang, et le
sous-officier de remplacement le troisième, sur le serre-
file de gauche de leur rang.

10. Les serre-files placés derrière le troisième rang,
marcheront en arrière en même temps que ce rang, et
se placeront à leur distance lorsqu'il sera entré dans
l'alignement.

11. Le chef de peloton et le sous-officier de remplacement ayant aligné leurs rangs respectifs, l'instructeur
commandera :

FIXE.

12. A ce commandement, le chef de peloton et le serre-file placés
à la gauche du second rang, reprendront leurs places au premier
rang.

13. L'instructeur, voyant les rangs alignés, exami-
nera la position et le port d'armes des hommes du
premier rang, et chargera le chef de peloton et le sous-
officier de remplacement, si c'est un peloton d'école,
d'examiner de même le second et le troisième rang.

ARTICLE II.

Alignemens à rangs ouverts.

14. Les rangs étant ouverts, l'instructeur fera, dans
les premiers exercices, prendre quelques alignemens,
homme par homme, pour faire mieux observer les
principes.

15. Il fera marcher les trois hommes de la droite ou

de la gauche de chaque rang, deux ou trois pas en avant, et les ayant alignés, il commandera :

Par file à droite (ou *à gauche*) $=$ ALIGNEMENT.

16. A ce commandement, les soldats de chaque rang se porteront successivement sur l'alignement, chacun d'eux se laissant précéder de deux pas par son voisin, du côté de l'alignement.

17. Les alignemens successifs ayant habitué les soldats à s'aligner correctement, l'instructeur fera aligner les rangs entiers à la fois, en avant et en arrière dans des directions parallèles et obliques, en donnant toujours trois hommes pour base d'alignement à chaque rang ; à cet effet, il commandera :

A droite (ou *à gauche*) $=$ ALIGNEMENT.

Ou bien :

En arrière à droite (ou *en arrière à gauche*) $=$ ALIGNEMENT.

18. Dans les alignemens obliques à rangs ouverts, le second et le troisieme rangs ne chercheront pas à se mettre au chef de file, puisqu'il ne s'agit dans cette instruction que d'exercer les soldats à s'aligner correctement dans leurs rangs respectifs, dans toute espèce de direction.

19. Dans ces divers alignemens, l'instructeur surveillera l'exécution au premier rang, le chef de peloton au second rang, et le sous-officier de remplacement au troisième, en se plaçant sur le flanc du côté de l'alignement.

20. Dans les alignemens obliques, les soldats conformeront la ligne de leurs épaules à la nouvelle direction de leur rang, et se placeront sur l'alignement, en se conformant à ce qui est prescrit dans l'*Ecole du Soldat*, n°s. 233 et 242, selon que la nouvelle direction sera en avant ou en arrière de la position primitive de leur rang.

21. Après chaque alignement, l'instructeur, le chef de peloton et le sous-officier de remplacement examineront, en passant devant le rang, la position et le port

d'armes, pour habituer les soldats à ne pas se négliger sur ces objets.

Maniement des armes.

22. Les rangs étant ouverts, l'instructeur se placera en avant du flanc droit, de manière à voir les trois rangs, et commandera le maniement des armes dans l'ordre qui suit :

> Présenter les armes.
> Porter les armes.
> Reposer sur les armes.
> Poser les armes à terre.
> Relever les armes.
> Porter les armes.
> Porter l'arme au bras.
> Porter les armes.
> Remettre la baïonnette.
> Porter les armes.
> Passer l'arme sous le bras gauche.
> Porter les armes.
> Baïonnette au canon.
> Porter les armes.
> Charge en douze temps.

23. L'instructeur veillera à ce que la position du corps, des pieds et de l'arme, soit toujours exacte; que les temps s'exécutent vivement et près du corps, et qu'on n'escamote point l'arme.

Observations relatives aux mouvemens de CROISEZ = LA BAÏONNETTE, *et à celui de* DESCENDEZ VOS ARMES.

24. Il est des circonstances où le soldat est dans le cas de faire usage de la baïonnette au bout du fusil; soit pour attaquer soit pour se défendre.

25. Il en est d'autres où le soldat ne sauroit porter l'arme à l'épaule, comme lorsqu'il traverse les bois touffus, et où il est même obligé de s'appuyer sur son arme pour s'en aider, comme lorsqu'il doit gravir des côtes escarpées ou franchir des fossés; il est donc nécessaire que l'instructeur fasse quelquefois exécuter le

temps de *croisez* $=$ *la baïonnette*, et celui de *descendez vos armes*, pour apprendre aux soldats à faire l'usage le plus avantageux de leur arme dans ces différentes circonstances.

ARTICLE IV.

Serrez les rangs.

26. Le maniement d'armes étant achevé, l'instructeur fera serrer les rangs; à cet effet, il commandera :

1. *Serrez vos rangs.*
2. MARCHE.

27. Au commandement de *marche*, les deux derniers rangs serreront au pas ordinaire, chaque homme se dirigeant sur son chef de file : le chef de peloton et le sous-officier de remplacement reprendront alors leurs places de bataille.

ARTICLE V.

Alignemens à rangs serrés.

28. Les rangs étant serrés, l'instructeur fera prendre des alignemens parallèles et obliques, à droite et à gauche, en avant et en arrière, en observant de placer toujours d'avance trois files pour servir de base d'alignement; l'instructeur fera les commandemens prescrits ci-dessus, n°. 17.

29. Dans les alignemens à rangs serrés, le chef de peloton surveillera l'alignement du premier rang, et le sous-officier de remplacement celui des deux derniers rangs; ils s'habitueront à le juger par la ligne des yeux et des épaules, en jetant un coup-d'œil par devant et par derrière le rang.

30. Dès que le chef de peloton verra le plus grand nombre des hommes du premier rang aligné, il commandera FIXE, et rectifiera ensuite, s'il y a lieu, l'alignement des autres, par les moyens prescrits dans l'*École du Soldat*, n°. 240. Les deux derniers rangs se

conformeront à l'alignement du premier, et le sous-officier de remplacement y veillera.

31. Les rangs étant immobiles, l'instructeur se portera sur le flanc pour vérifier l'alignement des trois rangs ; il observera si les hommes des deux derniers rangs se sont placés correctement à leurs chefs de file.

32. Dans les alignemens obliques, l'instructeur fera observer ce qui a été prescrit ci-dessus, nº. 20.

33. Les serre-files se placeront toujours à deux pas en arrière du troisième rang.

34. L'instructeur, voulant faire reposer, commandera :

 1. *L'arme* ⸗ AU BRAS.

Ou *reposez-vous* ⸗ SUR VOS ARMES.

 2. REPOS.

Ce qui sera observé à la fin de chaque leçon.

35. Au commandement *repos*, le soldat ne sera plus tenu à garder l'immobilité ni la position.

36. Lorsqu'on ne voudra que soulager le soldat sans déranger l'alignement, on commandera, après avoir fait porter l'arme au bras :

En place ⸗ REPOS.

37. A ce commandement, les soldats ne seront plus astreints à conserver l'immobilité : mais ils conserveront toujours l'un ou l'autre talon en place.

DEUXIEME LEÇON.

38. L'instructeur voulant passer à la deuxième leçon, commandera :

 1. *Garde à vous.*
 2. PELOTON.
 3. *Portez* ⸗ *vos armes.*

Il fera ensuite exécuter les charges et les feux dans l'ordre suivant :

Charge précipitée.

39. La charge précipitée sera commandée et exécutée comme il a été prescrit dans l'*Ecole du Soldat*, n°. 146 et suivans. L'instructeur la fera exécuter plusieurs fois de suite, avant de passer à la charge à volonté.

ARTICLE II.

Charge à volonté.

40. La charge à volonté sera commandée et exécutée, comme il a été prescrit dans l'*Ecole du Soldat*, n°. 152.

41. Au premier temps de la charge précipitée ou à volonté, le chef de peloton et le sous-officier de remplacement feront un demi à droite comme les soldats, et se remettront face en tête lorsque le soldat qui est à côté d'eux passera l'arme à gauche.

42. L'instructeur s'attachera avec le plus grand soin à ce que, dans l'exécution des charges, les soldats se conforment aux principes prescrits n°s. 153 et 154 de l'*Ecole du Soldat*, dans les observations relatives aux charges.

43. La charge à volonté étant la charge de combat, et par conséquent celle qu'il importe le plus de rendre familière aux soldats, on s'y attachera de préférence dès qu'ils seront bien affermis dans les principes, et on les amènera par degrés à charger trois coups au moins, et même quatre, par minute, avec régularité et aisance.

ARTICLE III.

Feu de peloton.

44. L'instructeur, voulant faire exécuter le feu de peloton, commandera :

1. *Feu de peloton.*
2. *Commencez le feu.*

45. Au premier commandement, le chef de peloton se portera vivement derrière le centre de son peloton, à deux pas en arrière des serre-files.

46. Le sous-officier de remplacement reculera sur l'alignement des serre-files, vis-à-vis de son créneau. Ce principe sera général pour ce sous-officier dans les feux.

47. Au deuxième commandement, le chef de peloton commandera :

1. *Peloton.*
2. Armes.
3. Joue.
4. Feu.
5. Chargez.

48. Au commandement de *chargez*, les soldats retireront leurs armes, les chargeront et les porteront; le chef de peloton fera aussitôt recommencer le feu par les mêmes commandemens, ce qui continuera ainsi jusqu'au roulement.

49. Le chef de peloton fera quelquefois tirer obliquement à droite et à gauche, en observant seulement de prononcer chaque fois l'avertissement, *oblique à droite* ou *oblique à gauche*, après le commandement *armes*, et avant celui *joue*, et de faire tirer tantôt à droite et tantôt à gauche, sans autre avertissement; il fera aussi quelquefois le commandement de *redressez = vos armes*, après celui de *joue*, afin d'habituer les soldats au calme, au sang-froid et à l'attention au commandement.

ARTICLE IV.

Feux de deux rangs.

50. L'instructeur, voulant faire exécuter le feu de deux rangs, commandera :

1. *Feux de deux rangs.*
2. *Peloton.*
3. Armes.
4. *Commencez le feu.*

51. Au premier commandement, le chef de peloton se portera à pas en arrière du troisième rang, vis-à-vis son créneau.

52. Les troisième et quatrième commandemens seront exécutés comme il a été prescrit dans l'*Ecole du Soldat*, n°s 176 et suivans.

53. Le feu commencera par la file de droite du peloton; la file suivante ne mettra en joue qu'au moment où celle qui vient de tirer amorcera, et ainsi de suite jusqu'à la gauche; mais cette progression n'aura lieu que pour le premier feu seulement, chaque homme devant ensuite charger et tirer sans se régler sur les autres, et en se conformant à ce qui a été prescrit dans l'*Ecole du Soldat*, n°s. 180 et 181.

54. L'instructeur fera cesser le feu, soit de peloton, soit de deux rangs, par un roulement, et à l'instant où le roulement commencera, les soldats cesseront de tirer : s'ils avoient fait feu, ils chargeroient les armes et les porteroient; s'ils se trouvoient dans la position d'*apprêtez vos armes*, ils feroient front, remettroient en même-temps le chien au repos, et porteroient les armes; s'ils se trouvoient dans la position de *joue*, ils exécuteroient d'eux-mêmes le mouvement de *redressez vos armes*, feroient front en remettant le chien au repos, et porteroient les armes. Dans le feu de peloton, le premier rang se relèvera pour remettre le chien au repos : dans celui de deux rangs, les hommes du second et du troisième rang se rendront réciproquement leur arme, s'ils ne l'avoient pas fait, après avoir mis le chien au repos, et avant de porter l'arme.

55. Le roulement sera toujours suivi d'un coup de baguette, et, à ce signal, le chef de peloton, ainsi que le sous-officier de remplacement, reprendront vivement leur place de bataille, et rectifieront, s'il y a lieu, l'alignement des rangs.

56. Dans cette école le roulement sera indiqué par le commandement de *roulement*, que prononcera l'instructeur lorsqu'il voudra faire cesser le feu.

Le coup de baguette pour faire rentrer le chef de peloton et le sous-officier de remplacement à leurs places de bataille, sera également indiqué par le com-

mandement de *coup de baguette*, que prononcera l'instructeur lorsqu'il verra les armes portées.

Feu en arrière.

57. L'instructeur fera exécuter les feux en arrière, et
à cet effet il commandera :

1. *Feu en arrière.*
2. *Peloton.*
3. *Demi-tour* ⸗ A DROITE.

58. Au commandement de *demi-tour*, le chef de peloton se placera face et contre l'homme de droite du premier rang de son peloton ; le sous-officier de remplacement et les serre-files traverseront
légèrement par le créneau du chef de peloton, et se placeront face
en arrière, à deux pas du premier rang, vis-à-vis leurs places de
bataille.

59. Au commandement d'*à-droite*, le chef de peloton se reportera
dans son créneau, mais au troisième rang, devenu premier ; et le
sous-officier de remplacement se placera derrière le chef de peloton,
au premier rang, devenu troisième.

60. Le peloton faisant ainsi face en arrière, l'instructeur fera exécuter le feu de peloton direct et oblique,
et celui de deux rangs, par les commandemens prescrits
dans l'article précédent ; le chef de peloton, le sous-
officier de remplacement et les soldats, se conformeront de même à ce qui y est expliqué.

61. Dans le feu de peloton en arrière, le troisième
rang, devenu premier, mettra genou en terre.

62. Le feu de deux rangs en arrière commencera par
la gauche du peloton devenue droite.

63. Pour remettre le peloton face en tête, l'instructeur commandera :

1. *Face en tête.*
2. *Peloton.*
3. *Demi-tour* ⸗ A DROITE.

64. Au commandement de *demi-tour*, le chef de peloton, le sous-
officier de remplacement et les serre-files se conformeront à ce qui
est prescrit ci-dessus.

65. Au commandement d'*à-droite*, le chef de peloton et le sous-
officier de remplacement reprendront leurs places de bataille.

Observations relatives aux feux.

66. Dans cette leçon, l'instructeur habituera le rang qui aura mis genou en terre, à viser horizontalement, et ceux qui tirent debout à baisser tant soit peu le bout du canon en visant.

67. L'instructeur recommandera au chef de peloton de mettre assez d'intervalle entre les commandemens de *joue* et de *feu*, pour laisser aux soldats le temps de viser.

68. L'instructeur se placera en avant du flanc droit, de manière à voir les trois rangs, afin de pouvoir remarquer les fautes : il chargera le chef de peloton et les serre-files d'y veiller également, et de lui en rendre compte dans les repos, et il renverra à l'instruction individuelle les hommes qui chargeront mal ou qui se trouveront habituellement les derniers dans le feu de peloton.

69. L'instructeur recommandera aux soldats le plus grand calme et sang-froid dans les feux, sans que cela fasse rien perdre de la vivacité dans l'exécution, et ne négligera rien pour les y habituer.

70. Il donnera pour principe général aux soldats dans les feux, d'être attentifs à conserver le talon gauche en place, afin que l'alignement des rangs et des files ne puisse pas se déranger; et il vérifiera après le feu, en examinant l'alignement, si ce principe a été observé.

71. L'instructeur ajoutera à ces observations toutes celles qui ont été prescrites dans l'*Ecole du Soldat*, n°s. 184, 185 et 186.

72. Lorsqu'on exécutera les feux à poudre, l'instructeur fera quelquefois reposer sur les armes, et mettre la baguette dans le canon, sans ouvrir les rangs, afin de vérifier si quelque soldat n'a pas fait la faute de mettre trois charges dans son fusil, auquel cas, il feroit décharger l'arme avec un tire-bourre.

TROISIEME LEÇON.

ARTICLE PREMIER.

Marche en bataille.

73. Le peloton étant en bataille et correctement ali gné, l'instructeur, voulant l'exercer à la marche e bataille, se portera à quinze ou vingt pas en avant d chef de peloton, fera face en arrière, et se placera cor rectement sur le prolongement du chef de peloton et d sous-officier de remplacement qui est derrière lui a troisième rang.

74. L'instructeur s'assurera auparavant que le che de peloton et le sous-officier de remplacement aien leurs épaules parfaitement dans la direction de leur rangs respectifs, et qu'ils soient correctement placé l'un `·` rrière l'autre.

75. L'instructeur, s'étant bien aligné sur la file de direction, commandera :

1. *Peloton en avant.*

76. A ce commandement, un sous-officier de serre-file, désigné d'avance, se portera à six pas en avant du chef de peloton : l'instructeur, placé comme il vient d'être prescrit, alignera correcte-ment ce sous-officier sur le prolongement de la file de direction.

77. Le serre-file, placé à six pas devant le chef de peloton, devant être chargé de la direction, prendra, dès que sa position sera assurée, deux points à terre, dans la ligne droite qui, partant de lui, iroit passer entre les talons de l'instructeur.

78. Cette disposition étant faite, l'instructeur com-mandera :

2. MARCHE.

79. A ce commandement, le peloton partira vivement : le sous-officier chargé de la direction observera, avec la plus grande préci-sion, la longueur et la cadence du pas; marchera dans la direction des deux points qu'il avoit choisis entre lui et l'instructeur; prendra, à mesure qu'il avancera, et toujours un peu avant d'arriver au point le plus près de lui, de nouveaux points en avant, qui soient exacte-

ment dans le prolongement des deux premiers, et à quinze ou vingt pas l'un de l'autre : le chef de peloton marchera constamment dans les traces du sous-officier chargé de la direction, et se maintiendra toujours à six pas de lui : les soldats auront la tête directe, sentiront légèrement le coude de leur voisin du côté de la file de direction , et se conformeront aux principes prescrits dans l'*Ecole du Soldat* pour la marche de front.

80. L'homme placé à côté du chef de peloton aura une attention particulière à ne jamais le déborder; et, pour cet effet, il tiendra toujours la ligne de ses épaules tant soit peu en arrière, mais dans la même direction que celle du chef de peloton.

81. Les serre-files marcheront à deux pas en arrière du troisième rang.

Si les soldats perdoient le pas, l'instructeur commanderoit :

Au pas.

82. A ce commandement, les soldats jeteroient un coup-d'œil sur le sous officier chargé de la direction, reprendroient tout de suite le pas de ce sous-officier, et replaceroient aussitôt la tête directe.

Observations relatives à la marche en bataille.

83. Si c'est un peloton d'école qu'on exerce, l'instructeur fera placer le chef de peloton et le sous officier de remplacement, tantôt à la droite et tantôt à la gauche du peloton : lorsque ce sera un peloton de bataillon, ils seront placés à la gauche dans les demi-bataillons de droite, et à la droite dans les demi-bataillons de gauche.

84. Le sous-officier chargé de la direction ayant la plus grande influence sur la marche du peloton, l'instructeur n'emploiera à cette fonction que ceux qui ne laisseront rien à desirer, soit pour la précision du pas, soit pour l'habitude de maintenir la ligne des épaules carrément, et de se prolonger sans varier dans une direction donnée.

85. Si le sous-officier chargé de la direction n'observoit pas ces principes, le peloton flotteroit nécessairement ; les soldats ne pourroient contracter l'habitude de faire des pas égaux en longueur et en vîtesse , et de

conserver imperturbablement la carrure des épaules,
seuls moyens d'arriver à la perfection de la marche e
bataille.

86. L'instructeur fera marcher trois ou quatre cent
pas de suite en bataille sans arrêter, lorsque le terrain
le permettra, afin de mieux affermir les soldats dans
la longueur et la cadence du pas, et dans les principes de la marche en bataille : dans les premiers exercices il pourra faire marcher à rangs ouverts, pour
mieux surveiller la marche des deux derniers rangs;
alors il fera passer un serre-file sur le flanc du second
rang, derrière le chef de peloton.

87. L'instructeur veillera avec le plus grand soin à
l'observation de tous les principes de la marche en bataille : il se tiendra le plus souvent sur le flanc du côté
de la direction, de manière à voir les trois rangs et à
remarquer toutes les fautes; il se placera aussi quelquefois en arrière de la file de direction, s'y arrêtera pendant vingt ou trente pas de suite, pour s'assurer si le
sous-officier chargé de la direction ne s'écarte pas de la
perpendiculaire.

ARTICLE II.

Arrêter le peloton marchant en bataille, et l'aligner.

88. L'instructeur voulant arrêter le peloton, commandera :

1. *Peloton.*
2. HALTE.

89. Au commandement de *halte*, le peloton arrêtera; le sous-
officier chargé de la direction restera devant le peloton, à moins
que l'instructeur, ne voulant plus faire marcher en avant, ne lui
commande de reprendre sa place de bataille.

90. Le peloton étant arrêté, l'instructeur pourra
faire avancer les trois premières files du côté de la direction, et faire aligner le peloton sur cette base, ou
bien il pourra se borner à faire rectifier l'alignement;
dans le dernier cas, l'instructeur commandera *rectifiez*

l'alignement; le chef de peloton portera aussitôt les yeux sur le rang, et rectifiera l'alignement en se conformant à ce qui a été prescrit dans l'*Ecole du Soldat*, n°. 240.

Marche oblique en bataille.

91. Le peloton étant en marche directe, l'instructeur voulant le faire marcher obliquement, commandera :

1. *Oblique à droite* (ou *à gauche*).
2. MARCHE.

92. Au commandement de *marche*, qui sera prononcé conformément au principe prescrit dans l'*Ecole du Soldat*, n°ˢ 36 et 37, le peloton prendra le pas oblique. Le sous-officier chargé de la direction aura la plus grande attention à maintenir ses épaules carrément, et à obliquer d'un mouvement égal : le chef de peloton conformera sa marche à celle de ce sous-officier. Les soldats conserveront le tact des coudes du côté de la direction, et observeront avec soin les principes prescrits dans l'*Ecole du Soldat*, n°. 198. L'homme placé à côté du chef de peloton aura le plus grand soin à ne le pas déborder.

93. Lorsque l'instructeur voudra faire reprendre la marche directe, il commandera :

1. *En avant.*
2. MARCHE.

94. Au commandement de *marche*, qui sera prononcé à l'instant où le pied pose à terre, le peloton reprendra la marche directe. L'instructeur se portera vivement à quinze ou vingt pas en avant du chef de peloton, fera face en arrière, se placera correctement sur le prolongement du chef de peloton et du sous-officier de remplacement, et y placera, par un signe, le sous-officier chargé de la direction, s'il n'étoit pas sur cette ligne : ce sous-officier prendra aussitôt deux points à terre entre lui et l'instructeur, et en prendra ensuite de nouveaux à mesure qu'il avancera, comme il a été expliqué ci-dessus, n°. 79.

Observations relatives à la marche oblique.

95. Si le chef de peloton n'étoit pas attentif à maintenir la ligne de ses épaules carrément, il donneroit

23

une fausse direction au peloton, ce qui seroit contraire
à l'objet essentiel de la marche oblique, qui est de
faire gagner du terrain sur la droite ou sur la gauche,
en conservant la direction primitive du front de bataille.

96. Si le sous-officier chargé de la direction obliquoit inégalement, en gagnant tantôt plus, tantôt
moins de terrain de côté, et si le chef de peloton se
conformoit à sa marche, il en résulteroit tour à tour de
la pression et des ouvertures dans les files.

97. L'instructeur doit veiller avec le plus grand
soin à prévenir ces fautes; il les rectifiera promptement
lorsqu'il les remarquera, et, pour cet effet, il se tiendra, pendant la marche oblique, en avant et face au
peloton, de manière à pouvoir régler la marche du
sous-officier chargé de la direction, et veiller à l'observation des principes. Il aura soin que l'homme qui
est à l'aile du côté vers lequel on oblique, gagne assez
de terrain de côté pour ne pas gêner la marche des
files suivantes : si cet homme n'obliquoit pas assez, le
peloton creveroit; s'il obliquoit trop, il se formeroit
des ouvertures. Il est donc important de bien régler le
pas du chef de peloton, ou bien de l'homme placé à
l'aile opposée, lorsqu'on obliquera de ce côté.

98. Enfin, l'instructeur doit faire continuer la
marche oblique long-temps de suite, lorsque le terrain
le permettra, avant de faire reprendre la marche directe, afin d'en rendre la pratique facile aux soldats;
ce qui est très-important dans les mouvemens de ligne.

ARTICLE IV.

Marquer le pas, marcher le pas accéléré et le pas
en arrière.

99. Le peloton étant en marche directe au pas ordinaire, l'instructeur fera marquer le pas; à cet effet il
commandera :

1. *Marquez le pas.*
2. MARCHE.

100. Pour faire ensuite reprendre le pas ordinaire, il commandera :

1. *En avant.*
2. MARCHE.

101. Pour faire marcher au pas accéléré, l'instructeur commandera :

1. *Pas accéléré.*
2. MARCHE.

102. Le commandement de *marche* sera prononcé à l'instant où le pied va poser à terre, et sur le pied droit ou le pied gauche indistinctement.

103. Pour faire prendre le pas ordinaire, l'instructeur commandera :

1. *Pas ordinaire.*
2. MARCHE.

104. Le commandement de *marche* sera prononcé un instant plutôt que pour faire passer du pas ordinaire au pas accéléré, et sur l'un ou l'autre pied indifféremment.

105. Le peloton étant arrêté, l'instructeur pourra faire marcher le pas en arrière; à cet effet, il commandera :

1. *En arrière.*
2. MARCHE.

106. Le pas en arrière s'exécutera d'après les principes prescrits dans l'*Ecole du Soldat*, n°s. 215 et 216 ; mais l'usage en étant peu fréquent, l'instructeur ne le fera exécuter que quinze ou vingt pas de suite, et seulement de temps à autre.

Observations relatives au pas accéléré.

107. L'instructeur ne doit exercer le peloton au pas accéléré, que lorsque les soldats seront solidement affermis dans la longueur et la cadence du pas ordinaire ; il s'attachera alors à leur rendre facile et familière la cadence de 100 par minute, et à faire observer le même aplomb du corps et le même calme que dans la marche au pas ordinaire.

108. Dans la charge et dans toutes les circonstances qui pourront exiger une grande célérité, ce pas pourra être porté jusqu'à 120 par minute; mais une troupe qui marcheroit ainsi long-temps ne pouvant guère manquer de se désunir, il n'a pas dû être fixé à cette mesure dans les principes de la marche; en conséquence les troupes ne seront exercées habituellement qu'au pas accéléré de 100 par minute.

ARTICLE V.

Marcher en bataille par le troisième rang.

109. Le peloton étant arrêté et correctement aligné, l'instructeur voulant le faire marcher en bataille par le troisième rang, commandera :

1. *Peloton.*
2. DEMI-TOUR ⟹ A DROITE.

110. Le peloton ayant fait demi-tour à droite, l'instructeur se portera vivement en avant de la file de direction, en se conformant à ce qui a été prescrit ci-dessus, n°. 73.

111. L'instructeur s'étant établi correctement sur le prolongement de la file de direction, commandera :

3. *Peloton en avant.*

112. A ce commandement, le sous-officier désigné pour être chargé de la direction, se conformera à ce qui a été prescrit ci-dessus, n°s 76 et 77, avec cette seule différence, qu'il se placera à six pas en avant des serre-files.

113. Le sous-officier de remplacement se portera sur l'alignement des serre-files, vis-à-vis son créneau, et le chef de peloton le remplacera au troisième rang, devenu premier.

114. Cette disposition étant faite, l'instructeur commandera :

4. MARCHE.

115. A ce commandement, le sous-officier chargé de la direction, le chef de peloton et les soldats se conformeront à ce qui a été prescrit ci-dessus, n°. 79 et suivans.

116. L'instructeur fera exécuter, en marchant par le

troisième rang, tout ce qui a été prescrit ci-dessus pour la marche en bataille par le premier rang, à l'exception du pas en arrière; les commandemens et moyens d'exécution seront les mêmes.

117. Lorsque l'instructeur, ayant arrêté le peloton, voudra l'aligner, il le remettra face en tête par les commandemens prescrits ci-dessus, nᵒ. 109; le chef de peloton et le sous-officier de remplacement, ayant fait demi-tour à droite, reprendront leur place de bataille.

118. L'instructeur pourra ensuite faire porter en avant les trois premières files du côté de la direction, pour servir de base d'alignement, ou se borner à faire rectifier l'alignement, en se conformant, dans l'une et l'autre supposition, à ce qui a été prescrit ci-dessus, nᵒ. 90.

QUATRIEME LEÇON.

ARTICLE PREMIER.

Marcher par le flanc.

119. Le peloton étant en bataille de pied ferme, l'instructeur voulant le faire marcher par le flanc droit, commandera :

1. *Peloton par le flanc droit.*
2. A DROITE.
3. MARCHE.

120. (1) Au deuxième commandement, le peloton fera à-droite; le chef de peloton exécutera le même mouvement en se plaçant à un pas en dehors du premier rang, de manière à se trouver à côté et à la gauche du sous-officier de remplacement, lequel se portera au premier rang, en faisant de même à droite.

121. Au commandement de *marche*, le peloton partira vivement au pas ordinaire. Le sous-officier de remplacement, placé devant l'homme de droite du premier rang, et le chef de peloton placé à côté de ce sous-officier, se dirigeront droit en avant. Les hommes du second et du troisième rangs marcheront à hauteur de leur chef de file, en conservant la tête directe; les serre-files marcheront à hauteur de leur place de bataille.

_____

(1) Planche VII, fig. 1.

122. L'instructeur veillera à l'exécution des principes de la marche par le flanc, en se plaçant pendant la marche comme il a été prescrit dans l'*École du Soldat*, n°s. 222 et 223.

123. L'instructeur fera marcher par le flanc gauche, par les commandemens prescrits pour faire marcher par le flanc droit, en substituant l'indication de *gauche* à celle de *droite*.

124. A l'instant où le peloton fera à gauche, le serre-file le plus près de la gauche se portera devant l'homme de gauche du premier rang; le chef de peloton se portant vivement à la gauche, se placera à côté de ce serre-file et à sa droite; le sous-officier de remplacement se portera au premier rang à l'instant où le chef de peloton se portera à la gauche.

ARTICLE II.

Changer de direction par file.

125. (1) Le peloton étant par le flanc de pied ferme ou en marche, l'instructeur voulant faire converser par file, commandera :

　1. *Par file à droite* (ou *à gauche*).
　2. MARCHE.

126. Au commandement de *marche*, la première file conversera; si c'est du côté du premier rang, l'homme de cette file, qui est au premier rang, aura soin de ne pas tourner tout-à-coup, mais de décrire un petit cercle, en raccourcissant un peu les trois ou quatre premiers pas pour donner le temps à l'homme du troisième rang de se conformer à son mouvement; si c'est du côté du troisième rang, l'homme du premier rang conversera en marchant le pas de deux pieds, et celui du troisième rang se conformera à son mouvement, en décrivant un petit cercle, comme il vient d'être expliqué ci-dessus; chaque file conversera à la même place que celle qui la précède.

127. L'instructeur veillera à ce que la conversion s'exécute d'après ces principes, en sorte que la dis-

---

(1) Planche VII, fig. 1.

tance entre les files soit toujours conservée, et qu'il n'y ait ni temps d'arrêt ni à coup dans la marche.

ARTICLE III.

Arrêter le peloton marchant par le flanc, et le remettre face en tête.

128. L'instructeur commandera :

   1. *Peloton.*
   2. Halte.
   3. Front.

129. Les deuxième et troisième commandemens s'exécuteront comme il a été prescrit dans l'*Ecole du Soldat*, nᵒˢ 229 et 230. Le chef de peloton et le sous-officier de remplacement reprendront leurs places de bataille à l'instant où le peloton fera front.

130. L'instructeur pourra alors faire prendre un alignement, en donnant trois files pour base, ou bien faire rectifier l'alignement par le chef de peloton, s'il y a lieu.

ARTICLE IV.

Le peloton étant en marche par le flanc, le former par file sur la droite ou sur la gauche en bataille.

131. Le peloton étant en marche par le flanc droit, l'instructeur le fera former sur la droite par file en bataille; à cet effet il commandera :

   1. *Sur la droite par file en bataille.*
   2. Marche.

132. (1) Au commandement de *marche*, le second et le troisième rangs marqueront le pas ; le sous-officier de remplacement et le chef de peloton tourneront à droite, marcheront ensuite droit devant eux, et seront arrêtés par l'instructeur, lorsqu'ils auront dépassé de quatre pas au moins le troisième rang du peloton en marche : le soldat de droite du premier rang continuera à marcher,

―――――――――――――――――――――――

(1) Planche VII, fig. 2.

passera derrière le sous-officier de remplacement, tournera à droite dès qu'il l'aura dépassé, et viendra se placer à sa gauche et à côté de lui; le second homme passera de même derrière le premier, tournera ensuite à droite, et viendra se placer à sa gauche et à côté de lui, et ainsi de suite, jusqu'au dernier homme de ce rang, de quelque nombre de files et de pelotons qu'il soit composé; le second et le troisième rang exécuteront le mouvement de la même manière que le premier, en observant, pour le second rang, de ne commencer le sien que lorsqu'il aura trois ou quatre hommes du premier rang de formés sur la ligne de bataille; et pour le troisième rang, de ne commencer le mouvement que lorsqu'il y aura de même trois ou quatre hommes du second rang de formés sur cette ligne. Les hommes du second et du troisième rangs se placeront correctement derrière leurs chefs de file, à mesure qu'ils se formeront sur la ligne de bataille.

133. Le chef de peloton se placera à la droite du sous-officier de remplacement en arrivant sur la ligne de bataille, et dirigera l'alignement à mesure que les hommes du premier rang arriveront sur cette ligne.

134. Si le peloton marchoit par le flanc gauche, l'instructeur pourroit le former sur la gauche par file en bataille, par les commandemens prescrits ci-dessus, n°. 131; en substituant l'indication de *gauche* à celle de *droite*, et par les moyens inverses; le chef de peloton, placé à la gauche du premier rang, se reporteroit à sa place de bataille, dès que l'instructeur voyant le peloton formé et aligné lui en donneroit l'ordre.

135. Pour mieux faire sentir aux soldats le mécanisme de ce mouvement, l'instructeur le fera d'abord exécuter séparément par chaque rang, et ensuite par les trois rangs ensemble, en leur prescrivant de l'exécuter comme si chaque rang étoit isolé; mais en observant toutefois ce qui vient d'être prescrit pour les deux derniers, relativement au moment de commencer le mouvement.

L'instructeur suivra le mouvement pour s'assurer que chaque file se conforme à ce qui est prescrit ci-dessus, n°. 132.

ARTICLE V.

Le peloton étant en marche par le flanc, former le peloton ou les sections en marchant.

136. (1) Le peloton étant supposé en marche par le flanc droit, l'instructeur ordonnera au chef de peloton de le faire former; le chef de peloton commandera aussitôt :

1. *Par peloton en ligne.*
2. **Marche.**

137. Au commandement de *marche*, le sous-officier de remplacement continuera à marcher droit devant lui ; les soldats avanceront l'épaule droite, prendront le pas accéléré, et se porteront en ligne par le chemin le plus court, en observant de n'y entrer que l'un après l'autre et sans courir.

138. A mesure que les soldats arriveront en ligne, ils prendront le pas du sous-officier de remplacement.

139. Les hommes du second et du troisième rangs se conformeront au mouvement de leurs chefs de file, mais sans vouloir arriver en ligne en même-temps qu'eux.

140. A l'instant où le mouvement commencera, le chef de peloton fera face à son peloton et en surveillera l'exécution : dès que le peloton sera formé, il commandera *guide à gauche*, se portera à deux pas devant le centre de son peloton, fera face en tête, et prendra le pas du peloton.

141. Au commandement de *guide à gauche*, du chef de peloton, le serre-file le plus près de la gauche se portera sur le flanc gauche au premier rang, à sa place de guide ; le sous-officier de remplacement qui est à l'aile opposée y restera.

142. Si le peloton marchoit par le flanc gauche, ce mouvement s'exécuteroit par les mêmes commandemens et d'après les mêmes principes ; le peloton étant formé, le chef de peloton commanderoit *guide à droite*, et se porteroit devant le centre ; le sous-officier de remplace-

_____

(1) Planche VII, fig. 3.

ment qui est à la droite du premier rang, serviroit {
guide, et le serre-file placé au flanc gauche y resteroi

143. Ainsi dans une colonne par peloton, le sou
officier de remplacement de chacun sera toujours plac
à la droite du premier rang, et le serre-file le plus prè
de la gauche sera toujours placé à la gauche du premie
rang de leur peloton, soit que la colonne ait la droit
ou bien la gauche en tête : ils seront dénommés *guide d*
droite et *guide de gauche* du peloton, et l'un d'eux ser
toujours chargé de la direction, selon que la colonne aur
la droite ou bien la gauche en tête.

144. Le peloton étant en marche par le flanc, si
l'instructeur vouloit faire former les sections, il er
donneroit l'ordre au chef de peloton, et celui-ci commanderoit aussitôt :

    1. *Par section en ligne.*
    2. MARCHE.

145. Le mouvement s'exécuteroit d'après les mêmes
principes ; le chef de peloton se porteroit devant le
centre de la première section ; le chef de la seconde section se porteroit devant le centre de cette section, et
ils commanderoient *guide à gauche* ou bien *guide à*
droite, à l'instant où leur section seroit formée.

146. Au commandement de *guide à gauche* ou de *guide à*
droite, fait par le chef de chaque section, le guide de chacune se
porteroit au flanc gauche ou au flanc droit s'il n'y étoit déjà.

147. Le *guide de droite* du peloton servira toujours
de guide de droite et de gauche à la première section,
et le *guide de gauche* du peloton servira également de
guide de droite et de gauche à la seconde section.

148. D'après ce principe, il n'y aura jamais dans
une colonne par section, qu'un seul guide sur le flanc
de chacune, et il sera toujours placé sur le flanc gauche,
si la droite est en tête ; sur le flanc droit, si la gauche
est en tête.

149. Dans ces divers mouvemens, les serre-files suivront la section à laquelle ils sont attachés.

CINQUIEME LEÇON.

ARTICLE PREMIER.

Rompre en colonne par section.

150. L'instructeur voulant faire rompre par section à droite, commandera :

    1. *Par section à droite.*
    2. MARCHE.

151. (1) Au premier commandement, les chefs de section se porteront à deux pas devant le centre de leur section ; celui de la seconde section passant à cet effet par le flanc gauche du peloton, ils ne s'occuperont pas de s'aligner l'un sur l'autre, il suffira de se placer chacun à deux pas devant le premier rang.

152. Au commandement de *marche*, l'homme de droite du premier rang de chaque section fera à droite ; le chef de chaque section se portera vivement, et par la ligne la plus courte, en dehors du point où devra appuyer l'aile qui converse, fera face en arrière, et se placera de manière que la ligne qu'il forme avec l'homme de droite du premier rang, soit perpendiculaire à celle qu'occupoit le peloton en bataille. Les sections converseront par le principe des conversions de pied ferme au pas ordinaire ; et lorsque l'homme qui conduit l'aile marchante sera arrivé à deux pas de la perpendiculaire, le chef de chaque section commandera :

    1. *Section.*
    2. HALTE.

153. Au commandement de *halte*, les sections arrêteront : le sous-officier de remplacement se portera au même instant au point où devra appuyer la gauche de la première section, passant pour cet effet par-devant le premier rang ; le serre-file le plus près de la gauche du peloton se portera au point où devra appuyer la gauche de la deuxième section. Ils observeront de laisser entre eux et l'homme de droite de leur section, l'espace nécessaire pour contenir le front de la section ; le chef de peloton et le chef de la seconde section y veilleront, et auront soin de les aligner entre eux et l'homme de leur section qui aura fait *à-droite*.

154. Le guide de chaque section étant ainsi établi

---

(1) Planche VIII, fig. 1.

532 ÉCOLE DE PELOTON.

sur la perpendiculaire, les chefs de section commanderont :

3. *A gauche* — ALIGNEMENT.

155. L'alignement étant achevé, chaque chef de section commandera FIXE, et se portera deux pas devant le centre de sa section.

156. Les serre-files qui sont derrière le troisième rang se conformeront au mouvement de leurs sections respectives, et se placeront à deux pas en arrière de ce rang.

157. On rompra par section à gauche, d'après les mêmes principes ; l'instructeur commandera :

1. *Par section à gauche*
2. MARCHE.

158. Le premier commandement s'exécutera de la même manière que pour rompre par section à droite.

159. Au commandement de *marche*, l'homme de gauche du premier rang de chaque section fera *à gauche*, et les sections converseront à gauche par le principe des conversions de pied ferme. Les chefs de section se conformeront à ce qui a été prescrit ci-dessus, n°. 152.

160. Au commandement de *halte* du chef de chaque section, le sous-officier de remplacement, placé à la droite de la première section, et le serre-file le plus près de la gauche de la seconde section, se conformeront à ce qui a été prescrit ci dessus, n°. 153. Les chefs de section les aligneront entre eux et l'homme de gauche du premier rang de leurs sections respectives, et commanderont :

A droite — ALIGNEMENT.

161. Les sections étant alignées, chaque chef de section commandera FIXE, et se portera devant le centre de sa section.

Observations relatives au mouvement de rompre en colonne.

162. L'instructeur, placé en avant du peloton, observera si le mouvement s'exécute d'après les principes prescrits ci-dessus, si les sections, après avoir rompu en colonne, sont placées perpendiculairement à la ligne qu'occupoit le peloton en bataille, et si le guide

qui s'est porté au point ou devra aboutir l'aile de sa
section, a laissé entre lui et l'homme de droite (ou de
gauche) du premier rang, l'espace exactement nécessaire pour contenir le front de la section.

163. Les sections ayant rompu, si le guide de la
dernière ne couvroit pas exactement le guide qui le
précède, ils ne chercheroient à reprendre la direction
que lorsque la colonne se mettroit en marche, à moins
que l'instructeur, voulant remettre le peloton immédiatement en bataille, ne jugeât nécessaire de rectifier la
direction des guides ; ce qui s'exécuteroit alors, comme
il sera expliqué ci-après dans l'article 5 de cette leçon.

164. L'instructeur observera que l'homme de droite
(ou l'homme de gauche) de chaque section, qui, au
deuxième commandement de l'instructeur, aura fait à
droite ou à gauche, étant le véritable pivot de la conversion, l'homme du premier rang placé à côté de lui
doit gagner un peu de terrain en avant, en conversant
de manière à démasquer le pivot.

ARTICLE II.

Marcher en colonne.

165. Le peloton étant rompu par section, la droite
en tête, l'instructeur, voulant faire marcher la colonne, se portera à quinze ou vingt pas en avant de la
tête, fera face aux guides, et se placera correctement
sur leur direction, après avoir averti celui de la tête de
prendre des points à terre.

166. L'instructeur étant ainsi placé, le guide de la
première section prendra deux points à terre entre lui
et l'instructeur, dans la ligne droite, qui, partant
de lui, passeroit entre les talons de ce dernier ; ce qui
étant exécuté, l'instructeur commandera :

1. *Colonne en avant.*
2. *Guide à gauche.*
3. MARCHE.

167. Au commandement de *marche*, qui sera vivement répété
par les chefs de section, ils enlèveront, ainsi que les guides, par

no pas décidé, la marche de leurs sections, en sorte qu'elles parte vivement et au même instant.

168. Les soldats sentiront légérement le coude de leur voisin d côté du guide, et observeront en marchant les principes prescrit dans l'*Ecole du Soldat*, n°. 198. L'homme de chaque section plac à côté du guide, se tiendra toujours à environ 6 pouces de lui pour éviter qu'il ne puisse jamais le pousser hors de la direction, et observera aussi de ne jamais le déborder.

169. Le guide de la tête observera avec la plus grande précision la longueur et la cadence du pas, et assurera la direction de sa marche par les moyens prescrits ci-dessus, n°. 79.

170. Le guide suivant marchera exactement dans la trace du guide de la tête, en observant entre lui et ce guide une distance exactement égale à l'étendue du front de sa section, et en conservant le même pas que le guide qui le précède.

171. Si le guide de la seconde section perdoit sa distance, ce qui ne pourra arriver que par sa faute, il ne doit la reprendre que peu à peu, soit en alongeant, soit en raccourcissant insensiblement le pas, afin qu'il n'y ait jamais ni temps d'arrêt, ni à-coup dans la marche.

172. Si le guide de la seconde section, ayant négligé de suivre exactement la trace du guide précédent, s'étoit jeté sensiblement en dehors de la direction, il remédieroit à cette faute en avançant plus ou moins l'épaule gauche, de manière à regagner peu à peu la direction par le pas direct, afin de sauver l'inconvénient du pas oblique, qui feroit perdre la distance ; si, au contraire, le guide s'étoit jeté sensiblement en dedans de la direction, il y remédieroit par les moyens inverses : dans l'une et l'autre supposition, le chef de section veillera à ce que les soldats se conforment au mouvement du guide.

Observations relatives à la marche et à la direction en colonne.

173. Si les chefs de section et les guides négligeoient d'enlever vivement leur section, et de décider la

marche dès le premier pas, elle commenceroit par être incertaine; le pas et les distances se perdroient.

174. Si le guide de la tête ne marchoit point un pas égal, la marche de sa section et de celle qui suit seroit incertaine; il y auroit du flottement, des temps d'arrêts et des à-coups.

175. Si le guide de la tête n'étoit pas habitué à se prolonger, sans varier, dans une direction donnée, il décriroit dans sa marche une ligne courbe, et la colonne serpenteroit.

176. Si le guide suivant n'étoit pas habitué à marcher dans la trace du guide qui le précède, il perdroit à tout moment sa distance, dont l'observation est le premier principe dans la marche en colonne.

177. Le guide de chaque section sera responsable de la distance, de la direction et du pas; le chef de section le sera de l'ordre et de l'ensemble dans sa section : en conséquence : il se retournera souvent pour y veiller.

178. L'instructeur, placé sur le flanc du côté des guides, veillera à l'exécution de tous les principes prescrits; il se placera aussi quelquefois en arrière des guides, s'y alignera correctement, et s'y arrêtera pendant vingt ou trente pas de suite, pour vérifier si le guide de la tête ne s'écarte pas de la direction, et si le guide suivant marche exactement dans la trace du premier.

179. Toutes les fois qu'on sera rompu en colonne, les chefs de subdivision répéteront les commandemens MARCHE et HALTE de l'instructeur, à l'instant même où ils leur parviendront, et sans se régler l'un sur l'autre; ils ne répéteront aucun autre commandement, mais avertiront seulement leurs soldats, s'ils ne les avoient pas entendus.

ARTICLE III.

Changer de direction.

180. La colonne étant en marche, la droite en tête, l'instructeur voulant lui faire changer de direction à

gauche, en donnera l'ordre au chef de la première section, se portera aussitôt de sa personne, ou enverra un
jalonneur au point où le mouvement devra commencer,
et s'y placera sur la direction des guides, de manière
à présenter le côté droit à celui de la tête.

181. Le guide de la tête se dirigera sur l'instructeur
ou sur le jalonneur placé au point de la conversion, de
manière que son bras gauche rase la surface de sa poitrine, et lorsqu'il sera près d'arriver à sa hauteur, le
chef de section commandera :

    1. *Tournez à gauche.*

    2. MARCHE.

182. (1) Le premier commandement sera fait à deux
pas avant d'arriver au point de conversion.

183 Au commandement de *marche*, qui sera prononcé à l'instant où le guide arrivera au point de conversion, le guide, ainsi
que la section, tourneront à gauche, en se conformant à ce qui a été
prescrit dans l'*Ecole du Soldat*, n°. 270.

184. Le guide de la première section ayant tourné,
prendra des points à terre dans la nouvelle direction,
afin de mieux assurer sa marche.

185. La seconde section continuera à marcher droit
devant elle, son guide se dirigeant de manière à raser
la surface de la poitrine de l'instructeur ou du jalonneur placé au point de la conversion : arrivé à hauteur
de ce dernier, la seconde section tournera à gauche
par les mêmes commandemens, et d'après les mêmes
principes que la première.

186. Pour faire changer de direction sur le côté opposé au guide, l'instructeur en ayant donné l'ordre au
chef de la première section, ira aussitôt de sa personne,
ou enverra un jalonneur se placer au point où le changement de direction devra s'exécuter, et de la même
manière qu'il a été expliqué pour changer de direction
sur le côté du guide.

187. Le guide de la première section se dirigera

(1) Pl. VIII, fig. 2.

comme il a été prescrit ci-dessus , n°. 181 ; et lorsqu'il sera arrivé à deux pas du point de la conversion, le chef de section commandera :

1. *A droite conversion.*
2. Marche.

188. (1) Au commandement de *marche*, qui sera prononcé à l'instant où le guide arrivera au point de la conversion, la section exécutera un mouvement de conversion à droite, en se conformant à ce qui a été prescrit dans l'*Ecole du Soldat*, n°. 264.

189. La conversion étant achevée, le chef de section commandera :

3. *En avant.*
4. Marche.

190. Ces commandemens seront prononcés et exécutés conformément à ce qui a été prescrit dans l'*Ecole du Soldat*, n°^s 266 et 267.

191. La seconde section continuera à marcher droit devant elle, le guide de cette section ayant attention de se diriger sur l'instructeur ou le jalonneur ; cette section exécutera à son tour un mouvement de conversion à droite, à la même place et par les mêmes commandemens et moyens que la première section, et reprendra de même la marche directe.

192. Les changemens de direction dans une colonne, la gauche en tête, s'exécuteront d'après les mêmes principes, et par les moyens inverses.

Observations relatives aux changemens de direction en colonne.

193. Il est très-important, pour la conservation de la distance et de la direction, que toutes les subdivisions exécutent leur changement de direction précisément à la même place que la première : c'est pour cette raison que l'instructeur doit se porter (ou placer un jalonneur) un peu d'avance au point de conversion, et

---

(1) Planche VIII, fig. 3.

qu'il a été prescrit aux guides de se diriger sur lui, et aux chefs de subdivision de ne faire commencer l'exécution du mouvement qu'à l'instant où leur guide rasera la surface de sa poitrine.

194. Les chefs de subdivision doivent veiller à ce que leur subdivision arrive carrément sur le terrain où elle devra changer de direction : à cet effet, ils doivent se retourner face à leur subdivision, lorsque celle qui précède commence à converser ou à tourner, afin de veiller à ce que leur subdivision continue à marcher carrément devant elle jusqu'au point de conversion.

195. Si, dans les changemens de direction sur le côté opposé au guide le pivot de la subdivision qui converse ne dégageoit pas le point de conversion, la subdivision snivante, eroit arrêtée et les distances se perdroient; car le guide qui conduit l'aile marchante, ayant à parcourir environ une fois et demie l'étendue du front de la subdivision, celle qui suit immédiatement seroit déjà arrivée au point où elle devra converser, tandis que la subdivision qui converse auroit encore à parcourir la moitié de l'étendue de son front, et seroit obligée de marquer le pas jusqu'à ce que la subdivision précédente eût achevé la conversion : cette dernière parcourant ensuite en avant une fois et demie l'étendue de son front, pendant que celle qui la suit exécuteroit sa conversion, il en résulteroit, si le pivot étoit fixe, qu'il y auroit autant de temps d'arrêts successifs, moins un, que de subdivisions dans la colonne, et que la dernière subdivision se trouveroit, au moment où elle auroit achevé sa conversion, trop éloignée de celle de la tête, de la moitié de l'étendue du front qu'occuperoit la colonne en bataille, moins le front de la première subdivision. C'est pour remédier à ces inconvéniens qu'on a prescrit que le pivot feroit le pas de six pouces, afin de ne pas arrêter la subdivision suivante : les chefs de subdivision devant veiller avec le plus grand soin à l'exécution de ce principe, ils se retourneront face à leur peloton, et avertiront le pivot d'alonger ou de raccourcir le pas, selon qu'ils le jugeront nécessaire;

par la nature de ce mouvement, le centre de la subdivision doit cintrer un peu en arrière.

196. Les guides ne doivent jamais altérer la longueur ni la cadence du pas, soit que le changement de direction ait lieu sur le côté du guide, ou sur le côté opposé.

197. L'instructeur placé au point de conversion (ou le jalonneur qu'il y aura envoyé) présentera toujours le côté droit à la colonne, si elle a la droite en tête; le côté gauche, si la gauche est en tête, et se placera sur le prolongement des guides. L'instructeur veillera avec le plus grand soin à l'observation de tous les principes prescrits ci-dessus; à ce que chaque subdivision ne commence l'exécution du mouvement qu'à l'instant où le guide, rasant la surface de sa poitrine sera prêt à le dépasser, et que dans les changemens de direction sur le côté opposé aux guides, l'aile marchante ne décrive pas un trop grand cercle, afin de ne pas se jeter en dehors de la nouvelle direction.

ARTICLE IV.

Arrêter la colonne.

198. La colonne étant en marche, l'instructeur voulant l'arrêter, commandera :

1. *Colonne.*

2. Halte.

199. Au commandement *halte*, vivement répété par les chefs de section, elles s'arrêteront en même temps, et les guides ne bougeront plus, quand même ils n'auroient ni leur distance ni leur direction, à moins que l'instructeur voulant former la colonne en bataille, ne juge nécessaire de rectifier leur direction; ce qui s'exécutera alors comme il sera prescrit dans l'article suivant.

200. Les chefs de subdivision ne feront point de commandement d'alignement, l'instructeur seul devant faire ce commandement, s'il le juge nécessaire, dans le cas où il voudroit former la colonne en bataille, comme il sera expliqué dans l'article suivant.

Observations relatives à ce qui est prescrit pour arrêter la colonne.

201. Si le commandement HALTE n'étoit pas répété avec la plus grande vivacité, et exécuté au même instant, les distances se perdroient.

202. Si un guide ayant perdu sa distance, cherchoit à la reprendre après le commandement *halte*, il ne feroit par là que rejeter sa faute sur le guide suivant, qui, s'il a bien marché, se trouveroit alors n'avoir plus la sienne; et si ce dernier vouloit à son tour la reprendre, le même mouvement se propageroit successivement jusqu'à la queue de la colonne.

203. Lorsque l'instructeur, ayant arrêté la colonne, ne voudra pas la former en bataille, il pourra se dispenser de rectifier la direction des guides; elle sera suffisamment exacte, ainsi que les distances, si le guide de la tête et les guides suivans ont observé ce qui leur a a été prescrit ci-dessus, n°s. 169 et 170.

ARTICLE V.

Étant en colonne par section, se former à gauche ou à droite en bataille.

204. L'instructeur ayant arrêté la colonne supposée avoir la droite en tête, et voulant la former en bataille, se portera aussitôt à distance de section en avant du guide de la tête, fera face à ce guide, et rectifiera, s'il est besoin, la position du guide suivant; ce qui étant exécuté, l'instructeur commandera :

A gauche = ALIGNEMENT.

205. A ce commandement, qui ne sera point répété par les chefs de subdivision, chaque chef de section se portera vivement à environ deux pas en dehors de son guide, et dirigera l'alignement de sa section perpendiculairement à la direction de la colonne.

206. Les chefs de section ayant aligné leurs sections respectives, commanderont FIXE, et se porteront légèrement devant le centre de leur section.

Cette disposition étant faite, l'instructeur commandera :

1. *A gauche en bataille.*

2. MARCHE.

207. (1) Au commandement de *marche*, vivement répété par les chefs de section, l'homme de gauche du premier rang de chaque section, fera à gauche, et appuiera légèrement sa poitrine contre le bras droit du guide placé à côté de lui, lequel ne bougera pas; les sections converseront à gauche par le principe des conversions de pied ferme; et en se conformant à ce qui a été prescrit ci-dessus, n°. 164, chaque chef de section se retournera face à sa section pour y veiller; et lorsque la droite de sa section sera arrivée à deux pas de la ligne de bataille, il commandera :

1. *Section.*

2. HALTE.

208. Le chef de la seconde section ayant arrêté sa section, se portera en serre-file.

209. Le chef de peloton ayant arrêté la première section, se portera légèrement sur la ligne de bataille, au point où devra appuyer la droite du peloton, et commandera aussitôt :

A droite ⸺ ALIGNEMENT.

210. A ce commandement, les deux sections se placeront sur l'alignement : l'homme de la première qui correspond à l'instructeur, établi sur la direction des guides, appuiera légèrement la poitrine contre son bras gauche, et le chef de peloton dirigera l'alignement sur l'homme de gauche du peloton.

211. Le peloton étant aligné, le chef de peloton commandera :

FIXE.

212. L'instructeur voyant le peloton en bataille et immobile, commandera :

Guides ⸺ A VOS PLACES.

213. A ce commandement, le sous-officier de remplacement se portera derrière le chef de peloton ; le guide de la seconde section se portera en serre-file.

---

(1) Planche VIII, fig. 3.

L'instructeur vérifiera l'alignement, et le fera rectifier, s'il y
lieu, par le chef de peloton.

214. Pour former la colonne, la gauche en tête
droite en bataille, l'instructeur se placera à distance d
section en avant et face au guide de la tête, et recti
fiera, s'il le juge nécessaire, la position du guide sui
vant; ce qui étant exécuté, il commandera:

1. *A droite en bataille.*
2. MARCHE.

215. Au commandement de *marche*, l'homme de droite du premier rang de chaque section fera *à droite*, et appuiera légèremen
sa poitrine contre le bras gauche du guide placé à côté de lui, lequel
ne bougera : chaque section conversera à droite, et sera arrêtée par
son chef lorsque l'aile marchante sera arrivée à deux pas de la ligne
de bataille. Pour cet effet, les chefs de section commanderont:

1. *Section.*
2. HALTE.

216. Le chef de la seconde section ayant arrêté sa
section, se portera en serre-file.

217. Le chef de peloton ayant arrêté la première section, se portera légèrement à la gauche du peloton,
observant de s'y placer sur la ligne de bataille, au point
où devra appuyer l'homme de gauche, et commandera
aussitôt:

A gauche = ALIGNEMENT.

218. A ce commandement, les deux sections se placeront sur
l'alignement; l'homme de gauche de la seconde section qui correspond à l'instructeur, appuiera légèrement la poitrine contre son bras
droit, et le chef de peloton dirigera l'alignement sur l'homme de
droite du peloton.

219. Le peloton étant aligné, le chef de peloton
commandera:

FIXE.

220. L'instructeur commandera ensuite:

Guides = A VOS PLACES.

221. A ce commandement, le chef de peloton se portera à la
droite de son peloton; le sous-officier de remplacement se portera
derrière le chef de peloton au troisième rang, et le guide de la
seconde section se portera en serre-file.

Observations relatives au mouvement de se former
à gauche ou à droite en bataille.

222. L'instructeur pourra se dispenser de faire le commandement de *à gauche* (ou *à droite*) = ALIGNE-MENT, avant de commander *à gauche* (ou *à droite*) EN BATAILLE, à moins que, par la rectification des guides, il ne soit devenu nécessaire que les sections appuient à droite ou à gauche.

223. L'instructeur doit observer, avant de commander *à gauche* (ou *à droite*) EN BATAILLE, si la dernière section a exactement sa distance. Cette attention est importante pour habituer les guides à ne jamais se négliger sur ce point essentiel.

SIXIEME LEÇON.

ARTICLE PREMIER.

Mettre des files en arrière et les faire rentrer en
ligne.

224. Le peloton étant en marche, et supposé faire partie d'une colonne, la droite ou la gauche en tête, l'instructeur voulant faire mettre des files en arrière, en donnera l'ordre au chef de peloton, qui se retournera aussitôt face à son peloton, et commandera :

1. *Une file de droite* (ou *de gauche*) *en arrière.*

2. MARCHE.

225. Au commandement de *marche*, la première file de droite, ou la première file de gauche du peloton, marquera le pas, et les autres continueront à marcher en avant ; l'homme du troisième rang de cette file se portera aussitôt que le troisième rang du peloton l'aura dépassé, à gauche, si c'est une file de droite ; à droite, si c'est une file de gauche, et se placera derrière la troisième file de ce côté : l'homme du second rang se portera de même derrière la deuxième file, et celui du premier rang derrière la première file, à l'instant où le troisième rang du peloton les dépassera. Chaque

homme se portera à la place qui lui est prescrite, en avançant un peu l'épaule extérieure, ayant la plus grande attention à ne pas perdre de distance.

226. L'instructeur voulant faire rompre encore une file du même côté, et ayant donné l'ordre au chef de peloton, ce dernier fera les mêmes commandemens que ci-dessus.

227. Au commandement de *marche*, du chef de peloton, la file déjà rompue, avançant un peu l'épaule extérieure, gagnera l'espace d'une file à droite, si ce sont des files de gauche ; à gauche, si ce sont des files de droite, en raccourcissant le pas, afin de faire place à la nouvelle file en avant d'elle ; la nouvelle file rompra de la même manière que la première.

228. L'instructeur pourra faire diminuer ainsi successivement le front du peloton de tel nombre de files qu'il voudra, en faisant toujours rompre de nouvelles files du même côté, jusqu'à ce qu'il ne reste plus que trois files de front.

229. Les serre-files se répartiront derrière ce qui reste de la troupe marchant de front.

230. Lorsque l'instructeur voudra faire rentrer des files en ligne, il en donnera l'ordre au chef de peloton, qui commandera aussitôt :

1. *Une file de droite* (ou *de gauche*) *en ligne.*

2. MARCHE.

231. Au commandement de *marche*, la première file de celles qui marchent par le flanc, rentrera vivement en ligne, et les files suivantes gagneront, en avançant l'épaule droite, l'espace d'une file à gauche, si c'est par la gauche qu'on a mis les files en arrière, ou gagneront, en avançant l'épaule gauche, l'espace d'une file à droite, si c'est par la droite qu'on a mis les files en arrière.

232. Le chef de peloton, faisant face à son peloton, veillera à l'observation des principes prescrits.

233. L'instructeur ayant ainsi fait rompre les files l'une après l'autre, et les ayant fait rentrer en ligne de même, fera rompre deux ou trois files ensemble ; les files désignées marqueront le pas ; chaque rang avancera, à mesure que le troisième rang du peloton l'aura

dépassé, un peu l'épaule extérieure, obliquera à la fois
et se placera derrière l'une des trois files voisines,
comme si le mouvement s'étoit exécuté file par file en
observant de ne pas perdre de distance.

234. L'instructeur ordonnera ensuite au chef de peloton de faire rentrer deux ou trois files à la fois en
ligne; pour cet effet, le chef de peloton commandera:

1. *Trois premières files en ligne.*

2. Marche.

235. Les files désignées se porteront vivement, et
par le plus court chemin, en ligne.

236. Toutes les fois qu'on mettra des files en arrière,
le guide qui est au flanc du peloton appuiera à droite
ou à gauche, à mesure que le front diminuera; de manière à se trouver toujours à côté du premier homme
de ceux qui marchent de front; il appuiera en sens contraire à mesure qu'on fera rentrer des files en ligne.

*Observations relatives au mouvement de faire
mettre des files en arrière et de les faire rentrer
en ligne.*

237. Il est de la plus grande importance, relativement à la conservation des distances dans les colonnes
en route composées de plusieurs bataillons, d'habituer
les soldats, dans les écoles de détail, à exécuter ces
mouvemens avec une grande précision.

238. Si, lorsqu'on fait rompre de nouvelles files,
elles n'alongeoient pas bien le pas en obliquant; si,
lorsqu'on fait rentrer des files en ligne, elles ne s'y portoient pas vivement, elles arrêteroient dans l'un et
l'autre cas les files suivantes; ce qui feroit perdre la
distance, et occasionneroit par là l'alongement de la
colonne.

239. L'instructeur se placera sur le flanc, du côté
où ces mouvemens s'exécutent, pour s'assurer de l'exacte
observation des principes.

24

240. L'instructeur observera qu'en faisant mettre
successivement des files en arrière du même côté, on
peut réduire le front à trois files, derrière lesquelles les
files rompues pourront marcher en potence.

241. Mais si, au lieu de mettre des files en arrière
d'un seul côté, on faisoit rompre des files par les deux
ailes à la fois, ce qui doit s'exécuter quelquefois, on
ne pourroit plus alors réduire le front du peloton au-
dessous de six files, puisqu'il en faudroit trois de chaque côté pour que les files rompues puissent marcher
en potence derrière elles ; si dans cet état de choses,
le défaut d'espace obligeoit à diminuer encore le front
pour le réduire à cinq ou à quatre, ce que l'instructeur
supposera quelquefois, il feroit rentrer en ligne à la
fois toutes les files qui sont en arrière du côté opposé
au guide, et rompre en même temps du côté du guide
autant de nouvelles files, plus une ou deux, selon qu'il
voudroit réduire le front à cinq ou à quatre, qu'il en
aura fait entrer en ligne du côté opposé. Ainsi, par
exemple, dans une colonne la droite en tête, le peloton
étant supposé de douze files, dont trois en potence de
chaque côté, le défaut d'espace obligeant à se réduire
à cinq de front, l'instructeur fera rentrer en ligne les
trois files de droite, et rompre en même temps quatre
nouvelles files à la fois à gauche ; ce qui réduira le front
à cinq. Pour faciliter l'exécution de ce mouvement, il
faut que les deux files qui ne doivent pas rompre
obliquent fortement à gauche, afin que les trois files de
droite, qui sont censées longer le bord du défilé,
trouvent de la place pour rentrer en ligne.

ARTICLE II.

Marcher en colonne au pas de route, et exécuter les divers mouvemens de file prescrits dans l'article précédent.

242. Le peloton étant de pied ferme, et supposé faire partie d'une colonne, l'instructeur voulant le mettre en marche, au pas de route, commandera :

1. *Colonne en avant.*
2. *Guide à gauche* (ou *à droite*).
3. *Pas de route.*
4. Marche.

243. Au commandement de *marche*, répété par le chef de peloton, les trois rangs partiront ensemble, les deux derniers prendront en marchant environ trois pieds de distance du rang qui les précède respectivement, ce qui étant exécuté, l'instructeur commandera:

5. *L'arme* ⚌ à volonté.

244. A ce commandement, les soldats porteront l'arme à volonté, comme il a été prescrit dans l'*Ecole du Soldat*, n°. 120; et ne seront plus tenus à marcher du même pied, ni à observer le silence. Les files marcheront à l'aise, mais on aura attention que les rangs ne se confondent jamais, que les hommes du premier rang ne dépassent jamais le guide qui est du côté de la direction, et que les deux derniers rangs conservent toujours environ trois pieds de distance du rang qui est immédiatement devant eux.

245. Si, la colonne étant en marche au pas cadencé, l'instructeur vouloit la faire marcher au pas de route, il commanderoit :

1. *Pas de route.*
2. Marche.

246. Au commandement de *marche*, le premier rang continueroit à marcher le pas de deux pieds; les second et troisième rangs prendroient en marchant la distance d'environ trois pieds qui doit les séparer respectivement du rang qui précède : l'instructeur commanderoit ensuite, l'*arme* ⚌ à volonté, ce qui s'exécuteroit comme il vient d'être prescrit.

247. Le soldat étant en marche au pas de route,

24 *

l'instructeur fera changer de direction sur le côté du
guide et sur le côté opposé, ce qui s'exécutera sans
commandement, et à l'avertissement seulement du chef
de peloton ; le second et troisième rangs viendront successivement tourner à la même place que le premier;
chaque rang se conformera, quoiqu'au pas de route,
aux principes qui ont été prescrits pour changer de
direction à rangs serrés et au pas cadencé, avec cette
seule différence que, dans les changemens de direction
sur le côté opposé au guide, l'homme qui est au pivot
fera le pas d'un pied, au lieu de le faire de six pouces,
pour dégager le point de conversion.

248. L'instructeur fera aussi exécuter les divers mouvemens de file prescrits dans l'article précédent, et de
la même manière qui y est indiquée : il fera quelquefois
serrer les rangs , et à cet effet le chef de peloton commandera :

    1. *Serrez vos rangs.*

    2. MARCHE.

249. Au commandement de *marche*, le premier rang prendra le
pas cadencé; les deux derniers rangs, ainsi que les files qui sont en
arrière, serreront vivement et prendront ensuite le pas cadencé ; les
trois rangs prendront l'arme au bras.

250. Lorsque le peloton marchant au pas de route
arrêtera , les deux derniers rangs serreront au commandement *halte*, et les soldats porteront les armes ; il en
seroit de même si le peloton marchoit à rangs serrés
l'arme au bras. Ce principe est général, quel que soit
le nombre des pelotons.

251. La vitesse du pas de route sera , dans cette
école, de 76 par minute, afin d'affermir de plus en plus
les soldats dans ce mouvement de 76 ; mais dans l'*École
de Bataillon*, la vitesse du pas de route sera de 85 à
90 , qui devra être habituellement celle des colonnes
en route, lorsque la nature du pays et des chemins le
permettra.

Article III.

Rompre et former le peloton.

Rompre le peloton.

252. Le peloton étant en marche au pas cadencé, et supposé faire partie d'une colonne qui a la droite en tête, l'instructeur voulant faire rompre par section, en donnera l'ordre au chef de peloton, lequel commandera :

1. *Rompéz le peloton.*

(1) Et se portera aussitôt devant le centre de la première section.

253. Le chef de la seconde section, placé derrière le centre de sa section, se portera, à ce commandement, devant le centre de cette section, où, étant arrivé, il commandera : *Marquez le pas.*

254. Le chef de peloton commandera ensuite :

2. Marche.

255. La première section continuera à marcher droit devant elle, et le sous-officier de remplacement se portera au flanc gauche de cette section, dès qu'elle aura déboité, passant pour cet effet par-devant le premier rang.

256. Au commandement de *marche*, du chef de peloton, la seconde section marquera le pas à l'avertissement du chef de cette section, et obliquera de même à droite, aussitôt que le troisième rang de la première l'aura dépassée.

257. Le guide de la deuxième section étant près d'arriver dans la direction de celui de la première, le chef de la seconde section fera le commandement *en avant*, et celui de *marche* à l'instant où le guide de sa section couvrira celui de la première.

258. On rompra par section, la colonne ayant la

(1) Pl. IX, fig. 1.

gauche en tête, par les moyens inverses, en appliquant à la première section tout ce qui a été prescrit pour la deuxième section, et réciproquement.

259. Dans cette supposition de la gauche en tête, le guide de gauche du peloton se portera au flanc droit de la deuxième section dès qu'elle aura déboîté : le sous-officier de remplacement, placé au flanc droit de la première section, y restera.

Former le peloton.

260. La colonne étant en marche par section, la droite en tête, l'instructeur voulant faire former le peloton, en donnera l'ordre au chef de peloton, lequel commandera :

1. (1) *Formez le peloton.*

261. Le chef de peloton ayant fait ce commandement, préviendra la première section qu'elle devra obliquer à droite.

262. Le chef de la seconde section la préviendra qu'elle devra continuer à marcher droit devant elle.

263. Le chef de peloton commandera ensuite :

2. MARCHE.

264. A ce commandement, répété par le chef de la seconde section, la première obliquera à droite pour démasquer la deuxième; et le sous-officier de remplacement, placé au flanc gauche de cette section, se portera au flanc droit, passant, pour cet effet, par-devant le premier rang.

265. Lorsque la première section sera près de démasquer la deuxième, le chef de peloton fera le commandement *en avant*, et celui de *marche* à l'instant où sa section aura achevé de démasquer la deuxième.

266. La deuxième section continuera pendant ce temps à marcher droit en avant au même pas; et la première, après l'avoir démasquée, marquera le pas pour attendre la deuxième, à laquelle elle se réunira.

_____

(1) Pl. IX, fig. 2.

267. On formera le peloton dans une colonne ayant
la gauche en tête par les moyens inverses, en appliquant à la deuxième section tout ce qui a été prescrit
pour la première, et réciproquement.

268. Le guide de la deuxième section, placé au flanc
droit de cette section, se portera au flanc gauche dès
qu'elle commencera à obliquer ; le guide de la première,
placé au flanc droit de cette section, y restera.

269. L'instructeur exercera ensuite le peloton à se
rompre et à se reformer au pas de route ; ce qui s'exécutera par les mêmes commandemens et les mêmes
moyens qu'au pas cadencé, avec cette seule différence
que, dans la section qui devra obliquer, chaque homme
fera *un demi-à-droite* ou *un demi-à-gauche*, au lieu de
maintenir ses épaules carrément en ligne, comme il a
été prescrit de le faire en obliquant au pas cadencé.

270. L'instructeur fera aussi quelquefois rompre et
former le peloton à son commandement; il fera alors
ceux qui ont été prescrits ci-dessus pour le chef de peloton.

Observations relatives au mouvement de rompre et former le peloton.

271. En rompant et en formant le peloton, il est
nécessaire que les sections alongent bien le pas en obliquant, pour éviter de perdre du terrain, et pour ne
pas arrêter la marche de la subdivision suivante.

272. Si, en rompant le peloton, la section qui doit
rompre marquoit le pas trop long-temps, elle pourroit
arrêter la marche du peloton suivant, ce qui feroit
alonger la colonne.

273. Si, en rompant ou en formant le peloton, les
sections obliquoient trop long-temps, elles seroient
obligées d'obliquer ensuite en sens contraire pour réparer cette faute, et par là le peloton suivant pourroit
se trouver arrêté dans sa marche.

274. Lorsque, dans une colonne de plusieurs pelotons, on rompra les pelotons successivement, il est de
la plus grande importance que chaque peloton continue

à marcher le même pas, sans le raccourcir ni le ralentir, pendant que celui qui le précède rompra, quand même il seroit obligé de serrer entièrement sur ce dernier: cette attention est indispensable pour prévenir l'alongement de la colonne.

275. Des fautes peu sensibles dans une colonne d'un petit nombre de pelotons auroient des inconvéniens graves dans une colonne de plusieurs bataillons: ainsi l'instructeur doit veiller avec le plus grand soin à l'observation des principes prescrits; et pour cet effet, il se placera sur le flanc du côté de la direction, d'où il pourra le mieux apercevoir tous les mouvemens.

ARTICLE IV.

Contre - marche.

276. Le peloton étant de pied-ferme, et supposé faire partie d'une colonne, la droite en tête, l'instructeur voulant lui faire exécuter la contre-marche, commandera :

1. (1) *Contre-marche.*
2. *Peloton par le flanc droit.*
3. A DROITE.
4. *Par file à gauche.*
5. MARCHE.

277. Au troisième commandement, le peloton fera à droite; le chef de peloton se portera à côté du guide de droite, et le guide de gauche fera demi-tour à droite.

278. Au commandement de *marche*, le guide de gauche ne bougera pas, le peloton partira vivement. La première file, conduite par le chef de peloton, exécutera une demi-conversion à gauche, et se dirigera ensuite, en passant devant le premier rang, de manière à arriver à deux pas en arrière du guide de gauche qui n'aura pas suivi le mouvement du peloton. Chaque file viendra converser successivement à la même place que la première, et par les mêmes principes. La première file étant arrivée à hauteur du guide de gauche, le chef de peloton commandera :

---

(1) Pl. IX, fig. 3.

1. *Peloton.*
2. HALTE.
3. FRONT.
4. *A droite* = ALIGNEMENT.

279. Le premier commandement se fera à deux pas du point où le peloton devra arrêter.

280. Au deuxième, le peloton arrêtera.

281. Au troisième, le peloton fera face par le premier rang.

282. Au quatrième, le peloton se portera sur l'alignement indiqué par la position du guide de gauche ; l'homme de droite du premier rang se placera à la gauche et à côté de lui ; le chef de peloton se placera en dehors de ce guide, à environ deux pas de distance, et dirigera l'alignement ; ce qui étant achevé, il commandera *fixe*, et se portera devant le centre de son peloton ; le sous-officier de remplacement se placera alors à la droite du premier rang, et le guide de gauche qui s'y trouvoit se portera à la gauche du même rang.

283. Dans une colonne la gauche en tête, la contre-marche s'exécutera par les commandemens et moyens inverses, mais d'après les mêmes principes : ainsi le mouvement se fera par le flanc droit des subdivisions, si la droite est en tête ; par le flanc gauche, si la gauche est en tête, passant toujours devant le premier rang.

284. Enfin, si la colonne étoit formée par section, la contre-marche s'exécuteroit par les mêmes commandemens et de la même manière que dans une colonne par peloton.

ARTICLE V.

Étant en colonne par section, se former sur la droite ou sur la gauche en bataille.

285. La colonne étant en marche par section, la droite en tête, l'instructeur voulant la former sur la droite en bataille, commandera :

1. *Sur la droite en bataille.*
2. *Guide à droite.*

286. Au second commandement, le guide de chaque section se portera légèrement sur le flanc droit de sa section, et les soldats prendront le tact des coudes à droite. La colonne continuera à marcher droit devant elle.

24**

287. L'instructeur, ayant fait son second commandement, se portera légèrement au point où il voudra appuyer la droite du peloton en bataille, et s'y placera face au point de direction de gauche qu'il choisira.

288. La ligne de bataille devra être telle, que chaque section, après avoir tourné à droite, ait au moins quatre pas à faire pour y arriver.

289. La tête de la colonne étant près d'arriver à hauteur de l'instructeur placé au point d'appui, le chef de la première section commandera :

Tournez à droite.

290. Et lorsqu'elle sera vis-à-vis l'instructeur, le chef de section commandera :

MARCHE.

291. Au commandement *marche*, la première section tournera à droite, en se conformant à ce qui a été prescrit dans l'*Ecole du Soldat*, n°. 270, et se portera ensuite en avant. Le guide se dirigera de manière que l'homme du premier rang, placé à côté de lui, arrive vis-à-vis l'instructeur : le chef de peloton marchera à deux pas devant le centre de la première section ; et lorsqu'elle sera arrivée à hauteur de l'instructeur, il commandera :

1. *Section.*

2. HALTE.

292. Au commandement de *halte*, la section arrêtera : le guide se portera aussitôt sur la ligne de bataille vis-à-vis l'une des trois files de gauche de sa section, et fera face à l'instructeur, qui l'alignera sur le point de direction de gauche, le chef de peloton se portera en même temps au point où devra s'appuyer la droite du peloton, et commandera :

A droite ═ ALIGNEMENT.

293. A ce commandement, la première section s'alignera.

294. La deuxième section continuera à marcher droit devant elle, jusqu'à ce qu'elle arrive vis-à-vis le flanc gauche de la première : alors elle tournera à droite au commandement de son chef, et se portera ensuite vers la ligne de bataille, le guide se dirigeant sur la file de gauche de la première section.

295. La deuxième section étant arrivée à deux pas de la ligne de bataille, sera arrêtée par son chef, par

les commandemens prescrits pour la première, à l'instant où elle arrêtera, le guide se portera légèrement sur la direction face au guide de la première section, et y sera assuré par l'instructeur : il observera de se placer vis-à-vis l'une des trois files de gauche de la section.

296. Le chef de la deuxième section, voyant son guide établi sur la ligne de bataille, commandera :

A droite = ALIGNEMENT.

297. Le chef de la seconde section ayant fait ce commandement, se portera en serre-file ; la seconde section se portera sur l'alignement de la première.

298. L'homme de chaque section qui correspond au guide de sa section, appuiera toujours sa poitrine légèrement contre le bras de ce guide, à l'instant où la section se portera sur l'alignement.

299. L'instructeur, voyant le peloton en bataille, commandera :

Guides = A VOS PLACES.

300. A ce commandement, le sous-officier de remplacement se portera derrière le chef de peloton ; le guide de la seconde section se portera en serre-file.

301. Une colonne par section, la gauche en tête, se formera *sur la gauche en bataille*, d'après les mêmes principes ; l'instructeur commandera :

1. *Sur la gauche en bataille.*

2. GUIDES A GAUCHE.

302. Au second commandement, le guide de chaque section se portera légèrement sur le flanc gauche de sa section ; les soldats prendront le tact des coudes à gauche ; la colonne continuera à marcher droit devant elle.

303. L'instructeur, ayant fait son second commandement, se portera légèrement au point où il voudra appuyer le flanc gauche du peloton en bataille, et s'y placera face au point de direction de droite qu'il choisira.

304. L'instructeur observera de se placer de manière que chaque section, après avoir tourné pour se porter

sur la ligne de bataille, ait au moins quatre pas à faire pour arriver sur cette ligne.

305. La tête de la colonne étant près d'arriver vis-à-vis l'instructeur placé au point d'appui , le chef de la seconde section commandera :

Tournez à gauche.

Et lorsqu'elle sera arrivée vis-à-vis de l'instructeur, le chef de section commandera :

MARCHE.

306. Au commandement de *marche*, la seconde section tournera à gauche, en se conformant à ce qui a été prescrit dans l'*École du Soldat*, n°. 270, et se portera ensuite droit en avant. Le guide se dirigera de manière que l'homme du premier rang , placé à côté de lui, arrive vis-à-vis l'instructeur : le chef de section marchera devant le centre de sa section ; et lorsque la deuxième section sera arrivée à hauteur de l'instructeur, son chef commandera :

Section.

HALTE.

307. Au commandement de *halte*, la seconde section s'arrêtera ; le guide se portera aussitôt sur la ligne de bataille, vis-à-vis l'une des trois files de droite de sa section ; et fera face à l'instructeur, qui l'alignera sur le point de direction de droite. Le chef de la seconde section se portera en même temps au point où devra s'appuyer la gauche du peloton, et commandera :

A gauche = ALIGNEMENT.

308. A ce commandement, la seconde section s'alignera ; l'homme du premier rang, qui correspond au guide appuiera légèrement sa poitrine contre le bras gauche de ce guide, et le chef de la seconde section en dirigera l'alignement sur cet homme.

309. La première section continuera à marcher droit devant elle jusqu'à ce qu'elle soit arrivée à hauteur du flanc droit de la seconde : alors elle tournera à gauche, au commandement de son chef, se portera ensuite en avant. Le guide se dirigera sur la file de droite de la seconde section.

310. La première section étant arrivée à deux pas de la ligne de bataille, sera arrêtée par son chef par les commandemens prescrits pour la seconde ; à l'instant où elle arrêtera, le guide se portera légèrement sur la

direction face au guide de la seconde section, et y sera assuré par l'instructeur : il observera de se placer vis-à-vis l'une des trois files de droite de sa section. Le chef de peloton se portera en même temps à la gauche du peloton, à la place du chef de la seconde section qui se portera en serre-file.

311. Le chef de peloton s'étant placé à la gauche de son peloton, commandera aussitôt :

A gauche = ALIGNEMENT.

312. A ce commandement, la première section se portera sur la ligne ; le chef de peloton en dirigera l'alignement sur l'homme de droite qui correspond au guide de cette section.

313. L'instructeur voyant le peloton en bataille, commandera :

Guides = A VOS PLACES.

314. A ce commandement, le chef de peloton se portera à la droite de son peloton ; le sous-officier de remplacement se portera derrière lui au troisième rang, et le guide de la seconde section se portera en serre-file.

OBSERVATIONS GÉNÉRALES RELATIVES A L'ÉCOLE DE PELOTON.

315. L'instructeur fera souvent prendre l'arme au bras dans l'exécution des quatre dernières leçons, et habituera les soldats à marcher ainsi avec la même régularité et précision que s'ils portoient l'arme ; ce qui est un grand moyen de leur épargner de la fatigue, et d'empêcher qu'ils ne se négligent sur le port d'armes, qui doit être toujours régulier. Lorsque le soldat portera l'arme au bras en marchant, il lui sera permis de laisser la main droite à la poignée du fusil, ou de la laisser tomber sur le côté, selon qu'il y trouvera plus d'aisance.

316. Le soldat pourra de même, au pas de route, porter son arme de la manière qu'il trouvera la plus commode, ayant seulement attention que le bout du fusil soit assez élevé pour prévenir les accidens.

317. Lorsque les compagnies devront être exercées en

détail à l'école du peloton, le commandant du régiment,
ou celui du bataillon, si c'est un seul bataillon, indiquera la leçon ou les leçons qu'elles devront exécuter,
et donnera toujours, par un roulement, le signal pour
commencer toutes ensemble. A mesure que les compagnies achèveront chaque leçon, elles reposeront sur les
armes; et lorsque le commandant du régiment ou du
bataillon voudra faire recommencer, il fera battre de
nouveau un roulement.

INSTRUCTION

POUR TIRER A LA CIBLE.

L'IMPORTANCE dont il est d'apprendre aux soldats à tirer avec justesse est généralement reconnue.

Pour remplir cet objet essentiel de leur instruction, on emploiera les moyens suivans:

On fera faire une ou plusieurs cibles par bataillon; la cible aura cinq pieds et demi de haut, et vingt-un pouces de large; le milieu sera marqué par une bande de couleur tranchante de trois pouces de large, tracée horizontalement, l'extrémité supérieure sera marquée par une bande semblable.

Les soldats seront exercés à tirer à ce but, d'abord à 50 toises, ensuite à 100 toises, et finalement à 150 toises.

A 50, ainsi qu'à 100 toises, les soldats viseront à la bande inférieure; à 150 toises, ils viseront à la bande supérieure. On les fera tirer homme par homme, d'abord sans commandement, et ensuite au commandement quand ils auront appris à ajuster avec précision.

On leur commandera de bien appuyer la crosse contre l'épaule droite dans la position de *joue*, de bien soutenir l'arme de la main gauche, et d'aligner promptement la culasse et le bout du canon sur la bande à laquelle ils devront viser : on leur fera quelquefois le commandement de *redressez*⹀vos ARMES après celui de JOUE, afin qu'ils acquièrent de la facilité à tomber en joue dans la direction du but, et à ajuster promptement.

On leur recommandera aussi d'appuyer avec force le premier doigt sur la détente, au commandement de *feu*, sans remuer la tête, ni déranger le moins du monde la direction de l'arme ; et pour mieux faire observer ces principes essentiels, on fera rester les hommes dans la position de *joue*, après avoir tiré, et jusqu'au commandement de *chargez*.

Tous les caporaux, grenadiers et fusiliers passeront chaque année à cette école, et on y affectera la majeure partie des munitions destinées aux exercices. On notera dans chaque compagnie les meilleurs tireurs.

Les recrues de chaque année seront instruits avec un soin particulier à tirer à la cible, après qu'ils auront été exercés à tirer en blanc et à poudre.

On aura soin de faire ramasser les balles que l'on pourra retrouver, afin de les refondre.

MANIEMENT

DE L'ARME DES SOUS-OFFICIERS.

Les sous-officiers des grenadiers et des fusiliers auront toujours, ainsi que la troupe, la baïonnette au bout du fusil.

Les sous officiers de remplacement et de serre-file, ainsi que ceux attachés à la garde du drapeau, porteront l'arme ainsi qu'il va être prescrit.

Port de l'arme.

L'arme dans le bras droit et au défaut de l'épaule, le canon en arrière et d'à-plomb, la baguette en dehors, le bras droit presque alongé, la main droite embrassant le chien et la sougarde, la crosse à plat le long de la cuisse droite, la main gauche pendante sur le côté, derrière le sabre.

Présentez = VOS ARMES.

Un temps et deux mouvemens.

Premier mouvement.

Porter l'arme avec la main droite d'à-plomb vis-à-vis l'œil gauche, la baguette en avant, le chien à hauteur du dernier bouton de la veste; empoigner en même temps l'arme brusquement avec la main gauche, le petit doigt de cette main contre le ressort de la batterie, le pouce alongé le long du canon contre la monture, l'avant-bras gauche collé au corps sans être gêné; rester face en tête sans bouger les pieds.

Deuxième mouvement.

Empoigner l'arme de la main droite au-dessous et contre la sougarde, comme les soldats.

Portez = VOS ARMES.

Un temps et deux mouvemens.

Premier mouvement.

Glisser la main gauche jusqu'à la hauteur de l'épaule, et porter avec cette main l'arme d'à-plomb contre l'épaule droite; empoigner avec la main droite le chien et la sougarde, le bras droit presque alongé.

Deuxième mouvement.

Laisser tomber la main gauche pendante derrière le sabre.

Reposez-vous = SUR VOS ARMES.

Un temps et deux mouvemens.

Premier mouvement.

Porter brusquement la main gauche à la capucine du milieu, détacher un peu l'arme de l'épaule avec la main droite, lâcher en même temps la main droite, descendre l'arme de la main gauche, la ressaisir avec la main droite au-dessus de la première capucine d'en bas, le pouce droit sur le canon pour l'empoigner, les quatre doigts alongés sur le bois, l'arme d'à-plomb, la crosse à trois pouces de terre, le talon de la crosse dirigé sur le côté de la pointe du pied droit, et laisser tomber la main gauche derrière le sabre.

Deuxième mouvement.

Laisser glisser l'arme dans la main droite, en ouvrant un peu les doigts, de manière que le talon de la crosse se place à côté et contre la pointe du pied droit.

Vos armes = A TERRE.

Comme le soldat.

Relevez = VOS ARMES.

Comme le soldat.

Portez = VOS ARMES.

Un temps et deux mouvemens.

Premier mouvement.

Elever l'arme perpendiculairement avec la main droite à hauteur du teton droit, vis-à-vis de l'épaule, à deux pouces du corps, le coude droit y restant joint; saisir l'arme de la main gauche au-dessous de la main droite, à la première capucine, et aussitôt descendre la main droite pour empoigner la sougarde et le chien, en appuyant l'arme à l'épaule.

Deuxième mouvement.

Laisser tomber la main gauche pendante derrière le sabre, le bras droit presque alongé.

L'arme = AU BRAS.

Un temps et trois mouvemens.

Premier mouvement.

Porter l'arme en avant avec la main droite entre les deux yeux et d'à-plomb, la baguette en dehors; saisir l'arme de la main gauche à la première capucine d'en bas; la relever à hauteur du menton, et empoigner en même temps l'arme de la main droite, à quatre pouces au-dessous de la platine.

Deuxième mouvement.

Retourner l'arme avec la main droite, le canon en dehors, l'appuyer à l'épaule gauche, et passer l'avant-bras gauche horizontalement sur la poitrine, entre la main droite et le chien, qui sera appuyé sur l'avant-bras gauche, la main gauche sur le teton droit.

Troisième mouvement.

Laisser tomber la main droite pendante sur le côté.

Portez = VOS ARMES.

Un temps et trois mouvemens.

Premier mouvement.

Empoigner l'arme avec la main droite au-dessous et contre l'avant-bras gauche.

Deuxième mouvement.

Porter l'arme avec la main droite d'à-plomb contre l'épaule droite, la baguette en avant, la saisir avec la main gauche à la hauteur de l'épaule droite, tourner en même temps la main droite pour empoigner la sougarde et le chien, le bras droit presque alongé.

Troisième mouvement.

Laisser tomber la main gauche pendante derrière le sabre.

Maniement du fusil des caporaux.

Lorsque les caporaux seront dans le rang, ils porteront l'arme comme le soldat; mais s'ils doivent être en serre-file, ou s'ils doivent marcher à la tête d'une troupe ou d'une pose de sentinelles, ils porteront le fusil dans le bras droit, comme les sergens; ce qui s'exécutera de la manière suivante:

Portez l'arme = COMME SERGENT.
Un temps et trois mouvemens.

Premier mouvement.

Empoigner l'arme avec la main droite, en tournant la platine en dessus, comme au premier mouvement de *présentez* = VOS ARMES.

Deuxième mouvement.

Porter l'arme d'à-plomb avec la main droite contre l'épaule droite, la baguette en dehors, le bras droit presque alongé, la main droite empoignant le chien et la sougarde; saisir l'arme avec la main gauche à hauteur de l'épaule.

Troisième mouvement.

Laisser tomber la main gauche pendante derrière le sabre.

Portez l'arme = COMME SOLDAT.

Un temps et trois mouvemens.

Premier mouvement.

Détacher l'arme de l'épaule droite, la porter d'à-plomb entre les deux yeux; la saisir avec la main gauche à hauteur de la cravate; prendre avec la main droite l'arme à la poignée, la fixant à hauteur du dernier bouton de la veste, la baguette en avant.

Deuxième mouvement.

Elever l'arme avec la main droite, le pouce alongé le long de la contre-platine; tourner le canon en dehors; placer l'arme contre l'épaule gauche; descendre en même temps la main gauche sous la crosse.

Troisième mouvement.

Laisser tomber la main droite sur le côté.

MANIEMENT DE L'ÉPÉE DES OFFICIERS.

Port de l'épée dans le rang.

La poignée dans la main droite, qui sera placée à hauteur et contre la hanche droite, la lame appuyée à l'épaule.

Port de l'épée hors du rang.

La poignée dans la main droite, qui sera placée en avant de la hanche droite, la lame dans la main gauche, la pointe dépassant de quatre doigts le pouce de la main gauche, qui sera alongé sur la lame; le coude gauche plié, l'avant-bras un peu en avant, la main gauche

vis-à-vis et à quatre pouces plus bas que l'épau
gauche.

Reposez-vous = SUR VOS ARMES.

Renverser la main et la poignée, les ongles en de
sus, le bras droit tendu, la pointe de la lame un p
en avant et à deux pouces de terre.

Salut de l'épée, soit dans le rang, soit en marchan

Quatre temps.

1. Elever l'épée perpendiculairement, la pointe en haut, la la
plate vis-à-vis l'œil droit, la garde à hauteur du teton droit,
coude appuyé au corps.

2. Baisser brusquement la lame en étendant le bras, de maniè
que la main droite soit placée à côté de la cuisse droite, et res
dans cette position jusqu'à ce que la personne qu'on aura saluée s
dépassée de deux pas.

3. Relever l'épée brusquement, la tenant comme au premier tem
ci-dessus.

4°. Porter l'épée à l'épaule droite, ou bien abaisser la lame da
la main gauche.

Salut du drapeau.

Dans le rang, les porte-drapeaux porteront toujou
le drapeau le talon à la hanche droite, soit de pie
ferme, soit en marchant, et lorsque les drapeaux de
vront rendre des honneurs, les porte-drapeaux salue
ront de la manière suivante :

La personne qu'on devra saluer étant éloignée de si
pas, baisser doucement la lance jusqu'à six pouces d
terre, en restant face en tête sans que le talon du dra
peau quitte la hanche, relever doucement la lance
lorsque la personne qu'on aura saluée sera dépassée d
deux pas.

INSTRUCTION

POUR LE TAMBOUR-MAJOR.

LA place des tambours en bataille a été déterminée dans le titre Ier.

En colonne de manœuvre, les tambours marcheront à hauteur du cinquième peloton de leur bataillon du côté opposé au guide.

Dans la colonne en route, ainsi que dans le passage du défilé en avant et en retraite, ils marcheront à la tête de leurs bataillons respectifs, dans les intervalles.

Signaux du tambour-major pour les différentes batteries.

1°. LA GÉNÉRALE.... Etendre le bras droit, empoiguer la canne au milieu, et élever la pomme à hauteur de la cravate.

2°. L'ASSEMBLÉE..... Etendre le bras, élever la canne à peu près d'un pied de terre, en mettant le pouce sur la pomme.

3°. LE RAPEL....... Mettre la canne sur l'épaule droite, le bout en arrière.

4°. AUX DRAPEAUX... Elever le bras, tourner le poiguet en dedans, de façon que la canne croise horizontalement devant soi, à hauteur de la cravate.

5°. AUX CHAMPS..... Elever la canne perpendiculairement, le bout en haut, le bras étendu à hauteur de l'épaule droite.

6°. LE PAS ACCÉLÉRÉ. Porter la canne directement devant soi, le bout en avant, le bras étendu.

7°. LA RETRAITE..... Passer la canne croisée derrière le dos.

8°. LA MESSE....... Porter la pomme de la canne sur l'épaule droite.

9°. LA BRELOQUE..... Prendre la canne par le cordon, et étendre le bras à hauteur de l'épaule.

10°. AUX ARMES...... Porter la canne sur l'épaule gauche, le bout en arrière.

Signaux pour les évolutions des tambours.

1°. Pour faire marcher par le flanc droit, prendre la canne par le milieu, et étendre le bras à droite.

2°. Pour faire marcher par le flanc gauche, faire le même signal, en étendant le bras à gauche.

3°. Pour faire rompre le peloton, laisser tomber le bout de la canne dans la main gauche, à hauteur des yeux.

4°. Pour former le peloton, laisser tomber la pomme de la canne dans la main gauche, à hauteur des yeux.

5°. Pour faire changer de direction, se tourner à demi vers les tambours, et leur indiquer par un mouvement de sa canne, de quel côté ils devront tourner.

6°. Pour faire marcher obliquement à droite, étendre le bras droit à hauteur de l'épaule, tenir la canne de biais, et en empoigner le bout de la main gauche, à hauteur de la hanche.

7°. Pour faire marcher obliquement à gauche, faire le signal inverse. La pomme de la canne indiquera toujours le côté vers lequel on devra obliquer.

Poser la caisse à terre.

Trois mouvemens.

1°. REMETTRE LES BAGUETTES.   Empoigner la canne au-dessous de la pomme, l'élever à hauteur des yeux, en étendant le bras en avant.

2°. DÉFAIRE LA CAISSE ......   Rapprocher la pomme contre la poitrine.

3°. POSER LA CAISSE A TERRE.   Comme pour remettre les baguettes.

1°. RELEVER LA CAISSE ...... ⎱ Faire les mêmes signaux avec la

2°. RATTACHER LA CAISSE ... ⎰ canne que pour remettre les baguettes, pour défaire la caisse, et

3°. TIRER LES BAGUETTES .... pour la poser à terre.

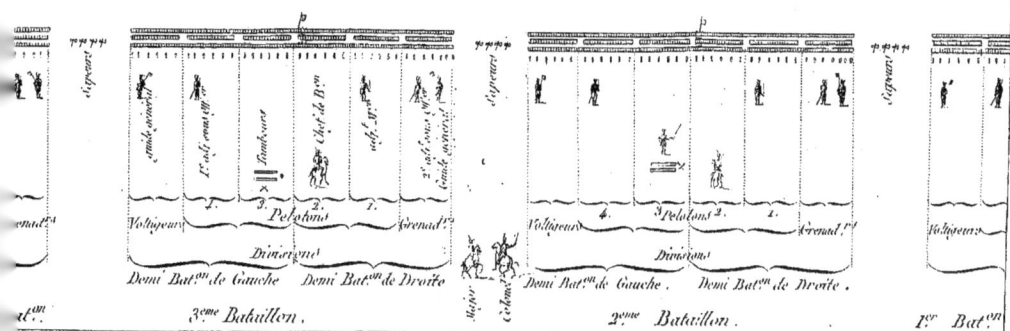

Pelotons en Bataille, considerés isolément.

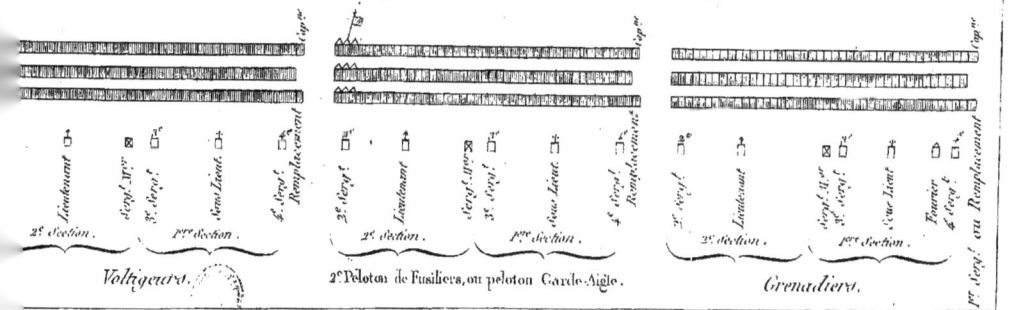

Voltigeurs.   2e Peloton de Fusiliers, ou peloton Garde-Aigle.   Grenadiers.

La Musique et le Tambour Major sont censés au 1er Bataillon.

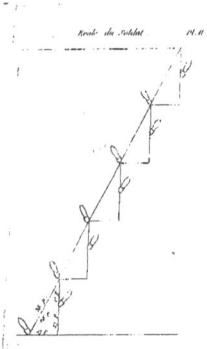

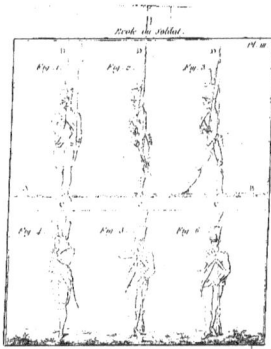

Fig. 1. Fig. 2. Fig. 3.

Fig. 4. Fig. 5. Fig. 6.

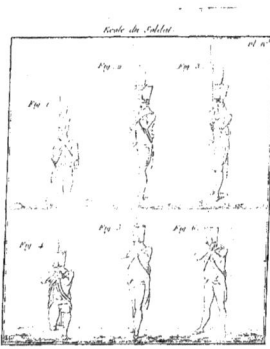

Fig. 1. Fig. 2. Fig. 3.

Fig. 4. Fig. 5. Fig. 6.

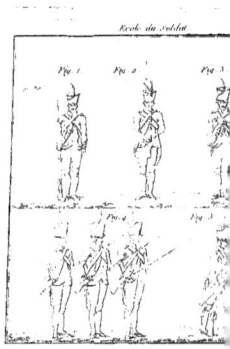

Fig. 1. Fig. 2. Fig. 3.

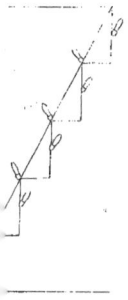

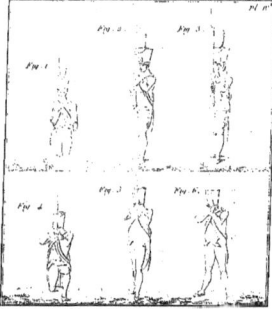

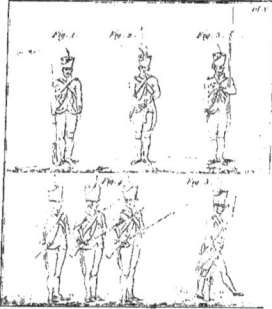

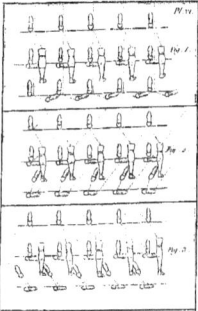

Ecole du soldat.   Pl. IV.   Ecole de Peloton.   Pl. VI.   Ecole de Peloton.   Pl. VIII.   Ecole de Peloton.

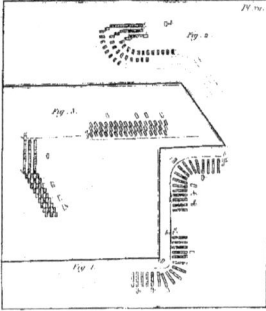

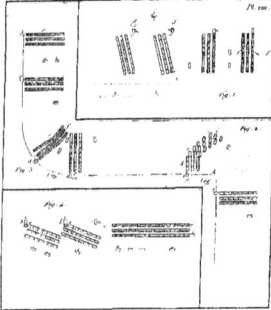

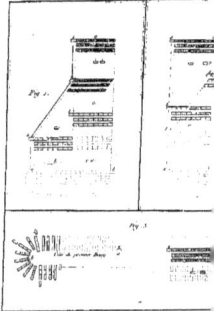

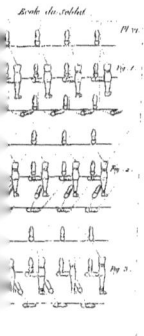

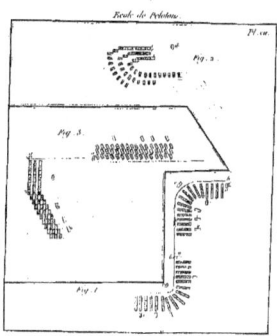

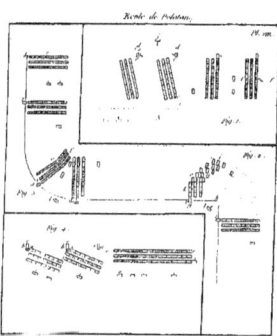

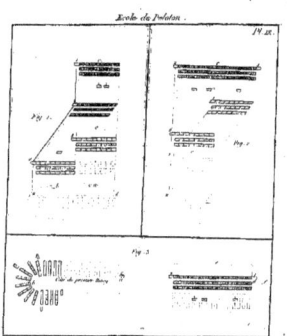

www.ingramcontent.com/pod-product-compliance
Lightning Source LLC
Chambersburg PA
CBHW071136270326
41929CB00012B/1771